走遍全球 GLOBE-TROTTER TRAVEL GUIDEBOOK

北 欧

Scandinavia

日本《走遍全球》编辑室 编著

中国旅游出版社

丹麦 Denmark 挪威 Norway 瑞典 Sweden 芬兰 Finland

挪威
NORWAY
瑞典
丹麦
DENMARK
芬兰
德国
GERMANY
波兰
POLAND
俄罗斯
RUSSIA
爱沙尼亚
ESTONIA
拉脱维亚
LATVIA
立陶宛
LITHUANIA
白俄罗斯
BELARUS
波的尼亚湾
芬兰湾
波罗的海
北海
达拉纳地区
Dalarna
斯莫兰地区
斯科讷地区
卡累利阿地区
奥斯陆
Oslo
斯德哥尔摩
Stockholm
赫尔辛基
Helsinki
哥本哈根
Copenhagen
圣彼得堡
St. Petersburg
塔林
Tallinn
里加
Riga
卑尔根
Bergen
斯塔万格
Stavanger
克里斯蒂安桑
Kristiansand
哥德堡
Göteborg
马尔默
Malmö
乌普萨拉
Uppsala
图尔库
Turku
坦佩雷
Tampere
奥胡斯
Aarhus
欧登塞
Odense
奥尔堡
Aalborg
日德兰半岛
Jutland
奥兰群岛
Åland Islands
哥得兰岛
Gotland
厄兰岛
Öland
博恩霍尔姆岛（丹）
Bornholm
法罗群岛（丹）
Faroe Islands (Den.)
托尔斯港
Thorshavn
大西洋
挪威海
伦敦
巴黎
马德里
罗马

峡湾地区

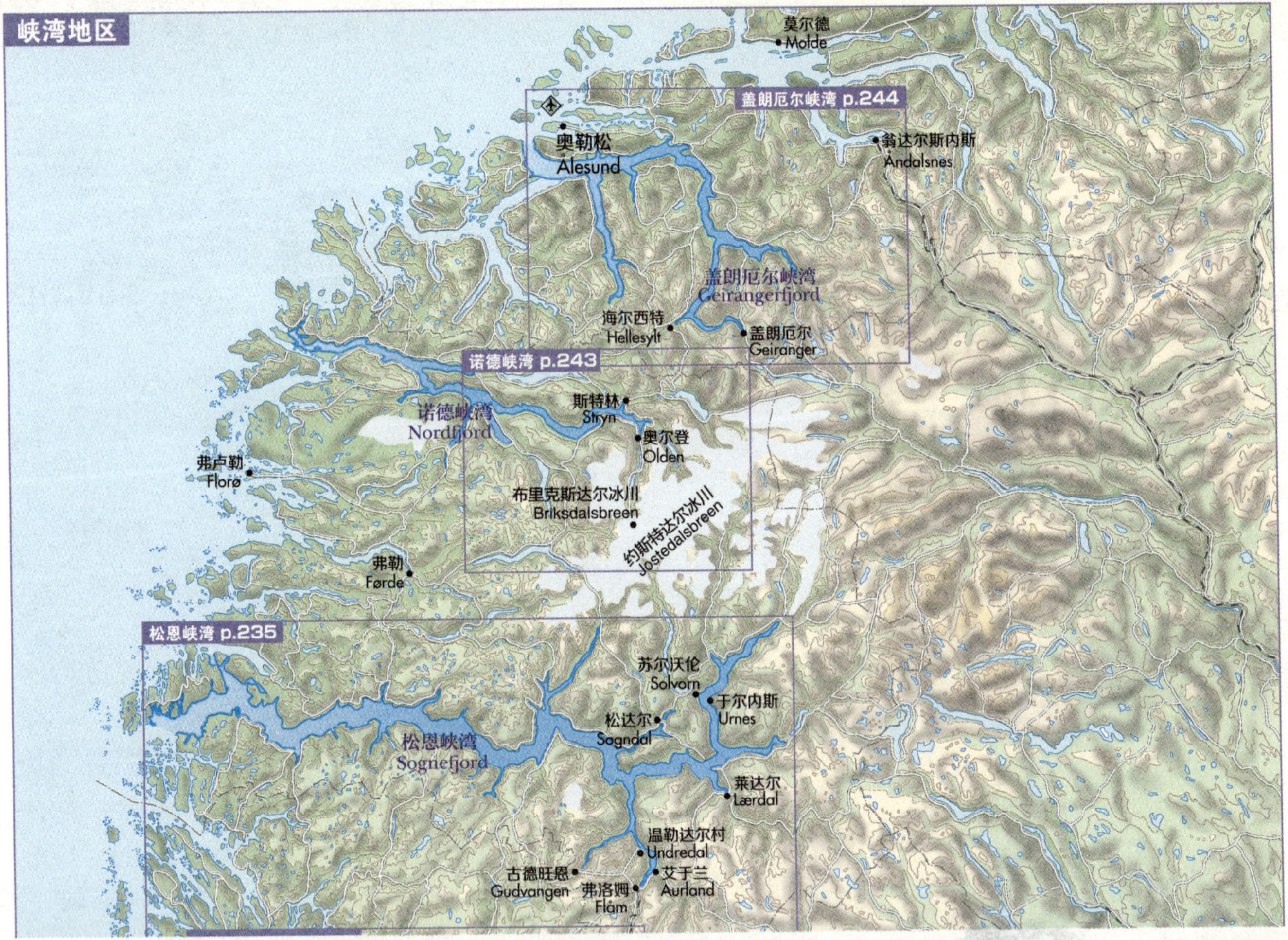

莫尔德
Molde
盖朗厄尔峡湾 p.244
奥勒松
Ålesund
翁达尔斯内斯
Åndalsnes
盖朗厄尔峡湾
Geirangerfjord
海尔西特
Hellesylt
盖朗厄尔
Geiranger
诺德峡湾 p.243
斯特林
Stryn
诺德峡湾
Nordfjord
奥尔登
Olden
弗卢勒
Florø
布里克斯达尔冰川
Briksdalsbreen
约斯特达尔冰川
Jostedalsbreen
弗勒
Førde
松恩峡湾 p.235
苏尔沃伦
Solvorn
于尔内斯
Urnes
松达尔
Sogndal
松恩峡湾
Sognefjord
莱达尔
Lærdal
温勒达尔村
Undredal
古德旺恩
Gudvangen
艾于兰
Aurland
弗洛姆
Flåm

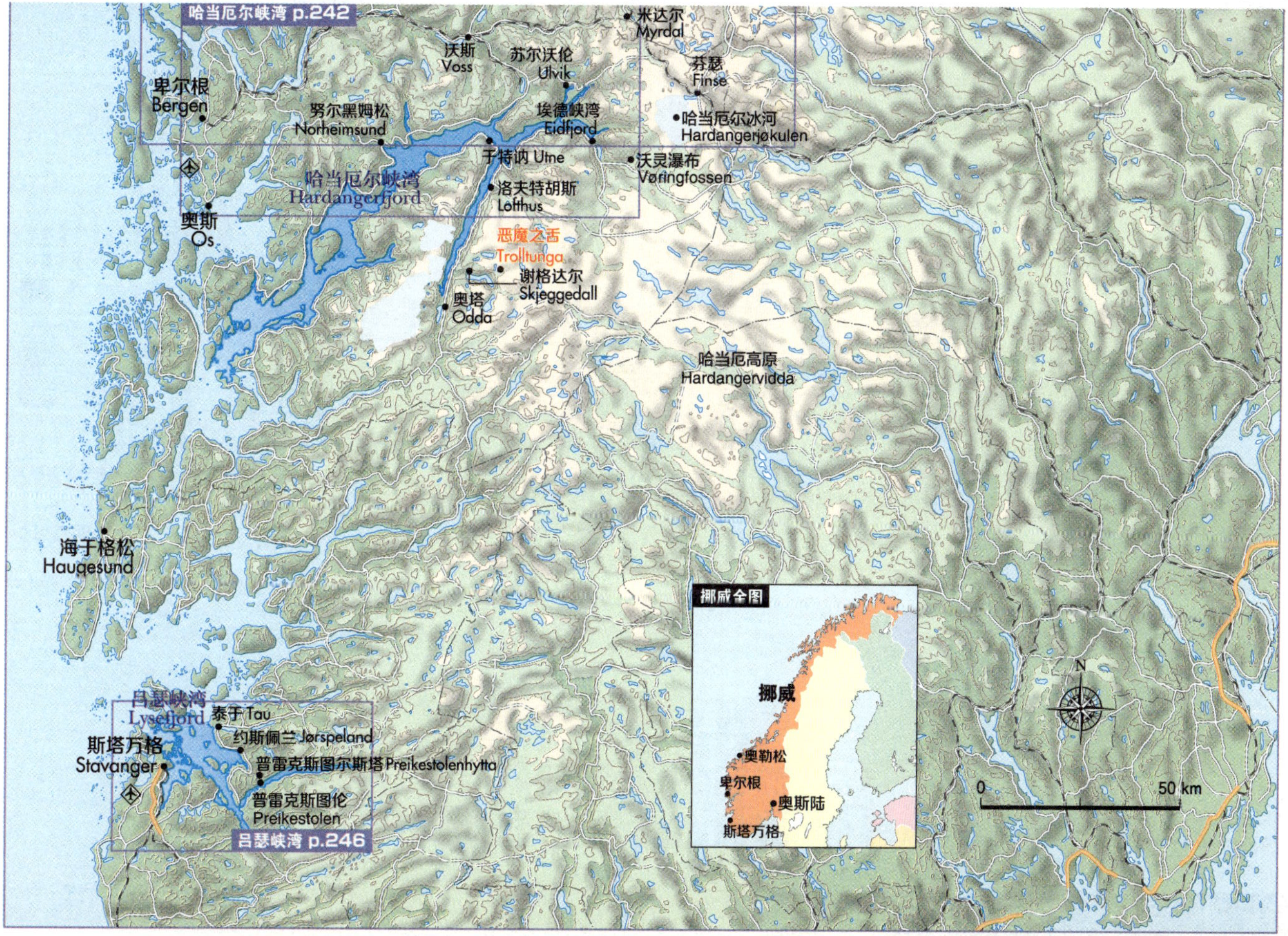

哈当厄尔峡湾 p.242
米达尔
Myrdal
沃斯
Voss
苏尔沃伦
Ulvik
芬瑟
Finse
卑尔根
Bergen
努尔黑姆松
Norheimsund
埃德峡湾
Eidfjord
哈当厄尔冰河
Hardangerjøkulen
于特讷 Utne
沃灵瀑布
Vøringfossen
哈当厄尔峡湾
Hardangerfjord
洛夫特胡斯
Lofthus
奥斯
Os
恶魔之舌
Trolltunga
谢格达尔
Skjeggedall
奥塔
Odda
哈当厄高原
Hardangervidda
海于格松
Haugesund
挪威全图
挪威
奥勒松
卑尔根
奥斯陆
斯塔万格
N
0
50 km
吕瑟峡湾
Lysefjord
泰于 Tau
约斯佩兰 Jørspeland
斯塔万格
Stavanger
普雷克斯图尔斯塔 Preikestolenhytta
普雷克斯图伦
Preikestolen
吕瑟峡湾 p.246

本书的使用方法

本书使用的记号、略号

地图
显示城市和景点位于国家的哪一位置的地图。

旅游局 URL
介绍各个城市的网站的 URL。

交通
介绍从主要城市前往当地的交通方法。
✈ 飞机　🚆 火车
🚌 巴士　⛴ 轮船

旅游咨询处
有关旅游咨询处的信息。

住	地址
☎	电话号码
FAX	传真号码
Free	免费电话号码
开	开馆时间
营	营业时间
运行	运行时间
举办	旅游团等的举办时间
费	价格、门票
休	休馆日、休息日（节假日、年末年初、圣诞节除外）
Map	地图的页数、区域
URL	网站的地址（省略了http://）
E-mail	邮箱地址
前往方法➡➡➡	前往景点的交通

地 图

- 旅游咨询处
- 酒店、青年旅舍
- 餐厅、咖啡馆
- 商店
- 夜店
- 博物馆、美术馆
- 大教堂、教会
- 巴士总站
- 机场
- 渡轮乘坐处
- 地铁站
- 银行
- 货币兑换处
- 邮局
- 图书馆
- 医院

酒店设施

- 浴缸
- 一部分有浴缸
- 电视
- 一部分有电视
- 吹风机
- 一部分有吹风机
- 迷你酒吧
- 一部分有迷你酒吧
- 残障人士客房
- 无线 LAN
- 收费无线 LAN
- 一部分有无线 LAN
- 一部分无线 LAN 收费

信用卡

CC 能使用的信用卡
A 美国运通卡
D 大来卡
J JCB
M 万事达卡
V 维萨卡

餐馆

预算 每人的预算

酒店房间

Ⓢ 单人间
(一人一间客房的费用)
Ⓓ 双人间
(两人一间客房的费用)
※本书刊载信息中（ ）内的数字代表周末或夏季的费用。
房间数 酒店的客房数量

■本书的特点

本书以前往北欧的旅游者为对象，为个人旅行者能够享受当地各种丰富多彩的行程，提供北欧各城市的交通、酒店、餐厅等信息。当然，参团旅游的人也能够充分利用本书。

■关于登载信息的使用

编辑部致力于刊登最新且最准确的信息，但当地的规则以及手续等经常发生变化，而且对某些条款的解释也往往存在着不同见解。基于以上理由，若本社没有重大过失时，因使用本书所引起的损失以及不便，本社不承担相应责任，敬请谅解。另外，使用本书时，本书内登载的信息以及建议是否适合，请根据自身情况进行判断后决定是否使用，并请自行承担责任。

■关于当地的取材以及调查时间

本书以 2016~2017 年进行的调查取材数据为基础编辑而成。但随着时间的推移，数据存在发生变更的可能。尤其是酒店、餐厅等的价格，在旅行时已发生变化的事例比较多。因此，请将本书登载的数据作为参考，尽量在抵达当地后通过旅游咨询处等获取最新的信息。

■关于投稿

虽然读者来信的内容多少有些个人主观色彩，但编辑部以尽量忠实于原文的形式进行登载，并对相关信息进行追踪调查。

走遍全球 GLOBE-TROTTER TRAVEL GUIDEBOOK

北 欧

Contents

小特辑

丹麦 DENMARK 35

请一定在出发前阅读!

旅行安全和纠纷对策……552

挪威 NORWAY 155

瑞典 SWEDEN 291

芬兰 FINLAND 411

旅行的准备和技巧 TRAVEL INFORMATION 523

Column

特辑
Special Features

停泊在马格达莱纳峡湾的"北极星"号。
最让人高兴的是还能下船进行游览

北极熊的王国
斯瓦尔巴群岛

在斯匹次卑尔根岛享受北极探险乐趣

Spitsbergen

斯瓦尔巴群岛是漂浮在距北极仅仅1000公里处的岛屿。
最近其主要岛屿斯匹次卑尔根岛迅速成为备受瞩目的旅游地。
提到在北极圈旅行，很多人都会感觉非常难，
但在这里却可以只用很短的时间轻松地访问北极。
让我们去北极旅游，期待与北极熊的相遇吧！

乘坐从朗伊尔城出发的日间游轮时见到的北极熊。刚从冰上午睡醒来

北纬78°，与北极熊一起呼吸的旅游地

斯匹次卑尔根岛上最大的城市是聚集有很多位于世界最北端景点的朗伊尔城。从城市开车10~15分钟就能到达立有“注意北极熊”牌子的无人区。这个城市曾经是以煤炭业为主的城市，但近几年旅游业快速发展并成为支柱产业，夏季时会聚集很多游客，非常热闹。市内有几个博物馆，但来到这里一定要乘坐游轮前往北极熊栖息地之一的北部区域进行游览。如果时间较紧，可以乘坐日间巡游船，还有夏天也可以乘坐的狗拉雪橇。位于北纬78°的旅游地，世界上仅此一处。游览这里最少需要2晚3天。

1.朗伊尔城是位于山谷间、面向大海延伸的小城 2.研究人员居住的城市尼奥勒松的世界最北邮局 3.酒店的餐厅里面极具存在感的早到的客人 4.已经成为废墟的金字塔镇(pyramiden)里世界最北端列宁像 5.机场里的标识使用的是实际使用的注意北极熊的牌子 6.市区里也能看到北极熊

抹大拉峡湾晴好的景色是这个旅行中最美丽的，陆地徒步旅行一定要和游轮的导游一起行进

即使时间很短，满意度也极高

“北极星”号的北极巡游

MS Nordstjernen cruises

曾经北极游轮巡游是一个耗时很长、费用很高的行程，
但从2015年开始举办时间较短，旅行费用也停留在1000欧元价位的巡游活动。
这里介绍“北极星”游轮带给你的紧凑型北极巡游活动。

1.登陆时不会弄湿足部，很舒适 2.在冰河湾巡游时，能听到被封在冰里的空气发出的声音 3.能看到与斯匹次卑尔根岛（荷兰语中是尖顶山峦的意思）的名字由来相同的景色

2

3

徒步感受北极的大自然

虽然是只有3天的巡游船之旅，但其活动项目却很丰富。可以从橡皮艇上下来进行徒步，在冰河湾进行短途旅行。平均每天可以下船2次，或乘坐橡皮艇巡游，但在哪里登陆，访问什么地方，需要根据当时的情况确定，会多少有些变化。巡游船的导游都是具有丰富知识和经验的探险导游，他们的解说也都非常精彩。虽然导游使用的是英语或其他欧洲国家的语言，但最好还是努力听听。

在巡游船中的生活

航行中，分别安排在上午和下午下船游览，因此很意外地，日程会分外繁忙。乘坐橡皮艇登陆时，主要根据客人使用的语言进行分组，并广播下船顺序，一定要随时留意船上的告示板。船内客房分为有窗户和无窗户、有无洗手间和淋浴设施的客房。使用淋浴设施时，地面会比较湿滑，最好准备沙滩拖鞋类的鞋子，会比较方便实用。上船时会被指定用午餐和晚餐的位置，航行中会一直和同一拨人用餐。

4.徒步旅行虽然难度较小，但要注意脚下安全 5.导游会在每个景点进行讲解

6.虽然有些冷，但甲板上的景色非常好 7.房间虽然狭窄，但功能齐全 8.窗外
就是北极风光，是一个绝佳的景观餐厅

9.午餐自助。也有安排烧烤的日子 10.午餐自助内容十分丰富。还有半个整身的龙虾 11.刚烤好的华夫饼备受好评

DATA

这是包括乘坐巡游船前后的住宿和游览的6日游旅行日程。2人住一间时价格是每人1515欧元起。不需要准备特别的装备，但即使是夏天最高气温有时也会降到10℃以下，天气变化也很大，最好准备具备防水性能的防寒服。会经常看到动物，如果准备一个望远镜，会增加很多乐趣。晕船的人最好自备晕船药。

享受世界最北端！

朗伊尔城的漫步方法

Longyearbyen

1.城市主街道
2.俄罗斯人曾经住过的废墟之城金字塔镇
3.即使是游轮一日游也能看到冰河美景
4.这就是夏天也能乘坐的狗拉雪橇

朗伊尔城是游客能够轻松来访的世界最北端的旅游城市。由于近几年旅游人气急升，当地正在紧锣密鼓地建设酒店。无论夏季还是冬季这里都拥有无限乐趣。

充分利用旅游团

市内的景点有博物馆和画廊，还可以参观部分废弃矿场和煤炭输送设施，有一天时间就足够了。如果走出城市范围，总是能遇到北极熊，所以一定要和持有枪支的人一起出行。可以参加旅游团扩大游览范围。如果有一整天的时间，建议参加前往俄罗斯煤矿之城的巡游船。现在仍进行开采的巴伦支堡、废墟之城金字塔镇仍保持着俄罗斯城市风貌。如果只有半天时间，推荐和猎狗一起进行的化石发掘之旅，或乘坐夏季也能乘坐的狗拉雪橇，在周边的山上徒步旅行。不推荐独自旅行，应充分利用当地的旅游团，才是安全又充分地游览当地的最佳方法。

5.位于城市里侧的画廊
6.大学设置的博物馆展示内容非常丰富

城市的酒店和餐厅

由于游客激增，酒店容量无法相应地跟上，最好尽量提前一段时间进行预约。酒店虽然分布在市区各处，但都在步行即可抵达的范围内。如果行李多，可以乘坐出租车。这里的餐厅菜品味道都很不错，有些餐厅也会营业到深夜。夏季时餐厅通常会人满为患，如果有喜欢的餐厅，最好提前预约。提供全面服务的位于世界最北端的丽笙极地酒店，在其夏季自助餐中，还能品尝到驯鹿、海豹的肉干等，这是只有这个地区才会有的肉类菜肴。

7.丽笙极地酒店的客房时尚、方便 8.丽笙极地酒店"南森"餐厅的夏季自助餐备受好评

9.古香古色的斯匹次卑尔根酒店的大堂 10.斯匹次卑尔根酒店餐厅的菜品水平极高 11.面向经济型游客的住宿设施煤矿工小屋家庭旅馆的食堂

DATA

交通

夏季时有从奥斯陆和特罗姆瑟飞往这里的直飞航班。从奥斯陆出发所需时间约为3小时，从特罗姆瑟出发约需1小时30分钟。冬季只有从特罗姆瑟飞来的航班。从机场前往市内可以乘坐巴士或出租车。

旅行季节

一年四季都能进行游览，但推荐夏季前往旅游。冬天会持续一段没有太阳的极夜时期，有机会观赏到极光。盛夏季节最高温度为7~8℃，最低温度为4~5℃，因此需要准备挡风遮雨的防寒服。有很多旅游团都设有丰富多彩的户外活动，此外准备便于徒步旅行的鞋会比较方便。

基本信息

通英语。货币使用的是挪威货币，信用卡普及率极高。治安非常好，但遇到北极熊的危险系数很大，绝对不能独自一人前往郊区。

旅游团的预约

市区有几个旅游公司，通常酒店礼宾处也接受旅游团预约。有时会有旅游团因人数不足无法成团的情况，如果想乘坐一日巡游船最好预留些时间。

斯匹次卑尔根旅行 Spitsbergen travel

位于丽笙极地酒店旁边的旅游公司。网站上信息很丰富。

URL www.spitsbergentravel.com

←位于丽笙极地酒店旁边，地理位置非常方便的旅游公司

取材配合：海达路德HURTIGRUTEN，Spitsbergen travel

↑哥得兰岛的中心维斯比

轻松的冒险氛围♪

前往北欧岛屿的短途旅行！

游览了城市，也充分享受了购物时间，再来看看更新奇的世界吧！
向大家推荐有些不同的岛屿旅行。
风光明媚的景色，独特的岛屿文化，
被认定为世界遗产的遗迹，
北欧有很多充满魅力的岛屿。

Pick Up 4 Islands!

在此介绍众多岛屿中特别值得推荐的4个岛屿。想参加更多活动？还是想学习历史？选择一个自己最喜欢的岛屿吧。

↑1225年创建的圣玛利亚大教堂

←打亮夜景照明的圣卡特琳娜教堂

景观派　世界遗产

Gotland

哥得兰岛

DATA 面积……3140km^2
是否能从斯德哥尔摩一日往返 ……×
从尼奈斯港乘坐渡轮约需3小时15分钟

位于斯德哥尔摩南面的瑞典最大的岛屿。岛屿中心维斯比被全长约3.5公里的城墙围绕着，是汉萨同盟时代的遗留物，充满了中世纪的氛围。另外，《魔女宅急便》的故事背景就是参照此处，鲜艳的橙色屋顶让人联想起琪琪居住的城市。

岛屿历史

维斯比诞生于维京人时代，12世纪至14世纪期间，这里是与汉萨同盟进行贸易的繁华港口。14世纪中叶，一度被丹麦征服，17世纪中叶再次成为瑞典领土。因传承着往昔荣华的城市街景，而在1995年被列入《世界遗产名录》。

旅游小贴士！

维斯比是世界遗产，拥有美丽的街道。推荐的观景点是从圣玛利亚大教堂旁边的阶梯走上去的高台。能看到蓝色天空和大海与橙色屋顶形成的美丽对照。

→雷讷被誉为罗弗敦群岛中最美的城镇

↑从莱克内斯到努斯峡湾之间的景色

游览派

Lofoten

罗弗敦群岛

DATA 面积……1227km^2
是否能从奥斯陆一日往返 ……×
从博德乘坐渡轮约需3小时35分钟

被誉为“世界最美的地方之一”，罗弗敦群岛以独特魅力征服了来自世界各地的游客。岛屿位于挪威北部，据说是迪士尼电影《冰雪奇缘》的故事背景地之一。车辆在山间穿行，是体验大自然的最佳方法。

旅游小贴士！

罗弗敦群岛分布着斯沃尔韦尔、雷讷等城镇，开车巡回在各城镇间进行游览是最佳游览方法。2~4月会进行鳕鱼捕捞，届时整个城市都会充满活力。

岛屿历史

罗弗敦群岛上有1万年前人类居住的痕迹。冰河侵蚀期形成的大地在水退下后形成独特的地形，到处都是裸露着岩石的悬崖，并不适合栽种农作物。但这里是大型的鳕鱼捕捞场，干鳕鱼通过汉萨商人的运作被销往欧洲各地。

↑可以看见大炮

学习派 世界遗产

Suomenlinna

芬兰堡

DATA 面积……2.1km²
是否能从赫尔辛基一日往返……○
从赫尔辛基乘坐渡轮约需15分钟

由4个岛屿组成的芬兰堡，曾经是重要的要塞。拥有大炮和炮台遗迹、教堂遗迹的岛屿，成了拥有咖啡馆、餐厅、博物馆的绿意盎然的公园，每到夏季都会有很多赫尔辛基人来到这里。对当地人来说，这里是在居家附近享受与友人远足、夜晚漫步乐趣的好地方。

↑虽然保留有要塞及往昔的记忆，但岛屿充满了和平的氛围

岛屿历史

在瑞典统治时期的1748年，岛上修筑了堡垒，1808年在与芬兰的战争中瑞典战败，这里被俄罗斯占领。1973年以后作为公园向市民开放，1991年被列为世界遗产。芬兰堡Suomenlinna是芬兰语中的芬兰Suomen和城Linna结合起来形成的。

旅游小贴士！

除了能够通过模型和照片了解岛屿历史的芬兰堡博物馆之外，还有几个博物馆。另外，常年开设有漫步岛屿同时学习岛屿历史的旅游线路，非常受欢迎。

↑哈玛里克·胡思博物馆里摆满了雕刻家哈玛里克的收藏品

行动派

Ærø

艾尔岛

DATA 面积……88.1km²
是否能从欧登塞一日往返……○
从瑞典乘坐渡轮约需1小时15分钟

艾尔岛位于菲英岛南面。岛上有一派牧歌田园风情，夏季时有很多人来此钓鱼、兜风、在海滨进行海水浴等。这里景色优美，再加上丹麦简明的结婚制度，每年都会有2800对新人在此举行婚礼，是著名的婚礼圣地。

↑岛屿中心地区埃尔斯库宾海岸沿线的色彩鲜艳的海滩小屋

旅游小贴士！

街上林立着建于18世纪的建筑物，仅漫步其中也会让人感觉兴趣盎然，而且这里交通十分便利，可以从欧登塞当日往返。推荐夏天来这里，可在碧蓝大海中进行海水浴。

岛屿历史

有关岛屿最初的记录是1137年挪威的诗歌。之后岛屿被分割成各种城镇，1750年时形成了艾尔岛同盟，开始了统一发展的历程。现在这里成为世界上备受瞩目的环保岛屿，岛屿上一半以上的能源由岛上的风力发电和太阳能发电供给。

还有！极具个性的岛屿！

←岛屿中心区的博里霍尔姆城堡遗址

↓岛屿上分布着古老的风车

Öland

厄兰岛 世界遗产

DATA 面积……1347km²
是否能从卡尔马一日往返……○
从卡尔马乘坐巴士约需50分钟

从卡尔马跨过长达6公里的大桥才能到达的岛屿。在长长的岛屿南部铺设有石灰石道路，周围分布着5000多年前的居住痕迹。另外还有维京人的墓地和风车，这种怀旧而又独特的风光得到高度认可，于2000年被列入《世界遗产名录》。

旅游小贴士！

可以乘坐大巴车游览岛屿，但是车次很少，所以最好还是租赁汽车或自行车进行游览。汽车可以在卡尔马租到。

Bornholm

博恩霍尔姆岛

DATA 面积……588km²
是否能从哥本哈根一日往返……○
从哥本哈根乘坐巴士+渡轮约需2小时50分钟

博恩霍尔姆岛是丹麦人和瑞典人的度假胜地。每次瑞典和丹麦战争之后，岛屿的归属国都要变更一次，是深受战争之苦的岛屿之一。岛屿的中心城市是拥有五彩斑斓街景的伦讷。以此地为据点，能前往厄斯特拉斯圆形教堂（Østerlars kirke）等地。

→傍晚时的美丽景色

旅游小贴士！

景点都在市区公共交通可到达的范围内。巴士车次也比较多，最好留出充裕时间，坐着巴士悠哉地欣赏风景。

←位于岛屿北部的哈默斯胡斯遗址

→位于奥兰岛南侧的Kobba Klintar的风光

Åland Islands

奥兰群岛

DATA 面积……1553km²
是否能从图尔库一日往返……○
从图尔库乘坐渡轮约需5小时20分钟

奥兰群岛位于波斯尼亚湾入口。其中最大的岛屿就是奥兰岛。由于过去曾是瑞典领土，因此现在虽然是芬兰共和国的一部分，但其官方语言是瑞典语。另外，作为拥有自治权的自治地区，其文化也非常独特。

↓由俄罗斯建造，但未完成就被破坏的要塞波马尔森

旅游小贴士！

如果只游览奥兰岛的中心玛丽港市，骑自行车游览就可以。如果想游览整个岛屿，建议租赁汽车游览。

不断进步的
精美设计

1.斯德哥尔摩的设计之家里有很多时尚的物品 2.瑞典人气品牌古斯塔夫斯伯格 3.2015年11月新开业的玛丽马克的新总部店铺

痴迷于时尚又具功能性的北欧设计♥

北欧设计受到全世界钟爱的原因，是其立足于自然主义的可爱风格。为活跃于社会活动的女性提供的简洁又具有女性气质的服装，所有设计都源于生活。北欧衣、食、住的所有设计都充满美感，而且又非常实用，让我们尽情享受其间吧！

1

临行前稍微了解一下！

北欧设计的相关事宜

北欧品牌久负盛名，但到底都有哪些品牌呢？让我们大概了解一下各国的设计现状以及最近的趋势吧。→p.13

2

传统和个性都不容错过

时尚的北欧设计不是一朝一夕形成的。从支撑着北欧设计的支柱品牌到新进入中国的北欧品牌，都值得关注。

3

小物件、高品位

照明、室内装饰、装饰物等，在这里能看到只要放在房间里就会增添无限情趣的各种优秀设计类物品。

了解北欧品牌的3个关键点

1 简洁

刀具等每天使用的物品最重要的是方便。伊塔拉的Teema系列，在收纳时可以将盘子重叠放置，北欧设计多为这种简洁并经过各种计算考量的风格。

2 自然主题

北欧的夏季很短。从这一点得到启发的自然主题的纹饰被充分运用到了设计中。用色彩明快的物品装饰房间，或穿戴在身上，会使人们心情愉悦！

3 在家里度过的时间

在物价高昂的北欧，人们大多会在家里用餐，在家里度过漫长冬季。为使在家度过的时光更加舒适，人们一般会使用喜欢的家具，用富有趣味的装饰品装饰房间。

临行前稍微了解一下！

北欧设计的相关事宜

北欧设计已经被人们广为熟知。不仅有很多被人们喜爱的老牌品牌，还不断涌现出很多年轻设计师，不断地推陈出新。在介绍各国著名品牌的同时，介绍各国的设计特点。

→受到世界各地名人和音乐家热捧的亨利克·维斯科夫（→ P.98）↓能够学习丹麦设计的丹麦设计博物馆（→p.73）

Denmark 丹麦

有皇家哥本哈根、乔治·杰生等皇室御用的广受欢迎的品牌。此外，由世界著名设计巨匠汉斯·瓦格纳等设计的室内装饰类物品也非常受欢迎，但近几年由年轻设计师担纲的Hay（→p.101）等新兴品牌也不断出现，备受瞩目。

Norway 挪威

有很多设计时尚的家具，但遗憾的是与其他北欧国家相比，还资历尚浅。品质和设计都非常优秀的老牌毛毯品牌ROROS TWEED在国内外都备受欢迎。

↑位于奥斯陆的咖啡馆“富格莱恩”（→p.205）内，不仅使用了挪威家具，还能购买←100%羊毛的ROROS TWEED的坐垫

Finland 芬兰

除纺织品品牌玛丽美歌（Marimekko）、陶瓷器品牌阿拉伯（ARABIA）、玻璃制品品牌伊塔拉之外，最近发源自位于赫尔辛基的热门地区设计区（Design District）的时尚品牌等，有各种各样的品牌。

Sweden 瑞典

玻璃品牌珂丝塔（KOSTA BODA）、陶瓷器品牌古斯塔夫斯伯格等，老牌品牌是男女老少都喜欢的品牌。聚集了年轻设计师和美术大学学生的设计品的托里耶设计（→ p.355）等商店也很受欢迎。

←托里耶设计里总是云集着最新设计产品，只是看看都会让人感到满足

↑阿尔托咖啡屋（→p.471）是能感受到阿尔托设计的人气地点 →洛卡（→p.477）位于聚集着约200家时尚店铺的设计之家

↑纳柔依峡湾，裸露的岩石和绿色相映成趣，非常美丽
→从斯特加观景台眺望到的景色

\ 体验北欧的大自然！ /

去看峡湾吧！

峡湾是大自然经过冗长岁月才孕育出的艺术品。包括松恩峡湾在内的五大峡湾，整年都可前往游览，旅游线路完善，交通方便，这一点是其备受欢迎的一个原因。让我们亲自体验一生一定要去看一看的绝美景色吧！

乘坐NORWAY IN A NUTSHELL巡游松恩峡湾

如果想高效地游览松恩峡湾最负盛名的纳柔依峡湾和艾于兰峡湾，利用卑尔根发出的周游套票（NORWAY IN A NUTSHELL）（→p.236）最方便。也有从奥斯陆出发的周游套票。

从卑尔根到米达尔

8:45从卑尔根出发，乘坐火车前往米达尔。前行方向的左侧看到的峡湾景色非常迷人。会感觉近2小时的铁路之旅瞬间就结束了。

弗洛姆铁路

让我们乘坐从米达尔到弗洛姆之间的登山铁路—弗洛姆铁路吧。中途，在落差达93米的肖斯瀑布会停车，给乘客拍照留念的时间。

最先前往艾于兰峡湾！

到达弗洛姆后，终于可以前往峡湾了！最先前往的峡湾是裸露着岩石的艾于兰峡湾。中途有艾于兰和昂德瑞戴尔村等小村镇。

游客熙熙攘攘的弗洛姆港

犹如童话王国！

昂德瑞戴尔村是一个人口只有80人的小村镇，山羊都比人多。山羊奶酪是这里的特产。

接下来前往纳柔依峡湾

船体开始向左倾斜，沿着靠山一侧转弯时，就意味着进入纳柔依峡湾了。高耸的岩石迫近眼前，能看到一派生气勃勃的风光。穿过这个峡湾就是古德旺恩了。

到达古德旺恩

到达后乘坐巴士前往沃斯。从沃斯乘坐火车前往卑尔根，19:00左右到达卑尔根（各时期时间略有不同）。

详细线路请参照p.237！

必看的五大峡湾

在挪威西部海岸连绵不绝的无数峡湾中，能看到美丽景色的五大峡湾就在这里！

Geirangerfjord

盖朗厄尔峡湾

在犹如紧贴在深蓝色水面上的高耸山峦间穿行的巡游线路充满了神秘氛围。2005年，盖朗厄尔峡湾和纳柔依峡湾一起被列入《世界自然遗产名录》，这在挪威是第一次。如果是从奥斯陆前往，途中在劳马铁路上看到的窗外景观也非常美丽。

→从奈达尔斯内斯发出的巴士会在中途停车，可以眺望美景

↑盖朗厄尔(→p.252)周边雄伟的景观

DATA

季节	5~9月
据点城市	奥斯陆、奥勒松
交通	渡轮、铁路、巴士

Sognefjord

松恩峡湾

长达204公里，最深处的水深达1308米，是欧洲最长、最深的峡湾。由于交通便利，整年都有许多游客光顾。夏季时这里绿色葱茏，冬季则是一片银装素裹，是魅力无限的峡湾。游览峡湾需乘坐渡轮。越往前行分支越多，最深处的纳柔依峡湾和艾于兰峡湾是这次乘船之旅中最精彩的部分。

←松恩峡湾的壮观风景

DATA

季节	整年
据点城市	奥斯陆、卑尔根
交通	渡轮、铁路、巴士

Lysefjord

吕瑟峡湾

吕瑟峡湾最具魅力的景色是从普雷克斯图伦（传教台之意）眺望的景观。从高604米的悬崖峭壁上眺望到的峡湾全景异常壮观。到达此处的山麓非常陡急，但登顶后看到的景色会让人觉得不枉此行。

↑能够眺望到绝佳景色的普雷克斯图伦

DATA

季节	5月上旬~9月中旬
据点城市	斯塔万格
交通	渡轮、巴士、步行

Nordfjord

诺德峡湾

位于盖朗厄尔和松恩之间的峡湾。欧洲面积最大的约斯特达尔冰川就位于其中，在其支流布里克斯达尔冰川能看到迫近眼前的冰河。

↑从山麓到冰河单程需45分钟

DATA

季节	6~8月
据点城市	奥勒松、卑尔根
交通	巴士、徒步

Hardangerfjord

哈当厄尔峡湾

春季时，峡湾沿线果树园会开满花朵，风景异常美丽。稍远之处的山妖之舌，犹如山妖特罗之舌的岩石向外突出，是非常著名的拍照点。

DATA

季节	5~9月
据点城市	卑尔根、沃斯
交通	渡轮、铁路、巴士

↓设有观景酒店

↑犹如帘幕晃动一般，柔和律动的极光
↓出现后马上消失的情况也不少

\冬季的诗歌/

去看光之帘幕，极光！

天空开始依稀出现颜色，瞬间便光彩遍布的神秘景象，在芬兰被誉为“北极光（Revontulet）=狐火”，传说这束光是因被狐狸尾巴扫起的雪花被太阳光照射而产生的。让我们去观赏这让人激动不已的天体盛宴吧！

1 有关极光的基础知识

极光虽然很神秘，但到底是怎么形成的呢？下面介绍有关极光的知识☆

Q1. 极光是什么？

Ⓐ 极光是因太阳黑子运动产生的带电的微粒子（太阳风），与地球大气中的原子和分子冲突后放电产生的现象。极光帘幕宽可达 100 公里，其上部位于 500 公里以上空间。

Q3. 能看到极光的区域有哪些？

Ⓐ 地球上产生极光的地域是以地磁极为中心的、被称为极光带的椭圆形地带之间。极光带不仅存在于北极，南极也有。在北极圈出现极光时，南半球也同样会产生极光。

Q2. 为什么极光会有不同的颜色和形状？

Ⓐ 根据发生冲突的大气中的原子和分子的种类会呈现出不同颜色，氮气多时极光呈现蓝色，氧气多时则会出现红色极光。另外，极光呈帘幕形状晃动，是带电微粒子被地球磁场吸引所致。

极光的形状根据观看位置和发生规模而不同！

1 弱极光
带状极光
初期的极光晃动幅度很小，光线也很弱，形成看似带状的极光。

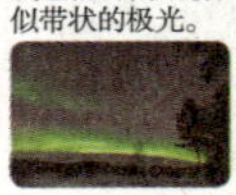

2 强极光
帘幕状极光
活跃的极光有时闪烁晃动，有时形成旋涡状。

3 从正下面看
弧状极光
犹如从空中倾倒而下的极光，是极为少见的种类。

2 极光的观赏方法

什么才是观赏极光最好的方法呢？从行程满满的旅游团到市区、酒店，观赏方法请看这里。

方法1 在罗瓦涅米（in Rovaniemi）参加摩伊摩伊号

摩伊摩伊号是位于芬兰北部的罗瓦涅米设置的观赏极光的巴士。根据天气情况，并不能保证一定能看到极光。在等待极光出现时，会在被称为“克塔”的小店里品尝小吃，很适合那些想体验芬兰风情的人。

DATA 北欧旅行 摩伊摩伊号咨询处
TEL（03）6809-4324 FAX（03）6809-4321
URL www.tumlare.com

↑到指定的酒店接客人，乘坐大巴来到观测地点。有导游进行说明，能更好地观赏极光

克塔的种类
有好几个克塔，会选择在更容易看到极光一侧的克塔等待，因此看到极光的概率也提高了很多！

1.在克塔里等候，直至极光出现。出入自由，所以去外面也可以！极光出现时会有人过来通知 2.有时会使用白桦制作的叫作KUKSA的杯子饮用热饮料，氛围很好！ 3.有时会分发曲奇等点心，还可以将香肠放在篝火上烤

↑去克塔外面看看吧。如果没有云彩，还可以观赏美丽的星空

←在克塔里面取暖，不时关注着外面时，极光出现了！ 周遭被绿色光芒包裹着，充满神秘的氛围

方法2 在市区内观赏极光

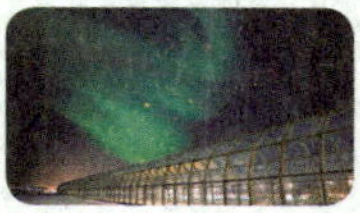

市区中心因为很明亮，所以很难看到极光，但是可以在灯光较少的市区边界看到极光。运气好时，不经意地抬头看天空就会看到极光。

方法3 在酒店观赏极光

从罗瓦涅米的拉普兰天空奥纳斯瓦拉酒店（→p.508），瑞典耶利瓦勒的杜瑞特波阳恩酒店（→p.399）观看，也是一种方法。

3 北欧的观测地名单

观赏极光的地点分布在北欧很多地方。掌握各国能观赏极光的地点及其特点，选择一个适合自己的地方吧。

Finland

3个国家中观赏极光的地方最多的国家。不仅在市区里面，在卡克斯劳塔宁阿克蒂克度假酒店观赏极光，还可以进行越野滑雪、乘坐雪橇车等活动。

能看到极光的地点
罗瓦涅米 →p.505
萨里塞尔凯 →p.513
凯米、利维、乌喜拉、支海等地

Sweden

能看到极光的地点
基律纳 →p.394
耶利瓦勒 →p.398
阿比斯库 →p.403

北起停留在一个地方，更推荐从基律纳前往尤卡斯耶尔维的冰雪酒店（→p.396），或乘坐Norrlandståget火车（→p.397）前往挪威。

Norway

能看到极光的地点
罗弗敦群岛→p.267
特罗姆瑟 →p.272

气温不会太低，有利于进行观赏，但降水量较多。从瑞典乘坐Norrlandståget火车、海达路德游轮北上的旅行团等，还有很多观赏极光以外的乐趣。

贵族华丽的房屋、一般家庭复古风格的独栋建筑、人们熟悉的教堂等，将古建筑移建过来后进行再现的巨型博物馆就是露天博物馆。实际上这个露天博物馆发源地就在北欧。园内有身穿古代服装的人在漫步，草坪上有游客在野餐，游玩方法也多种多样。

轻松穿越 ☆

去露天博物馆吧！

1200年时建造的木结构教堂（挪威民俗博物馆）

Q 什么是露天博物馆？

A 将实际使用过的建筑物移建再现，展现当时生活面貌的生动的博物馆。还展示有当时的道具和家具，能近距离地观看。

Q 什么时候能看到？

A 一般是全年开放，但有的地方会在冬季休息。露天博物馆是鲜花绽放、绿色盎然的地方，最好在夏季前往参观。

Q 只是看建筑物吗？

A 当然不是！园区内有面包房销售用当时的制作方法制作的面包，还有经营复古杂货的商店，还会举办民间舞蹈等定期活动。

NORWAY 奥斯陆

挪威民俗博物馆

参观时间：2小时
交通：从奥斯陆中央车站乘坐市区巴士30路约20分钟

位于奥斯陆的挪威代表性博物馆。展示有从挪威各地搜集来的170多个建筑物。1881年从奥斯陆移建而来的始建于1200年的木结构教堂是必看建筑，因久经岁月而变黑的木料坚实地组合在一起，传达着超越时代的感动。→p.189

绿意盎然的美丽博物馆

在侯林达地区使用过的仓库。还能看到在这一地区使用过的农户的房舍和牛舍等

以凯瑟琳·霍尔姆（Cathrineholm）炊具为代表的20世纪70年代一般家庭的样子。这个展示楼层所在的公寓建于1865年

在挪威民俗博物馆一定要做的3件事

1 观看演出活动

夏季周日举行民间舞蹈和剪羊毛等表演，还有各种各样的演出！夏季的各种工作坊等，每个季节都会有不同活动举办。详细情形请在接待处确认。

↑近距离观看剪羊毛表演，让大人孩子都目不转睛
→民间舞蹈表演非常热烈

↓还能乘坐马车

→展出有萨米人服装的展室

2 和穿着古代服装的人合影

若无其事地走来走去，完全进入状态的人连说话方式都不一样，非常有趣。打个招呼就会摆出姿势，还可以合影，轻松地去打个招呼吧。

3 了解文化

这个博物馆里设有能够了解萨米人的服装和历史的展出，以及搜集了萨米玩偶的博物馆，还能深入了解包括挪威在内的北欧的文化、人们的风俗习惯。位于入口附近，可以先看这里然后再看其他地方。

DENMARK 欧登塞

菲英露天博物馆

参观时间：1小时30分钟
交通：从欧登塞站前的市巴士总站乘坐市区巴士110路、111路约15分钟

这里曾作为丹麦电影摄影地使用，是一个绿意葱茏的博物馆。展出有丹麦作家安徒生所处时代的水车、农场、学校等，入口处有商店，放映着介绍19世纪初期村庄的电影。→p.113

进入博物馆马上就有一个商店

1.有很多动物，如鸟类、马、猪等 2.小型的农家，天棚非常低 3.夏天会举行蕾丝编织等工作坊活动。可以中途临时参加活动

在这里要做的事情！

博物馆内摆放着长椅，夏季时可欣赏绿色风景和博物馆，享受野餐乐趣！日照非常强烈，最好准备帽子和太阳镜等。

→经常看到很多人聚集在一起，大声笑闹着野餐

DENMARK 奥胡斯

旧城

参观时间：1小时30分钟
交通：从奥尔胡斯站步行约20分钟

展出丹麦从300年前左右直至现在的建筑物的博物馆，是至今仍在不断进行增建的奥尔胡斯的人气景点。只要下载专门的软件，就能了解有关建筑物的更多知识。在20世纪70年代的区域里，再现了当时的街道风景。→p.122

外观犹如一个城市

1.位于造币局局长宅邸内的豪华房间 2.看着沿河而建的建筑物，会感觉时光仿佛停滞了一样 3.五金店里穿着过去服装的店员！

在这里要做的事情！

设有用古代手法制作面包的面包店，能品尝到朴实的食物。因为店内没有食用食物的空间，买了面包后在外边慢慢品味吧。

→口味酥脆，有着淡淡甜香的曲奇

SWEDEN 斯德哥尔摩

斯堪森

参观时间：2小时
交通：从斯德哥尔摩文化会馆前乘坐市区巴士69路在Djurgardsbron下车，换乘7路电车在Skansen下车后不久即到。所需时间约15分钟

1891年开业的世界第一家露天博物馆。为了保留瑞典传统，创始人将18世纪至20世纪的农家、贵族宅邸移建到这里。还会举办夏至节等活动，选择合适的时期来参观吧。→ p.330

有很多全家一起来参观的人

在这里要做的事情！

在斯堪森内的房间里除售卖碟子、玻璃、刺绣等物品之外，还有博物馆商店。还有限定商品，一定要看看！

→排列着简朴而又漂亮的商品的商店

1.斯堪森里面也有穿着民族服装的人进行表演 2.园区面积很大，高低落差也很大 3.还有牛等动物，一派悠闲景象

FINLAND 赫尔辛基

伴侣岛露天博物馆

参观时间：1小时30分钟
交通：从赫尔辛基的瑞典剧院前面乘坐市区巴士24路约20分钟

位于赫尔辛基半岛西侧的小岛，整个岛屿都是露天博物馆，移建有18世纪到19世纪的古老房屋。如果只是看看建筑物和散步，无须门票，因此能看到来此慢跑和漫步的人的身影。→ p.452

过桥前往园区内

在这里要做的事情！

因为是位于森林内的充满大自然气息的博物馆，能经常遇到松鼠和鸟类等野生动物。有很多虫子，最好准备除虫喷雾剂等前往。

→遇到松鼠的概率很高

1.有工作人员的建筑物一般都是收费的内部漂亮的装饰 2.拉普兰地区的小屋 3.教堂

希腊&爱琴海诸岛 塞浦路斯
巴厘岛
普吉岛
帕劳岛
美国西海岸
新加坡
南非
英国
法国
马尔代夫
美国
美国国家公园 National Parks in the U.S.A.
匈牙利 Hungary
加拿大 Canada
西班牙 Spain
斯里兰卡 Sri Lanka
泰国 Thailand
捷克 波兰 斯洛伐克 Czech Poland Slovakia
德国 Deutschland
北欧 Scandinavia
本系列已出版丛书：
涵盖世界70个国家和地区

穿行在峡湾间的海达路德游轮，四面都是绝美的景色

世界各地旅行者向往的 北欧2大游轮

在挪威沿岸行进的海达路德游轮，以及连接斯德哥尔摩~赫尔辛基的塔林克·诗丽雅豪华游轮，是代表北欧的人气游轮。除了能从船上眺望到美丽的景色之外，船内的娱乐节目也非常精彩，来参加这个顶级游轮之旅吧。

巡游1

眺望峡湾的悠闲游轮之旅 海达路德

Hurtigruten

海达路德游轮是航行在挪威西海岸的卑尔根和希尔克内斯沿岸的定期往返线路，在12天内经过34个港口。全年运营。游轮的最大魅力在于能够看到重峦叠嶂的峡湾风景和散布其间的充满魅力的岛屿景观。另外，在停留的港口城市散步也非常吸引人，根据季节会安排各种各样的游览计划。

DATA 海达路德游轮（沿岸客轮）
URL www.hurtigruten.com
TEL 81-003030（在挪威的预约电话）

↓冬季从船上能看到峡湾雪景

©Nancy_Bundt1

航运日程

	北部巡航（6/1～10/31）	北部巡航（11/1～次年5/31）	南部巡航
第1天	**卑尔根** 20:00出发	**卑尔根** 22:30出发	**希尔克内斯** 12:30出发
第2天	**奥勒松** 8:45抵达 9:30出发 **盖朗厄尔**※1 13:30出发 **奥勒松** 19:00出发	**奥勒松** 12:00抵达 15:00出发	**洪宁斯沃格** 5:30抵达 **特罗姆瑟**※2 23:45抵达
第3天	**特隆海姆** 8:30抵达 12:00出发	**特隆海姆** 6:00抵达 12:00出发	**特罗姆瑟** 1:30出发 **斯沃鲁瓦** 18:30抵达 20:30出发
第4天	**博德** 12:30抵达 15:00出发 **斯沃鲁瓦** 21:00抵达 22:00出发	**博德** 12:30抵达 15:00出发 **斯沃鲁瓦** 21:00抵达 22:00出发	**博德** 2:30抵达 4:15出发
第5天	**特罗姆瑟** 14:30抵达 18:30出发	**特罗姆瑟** 14:30抵达 18:30出发	**特隆海姆** 6:30抵达 10:00出发
第6天	**洪宁斯沃格** 11:15抵达 14:45出发	**洪宁斯沃格** 11:15抵达 14:45出发	**奥勒松** 0:30抵达 1:00出发 **卑尔根** 14:30抵达
第7天	**希尔克内斯** 9:00抵达	**希尔克内斯** 9:00抵达	

※1 / 9、10月前往约伦峡湾
※2 / 4、5月前往林恩湾后再前往特罗姆瑟

巡游2

北欧顶级豪华游轮

塔林克·诗丽雅豪华游轮

Tallink Silja Line

塔林克·诗丽雅游轮连接着瑞典和芬兰，不仅可以作为移动的交通工具，还能体验豪华游轮之旅。这里介绍从斯德哥尔摩前往赫尔辛基的航线。

↑从芬兰堡岛旁边通过的赫尔辛基出发的塔林克·诗丽雅游轮

充实的夜宿型游轮

斯德哥尔摩～赫尔辛基之间有诗丽雅·小夜曲和诗丽雅·交响曲两个游轮运行。是能看到很多家庭旅游者身影的船，且设施非常完善，还可以作为豪华游船享受。没有乘船的复杂手续，但需要自己拿行李到船舱，所以最好早些动身乘船。还有连接斯德哥尔摩和图尔库的航线（→ p.490）。

1.带有窗户的A等(标准)客舱　2.3.宽敞的豪华间客舱。还有很多优惠　4.A等客舱的浴室

从登船手续到登船

↑市区有直达巴士到Vertahamnen港的候船大楼

↓自动办理机操作起来非常方便

↑通往游船的栈桥虽然很长，但大件行李也能通过

→终于上船了。拍张照留念

终于开始航行了!

↑每个电梯所到楼层都不一样，要注意

公共区域令人非常开心！

虽然是只有1晚2天的航行，但船上的设施和豪华游轮完全相同。除咖啡馆、餐厅、商店林立的142米的大型漫步大道之外，还有夜总会、赌场、酒吧、按摩室、桑拿浴，设施非常完善。因为有很多家庭乘客，面向儿童的娱乐活动和设施也很充实。除了漫步大道两边的餐饮店外，还有很多开放的公共区域和景色优美的就餐区。船内的演出也不要错过。夜总会会在较早的时间段内举办面向孩子们的迪斯科舞会。可以悠闲地享受巡游之旅，也可以在公共区域里参加各种活动。和当地人一起享受波罗的海巡航之旅吧。

DATA URL www.tallinksilja.com
● 赫尔辛基 TEL（09）180-41（销售部门）
● 斯德哥尔摩 TEL（08）222-140（客户服务）

巡航日程

斯德哥尔摩

16:45出发　次日9:55抵达 ↓　↑ 次日9:30抵达　17:00出发

赫尔辛基

※ 11月以后按照冬季日程航行。年初年末，会因圣诞节发生变更，或因安装器材休息。

1.晨光中的大海风光无限　2.斯德哥尔摩出发的船只能观赏到世界遗产地芬兰堡　3.顶层甲板眺望到的景色非常好，还充满了开阔感

4.在面向儿童的迪斯科舞会中，在舞台上一起跳舞的孩子们　5.经常会举办小型音乐会　6.酒吧里也会有现场音乐表演　7.能眺望风景的按摩设施的利用价值也很大　8.杂技表演

9.意大利餐厅TAVORATA的早餐档次很高　10.北欧自助餐蔬菜很多　11.广受推荐的寿司餐厅

\北欧的味道扑面而来！/

品尝北欧味道！

从鱼贝类到肉类、水果，北欧的菜肴非常珍惜大自然的馈赠。驯鹿肉等拉普兰菜肴是必尝的。

丹麦

Denmark

丹麦为国土面积约70%是牧场和农田的农牧业国家。特产是以奶酪为主的乳制品和猪肉，面包的种类也很多。传统食品单片三明治是人们日常食用的食品，在任何一个城市都能吃到。

单片三明治 Smørrebrød

丹麦的开放式三明治。将肉和鱼贝类等放在面包上食用。据说是因为将前一天晚餐剩余食物用于次日午餐而诞生的食物。多数使用炸鱼和小虾等，基本上任何材料都能使用。

烟熏鳗鱼

烟熏的鳗鱼味道清淡，与鸡蛋非常配。丹麦鳗鱼是海鳗，几乎没有腥味。带有油脂的鳗鱼非常美味。

煮牛舌

在丹麦，牛舌很少烤着吃，大多数都是煮或者烟熏后食用。用盐水腌渍后，与带有香味的蔬菜一起煮，可以去掉肉腥味。

三文鱼＆小龙虾配鱼子

生三文鱼和小龙虾搭配小虾或鱼子。是一款海鲜风味十足的菜肴。搭配小茴香蛋黄酱食用。

肉丸

Frikadeller是丹麦式的汉堡。肉馅用盐、胡椒调味后，用黄油烤。除了猪肉馅和牛肉馅之外，有时也会使用白色鱼肉。浇上浓缩酱汁食用。

丹麦酥皮面包 Wienerbrød

丹麦语有"维也纳的面包"之意的丹麦酥皮面包（Wienerbrød）。外皮酥脆，里面是实心而且很甜。寻找一家喜欢的面包屋尝一下吧。

罗马内利

Romsnegl中的"snegl"是蜗牛的意思，一层一层卷起来的面包卷看起来很像蜗牛。奶油上点缀着五颜六色的糖粒。

施蕃道奶油包

一定要品尝一下蛋奶口味的经典Spandauer Crème。糕点使用大量黄油制作而成。

奶酪

丹麦奶酪有很多种类。餐厅里的前菜或甜点就是奶酪。酒店自助早餐中也一定会出现。

挪威

Norway

挪威的山非常险峻，不适合农业，因此主要的食材是鱼贝类。章鱼和三文鱼是最常见的食材，卑尔根和奥勒松产的鳕鱼非常高档。山区有较容易饲养的山羊和绵羊，在拉普兰区域还可以吃到驯鹿肉。

鳕鱼

Acalao是将腌渍或晒干的鳕鱼和大量蔬菜一起用西红柿煮制而成的食物。西红柿的酸味和干鳕鱼的咸香味非常配。

鳕鱼舌

Torsketunger是用油烤得焦香的鳕鱼舌。北部地区的人经常吃。外焦里嫩，食用时浇上一点柠檬汁，蘸着调味汁一起食用。

鲸鱼的白汁红肉

挪威是允许捕捞鲸鱼的国家，因此能吃到鲸鱼菜肴。烟熏鲸鱼肉的肉很紧实，另外除了做成生鱼片食用外，还以鱼排的形式作为主菜呈现。

瑞典

Sweden

出自波罗的海的新鲜鱼贝类、斯堪尼亚地区的农产品、北部的驯鹿菜肴，在瑞典的每个地域都能品尝到独特的食材。而且，瑞典人很重视叫作“Fika”的喝茶时间。

大杂烩

Smorgasbord是瑞典传统形式的自助餐。从前菜的醋汁鲱鱼，到鱼类菜肴、肉类菜肴、甜点，应有尽有，可自由取食。

皮蒂帕那

Pyttipanna 是将切成条状的土豆和肉炒制后，盖上煎鸡蛋或生鸡蛋的瑞典家常菜。配菜是甜菜咸菜。

詹森的诱惑

Janssons Frestelse是将土豆和鳀鱼混合在一起，放上奶油烤的烤制菜肴。菜名据说是因为素食家詹森先生也忍不住品尝而得名。

芬兰

Finland

波罗的海的鱼贝类，北部拉普兰的菜肴，具有芬兰特色的是加上了在森林里采摘的蘑菇和浆果。浆果可以直接食用，还可以作为肉菜的调料使用。还有使用谷物制作的简朴的食物。

芬兰人特别喜欢咖啡☆

肉菜配浆果

肉菜配上浆果食用是北欧的特色，尤其在大量出产浆果的芬兰更是普遍。虽然是出其不意的搭配，但肉的香味和浆果清淡的甜味搭配起来非常美味。

肉桂卷

芬兰语中叫作Korvapuusti，是“被揪的耳朵”的意思。Pulla（果味面包）的代表品种。

卡累利阿派

Karjalanpiirakka是用黑麦制作的饼坯中夹入用牛奶炒过的米再用烤箱烤制而成的卡累利阿地区的乡土菜。放上黄油和炒鸡蛋食用。

还有很多！

北欧套餐美食大集合

从前菜到甜点，套餐看这里！都是到了北欧一定要品尝的美食。

前菜

醋汁鲱鱼

各国前菜中最常见的就是这道菜。是用醋汁和香料腌制的鲱鱼。早餐自助餐和餐厅的前菜都会见到这道菜。还有西红柿味和咖喱味。

烟熏三文鱼

挪威三文鱼是北欧4国的餐桌上常见的食材。可以直接食用，或放入开放式三明治中食用，有多种食用方法。

虾

将新鲜的虾用盐水煮过后，浇上柠檬汁食用。也是沙拉和开放式三明治的馅料的常见食材。

汤

三文鱼汤

4个国家都会食用的一种鱼汤。是加入三文鱼和大块土豆，用奶油调味的汤。

蘑菇汤

在生长着很多蘑菇的芬兰，有各种各样的蘑菇汤。还有使用河豚菌制作的奶油汤。

豆汤

瑞典和芬兰有“周四喝豆汤”的习惯。将豌豆捣碎后煮汤，一般会加入芥末调味。

鱼贝类菜肴

烤鲱鱼

在各国都能吃到捕自波罗的海的新鲜鲱鱼。外皮焦脆，内里松软的口感让人欲罢不能。配菜通常是土豆。

炸比目鱼

这是北欧都会吃的家庭料理。味道清爽的比目鱼配上塔塔酱或柠檬汁食用。一般不采用油炸的方法，而采用煎的方法。

有关各国的酒类

因为地处寒冷的地方，酒的种类非常丰富。但除了丹麦以外，其他3个国家对酒类销售的限制非常严格，在购买前一定要确认好。

丹麦 Denmark

虽然是人口约570万的小国，但却是每天消费1000万瓶啤酒的啤酒大国。经典的有土豆制作的蒸馏酒斯纳普斯（Snaps）。是4个国家中能以最适中的价格品尝酒类的国家。

→斯纳普斯（左）最好加入几滴柠檬汁，和啤酒混着喝

挪威 Norway

喝得最多的是啤酒和斯纳普斯。位于世界最北端的啤酒工厂出产的马克厄尔、还有跨越赤道制作的斯纳普斯等，有很多独具个性的酒类。酒的价格在4个国家中是最高的。

↑个性丰富的各种马克厄尔啤酒

肉类菜肴

香烤驯鹿肉

拉普兰地区的驯鹿肉，口感适中，很少有异味。除了做成肉排，还可放入炖菜和汤里。

肉丸子

在北欧各国都能品尝到的家常菜。各国的味道稍有不同，一定要品尝比较一下。最常见的配菜是土豆泥等各种土豆菜品。

脆皮烤猪肉

Flæs-kesteg 是丹麦家常菜烤制的带皮猪肉。将猪肘肉用盐和胡椒腌渍后烤制而成。烤得香脆的猪皮香味四溢，令人垂涎欲滴。

羊肉炖卷心菜

Farikal 是用清炖肉汤煮的羊肉和卷心菜，是最常见的挪威菜肴。口味清淡，很符合东方人的口味。

甜点

鲁纳伯里小蛋糕

Runebergintorttu 只在 2 月 5 日的“鲁纳伯里之日”才会出现。蛋糕里加入了姜饼干碎和杏仁，蛋糕上面放上蓝莓酱。

萨姆拉

Semla 是在散发豆蔻香味的蛋糕坯里加入了奶油和杏仁糊，是瑞典的传统点心。在复活节前的 2 月市区各个地方都能看到。

浆果蛋糕

使用浆果制作的甜点是芬兰的特色。浆果的酸甜味和蛋糕的甜味非常搭配。每个季节使用的浆果各不相同。

瑞典 Sweden

除了啤酒和斯纳普斯，威士忌也是常饮用的酒。酒类销售场所受到限制，但酒精度低于 3.5% 的酒可以在超市和便利店销售。价格比挪威稍微低一些。

→伏特加和瑞典伏特加（ABSOLUT）

芬兰 Finland

啤酒、伏特加、以伏特加为底味的杜松子酒最受欢迎。俄罗斯的影响在这些地方也能感受得到。用浆果制作的果酒也非常值得推荐。酒的价格比丹麦以外的其他两个国家公道。

→桑拿浴后一定要喝的杜松子酒和非常适合作礼物的浆果酒

将北欧的味道带回家！

在超市找寻特产

超市是能够找到具有该国特色物品的绝佳场所。时尚的包装也具有北欧特色。

Breakfast
推荐早餐

↑奶酪 🇩🇰

丹麦的特产是奶酪！以戴着红色帽子的男孩子为标记的 Ostehaps 味道非常好。

↑Knäckebröd 🇸🇪

是用黑麦制作的薄薄的干面包。北欧 4 国都在食用，照片是瑞典拉普兰地区的品牌。

↑酸奶饮料 🇸🇪

Yoggi 的包装很时尚。奶油味很浓，有草莓、杧果等很多口味。

↑醋汁鲱鱼罐头 🇫🇮

在北欧 4 国都能吃到的鲱鱼，是很好的北欧 4 国旅行礼物。口味和大小也有多种选择。

→果酱 🇩🇰

由引领丹麦饮食文化的厨师克劳斯·迈耶监制。抹在奶酪上是丹麦式的吃法。

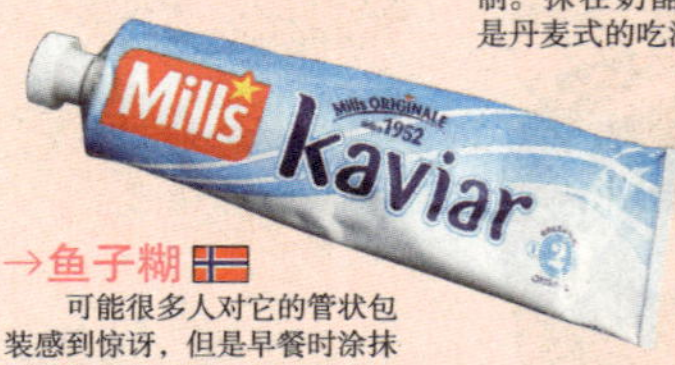

→鱼子糊 🇳🇴

可能很多人对它的管状包装感到惊讶，但是早餐时涂抹在面包和煮鸡蛋上的必备品。

Instant & Canned Food
方便食品 & 罐头

↑汤 🇳🇴

即冲式鱼汤。加入大量蔬菜的卑尔根风味（右）和加入贝类的罗弗敦风味（左）。

↓混合小茴香调料 🇩🇰

放入酸奶油中拌一拌就能成为含小茴香的调味奶油。抹在面包和饼干上食用。

↑三文鱼罐头 🇫🇮

烤三文鱼的罐头。没有进行过调味，可以品尝到原味三文鱼，也可以加入菜肴中食用。

Coffee & Tea
咖啡和红茶

↑咖啡
挪威咖啡品质极高，享有盛誉。Friele咖啡豆在挪威国内的市场占有率最高。

↑红茶
瑞典人非常珍惜喝茶的时间，超市里的红茶种类也非常丰富。老牌 KOBBS 的产品最受欢迎。

Chocolate
巧克力

↑
Anthon Berg 的大包装杏仁巧克力。里面有白兰地等 4 种口味的巧克力。

↑
KEX 是瑞典最常见的一种巧克力。威化 × 巧克力。

→
KVIKK LUNSJ（轻松午餐的意思）巧克力，里面有 4 条威化。

←
有着让人费解名字的 Geisha，是 Fazer 的主要品牌。

→
Daim 是另一个瑞典代表性巧克力。巧克力里面含有黄油味糖果。

Candy & Sweets
糖果和甜点

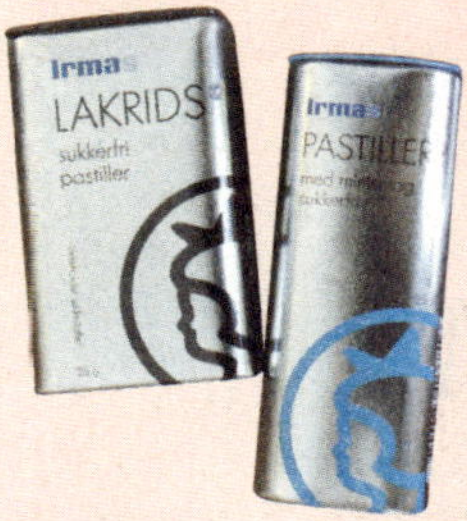

↑薄荷片
Irma 的薄荷片包装是一个饭后使用起来非常方便的小罐子。黑色罐子是甘草味的。

↑水果干
制成水果干的浆果带回去非常方便。照片是蔓越橘。可以直接食用，也可以加入酸奶或奶昔里食用。

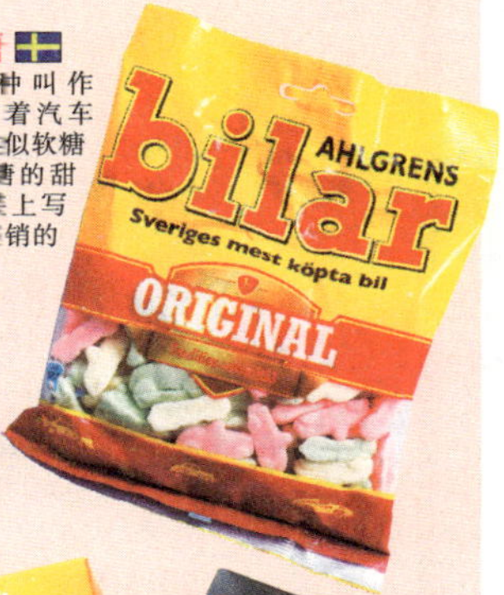

→软糖
一种叫作 bilar，有着汽车形状，类似软糖和棉花糖的甜点。包装上写着“最畅销的汽车”。

←咸味甘草
是著名的“世界最难吃的糖”。据说是用药草和氯化钠调出的味道，非常有特色。

↑甘草糖
用植物调味的红糖。据说丹麦人从小就吃这种糖……挑战一次吧！

COLUMN

北欧的世界遗产

现在北欧共有联合国教科文组织登记的世界遗产 33 处。有的交通比较方便，有时间一定要去看看。

* 括号内是本书登载的页数

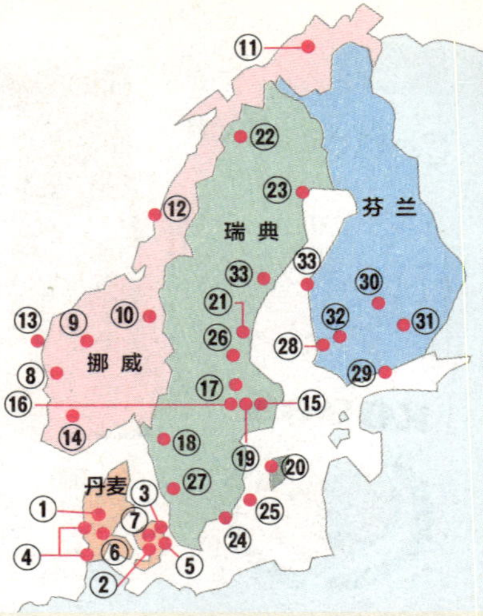

丹麦

① 耶灵坟冢、卢恩石和教堂

Jelling Mounds, Runic Stones and Church

1994 年 文化遗产

耶灵是丹麦第一代国王戈姆的王朝首都。保留在这里的 2 处大型坟墓、教堂、刻有卢恩文字的石碑是丹麦最古老的考古资料。

② 罗斯基勒大教堂

Roskilde Cathedral (Roskilde Domkirke)

1995 年 文化遗产（→p.109）

1170 年，由阿布萨隆大主教建造的大教堂。以罗马样式和哥特样式为主要建筑式样，且并用了多种建筑式样。也是丹麦王室的墓地，是象征国家的建筑物。

③ 克隆堡宫

Kronborg Castle (Kronborg Slot)

2000 年 文化遗产（→p.107）

成为莎士比亚《哈姆雷特》背景地的城堡。1574 年以弗雷德里克二世之名开始重建。其后花费了 11 年建成。

④ 瓦登海

Wadden Sea

2009、2014 年 文化遗产

由沙子和泥土构成的世界最大的浅滩。2009 年，荷兰和德国的区域被列为世界文化遗产，2014 年因为范围扩大，丹麦也被追加进来。

⑤ 斯泰温斯－克林特陡崖

Stevns Klint

2014 年 自然遗产

被认为是展示与中美洲尤卡坦半岛发生冲撞的陨石的影响的地层。能近距离观察约 6500 万年前冲撞时的地层、当时的生物化石。

※ 除此之外，格陵兰岛西部的伊卢利萨特峡湾（Ilulissat Icefjord）于 2004 年被列为自然遗产。

⑥ 克里斯蒂安斯费尔德，摩拉维亚人居住地

RChristiansfeld, a Moravian Church Settlement

2015 年 文化遗产

1773 年建成，克里斯蒂安斯费尔德成为摩拉维亚教堂所在地。以黄色砖石墙体和红色屋顶为特点的建筑物，现在也能使用。

⑦ 北西兰岛帕福斯狩猎景观

The par force hunting landscape in North Zealand

2015 年 文化遗产

将巴洛克式景观应用于森林地带。道路犹如棋盘一样呈直角交叉，石头柱子和栅栏也都标有序号。由两个狩猎用的森林和鹿公园组成。

挪威

⑧ 卑尔根

Bryggen

1979 年 文化遗产（→p.222）

卑尔根市是汉萨同盟在外的据点。卑尔根地区最初作为德国商人的居住地建设而成，之后遭遇了几次火灾，但每次都按照当初的图纸进行了重建。

⑨ 乌尔内斯木板教堂

Urnes Stave Church (Urnes Stavkyrkje)

1979 年 文化遗产（→p.241）

建于吕斯特峡湾的腹地乌尔内斯，是被称为“斯塔万格女王”的最古老的木结构教堂。

⑩ 勒罗斯矿业城市及其周边

Røros Mining Town and The Circumference

1993 年 文化遗产

1644 年发现的铜矿山以及保存了历史风貌的城市勒罗斯。被誉为“矿山街道装饰”的教堂，以及黝黑的木结构民房都保留着 1679 年再建时的情形。

⑪ 阿尔塔岩画

Rock Art of Alta

1985 年 文化遗产（→ p.280）

岩画于 2000 年与史前时代的部落遗迹一同被发现。几乎都是用石块或兽角在花岗岩石上刻画线条后，涂上颜料。最古老的岩画绘制于 6000 多年前。

⑫ 维嘎群岛文化景观

Vegaøyan-The Vega Archipelago

2004 年 文化遗产

由位于北纬 66° 的数十个岛屿组成的群岛。岛屿上的人们从 1500 年前开始以捕鱼和收获绒鸭羽毛为生。另外，群岛上还保留有许多石器时代人类移居这里的痕迹。

⑬ 挪威西峡湾 - 盖朗厄尔峡湾和纳柔依峡湾

West Norwegian Fjords-Geirangerfjord and Nærøyfjord

2005 年 自然遗产（→ p.235、p.244）

盖朗厄尔峡湾是挪威代表性的 4 大峡湾之一。海拔 1500 米的高山峻岭和雪白的瀑布等构成了一个又一个雄伟的自然景观，令人惊叹不止。松恩峡湾的最前端部分开始到前面的纳柔依峡湾间，两侧都是高耸的海拔 1700 米的山峦。

⑭ 尤坎 - 诺托登工业遗址

Rjukan-Notodden Industrial Heritage Site

2015 年 文化遗产

是 20 世纪初，挪威海德鲁公司为生产人工肥料而创建的。由水力发电厂、输电线路、工厂、输送设施、城市组成，自然景观和产业遗产融合在一起。

瑞 典

⑮ 德罗特宁霍尔姆宫（王后岛宫殿）

Royal Domain of Drottningholm(Drottningholmsslott)

1991 年 文化遗产（→ p.333）

建在洛文岛（Lovön）上的皇族避暑宫殿。曾经遭遇过一次火灾，由卡尔十世的王后埃莱奥诺娜委托建筑家泰辛父子重建，被誉为“北欧的凡尔赛宫”。

⑯ 比尔卡和霍夫加登

Birka and Hovgården

1993 年 文化遗产

比尔卡是维京贸易中心地，曾经繁盛一时。宽广的公共墓地遗迹上保存的墓石和墓碑是了解维京文化的线索。在位于阿德尔斯岛上的霍夫加登则挖掘出了可能是当时的国王和权势阶层的坟墓等。

⑰ 恩格尔斯堡铁矿工场

Engelsberg Ironworks

1993 年 文化遗产

17~18 世纪瑞典的支柱产业是钢铁业。而 16 世纪后半叶，炼钢厂就是从恩格尔斯堡开始的。

⑱ 塔努姆岩画

Rock Carvings in Tanum

1994 年 文化遗产

在邻近挪威国境线的塔努姆有一个被誉为“史前时代画廊”的地方。保存在那里的数量庞大的岩画，是公元前 1500 年到公元前 500 年之间的青铜器时代绘制而成的。

⑲ 斯科斯累格加登公墓

Skogskyrkogården

1994 年 文化遗产（→ p.335）

瑞典建筑家阿斯普伦德和莱韦伦茨从 1917 年开始花费 3 年时间建造的森林墓地。

在内设的 3 个礼拜堂里装饰有壁画《生、死、一生》，青铜像《复活》。

⑳ 汉萨同盟城市——维斯比

Hanseatic Town of Visby

1995 年 文化遗产（→ p.390）

12 世纪到 14 世纪时这里是汉萨同盟波罗的海中转基地，曾繁荣一时，但 1525 年时遭到吕贝克的破坏。现在保留着 13 世纪时建造的城墙和仓库群。

㉑ 海尔辛兰的装饰农舍

Decorated Farmhouses of Hälsingland

2012 年 文化遗产

分布在瑞典东部海尔辛兰的农舍群落。以巴洛克、洛可可等多种多样的豪华装饰著称。

㉒ 拉普人居住区

Laponian Area

1996 年 复合遗产（→ p.398）

欧洲大陆最北端拉普兰地区居住着原住民拉普人（萨米人），作为狩猎驯鹿的游牧民族，从 5000 年前开始固守着传统生活方式生活至今。

㉓吕勒奥的加默尔斯塔德教堂村

Church Town of Gammelstad, Luleåt

1996 年文化遗产（→p.401）

堪称港口城市吕勒奥旧城区的加默尔斯塔德是中世纪的教堂村。教堂周边建有为来此做礼拜的教区民众建设的木结构小屋。

㉔卡尔斯克鲁纳军港

Naval Port of Karlskrona

1998 年文化遗产

位于波罗的海的港口城市。因为气候温暖，冬季也不会结冰，1680 年被瑞典海军作为新据点建设了城镇。之后，以此为模板复制了多个海军基地。

㉕南厄兰岛农业风景区

Agricultural Landscape of Southern Öland

2000 年文化遗产（→p.388）

岛屿的南部铺设有石灰石道路。推测是 5000 年前建造的居住群，构成了独特的景观。

㉖法伦的大铜山采矿区

Mining Area of the Great Copper Mountain in Falun

2001 年文化遗产（→p.367）

法伦从中世纪开始就是繁荣的大铜山地区，17 世纪曾经占据了世界铜产量的 2/3。是能证明 13 世纪以来就进行了铜生产活动的地方。

㉗瓦尔贝里广播电台

Grimeton Radio Station, Varberg

2004 年文化遗产

保留在瑞典西南部瓦尔贝里的 20 世纪初的无线广播电台。是世界唯一的拥有电气化之前的通信技术的广播电台。

芬 兰

㉘劳马老城

Old Rauma

1991 年文化遗产（→p.492）

1400 年左右，作为瑞典贸易市场繁荣昌盛，但之后整个城市被烧毁。18~19 世纪时重建了 587 间房舍。

㉙芬兰堡岛

Fortress of Suomenlinna

1991 年文化遗产（→p.450）

在瑞典统治时期的 1748 年，在赫尔辛基港近海的 6 个无人岛建造的要塞。1809 年被俄罗斯军队占领，之后成为俄罗斯军队的驻军基地。1917 年，随着芬兰独立结束了其作为军事设施的历史。现在已经成为美丽的公园。

㉚佩泰耶维齐古教堂

Petäjävesi Old Church

1994 年文化遗产

拥有横竖等长的希腊十字形平面，其交叉部的天井覆盖着八角形半圆穹顶。朴素的内部装饰，用木结构法组装的外墙和鱼鳞状木板屋顶，都具有典型的 18 世纪芬兰木结构教堂的特点。

㉛韦尔拉磨木和纸板厂

Verla Groundwood and Board Mill

1996 年文化遗产

是 19 世纪支撑芬兰经济发展的木材和制纸工业中心，在芬兰境内的工厂中是唯一一个保存下来的。

㉜塞姆奥拉德恩青铜时代墓地遗址

Bronze Age Burial Site of Sammallahdenmäki

1999 年文化遗产

青铜器时代建造在花岗岩上的 30 多个墓地遗址。这表明在 3000 多年前的北欧，会举行具有社会、宗教意义的葬礼。

瑞典以及芬兰

㉝高海岸和瓦尔肯群岛

High Coast / Kvarken Archipelago

2000 年、2006 年自然遗产

波的尼亚湾西海滨、波罗的海以北，能看到无数群岛和冰河时期形成的湖泊、海湾、高地等。作为其延伸，2006 年芬兰的瓦尔肯群岛也被列入《自然文化遗产名录》。

※ 此外，横跨挪威、瑞典、芬兰等 10 个国家的三角地斯特鲁维测地弧（Struve Geodetic Arc），在 2005 年被列入《世界文化遗产名录》。

丹麦

Denmark

趣伏里公园（哥本哈根）

概 览

Introduction

欢迎来到安徒生和乐高乐园的童话王国！

在北欧各国中位于最南端，由与欧洲大陆相连的日德兰半岛和 500 多个岛屿组成。丹麦海拔最高处仅有 147 米，整体地势平缓，拥有很多森林、草坪、鲜花，以及碧蓝的湖泊，这些构成了丹麦美丽的景观，令人流连忘返。另外，这里还是童话作家安徒生、哲学家克尔凯郭尔、雕刻家贝特尔·托瓦尔森的故乡，是优秀工艺师、建筑设计师的摇篮，承担着北欧文化繁荣的重担。丹麦是畜牧业发达的国家，一定要品尝其奶酪等乳制品。

3

6

7

DENMARK

1 林立着五颜六色建筑物的哥本哈根新港
2 文艺复兴式样的水上城堡——伊埃斯科城堡（欧登塞）
3 童话王国的象征——哥本哈根的美人鱼像
4 位于赫尔辛格的克伦堡宫
5 成人和儿童都很喜欢的乐高乐园
6 拥有丹麦最大的彩绘画的奥胡斯大教堂
7 2014 年重装开放的莫西加德博物馆（奥尔堡）
8 雅各布森设计的奥胡斯市政厅
9 可爱的水边小屋连绵成片（艾尔岛）

丹 麦
0 50km
N
挪威
NORWAY
瑞典
博恩霍尔姆岛
Bornholm
伦讷
Rønne
博恩霍尔姆岛
斯卡格拉克海峡
Skagerrak
希茨海尔斯
Hirtshals
斯卡恩
Skagen
约灵
Hjørring
腓特烈港
Frederikshavn
布伦讷斯莱乌
Brønderslev
汉斯特霍尔姆
Hanstholm
Fjerritslev
Särö
瑞 典
SWEDEN
Thisted
利姆湾
Limfjorden
奥尔堡
Aalborg
尼伯
Nibe
斯特乌灵
Støvring
卡特加特海峡
Kattegat
Varberg
挪威海
法罗群岛（丹）
Faroe Islands (Den.)
托尔斯港
Thorshavn
厄斯特岛
（东岛）
桑岛
大西洋
苏德岛
（南岛）
法罗群岛
Nykøbing
海松
Hadsund
丹麦
DENMARK
Lemvig
Hobro
日德兰半岛
Jylland(Jutland)
Struer
维堡
Viborg
兰讷斯
Randers
霍尔斯特布罗
Holstebro
朗奥
Langå
格雷诺
Grenaa
乌尔夫堡
Ulfborg
灵克宾
Ringkøbing
Herning
锡尔克堡
Silkeborg
埃伯尔措夫特
Ebeltoft
奥胡斯
Aarhus
斯凯恩
Skjern
赫尔辛堡
Helsingborg
Give
Horsens
Nykøbrig
赫尔辛格
Helsingør
比隆
Billund
（乐高乐园）
Vejle
瓦德
Vgrde
Kalundborg
罗斯基勒
Roskilde
埃斯比约
Esbjerg
腓特烈西亚
Fredericia
哥本哈根
Copenhagen
Vejen
Kolding
欧登塞
Odense
凡岛
Fanø
里伯
Ribe
格拉姆
Gram
Slagelse
Køge
Korsør
北林纳尔瑟
Nørre-Lyndelse
菲英岛
Fyn
尼堡
Nyborg
西兰岛
Sjælland
厄勒海峡大桥
Øresundsbron
勒姆岛
Rømø
Haderslev
（卡尔·尼尔森儿童时代的故居）
克韦恩德普鲁
Kværndrup
斯凯尔斯克
Skælskør
Næstved
奥本罗
Åbenrå
福堡
Faaborg
斯文堡
Svendborg
岑讷
Tønder
伊埃斯科城堡
Egeskov Slot
Sønderborg
Vordingborg
Niebüll
艾勒斯克宾
Ærøskøbing
朗厄兰岛
Langeland
Nakskov
Flensburg
艾尔岛
Ærø
Nykøbing
Rødbyhavn
洛兰岛
Lolland
Schleswig
Husum
Eckernförde
Fehmarn
基尔
Keil
Rendsburg
Heide
Neumünster
德 国
GERMANY
罗斯托克
Rostock
A
B
1
2
3
4

国旗

红地白十字的“丹尼布洛”。

正式国名

丹麦王国（Kongeriget Danmark）

国歌

《这是一个美丽的国度》（*Der er et yndigt land*）
《国王克里斯蒂安》（*Kong Christian*）

面积

43098（本土）平方公里，法罗群岛 1399 平方公里，格陵兰岛约 220 万平方公里

人口

约 570 万（截至 2016 年 1 月）

首都

哥本哈根 København（英语名 Copenhagen）

国家元首

玛格丽特二世女王
Margrethe Ⅱ（1972 年 1 月即位）

国家政体

君主立宪制

民族构成

丹麦人。日德兰半岛的德国一侧国境内有大型丹麦人社区，通用丹麦语。

宗教

国民中约 77.8% 信奉基督新教（路德宗）。其他信奉罗马天主教等。

语言

丹麦语。大多数国民会说英语。

货币和汇率

1DKK（丹麦克朗）=100 øre（欧尔）。纸币有 50、100、200、500、1000DKK，5 种面值；硬币有 50 øre，1、2、5、10、200DKK，6 种面值（1、2、5DKK 的硬币中间有小孔）。2009 ~ 2011 年发行了新设计的纸币。

截至 2017 年 11 月，1DKK=1.03 元人民币。

→旅行预算和货币兑换 p.546

※ 硬币从左至右为 50øre ~ 20DKK

小费

通常价格里面包含了服务费，因此没有支付小费的习惯。在酒店和乘坐出租车时，如果有搬运大件行李等特殊要求，则需要支付一点小费表达谢意。在餐厅用餐时，如果餐费不包括服务费，需付餐费的 7% ~ 10% 作为小费。

节日

节日名称	2018 年
新年	1 月 1 日
圣周四（濯足节）※	3 月 25 日
圣周五（耶稣受难日）※	3 月 30 日
复活节※	4 月 1 日
复活节后的周一※	4 月 2 日
祈祷日※	4 月 27 日
耶稣升天日※	5 月 10 日
圣灵降临节※	5 月 20 日
圣灵降临节次日※	5 月 21 日
宪法日	6 月 5 日
平安夜	12 月 24 日
圣诞节	12 月 25 日
节礼日	12 月 26 日
新年前夜	12 月 31 日

※ 标记的节日每年日期不固定。

营业时间

【银行】

营 周一～周三、周五 9:30 ~ 16:00

周四 9:30 ~ 17:30

休 周六 · 周日

【百货商场、一般商店】

营 周一～周四 10:00 ~ 18:00

周五 10:00 ~ 19:00

周六 10:00 ~ 17:00

休 周日

2012 年 10 月，工作结束时间法自由化后，哥本哈根的商店延长了周六营业时间，周日营业的商店也有所增加。地方城市里，周日还是法定节日。

电压和插座

220V，50Hz。可以直接使用国内的电器。插座是圆形两相插头的 B、C 类型，可根据所带电器携带插头转换器。

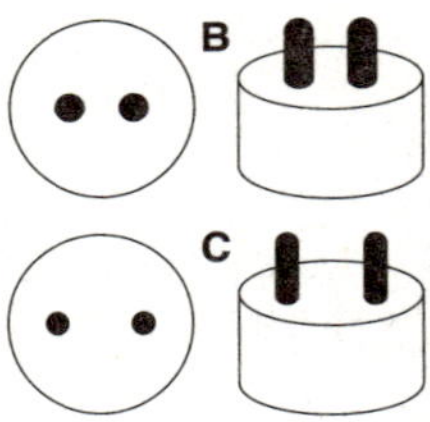

视频和 DVD 制式

丹麦使用的是 PAL 制式，与中国相同。丹麦的 DVD 区码为 2（中国是 6），因此在丹麦购买的光盘不能用中国的 DVD 机播放。

从中国飞往丹麦

中国国际航空公司、北欧航空公司等均有直飞哥本哈根的航班，全程约需 11 小时。

时差和夏令时

采用中欧时间（CET），与中国的时差为 7 小时。即以中国时间为准，减去 7 小时。从 3 月最后一个周日开始至 10 月的最后一个周日实行夏令时。这期间，时间会提前 1 小时，和中国的时差就成了 6 小时，乘坐飞机和火车时需要特别注意，以免耽误行程。另外，格陵兰岛西南部城市和中国的时差是 11 小时。

气候和自然

丹麦位于北欧最南端，以和德国接壤的日德兰半岛、哥本哈根所在的西兰岛、欧登塞所在的菲英岛为中心，由大小近 500 个岛屿组成。如果不包括自治的格陵兰岛和法罗群岛，丹麦的领土面积是 4 个国家中最小的。国土以平原为主，地势非常平缓，最高处的海拔也仅有 173 米。美丽的海滨、形成复杂海岸线的峡湾、丘陵和森林等，构成了变化多端、风光旖旎的景色。

和其他北欧国家一样，因受流经海岸的墨西哥暖流的影响，虽处于高纬度，但气候稳定，四季也比较鲜明。

→旅行季节和气候 p.524
→旅行必备品 p.548

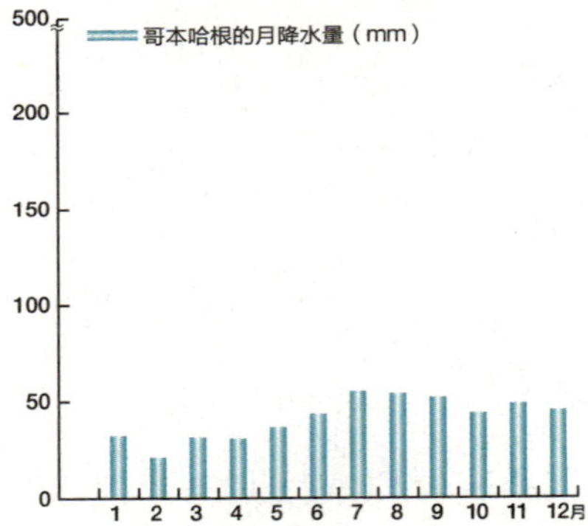

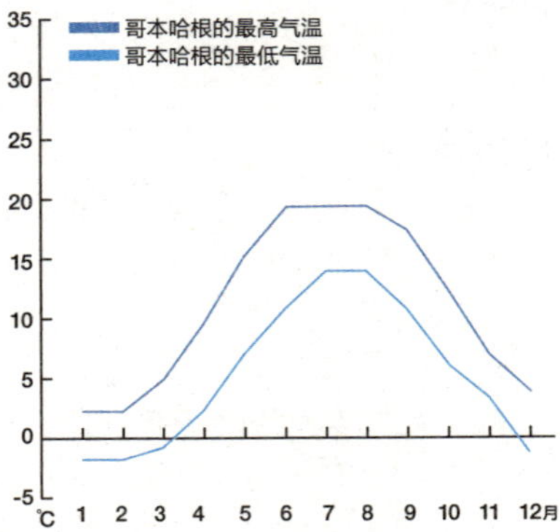

邮政

国际邮政系统分为以下两种。

A Prioritaire：快件

可向邮筒投寄。向中国国内邮寄明信片或

国内、国际邮寄都使用相同邮筒

50g 以内的信件时，价格为 30DKK。邮寄时，需要在醒目的地方标明“A Prioritaire”。在欧盟圈内，一般 2 ~ 4 天可寄到，到中国需要多加几天。

B Economique：经济型平件

可向邮筒投寄。一定要去邮局贴上“B Economique”的绿色标签再寄出。向中国国内邮寄明信片或 50g 以内的信件时，价格为 19DKK。在欧盟圈内，一般 3 ~ 8 天可寄到，到中国需要多加几天。

包裹最大允许到 20kg，5kg 517DKK，10kg 840DKK，20kg 1648DKK。另外还需支付包装费。到达中国需要 1 ~ 2 周时间。

丹麦的邮局全部采用自助式服务。邮寄包裹时，需要自己打包，填写好标签后，领号排队。

【邮局的营业时间】

营 周一 ~ 周五　9:00/10:00 ~ 17:00/18:00
　周六　9:00 ~ 13:00（有时会休息）
休 周日

税收

几乎对所有商品都征收 25% 的附加价值税（VAT），但居住在欧盟圈以外国家的旅游者在标有“TAX FREE”的商店里，一天内在同一店铺购物满 300DKK 以上时，可返还最多 19% 的附加价值税。

【购物时】

如果在标有“TAX FREE”的商店里，购买了 300DKK 以上的物品时，就可以告知店家自己是旅游者，请其开具退税证明。此时原则上需要确认购物者的身份和护照号码，因此最好随身携带护照。而且，免税购买的商品，在离开欧盟圈最终离境国之前，不可以开封。

【出境时】

从丹麦直接回国时，需要在丹麦办理退税手续。退税手续步骤如下：

①在北欧 4 国购买的商品，需前往位于哥本哈根凯斯楚普国际机场的 2 号航站楼和 3 号航站楼之间的退税柜台办理退税手续。在柜台出示免税证明，审核盖章。免税证明需要附上购买商品时的收据。有时会被要求出示所购商品的包装，因此最好在办理托运行李前办理退税手续。办理盖章的期限为购买商品之月的最后一天起 3 个月之内。另外，在北欧 4 国以外的地方购买的商品，需盖上正规海关章后，在退税柜台办理手续。如果是手提行李可在办理出境手续后盖海关章。

②盖章后办理出境手续。将免税证明带回到中国国内的话，可以到环球蓝联的加盟点办理现金退税；也可以将免税证明投入退税专用邮筒，退税款会以人民币的形式汇入信用卡或以支票形式返还。但是能够返还税金的只有加盟“TAX FREE”的商店。

在凯斯楚普国际机场办理退税的话，在盖章后，前往位于出境审查前的退税柜台（退还税金柜台）出示退税证明。也可以选择将退税款打入信用卡，或以支票邮寄到家里的形式。这时需以罗马字母填写正确的住址、姓名。免税证明（盖有海关章）的退款申请期限为购买商品之日起一年之内。

【注意事项】

离开丹麦前往其他欧盟国家旅行时，需要在最终离开的欧盟国家办理退税手续，所以无须在丹麦办理。游客可以将在多个国家的退税证明集中在一起办理退税手续。

【退税地点】

可通过环球蓝联加盟退税点办理。

→环球蓝联中国现金退税点 p.297

Global Blue TAX FREE

环球蓝联加盟企业的标识

出入境

丹麦为申根协议国家，中国内地公民赴丹麦旅游须办妥申根签证。丹麦驻华使领馆目前已经授权 VFS 全球服务公司为丹麦使领馆的签证外包合作伙伴，负责接受签证申请和转交事务。申办丹麦申根签证的详细规定和联系办法请查阅丹麦签证申请中心网页 www.

denmarkvac.cn/chinese/index.html。如果计划前往不同申根成员国，则应向首次入境或停留时间最长的成员国使领馆申请统一申根签证。有效期最长为 90 天。

安全和纠纷

与其他欧洲国家相比，这里治安良好。但是也有偷窃和抢劫案件等。注意不要让行李离开自己的视线范围，尽量避免夜晚独自出行。

→旅行安全和纠纷对策 p.552

水

大部分地区都可以直接饮用自来水。如果有所担心，可以在报刊亭和便利店购买矿泉水饮用。但大部分矿泉水都是含碳酸的，对此不习惯的人一定要确认后再购买。丹麦语中含碳酸为“Med Brus”，不含碳酸为“Uden Brus”。

度量衡

与中国相同，采用米进制。

拨打电话的方法

公用电话分为投币式和插卡式两种。其中包括可以使用信用卡的电话。投币式电话可以使用的硬币有 1、2、5、10、20DKK。余额不退。国内电话和国际电话都可以使用公用电话拨打，最低话费都是 5DKK。丹麦国内的电话没有长途区号，统一为 8 位数。拨打国内电话，只要拨打 8 位电话号码即可。电话卡可以在报刊亭或便利店购买，有直接插入电话机中使用和拨打专用号码使用的两种。后者又分为国内电话专用的和可以拨打国际电话的两种。丹麦国内电话号码查询 ☎ 118

互联网

无线 LAN 的普及率很高，几乎所有住宿设施内都有网络。另外，机场、餐厅等很多公共场所也有网络。

年龄限制

未满 18 岁不可以饮酒及吸烟。18 岁以上可以进入赌场。有的汽车租赁公司规定满 21 岁或 25 岁以上才可以租赁车辆。

饮酒和吸烟

在丹麦，在超市和便利店等就能够买到啤酒等酒精类饮料。333mL 的啤酒价格为 6.5 ~ 14DKK，与其他北欧国家相比，价格非常便宜。

香烟非常贵。丹麦在 2007 年修改了法律，禁止在一切室内场所吸烟。餐厅和酒吧等场所也都禁烟。有的酒店设有吸烟房和禁烟房。

餐饮

前菜中最常见的是醋汁鲱鱼和芥末鲱鱼。这也是丹麦的特产。单片三明治（Smørrebrod）也是丹麦著名的美食。在切成薄片的面包上加上煮熟的小虾、烟熏三文鱼、蔬菜等。顾客可以从摆满各式菜品的陈列架中选取自己喜欢的菜品。餐厅的晚餐中最负盛名的是荷尔斯泰因（Holstein）黑白花牛，但丹麦特产是猪肉。品尝一下将带皮猪肉烤得酥脆的脆皮烤猪肉（Flæskesteg）和焙烤骨肉相连（Svinekotlet）

从中国往丹麦拨打电话的方法

国际电话识别号码 00 ＋ 丹麦的国家代码 45 ＋ 对方的电话号码 ××××××××

从丹麦往中国拨打电话的方法

国际电话识别号码 00 ＋ 中国的国家代码 86 ＋ 区号（去掉前面第一个 0）×× ＋ 对方的电话号码 ××××××

→关于国际电话 p.544

适合作为早餐的丹麦酥皮面包

吧。还有用猪肉馅制作的Frikadeller，是一道家庭风味的丹麦特色十足的汉堡。

经典的丹麦料理套餐是：开胃菜醋渍鲱鱼、猪肉菜肴的主菜，然后是汤，最后是丹麦产的冰激凌。

另外，在乳制品王国丹麦不容错过的是奶酪和面包。最著名的丹麦面包当数名副其实的丹麦酥皮面包（Danish Pastry）。在酥脆的面包上涂抹砂糖，然后在中间加入奶油和巧克力等，是一款香甜的面包。顺便提一下，这款面包在丹麦语中写作“Wienerbrød（胜利的面包）”。奶酪的种类也非常丰富，有奶油、青霉、白霉等。用山羊奶制作的奶酪也非常受欢迎。

特产

在丹麦购买皇家哥本哈根、乔治·杰生等北欧品牌，会比国内便宜。百货商店和专卖店

最受欢迎的特产是皇家哥本哈根

还提供到中国的邮寄服务，可以放心购买椅子等大型家具。但经营二手商品的商店不提供这种服务。如果是能随身带回的小物品还好，如果是需要邮寄的大型物品，需要自己办理邮寄手续，比较麻烦。丹麦玻璃制品也非常有名，除了著名的品牌以外，还有很多设计时尚的商品。此外，可爱的木质玩具和积木等也是具有丹麦特色的纪念品。

食品方面的特产，强烈推荐的就是奶酪。种类繁多，可以先尝后买。

丹麦出生的名人

创造了《海的女儿》《丑小鸭》等无数名作的汉斯·克里斯汀·安徒生（H. C. Andersen）出生在菲英岛的欧登塞市。另外，存在主义哲学的创始人索伦·克尔凯郭尔（Søren A.Kierkegaardl）生于哥本哈根。作为北欧设计的发源地，丹麦涌现了很多著名的设计师，如阿纳·雅各布森（Arne Jacobsen）、保罗·汉宁森（Poul Henningsen）、维尔纳·潘东（Verner Panton）等。

节庆活动

每年都会举办音乐、电影、话剧、时装等各种活动。7月举办的哥本哈根爵士乐音乐节会有世界各国的明星登台献艺。7月中旬~8月上旬举办的欧登塞H.C.安徒生节露天演出、8月在克隆堡宫上演的《哈姆雷特》等露天演出也不容错过。除此之外，还有在世界最古老的游乐园“巴肯乐园”以及哥本哈根市内进行的世界圣诞老人大会等各种风格独特的活动。

活动日历

2月上旬~下旬　哥本哈根
冬季爵士
URL www.jazz.dk

2月上旬　哥本哈根
哥本哈根国际时装节（秋/冬）
URL ciff.dk

3月上旬~中旬　奥尔堡
奥尔堡歌剧节
URL www.aalborgoperafestival.dk

5月下旬　哥本哈根
哥本哈根马拉松
URL copenhagenmarathon.dk

5月下旬　哥本哈根
哥本哈根嘉年华
URL karneval-kbh.dk

6/23　丹麦各地
夏至节

6月末~7月初　罗斯基勒
罗斯基勒音乐节
URL roskilde-festival.dk

7月上旬　哥本哈根
哥本哈根爵士音乐节
URL www.jazz.dk

7月中旬　奥胡斯
奥胡斯爵士音乐节
URL www.jazzfest.dk

7月中旬~8月上旬　欧登塞
H.C. 安徒生节露天演出
URL www.hcandersenfestspillene.dk

7月中旬　哥本哈根郊外克兰彭保（巴肯乐园）等
世界圣诞老人大会
URL www.worldsantaclauscongress.com

8月中上旬　赫尔辛格
克隆堡《哈姆雷特》演出
URL www.hamletscenen.dk

8月中旬　哥本哈根
哥本哈根国际时装展（春/夏）
URL ciff.dk

8月下旬　哥本哈根
文化港
URL kulturhavn.kk.dk

8月末~9月初　欧登塞
欧登塞国际电影节
URL www.filmfestival.dk

8月末~9月初　奥胡斯
奥胡斯节
URL aarhusfestuge.dk

10月中旬　哥本哈根
文化之夜
URL www.kulturnatten.dk

10月底~11月初　哥本哈根
电影节
URL www.cphpix.dk

11月中旬~12月下旬　奥胡斯
老城区圣诞节
URL www.dengamleby.dk

12月上旬　欧登塞
H.C. 安徒生圣诞市场

※ 日期每年可能会有不同。参加时请提前咨询确定。

COLUMN　DENMARK

丹麦的圣诞节

哥本哈根 Copenhagen

哥本哈根的圣诞节从11月下旬的圣诞树明灯仪式开始。自这一天起，市区内的圣诞树和节日彩灯都会点亮，整个城市灯火通明，充满节日氛围。最热闹的当数斯托耶步行街，街道上装点着丹麦标志性的心形彩灯，非常符合童话王国的氛围。充满圣诞节气氛的商店的橱窗也极具吸引力。趣伏里公园（→p. 64）会举办丹麦最大的圣诞市场。虽然市场昼夜开放，但建议在灯火齐明的美丽的夜晚前往。

1

2

3

4

1 乘坐消防车的圣诞老人穿过斯托耶步行街，来到市政厅前面，点亮圣诞树　2 一直热闹到深夜的趣伏里公园　3 在圣诞市场找到的手工玻璃做成的圣诞树和圣诞老人　4 小猪造型的杏仁糖寓意着幸福

国内交通

丹麦的国内交通最方便的莫过于铁路了。近距离间的城市可乘坐巴士来往，但长距离移动时就不得不在中途的城市换乘数次，非常烦琐。另外，因国土狭长，有时乘坐火车比乘坐飞机速度还要快。

飞机

SAS 等航空公司运营着以哥本哈根为中心的国内航线。有的机场是几个城市共用的，这种情形比较常见。有的区间有廉价航空挪威航空（Norwegian Air Shuttle）（DY）运行。本书中登载的前往各城市的航班，以及所需时间都以 SAS 的信息为准。

SAS

☎ 70-102000

URL www.flysas.com

挪威航空

☎ 70-807880

URL www.norwegian.com

铁路

除了一些私人铁路以外，丹麦的铁路都由丹麦国家铁路公司（Danske Statsbaner，DSB）运营。虽然丹麦是由岛屿和半岛组成的国家，但哥本哈根所在的西兰岛、欧登塞所在的菲英岛以及日德兰半岛通过桥梁和隧道相连，让人有陆地相连的感觉。铁路线路共有 9 条，其中连接西兰岛、菲英岛、日德兰半岛的有 5 条。先前往欧登塞，从欧登塞到日德兰半岛的腓特烈西亚（Frederisia）的线路都是相同的，之后分别前往不同的目的地。日德兰半岛的布拉明～里伯之间等，有私铁 Arriva 运行。

丹麦国铁的车辆都是同样的设计

关于预约

基本上所有列车都不需要预订，但如果想确保座位，可以支付额外费用进行预订。特别是乘坐城际超特快列车和城际特快列车、长途列车时，还有在拥挤的周末乘坐二等车时，还是预约为好。一等车基本不预约也有座位。可以到车站的售票窗口咨询，会告知列车的拥挤程度，是否需要预约等。

城际超特快列车和城际特快列车使用的车辆，在座席上方的行李架上都有显示屏，显示座位的预订情况。如果显示有站名，表明只预订到了那一站。没有预订时会显示“KAN VARE RESERVERET”。

接受预订的时间是乘车之日的 2 个月开始到发车前 15 分钟。

■教你看懂指定座席的火车票

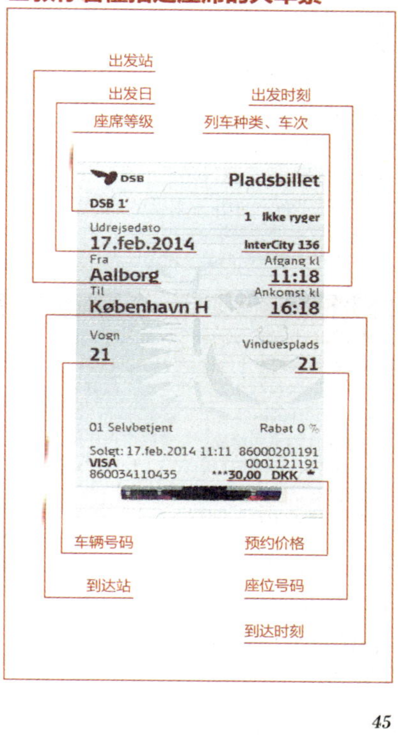

有很多列车停靠的哥本哈根中央车站

查询列车时刻

因为没有时刻表，可以在网站上提前查询，或向工作人员直接确认。售票处还设有查询机。

购票

在中国购买

可以在丹麦国铁的网站上预约，到当地售票处取票。

在当地购买

在购买车票时，一定要先在柜台旁边的专用机器上取号。当电子显示屏上显示自己的号码后，到指定柜台告知想去的地方和时刻、列车车次等。另外，售票处经常很拥挤，一定要留出充裕时间前往。

折扣优惠

丹麦国铁有各种折扣优惠，但最适合旅行者使用的是团体优惠。8 人以上选择同一行程时，可以享受 20% ~ 30% 的优惠。团体优惠需要提前 15 天以上进行预约。

还有其他各种优惠制度，如果没有铁路通票，在当地购买时，可以在购票前在售票窗口询问一下有什么优惠。

主要列车的种类

■ **城际特快列车（Inter City）（IC）**
城际超特快列车（Inter City Lyn）（ICL）

城际特快列车即特快列车，以哥本哈根为中心，开往国内各主要城市，每隔 1 小时发车。列车由 3 辆车厢组成。一等座席位于两端的某一端，车窗上有醒目的黄线。城际超特快列车停靠的车站较少，速度非常快。

■ **普通列车 Regional（Re）**

用于周边的人通勤和上学等，因此早晚高峰时段会增加车次。

此外，西兰岛的赫尔辛格 ~ 西莱罗兹之间、日德兰半岛的布拉明（Bramming）~ 里伯之间、腓特烈港 ~ 斯卡恩之间等，有几条私铁线路。

丹麦国铁

☎ 70-131415

URL www.dsb.dk

预约价格

指定座位票，需要另外支付预约费（30DKK）。可以在售票窗口确认国内线的城际超特快列车、城际特快列车、国际线座位和卧铺价格。

哥本哈根发车的区间票价

哥本哈根 ~ 欧登塞
DSB1（一等） 445DKK
标准票（二等） 278DKK

哥本哈根 ~ 奥胡斯
DSB1（一等） 621DKK
标准票（二等） 388DKK

哥本哈根 ~ 奥尔堡
DSB1（一等） 701DKK
标准票（二等） 438DKK

哥本哈根 ~ 腓特烈港
DSB1（一等） 725DKK
标准票（二等） 453DKK

巴士

欧洲斯堪的纳维亚（Eurolines Scandinavia）运营着从欧洲各国开往丹麦的国际巴士。

另外，运营着哥本哈根、赫尔辛格、罗斯基勒等所在的北西兰岛地区线路的首都圈交通集团 HUR 等丹麦东部巴士集团合并而成了 Movia，还有在奥胡斯、奥尔堡等日德兰半岛运营的巴士线路，但没有贯穿大部分国土的长途巴士线路。因此丹麦国内的移动还是铁路最为方便。

■ **Movia** （→ p.55）

哥本哈根 *Copenhagen*

哥本哈根是从中国进入北欧的门户城市，位于西兰岛（Sjælland）东北部，是丹麦的首都。哥本哈根在丹麦语中是“商人之港”的意思，拥有很多条运河，一直以来都是商业重镇。

哥本哈根的历史从 12 世纪中叶阿布萨隆大主教建设克里斯蒂安堡宫开始。之后 17 世纪，被称为“建筑之王”的克里斯蒂安四世（1588~1648 年在位）时期，大兴土木建造了很多建筑物，城市不断扩张。现存的荷兰文艺复兴样式的红砖建筑物大多都是在这一时代建造的。

哥本哈根不允许擅自拆除市区的建筑物。即使不得不改建时，也要确保与周围建筑风格统一和谐。另外，市政法令中规定不得建造高于市政厅塔（105.6 米）的建筑物，因此这里看不到现代式的高层建筑。有了这些严格的保护政策，哥本哈根得以保存其美丽的古典风貌。这样独特的充满历史感的城市景观可以说是战争带来的创伤和市民们寻求和平的智慧的产物。战争创伤指 19 世纪初期拿破仑战争期间，因丹麦支持法国，城市遭到敌对国英国军队破坏的历史。追求和平的智慧指第二次世界大战时，丹麦形式上折服于纳粹德国，守护城市免遭战火洗礼。

厚重的石砌建筑和色彩斑斓的木质建筑，与时尚的现代建筑和谐共存，充分展现了童话王国首都的美丽。

五彩建筑物连绵不绝的港口街区——新港

Denmark

Map p.38-B3
人口：591481
长途区号：无
哥本哈根信息网站
URL
www.visitcopenhagen.com

关于长途区号

丹麦没有长途区号。拨打任何国内电话，只要拨打 8 位数的电话号码即可。

哥本哈根的名称

哥本哈根 Copenhagen 是英语名称。丹麦语名称是 København。车站和机场都使用丹麦语进行标示，不要弄错了。

观赏美人鱼像的人络绎不绝

被昵称为“巴肯”的游乐园“巴肯乐园”

哥本哈根
Copenhagen
A
B
1
2
3
4
前往格伦特维教堂
Grundtvigs Kirke
Nørrebro
Fuglebakken
Grøndal
Hillerødgade
Hvidkildevej
Borups Allé
Bispeengbuen
Ågade
Lundtoftegade
Stefansgade
Jagtvej
Nørrebrogade
Hamletsgade
Rådmandsgade
Tagensvej
Thorsgade
Guldbergsgade
Fensmarkgade
Sjællandsgade
Nørrebro
诺尔伯跳蚤市场
Nørrebro Flea Market
阿西斯滕森教会墓地
Assistens Kirkegård
铁锈
Rust
私房鱼料理
Selfish
警察历史博物馆
Politihistorisk Museum
Mariendalsvej
Dronning Olgas Vej
Kong Georges Vej
Holger Danskes Vej
Godthåbsvej
Nordre Fasanvej
Nyelandsvej
Rolighedsvej
Åboulevard
Rosenørns Allé
广播局
Radiohusets Koncertsal
Forum
Fasanvej
(Solbjerg)
Frederiksberg
Howitzvej
Smallegade
Falkoner Allé
Thorvaldsensvej
Frederiksberg
Gammel Kongevej
H. C. Ørsteds Vej
Kampmannsgade
哥本哈根美居酒店
Copenhagen Mercur
皇家哥本哈根陶瓷厂专卖店
Royal Copenhagen Factory Shop
腓特烈公园
Frederiksberg Have
斯托姆·彼得森博物馆
Storm P. Museet
哥本哈根动物园
Zoologisk Have
Søndre Fasanvej
Roskildevej
动物园入口
Pile Allé
Vesterbrogade
Frederiksberg Allé
迈耶餐厅
Meyers Deli
格拉诺拉
Granola
朵拉
Dora
东京餐厅
Tokyo
哥本哈根市立博物馆
Københavns Bymuseum
(因移建而关闭)
哥本哈根
中央车站周边p.58
Vesterbro
阿飞亚
affär
少女喧嚣
Girlie Hurly
哥本海鲜
Kødbyens Fiskebar
Baisikeli Bike Rental
Copenhagen
Dybbølsbro
Valby Langgade
Ny Carlsberg Vej
嘉士伯啤酒工厂
Carlsberg Besøgscenter
旅游咨询处
Enghavevej
Ingerslevsgade
Valby
Enghave

C
D
1
2
3
4
N
0
500m
斯托耶
前往奥斯陆
DFDS海上航线轮渡码头
Østerbro
Nyholm
美人鱼像
Den Lille Havfrue
卡斯特雷特要塞
Kastellet
凯斯特莱特教堂
Kastelskirken
圣阿尔班教堂
Skt. Albans Kirke
丘吉尔公园
Churchillparken
诺尔伯・布里格胡斯餐厅
Nørrebro Bryghus
Pedal Atleten Østerport
Østerport
东安莱格公园
Østre Anlæg
赫希施普龙收藏馆
Den Hirschsprungske Samling
国家美术馆
Statens Museum for Kunst
汉斯街集市
Skt. Hans Bazar
哥本哈根大学
Københavns Universitet
地质学博物馆
Geologisk Museum
丹麦设计博物馆
Designmuseum Danmark
巴贝特古尔德斯梅登酒店
Bebette Hotel Guldsmeden
医学历史博物馆
Medicinsk Historisk Museum
皇家石膏模型展览馆
Den Kongelige Afstøbningssamling
植物园
Botanisk Have
罗森堡宫
Rosenborg Slot
罗森堡公园
Rosenborg Have
(Kongens Have)
哥本哈根中心区
p.50～51
阿美琳堡宫殿
Amalienborg Slot
Nørreport
歌剧院
Operaen
奥斯泰德公园
Ørsteds Parken
水上巴士991路 992路
水上巴士993路
Kongens Nytorv
斯托耶 Strøget
亚历桑德拉酒店
Alexandra
市立博物馆
(预计于2018年重新开放)
克里斯蒂安堡宫
Christiansborg Slot
沙龙餐厅
Søren K
克里斯蒂安港
Christianshavn
奥拉时代餐厅
Era Ora
Vesterport
皇家图书馆
(黑宝石图书馆)
Det Kongelige Bibliotek
卡拉餐厅
Karla
趣伏里公园
Tivoli
哥本哈根中央车站
Københavns Hovedbanegård
BLOX
(预计于2018年开业的多功能馆)
克里斯蒂安教堂
Christianskirken
救世主教堂
Vor Frelsers Kirke
克里斯蒂尼亚
Christiania
Christianshavn
哥本哈根城市青年旅舍
Danhostel Copenhagen City
新嘉士伯艺术博物馆
Ny Carlsberg Glyptotek
船舱主题城市酒店
Cabinn City
拉乌凯胡赛特面包房
Lagkagehuset
哥本哈根万豪国际酒店
Copenhagen Marriott
雷迪森・斯堪的纳维亚酒店
Radisson Blu Scandinavia
哥本哈根赌场
Casino Copenhagen
布吕根斯比斯胡斯
Bryggens Spisehus
布吕根岛屿21
Islands Bryggen 21
趣伏里酒店
Tivoli
Fiske Torvet
(购物中心)
哥本哈根海岛酒店
Copenhagen Island
哥本哈根岛
Islands Brygge
前往哥本哈根AC贝拉天空酒店
AC Hotel Bella Sky Copenhagen
Islands Brygge
哥本哈根大学
Københavns Universitet
Amagerbro

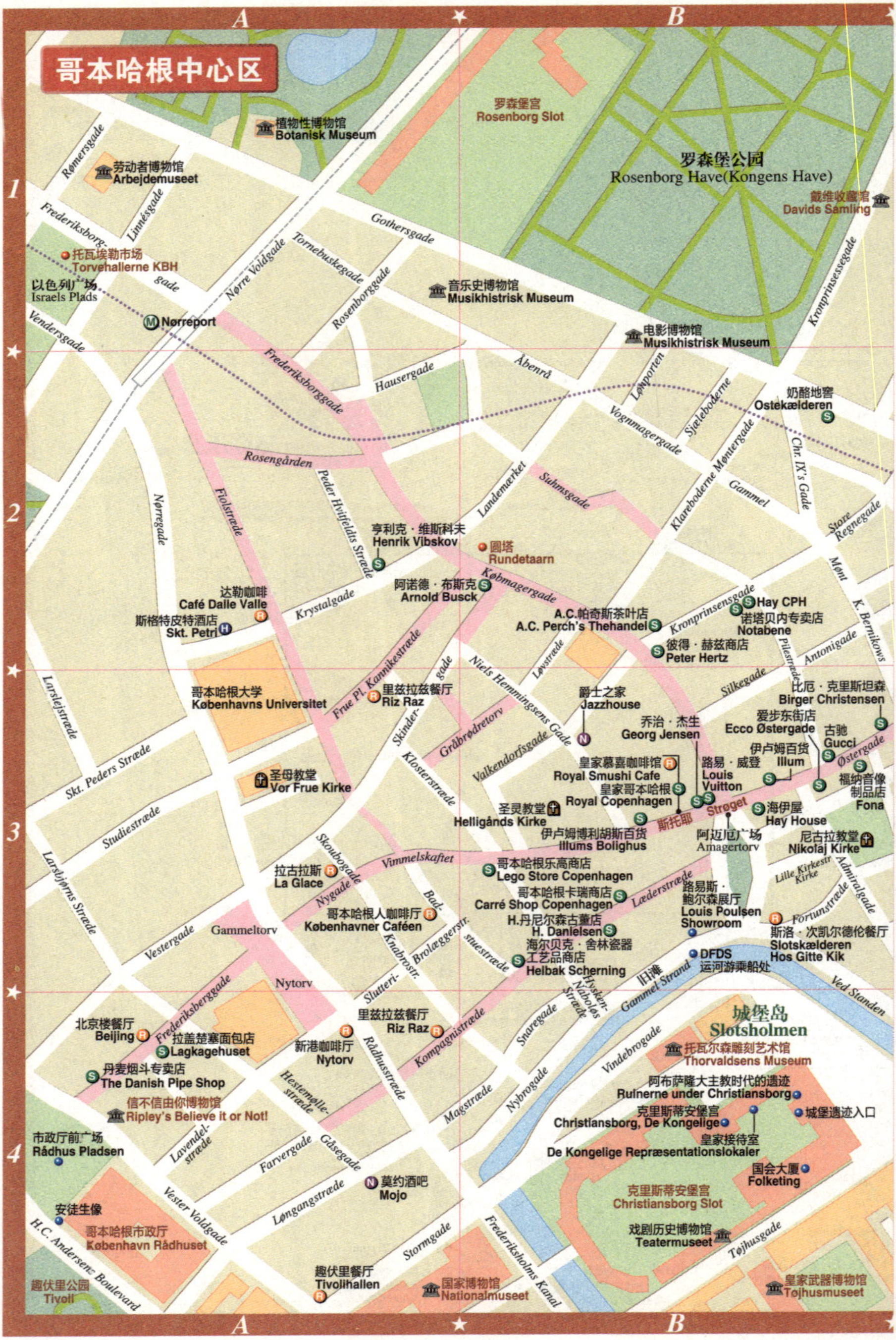

哥本哈根中心区
A
B
1
2
3
4
植物性博物馆
Botanisk Museum
罗森堡宫
Rosenborg Slot
罗森堡公园
Rosenborg Have(Kongens Have)
戴维收藏馆
Davids Samling
劳动者博物馆
Arbejdemuseet
Rømersgade
Linnésgade
Frederiksborg-gade
Gothersgade
Tornebuskegade
Nørre Voldgade
托瓦埃勒市场
Torvehallerne KBH
以色列广场
Israels Plads
Nørreport
Vendersgade
音乐史博物馆
Musikhistrisk Museum
Rosenborggade
Kronprinsessegade
电影博物馆
Musikhistrisk Museum
Frederiksborggade
Hausergade
Åbenrå
Løngangstræde
Sjæleboderne
Vognmagergade
奶酪地窖
Ostekælderen
Chr. IX's Gade
Rosengården
Peder Hvitfeldts Stræde
Fiolstræde
Nørregade
Landemærket
Suhmsgade
Klareboderne
Møntergade
Gammel
Store Regnegade
Mønt
亨利克·维斯科夫
Henrik Vibskov
圆塔
Rundetaarn
阿诺德·布斯克
Arnold Busck
Købmagergade
达勒咖啡
Café Dalle Valle
Krystalgade
斯格特皮特酒店
Skt. Petri
A.C.帕奇斯茶叶店
A.C. Perch's Thehandel
Kronprinsensgade
Hay CPH
诺塔贝内专卖店
Notabene
彼得·赫兹商店
Peter Hertz
Pilestræde
Antonigade
K. Bernikows
Kannikestræde
Frue Pl.
Larslejtsræde
哥本哈根大学
Københavns Universitet
里兹拉兹餐厅
Riz Raz
Skindergade
Niels Hemmingsens Gade
Løvstræde
爵士之家
Jazzhouse
Silkegade
比厄·克里斯坦森
Birger Christensen
Gråbrødretorv
乔治·杰生
Georg Jensen
爱步东街店
Ecco Østergade
古驰
Gucci
Valkendorfsgade
Klosterstræde
皇家慕嘉咖啡馆
Royal Smushi Cafe
路易·威登
Louis Vuitton
伊卢姆百货
Illum
Østergade
Skt. Peders Stræde
圣母教堂
Vor Frue Kirke
皇家哥本哈根
Royal Copenhagen
福纳音像制品店
Fona
圣灵教堂
Helligånds Kirke
斯托耶
Strøget
海伊屋
Hay House
Studiestræde
伊卢姆博利胡斯百货
Illums Bolighus
阿迈厄广场
Amagertorv
尼古拉教堂
Nikolaj Kirke
Larsbjørns Stræde
拉古拉斯
La Glace
Skoubogade
Vimmelskaftet
哥本哈根乐高商店
Lego Store Copenhagen
Lille Kirkestr.
Admiralgade
Nygade
哥本哈根卡瑞商店
Carré Shop Copenhagen
Læderstræde
路易斯·鲍尔森展厅
Louis Poulsen Showroom
Gammeltorv
哥本哈根人咖啡厅
Københavner Caféen
Badstuestræde
H.丹尼尔森古董店
H. Danielsen
Fortunstræde
斯洛·次凯尔德伦餐厅
Slotskælderen Hos Gitte Kik
Vestergade
Knabrostr.
Brolæggerstr.
海尔贝克·舍林瓷器工艺品商店
Helbak Scherning
DFDS运河游乘船处
Ved Stranden
Nytorv
Slutteri-
旧滩
Gammel Strand
Hyskenstræde
Naboløs
Frederiksberggade
里兹拉兹餐厅
Riz Raz
Snaregade
城堡岛
Slotsholmen
北京楼餐厅
Beijing
拉盖楚塞面包店
Lagkagehuset
新港咖啡厅
Nytorv
Kompagnistræde
Rådhusstræde
托瓦尔森雕刻艺术馆
Thorvaldsens Museum
Vindebrogade
丹麦烟斗专卖店
The Danish Pipe Shop
Hestemøllestræde
阿布萨隆大主教时代的遗迹
Ruinerne under Christiansborg
Nybrogade
信不信由你博物馆
Ripley's Believe it or Not!
Magstræde
克里斯蒂安堡宫
Christiansborg, De Kongelige
城堡遗迹入口
市政厅前广场
Rådhus Pladsen
Lavendelstræde
Farvergade
Gåsegade
皇家接待室
De Kongelige Repræsentationslokaler
国会大厦
Folketing
莫约酒吧
Mojo
Løngangstræde
克里斯蒂安堡宫
Christiansborg Slot
安徒生像
Vester Voldgade
哥本哈根市政厅
København Rådhuset
Frederiksholms Kanal
戏剧历史博物馆
Teatermuseet
Tøjhusgade
H.C. Andersen Boulevard
趣伏里公园
Tivoli
趣伏里餐厅
Tivolihallen
Stormgade
国家博物馆
Nationalmuseet
皇家武器博物馆
Tøjhusmuseet

C
D
1
2
3
4
诺特·亦·伯
Nyt i bo
腓特烈大教堂（大理石教堂）
Frederiks Kirke (Marmorkirken)
伊达·戴维森餐厅
Ida Davidsen
克里斯蒂安八世宫殿
Christian VIII's palæ
宝物展示馆
腓特烈八世宫殿
Frederik VIII's palæ
阿美琳堡宫
Amalienborg Slot
克里斯蒂安七世宫殿
Christian VII's palæ
阿美琳公园
Amaliehaven
克里斯蒂安九世宫殿
Christian IX's palæ
哥本哈根哲耐瑞特酒店
Generator Copenhagen
哥本哈根沃克阿普-伯格嘉德酒店
Wakeup Copenhagen, Borgergade
哥本哈根凤凰大酒店
Phoenix Copenhagen
丹麦古董店
Dannish Classic
哥本哈根海军上将酒店
Copenhagen Admiral
斯堪迪克前方酒店
Scandic Front
琥珀博物馆
Amber Museum
泽雷斯特餐厅
Zeleste
法格克洛新港餐厅
Nyhavns Færgekro
韩国船长餐厅
Skipperkroen
安格利特酒店
D'Angleterre
国王新广场
Kongens Nytorv
DFDS运河游
吉尼斯世界纪录博物馆
Guinness World of Records
克里斯蒂安五世雕像
新港
Nyhavn
马里利亚
Marilia
丹麦皇家剧院
Skuespilhuset
古兹麦德·埃斯科风暴珠宝店
Guldsmed&Design Eske Storm
新港玻璃工艺品专卖店
Nyhavns Glaspusteri
托尔德&斯纳普斯餐厅
Told & Snaps
71哥本哈根新港酒店
71 Nyhavn Hotel Copenhagen
←水上巴士993路→
夏洛滕堡宫
Charlottenborg
邦&奥尔森音响体验中心
Bang & Olufsen
Kongens Nytorv
麦格辛·诺德百货
Magasin du Nord
旧皇家剧院
Det Kongelige Teater
最佳西方城市酒店
Best Western Hotel City
萨西尔餐厅
Sahil
←水上巴士991路 992路→
丹麦国家银行
Nationalbanken
克里斯蒂安港
Christianshavn
旧证券交易所
Børsen
前往哥本哈根凯斯楚普国际机场
Copenhagen Kastrup International Airport
海军博物馆
Orlogsmuseet
斯托耶
N
0
100m
Sølvgade
Fredericiagade
Amaliegade
Frederiksgade
Dronningens Tværgade
Adelgade
Borgergade
Landgreven
Store Kongensgade
Bredgade
Toldbodgade
Lørsens Plads
Palægade
Skt. Annæ Plads
Grønnegade
Ny Adelg.
Ny Østergade
Store Strandstræde
Kvæsthusbroen
Pistolstræde
Nyhavns Bro
Kvæsthusgade
Lille Kongensgade
Heibergsgade
Herluf Trolles Gade
Bremerholm
Niels Juelsgade
Vingårdstræde
Peder Skrams Gade
Cort Adelers Gade
Dybensgade
Laksegade
Holbergsgade
Nikolajgade
Tordenskjoldsgade
Holmens Kanal
Havnegade
Strandgade
Børsgade
Slotsholmsgade
Knippelsbro
Proviantpassagen

哥本哈根 抵达哥本哈根

乘飞机抵达

哥本哈根的空中门户是距离市中心以南约 10 公里的哥本哈根凯斯楚普国际机场（Copenhagen Kastrup International Airport）（Københavns Lufthavn）。所有航班都抵达这个机场。

哥本哈根凯斯楚普国际机场 Copenhagen Kastrup International Airport

建筑物的正面都是玻璃的

哥本哈根凯斯楚普国际机场是乘坐中国直飞航班时的北欧的门户。机场使用了大量玻璃，通体明亮，有着北欧式的时尚又兼具功能性的设计。有 3 个航站楼，自 2015 年 4 月开始，1~3 航站楼都成为国内、国际航线共用的航站楼。SAS 使用 3 号航站楼。3 号航站楼的地下有火车站和地铁站，非常方便。另外，这个机场没有登机广播等任何广播，非常安静，需要自己通过显示屏确认航班时刻。

北欧各国飞来的航班

（→ p.531）

哥本哈根凯斯楚普国际机场

Map p.52

住 Lufthavnsboulevarden 6

电 32-313231

URL www.cph.dk

哥本哈根凯斯楚普国际机场的英语名称为 Copenhagen Kastrup International Airport。当地语言名称为 Københavns Lufthavn。机场的火车站和地铁站使用的都是当地语言，请注意。

机场内的银行

Danske Bank

URL www.danskebank.dk

安检前（2 号航站楼）

营 每天 6:00 ~ 22:00

休 无休

过境区（3 号航站楼）

营 每天 5:00 ~ 22:00

休 无休

可在两个银行里兑换货币。两个银行的汇率一样。可以用信用卡购买前往中央车站的火车票和地铁票，因此也可以到中央车站后再兑换货币。中央车站的汇率好一些。

机场的信息中心

开 夏季　每天 5:00~23:00
　冬季　每天 6:10~23:00

休 无休

位于航空公司登机牌办理柜台的旁边。提供旅游服务，还可以获取市内地图和各种宣传册。预订酒店需支付 70DKK。还能买到哥本哈根卡。

充满现代感的到达大厅

从机场前往市区的交通

铁路、地铁

乘坐丹麦国铁 DSB 的列车，可以从哥本哈根凯斯楚普国际机场到达哥本哈根中央车站（Københavns Hovedbanegård）。由于有多条线路，有些车次即使目的地相同，但不在哥本哈根中央车站停靠。列车从 2 号线发车，第三站就是哥本哈根中央车站。另外，地铁也和机场直接相连。地铁不经过中央车站，而是停靠在国王新广场站（Kongens Nytorv）和诺里波特站（Nørreport）等车站。如果住宿地在克里斯蒂安港（Christianshavn）附近，乘坐地铁会比较方便。

城市巴士

机场有城市巴士和长途巴士的车站。乘坐巴士 5A 路，可以到达哥本哈根中央车站，也能到达市政厅前广场站（Rådhus Pladsen）和诺里波特站。

出租车

出租车乘坐处位于 3 号航站楼的出口处。价格是按表计费的。到市区的各酒店约需 20 分钟。

丹麦国铁
☎ 70-131415
URL www.dsb.dk

机场～中央车站
运行 每天 24 小时，约间隔 10 分钟
费 36DKK
所需时间约 14 分钟。车票可在专用柜台、自动售票机处购买（可以使用信用卡）。另外，还可以通过连接丹麦和对岸的瑞典的厄勒海峡大桥（Øresundsbron），直接抵达瑞典。

地铁（→ p.57）
运行 5:00~ 次日 0:00 期间间隔 4~6 分钟，0:00~5:00 期间间隔 20 分钟（周五、周六间隔 15 分钟）
费 36DKK
到诺里波特站约需 15 分钟。购买车票参见（→ p.57）。

城市巴士（→ p.57）
费 36DKK
所需时间约 30 分钟。在各航站楼出口处乘坐。车票在车内购买。

出租车
费 从机场到市内 300DKK 左右

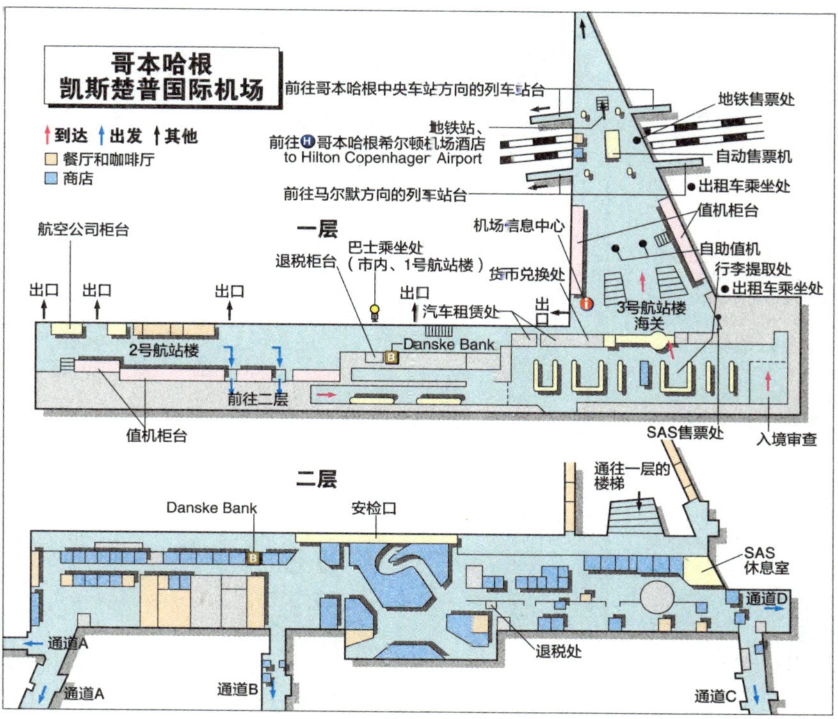

乘坐火车抵达

几乎所有国际列车的终点站都是哥本哈根中央车站。国内列车和从马尔默方向开过来的国际列车也都经由中央车站。

哥本哈根中央车站
Københavns Hovedbanegard

候车楼比站台高一些，楼内有餐厅、快餐店、货币兑换处、邮局、各种商店。在市内一般商店都休息的周末，这些店也照常营业。

乘坐巴士抵达

国际长途巴士停靠在哥本哈根中央车站西侧的“酒店街”以南的 DGI-byen 旁边。

乘船抵达

奥斯陆方向的 DFDS 海上航线的客轮抵达卡斯特雷特要塞以北的渡轮口岸。配合客轮抵达时间有乘船客人专用巴士（收费）开往市中心，27 路巴士开往埃斯特港站（Østerport）。也可以乘坐经由埃斯特港站开往哥本哈根中央车站的 26 路巴士。

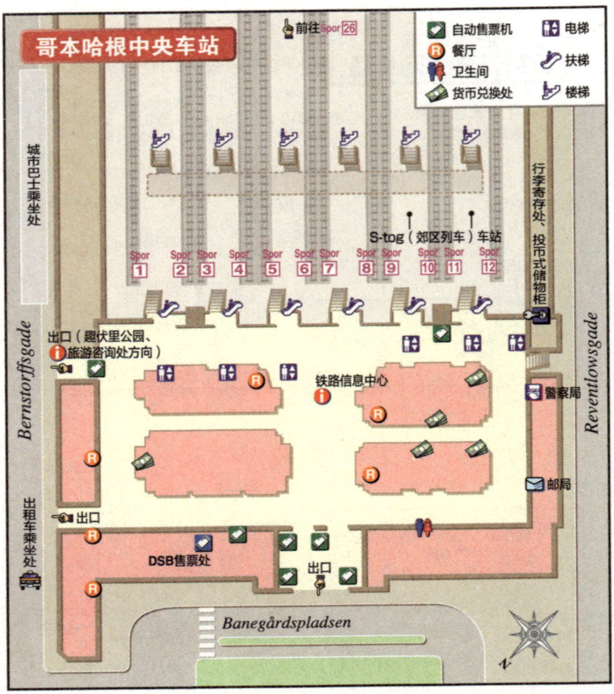

哥本哈根中央车站站内

来自欧洲各国的火车
（→ p.529）

来自北欧各国的火车
（→ p.532）

哥本哈根中央车站
Map p.49-C3、C4 / p.58

铁路信息中心
开 周一～周五 8:00~20:00
周六 8:00~18:00
周日 10:00~20:00
休 无休

中央车站的货币兑换处
Forex
营 每天 8:00~21:00
休 无休

中央车站的邮局
营 周一～周五 9:00~19:00
周六 12:00~16:00
休 周日

长途巴士站
Map p.58

欧洲铁路售票中心
Eurolines Ticket Center
Map p.58
住 Halmtorvet 5
电 33-887000
营 周一～周五
7:00~7:30、8:15~18:45
周六 10:00~14:00
休 周日

除了能购买开往瑞典的长途巴士车票外，还能购买国际巴士的车票。

从欧洲各国出发的主要巴士线路
（→ p.530）

从北欧各国出发的巴士线路

从奥斯陆约需 9 小时，从斯德哥尔摩经由马尔默，需 9 小时 45 分钟~16 小时 25 分钟。

DFDS 海上航线轮渡码头
Map p.49-D1

从北欧各国出发的主要航线
从奥斯陆

1 天一班船，所需时间约 17 小时 15 分钟。

DFDS 海上航线
电 33-423010
URL www.dfdsseaways.com

从欧洲各国出发的主要轮渡线路
（→ p.530）

DFDS 海上航线的码头

哥本哈根 市内交通

哥本哈根的市内公共交通工具有 3 种，丹麦国铁 DSB 运营的近郊列车 S-tog、Movia 公司运营的城市巴士、地铁开发公司 Metroselskabet 运营的地铁。

价格和车票

S-tog 和地铁、城市巴士的车票是通用的，价格实行区间制。包括哥本哈根在内的西兰岛被划分为几个区域，按照到达目的地经过的区域数量收取费用。车站都有分区图示，游客可以根据自己所去的地点确认经过几个区域。如果在哥本哈根市区内移动，基本不会超过 2 个区域。另外，在区域内移动时，可以持同一张车票乘坐丹麦国铁的普通列车 Re。

在规定的限乘时间内，S-tog、地铁、市营巴士可以相互换乘。所购车票的区域数量不同，换乘的限乘时间也不相同，如果是 1~2 个区，限乘时间为 1 小时；如果是 3 个区，限乘时间为 1 小时 15 分钟；之后每增加一个区，限乘时间也相应增加 15 分钟。单程车票的票面上都标明了购买日期和时间，直接换乘就可以。24 小时以上的车票，要保存好直到有效期限截止为止，不要丢失。各车站的蓝灯读票机是为近期开始使用的电子卡形式的车票设置的。截至本书调查时，这是面向常住人口的服务，可以直接忽视。

可以使用信用卡的售票机

S-tog

由丹麦国铁运营的 S-tog 是连接哥本哈根市区和近郊城市的近郊列

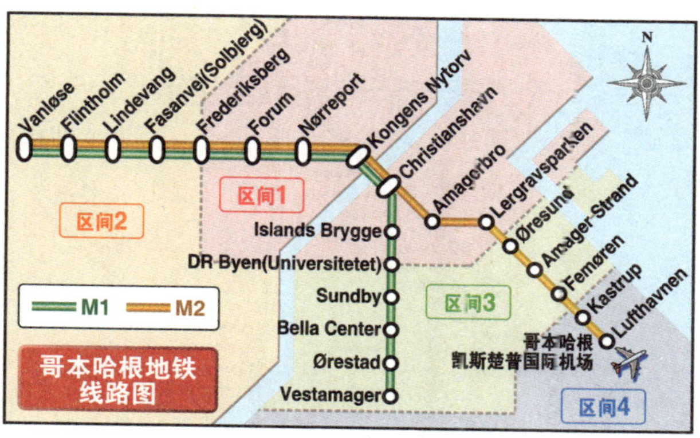

DOT
☎ 70-157000
URL www.dinoffentligetransport.dk
DSB、Movia、地铁的综合咨询处。

车票价格
费 单程票（可乘坐 2 区间）24DKK
（每增加一个区间加收 12DKK）

优惠车票
分别为 24 小时和 72 小时有效的城市通票（City Pass），可以在以哥本哈根为中心的首都圈内（包含克隆堡所在的赫尔辛格和腓特烈堡所在的希勒勒）乘坐城市巴士、S-tog、地铁。还有所有区域通用的 24 小时通票（24 Timers Billet）。推荐想短时间内高效游览的人。如果在包括机场在内的哥本哈根市内，购买 1~4 个区域的票就足够了。另外还有分区域使用的 7 天有效的周票（Flex Card）。这些票都可以在 S-tog 和地铁的各车站购买到。

费 城市通票
24 小时 80DKK
72 小时 200DKK
（限定 4 个区域）

费 24 小时通票 130DKK（全区域通用）
周票
2 区域 260DKK
3 区域 320DKK
4 区域 380DKK
5 区域 440DKK
6 区域 500DKK
7 区域 560DKK
8 区域 620DKK
全区域 700DKK

新开通的 2 条地铁线路
连接哥本哈根中央车站和腓特烈堡站（Frederiksberg）的环行地铁 M3 线路预计 2019 年开通，经过哥本哈根中央车站的南北向的地铁 M4 线路预计于 2023 年开通。因此街道上到处都是施工工地，有的地方还必须绕行。

车内还设有自行车停放区域

S-tog

运行 根据线路有所不同，在5:00~次日 0:30 之间。

欧洲铁路通票、欧洲铁路斯堪的纳维亚通票等丹麦国铁允许使用的通票都可以使用。

车票的购买方法

采用触屏售票机。在选择使用的语言后，指定车站名称和区域，就会显示出价格，然后投入相应的硬币即可。也可以使用信用卡，但需要 PIN 码。

S-tog 的标记

Ⓢ是途经首都圈的近郊列车（S-tog），Re 是只运行到郊区的列车。两种都是国铁列车，没有什么区别，车票也是通用的。

红色标记的 S-tog

不要无票乘车

不要因为没有检票口，就无票乘车。会不时抽查车票，一旦被发现会被罚款 750DKK。

※周六 · 周日，Bx、E、H 线路停运。相应地，A 线路会运行到Køge站，周五 · 周六深夜 C 线路会从腓特烈堡站运行到哥本哈根中央车站。

红色车体的 S-tog

车。在市内也会停靠几个车站，因此也可以用于近距离的移动。S-tog 在哥本哈根中央车站停靠 9~12 号线的站台。没有检票口，购票后直接到车站上车即可。站台上标注有线路名称和目的地，一定要进行确认。车辆的车门不会自动打开，需要按车门旁边的按钮才能开门。在车内时也是一样需要按按钮后才能打开车门。车内还设有停放自行车的空间。在所有车站都会停车，但下车时因为车门不会自动打开，需要自己按车门附近的按钮开门。

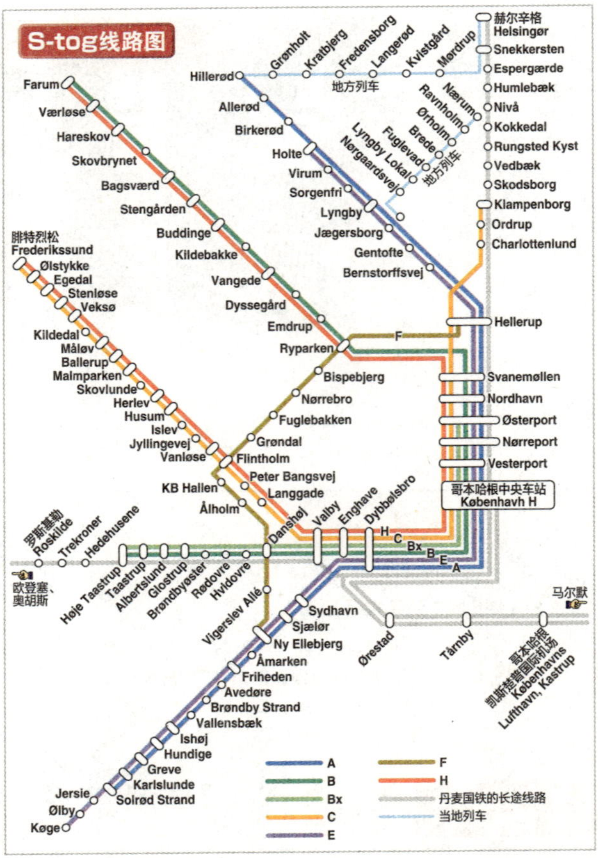

地铁 Metro

启用了各种最新技术的地铁

有 M1 和 M2 两条线路，M2 从华洛斯站（Vanløse）出发，经由北门站（Nørreport）、国王新广场站（Kongens Nytorv）、克里斯蒂安港站（Christianshanv）、阿迈厄站（Amagerbro），到达机场站（Lufthanven），M1 线在华洛斯站和韦斯特迈尔站（Vestamager）之间往返。地铁车辆是无人驾驶的自动列车，在所有的车站都停车。车门自动开关。

城市巴士 Busser

灵活利用城市巴士

城市巴士线路非常发达，从市中心到郊区线路纵横交错，犹如密网一般。一般的巴士车体为黄色。在连接 S-tog 和地铁车站等市内交通据点的 1A~6A、8A、9A 等干线上运行的 A-Bus 车辆有一部分是红色车体，车牌上标有 S，停靠车站较少的快速巴士 S-Bus 车辆有一部分是蓝色车体。车牌上标有 N 的是夜间巴士 Natbus，991~993 路是在运河上行驶的水上巴士 Havnebus。价格实行区间制，乘车时一定要确认好。位于前方的乘车口分为两个部分，右侧供用现金购买车票的人专用，左侧供持车票等待换乘的人专用。车内没有广播，但只要将目的地告诉给司机，到站时司机会进行提醒。而新型汽车则在司机席位后方的显示屏上显示下一站的站名。

出租车 Taxi

市区内有很多出租车乘坐处，标示牌上写有 Taxi 或 Taxa。只要抬手示意，在路上行驶的出租车也会停下来载客。出租车的顶灯点亮或显示 Fri 时表示是空车。几乎所有出租车都能使用信用卡结账。

自行车 Bike

去过哥本哈根的人都知道，哥本哈根是名副其实的自行车王国！道路上设有自行车专用通道，还可以带着自行车乘坐地铁和巴士，是一个有很多方便自行车设施的城市。旅游时可以租赁自行车，也可以在设置于市内各处的站点租借城市自行车（Bycyklen），非常方便。这些自行车都是电动自行车，还配有具有导航功能的显示屏。费用只能用信用卡结算。

装载了 GPS 的城市自行车

地铁
☎ 70-151615
URL www.m.dk
运行 5:00~ 次日 0:00 之间间隔 2~6 分钟，0:00~5:00 之间间隔 20 分钟（周五、周六间隔 7~15 分钟）。

购买车票的方法
车票可以在位于车站中央大厅的自动售票机上购买。售票机为触屏形式，首先需要选择语言（有英语 UK），触碰 Ticket，选择区域后就会显示票价。现金只能使用硬币。还可以使用信用卡。

城市巴士
☎ 70-157000
URL www.moviatrafik.dk
运行 始发车工作日 5:00 左右，周日 6:00 左右，末班车 0:30 左右。夜间巴士 1:00~5:00 左右。

主要的出租车公司
Taxa 4x35
☎ 35-353535

出租车价格
起步价为 37DKK。乘车后每增加 1 公里加收 15.25DKK。节日 · 周五、周六的夜间（23:00~次日 7:00）的起步价为 50DKK，每公里加收 19.15DKK。计价表显示的价格包含了附加价值税（25%）和小费（15%）。

城市自行车
Bycyklen
☎ 89-883910
URL bycyklen.dk
使用前需要在网站或自行车装载的显示屏上注册登录。这时需要输入解除自行车锁的 PIN 码。使用费用为每小时 25DKK。如果是整月租赁（需要 70DKK 的注册费），每小时 6DKK。取车点设在哥本哈根中央车站前、市政厅前广场站等，还车时可在显示屏上搜索最近的站点。全年 24 小时都可以使用。

哥本哈根卡
Copenhagen Card

使用哥本哈根卡，不仅公共交通工具和博物馆、美术馆可以免票，在租赁自行车和餐厅就餐时都能得到优惠。卡有 24 小时 ~120 小时有效的 4 种类型。可以在旅游咨询处、酒店、旅行社、车站、机场等处购买到。

费 24 小时有效 379DKK
48 小时有效 529DKK
72 小时有效 629DKK
120 小时有效 839DKK

新港新建的大桥

在新港和对岸的克里斯蒂安港之间，截至本书调查时正在建设一个步行者和自行车专用的大桥 Inderhavnsbroen。如果建成，前往歌剧院时会非常方便，但因为建筑公司破产等原因，工程遇到了困难。桥梁架设工程从两侧开始，还有一点就能连接在一起了，因此得到了一个爱称 “Kissing Bridge”。

哥本哈根 漫 步

哥本哈根虽然是丹麦的首都，也是丹麦最大的城市，但其规模并不很大。尤其对游客而言，这里的所有景点几乎都位于一条直线上，游览非常方便，而且不用担心会迷路。

城市的中心是市政厅前广场，从这里开始有一条通往“国王新广场”的道路，就是著名的步行街“斯托耶”。可以认为所有景点都分布在这条街及其延长线上。市政厅前广场以南是趣伏里公园和哥本哈根中央车站，国王新广场东北侧是阿美琳堡宫、卡斯特雷特要塞。其他主要的景点也都集中在斯托耶两侧 500 米的范围内，国王新广场恰好是整个景区的中心点。东侧紧邻着的是乘船的港口街区新港。市内的各区间之间，可以乘坐 S-tog、城市巴士、地铁移动，如果是单个区间，完全可以步行，一般不会超过 10 分钟。

在斯托耶步行街可逛商店、光顾咖啡厅

哥本哈根的旅游咨询处 i

从哥本哈根中央车站的趣伏里公园出口出来，过马路到公园一侧，背对车站向左走，过了西桥街（Vesterbrogade），就是旅游咨询处了。这里提供丹麦国内所有与旅游业务相关的服务，除了哥本哈根之外，还能得到地方城市的信息和地图。此外这里还有电脑，可以搜索住宿设施并进行预约。

绿色招牌非常醒目

从哥本哈根出发的旅行

有乘坐大巴车、渡轮和徒步等的市内线路和前往近郊旅游的旅游线路。可在酒店或旅游咨询处等进行预约。

■旅游巴士观光

Storömma Tourism公司运营着哥本哈根全景游（Copenhagen Panorama Sightseeing）。听着语音导览机的解说，游览市内各主要景点。从市政厅前广场出发，价格是345DKK。还有双层巴士“Hop on- Hop off”。只要购票就可以在一天内不限次数自由乘坐。另外还有只在美人鱼像、阿美琳堡宫所在的运河西侧循环的Mermaid Tour，前往克里斯蒂安港的Christiania Tour，仅在夏季推出的前往嘉士伯啤酒厂的Carlsberg Tour。能够乘坐所有线路巴士的票价是210DKK，仅乘坐Mermaid Tour的价格是175DKK。还有结合运河游览的套票，具体内容如下所示。

■运河游览

Storömma Tourism公司运营在运河上的游船之旅“The Grand Tour”，有从新港出发和从旧港出发的两条航线，会前往旧港、新巷、克里斯蒂安港、美人鱼像。两条线路基本相同，但旧港出发的航线不经过新港。所需时间约1小时。价格相同，都是80DKK。另外还有在13个地方自由上下船的“Open Top Tours，Hop-on Hop-off”，价格是95DKK，购票后可在一天内自由上下船。

哥本哈根实用地址一览表		
SAS	电 70-102000	
芬兰航空	电 78-795471	
中国驻哥本哈根大使馆	电 39-460889	住 Oeregarrds Alle 25，2900 Hellerup，Copenhagen
哥本哈根警察局	电 33-141448	住 Politigården
警察、消防、急救车	电 112	
急救医院	电 35-313531	住 Bispebjerg Bakke 23

哥本哈根的旅游咨询处 i
Map p.58
住 Vesterbrogade 4A
电 70-222442
URL www.visitcopenhagen.com
开 5、6月
周一～周六 9:00~18:00
周日 9:00~14:00
7、8月
每天 9:00~19:00
9月～次年4月
周一～周五 9:00~16:00
周六 9:00~14:00
休 9月～次年4月的周日

Storömma Tourism 公司
电 32-963000
URL www.stromma.dk
旅游巴士观光
Copenhagen Panorama Sightseeing
举办 5/1~9/11
每天 11:00
9/14~次年4/30
周五～周日 11:00
Mermaid Tour
举办 5/1~9/13
每天9:30~18:30（间隔30分钟）
9/14~次年4/30
每天10:00~16:30（间隔60分钟）
运河游览
The Grand Tour
新港出发
举办 3月中旬~6月下旬，8月中旬~9月中旬
每天9:30~18:00（1小时1~4班）
6月下旬~8月中旬
每天9:30~21:00（1小时最多6班）
9月中旬～次年3月中旬
10:00、11:20、12:40、14:00、15:20
旧港出发
举办 3月中旬~4月下旬
每天9:30~18:00（1小时1~4班）
4月下旬~6月下旬，8月中旬~9月中旬
每天10:00~18:00（1小时1~4班）
6月下旬~8月中旬
每天10:00~20:30（1小时最多6班）
9月中旬～次年3月中旬
9:30、11:00、12:20、13:40、15:00
Open Top Tours，Hop-on Hop-off
举办 5月上旬~9月中旬
每天9:15~18:30
9月中旬～次年5月上旬
每天9:30~16:30

哥本哈根分区信息

A 市政厅前广场、哥本哈根中央车站周边（→ p.64）

市政厅前广场是哥本哈根的中心，是城市巴士始发地，同时还有旅游巴士始发站、出租车乘坐处、热狗销售摊点、报刊亭等，全天人来人往，非常热闹。市政厅前广场与哥本哈根中央车站隔着趣伏里公园相望。中央车站的西侧是很多酒店聚集的“酒店街”。但是这条街路灯很少，非常昏暗，夜晚应尽量避免在此处徘徊。

城市的中心——市政厅前广场

B 斯托耶周边（→ p.68）

从市政厅前广场到国王新广场的道路就是被称为斯托耶的步行街。街道两侧商店林立，是哥本哈根最热闹的购物街。国王新广场中央矗立着克里斯蒂安五世国王的铜像，周围绿树环绕，是非常美丽的广场。广场对面建有旧皇家剧院、安格利特酒店（→ p.85）等建筑物。

C 阿美琳堡宫周边（→ p.69）

这一区域以现在的王宫阿美琳堡宫为中心，汇集有许多雄伟建筑。阿美琳公园（Amaliehaven）位于王宫和大海之间，是由丹麦最大的海运公司 A.P.Møller 公司在公司私有土地上兴建并捐赠给市政府的。南侧的国王新广场旁边就是新港，建有许多色彩斑斓的民宅。这一地区还有很多充满个性的商店，可以享受购物的乐趣。

玛格丽特二世曾居住的阿美琳堡宫

D 城堡岛周边（→ p.70）

被运河围绕着的小岛城堡岛（Slotsholmen）是哥本哈根的发祥地。以雄伟的克里斯蒂安堡宫为中心，周边分布有旧证券交易所、托瓦尔森雕刻艺术馆、戏剧历史博物馆、皇家图书馆（黑宝石图书馆）等，虽然规模不大，但聚集着很多景点。

雄伟建筑林立的区域

E 卡斯特雷特要塞周边（→ p.72）

以五角星形状的卡斯特雷特要塞为中心的这一区域，被誉为哥本哈根最美丽的区域。郁郁葱葱的树木间，能看到宁静的大海。北岸边上安静地矗立着哥本哈根的地标性建筑美人鱼像。卡斯特雷特要塞的周边环绕着步行路，可以边漫步其间，边感受这个童话王国的氛围。要塞的南侧还分布有几个博物馆。

F 罗森堡宫周边（→ p.74）

罗森堡宫所在的区域是聚集着国家美术馆、罗森堡宫等多所博物馆、美术馆的文化教育地区。另外，这里还有罗森堡公园（Roenborg Have），又称皇家公园（Kongens Have）、植物园（Botanisk Have）、东安莱格公园（Østre Anlæg）等面积广阔的美丽公园，是值得花费时间慢慢游览的地方。

绿树环绕的罗森堡宫

G 克里斯蒂安港周边（→ p.75）

是以克里斯蒂安四世下令开凿的克里斯蒂安运河（Christianshavn）为中心的地区。运河两侧是 18 世纪建造的粉彩风格的建筑和砖造建筑。这一区域的一角是克里斯蒂尼亚（→ p.76），是 1971 年占领了丹麦军队士兵营舍遗址的嬉皮士们的自治地区。

郊区（→ p.78）

哥本哈根的郊区是住宅和绿色公园聚集的地区。其中位于城市以东的腓特烈公园（Frederiksberg Have）周边有哥本哈根动物园、嘉士伯啤酒工厂等很多景点。

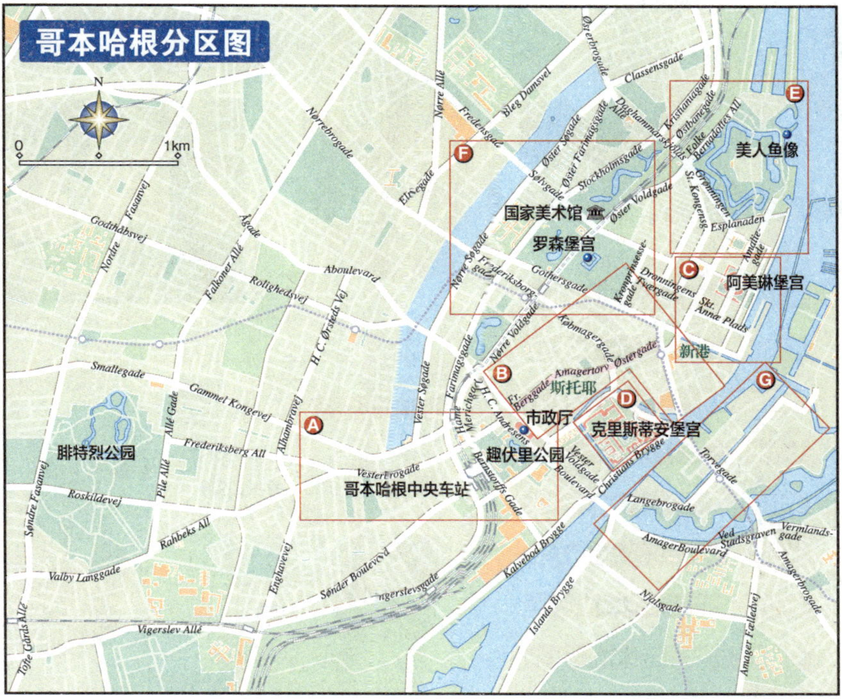

One Day Sightseeing

哥本哈根
1日游精选线路

哥本哈根的名胜很多，从美人鱼像到王宫，再到经典的博物馆、美术馆，看点丰富。各景点之间距离不是很远，可以在1天之内转遍。

每天游客如织的第一大景点

1 童话王国丹麦的象征 美人鱼像

（→p.72）

游览 30分钟

首先前往哥本哈根的标志性景点美人鱼像。顺便参观紧邻雕像的卡斯特雷特要塞。

星形的卡斯特雷特要塞的周边是公园

2 能欣赏到丹麦皇室收藏的宝物 罗森堡宫

（→p.74）

游览 45分钟

地下珍宝馆内的皇冠是必看的宝物。邻近中午时分，士兵从这里出发前往阿美琳堡宫举行换岗仪式。

如果想欣赏皇室奢华的宝物，可以来这里

POINT

跟随从罗森堡宫出发的士兵前往阿美琳堡宫也是非常有趣的体验

3 玛格丽特二世曾经的住所 阿美琳堡宫

（→p.69）

游览 25分钟

不要错过正午准点进行的士兵换岗仪式。珍宝馆里的展品没有罗森堡宫等丰富，走马观花游览即可。

这里一定要观看的是士兵换岗仪式

POINT

宫殿对面是用大理石建造的腓特烈大教堂

Start!

1 美人鱼像 Map P.49-D1
步行 10 分钟，S-tog5 分钟
2 罗森堡宫 Map P.50-A · B1
地铁 5 分钟，步行 10 分钟
3 阿美琳堡宫 Map P.51-D1
步行 10 分钟
4 新港 Map P.51-C · D2
步行 5 分钟
5 斯托耶 Map P.50~51-A4~C2
步行 30 分钟
6 圆塔 Map P.50-B2
步行 15 分钟
7 国家博物館 Map P.50-A · B4
步行 5 分钟
8 新嘉士伯艺术博物馆 Map P.49-C3

Goal!

新港是运河纵横的港口城市哥本哈根的代表性景观

4

运河沿岸五彩斑斓的民居

游览 10 分钟

新港

（→p.69）

新港的运河两岸林立着木结构民居建筑，是拍照留念的绝佳场所。这里的餐厅也非常多，可以选择在这里用午餐。

5

代表北欧的购物街

游览 20 分钟

斯托耶

（→p.68）

步行街上汇聚了包括世界一流品牌在内的各种品牌专卖店，还有皇家哥本哈根的总店等。可以在这里尽情购物，还可以沿着旁边的小路漫步。

聚集着各种受欢迎的北欧设计商店

全天人来人往的主要街道

POINT 如果重点在购物，就在斯托耶多留些时间。

6

沿螺旋形的通道登上瞭望台

俯瞰哥本哈根的街景

游览 20 分钟

圆塔

（→p.68）

圆塔位于与斯托耶步行街相距不远的地方，是一个砖瓦结构的高塔，在塔上能够俯瞰哥本哈根街景。

7

丹麦最大的博物馆

游览 60 分钟

国家博物馆

（→p.66）

收藏的文化遗产数量为丹麦最大。博物馆面积很大，应根据自己的喜好有重点地参观。

有很多考古学、历史学、民族学方面的展览

8

欧洲艺术品的宝库

游览 50 分钟

新嘉士伯艺术博物馆

（→p.64）

展出着各种美术作品，有罗马、希腊的雕刻，法国的绘画作品等，种类很多。如果时间充裕，还可以前往城堡岛参观。

展示着希腊和罗马时代的雕刻

One Day Sightseeing

可以多关注砖瓦结构的建筑物

能够眺望哥本哈根全景的观景点

哥本哈根市政厅
☎ 33-662586
URL www.kk.dk
开 周一～周五 9:00~16:00
周六 9:30~13:00
休 周日
参观团（英语）
举办 周一～周五 13:00
周六 10:00
费 50DKK
市政厅塔参观团
举办 周一～周五 11:00、14:00
周六 12:00
费 30DKK
延斯·奥尔森天文时钟
举办 周一～周五 8:30~16:30
周六 10:00~13:00
休 周日
费 免费

新嘉士伯艺术博物馆
住 Dantes Plads 7
☎ 33-418141
URL www.glyptoteket.dk
开 周二、周三、周五～周日
11:00~18:00
周四 11:00~22:00
休 周一
费 95DKK（周二免费）
（可使用哥本哈根卡入场）

丹麦首屈一指的收藏

红砖建造的雄伟建筑

哥本哈根 主要景点

市政厅前广场、哥本哈根中央车站周边

哥本哈根市政厅

Map p.50-A4. p.58

København Rådhuset

砖造的建筑物和塔

完工于 1905 年，是哥本哈根第六代市政厅建筑，融合了中世纪丹麦式样和北意大利文艺复兴式样，雄伟恢宏。塔高 105.6 米的市政厅塔是哥本哈根第二高的塔，也是能够眺望到哥本哈根全景的绝佳观景点。游览市政厅需要参加参观团，也只有参加参观团才能登到塔上面。进入市政厅后，大厅旁边是延斯·奥尔森天文时钟（Jens Olsens Verdensur），据说 100 年内只会产生千分之一秒的误差。宁静的中庭非常适合休息。

市政厅旁边的 H.C. 安徒生路（H.C.Andersens Boulevard）沿线有仰望着趣伏里公园的安徒生铜像，是非常受欢迎的拍照地点。

新嘉士伯艺术博物馆

Map p.49-C3

Ny Carlsberg Glyptotek

1888 年，由丹麦代表性的啤酒公司嘉士伯公司（Carlsberg）创始人 J.C. 雅各布森（J.C.Jacobsen）的儿子卡尔·雅各布森（Carl Jacobsen）创建。因收藏有埃及、美索不达米亚、罗马、希腊的众多石棺、雕刻、美术作品而著名。另外还有 19 世纪至 20 世纪的丹麦雕刻和绘画，以及创建者的儿子赫格勒（Hegle）及其儿子赫格拉（Hegla）收集的高更、塞尚、博纳尔等的法国近代绘画作品。

博物馆建筑本身也非常美，白色的馆内为了让阳光更加充足而使用了大量玻璃，中庭种满了绿色植物。面对中庭的咖啡馆也深受好评。博物馆内分为雕刻、法国美术等区域，布置得非常清晰易懂。在接待处拿一份地图，慢慢欣赏吧。

趣伏里公园

Map p.58

Tivoli

1843 年开始营业的趣伏里公园，是哥本哈根人心中犹如故乡一样的游乐园。据说华特·迪士尼也在建园时参考了它的设计。在当时的丹麦国王克里斯蒂安八世的重臣乔治·卡斯坦森（Georg Carstensen）主持下，在之前几乎没有娱乐设施的市区里修建了这个可以让市民们娱乐的游乐园。这里允许所有人自由进出，没有阶级区别，但这一在当时非常前卫的规定遭到了强烈反对，卡斯坦森在游乐园开园后不久就不得不退出趣伏里的管理，而且最终不得不离开了丹麦。

儿童和成年人都能开心度过美好时光

明亮璀璨的游乐园夜景。夏季还会放烟花

游乐园内不仅有各种游乐设施，还有哑剧剧院、趣伏里音乐厅等娱乐设施，还有40多家餐厅等。在夏季的开放时期，家庭游客、情侣等纷纷来此。除此之外，10月中旬至11月上旬的万圣节期间会开放，在11月下旬至12月下旬的圣诞节期间也会开放。届时，园内会装饰各种圣诞彩灯，还会有手工艺品的实际制作表演及销售、面向儿童的演出活动，滑冰场和部分游乐设施也会运行。

趣伏里公园
住 Vesterbrogade 3
☎ 33-151001
URL www.tivoli.dk
开 4月上旬~9月下旬
周日~下周四 11:00~23:00
周五·周六 11:00~次日0:00
（根据季节有所不同）
休 9月下旬~次年4月上旬（万圣节、圣诞节期间除外）
费 100DKK（6/24~8/7期间110DKK，不满8岁免费）（可使用哥本哈根卡入场）

游乐门票（Multi Ride Ticket）
费 220DKK
露天舞台、趣伏里音乐厅等的表演节目，不占座位时免费。

万圣节
开 10月中旬~11月上旬

圣诞节
开 11月下旬~12月下旬

国家博物馆
住 Ny Vestergade 10
电 33-134411
FAX 33-473333
URL natmus.dk
开 周二～周日 10:00~17:00
休 周一
费 免费

维多利亚厅
参观团（英语）
举办 6~9 月
周六 14:00
费 50DKK
当天在国家博物馆信息中心报名。
（可使用哥本哈根卡入场）

太阳神车是博物馆的镇馆之宝

国家博物馆

Map p.50-A·B4

Nationalmuseet

丹麦收藏量最大的博物馆。建筑物原是为后来成为腓特烈五世的腓特烈皇太子和路易丝太子妃而修建的。馆内最多的是与丹麦相关的展品，设有维京时期、中世纪～文艺复兴时期、17 世纪、现代丹麦等展厅。特别值得一提的是摆放在丹麦史前时期展厅入口附近的"太阳神车（Solvogn）"，是一架拉着黄金太阳的马车，为公元前 1200 年左右的青铜器时代的作品，据说是丹麦历史上最大的出土文物。除此之外，还有王室和国外不同时期的展品，包括从古至今的硬币、徽章，以及格陵兰岛的伊努伊特、阿拉斯加的原住民等民族相关展品，展出内容十分丰富。还有埃及、希腊文化遗产展厅。馆内还设有咖啡厅和商店，建议多留出些时间，慢慢参观。

展示着丹麦的美术作品和出土文物

博物馆的旁边是维多利亚式样的庄园式建筑克隆科海姆展览馆（Klunkehjemmet），但只能参加旅游团参观。

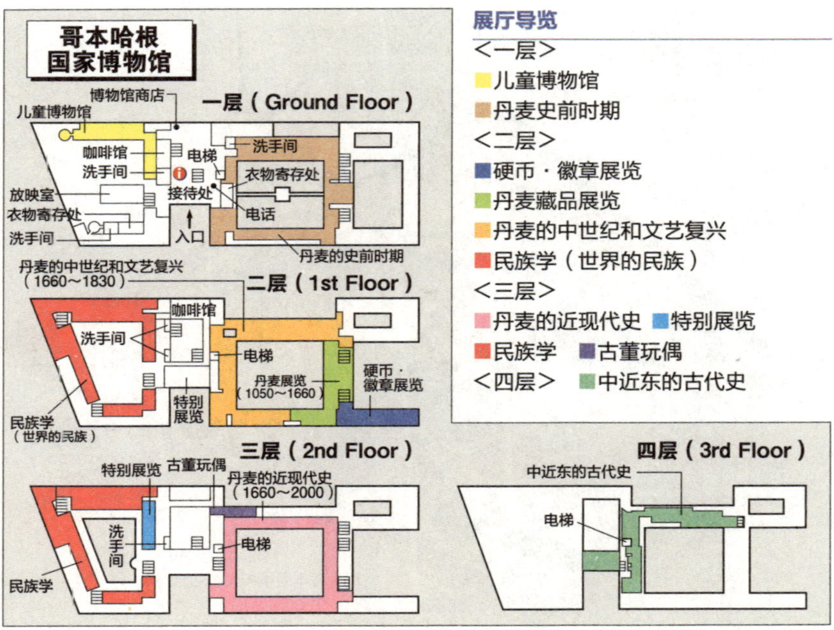

信不信由你博物馆

Map p.5[illegible]-A4

Ripley`s Believe it or Not!

有很多让人大感意外的展品

和“信不信由你”的说法一样，是名副其实的博物馆。位于市政厅前广场正面、斯堪迪克王宫酒店（Scandic Palace Hotel）一层的奢华入口非常醒目。馆内以模型、复制品、录像等形式展现着冒险家利普里从世界各地收集来的233件奇珍异宝，也有实物的展出。它的旁边是根据安徒生的童话兴建的H.C.安徒生主题公园（H.C.Andersen's Wonderful World）。

信不信由你博物馆和H.C.安徒生主题公园

住 Rådhuspladsen 57
电 33-323131
URL www.ripleys.com/copenhagen
开 6/15~8/31
每天 10:00~22:00
9/1~次年6/14
周日~下周四 10:00~18:00
周五·周六 10:00~20:00
休 无休
费 信不信由你博物馆 90DKK（使用哥本哈根卡优惠25%）
H.C.安徒生主题公园 60DKK（可以使用哥本哈根卡）
有与吉尼斯世界纪录博物馆、神秘探索博物馆4馆通用的优惠套票。
费 215DKK

第谷布拉赫天文馆

Map p.58

Tycho Brahe Planetarium

第谷布拉赫天文馆位于哥本哈根斯堪迪克大酒店（Scandic Copenhagen）（→p.85）对面，是一座犹如披着袈裟的巨大的圆柱形建筑。上演天文影片的太空剧场有着巨型屏幕，非常震撼。影片对白都是丹麦语，可以租赁英语解说器。馆内还设有展览室，展示着和形体有关的资料。

独特的外形非常吸引眼球

第谷布拉赫天文馆

住 Gammel Kongevej 10
电 33-121224
URL planetariet.dk
开 周一 12:00~19:40
周二~周四 9:30~19:40
周五 10:30~20:50
周六 9:30~20:50
周日 10:30~19:40
休 无休
费 144DKK（含1次观影、展览室门票）
（可使用哥本哈根卡入场）
英语解说器的租赁费是20DKK。

哥本哈根市立博物馆

Map p.48-B4

Københavns Bymuseum

哥本哈根是北欧历史最悠久的城市，博物馆展示的是与这个城市800年风雨历程相关的展品。还有关于近期哥本哈根的信息，如移民带来的新文化等，展出内容也很充实。博物馆前面的小型庭园里有迷你哥本哈根模型，能了解哥本哈根全貌，非常珍贵。另外还有哲学家索伦·克尔凯郭尔的展厅，陈列着他的遗物和全套著作。

博物馆内的咖啡馆Aunt T，是模仿20世纪初的哥本哈根茶室建造的。咖啡馆内摆放有庄重的古董家具，供应简餐及下午茶。

再现了16世纪哥本哈根的立体模型

会临时安排企业展览

哥本哈根市立博物馆

住 Vesterbrogade 59
电 24-949612
URL copenhagen.dk
因搬迁而关闭。
预计于2018年春天在Stomgade 18重新开放参观。

每到夏季最受欢迎的便是开放式咖啡馆

圆塔

住 Købmagergade 52A

电 33-730373

URL www.rundetaarn.dk

开 5/21~9/20

每天 10:00~20:00

9/21~次年 5/20

每天 10:00~18:00

（根据时期有所不同）

休 无休

费 25DKK

（可使用哥本哈根卡入场）

天文观测台

开 3、10 月

周二、周三 19:00~21:00

6 月下旬 ~8 月中旬

周日 13:00~16:00

11 月 ~ 次年 2 月

周二、周三 18:00~21:00

休 上述时间之外

砖瓦结构的北欧文艺复兴式样的塔

吉尼斯世界纪录博物馆和神秘探索博物馆

住 Østergade 16

电 33-323131

URL www.ripleys.com/copenhagen

开 6/15~8/31

每天 10:00~22:00

9/1~次年 6/14

周日 ~ 下周四 10:00~18:00

周五 · 周六 10:00~20:00

休 无休

费 吉尼斯世界纪录博物馆 90DKK（使用哥本哈根卡优惠 25%）

神秘探索博物馆 60DKK

有与信不信由你博物馆和 H.C. 安徒生主题公园 4 馆通用的优惠套票。

费 215DKK

斯托耶周边

斯托耶

Map p.50~51-A4~C2

Strøget

哥本哈根的主要街道

斯托耶是连接市政厅前广场和国王新广场的道路。大街实际上是由 4 条街道和 3 个广场组成的，分别是腓特烈斯贝大街（Frederiksberggade）、新街（Nygade）、维美尔斯弗卡伏特街（Vimmelskaftet）、东街（Østergade）四条街，以及旧广场（Gammeltorv）、新广场（Nytorv）、阿迈厄广场（Amagertorv）。斯托耶是丹麦语，是步行的意思。深受市民和游客喜爱的这条街，是名副其实的步行者天堂。道路两侧各色商店、餐厅、咖啡馆林立，是欧洲首屈一指的购物街。如果再往旁边的巷子走走，就会看到中世纪古朴庄重的教堂和色彩鲜艳的民居等，也是漫步的好地方。

圆塔

Map p.50-B2

Rundetaarn

从瞭望台俯瞰市区街道

据传俄国沙皇彼得大帝于 1716 年到访哥本哈根时，沙皇骑着马，叶卡特琳娜王妃乘坐四乘马车疾驰而上登上了这座圆塔。该塔建于 1642 年，是克里斯蒂安四世国王为进行天文观测而建造的。是欧洲最古老的天文观测用建筑物，到 1861 年，一直被哥本哈根大学用来进行天文学研究。

塔高 34.8 米，屋顶建有瞭望台，能俯瞰到哥本哈根城市全景。通往塔顶的螺旋形通道长达 209 米，塔的中间层有由图书馆改建而成的礼堂，时常举办展览会和音乐会。另外，还会向公众开放天文观测台。

吉尼斯世界纪录博物馆

Map p.51-C2

Guinness World of Records

博物馆以简单明了的方式介绍吉尼斯世界纪录大全中记载的各项世界纪录。建筑物前矗立着的“世界最高的人”的塑像非常引人注目。除了用同等比例模型展示各种世界之最之外，还设有能体验恐怖游戏的神秘探索博物馆（The Mystic Exploratorie）。

阿美琳堡宫周边

阿美琳堡宫 Map p.51-D1

Amalienborg Slot

阿美琳堡宫的外观非常朴素，如果没有戴着熊皮帽子的士兵站岗，根本就不会有人认为这里是王宫。这里原本不是皇室的居所，因为在18世纪末，当时的王宫克里斯蒂安堡宫被大火焚毁，于是将4位贵族的公寓改建成了王宫。

王宫大体可分为4个建筑物。其中之一的克里斯蒂安八世的宫殿作为珍宝展馆（Det Danske Kongers Kronologiske Samling）（阿美琳堡博物馆 Amalienborgmuseet）向公众开放。展示有从克里斯蒂安九世至腓特烈九世，1863~1972年的王室寝宫和宝物。另外，克里斯蒂安七世的宫殿会在夏季开放内部参观。

如果宫殿屋顶上飘扬着丹麦国旗，表明女王在宫中。正午时分会进行华丽的换岗仪式。

在进行换岗仪式的时间去参观

腓特烈大教堂（大理石教堂） Map p.51-D1

Frederiks Kirke（Marmorkirken）

负责阿美琳堡宫以及周边的整体设计的建筑家，也是城市设计师的尼古拉·伊格维（Nicolai Eigtved）建造的教堂。1754年，伊格维去世后，法国人嘉丁受命继续修建，但由于他使用了挪威产大理石做原料，花费过高，于1770年被当时的丹麦首相施特林泽下令停止建设。在过了一个世纪之后的1894年才得以完工。大量使用大理石的罗马—巴洛克式样的美丽教堂，被当地人亲切地称为"大理石教堂（Marmorkirken）"。除了可以参观教堂内部，还可以参加旅游团登上教堂穹顶。

新港 Map p.51-C-D2

Nyhavn

新港是指运河沿岸的一片区域，这里沿着运河两岸建有色彩斑斓的木结构民居，是哥本哈根代表性景观。曾经这里是水手们结束漫长航海旅程后，尽情放松游玩的酒吧聚集地，非常繁华。现在，运河北岸的街道上聚集着很多餐厅，夏季时餐厅纷纷在店外摆出露天席位，也是热闹非常。安徒生非常喜欢这一区域，在这一带拥有3处住宅。这些住宅被保留至今，墙壁上还嵌有刻着他的姓名和经历的石板。

阿美琳堡宫

住 Amalienborg Slotsplads
电 33-186055
URL www.amalienborg.dk

珍宝展馆

电 33-122186
URL www.kongernessamling.dk/amaliengorg
开 5~10月
每天 10:00~16:00
11月~次年4月
周二~周日 11:00~16:00
休 11月~次年4月的周一
费 75DKK（周六是95DKK）
（可使用哥本哈根卡入场）
有和罗森堡宫通用的套票。
费 145DKK

交通

从国王新广场步行5分钟。

腓特烈大教堂

住 Frederiksgade 4
电 33-150144
URL www.marmorkirken.dk
开 周一~周四，周六
10:00~17:00
周五·周日 12:00~17:00
休 无休
费 免费

参观团

举办 夏季
每天 13:00、15:00
冬季
周六·周日 13:00、15:00
费 35DKK
所需时间约40分钟

周边有丹麦哲学家克尔凯郭尔等的12尊雕像

林立着可爱的民居，让人感叹不愧是童话王国

克里斯蒂安堡宫
住 Cristiansborg Slotsplads
URL slks.dk
国会大厦
电 33-375500
URL www.thedanishparliament.dk
只能参加参观团进行游览。参观团出发时间需要提前问询。
皇家接待室
电 33-926492
开 5~9月
每天 10:00~17:00
10月~次年4月
周二~周日 10:00~17:00
休 10月~次年4月的周一
费 80DKK
（可以使用哥本哈根卡）
参观团（英语）
开 5~9月
每天 15:00
10月~次年4月
周二~周日 15:00
出发前10分钟开始接受报名。
阿布萨隆大主教时代城堡遗迹
开 5~9月
每天 10:00~17:00
10月~次年4月
周二~周日 10:00~17:00
休 10月~次年4月的周一
费 50DKK
（可以使用哥本哈根卡）
有皇家接待室和阿布萨隆大主教时代城堡遗迹的套票。一个月之内有效。
费 120DKK
塔
开 周二~周日 11:00~21:00
休 周一
费 免费
登塔口位于塔正下面的入口大厅。可以乘坐电梯前往瞭望台。

剧院博物馆
住 Christiansborg Ridebane 18
电 33-115176
URL www.teatermuseet.dk
开 周二~周四 11:00~15:00
周六·周日 13:00~16:00
休 周一、周五
费 40DKK
（可以使用哥本哈根卡）

城堡岛周边

克里斯蒂安堡宫

Map p.50-B4

Christiansborg Slot

参见女王时使用的克里斯蒂安堡宫

克里斯蒂安堡宫是石砌城堡，1167年由阿布萨隆大主教（Absaron）建造，是哥本哈根的发祥地。当时的哥本哈根不过是建在沙洲中的一个小城堡而已。现在，城堡的周围环绕着旧滩运河，运河前面矗立着建造城堡的阿布萨隆大主教的雕像。城堡自建成以来，遭受过5次破坏，屡次再建。现在庄严的新巴洛克式样建筑物是于1928年建造完成的。

克里斯蒂安堡宫是曾经的皇宫，现在用作国会大厦，以及参见女王的场所。国会大厦的正面大门上面是“四痛”雕像，表示人体牙痛、耳痛、头痛、胃痛，具有警示国会议员们要满腔热忱地工作的意义。中央是曾经的丹麦国王克里斯蒂安九世的雕像。他通过让子女们建立政治婚姻，和诸国缔结了姻亲关系，因此被称为欧洲的岳父。城堡内有国会大厦（Folketing），向丹麦王室敬献各国总统、首相、国王亲笔书信的皇家接待室（De Kongelige Repræsentationslokaler），利用曾经的宫廷剧院的建筑展出丹麦戏剧史的剧院博物馆（Teatermuseet）等景点。除此之外，地下还有阿布萨隆大主教时代城堡遗址（Ruinerne under Christiansborg），保存着克里斯蒂安堡宫建成之初的风貌。

从2014年开始允许登到高106米（比哥本哈根市政厅天文塔高出40厘米，是市内最高的塔）的塔顶瞭望台。瞭望台下面是经营丹麦料理的餐厅。

城堡旁边是皇家图书馆（黑宝石图书馆），庭园里立着克尔凯郭尔的雕像。

哥本哈根的发祥地

皇家图书馆（黑宝石图书馆） Map p.49-C3

Det Kongelige Bibliotek

泛着黑色光泽的建筑物是现代建筑的杰作

皇家图书馆由丹麦设计集团施密特·哈默·拉森（Schimidt, Hammer & Lassen）公司设计，造型前卫，仿佛在俯瞰着运河，让人不禁联想到未来世界。图书馆为使用南非花岗岩建造的建筑物，表面泛着黑色光泽，因此被当地人爱称为黑宝石图书馆。运河对岸的克里斯蒂安港取景拍照效果极好，是绝佳的拍照点。除了作为图书馆使用，这里还经常举办现代艺术展览。还有通体玻璃结构的沙龙餐厅（Søren K），以及几间咖啡厅，可以在这里眺望运河，享受悠闲时光。

托瓦尔森雕刻艺术馆 Map p.50-B4

Thorvaldsens Museum

展示着丹麦代表性的雕刻家托瓦尔森的作品

在被誉为丹麦黄金时代的19世纪上半叶，与童话作家安徒生、哲学家克尔凯郭尔一起引领文艺百花齐放局面的就是贝特尔·托瓦尔森（Bertel Thorvaldsen）（1770~1844）。托瓦尔森在罗马学习了新古典主义的技法，并将其融入了自己的作品中，在丹麦雕刻界引起了巨大轰动。在艺术馆黄色外墙上描绘着市民们迎接取得巨大成功后衣锦还乡的托瓦尔森的情形。托瓦尔森一生共留下了250多件雕塑和约300件其他作品，其中大部分都收藏在这个艺术馆中。除托瓦尔森自己的作品之外，这里还展示着他的收藏品。

这个艺术馆建于欧洲局势非常动荡的1848年。但艺术馆的创建者们克服重重困难，始终抱着促进文化发展的意志，完成了艺术馆的修建。我们在欣赏雕刻作品的同时，可以用心感受这份催人奋进的精神力量。

皇家武器博物馆 Map p.50-B4

Tøjhusmuseet

收藏着来自世界各地的各种武器

博物馆的建筑物建于17世纪初期，最初是克里斯蒂安四世修建的皇家兵器库。博物馆的展厅被誉为欧洲最长的大厅，展示着来自世界各地的枪支、大炮等武器，以及军服、中世纪的铠甲等。在欧洲博物馆中，如此规模的展览是绝无仅有的。展出的数量庞大的各种手枪，更是让人惊叹不已。

克尔凯郭尔

丹麦出生的哲学家，1813年5月生于哥本哈根。他反对黑格尔风格的泛逻辑主义，强调人的主体存在，对后来的海德格尔、雅斯贝尔斯、巴特等辩证法神学者和存在主义哲学家产生了深远的影响。1855年去世。主要著作有《非此非彼》《致死的痼疾》等。

皇家图书馆

住 Søren Kierkegaards Plads 1
☎ 33-474747
URL www.kb.dk
开 7·8月
周一～周六 8:00~19:00
9月～次年6月
周一～周六 8:00~22:00
休 周日
费 免费

展览

开 周一～周六 10:00~19:00
休 周日
费 40DKK

咖啡馆

营 周一～周五 8:00~19:00
周六 9:00~18:00
休 周日

托瓦尔森雕刻艺术馆

住 Bertel Thorvaldsens Plads 2
☎ 33-321532
URL www.thorvaldsensmuseum.dk
开 周二～周日 10:00~17:00
休 周一
费 50DKK（周三免费）（可使用哥本哈根卡入场）

皇家武器博物馆

住 Tøjhusgade 3
☎ 33-116037
URL www.natmus.dk
开 周二～周日 12:00~16:00
休 周一
费 免费

被誉为童话王国丹麦的象征

美人鱼像

交通→→→

乘坐 S-tog 的 A、B、Bx、C、E、H 线，在奥斯特波特站（Østerport）下车后步行约 20 分钟。另外，可从市政厅前广场乘坐 26 路巴士，或从国王新广场乘坐 1A、26 路巴士前往。乘坐 1A 巴士时，在格伦宁大街（Grønningen）下车，再步行约 20 分钟。乘坐 26 路巴士时，在因蒂亚卡加（Indiakaj）车站下车，步行不久即到。另外，在皇家图书馆前或新港等地可以乘坐水上巴士 992 路，在 Nordre Tlodbod 下船，步行 7 分钟。

丘吉尔像

丘吉尔是曾经的英国首相。在第二次世界大战期间，领导英国战胜了纳粹德国。丘吉尔的这座雕像并没有做出口叼雪茄这个标志性动作。雕像看起来好像是在低着头，据说是不小心掉了雪茄，正在寻找的样子。

喷出水柱的吉菲昂喷泉

皇家石膏模型展览馆

住 Toldbodgade 40

☎ 33-748494

URL www.smk.dk

开 仅在有特别展览时才会开放参观。需要提前确认。

休 上述时间以外

费 免费

卡斯特雷特要塞周边

美人鱼像

Map p.49-D1

Den Lille Havfrue

美人鱼像会让人联想起安徒生创作的著名的悲剧童话故事。这座雕像是丹麦雕刻家爱德华·埃里克森于 1913 年创作的。当时，皇家剧院正在上演芭蕾舞剧《海的女儿》。嘉士伯啤酒公司的第二代董事长卡尔·雅各布森在观看此剧后，产生了制作这个雕像的想法。

皇家剧院的帕丽丝担任了美人鱼像的模特，她与雕塑家因此而结缘，后来结为伉俪。

美人鱼像高 150 厘米，姿态可爱，每天都有成群的人竞相与她合影。

1964 年 4 月和 1998 年 1 月，美人鱼像的头部曾两次丢失；1984 年手臂被人砍断；2003 年 9 月 11 日铜像遭遇爆炸，躯干被扔入大海；后经过 1 个半月的修复，才恢复了原貌。2010 年美人鱼像出展上海世界博览会。

卡斯特雷特要塞

Map p.49-D1·2

Kastellet

非常适合漫步或跑步锻炼的公园

卡斯特雷特是欧洲各地常见的星形要塞，这个要塞建于 1662 年，是保护哥本哈根港口的防御工事。现在大部分建筑遭到破坏，周边已然成为绿意盎然的公园。公园内的圣阿尔班教堂（Skt. Albans Kirke）旁边就是吉菲昂喷泉（Gefionsprigvandet），这座喷泉讲述着西兰岛的来历。喷薄而出的泉水中，4 头牛和驾驭着它们的女神的雕像栩栩如生。另外，这一带也被称作丘吉尔公园（Churchillparken），园内矗立着温斯顿·丘吉尔的半身像。这是为了向第二次世界大战中帮助丹麦从纳粹德国占领中解放出来的英国人民表达感激之情而建造的雕像。

皇家石膏模型展览馆

Map p.49-D2

Den Kongelige Afstøbningssamling

在原本是船舶仓库的建筑物中，收藏着过去 4000 年间西方著名雕刻作品的石膏模型，共计 2000 多件。这里收藏的模型大部分都是 1870~1915 年间在欧洲制作而成的。从原作上直接拓形的这种工艺技法，除了特例外，现在已经被禁止了。

是为画家和学校学生写生创建的场所

丹麦设计博物馆

Map p.49-D2

Desigamuseum Danmark

围绕着丹麦设计这一主题，展出着各种各样的家具、日用品等物品。从入口向左是展出中国和日本日用品，以及从18世纪到19世纪欧洲各地家具的展厅；右侧是展示丹麦时尚设计的区域。这一区域按照设计师或主题进行分类展示，设计师分类里有雅各布森区、汉宁森区、巴顿区等，主题分类里有流行区、标准区等。在这里既可以感受到中世纪和现代家具的不同，又能接触到最前沿的丹麦设计。环绕着中庭而建的回廊式洛可可样式的建筑物本身也非常美丽，值得人们驻足一观。博物馆内另一个必去之处是它的商店和咖啡馆。商店内销售的丹麦设计杂货种类丰富多样，对喜欢北欧设计的人来说，每件都是精品。可爱的老广告招贴和展会宣传画也是必看之物。咖啡馆内装饰由丹麦设计大师保罗·克耶霍尔姆（Poul Kjærholm）设计。在配置有克林特的灯具和韦格纳椅子的空间内小憩一下吧。商店和咖啡馆可以直接进入，不参观博物馆的人也能使用。

有设计家具配置的网吧 Klint

了解一下从口世纪到现代的丹麦设计

丹麦设计博物馆

住 Bredgade 68

☎ 33-185656

URL www.designmuseum.dk

开 周二、周四～周日 11:00~17:00

周三 11:00~21:00

休 周一

费 100DKK

（不满26周岁免费，可使用哥本哈根卡入场）

美丽的中庭也是必看之处

COLUMN DENMARK

走访与安徒生有渊源的地方

哥本哈根是童话作家安徒生（→p.117）度过半生的地方。包括著名的美人鱼像在内，市内分布着很多与安徒生相关的地方。市政厅前广场的旁边，矗立着仰望趣伏里公园的安徒生像，有很多人在此和雕像合影。此外新港是安徒生生前非常钟爱的地方，这里的18、20、67号房子都保留着安徒生生前居住过的房间，墙壁上还嵌有介绍安徒生的牌子。

位于哥本哈根郊区的阿西斯滕森教会墓地（Assistens Kirkegård），是安徒生在创作中途经常去散步的地方。园区俨然是一座绿树成荫的公园，除了安徒生以外，这里还是克尔凯郭尔等许多丹麦名人的长眠之地。

DATA

阿西斯滕森教会墓地

Map p.48-B2 住 Kapelvej 4

☎ 35-371917 URL assistens.dk

交通

从市政厅前广场乘坐5A路巴士在Kapelvej下车，再步行3分钟。

罗森堡宫周边

罗森堡宫 Map p.50-A·B1

Rosenborg Slot

除了黄金王冠之外，还能看到很多珍宝

克里斯蒂安四世的房间金碧辉煌

罗森堡宫是克里斯蒂安四世主持修建的荷兰文艺复兴式样的建筑物。1605年开始施工，1634年完工。1615年，时年38岁、正值盛年的克里斯蒂安四世疯狂地迷恋上绝世美女吉亚斯顿·蒙克，并最终迎娶了她。被定为两人新居的就是罗森堡宫。1648年，国王也是在这座宫殿去世的。

城堡内展示着历代国王拥有的大量宝物以及他们的居室，其中包括克里斯蒂安四世时用大理石装修的豪华起居室。在最顶层的“骑士之屋”，陈列着举行国王登基仪式时使用的座椅。城堡入口的前面不远处有通往地下室的入口。地下室曾经是皇室收藏珍宝的地方，现在这里陈列着大量的财宝和刀剑等展品。其中最著名的是克里斯蒂安四世和五世国王在登基仪式时佩戴的王冠，堪称镇馆之宝。克里斯蒂安四世的王冠是在实行绝对君主制之前打造的，因此王冠顶部是敞开的，克里斯蒂安五世的王冠顶部则缝接完整，形成一个整体，含有统一全国的意思。两相比较着观赏会更加有趣。

罗森堡宫

住 Øster Voldgade 4A

电 33-153286

URL www.kongernessamling.dk/rosenborg

开 5/1~6/15、9·10月
每天 10:00~16:00
5/16~8/31
每天 9:00~17:00
11/1~12/22和12/27~次年4/30
周二~周日 10:00~14:00

休 11/1~12/22 和 12/27~次年4/30的周一、12/23~26

费 105DKK
（可使用哥本哈根卡入场）
有和阿美琳堡宫的通票。

费 145DKK
随身物品必须寄存在投币式储物柜中。

费 20DKK（押金）
需要在城堡和珍宝馆入口处出示门票，所以不要中途丢弃门票。

交通→→→

乘坐S-tog的A、B、Bx、C、E、H线和地铁在北门站（Nørreport）下车，然后再步行5分钟。从国王新广场出发需步行10分钟。

国家美术馆 Map p.49-C2

Statens Museum for Kunst

17世纪，随着后文艺复兴文化从荷兰传入，丹麦国内出现竞相收藏荷兰名画的风潮，以王室为首的达官贵人们为此不惜一掷千金，竞相购买。进入19世纪后，要求王室对外公开展出王室藏品的呼声越来越高。最终藏品展示场所的选址定在了东安莱格公园内。1889~1896年间，建造了这座外观华丽的美术馆。

美术馆收藏有鲁本斯（Rubens）、伦勃朗（Rembrandt）、爱德华·蒙克（Edvard Munch）等的作品。亨利·马蒂斯（Henri Matisse）作品的收藏最为丰富。虽然丹麦没有诞生过享誉世界的名画家，但是法国印象派出现前后，丹麦国内还是涌现出了一大批优秀

有很多丹麦和荷兰的绘画和雕塑作品

国家美术馆

住 Sølvgade 48-50

电 33-748494

FAX 33-748404

URL www.smk.dk

开 周二、周四~周日
11:00~17:00
周三 11:00~20:00

休 周一

费 常设展览 免费
主题展览收费（可使用哥本哈根卡入场）

周边有很多漫步或正在晒太阳休息的人

的画家，如康斯坦丁·汉森（Constantin Hansen）、伦德柏（J.Lundby）、特奥多尔·菲力普（Theodor Philipsen）、哈拉尔德·吉雅施格（Harald Giersing）、爱德华·维泽（Edward Weise）等，他们的作品色彩柔和，给人以温暖的感觉。

赫希施普龙收藏馆 Map p.49-C2

Den Hirschsprungske Samling

和国家美术馆一样，赫希施普龙收藏馆也位于东安莱格公园内。馆内展出的是因经营烟草而获得巨额财富的赫希施普龙家族收藏的藏品，19 世纪后半叶丹麦黄金时期的作品和斯卡恩派的作品比较多。参观国家美术馆时请一定来此参观。

值得多花些时间观赏

戴维收藏馆 Map p.50-B1

Davids Samling

展出著名法学家戴维（C.L.David）生前收集的各种美术工艺品的收藏馆，免费开放。从伊斯兰美术作品到 18 世纪欧洲的美术工艺品和家具、19 世纪后半叶至 20 世纪前半叶的丹麦时尚艺术等，展品的涉及范围非常广泛，其中法国的陶瓷器更是精品，非常值得一看。

克里斯蒂安港周边

救世主教堂 Map p.49-D3

Vor Frelsers Kirke

教堂拥有高 90 米、螺旋式的尖塔，非常引人注目。教堂建于 1696 年，螺旋式的尖塔是在教堂建成 50 年后增建的。前往塔顶需要攀登 400 多级的阶梯。首先需要从教堂内的阶梯登上外侧的螺旋阶梯，再一直攀登至尖塔。阶梯两旁虽然有扶手，但接近顶部时，阶梯非常狭窄，只容得下一人通过，一定要注意安全。登顶后能将哥本哈根城市的全貌一览无余。教堂内有绘有天使图的大理石祭坛以及管风琴。

从令人感到眩晕的阶梯上眺望美丽景色

赫希施普龙收藏馆

住 Stockholmsgade 20
☎ 35-420336
URL www.hirschsprung.dk
开 9/23~8//28
周二～周日 11:00~16:00
休 周一、8/29~9/22
费 90DKK（周三免费）
（可使用哥本哈根卡入场）

戴维收藏馆

住 Kronprinsessegade 30
☎ 33-734949
URL www.davidmus.dk
开 周二、周四～周日 10:00~17:00
周三 10:00~21:00
休 周一 费 免费
可免费租赁介绍展品的导览器。

救世主教堂

住 Sankt Annægade 29
☎ 32-546883
URL www.vorfrelserskirke.dk
开 每天 11:00~15:30
休 无休 费 免费

塔

开 2/27~4/30、10/ 1~12/15
周一～周六 10:00~16:00
周日 10:30~16:00
5~9 月
周一～周六 9:30~19:00
周日 10:30~19:00
休 12/16~ 次年 2/26
费 35DKK（5~9 月的周一～周四 40DKK，周五～周日 45DKK）
（可使用哥本哈根卡入场）

交通

乘坐地铁在克里斯蒂安港站（Christianshavn）下车，再步行 5 分钟。

一定要登上尖塔塔顶看看

克里斯蒂尼亚

在哥本哈根克里斯蒂安港的一角，有一个叫作克里斯蒂尼亚的地区。这里是诞生于1971年的嬉皮士们的自治社区，这里的居民们按照他们特有的规则居住、生活。社区面积约34公顷，建有约1000个建筑物，除了民居，还有餐厅、商店、剧院等设施。这里有“禁止暴力”“禁止携带武器进入”“禁止开车进入”“禁止毒品”等9条规则。1971年时，丹麦政府出于“社会实践”的目的承认了克里斯蒂尼亚，但之后随着时代变迁，政府改变了自己的态度，致使两者之间一度对立得非常厉害。现在，克里斯蒂尼亚在政府几项限制和监视下继续被允许存在。克里斯蒂尼亚在欧美游客中，是仅次于趣伏里公园和美人鱼像的著名景点。中国人还很少来这里游览，我们去实地考察了一番。

分布着艺术色彩浓郁的民居

被墙壁和栅栏围绕着

乘坐地铁在克里斯蒂安港站下车后，步行约10分钟，穿过一个砖造的大门就进入克里斯蒂尼亚了。没有特殊的安全设施，可以很顺利地进入。进入里面看到有很多人来来往往，有情侣或带着孩子的哥本哈根市民，还有游客。砖瓦结构的建筑物外墙上喷涂着彩色画，有着一种独特的氛围。以前这里是禁止拍照的，但现在已经解禁，可以随意拍照。进入大门后看到的左侧第一个大型建筑物是融礼品商店、画廊、剧院、咖啡馆为一体的设施。

继续往前，会突然出现一个写有“No Photo”的牌子。道路两侧摆满了小摊点，在各种日用品中间还发现有公开出售大麻的。这就是著名的Pusher St.。也是因为治安案件频发而警示游客需小心的区域。最好把相机收入包里，快步走过。走过这条200米长的道路，就会有一片绿色葱茏的悠闲风光展现在眼前。绿色中分布着极具个性的可爱的民居，非常适合漫步。

虽然在我们参观时，没有发生什么危险的事情，但这里并不是治安情况良好的地方，绝对不可以掉以轻心。有参观克里斯蒂尼亚的旅游团，推荐参加旅游团来这里参观。

DATA

■克里斯蒂尼亚
Map p.49-D3
URL www.christiania.org
旅游团 Rundvisergruppen Christiania
21-853878
URL www.rundvisergruppen.dk
举办 6/26~8/31 每天 15:00
9/1~次年 6/25 周六 · 周日 15:00
费 50DKK
不用预约。只要在旅游团出发前10分钟到达克里斯蒂尼亚旅游团出发点即可。

在环保国家体验环保型旅游

哥本哈根自行车游览线路

推荐

众所周知哥本哈根是自行车的天堂！
在自行车租赁处租借自行车后，加入到当地人的车流中，出发吧！

从市政厅广场前往美人鱼像

这是从市政厅前广场出发，沿着运河向北，游览市内主要景点的线路。这条线路遍布着童话王国特有的风景，给它起个名字，就叫作童话大道吧！

1 市政厅前广场

一个巨型广场，位于S-tog入口，是整个城市的中心。面对着广场建有市政厅，市政厅的旁边矗立着仰望趣伏里公园的安徒生像。

10分钟

2 旧滩

环绕着克里斯蒂安堡宫的城堡岛的运河沿岸区域。林立着砖瓦结构的建筑，是哥本哈根历史最悠久的地方。

5分钟

3 丹麦国家银行

因是丹麦代表性设计师阿纳·雅各布森的遗作而著名。使用了大量大理石和玻璃建造的建筑物，堪称"现代建筑的杰作"。

5分钟

4 新港

新港林立着色彩斑斓的木质民居，是著名的旅游景点。新港指运河两岸的区域，运河北岸人流密集，可以选择在南岸漫步。

5分钟

5 阿美琳堡宫

玛格丽特二世曾居住的地方。可以骑自行车进入宫内，直到距离卫兵10米的地方，这是只有在北欧才能发生的事情。

8分钟

6 卡斯特雷特要塞

这里曾经是军事要塞，现在是绿意盎然的公园。骑着自行车在树荫间穿行，会感觉仿佛置身于童话世界。

5分钟

7 美人鱼像

终点是哥本哈根的象征——美人鱼像。每天都有很多游客来这里，尤其是铜像周围，骑自行车时一定要多加注意。

骑自行车时的注意事项

哥本哈根是右侧通行，骑自行车也要遵守这个规则。尤其是在路过交通比较拥挤的地段时，自行车一定要靠右骑行。小路上并不一定必须遵守，但基本是靠右骑行。另外，在哥本哈根的中心区，有很多和斯托耶一样的步行街。不可以骑自行车穿过步行街，但可以推着自行车走过步行街。

郊 区

嘉士伯啤酒工厂 Map p.48-A·B4

Carlsberg Besøgscenter

提到丹麦代表性啤酒，就是嘉士伯和乐堡啤酒了，这也是能代表北欧的啤酒。在中国有着不同名字的这两个品牌的啤酒，实际上是同一家啤酒厂生产的。工厂面积很大，厂内一角设有游客中心，还能参观博物馆、在商店购物以及试饮。在博物馆内有介绍啤酒历史的图片展览、嘉士伯和乐堡啤酒酒瓶收藏展，以及展现从前啤酒酿制过程的实况演示等，是非常愉快的参观过程。啤酒厂内非常独特的一个景观是厂内的马厩，里面纯种丹麦马排成一列。这些马曾经是用来拉搬运啤酒的货车的，现在虽然只是展示，但以前它们是将啤酒运送到市区的主力军。

哥本哈根动物园 Map p.48-A3·A4

Zoologisk Have

位于广袤的腓特烈公园的一角。这个动物园里没有什么特别珍奇的动物，但有很多帮助了解动物特性的贴心细节，如在大象馆前安放有体重计，在长颈鹿馆前悬挂有测高仪等。另外，入口附近的电子显示屏上显示有给动物喂食的时间，游客可以根据上面注明的时间，安排参观。2013 年 2 月，北极熊馆进行了修整，可以在水中隧道观看到北极熊游泳的身姿，备受瞩目。动物园以罗斯基勒路维路（Roskildefvej）划分为南、北两个区域，之间有地下通道连通。

还能看到北极熊

格伦特维教堂 Map p.48-A1 外

Grundtvigs Kirke

格伦特维教堂位于哥本哈根西北部牧师之丘（Bispebjerg）山顶之上，是黄色砖瓦结构的教堂，是为纪念丹麦最著名的启蒙思想家格伦特维（N. S.F.Grundtvig）而建造的教堂。

教堂的建设开始于 1921 年，完工于 1940 年。教堂外观模仿管风琴形状建造，非常独特，因此也被称为“管风琴教堂”。教堂内的巨大管风琴拥有 4052 根管弦，被誉为北欧最大的管风琴。围绕在教堂周边的民居，为了保持和教堂风格的统一，也都使用了相同质地的砖瓦建造。

嘉士伯啤酒工厂
游客中心
住 Gamle Carlsberg Vei 11
电 33-271398
URL www.visitcarlsberg.dk
开 5~9 月
每天 10:00~20:00
10 月 ~ 次年 4 月
周二 ~ 周日 10:00~17:00
休 10 月 ~ 次年 4 月的周一
费 95DKK（价格里包含有试饮费用）
（可使用哥本哈根卡入场）
交通
乘坐 S-tog 的 B、Bx、C、H 线，在 Enghave 下车，再步行 15 分钟。

哥本哈根动物园
住 Roskildevej 32
电 72-200200
URL www.zoo.dk
开 3 月 周一 ~ 周五 10:00~16:00
周六 · 周日 10:00~17:00
4 · 5 月和 9 月
周一 ~ 周五 10:00~17:00
周六 · 周日 10:00~18:00
6/1~26、8/10~31
每天 10:00~18:00
6/27~8/9
每天 10:00~20:00
10 月
每天 10:00~17:00
11 月 ~ 次年 2 月
每天 10:00~16:00
休 无休
费 170DKK
（可使用哥本哈根卡入场）
交通
乘坐地铁在腓特烈斯贝站（Frederiksberg）下车，或乘坐 S-tog 的 B、Bx、C、H 线，在 Valbyzhan 下车后，再步行 10 分钟，如果乘坐 6A 路巴士在 Zoologisk Have 下车，下车后不远即是。

格伦特维教堂
住 På Bjerget 14B
电 35-815442
URL www.grundtvigskirke.dk
开 周一 ~ 周三、周五 · 周六 9:00~16:00
周四 9:00~18:00
周日 12:00~16:00
（冬季至 13:00）
休 无休
费 免费
交通
乘坐 S-tog 的 B、H 线，在 Emdrup 站下车，再步行 10 分钟。从市政厅前广场乘坐 6A 路巴士约需 20 分钟，在 Bispebjerg Torv 下车，下车后即是。

腓特烈堡宫

Map p.52

Frederiksborg Slot

金光闪闪的豪华内饰

腓特烈堡宫位于哥本哈根西北部小城希勒勒（Hillerød）。16世纪中期，克里斯蒂安四世的父亲腓特烈二世从一位地方女贵族手中接管了这个城堡。从1560年开始的60年间，克里斯蒂安四世在这里兴建了文艺复兴式样的建筑，将城堡改建成了居所。但之后的1859年城堡却因遭遇大火，失去了大部分建筑。由于此时的丹麦已经实行了民主宪法制度，王室早已失去了经济支配权，因此被称为啤酒大王的嘉士伯啤酒公司创建者J.C.雅各布森提供了重建资金。建成后按照雅各布森的要求，这里成为国家历史博物馆（Det National historiske Museum），展出着记录丹麦悠久历史的珍贵装饰品、绘画、珍宝等。在设计成突出结构的接待室中，能看到丹麦历史上的第一架人力升降机。

在围绕城堡的湖水对面，是模仿法国园林建造的巴洛克庭园（The Baroque Garden）。公园旁边的森林里有一个外观和其完全相同的小城堡。名为巴德斯坦恩宫（Badstuen）的这个小城堡，据说是为王室提供的沐浴场所（Bad的英语为Bath，即浴池之意），但实际上它是王室狩猎时用来休息的宫殿。

如果是在夏天来到这里，一定要乘船游览湖景。游船很小，只能乘坐10人。从街中心到湖对岸大约需要15分钟（4月下旬~9月上旬运行）。

庭园中的绿色和湖水交相辉映，使城堡显得愈加美丽

腓特烈堡宫

住 Frederiksborg Slot. Hillerød
电 48-260439
FAX 48-240966
URL www.dnm.dk
开 3/18~10/31
每天 10:00~17:00
11/1~次年3/17
每天 11:00~15:00
休 无休
费 75DKK（可使用哥本哈根卡入场）

语音解说器（英语）

费 免费（需要使用护照或信用卡作为押金）

巴洛克庭园

开 每天10:00~21:00（冬季至日落）
休 无休
费 免费

交通

乘坐S-tog的A线在终点希勒勒站（Hillerød）下车。所需时间约45分钟，约隔10分钟发车。从车站正面出来，在路对面有一个小标识，穿过商店街，步行约15分钟。从站前至城堡，可以乘坐301、302路巴士。所需时间约5分钟。

北西兰岛古堡之旅

从哥本哈根乘坐巴士游览腓特烈堡宫、弗雷曾斯堡宫、赫尔辛堡的克隆堡宫（→p.107），三个城堡的一日游线路。出发地点是市政厅前广场。所需时间约6小时30分钟。可以在酒店和旅游咨询处预约。

Royal Castle Tour

举办 4/30~9/11 每天10:30
费 725DKK

哥本哈根郊区的个人自助游

哥本哈根郊区里一定要游览的是腓特烈堡宫、克隆堡宫、路易斯安娜现代艺术博物馆这三个地方。如果游览效率高，能在一天之内转遍这三个地方。应该先去游览开放时间较短的腓特烈堡宫和克隆堡宫，然后再去参观路易斯安娜现代艺术博物馆。

路易斯安娜现代艺术博物馆
住 Gammel Strandvej 13, Humlebæk
电 49-190719
URL www.louisiana.dk
开 周二～周五 11:00~22:00
周六·周日 11:00~18:00
休 周一
费 115DKK（可使用哥本哈根卡入场）
交通→→→
从哥本哈根中央车站乘坐开往赫尔辛格（Helsingør）方向的普通列车32分钟，在胡姆勒拜克站（Humlebæk）下车。1小时约有3趟车，108DKK。出了车站后直行，在大街的尽头左转，再走10分钟左右，位于左侧。在车站前面设有指示标。另外，从大街的巴士站乘坐388路巴士（赫尔辛格方向），在第二站Louisiana下车，步行不久即到。

里面还有非常舒适的咖啡馆

路易斯安娜现代艺术博物馆

Map p.52

Louisiana Museum of Modern Art

森林包围的艺术空间

受到世界瞩目的现代艺术博物馆

从哥本哈根开始向北延伸的海岸线被称作“丹麦的里维埃拉海岸”。小城胡姆勒拜克（Humlebæk）就位于这一地带，城内有在欧洲享有盛誉的路易斯安娜现代艺术博物馆。博物馆建于1958年，由科纳德·杨森（Knud W.Jensen）建造，馆内收藏的20世纪50年代之后的现代美术藏品和展览，是这一领域的世界顶级水平。博物馆是由玻璃走廊将各部分连接在一起的回廊式建筑。另外还有地下通道连接着两翼，通道也陈列着很多展品。除了常设展览之外，也经常举办各种主题展览。宽阔的庭园内摆放着亨利·摩尔（Henry Moore）的雕塑作品、亚历山大·卡尔德（Alexander Calder）的钢铁雕塑作品等，与博物馆前方厄勒海峡的风景非常相配。在博物馆内参观完展品后，建议到庭园漫步，这里海风习习，舒适惬意。博物馆的建筑物和馆内的展品一样蜚声世界。此外，馆内还设有音乐厅，经常举办话剧演出、演奏会等。庭园以及能够眺望到大海的咖啡厅和博物馆商店都不容错过。

弗雷曾斯堡宫
电 33-403187
URL slks.dk
参观团
举办 7/1~8/7
每天 13:45/14:45
费 95DKK
香草园
开 7/1~8/7
每天 12:30~16:00
休 8/8~次年6/30
费 免费
交通→→→
乘坐S-tog的A线在终点希勒勒站换乘当地列车，在弗雷曾斯堡宫（Fredensborg）下车，所需时间约1小时。从车站步行约需15分钟。也可以乘坐普通列车Re到赫尔辛格站，换乘当地列车。两条线路的价格相同，都是108DKK。

弗雷曾斯堡宫

Map p.52

Fredensborg Slot

建于1720年的弗雷曾斯堡宫是一座乳白色的建筑物。弗雷曾斯是丹麦语，是“和平”之意。据说当时丹麦与瑞典之间持续的北方战役使丹麦人民深感疲累，他们以此命名这座宫殿，就是为了祈愿和平。现在这里是丹麦王室夏季避暑的行宫。宫殿只在夏季对外开放，必须参加旅游团才能入内参观。庭园内的香草园非常精致美丽，但也只在夏季开放参观（有参观团）。女王在此停留时，会举办卫兵交接仪式。

承载着丹麦国民祈求和平的美好心愿的宫殿

德拉厄 Map p.52

Dragør

保留中世纪风貌的小镇

就规模而言，德拉厄绝对是迷你级的。最初以 Drakøørn 的名字登上历史舞台的这个小镇，最早是以捕捞近海鲱鱼为生的渔民居住的村落，后来发展成为丹麦著名的蔬菜市场，这是因为克里斯蒂安四世时，从荷兰迁入的经验丰富的农民定居在了这里。原来的风俗和传统传承至今。

德拉厄位于哥本哈根凯斯楚普国际机场所在的阿迈厄岛（Amager）的东端，在方圆仅为 300 米的地域里，聚集着民居。黄色砖瓦结构的低矮民居，分布在宽 2~3 米、纵横交错仿佛迷宫一般的小路之间。按照城市法律规定，这里被作为文化遗产进行保护，在改建或翻新时，不得破坏住宅原有造型、色调和型材。城市中心有一座阿迈厄岛博物馆（Amager Museum），陈列着船只模型、计量器等展品。除此之外的景点不多，但在保留着中世纪风貌的城市中漫步，会感觉非常惬意。

奥德罗普格美术馆 Map p.52

Ordrupgaard

由保险公司老板汉森（W.Hansen）的旧住宅改建而成的美术馆。展品中最受瞩目的是汉森每次出差巴黎时收集购买的印象派画作。有很多马奈、莫奈、努尔瓦尔等大师不为人知的名作。另外代表丹麦黄金时期的埃克斯伯格（C.W.Eckersberg），以及下一个时期的哈默修伊（Hammersh øi）等 19 世纪至 20 世纪著名的丹麦国内画家的作品也非常值得关注。美术馆旁边是建筑家芬 · 居尔（Finn Juhl）的宅邸，里面陈列着自己设计的家具，但只在周末下午对外开放。

巴肯乐园 Map p.52

Dyrehavsbakken

巴肯乐园的历史非常悠久，被哥本哈根市民亲切地称为“Bak ken”。园内有飞车等惊险刺激的游戏，但最与众不同的是餐厅和咖啡厅数量非常多。

专程来巴肯乐园游玩，一定要到游乐园中的 Dyrehaven 一带漫步。树木葱茏的这一带曾是王室狩猎的地方，园中放养着数百头鹿，因此这里也被叫作“鹿园”。从最近的车站克兰彭堡（Klampenborg）站可以乘坐马车，慢悠悠地边观赏着鹿，边在森林中穿过。

德拉厄
交通
地铁克里斯蒂安港站出来乘坐 350S 巴士，到德拉厄学校站（Dragør · Skole）下车。所需时间约 35 分钟。

阿迈厄岛博物馆
住 Nodre Kinkelgade 18 A
电 30-108866
URL www.museumamager.dk
开 5~9 月
周二～周日 12:00~16:00
休 周一、10 月～次年 4 月
费 40DKK（可使用哥本哈根卡入场）

奥德罗普格美术馆
住 Vilvordevej 110，Charlottenlund
电 39-641183
URL ordrupgaard.dk
开 周二、周四、周五 13:00~17:00
周三 13:0~21:00
周六 · 周日 11:00~17:00
（芬 · 居尔宅邸周六 · 周日的 11:00~16:45 开放）
休 周一
费 110DKK（可使用哥本哈根卡入场）
交通
从哥本哈根中央车站乘坐 S-tog 的 C 线约 20 分钟，在终点克兰彭堡站（Klampenborg）下车。换乘 388 路巴士（开往 Lyngby st. 方向）约 5 分钟，在 Vilvordevej，Ordrupgaard 下车，再步行 2 分钟。

时尚的外观也备受瞩目

巴肯乐园
住 Dyrehavevej 62
电 39-633544
URL www.bakken.dk
开 3/17~9/4
每天 12:00~ 次日 0:00
（根据时期会有所不同）
休 9/5~ 次年 3/16
费 入园免费
游乐券 249DKK
交通
从哥本哈根中央车站乘坐 S-tog 的 C 线约 20 分钟，在终点克兰彭堡站（Klampenborg）下车。步行 10 分钟。乘坐普通列车 Re 也能到达（约需 20 分钟）。从站前到巴肯（Bakken）入口有马车。

贝尔维尤海滩

交通➡➡➡

从哥本哈根中央车站乘坐S-tog的C线约20分钟，在终点克兰彭堡站（Klampenborg）下车，再步行约5分钟。也可以乘坐普通列车Re前往。

位于海边的贝尔维斯塔住宅小区

贝尔维尤海滩

Map p.52

Bellevue Strand

安恩·雅各布森是丹麦时尚设计的先驱者。贝尔维尤海滩是他年轻时设计的。在全长约700米的海滩上，和碧海蓝天异常和谐的监视塔、形状奇特的淋浴设施等，处处散布着雅各布森的设计。海滩周边的贝尔维斯塔（Bellavista）住宅小区和贝尔维剧院（Bellevue Teatret）等，也都是雅各布森的设计。雅各布森的粉丝自不必说，想远眺着海滩享受悠闲时光的人，也很适合来这里。

著名的雅各布森的监视塔。水在夏天也很冷，因此相比游泳，选择坐在海边享受悠闲时光的人更多些

COLUMN **DENMARK**

全世界圣诞老人大聚会？

提到圣诞老人，大部分人会认为圣诞老人是居住在芬兰的吧？实际上圣诞老人的长老居住的地方是属于丹麦的格陵兰岛。为了支援长老，1957年成立了国际圣诞老人协会，现在全世界范围内共有被协会认可的120名正式圣诞老人。

这些圣诞老人每年聚会一次，这就是“圣诞老人会议”。会场是位于哥本哈根郊区的巴肯乐园（→p.81）。在圣诞老人活动较少的7月举行。

这项活动是名副其实的会议，主要商讨当年礼物的内容等。但名为会议的这个活动，对游客也非常有吸引力。最重要的一项活动是圣诞老人游行。由100多位圣诞老人和吹鼓手组成的队伍从国王新广场出发，在盛夏的斯托耶（→p.68）步行街上缓步而行。此外，能和圣诞老人近距离接触的时间是在游乐园会议之后。会议结束后，放松的圣诞老人们会在游乐园内聊天，还会参加游乐项目。

去盛夏时节的哥本哈根，与圣诞老人相遇，如何？

一年一度的盛会。来自各国的圣诞老人表情庄重

游行时，斯托耶步行街会因圣诞老人和游客而挤得满满的
照片提供：荻尾

DATA

■ 世界圣诞老人会议
URL www.worldsantaclauscongress.com

悠闲的运河乘船之旅

从水上巴士眺望哥本哈根

哥本哈根是由海运城市发展而成的港口城市。自古以来就有船只不断穿梭着的运河上，现在运行着水上巴士，即 991、992、993（只有 993 路在周一～周五运行）路水上巴士。如果只是把其当作交通工具就太可惜了！水上巴士可以在 8 个停靠点自由上下。让我们从运河眺望哥本哈根美景吧。

993 路运行在新港和歌剧院之间

拥有新颖设计的建筑物是由亨宁·拉森设计的歌剧院

黄色标识牌就是停船处

黑色玻璃的皇家图书馆，被称为“黑宝石图书馆”。从运河眺望尤其美丽

哥本哈根的酒店

Hotel

从五星级的高档酒店到经济型旅馆，哥本哈根的酒店数量很多，但5~10月期间由于游客数量众多，一定要提前预订。如果抵达哥本哈根时，还没有预订酒店，可以在旅游咨询处等地方接受收费酒店介绍等服务。中档酒店集中在西桥大街（Vestbrogade）和伊斯泰德大街（Istedgade）所在的哥本哈根中央车站西口一带，这一带通常被称为“酒店街”。如果想节省些费用，可以选择市区周边住宅区内散布着的B&B（但基本不提供早餐）。入住这些旅馆需要通过旅游咨询处和代理店（Dansk Bed & Breakfast 电 39-610405 FAX 39-610525 URL www.bbdk.dk）等进行预订。

标记是达到“绿钥匙”标准的酒店，绿钥匙是颁发给达到对环境和健康方面的严格标准的环保型酒店的标记。

（ ）内的价格是周末或者夏天的价格。

哥本哈根皇家丽笙酒店

Radisson Blu Royal Hotel

市政厅前广场、中央车站周边

最高档酒店 Map p.58

◆出生于丹麦的世界著名设计师安恩·雅各布森设计的酒店。酒店建筑高20层，外墙使用的是镶嵌技术，非常引人注目。位于使用大量大理石建造的酒店大堂内的螺旋形阶梯是酒店的标志。蛋形椅、天鹅椅等设计型家具，使酒店显得更加时尚。客房的天花板很高，家具使用的也都是丹麦家具，气氛典雅。606房是保持了创业时雅各布森设计原样的雅各布森套间（Jacobsen Suite）。

镶嵌式的独特设计

住 Hammerichsgade 1
电 33-426000 FAX 33-426100
费 Ⓢ1195（1695）DKK~
Ⓓ1795（2195）DKK~
早餐 195DKK
CC ADJMV 房间数 260间
URL www.radissonblu.com

雅各布森套房的客房

哥本哈根万豪国际酒店

Copenhagen Marriott Hotel

市政厅前广场、中央车站周边

最高档酒店 Map p.49-C4

◆哥本哈根万豪国际酒店沿运河而建，是11层高的豪华酒店。挑空的大堂明亮通透。夏天会在运河旁开设露天席位，可以在此喝咖啡。客房非常宽敞，能让人彻底放松。配套设施齐全，餐厅、酒吧、桑拿、游泳池等，各种设施一应俱全。

住 Kalvebod Brygge 5
电 88-339900
FAX 88-339999
费 ⓈⒹ 1500DKK~ 早餐 220DKK
CC ADJMV
房间数 402间
URL www.marriott.com

斯格特皮特酒店

Skt.Petri

斯托耶周边

最高档酒店 Map p.50-A2

◆丹麦出生的建筑师威科姆·劳利曾（Vilhelm Lauritzen）设计的酒店。由原来的百货公司改建而成的酒店建筑极富个性，拥有挑空的、开阔感十足的入口大厅。客房使用的都是原创设计家具，兼具精致感和舒适感。

住 Krystalgade 22
电 33-459100
费 Ⓢ1290DKK~ Ⓓ1590DKK~
早餐 195DKK
CC ADJMV
房间数 268间
URL www.sktpetri.com

浴缸 部分客房提供 电视 部分客房提供 吹风机 出租 迷你吧台及冰箱 部分客房提供 残障人士房间 无线LAN 无线LAN收费 部分客房提供 无线LAN部分收费

安格利特酒店

Hotel D`Angleterre

斯托耶周边

最高档酒店 Map p.51-C2

住 Kongens Nytorv 34
电 33-120095
FAX 33-121118
费 ⓈⒹ 2750DKK~
CC AJMV
房间数 90间
URL www.dangleterre.com

◆安格利特大酒店面向国王新广场，是丹麦最高档的酒店。在经过约2年的全面装修后，2013年重装开业。这家酒店拥有250多年的历史，是欧洲最古老的酒店之一，其白色城堡一般的外观非常引人注目。酒店大堂内，豪华的吊灯照亮充满古典氛围的壁炉，给人留下深刻印象。服务员礼仪周全，恰到好处。每间客房的装修风格均不一样，每次入住都会体验到不同的风情，给人一种新鲜感。客房内昂贵的古典家具营造出沉稳大气的氛围，几乎所有客房都带有阳台。水疗和游泳池等设施也都非常齐全。

优雅而宽敞的客房

拥有城堡一般的外观，是丹麦代表性的酒店

哥本哈根希尔顿机场酒店

Hilton Copenhagen Airport

郊区

最高档酒店 Map p.52

住 Ellehammersvej 20
电 32-501501
FAX 32-528528
费 ⓈⒹ 1295DKK~
CC ADJMV
房间数 382间
URL www3.hilton.com

◆哥本哈根希尔顿机场酒店紧邻机场，交通非常方便。酒店内充满了北欧设计的氛围，大堂内的椅子是安恩·雅各布森设计的蛋形椅和天鹅椅。客房的设计简练精致，浴缸和淋浴分开的浴室，使用起来非常方便。

趣伏里酒店

Tivoli Hotel

市政厅前广场、中央车站周边

高档酒店 Map p.49-C4

住 Arni Magnussons Gade 2
电 44-870000
FAX 44-870001
费 Ⓢ 1217DKK~ Ⓓ 1328DKK~
早餐 170DKK
CC ADJMV
房间数 673间 URL www.tivolihotel.com

◆以趣伏里公园的名字冠名的酒店。客房内摆放着北欧设计款家具，用五颜六色的布艺进行了统一布置。酒店12层设有能够眺望市区的餐厅、游泳池、桑拿浴等设施。还有含趣伏里公园一日游门票的价格。2015年7月新馆开张。

哥本哈根帝国大酒店

Imperial Hotel Copenhagen

市政厅前广场、中央车站周边

高档酒店 Map p.58

住 Vester Farimagsgade 9
电 33-128000
FAX 33-128031
费 Ⓢ 900（1110）DKK~
Ⓓ 1295（1495）DKK~
CC ADJMV 房间数 304间
URL www.imperialhotel.dk

◆哥本哈根帝国大酒店地处黄金位置，从哥本哈根中央车站步行仅需3分钟。客房内放有丹麦传统家具，氛围简约而优雅。所有客房都配有熨斗板和保险箱。一层的意大利餐厅L' Appetito非常著名。

哥本哈根斯堪迪克大酒店

Scandic Copenhagen

市政厅前广场、中央车站周边

高档酒店 Map p.58

住 Vester Søgade 6
电 33-143535
FAX 33-321223
费 Ⓢ 850DKK~ Ⓓ 1020DKK~
CC ADJMV
房间数 486间
URL www.scandichotels.com

◆哥本哈根斯堪迪克大酒店是18层的现代高层酒店。客房在2012年完成了全面装修，氛围时尚。尤其是从高层的客房眺望到的景色非常美丽。客房的地板让人感觉异常洁净，客房内配有电熨斗和保险箱。酒店内有健身中心和桑拿浴设施。

丹麦 · 哥本哈根

哥本哈根广场大酒店

Copenhagen Plaza

市政厅前广场、中央车站周边

◆位于趣伏里公园旁边的高档酒店。酒店是于1913年建造的，历史悠久。酒店大堂采用了间接照明的方法，非常豪华。客房装修也是富丽堂皇。位于一层的图书馆酒吧 The Library Bar（→p.104），灯光昏暗而幽静，在此氛围中小酌一杯，会感到非常惬意。

高档酒店 Map p.58

住 Bernstorffsgade 4
电 33-149262
FAX 33-939362
费 Ⓢ 895（2295）DKK~
Ⓓ1095（2495）DKK~ 早餐 145DKK
CC ADJMV
房间数 93 间
URL www.profilhotels.dk

哥本哈根海军上将酒店

Copenhagen Admiral Hotel

阿美琳堡宫周边

◆哥本哈根海军上将酒店是由1787年建成的谷物仓库改建而成的高档酒店。酒店保留着建筑物当初的中世纪风貌。内部各处都摆放着北欧设计款家具，与整体氛围非常和谐，体现了古典美与现代设计的完美结合。

高档酒店 Map p.51-D2

住 Toldbodgade 24-28
电 33-741414
FAX 33-741416
费 Ⓢ 1320DKK~ Ⓓ1685DKK~
早餐 145DKK
CC ADJMV
房间数 366 间
URL www.admiralhotel.dk

71 哥本哈根新港酒店

71 Nyhavn Hotel Copenhagen

阿美琳堡宫周边

与外观完全不同风格的时尚客房

◆位于新港的港口前面，是将所在地地址直接用作酒店名称的个性派酒店。1971年开业，酒店建筑由1804年建造的仓库改建而成。为了保持原有仓库建筑的风貌，从酒店大堂至客房，都采用了裸露原木的装修，这也形成了一种独特的氛围。内部装修非常时尚，充满时代感。透过窗户能眺望到港口风景，能感受到独特的风情。适合想远离喧嚣、喜欢安静的人。

高档酒店 Map p.51-D3

住 Nyhavn 71 电 33-436200
FAX 33-436201
费 Ⓢ 1750DKK~ Ⓓ2450DKK~
早餐 170DKK
CC ADJMV 房间数 150 间
URL www.71nyhavnhotel.com

风情十足的石造建筑

斯堪迪克前方酒店

Scandic Front

阿美琳堡宫周边

◆位于运河沿岸的豪华型设计酒店。酒店内风格简洁，摆放着个性派的家具，氛围精致。客房内铺设着充满豪华感的毛茸茸的毯子和靠背椅，都是北欧设计。

高档酒店 Map p.51-D2

住 Sankt Annæ Plads 21
电 33-133400
FAX 33-117707
费 Ⓢ 990DKK~ Ⓓ 1290DKK~
CC ADJMV
房间数 132 间
URL www.scandichotels.com

哥本哈根凤凰大酒店

Phoenix Copenhagen

阿美琳堡宫周边

◆哥本哈根凤凰大酒店的白色外观非常引人注目，是一座兼具格调和传统的高档酒店。酒店建筑物建成于17世纪，开业时间可以追溯到150年前。温暖的阳光透过天窗照进大堂，令人印象深刻。客房色调淡雅，品位高雅，摆放着古董家具，大理石的浴室也非常豪华。

高档酒店 Map p.51-C1

住 Bredgade 37
电 33-959500
FAX 33-339833
费 Ⓢ 2150DKK~ Ⓓ 2350DKK~
早餐 170DKK
CC ADMV
房间数 213 间
URL www.phoenixcopenhagen.com

哥本哈根 AC 贝拉天空酒店

AC Hotel Bella Sky Copenhagen

郊区

◆哥本哈根 AC 贝拉天空酒店位于举办大型活动的贝拉中心旁边，以商务客人为主。所有客房都充满设计感，非常时尚。酒店内设有 24 小时运营的健身中心。距离地铁贝拉中心站（Bella Center）步行 5 分钟。

高档酒店 Map p.49-C4 外

住 Center Boulevard 5
电 32-473000
费 Ⓢ 1990DKK~ Ⓓ 2290DKK~
早餐 175DKK
CC ADJMV
房间数 812 间
URL www.acbellaskycopenhagen.dk

广场酒店

The Square

市政厅前广场、中央车站周边

◆广场酒店的内装设计由丹麦著名的设计集团 Interior 主持，非常时尚。在酒店大堂和客房随处可见独特的设计元素，非常适合追求时尚的人。酒店距离市政厅前广场步行仅需 3 分钟，地理位置也非常理想。

中档酒店 Map p.58

住 Rådhuspladsen 14
电 33-381200
FAX 33-381201
费 Ⓢ 1495DKK~ Ⓓ 2995DKK~
早餐 170DKK
CC ADJMV 房间数 267 间
URL www.thesquare.dk

哥本哈根美居酒店

Copenhagen Mercur Hotel

市政厅前广场、中央车站周边

◆美居酒店位于从哥本哈根中央车站向北步行约 5 分钟的地方，拥有网球场，是一座中档酒店。客房非常简洁，虽然面积不大，但用时尚色彩统一布置，现代感十足。所有房间都配有热水壶。酒店内有拥有飞镖、台球等的游戏室。

中档酒店 Map p.49-C3

住 Vester Farimagsgade 17
电 33-125711
FAX 33-125717
费 Ⓢ 700~1900DKK Ⓓ 800~2000 DKK
CC ADJMV
房间数 119 间
URL www.mercurhotel.dk

第一梅费尔酒店

First Hotel Mayfair

市政厅前广场、中央车站周边

◆西桥第一酒店是位于“酒店街”的精品酒店。2008 年进行了全面装修，成为时尚的设计型酒店。所有客房都是英国风格的装修，非常特别，但房内家具使用的都是北欧家具。酒店内还陈列着艺术作品。

中档酒店 Map p.58

住 Helgolandsgade 3
电 70-121700
费 Ⓢ 1095DKK~ Ⓓ 1295DKK~
CC ADJMV
房间数 106 间
URL www.firsthotels.com

阿布萨隆酒店

Absalon Hotel

市政厅前广场、中央车站周边

◆阿布萨隆酒店位于酒店街，是一家价格适中的中档酒店。客房的内装色调明快，设备也很先进。几乎所有客房都配有浴缸。酒店旁边是同系列的 Annex Copenhagen 酒店，价格比阿布萨隆酒店便宜三成。2015 年 5 月经过全面装修后，成为非常时尚的酒店。

中档酒店 Map p.58

住 Helgolandsgade 15
电 33-242211
费 Ⓢ 775DKK~ Ⓓ 875DKK~
CC ADJMV
房间数 161 间
URL www.absalon-hotel.dk

哥本哈根安眠酒店

Zleep Hotel Copenhagen City

市政厅前广场、中央车站周边

◆位于“酒店街”的中档酒店。酒店大堂内摆放着格调高雅的家具，给人留下深刻印象。很多客房面向中庭，环境宁静悠闲。客房简洁明快，大堂内配置的电脑可以免费使用，还提供自行车（1 天 115DKK）、熨斗出借等服务。

中档酒店 Map p.58

住 Helgolandsgade 14
电 70-235635
费 Ⓢ 599DKK~ Ⓓ 699DKK~
早餐 89DKK
CC ADJMV
房间数 63 间
URL www.zleephotels.com

萨伏依酒店
Savoy Hotel

市政厅前广场、中央车站周边

◆萨伏依酒店位于从哥本哈根中央车站向西步行7分钟的地方。酒店处在Vesterbrogade大街沿线，内部使用沉稳色调进行装修，客房内配备了木质家具，非常精致。浴室使用了大理石。大堂免费提供咖啡、红茶、水果等。

中档酒店 Map p.58

住 Vesterbrogade 34
☎ 33-267500
FAX 33-267501
费 Ⓢ 875~975DKK~ Ⓓ 975~1075DKK~
CC ADJMV
房间数 66间
URL savoyhotel.dk

哥本哈根安徒生酒店
Andersen Hotel Copenhagen

市政厅前广场、中央车站周边

◆2012年开业的精品酒店。所有客房都是设计型房间，从色调明快的风格到质朴的风格，装修形式多种多样。大部分客房都配有浴缸，所有房间内都设有保险箱。每月还会举办以艺术为主题的展览。

中档酒店 Map p.58

住 Helgolandsgade 12
☎ 33-314610
费 Ⓢ 1145DKK~ Ⓓ 1295DKK~
CC ADJMV
房间数 73间
URL www.andersen-hotel.dk

亚历桑德拉酒店
Hotel Alexandra

斯托耶周边

◆位于哥本哈根中央车站西北方向，从车站步行约需5分钟，是1910年创业的老牌酒店。酒店外观古香古色，但内部是时尚的现代设计。有的客房配有由韦格纳和雅各布森设计的家具。大堂也非常时尚，很适合喜欢20世纪30~70年代北欧设计的人。

中档酒店 Map p.49-C3

住 H.C.Andersens Boulevard 8
☎ 33-744444
FAX 33-744488
费 Ⓢ 1595DKK~ Ⓓ 1795DKK~
早餐 138DKK
CC ADJMV
房间数 61间
URL www.hotelalexandra.dk

最佳西方城市酒店
Best Western Hotel City

斯托耶周边

◆位于从国王前广场步行3分钟的地方。酒店大堂放置着雅各布森设计的椅子等北欧设计风格的时尚家具，非常雅致。客房风格简洁，但非常宽敞舒适。提供租借自行车（1天125DKK）的服务。

中档酒店 Map p.51-D3

住 Peder Skrams Gade 24
☎ 33-130666
FAX 33- 130667
费 Ⓢ 895（1700）DKK~ Ⓓ 995（1900）DKK~ CC ADJMV
房间数 81间
URL www.bestwestern.dk

巴贝特古尔德斯梅登酒店
Bebette Hotel Guldsmeden

卡斯特雷特要塞周边

◆位于丘吉尔公园的一角，2014年开业，是一个能够眺望到满眼绿色的精品酒店。每间客房的装修风格都不相同，但所有客房都使用了具有巴厘岛风情的东方家具，充满了度假村风情。屋顶上设有水疗和桑拿设施。还设有供应有机葡萄酒等酒类的酒吧。

中档酒店 Map p.49-D2

住 Bredgade 78
☎ 33-141500
费 Ⓢ 745~1995DKK~
Ⓓ 895~2295DKK~ 早餐 175DKK
CC ADJMV
房间数 98间
URL www.guldsmedenhotels.com

哥本哈根海岛酒店
Copenhagen Island

郊区

◆给人犹如漂浮在运河上的感觉的中档酒店。玻璃幕墙的大厅是挑空式的，白色墙壁给人凉爽宜人的感觉。客房非常简洁，但因为装饰时髦，配备了液晶电视，所以氛围时尚。酒店内还设有面向运河的餐厅。

中档酒店 Map p.49-C4

住 Kalvebod Brygge 53
☎ 33-389600
FAX 33-389601
费 Ⓢ 897DKK~ Ⓓ 1003DKK~
早餐 170DKK
CC ADJMV 房间数 326间
URL www.copenhagenisland.dk

内博城市酒店
City Hotel Nebo
市政厅前广场、中央车站周边

◆内博城市旅馆是位于“酒店街”的经济型酒店。酒店内一尘不染，非常洁净。工作人员非常亲切。因为地理位置好，设备齐全，价格适中，有很多回头客。面向道路的客房会显得有些吵闹，这是唯一的缺点。大堂内放有可以免费使用的电脑。

经济型酒店 Map p.58

住 Istedgade 6-8 电 33-211217
FAX 33-234774
费 有浴缸 Ⓢ 680DKK~ Ⓓ 910DKK~
公共浴室 Ⓢ 430DKK~ Ⓓ 750DKK~
早餐 65DKK
CC ADJMV
房间数 87 间 URL www.nebo.dk

传奇酒店
Saga Hotel
市政厅前广场、中央车站周边

◆是从哥本哈根中央车站步行约 2 分钟的经济型酒店。在哥本哈根数量众多的住宿设施中，以低廉的价格受到背包客们的欢迎。客房风格简洁清爽、非常干净。可以使用洗衣设备（65DKK~）。早餐提供的是酒店自制的面包。

经济型酒店 Map p.58

住 Colbjørnsensgade 18-20
电 33-244944 FAX 33-246033
费 有浴缸卫生间 Ⓢ 450（750）DKK~
Ⓓ 580（850）DKK~公共浴室，卫生间
Ⓢ 300（595）DKK~ Ⓓ 400（695）DKK~ 早餐 60DKK CC ADJMV
房间数 79 间 URL www.sagahotel.dk

船舱主题城市酒店
Cabinn City
市政厅前广场、中央车站周边

◆一家连锁酒店，客房以客船的船舱为设计理念，充满现代元素，加上价格合理，因此非常受欢迎。客房虽然狭窄，但都配有洁净的独立卫生间，设有淋浴设施。位于从酒店街对面的中央车站东口步行 5 分钟的幽静的街区。可免费使用大堂里设置的电脑。

经济型酒店 Map p.49-C4

住 Mitchellsgade 14 电 33-461616
FAX 33-461717
费 Ⓢ 495DKK~ Ⓓ 625DKK~
早餐 70DKK
CC ADJMV
房间数 352 间
URL www.cabinn.com

哥本哈根城市青年旅舍
Danhostel Copenhagen City
市政厅前广场、中央车站周边

◆这是 2005 年诞生的欧洲规模最大的青年旅舍。共有 15 层，所有房间都配有浴室、卫生间。内装也非常精致，看起来根本不像一家青年旅舍。如果持有 YH 会员证（在礼宾处销售，160DKK），住宿费用可优惠 10%。

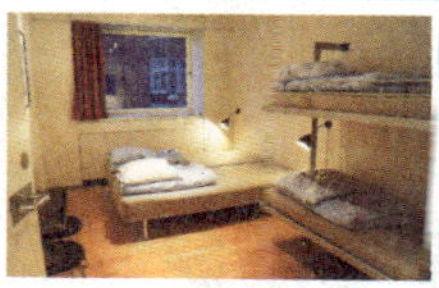

经济型酒店 Map p.49-C4

住 H.C.Andersens Boulevard 50
电 33-118585
费 多人间 155DKK~
Ⓢ 420DKK~ Ⓓ 440DKK~ 早餐 75DKK
床单 65DKK
CC MV 房间数 192 间
URL www.danhostelcopenhagencity.dk

哥本哈根沃克阿普 — 伯格嘉德酒店
Wakeup Copenhagen, Borgergade
罗森堡宫周边

◆2014 年开业的经济型酒店。房间虽然不是很宽敞，也只提供最基本的洗漱用品，但非常舒适。地理位置也非常好，位于距离地铁国王新广场站步行 8 分钟的地方。在哥本哈根中央车站的南侧（住 Carsten Niebuhrs Gade 11）也有一家同系列的酒店。

经济型酒店 Map p.51-C1

住 Borgergade 9
电 44-800000
费 Ⓢ 400~650DKK~
Ⓓ 500~750DKK~ 早餐 80DKK
CC ADJMV
房间数 498 间
URL www.wakeupcopenhagen.dk

哥本哈根哲耐瑞特酒店
Generator Copenhagen
罗森堡宫周边

◆非常时尚的青年旅舍，位于距离很多景点和繁华街道很近的地方。酒店休息室放置着电视和台球桌，总是有来自世界各地的年轻游客聚集在这里。单人间配有浴室。经常举办现场演奏等活动。

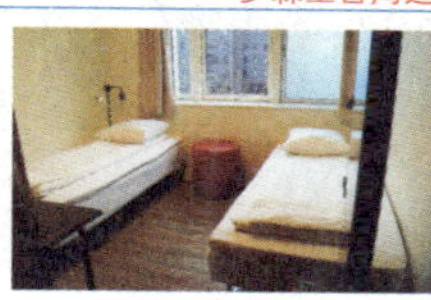

经济型酒店 Map p.51-C1

住 Adelgade 5-7
电 078-775400
费 多人间 150DKK~ Ⓢ 600DKK~
Ⓓ 650DKK~ 早餐 65DKK
CC AJMV
房间数 91 间，662 张床位
URL generatorhostels.com

哥本哈根的餐厅

Restaurant

哥本哈根堪称美食家的天堂，餐厅数量众多，久负盛名的老店和时尚新店以斯托耶步行街为中心，展示着各自的魅力。特别是最近备受瞩目的“新丹麦菜肴”，是在丹麦菜肴中加入了法国、意大利等各国菜肴元素的新型菜肴。大多数的餐厅都非常时尚，餐厅内使用北欧设计的椅子等，氛围也非常好。如果想品尝丹麦传统美食，最好尝一尝丹麦正宗单片三明治思莫勒布罗（Smørrebrød）。但因为餐费之外还要另付 25% 的税金，以及 15% 的服务费，因此会价格不菲。一般午餐需要 100~200DKK，晚餐需要 200~500DKK。如果想节省一些费用，可选择到自助餐厅或咖啡馆用餐。在市内随处可见的快餐车提供的热狗，也是哥本哈根的一大特色美食。这种热狗种类丰富、价格合理、老少咸宜，每个价格在 25DKK ~，经济实惠。

趣伏里餐厅

Tivolihallen

市政厅前广场、中央车站周边

◆1791 年开业，起初是一家面包房，之后因来访趣伏里公园的人总是来此用餐，逐渐演变成为餐厅。中午最受欢迎的是单片三明治，价格从 70DKK 起，种类齐全。值得推荐的有 95DKK 的口感松软的炸鱼配酱菜汁、110DKK 的小虾配蛋黄酱、75DKK 的丹麦式汉堡肉丸等。凉菜会放在面包上，热菜会搭配着面包端上来。晚餐既有套餐，也有零点菜，品类丰富多样。夏季还会设置露天席位。

烤牛肉 85DKK 及比目鱼和小虾配蛋黄酱

丹麦菜肴 Map p.50-A4

住 Vester Voldgade 91

☎ 33-110160

营 周一 ~ 周三 11:30~16:00

周四 ~ 周六 11:30~16:00/17:30~21:00

休 周日 预算 100DKK~

CC D M V

URL www.tivolihallen.dk

由性情爽朗的阿姨和她的家人经营

格劳夫滕餐厅

Grøften

市政厅前广场、中央车站周边

◆位于趣伏里公园内的餐厅。创业于 1874 年，是公园内最古老的餐厅。餐厅主要供应以丹麦传统菜肴为主的各种菜肴，菜品非常丰富。推荐菜品有 199DKK 的剧院套餐，包含有醋浸菜肴、烤牛肉、肉丸等。丹麦单片三明治一份 65DKK~。

丹麦菜肴 Map p.58

住 Tivoli，Vester brogade 3

☎ 33-750675

营 周日 ~ 下周四 12:00~23:00

周五、周六 12:00~ 次日 0:00

（仅限趣伏里公园开园时）

休 趣伏里公园休园日

预算 150DKK~

CC A D J M V

URL www.groeften.dk

卡拉餐厅

Restaurant Karla

市政厅前广场、中央车站周边

◆经营丹麦传统家常菜的餐厅。包括面包、饮料在内，这里供应的所有食物都是手工制作的。烤猪肉（Flæskesteg）168DKK，丹麦式汉堡（Hakkebøf）148DKK。冰激凌和松饼等餐后甜点也都是餐厅自制的。

丹麦菜肴 Map p.49-C3

住 Dantes Plads 1

☎ 33-127025

营 每天 11:30~22:00

休 无休

预算 午餐 150DKK~

晚餐 200DKK~

CC A D J M V

URL www.karla.nu

无线 LAN

哥本哈根人咖啡厅

Københavner Caféen　　斯托耶周边

◆1798年创业，是拥有悠久历史的百年老店。如果想品尝使用丹麦食材，以及传统的烹饪方法制作的丹麦美食，推荐225DKK的哥本哈根套餐（2人份起）。午餐时推出迷你套餐，145DKK。丹麦单片三明治69~128DKK。

丹麦菜肴　Map p.50-A3

住 Badstuestræde 10
☎ 33-328081
营 每天 11:30~22:00
休 无休
预算 午餐 100DKK~
晚餐 200DKK~
CC ADJMV
URL www.kobenhavnercafeen.dk

新港咖啡厅

Restaurant & Café Nytorv　　斯托耶周边

◆经营时令感十足的传统丹麦菜肴。丹麦单片三明治的种类多达20多种，价格69~115DKK。包含醋渍鲱鱼、炸物、烟熏三文鱼、烤牛肉、今日奶酪等，能够品尝所有丹麦名菜的套餐258DKK。

丹麦菜肴　Map p.50-A4

住 Nytorv 15　☎ 33-117706
营 每天 9:00~22:00
休 无休
预算 午餐 100DKK~
晚餐 200DKK~
CC ADMV
URL nytorv.dk

斯洛·次凯尔德伦餐厅

Slotskælderen Hos Gitte Kik　　斯托耶周边

首先要到桌子前点菜

◆位于旧滩旁边的半地下餐厅，专营丹麦单片三明治。年代久远的黑色木质的装修让人感受到餐厅的悠久历史。没有菜单，在最里侧的桌子上摆满了各种食材，从里面选喜欢的指出来就可以。除了肉丸、烤牛肉、熏三文鱼、蛋黄酱拌小虾等经典配菜，还有很多如熏制鳝鱼、熏制牛舌等的独特配菜，而且菜肴每天都有更新。价格每份67~125DKK。还有搭配单片三明治的20多种snaps（烧酒），也一定要品尝，价格每份25DKK~。7月休息。

丹麦菜肴　Map p.50-B3

住 Fortunstræde 4
☎ 33-111537
营 周二～周六 11:00~15:00
休 周日、周一
预算 100DKK~
CC ADJMV

使用的都是皇家哥本哈根的餐具

韩国船长餐厅

Skipperkroen　　阿美琳堡宫周边

◆位于新港的著名餐厅，透过玻璃窗能看到停泊在港口的船舶。餐厅主要经营海鲜类菜肴，三文鱼排189DKK，1/2大小的烤龙虾139DKK等。前菜推荐3种醋渍鲱鱼，88DKK。

丹麦菜肴　Map p.51-D2

住 Nyhavn 27　☎ 33-119906
营 周一～周五 8:30~22:30 LO
周六、周日 9:00~23:00 LO
休 无休
预算 午餐 150DKK、晚餐 200DKK~
CC ADJMV
URL www.skipperkroen-nyhavn.dk

法格克洛新港餐厅

Nyhavns Færgekro　　阿美琳堡宫周边

◆由建于1765年的建筑物改建而成的老牌餐厅。午餐时间（11:30~17:00）供应的鲱鱼自助125DKK，非常出名，有咖喱、清炖、奶油、红酒、西红柿等10多种口味的鲱鱼。

丹麦菜肴　Map p.51-C2

住 Nyhavn 5　☎ 33-151588
营 周一～周四 11:30~21:00 LO
周五、周六 10:00~22:00 LO
周日 10:00~21:00
休 无休
预算 午餐 130DKK、晚餐 250DKK~
CC MV
URL www.nyhavnsfaergekro.dk

伊达·戴维森餐厅
Ida Davidsen 阿美琳堡宫周边

丹麦菜肴 Map p.51-C1

◆1888年开业的休闲风格的丹麦单片三明治专营店，一直以来都深受当地人以及游客的欢迎。餐厅供应的三明治种类多达270种，菜单被誉为“世界最长的单片三明治菜单”。菜单每天都会有更新，顾客可以从前台旁边的橱窗内直接选取自己喜欢的口味，非常方便。菜单上的价格是餐厅开业当时的价格，实际价格和菜单完全不同，一定要在点菜时确认价格。接受外卖订单。如果你到阿美琳堡宫参观，午餐时一定要来这里。7月会有3周休息。

种类繁多，让人眼花缭乱

住 Store Kongensgade 70
☎ 33-913655
营 周一～周五 11:30~16:00 LO
休 周六、周日
预算 150DKK~
CC ADJMV
URL www.idadavidsen.dk

餐厅外观小巧精致

托尔德 & 斯纳普斯餐厅
Told & Snaps 阿美琳堡宫周边

丹麦菜肴 Map p.51-D3

◆位于新港的丹麦单片三明治专营店。供应的传统风格丹麦单片三明治共有40多个种类，价格在70~170DKK。其中咖喱鲱鱼和炸比目鱼最为著名，108DKK。7月下旬~8月上旬，会休息2周左右，请注意。

住 Toldbogade 2
☎ 33-938385
营 周日～周五 11:30~15:30
　周六 11:30~16:00
休 无休
预算 100DKK~
CC ADJMV
URL toldogsnaps.dk

COLUMN DENMARK

哥本哈根的室内市场

2012年9月，在紧邻Nørreport地铁站的以色列广场（Israels Plads），开设了一个室内型的食品市场托瓦埃勒市场（KBH Torvehallerne KBH）。市场分为两个建筑物，建筑物之间还有一个露天市场。室内市场里汇集了肉类和蔬菜等生鲜食品的商铺，里面有很时尚的、可作为礼物的巧克力、咖啡、红茶、特色调味料等。

市场里面还有很多面包店，以及能品尝到丹麦单片三明治和小吃塔帕斯的餐厅，可以在这里吃午餐或小吃。

还可以在这里购买各种礼品

玻璃幕墙的外观很时尚

DATA

■ 托瓦埃勒市场 KBH
Map p.50-A1
住 Frederiksborg gade 21
营 周一～周四 10:00~19:00
　周五 10:00~20:00
　周六 10:00~18:00
　周日 11:00~17:00
休 无休

奥拉时代餐厅
Era Ora　　克里斯蒂安港

◆获得法国米其林指南一星餐厅评定的意大利餐厅。餐厅规模不大，但有很多世界级 VIP 到此用餐。晚餐只供应套餐，套餐内容每周更换一次，830~1350DKK。该店没有招牌，一定注意不要走过。需要提前预约。

意大利菜肴　　Map p.49-D3

住 Overgaden Neden Vandet 33B
电 32-540693　FAX 32-643489
营 周一～周六 12:00~14:00 / 18:30~22:00
休 周日
预算 午餐 500DKK~、晚餐 900DKK~
CC ADJMV
URL www.era-ora.dk

安卡拉餐厅
Ankara　　市政厅前广场、中央车站周边

◆位于从中央车站步行约 8 分钟的地方。可以以适中的价格品尝土耳其风味的自助餐，因此很受当地人欢迎。煮制的肉类和蔬菜、沙拉、汤等都是自助，午餐 59DKK~（11:30~16:00），晚餐 89DKK。市区内有 2 家店。

土耳其菜肴　　Map p.58

住 Vesterbrogade 35　电 33-319233
营 周一～周六 11:30~23:00
周日 12:00~23:00
休 无休
预算 午餐 59DKK~、晚餐 89DKK~
CC ADJMV
URL www.restaurant-ankara.dk

阿尔贝托餐厅
Alberto K　　市政厅前广场、中央车站周边

◆位于 Radisson Blu Royal Hotel（→p.84）20 层的瞭望餐厅。餐厅以北欧设计统一进行装修，非常时尚，备受好评。以时令食材烹制的地中海菜肴也受到广泛肯定。晚餐套餐 750DKK~。预约时最好指定靠窗的座位。

国际美食　　Map p.58

住 Hammerichsgade 1
电 33-426161
营 周一～周六 18:00~22:00
休 周日
预算 750DKK~
CC ADJMV
URL www.alberto-k.dk

希福牛扒屋
A Hereford Beefstouw　　市政厅前广场、中央车站周边

◆位于趣伏里公园内，餐厅拥有非常开阔的空间。主菜牛排 250g 的价格是 300DKK 左右。设有餐厅自制烤猪排的商店 Bryggeriet Appolo，还能饮用在地下工厂酿造的啤酒（一杯 65DKK~），因此非常受欢迎。

国际美食　　Map p.58

住 Vesterbrogade 3
电 33-127441
营 每天 11:30~16:00 / 17:00~22:30
休 无休
预算 350DKK~
CC ADJMV
URL www.a-h-b.dk

哥本海鲜
Kødbyens fiskebar　　市政厅前广场、中央车站周边

◆位于被誉为现在最受欢迎地区的肉食加工市场内。餐厅由原来的肉食加工店改建而成，从店内的瓷砖墙壁和柜台等能一窥原来的影子。使用丹麦周边产的海鲜制作的时尚派菜肴，非常精致。

国际美食　　Map p.48-B4

住 Flæsketorvet 100
电 32-155656
营 周日～周四 17:30~次日 0:00
周五、周六 17:30~次日 2:00 左右
休 无休　预算 400DKK~
CC AMV
URL www.fiskebaren.dk

达勒咖啡
Café Dalle Valle　　斯托耶周边

◆是一家咖啡馆兼餐厅，自助餐获得广泛好评，不仅价格适中，而且食物种类丰富多样，从丹麦式烤乳猪和肉丸子，到沙拉、意大利面等应有尽有。午餐 79DKK（~15:00），晚餐 119DKK（17:00~22:30）。

国际美食　　Map p.50-A2

住 Fiolstraede 3-5
电 33-932929
营 周一～周六 10:00~次日 0:00
周日 10:00~23:00
休 无休
预算 午餐 69DKK~、晚餐 99DKK~
CC ADJMV
URL www.cafedallevalle.dk

里兹拉兹餐厅

Restaurant Riz Raz 斯托耶周边

◆曾被评为最物美价廉餐厅的素食自助餐厅。午餐平时 89DKK，晚餐 99DKK（16:00~）。服务员都很友善，服务周到。在斯托耶步行街的北部也有一家分店，分店的人会稍微少一点。

国际美食 Map p.50-A4

住 Kømpagnistræde 20

☎ 33-150575

营 每天 11:30~22:00LO

休 无休

预算 午餐 79DKK~、晚餐 99DKK~

CC J M V

URL www.rizraz.dk

泽雷斯特餐厅

Restaurant Zeleste 阿美琳堡宫周边

◆新港附近的餐厅，海鲜菜肴受到好评。能品尝到使用当天捕捞的新鲜鱼制作的菜肴。包含虾和三文鱼的午餐套餐 169DKK。晚餐的主菜 200DKK~。夏天会在中庭摆上露天席位，非常惬意。

国际美食 Map p.51-C2

住 Store Strandstræde 6

☎ 33-160606

营 周日～下周四 10:00~23:00

周五、周六 10:00~23:30（冬季会缩短时间） 休 无休

预算 午餐 130DKK~、晚餐 200DKK~

CC M V URL www.zeleste.dk

沙龙餐厅

S øren K 城堡岛

◆位于皇家图书馆内的餐厅。以丹麦菜肴为基础，加入了法国和西班牙菜肴元素的时尚菜品得到好评。菜肴中使用的都是有机栽培的蔬菜。晚餐的主菜 190DKK 左右，套餐 500DKK~。午餐 100~150DKK，价格比较适中。

国际美食 Map p.49-C3

住 Søren Kierkegaards Plads 1

☎ 33-474949

营 周一～周六 12:00~16:00 / 17:30~22:00

休 周日

预算 午餐 120DKK~、晚餐 350DKK~

CC A D J M V

URL www.soerenk.dk

诺尔伯 · 布里格胡斯餐厅

N ørrebro Bryghus 郊区

◆在诺尔伯 · 布里格胡斯餐厅能品尝到餐厅自制的特色啤酒，啤酒使用当地产的有机素材酿造，对水和酿造方法也有严格要求。供应的啤酒种类有 10 多种，45~85DKK。在二层的餐厅里，还能品尝到用啤酒烹制的菜肴。3 道菜的自选晚餐套餐 340DKK。

国际美食 Map p.49-C2

住 Ryesgade 3 ☎ 35-300530

FAX 35-300531

营 周一～周四 12:00~24:00

周五、周六 12:00~ 次日 2:00

休 周日 CC D J M V

预算 午餐 190DKK~、晚餐 340DKK~

URL www.norrebrobryghus.dk

迈耶餐厅

Meyers Dell 郊区

◆由丹麦最具天赋的厨师克劳斯 · 迈耶经营的餐厅。餐厅大部分食材都是绿色食品，蔬菜、水果都来自自家农场，手工制作的面包也都采用有机食材制作。早餐供应面包、奶酪、火腿套餐，95DKK。也供应午餐和晚餐。在 Magasin du Nord（→ p.97）开设了一家分店。

国际美食 Map p.48-B3

住 Gammel Kongevej 107

☎ 33-254595

营 每天 8:00~22:00

休 无休

预算 午餐 100DKK~、晚餐 175DKK~

CC D M V

URL www.meyersamad.dk

布吕根斯比斯胡斯

Bryggens Spisehus 郊区

◆位于布吕根岛地区的文化会馆 Kulturhuset 里面的餐厅。能够眺望着运河的景色，品尝最时尚的料理。烤鳕鱼配烩饭 159DKK。午餐时的每周例汤 89DKK，里面含有大量蔬菜，牛肉汉堡 129DKK，也非常值得推荐。

国际美食 Map p.49-C4

住 Islands Brygge 18 ☎ 32-540082

营 周一～周五 9:00~22:00

周六 9:00~ 次日 0:00

周日 9:00~23:00

休 无休 预算 150DKK~

CC A D M V

URL bryggens.dk

格拉诺拉
Granola 市政厅前广场、中央车站周边

◆位于韦斯特伯地区的非常时尚的一家咖啡厅。咖啡厅内模仿 20 世纪 30 年代的丹麦咖啡厅进行布置，摆放着复古的家具，营造出非常舒适的氛围。最受欢迎的是牛奶奶昔，50DKK。除此之外还供应 90DKK 的煎蛋套餐等早餐和午餐。周末人会特别多。

咖啡馆 Map p.48-B3

住 Værnedamsvej 5 ☎ 31-311536
营 周一～周五 7:00～次日 0:00
周六 9:00～次日 0:00
周日 9:00～16:00
休 无休
预算 80DKK～ CC A D M V
URL www.granola.dk

拉古拉斯
La Glace 斯托耶周边

◆1870 年创业，是丹麦最古老的糕饼店。店里供应的是由店员按照传统方法制作的 20 多种蛋糕，每个 57DKK。店内的茶室配有 19 世纪末的家具，有着古典的优雅氛围，可以搭配着热巧克力 75DKK 等饮料品尝美味糕点。这家咖啡厅非常受欢迎，每天都有人排队等候。

咖啡馆 Map p.50-A3

住 Skoubogade 3-5 ☎ 33-144646
营 周一～周六 8:30～18:00
周日 10:00～18:00（仅限冬季）
休 夏天时的周日
预算 100DKK～
CC D M V
URL www.laglace.dk

皇家慕喜咖啡馆
Royal Smushi Cafe 斯托耶周边

氛围明快时尚的咖啡厅

◆位于斯托耶的皇家哥本哈根总店中庭里的咖啡厅。咖啡厅的装修以白色和粉红色为基调，很女性化，非常可爱。店内所有装饰全部是丹麦设计，椅子使用的是雅各布森的蚁椅，吊灯是霍尔姆嘉德（Holmegaard）公司出品的。放在一个平盘里的慕喜（Smushi），是在丹麦单片三明治里加入了寿司的特色的单片式三明治。一个 48DKK，3 个 139DKK。所有餐具使用的都是皇家哥本哈根的产品。

咖啡馆 Map p.50-B3

住 Amagertorv 6
☎ 33-121122
营 周一～周六 10:00～19:00
周日 10:00～次日 18:00
（夏季每天～19:00）
休 无休
预算 100DKK～
CC A J M V
URL www.royalsmushicafe.dk

非常适合午餐享用的小三明治 Smushi

布吕根岛屿 21
Islands Bryggen 21 郊区

◆因价格公道而备受学生喜欢的咖啡厅。咖啡厅内除了面向运河的柜台席位外，还有沙发席位。卡布奇诺 30DKK～，热巧克力 35DKK。三明治和汤为主的午餐 75DKK～，晚餐的主菜 135DKK～。服务员也非常亲切，让人感觉很舒服。

咖啡馆 Map p.49-C4

住 Islands Bryggen 21
☎ 88-384881
营 周一～周五 8:00～23:00
周六 10:00～23:00
周日 10:00～21:00
休 无休 预算 50DKK～
CC A J M V

便当餐厅
Bento 市政厅前广场、中央车站周边

◆便当餐厅的女老板曾经在日本的烹饪学校当过老师，餐厅由她和儿子一起经营。生鱼片有北欧产的三文鱼、青花鱼等 15 种以上的种类。刺身拼盘 300DKK。烤三文鱼、猪排等的套餐 250～350DKK。以面为主的午餐套餐 95DKK。以日本酒为主调制的鸡尾酒也受到欢迎。

日本料理 Map p.58

住 Helgolandsgade 16
☎ 88-714646
营 周二～周六 12:00～15:00 / 17:00～次日 0:00（厨房～22:00）
休 周一、周日
预算 午餐 95DKK～、晚餐 250DKK～
CC 不可
URL uki.dk

东京餐厅

Restaurant Tokyo 市政厅前广场、中央车站周边

天妇罗盖饭 150DKK 等，有很多经典的日本料理

◆东京餐厅位于从哥本哈根中央车站向西步行 15~20 分钟的地方，7-11 商店的二层，是北欧第一家日本料理店。获得了价格低廉味道好的评价。餐厅提供的食物种类丰富，最受欢迎的有鸡素烧套餐（日式牛肉火锅）255DKK，以及使用丹麦产猪肉制作的猪排套餐 210DKK、生鱼片套餐 210DKK、天妇罗套餐 215DKK 等。餐厅有餐桌席位和榻榻米席位，也能够接待团队用餐。餐厅老板是一位非常热心的人，会告诉你很多哥本哈根的旅游信息和各种推荐店铺。周末人非常多。

日本料理 Map p.48-B4

住 Vesterbrogade 77
电/FAX 33-310165
营 周一～周六 17:00~23:00（厨房 ~20:30 左右）
休 周日 预算 250DKK~
CC A D J M V
URL www.tokyorestaurant.dk

私房鱼料理

Selfish 郊区

◆由日本人经营的小型寿司店。对产地要求严格的三文鱼、最高档的金枪鱼等，寿司中使用的生鱼都是最高档的。推荐菜品是寿司套餐 80~480DKK。午餐套餐 75DKK~，包含 3 种手卷和 7 个寿司，是一款超值套餐。在这家餐厅还能品尝到日本的啤酒、日本酒、烧酒、梅酒。

日本料理 Map p.48-B2

住 Elmegade 4
电 35-359626
营 周二～周六 12:00~21:30
休 周日、周一
预算 午餐 80DKK~、晚餐 150DKK~
CC 不可
URL www.selfish.dk

富豪酒家

Fu Hao 斯托耶周边

◆获得当地常驻外国人较高评价的中餐厅。有中国人主厨亲自烹制的正宗广东菜。主菜的肉菜 100DKK~。推荐菜肴是可以从 80 多道食物中自选的点心 38DKK~。位于哥本哈根中央车站西侧的酒店街中。

中国菜 Map p.58

住 Colbjørnsensgade 15
电 33-318985
营 周四～下周二 12:00~22:00
休 周三
预算 100DKK~
CC A D J M V

北京楼餐厅

Beijing 斯托耶周边

◆位于斯托耶步行街沿线的中国餐馆。无论何时前往都会发现里面有很多人在用餐。获得广泛好评的自助餐 78DKK。在店门口的外卖站里销售 35~60DKK 的套餐（从几种菜品中自选 3~5 种），因价格适中，非常受欢迎。

中国菜 Map p.50-A4

住 Frederiksberggade 28
电 33-111205
FAX 33-111273
营 每天 11:00~23:00
休 无休
预算 110DKK
CC A D J M V

萨西尔餐厅

Restaurant Sahil 斯托耶周边

◆在萨尔西餐厅中能品尝到价格低廉，又正宗美味的巴基斯坦菜肴。以咖喱为主，提供羊肉、鸡肉、牛肉、虾、蔬菜等约 30 种菜肴，90~105DKK。最受欢迎的是黄油鸡肉 105DKK。餐厅内会播放民族音乐，白色墙壁凸显出民族风情。

巴基斯坦菜肴 Map p.51-D4

住 Havnegade 33
电 33-914646
营 每天 14:00~23:00
休 无休
预算 150DKK~
CC A J M V
URL www.sahilrestaurant.dk

哥本哈根的购物场所
Shopping

哥本哈根购物的中心地是斯托耶周边。步行街两侧大型百货商场、高档商店鳞次栉比，经营的产品网罗了包括陶瓷器、银制品、毛皮、纺织品、服装首饰、家具、音响器材等在内的世界最前卫的摩登设计。走进斯托耶周边的小街巷里，还有很多销售古董和可爱杂货的商店，只是在这里悠闲漫步也能大饱眼福。此外，从新港到阿美琳堡宫的布莱德大街（Bredgade），从北门站出发穿过腓特烈大街（Frederiksborggade）、跨过运河的 Ryesgade 大街 ~Ravnsborggade 大街周边地区等，最近一些新兴购物地点也备受关注。这些地区有很多销售品位极高的北欧设计款古董杂货的个性商店。

1 月和 8 月是打折季。有些商店一年四季都有折扣，如果看到写有意味着“打折”的“UDSALG”的招牌就进去看看吧。

伊卢姆博利胡斯百货
Illums Bolighus

斯托耶周边

百货商场 Map p.50-B3

◆这是国际知名的百货公司，主要经营世界名牌家具和杂货。如果想购买北欧设计精品，一定要到这家商场看看。商场是挑空式结构，店内宽敞明亮，货物整齐码放在货架上，可以慢慢选购。商品以丹麦等北欧设计的著名品牌为中心，种类非常齐全。商场共有 4 层，一层销售日用品和厨房用品，二层销售浴室用品和时装，三层销售装饰品和地毯，四层销售设计款家具和照明器具。

各种杂货和家具摆满了宽敞的整个楼层

住 Amagertorv 10
电 33-141941
营 周一～周六 10:00~19:00
周日 11:00~18:00
休 无休
CC A D J M V
URL www.illumsbolighus.com

哥本哈根代表性的百货公司

伊卢姆百货
Illum

斯托耶周边

百货商场 Map p.50-B3

◆经营各种北欧特色生活用品的百货公司。商场四层是生活杂货卖场，有家具、陶器、银制品、玻璃制品等经过商家严格筛选的商品。商场还有销售玩具的店铺和书店等。地下是超市 Irma。

住 Østergade 52
电 33-144002
营 周一～周六 10:00~20:00
周日 11:00~18:00
休 无休
CC A D J M V
URL www.illum.dk

麦格辛 · 诺德百货
Magasin du Nord

斯托耶周边

百货商场 Map p.51-C3

◆麦格辛 · 诺德百货是丹麦规模最大的百货公司。销售服装、鞋类、餐具、杂货，以及装饰材料等，受到各年龄层的欢迎。二、三层是面向年轻人的著名品牌店集中的地方，四层是生活用品卖场。

住 Kongens Nytorv 13
电 33-114433
FAX 33-111005
营 每天 10:00~20:00
休 无休
CC A D J M V
URL www.magasin.dk

比厄·克里斯滕坦森
Birger Christensen

斯托耶周边

◆1869年创业的高档品牌精选店。一层销售男士商品，二层销售女士商品，还有以皮毛为主的香奈尔、普拉达、缪缪、杜嘉班纳、赛琳、朗雯等国际性的设计品牌。

时装　Map p.50-B3

住 Østergade 38　☎ 33-115555
FAX 33-932135
营 周一～周四 10:00~18:00
　周五 10:00~19:00
　周六 10:00~17:00
休 周日　CC A J M V
URL www.birger-christensen.com

亨利克·维斯科夫
Henrik Vibskov

斯托耶周边

◆是活跃在哥本哈根的时尚设计师亨利克·维斯科夫经营的第一家专卖店。经营的商品极富个性，商品风格从休闲到精致物品，涉及范围非常广泛，男士和女士的都有。

时装　Map p.50-A2

住 Krystalgade 6　☎ 33-146100
营 周一～周四 11:00~18:00
　周五 11:00~19:00
　周六 11:00~17:00
休 周日
CC A D M V
URL www.henrikvibskov.com

爱步东街店
Ecco Østergade

斯托耶周边

◆爱步的鞋子根据人体工程学原理设计，穿着非常舒适，东街店是众多丹麦爱步直营店中规模最大的店。畅销的是休闲鞋和靴子，700~2000DKK，价格适中。除了有男士和女士的鞋子外，还有儿童鞋。

鞋类　Map p.50-B3

住 Østergade 55　☎ 33-123511
营 周一～周四，周六 10:00~18:00
　周五 10:00~19:00
　周日 11:00~17:00
　（冬季从 12:00~16:00）
休 无休　CC A D J M V
URL global.ecco.com

诺塔贝内专卖店
Notabene

斯托耶周边

◆是经营意大利产鞋类的丹麦著名品牌诺塔贝内的商店。店内商品以简单而又时尚的设计获得人们的欢迎。除了自己公司的品牌之外，还销售马克·雅克布和KENZO等品牌的商品。除了鞋以外还销售箱包等。

鞋类　Map p.50-B2

住 Kronprinsensgade 10　☎ 33-133813
营 周一～周四 10:00~18:00
　周五 10:00~19:00
　周六 10:00~17:00
休 周日
CC A D M V
URL www.notabene.dk

琥珀屋
House of Amber

市政厅前广场、中央车站周边

◆琥珀屋是专门经营丹麦国石琥珀的店，橱窗里陈列着各种琥珀饰品。饰品价格有很多档次，小吊坠400DKK左右。作为位于新港的琥珀博物馆（Amber Museum）的直营店，品质也能得到保障。市内有两家分店。

饰品店　Map p.58

住 Vesterbrogade 1A
☎ 33-113530
营 每天 10:00~20:00（夏季从 9:00~）
休 无休
CC A D J M V
URL www.houseofamber.com

哥本哈根卡瑞商店
Carré Shop Copenhagen

斯托耶周边

◆在世界各地受到欢迎的丹麦首饰品牌卡瑞的直营店。从丹麦大自然和古董首饰中得到设计灵感的首饰，给人温暖柔和的感觉。戒指300~17000DKK，耳环200~23000DKK。

饰品店　Map p.50-B3

住 Læderstræde 18
☎ 33-129218
营 周一～周五 10:00~18:00
　周六 10:00~16:00
休 周日
CC A J M V
URL www.carre.dk

彼得 · 赫兹商店
Peter Hertz

斯托耶周边

◆创业于 1834 年的百年老店。因生产丹麦宫廷御用饰品而闻名于世，商店内还陈列着出自皇家御用设计师的银饰品和金饰品。销售的饰品款式简洁精致。还销售丹麦高档饰品品牌 Ole Lynggaard 的产品。

饰品店 Map p.50-B2

住 Købmagergade 34
电 33-122216
营 周一～周五 10:00~18:00
　周六 10:00~15:30
休 周日
CC ADJMV
URL phertz.dk

古兹麦德 · 埃斯科风暴珠宝店
Guldsmed & Design Eske Storm

阿美琳堡宫周边

◆位于很多小型画廊聚集的托德博德大街（Toldbodgade）沿线的首饰店。饰品的主题以海盗、建筑、外星人等为主，风格多姿多彩。销售的饰品厚重感的较多，但也有简洁款的。戒指 650DKK~。

饰品店 Map p.51-D2

住 Toldbodgade 11
电 33-323668
营 周二～周六 12:00~18:00
休 周日、周一
CC 不可

乔治 · 杰生
Georg Jensen

斯托耶周边

◆被誉为世界银制品精品的代名词，是丹麦和瑞典皇室御用产品。简约而又高雅的产品，可以说是精致的丹麦设计的象征。一层销售首饰和钟表，二层销售银质餐具，地下一层销售生活杂货。

银制品 Map p.50-B3

住 Amagertorv 4 电 33-114080
营 周一～周五 10:00~19:00
　周六 10:00~18:00
　周日 11:00~16:00
休 无休
CC ADJMV
URL www.georgjensen.com

丹麦烟斗专卖店
The Danish Pipe Shop

斯托耶周边

◆丹麦是著名的手工烟斗产地。位于斯托耶的这家商店是哥本哈根唯一一家烟斗专卖店。Stanwell 等丹麦产的烟斗 150~5 万 DKK。最受欢迎的是 Stanwell 的烟斗，大约 600DKK。

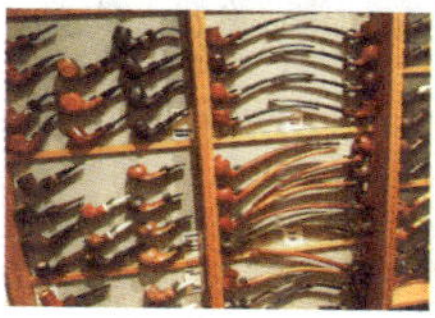

烟斗店 Map p.50-A4

住 Frederiksberggade 36 电 33-123651
营 周一～周四 10:00~17:30
　周五 10:00~18:00
　周六 10:00~17:00
　周日 12:00~17:00（仅限夏季）
休 冬季的周日
CC ADJMV
URL www.danishpipeshop.com

皇家哥本哈根
Royal Copenhagen

斯托耶周边

◆皇家哥本哈根创业于 1775 年。商店文艺复兴式样的建筑非常引人注目。店内氛围优雅，陈列着从传统设计到新晋设计师设计的最新作品等超一流珍品。一层销售丹麦之花系列餐具套装和桌布等，二层销售经典的兰花系列杯子和摆设品以及礼品等。商店的中庭是皇家慕喜咖啡馆（Royal Smushi Cafe）（→ p.95），购物时可以在这里稍事休息。在郊区设有工厂店。

因为是总店，品类才会如此齐全

陶瓷器 Map p.50-B3

住 Amagertorv 6
电 33-137181
营 周一～周五 10:00~19:00
　周六 10:00~18:00
　周日 11:00~16:00
休 无休 CC ADJMV
URL www.royalcopenhagen.com

文艺复兴式样的典雅外观

海尔贝克·舍林瓷器工艺品商店
Helbak Scherning

斯托耶周边

◆商店由两个部分组成，一个是制作在简单的瓷胎上绘制上五彩的线条或儿童画的水杯和器皿的海尔贝克，另一个是制作陶器首饰的舍林。两家都是精品店，非常受欢迎。工作室就在不远处，能与两位设计师见面。

陶瓷器 Map p.50-B3

住 Kompagnistræde 8
☎ 20-610477
营 周一～周四 11:00~17:30
周五 11:00~18:00
周六 11:00~16:00
休 周日
CC AJMV
URL www.helbak-scherning.dk

新港玻璃工艺品专卖店
Nyhavns Glaspusteri

阿美琳堡宫周边

◆是玻璃工艺师克里斯蒂安经营的商店。细花瓶400DKK，糖和牛奶罐520DKK~，圆鼓鼓的糖罐280DKK~等，都非常受欢迎，很适合作礼物。商品以柔和的颜色著称，很有特色。

玻璃制品 Map p.51-D2 · D3

住 Toldbodgade 4
☎ 33-130134
营 周一～周五 10:00~17:30
周六 10:00~14:00
休 周日，1~3月会长时间休业
CC DJMV

哥本哈根乐高商店
Lego Store Copenhagen

斯托耶周边

乐高产品大聚会，只看看都很开心

◆在中国广为人知的乐高实际上是源自丹麦的商品。这里是2012年12月开业的乐高第一家自营商店。商店入口大厅里有乐高人偶和巨大的龙在欢迎来店客人，里面清一色是乐高的玩具。除了大家熟悉的乐高商品和套装以外，还有用头部等身体各部分的零件组装人偶的体验区（3具59.95DKK）等，可以边游戏边购物。还有批量销售区（79.95DKK），只要是装进指定盒子里的组件就都可以带走。

乐高 Map p.50-B3

住 Vimmelskaftet 37
☎ 52-159158
营 周一～周四、周六 10:00~18:00
周五 10:00~19:00
周日 11:00~17:00
休 无休 CC ADJMV
URL www.lego.com

巨大的人偶非常吸引眼球

诺特·亦·伯
Nyt i bo

阿美琳堡宫周边

◆商店内聚集了以丹麦为主，包括挪威和瑞典的著名家具。尤其是韦格纳的作品，非常齐全。凯·玻约森的作品除了经典的玩具之外，还有很罕见的刀具等。还有展示厅，如果想参观，只要和服务员说一声就可以。

家居饰品 Map p.51-C1

住 Store Kongensgade 88
☎ 33-143314
营 周一～周五 11:00~17:30
周六 11:00~14:00
休 周日
CC MV
URL www.nytibo.dk

阿提乌姆
Artium

市政厅前广场、中央车站周边

◆销售人气北欧设计品牌商品的精品店，商品中不仅有Stelton，mobile这样的丹麦品牌，还有玛丽马克、伊塔拉等芬兰的品牌。从哥本哈根中央车站可步行到达，每天营业，非常适合选购礼品。

生活杂货 Map p.58

住 Vesterbrogade 1L
☎ 33-123488
营 周一～周六 10:00~19:00
周日 11:00~19:00
休 无休
CC ADJMV
URL artium.dk

朵拉

Dora 市政厅前广场、中央车站周边

生活杂货 Map p.48-B3

◆位于韦斯特伯地区的杂货精品商店。商店里汇聚着从丹麦国内外选购而来的家具和布艺产品、小装饰品等，选购时最注重的就是设计。酿酒厂相关产品也很丰富，从古董椅子到烧杯、牌匾等，很多独特的商品令人大饱眼福。

住 Værnedamsvej 6
电 32-213357
营 周一～周五 10:00~18:00
周六 10:00~16:00
周日 12:00~16:00
休 无休
CC ADJMV
URL shopdora.dk

少女喧嚣

Girlie Hurly 市政厅前广场、中央车站周边

生活杂货 Map p.48-B4

◆销售老板旅行时选购回来的物品，以及丹麦杂货的精品店。店内摆放着广告宣传画和灯具，氛围独特。因为很多客人都在这里选购礼品，商店会为客人提供可爱的包装，深受好评。

住 Istedgade 99
电 33-242241
营 周一～周四 11:00~17:30
周五 11:00~18:00
周六 10:00~15:00
休 周日
CC ADMV
URL girliehurly.dk

阿飞亚

affär 市政厅前广场、中央车站周边

生活杂货 Map p.48-B4

◆阿飞亚是一家装饰品店，主要销售从跳蚤市场选购来的各种品质精良的二手商品，以及当地艺术家制作的插图等。为了总是能给客人新鲜和独特的惊喜，店内的布置每周更换一次。

住 Skydebanegade 4
电 30-252219
营 周一～周五 11:00~18:00
周六 11:00~16:00
休 周日
CC MV
URL affaer.dk

海伊屋

Hay House 斯托耶周边

生活杂货 Map p.50-B3

◆近几年备受关注的丹麦设计商店。有很多小摆设和厨房杂物，椅子、沙发等商品，都是简洁、独特、时尚的独创商品。1 号店 Hay CPH 位于 Pilestræde 的沿线。

住 Østergade 61，2-3sal
电 42-820820
营 周一～周五 10:00~18:00
周六 10:00~17:00
第一个周日 12:00~17:00
休 第一个周日以外的周日
CC ADMV URL www.hay.dk

马里利亚

Marilia 阿美淋堡宫周边

生活杂货 Map p.51-D2

◆是一家北欧设计精品店，在新港经营了 20 多年。主要销售乔治·杰生等严选出来的北欧名品。此外，备受瞩目的丹麦首饰品牌 Trollbeads 的种类也是哥本哈根最齐全的。排列着极富个性的各类珠子制作的项链和手链等，具有强烈的北欧特色，非常受欢迎。此外，还有以摩洛哥坚果油著称的 Urtegaarden 等丹麦产的品牌。在这里购物可以直接免税。

聚集很多精品的精品店

住 Nyhavn 43-B 电 33-141455
FAX 33-143555
营 4~10 月 周一～周五 9:30~17:00
周六 9:30~15:00
休 周日、11 月～次年 3 月
CC ADJMV
URL www.marlliadk.com

Trollbeads 的颜色和种类非常多样

H. 丹尼尔森古董店
H.Danielsen

斯托耶周边

◆这是一家创业100多年的古董店。也销售餐具、首饰等银制品和金制品等商品。另外，也有皇家哥本哈根的丹麦之花系列和兰花系列产品。霍尔姆嘉德的玻璃制品等商品，种类也很丰富。

古董店 Map p.50-B3

住 Læderstræde 11
电 / FAX 33-130274
营 周一～周五 10:00~17:30
周六 10:00~14:00
休 周日
CC AJMV
URL www.danielsensilver.dk

丹麦古董店
Dannish Classic

阿美琳堡宫周边

◆销售Jens.H.Quistgaaed、亨宁·科佩尔等著名丹麦设计师产品的商店，产品种类丰富齐全。商品中多为20世纪60~80年代的时尚设计产品，保存状态也很好。如果有想要的东西，可以向店主进行咨询。

古董店 Map p.51-C2

住 Bredgade 16
电 27-646439
营 周一～周五 12:00~17:00
休 周六、周日
CC JMV
URL www.danishclassic.com

汉斯街集市
Skt.Hans Bazar

郊区

◆销售首饰、服装、帽子、箱包、鞋子等女性物品的二手店。箱包种类和数量特别多，对时尚感兴趣的人一定要来这里看看。在店里摆放得满满的物品中肯定能找到你喜欢的东西。

二手店 Map p.49-C2

住 Sankt Hans Gade 8
电 22-798099
营 周一、周二、周五、周六
12:00~14:30
周三、周四 12:00~17:00
休 周日
CC 不可

邦 & 奥尔森音响体验中心
Bang & Olufsen

斯托耶周边

◆丹麦代表性音响品牌邦 & 奥尔森的实体体验店。店里的音响不仅外观华丽大方，音质效果也很好。商店犹如一个装修时尚的办公室，陈列着设计前卫的高保真概念音响。有很多在国内看不到的产品，购买的物品可以邮寄回国内。

音响 Map p.51-C3

住 Østergade 18
电 33-111415
营 周一～周四 10:00~18:00
周五 10:00~19:00
周六 10:00~16:00
休 周日
CC AJMV
URL www.bang-olufsen.com

福纳音像制品店
Fona

斯托耶周边

◆一层销售家电产品和电脑用品、音响产品，二层则是大规模的CD & DVD卖场。CD以西方流行说唱音乐和摇滚乐为主，涉及各种风格的音乐。丹麦流行和古典音乐的CD也很齐全。CD可以试听。地下还有游戏软件卖场。

音像制品 Map p.50-B3

住 Østergade 47
电 33-159055
营 周一～周四 10:00~18:00
周五 10:00~19:00
周六 10:00~17:00
周日 12:00~16:00
休 无休 CC AJMV
URL www.fona.dk

阿诺德·布斯克
Arnold Busck

斯托耶周边

◆这是位于圆塔附近的一家大型书店。最受关注的是放有与设计相关书籍的二层。有很多关于建筑、艺术、时尚的书籍，只是匆匆浏览也要花费很多时间。一层放有小说、杂志，地下是儿童书籍和文具等。书店里面还设有咖啡馆。

书店 Map p.50-B2

住 Købmagergade 49 电 33-733500
营 周一～周四 10:00~18:00
周五 10:00~19:00
周六 10:00~17:00
第一个周日 12:00~16:00
休 第一个以外的周日
CC ADJMV
URL www.arnoldbusck.dk

安徒生饼屋
Andersen Bakery
市政厅前广场、中央车站周边

◆面包房安徒生在哥本哈根的2号店。松脆美味的丹麦面包11DKK~（堂食13DKK~）非常受当地人喜爱。店内的咖啡角内还提供丹麦料理的早午餐119DKK等简餐。热狗也很受欢迎。

食品 Map p.58
住 Bernstorffsgade 5
☎ 33-750735
营 周一～周五 6:30~19:00
周六、周日 7:30~19:00（厨房 10:00~18:30）
休 无休
CC A J M V
URL www.andersenbakery.com

A.C. 帕奇斯茶叶店
A.C.Perch's Thehandel
斯托耶周边

◆是从1835年开始营业的茶叶专卖店。具有英伦风情的木质建筑非常引人注目。店内经营种类多达120种的自营品牌茶叶，100g价格30DKK~。二层的茶室（营 周一～周五 11:30~17:30，周六 11:00~17:00）供应点心和自营品牌茶。

食品 Map p.50-B2
住 Kronprinsensgade 5 ☎ 33-153562
FAX 33-153522
营 周一～周四 9:00~17:30
周五 9:00~19:00
周六 9:30~16:00
休 周日
CC J M V
URL www.perchs.dk

奶酪地窖
Ostekælderen
罗森堡宫周边

◆专营奶酪的店，除了丹麦非常受欢迎的经典奶酪马里博、丹麦牛奶硬干酪、丹麦蓝波奶酪等外，还经营意大利、荷兰、法国等欧洲各地产的奶酪。奶酪都是按重量销售的，以克为单位，几乎所有奶酪都可以试吃，因此一定能选到非常称心的奶酪。

食品 Map p.50-B2
住 Gothersgade 41
☎ 33-136418
营 周二～周四 10:00~17:30
周五 10:00~18:00
周六 10:00~14:00
休 周日、周一
CC J M V

拉乌凯胡赛特面包房
Lagkagehuset
克里斯蒂安港

◆拉乌凯胡赛特的石窑烤出来的面包非常受欢迎。巧克力、肉桂等现烤现买的面包18DKK一个。店内备有就餐区域，美式咖啡34DKK~等，可以搭配咖啡慢慢享用美食。在哥本哈根中央车站和机场等地也设有分店。

食品 Map p.49-D3
住 Torvegade 45
☎ 32-573607
营 周六～下周四 6:00~19:00
周五 6:00~19:30
休 无休
CC A D M V
URL www.lagkagehuset.dk

COLUMN DENMARK

在跳蚤市场扫货

每到夏季，哥本哈根市内各处都会出现很多跳蚤市场（Flea Market/Loppe Marked）。距离市中心最近、交通最方便的跳蚤市场有3个，位于中央车站旁边的哈尔姆广场（Halmtorvet）的跳蚤市场，以及诺尔伯大街阿西斯滕森教会墓地墙壁沿线的诺尔伯跳蚤市场（Nørrebro Flea Market）、托瓦尔森雕刻艺术馆（→p.71）前面的跳蚤市场。因为这3个跳蚤市场都是面向游客开设的，因此价格略高，但喜欢北欧设计的人一定要去看看。

DATA

■ 哈鲁姆广场
Map p.58 ☎ 26-164576
举办 4/9~10/29 周六 9:00~16:00

■ 诺尔伯跳蚤市场
Map p.48-B2
☎ 35-371891
举办 4/2~10/29 周六 9:00~15:00

■ 托瓦尔森雕刻艺术馆前
Map p.50-B4
☎ 22-484177
举办 4/15~10/31 周五、周六 8:00~17:00
5~9月第一个周日的 10:00~16:00 也会举办

哥本哈根的夜店

Night Spot

在哥本哈根的市中心，有很多人气夜店、酒吧。深夜营业的咖啡馆等，也深受游客欢迎。大型的夜总会等都位于郊区，没有出租车等时，交通很不方便。北门站的周边分布着一些品位很好的酒吧和咖啡馆，当地年轻人经常聚集在这里。如果想了解哥本哈根的流行元素，可以来这些地方看看。

图书馆酒吧

The Library Bar

市政厅前广场、中央车站周边

◆位于 Copenhagen Plaza（→ p.86）一层的高档酒吧。店内古老的书籍摆满了四周的墙壁，书籍总数多达 5500 多册。店内用棕色系颜色装修成宽敞舒适的沙龙风格。这家酒吧是非常受欢迎的社交场所，从 21:30 开始还会有现场演出。注意不要穿着过于休闲的服装前往。

酒吧 Map p.58

住 Bernstorffsgade 4

☎ 33-149262

营 周一～周四 16:00~ 次日 0:00
周五、周六 16:00~ 次日 1:30

休 周日

CC ADMV

URL www.librarybar.dk

爵士之家

Jazzhouse

斯托耶周边

◆经常有包括丹麦在内的世界各国著名音乐家进行演出的爵士俱乐部。票价 80~300DKK。现场演出于 20:00~21:00 开始。如果有空位，当天也能买到门票，但是当有人气歌手的演出时，最好在网站上提前购买。

酒吧 Map p.50-B3

住 Niels Hemmingsens Gade 10

☎ 33-154700

营 周五、周六 20:00~ 次日 1:00
周日、周一 19:00~23:00
（营业时间不定期变动，前往时务必在官网确认）

休 周二～周四 CC ADJMV

URL www.jazzhouse.dk

莫约酒吧

Mojo

斯托耶周边

◆被各年龄层的人喜爱的布鲁斯酒吧。门票价格根据演出内容不同，只在周五、周六时收取 70~80DKK，平时免费。会有丹麦、英国、美国的演出团队在这里进行演出。演出周日～下周三从 21:30 开始，周四～周六从 22:00 开始。每周四是即兴演出时间。

酒吧 Map p.50-A4

住 Løngangstræde 21c

☎ 33-116453（店）/ 23-449777（预约）

营 每天 20:00~ 次日 5:00

休 无休

CC JMV

URL www.mojo.dk

哥本哈根赌场

Casino Copenhagen

克里斯蒂安港

◆是哥本哈根唯一的赌场。赌场内的装修是正统的欧洲风格。未满 18 周岁不能进入赌场，门票为 95DKK~，但不允许穿着随便的人进入，一定要注意。位于 Radisson Blu Scandinavia Hotel 内。入场时需要出示护照。

赌场 Map p.49-D4

住 Amager Boulevard 70

☎ 33-965965

营 每天 14:00~ 次日 4:00

休 无休

CC ADJMV

URL www.casinocopenhagen.dk

铁锈

Rust

郊区

◆铁锈能同时容纳 700 多人，是哥本哈根代表性的巨型夜总会。其内部分为演剧场、俱乐部、休息室和酒吧区域。演出和活动内容可以从网站上确认。

夜总会 Map p.48-B2

住 Guldbergsgade 8

☎ 35-245200

营 周三～周六 21:00~ 次日 5:00

休 周日～下周二

CC MV

URL www.rust.dk

哥本哈根的娱乐场所

哥本哈根每年举行芭蕾舞、歌剧、音乐剧等各种形式的娱乐活动。在众多的娱乐活动中，最著名、最受欢迎的是仅次于巴黎歌剧院、基辅芭蕾舞团，为世界第三历史悠久的丹麦皇家芭蕾舞团（The Royal Danish Ballet）的演出。可以在两个皇家剧院和歌剧院看到它们的演出。演出票可以在歌剧院的售票处直接购买，另外，Ticketmaster除了电话，还可以通过网络在线预约，因此可以在中国国内时就提前预订好，非常方便。在市内各邮局也能进行预约。可以在哥本哈根旅游局的网站上了解哥本哈根各剧院正在举行的活动以及具体日程。

丹麦皇家剧院

Skuespilhuset

丹麦皇家剧院是于2008年新开业的剧院。剧院由丹麦建筑家 Boje Lundgaard 和 Lene Tranberg设计，经常上演歌剧和音乐剧。订票电话和售票处的营业时间与旧皇家剧院相同。

旧皇家剧院

Det Kongelige Teater

旧皇家剧院位于国王新广场，建筑物建于1748年，宏伟壮观。主要上演丹麦皇家芭蕾舞团的表演，也上演歌剧和交响乐。

歌剧院

Operaen

歌剧院的建筑物造型非常新颖，由海宁·拉尔森主持设计。剧院主要上演歌剧，其他还有芭蕾舞、音乐会等。歌剧院内部共有14层，地上9层，地下5层，其中央大厅可容纳1400人。订票电话和售票处的营业时间与旧皇家剧院相同。

新剧场

Det Ny Thater

位于中央车站西侧酒店街的旁边。上演著名的音乐剧。过去曾上演的有《音乐之声》和《歌剧院怪人》。

趣伏里音乐厅

Thvoli Koncertsal

位于趣伏里公园（→ p. 64）内的音乐厅兼剧院。上演的节目从交响乐到芭蕾舞，种类多种多样。公园只在夏天和圣诞节期间开放，但音乐厅却全年都有演出。在公园开放时间，剧院会成为举办活动的会场。

DATA

■ Ticketmaster
电 70-156565
URL www.ticketmaseter.dk

■ 丹麦皇家剧院
Map p.51-D2
住 Sankt Annæ Plads 36　URL kglteater.dk

■ 旧皇家剧院
Map p.51-C3
住 Kongens Nytorv
电 33-696933 / 33-696969（预约）
URL kglteater.dk
开 售票处在上演日开演前2小时开始营业。
电话预约
周一 9:00~18:00　周二～周五 9:00~16:00
休 周六、周日

■ 歌剧院
Map p.49-D2 · D3
住 Ekvipagemestervej 10
URL kglteater.dk
交通 →→→
乘坐地铁在克里斯蒂安港站下车后步行15分钟。或者从哥本哈根中央车站乘坐9A路巴士。乘坐水上巴士991、992、993路也能到达。

■ 新剧场
Map p.58
住 Gammel Kongevej 29　电 33-255075
URL www.detnyteater.dk
开 周一、周二 12:00~18:00　周三、周四 12:00~19:30　周五、周六 12:00~20:00
周日 12:00~15:00
休 无休

■ 趣伏里音乐厅
Map p.58
电 33-151012（预约）　URL www.tivoli.dk

赫尔辛格 *Helsingør*

赫尔辛格是位于哥本哈根以北约 44 公里处的一个港口城市。位于城市东北部的克隆堡宫因是莎士比亚戏剧《哈姆雷特》故事发生的背景地而闻名遐迩，被联合国教科文组织列入《世界遗产名录》。城市位于厄勒海峡最狭窄的地方，与对岸的瑞典赫尔辛堡只有 5 公里的距离。

赫尔辛格建于 1100 年。1429 年丹麦国王埃里克七世开始在赫尔辛格对往来于厄勒海峡的船只收取通行税，这里开始成为丹麦的经济和政治重镇，但 1857 年通行税被废止。19 世纪中期，随着哥本哈根始发的铁路北延至这里，作为通往北海的港口，这个城市再次焕发了活力。

矗立在城市中心的尖塔形建筑，是圣奥拉伊教堂（Skt.Olai Kirke）。这个教堂始建于 13 世纪，是现存唯一一座埃里克七世时代的建筑。

拥有坚固城墙的克隆堡宫

Map p.38-B3
人口：62092
长途区号：无
赫尔辛格信息网站
URL www.visitnorthsealand.com

前往赫尔辛格的交通

🚌 从哥本哈根乘坐普通列车 Re，所需时间约 45 分钟。列车每隔 25 分钟发一班车。
⛴ 从瑞典的赫尔辛堡可乘坐斯堪的纳维亚航线（Scandlines）的轮渡前往赫尔辛格，轮渡 24 小时运行，除了深夜每隔 15 分钟发出。所需时间约 20 分钟。

从克隆堡宫眺望赫尔辛格城市街景

圣奥拉伊教堂

住 Sct.Anna Gade 12
URL helsingoerdomkirke.dk
开 5~8 月
周一～周六 10:00~16:00
9 月～次年 4 月
周一～周六 10:00~14:00
休 周日

位于火车站附近的圣奥拉伊教堂

赫尔辛格 漫步

走出赫尔辛格火车站后直行，就能看到矗立在海湾对面的克隆堡宫。附近有利用古老的船坞改建而成的航海博物馆（Museet for Søfart）。车站西侧建有商店街，许多瑞典人从大海对岸的瑞典赫尔辛堡专程乘船来此购物。因为酒的价格丹麦比瑞典便宜，所以很多瑞典人来此买酒。从丹麦前往瑞典时，可从车站走过步行桥，前往候船大楼。

赫尔辛格 主要景点

克隆堡宫

Map p.106

Kronborg Slot

城堡建成时是北欧规模最大的舞场

是莎士比亚的《哈姆雷特》故事发生的背景地。15 世纪时，埃里克七世为了征收通行税而兴建此城堡，但后来一度中断，1574 年由腓特烈二世下令继续修建，并于 1585 年完工。1629 年时，城堡因遭遇火灾而损毁，但克里斯蒂安四世很快便修复了城堡。之后因是距离瑞典最近的地方，遭受了几次战争的洗礼，在 1924 年被改建成了现在的样子。

城堡接近于正方形，整体建筑为丹麦文艺复兴式样，北侧的楼宇为国王的住所；西侧楼宇为王妃的住所；东侧楼宇是王族成员的住处以及厨房所在地；南侧楼宇是教堂（Kirken），内部装修保留着腓特烈二世时代的原貌。地下是兵营和地牢（Kasematterne），在地下室一角还有手持宝剑和盾牌睡着的丹麦传说中的英雄霍尔格（Holger Danske）的像。据说一旦丹麦遭遇危机，他就会从几百年的沉睡中醒来，拯救祖国。

北侧楼宇入口对面的墙壁上雕刻着莎士比亚胸像，它的下面是有关哈姆雷特王子的叙述。稍微注意就能看到文中“王子阿姆雷特（Amleth）”的字样。据说莎士比亚是将阿姆雷特（Amleth）王子名字中最后一个字母“H”挪到最前面，组成了主人公的名字“哈姆雷特（HAMLET）”的。

赫尔辛格的旅游咨询处 ❶

住 Havnepladsen 3
☎ 49-211333
URL www.visitnorthsealand.com
开 4~6 月，9 月
周一～周五 10:00~16:00
7 月
周一～周五 10:00~17:00
周六、周日 10:00~14:00
8 月
周一～周五 10:00~17:00
周六 10:00~14:00
10 月～次年 3 月
周一～周五 12:00~16:00
休 8 月～次年 6 月的周日，9 月～次年 6 月的周六

克隆堡宫

住 Kronborg 2c ☎ 49-213078
URL kongeligeslotte.dk
开 4 · 5 月
每天 11:00~16:00
6~9 月
每天 10:00~17:30
10 月～次年 3 月
周二～周日 11:00~16:00
休 10 月～次年 3 月的周一
费 90DKK（可使用哥本哈根卡入场）
交通
从赫尔辛格火车站步行约 15 分钟。

航海博物馆

住 Ny Kronborgvej 1
☎ 49-210685 URL mfs.dk
开 7 · 8 月
每天 10:00~17:00
9 月～次年 6 月
周二～周日 11:00~17:00
休 9 月～次年 6 月的周一
费 110DKK（可使用哥本哈根卡入场）
交通
从赫尔辛格火车站步行约 15 分钟。

赫尔辛格的酒店

Hotel

斯堪的纳维亚旅馆

Hotel Skandia Helsingør

◆ 位于从赫尔辛格火车站步行仅需 2 分钟的地方，是一家经济型酒店。交通方便，便于旅游。

Map p.106

住 Bramstræde 1 ☎ 49-210902
URL www.hotelskandia.dk
费 Ⓢ 695DKK~ Ⓓ 795DKK~
CC A D J M V

赫尔辛格青年旅舍

Danhostel Helsingør Vandrerhjem

◆ 一家设有游戏室的舒适的青年旅舍。

Map p.106 外

住 Ndr. Strandvej 24 ☎ 49-284949
URL danhostelhelsingor.dk 费 多人间 225DKK~ 带浴缸、卫生间 Ⓢ 495DKK~ Ⓓ 550DKK~ 公用浴室、卫生间 Ⓢ 395DKK~ Ⓓ 450DKK~ 床单 59DKK 早餐 59DKK
CC M V

浴缸　部分客房提供　电视　部分客房提供　吹风机　出租　迷你吧台及冰箱　部分客房提供　残障人士房间　无线 LAN　无线 LAN 收费　部分客房提供　无线 LAN 部分收费

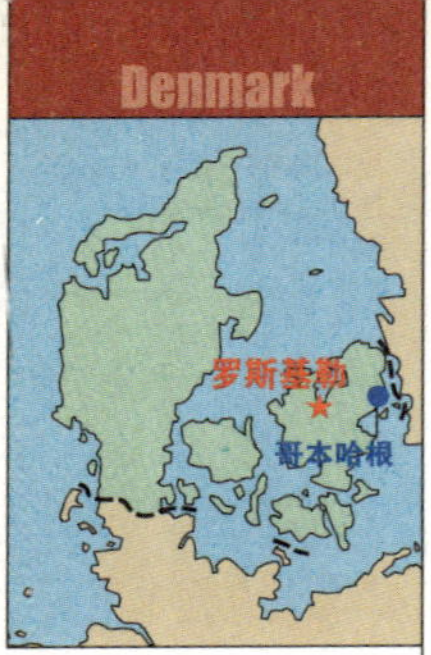

罗斯基勒 *Roskilde*

Map p.38-B3
人口：86207
长途区号：无
罗斯基勒信息网站
URL www.visitroskilde.com

前往罗斯基勒的交通

从哥本哈根乘坐城际快车前往，所需时间约 20 分钟；乘坐普通列车 Re 前往，所需时间约为 30 分钟。每小时有 7~10 趟车。

被列入《世界遗产名录》的罗斯基勒大教堂

陈列着实物的海盗船博物馆

罗斯基勒位于罗斯基勒峡湾最深处，在 9 世纪时就已经形成了城市，是与里伯齐名的丹麦历史最悠久的城市。在阿布萨隆大主教兴建哥本哈根之前，这里一直都是丹麦王室的大本营。12 世纪时，这里建成了丹麦第一个大教堂罗斯基勒大教堂。可以毫不夸张地说，丹麦的历史是从罗斯基勒开始的。在见证北欧漫长历史以及璀璨文化上，罗斯基勒有着不可替代的重要地位。

旅游咨询处所在的市政厅

罗斯基勒 漫步

罗斯基勒的火车站前面环境有些嘈杂，不尽如人意。市政厅（Rådhus）周边是商业区，比较繁华。从罗斯基勒大教堂到罗斯基勒峡湾（Roskilde Fjord）的道路是穿过公园的一条漫步线路。这个城市里还有很多泉水，这条漫步线路中途也有很多个喷泉。

罗斯基勒 主要景点

罗斯基勒大教堂

Map p.108

Roskilde Domkirke

罗斯基勒大教堂建于 12 世纪 70 年代，由阿布萨隆大主教主持修建。建筑物以罗马式样和哥特式样为主要风格，但因之后各代国王增建、改建了十几处之多，于是形成了现在混杂有各种各样建筑风格的建筑物。1635 年，大教堂还增建了尖塔。教堂内安放着从玛格丽特一世至腓特烈九世，共 40 多位国王和王后的石棺，其中 17 口石棺是由豪华的雪花石和贵重的大理石做成的。进入教堂内部，还能看到 16 世纪的机械工艺装饰时钟等宝物。1995 年，作为北欧代表性的建筑物，罗斯基勒大教堂被列入《世界遗产名录》联合国教科文组织。

教堂内部的柱子也是用砖建造的

海盗船博物馆

Map p.108

Vikingeskibsmuseet

从 1000 年左右开始，罗斯基勒以北 20 公里的峡湾入口处就有 5 艘沉船。这是原本作为农耕民族的维京人为了抵御乘船而来的外敌入侵、守护自己的村庄而沉入海底、作为水中防御堡垒的船只。

1962 年，位于哥本哈根的国家博物馆挖掘出这些海盗船，陈列在这个博物馆里。博物馆建在面向峡湾的公园内，馆内除了海盗船外，还有关于维京人生活的展览。船只的修复工作仍在进行当中，夏天时，其户外修复作业场所会对外开放，届时会吸引很多人围观。

罗斯基勒的旅游咨询处 ⓘ

住 Stændertorvet 1
电 46-316565
URL www.visitroskilde.com
开 4~9 月
周一～周五 10:00~17:00
周六 10:00~13:00
10 月～次年 3 月
周一～周五 10:0-16:00
周六 10:00~13:00
休 周日

罗斯基勒大教堂

住 Domkirkestræde 10
电 46-351624
URL www.roskildedomkirke.dk
开 4~9 月
周一～周六 10:00~18:00
周日 13:00~18:00
10 月～次年 3 月
周一～周六 10:00~16:00
周日 13:00~16:00
休 无休
费 60DKK
（可使用哥本哈根卡入场）

罗斯基勒大教堂内排列着装饰豪华的石棺

海盗船博物馆

住 Vindeboder 12
电 46-300200
URL www.vikingeskibsmuseet.dk
开 5/1~9/9
每天 10:00~17:00
9/10~ 次年 4/30
每天 10:00~16:00
休 无休
费 120DKK
（1/1~2/12，2/29~3/18，3/29~4/30，10/1~10/14，10/24~12/30 期间 85DKK）

罗斯基勒的酒店

Hotel

罗斯基勒 C B&B

B & B Roskilde C

◆位于市中心。从露台上能够眺望到罗斯基勒大教堂，还有温水的露台水疗设施。

Map p.108

住 Skomagergade 10 电 40-446004
URL www.bb-roskilde.dk
费 Ⓢ Ⓓ 560DKK~
CC 不可

罗斯基勒青年旅舍

Danhostel Roskilde Vandrerhjem

◆位于紧邻海盗船博物馆的地方，距离大海很近，是环境非常优美的青年旅舍。使用无线 LAN 每天需支付 20DKK。

Map p.108

住 Vindeboder 7 电 46-352184
FAX 46-326690 URL www.danhostel.dk/hostel/danhostel-roskilde 费 多人间 225DKK~ Ⓢ475DKK~ Ⓓ 525DKK~ 床单 50DKK 早餐 55DKK CC ADJMV

浴缸 部分客房提供 电视 部分客房提供 吹风机 出租 迷你吧台及冰箱 部分客房提供 残障人士房间 无线 LAN 无线 LAN 收费 部分客房提供 无线 LAN 部分收费

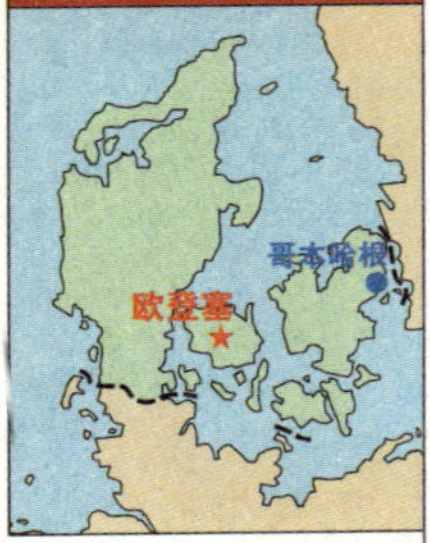

欧登塞 *Odense*

位于安徒生公园内的安徒生雕像

欧登塞位于菲英岛（Fyn）的正中央。欧登塞的名字源自北欧神话。弗蕾亚的丈夫欧丁神在菲英岛修建自己的居所时，看到周围美景的弗蕾亚情不自禁地喊道："快看！欧丁（Odin，Se）！"后来这便成了城市名字的来源。

到了 11 世纪，欧登塞以刚刚修建好的教堂为中心，发展成为重要的宗教城市。至今，欧登塞仍然是菲英岛政治、商业的中心，保持着持续稳定的发展趋势。

欧登塞也是以《卖火柴的小女孩》《丑小鸭》等著作而享誉世界的作家汉斯·克里斯蒂安·安徒生的故乡。1805 年，安徒生出生在欧登塞一个贫穷的鞋匠之家，在这个城市里度过了他多愁善感的少年时代。现在，欧登塞市区内建有安徒生博物馆、安徒生儿童时代的故居和安徒生铜像等多个与安徒生相关的纪念场所，向我们展示着这位作家命运多舛的一生，对于童话迷们而言，具有无尽的吸引力。

在与充满现代气息的城市中心一步之遥的地方，有着用石子铺砌的小路，以及童话般可爱的住宅。还有天鹅嬉戏着的郁郁葱葱的公园，以及安徒生的母亲每天洗衣的小溪等，这个城市无处不充满童话气息。

欧登塞 漫步

欧登塞的市区位于火车站以南。穿过站前的国王公园（Kongens Have），前面就是繁华的商业区，其中心是欧登塞市政厅（Odense Rådhus）。与安徒生相关的各个旅游景点也分布在市政厅周边，可以以市政厅为据点开始游览。紧邻市政厅的是圣克努特教堂，教堂后面就是安徒生公园。市政厅东侧是拥有高耸入云的尖塔和美丽砖造外观的圣阿尔巴尼教堂（Sct.Albani Kirke）。从这里前往安徒生博物馆仅需步行 5 分钟。博物馆所在的一带已经被指定为文物保护区，各种颜色的小房子整齐有序地排列着，让人感觉仿佛进入了一个童话王国。房子临街一侧的窗台上随意放置着的盆栽花朵以及装饰品都非常可爱。

市政厅旁边的道路是西街（Vestergade），现在这条街是步行街，沿路有很多百货商场和商店，是欧登塞的主街。

欧登塞市政厅是游览欧登塞的起点

只要有一天时间，就能逛遍欧登塞的主要景点。如果想去位于郊区的菲英露天博物馆，可以乘坐巴士或乘坐欧登塞航运公司（Odense Aafart）运营的游览船。

Map p.38-A3
人口：198972
长途区号：无
欧登塞信息网站
URL www.visitodense.com

前往欧登塞的交通

从哥本哈根乘坐城际超特快列车前往，所需时间约为 1 小时 15 分钟。乘坐城际特快前往，所需时间约为 1 小时 35 分钟。5:00~次日 2:50 之间每小时运行 1~3 班车。从奥胡斯乘坐城际超特快列车，或乘坐城际特快前往，所需时间约为 1 小时 40 分钟。4:15~次日 1:02 之间每小时运行 1~2 班车。

欧登塞的旅游咨询处

住 Vestergade 2（市政厅内）
电 63-757520
URL www.visitodense.com
开 7·8 月
周一～周五 9:30~18:00
周六 10:00~15:00
周日 11:00~14:00
9 月～次年 6 月
周一～周五 10:00~16:30
周六 10:00~13:00
休 9 月～次年 6 月的周日

预约酒店收取 35DKK 手续费。在这里可以免费获取宣传册《寻访 H.C. 安徒生的足迹》。

欧登塞城市通票
Odense City Pass

可以使用通票乘坐市区巴士，参观欧登塞主要景点之外，还可以免费参加市内游览活动。有效期限为 24 小时。在旅游咨询处购买。

费 169DKK

欧登塞 主要景点

安徒生博物馆 Map p.112-B2
H.C.Andersens Hus

圆形大厅有时会成为主题展览的会场

安徒生一生创作了《卖火柴的小女孩》《海的女儿》《皇帝的新装》等许多经典名作，为全人类留下了大量珍贵的文学财富。安徒生博物馆内陈列着作家创作的童话、诗歌、游记、小说、戏剧、随笔、传记、书信，以及插图和版画等众多作品，展示着多才多艺的作家令人惊叹的才华。

了解安徒生的一生

博物馆内有作家写作众多名作时的房间，以及被翻译成世界各种语言的作家的作品集等，非常值得一观。位于博物馆最里侧圆形大厅墙壁上的浮雕壁画，记录了离开家乡的安徒生在世界上取得巨大成功后，作为名誉市民荣归故里时，获得欧登塞市民热烈欢迎的情形。博物馆东北角有被认为是安徒生出生地的房子，内部再现了当时的生活风貌。这是一个由 3 户组成的集体住宅，里面居住着包括安徒生的父母、姐姐、祖父母在内的 5 个家庭的近 20 人。在夏天，博物馆入口前面的广场会免费上演安徒生童话剧（H.C.Andersen Paraden）。

如果带着孩子游览，推荐前往旁边的童话游乐园 Fyrtøjet（打火匣）。这里再现了童话故事里的世界。孩子们可以化装成妖精或巫婆等人物，尽情游玩。

安徒生公园 Map p.112-B3
H.C.Andersen Haven

以安徒生的名字冠名的这座公园，是个草坪翠绿的美丽公园。流经公园的小河叫作欧登塞河，曾经是贫民们洗涤衣物的场所。据说安徒生的母亲也曾在这里洗衣服。公园内还设有天鹅群的雕像，以及香草园，现在是非常宁静的地方，充满了童话般的意境。公园位于圣克努特教堂对面，教堂的后面矗立着安徒生的雕像。

曾经的洗衣场所如今成为氛围幽静的地方

欧登塞航运公司
☎ 66-107080
URL www.aafart.dk
运行 5~8 月
每天 10:00~17:00 每小时一班。6/25~8/14~18:00。
费 80DKK~（有些席位可以使用欧登塞通票乘坐）
从蒙凯公园（Munke Mose）出发，经过欧登塞动物园（Odense Zoo），到达菲英露天博物馆附近的佛伦斯 · 布格（Fruens Bøge）。所需时间约 30 分钟。

欧登塞出发的旅游团
在旅游咨询处申请。

The Watchman
与装扮成夜间警卫员的大叔一起在夜间的安徒生博物馆一带进行游览。警卫员会介绍古老的城区以及和安徒生有关的场所。所需时间约 1 小时。
举办 7 · 8 月周一～周六 21:00
费 免费

市政厅游览团
参观市政厅内部和女王用房间内部。所需时间约 1 小时。
举办 7 · 8 月周二 · 周四 13:00
费 25DKK（持欧登塞通票免费）

寻访安徒生足迹之旅
参观与安徒生相关场所的旅游线路。安徒生博物馆和安徒生儿童时代的故居只参观外观。所需时间约 2 小时。
举办 7 · 8 月 周二 · 周四 14:00
费 50DKK（持欧登塞通票免费）

安徒生博物馆
☎ 65-514601
URL museum.odense.dk
开 6/27~8/28
每天 10:00~17:00
8/29~ 次年 6/26
周二～周日 10:00-16:00
休 8/29~ 次年 6/26 的周日
费 95DKK
持当天票可进入安徒生儿童时代故居。
（持欧登塞通票免费）

安徒生童话剧
举办 6/25~8/6 周一～周六 11:00，13:00，15:00

童话游乐园
☎ 65-514601
URL museum.odense.dk
开 2/1~12/11
周五～周日 10:00~16:00
节日期间每天 10:00~17:00
休 周一～周四、12/12~ 次年 1/31 费 80~95DKK
（持欧登塞通票免费）

在再现故事情景的空间里玩耍

安徒生儿童时代的故居

住 Munkemøllestræde 3-5

电 65-514601

URL museum.odense.dk

开 6/27~8/28 每天 10:00~17:00
8/29~次年 6/26
周二~周日 11:00~16:00

休 8/29~次年 6/26 的周一

费 30DKK（持欧登塞通票免费）

安徒生曾经玩耍的小庭院

安徒生儿童时代的故居

Map p.112-B3

H.C.Andersens Barndomshjem

这里曾经是安徒生的父亲经营的鞋匠铺，也是安徒生度过 2~14 岁时光的地方。安徒生一家居住的只是其中的一间屋子，而且这个屋子非常狭小，而他们全家都挤在这么一间小屋子里，可见当时贫民们的生活有多么困苦。室内展示了安徒生所生活的 19 世纪上半叶的欧登塞的风貌，以及 1875 年创作的诗歌 *My Childhood Home* 手稿等。

保留着安徒生父亲工作用具的房间

圣克努特教堂 Map p.112–B3

Skt. Knuds Kirke

欧登塞的标志性建筑物，是一座哥特式样的教堂。教堂建于13世纪，红砖结构的外墙以及里面金碧辉煌的祭坛都非常美丽。教堂是为了祭奠1086年在欧登塞被暗杀的圣克努特国王而建造的，在教堂的后面安葬着克努特国王和他的弟弟贝内迪克特王（Benedikt）的遗骸。这里还是安徒生接受洗礼的教堂，据说安徒生就是以当时收到的鞋子为题材，创作了名著《红鞋》。

蒙特高登博物馆 Map p.112–B2

Møntergården

展示菲英岛历史和文化的市立博物馆。2013年开始在新的建筑物里进行展出，主要介绍菲英岛和欧登塞的发展历史。展品中还有很多从菲英岛挖掘出来的史前时代至维京时代的石器、土器、装饰品等收藏品。博物馆周边还保留着16世纪建造的房屋。

能够了解菲英岛的变迁

卡尔·尼尔森博物馆 Map p.112–B1·2

Carl Nielsen Museet

这是纪念出生于欧登塞的音乐家卡尔·尼尔森的博物馆。馆内陈列着尼尔森作曲的乐谱，以及使用过的乐器等，还能聆听到由尼尔森创作的《小提琴协奏曲》等经典名曲。另外，博物馆内还展出有作为雕刻家的尼尔森妻子的作品。

陈列着卡尔·尼尔森的乐谱和乐器等

丹麦铁路博物馆 Map p.112–A1

Danmarks Jernbanemuseum

丹麦铁路博物馆位于欧登塞火车站以北的地方，由扇形的机械库改造而成。陈列着以前使用过的蒸汽机车、柴油车、老式客车、1869年制造的除雪车等。对喜欢火车的人来说是绝对不能错过的地方。

菲英露天博物馆 Map p.112–B3 外

Dne Fynske Landsby

菲英露天博物馆位于欧登塞西南部的郊区，再现了安徒生生活的时代的村庄风貌。宽广的公园内，移建了代表这个岛屿的农家、庄园主住宅、水车小屋、铁匠铺、旅馆、砖厂等建筑物，非常有趣。

欧登塞 短途旅行

伊埃斯科城堡 Map p.38–A3

Egeskov Slot

伊埃斯科城堡是一座建造于1554年的文艺复兴式样的水上城堡。是

圣克努特教堂
住 Klosterbakken 2
电 66-120392
URL www.odense-domkirke.dk
开 4~10月
每天 10:00~17:00
11月~次年3月
周一~周六 10:00~16:00
周日 12:00~16:00
休 无休
费 免费

位于市中心的圣克努特教堂

蒙特高登博物馆
住 Overgade 48
电 65-514601
URL museum.odense.dk
开 2/6~8/31
周二、周四~周日 10:00~16:00
周三 10:00~16:00 / 19:00~21:00
9/1~次年2/5
周二~周日 10:00~16:00
休 周日
费 50DKK（持欧登塞通票免费）

卡尔·尼尔森博物馆
住 Claus Bergs Gade 11
电 65-514601
URL museum.odense.dk
开 4/25~8/31
周三~周日 11:00~15:00
9/1~次年4/24
周四、周五 15:00~19:00
周六、周日 11:00~15:00
休 周一、周二、9/1~次年4/24的周三
费 免费

丹麦铁路博物馆
住 Dannebrogsgade 24
电 66-136630
URL www.jembanemuseet.dk
开 每天 10:00~16:00 休 无休
费 65~130DKK（持欧登塞通票免费）

菲英露天博物馆
住 Sejerskovvej 20
电 65-514601
URL museum.odense.dk
开 3/24~6/26、8/15~10/23
周二~周日 10:00~17:00
6/27~8/14 每天 10:00~18:00
休 3/24~6/26 和 8/15~10/23 的周一、10/24~次年3/23

将1万多根橡木植入水中组成地基，在其上面垒砌砖石建造而成的。伊埃斯科在丹麦语中就是“橡木”的意思。这座红砖建筑物气势雄伟，是中世纪宫殿建筑的典范，在全世界享有盛誉。直至现在城堡内部依然作为贵族公馆在使用。城堡内的庭园也非常著名，被誉为集中了文艺复兴风格、巴洛克风格以及现代园林技艺的精华。庭园内还有陈列着古董车的博物馆。

外观雄伟的城堡

卡尔·尼尔森儿童时代的故居

Map p.38-A3

Carl Nielsens Barndomshjem

卡尔·尼尔森是丹麦首屈一指的音乐家，谱写了很多美妙的小提琴协奏曲、歌曲、室内乐等经典作品。特别是他的六部交响乐作品，更是举世闻名。卡尔·尼尔森少年时代居住的故居就位于欧登塞以南约12公里处的北林讷尔瑟（Nørre-Lyndelse）。

费 60~85DKK
（持欧登塞通票免费）

交通

从欧登塞火车站前的巴士总站乘110、111路市区巴士前往，约需15分钟。

伊埃斯科城堡

电 62-271016
URL www.egeskov.dk
开 4/22~6/19、9/1~10/23
每天 10:00~17:00
6/20~8/14
每天 10:00~19:00
8/15~31
每天 10:00~18:00
休 10/24~次年4/21
费 180~210DKK

交通

乘坐从欧登塞开往瑞典方向的火车约需25分钟，在Kværndrup下车。快速列车不在这一站停车，请注意。从这里乘坐920路巴士，或步行前往，约需25分钟。

卡尔·尼尔森儿童时代的故居

电 65-514601
URL museum.odense.dk
开 5~9月
周二~周日 11:00~15:00
休 周一、10月~次年4月
费 30DKK

交通

从欧登塞火车站前的巴士总站乘坐141路巴士，约需30分钟，在卡尔·尼尔森·胡斯（Carl Nielsens Hus）下车。

欧登塞的酒店

Hotel

丽笙H.C.安徒生酒店

Radisson Blu H.C.Andersen Hotel

Map p.112-B2

◆位于安徒生博物馆附近的酒店。酒店内设有赌场、健身中心、桑拿等设施。

住 Claus Bergs Gade 7
电 66-147800
FAX 66-147890
URL www.radissonblu.com
费 Ⓢ 1445（795）DKK~
Ⓓ 1595（995）DKK~
CC ADJMV

广场酒店

Hotel Plaza

Map p.112-A1

◆位于火车站旁边的酒店，是拥有开放式大堂的高档酒店。酒店内设有餐厅和健身中心。

住 Østre Stationsvej 24
电 66-117745
FAX 66-144145
URL www.millinghotels.dk
费 Ⓢ 819DKK~ Ⓓ 899DKK~
CC ADJMV

浴缸　部分客房提供　TV 电视　TV 部分客房提供　吹风机　出租　迷你吧台及冰箱　部分客房提供　残障人士房间　无线LAN　无线LAN收费　部分客房提供　无线LAN部分收费

格兰德第一酒店
First Hotel Grand

Map p.112-A2

◆1897 年创业的老牌酒店。酒店有着浓郁的英国风情，氛围优雅。

住 Jernbanegade 18
电 66-117171
URL www.firsthotels.com
费 Ⓢ 1295（995）DKK~
Ⓓ 1495（1095）DKK~
CC A D M V

于德斯酒店
Ydes Hotel

Map p.112-A2

◆是只有 25 间客房的小酒店，但非常舒适。酒店前台没有人值守时，Hotel Domir 的工作人员会代为接待。

住 Hans Tausens Gade 11
电 66-121131
FAX 66-121413
URL ydes.dk
费 Ⓢ 525DKK~ Ⓓ 649DKK~
早餐 75DKK
CC A D M V

温莎酒店
Hotel Windsor

Map p.112-A2

◆欧登塞的老牌酒店，是一家意大利风格的高档酒店。免费提供咖啡、红茶和水果。

住 Vindegade 45
电 66-120652
FAX 66-910023
URL www.millinghotels.dk
费 Ⓢ 725（649）DKK~
Ⓓ 825（749）DKK~
CC A D J M V

欧登塞卡布酒店
Cabinn Odense

Map p.112-B1

◆毗邻欧登塞火车站的酒店，交通非常方便。客房不大，但功能齐全，配有烧水壶。

住 Østre Stationsvej 7-9
电 63-145700
FAX 63-145701
URL www.cabinn.com
费 Ⓢ 495DKK~
Ⓓ 625DKK~ 早餐 75DKK
CC A J M V

安斯加酒店
Hotel Ansgar

Map p.112-A1 · 2

◆利用拥有百年以上历史的建筑物建成的酒店，氛围高贵稳重。和 Hotel Plaza 为同系列酒店。

住 Østre Stationsvej 32
电 66-119693
FAX 66-119675
URL www.millinghotels.dk
费 Ⓢ 675~1175DKK~
Ⓓ 725~1200DKK~
CC A D J M V

欧登塞城市酒店
City Hotel Odense

Map p.112-B2

◆因亲切热情的服务大受欢迎的酒店。休息室提供免费饮料。早餐非常美味，获得一致好评。酒店还有包含了由酒店自行经营的餐厅 Den Gamle Kro 餐食的价格。

住 Hans Mules Gade 5
电 66-121258
URL www.city-hotel-odense.dk
费 Ⓢ 740DKK~ Ⓓ 1040DKK~
CC A D J M V

多米尔酒店
Hotel Domir

◆和 Ydes Hotel 同属一家经营公司。所有客房都非常时尚，也很洁净。酒店内设有非常时尚的酒吧。

Map p.112-A2

住 Hans Tausens Gade 19
电 66-121427
FAX 66-121413
URL domir.dk
费 Ⓢ 610DKK~ Ⓓ 800DKK~
CC ADMV

欧登塞城市青年旅舍
Danhostel Odense City

◆位于火车站前面。有公共厨房、洗衣房设施。

Map p.112-A1

住 Østre Stationsvej 31
电 63-110425
URL odensedanhostel.dk
营 1/4~12/16
费 多人间 250DKK（6~8 月）Ⓢ 435DKK~ Ⓓ 570DKK~ 床单 60DKK 早餐 69DKK
CC ADJMV

欧登塞的餐厅
Restaurant

丹·加莫·克劳餐厅
Den Gamle Kro

◆利用 1683 年建造的建筑物改建而成的餐厅，是欧登塞非常著名的餐厅。提供传统的丹麦菜肴，2 道菜的套餐价格 298DKK~。

Map p.112-B2

住 Overgade 23 电 66-121433
FAX 66-178858
URL www.dengamlekro.eu
营 周一～周六 11:00~22:00
周日 11:00~21:00
休 无休 预算 350DKK~
CC ADJMV

安德林德莱特餐厅
Restcurant Undert Linderæet

◆位于安徒生博物馆附近的著名餐厅。提供在传统丹麦菜肴中融入了意大利和法国菜特点的菜肴。

Map p.112-B2

住 Ramsherred 2 电 66-129286
URL www.underlindetraet.dk
营 周二～周五 18:00~21:30（夏季时供应午餐） 周六 10:00~14:00 / 18:00~21:30 周日 10:00~14:00
休 周一 预算 550DKK~
CC DJMV

克龙餐厅
Cro'n

◆建在距离市中心很近的住宅区内。可以享受使用当地食材制作的丹麦家庭料理。菜单随季节变化，主菜 128DKK~。

Map p.112-A2 外

住 Dronningensgade 29
电 65-910508
URL www.restaurantcron.dk
营 周一～周四 17:00~22:00
周五·周六 17:00~23:00
休 周日 预算 200DKK~
CC DMV

科恩格·沃尔莫
Kong Volmer

◆当地人非常喜欢的咖啡馆。烤牛肉和奶酪等口味的单片三明治 58DKK~。自制蛋糕 25~40DKK，也非常受欢迎。

Map p.112-A3

住 Brandts Passage 13
电 66-141128
URL www.kongvolmer.com
营 周一～周五 11:00~16:00
周六 10:00~16:00
休 周日 预算 60DKK~
CC ADJMV

 无线 LAN

童话大王安徒生

汉斯·克里斯蒂安·安徒生是出生于丹麦欧登塞的世界著名童话作家。他创作的众多童话作品，都是不朽的传世名作，至今仍打动着人们的心。

1805年，安徒生出生于贫穷的鞋匠之家。参观他2~14岁时居住的房屋内部，就能充分了解当时生活的困窘程度。据说，少年时代的安徒生是一个梦想家，朋友很少，整天一个人待在屋子里玩木偶。随着年龄增长，愈加陷入幻想和戏剧的世界，最终他决定走演艺之路。因此1819年，安徒生离开了欧登塞，远赴首都哥本哈根。1820~1822年，安徒生在哥本哈根的皇家剧院附属戏剧学校学习舞蹈和演唱，同时开始了剧本创作。之后，安徒生当演员的梦想遭到了打击，但他没有放弃成为剧作家的梦想，向剧院递交了大量作品。看到这些作品的剧院负责人发现了安徒生的才华，但同时也指出了他文笔不够老到的缺点。1822年，安徒生发表了处女作《青年的努力》，但正如安徒生晚年时说的那样，作品尚不成熟。

后来，经剧院负责人介绍，安徒生获得奖学金进入语言学校学习。但因出身贫寒，从未接受过系统教育的安徒生，很难和老师以及周围的同学们进行交流，功课也赶不上，后来他回顾说这一时期是“最困苦的”。但也正是这样的经历使安徒生练就了过硬的基本功，能够随心所欲地发挥自己丰富的想象力。

安徒生从未放弃成为剧作家的梦想，一直坚持创作。但讽刺的是，使他在丹麦名声鹊起的不是剧本，而是他偶尔创作的童话。1835年，安徒生先后发表了《即兴诗人》《拇指姑娘》，这使得他名声大噪，不仅传遍丹麦和欧洲，其影响一度波及世界范围。1867年，他被推举为欧登塞名誉市民。安徒生一生没有结婚，居无定所。正如他的名言“我的人生就是一场旅行”，安徒生不断往返于北欧和欧洲各国之间，体验生活，拓展了自己的想象力。1875年8月4日，安徒生逝世，被埋葬在哥本哈根市内的阿西斯滕森教堂墓地中。

《丹麦最著名的作家》（收藏于安徒生博物馆）

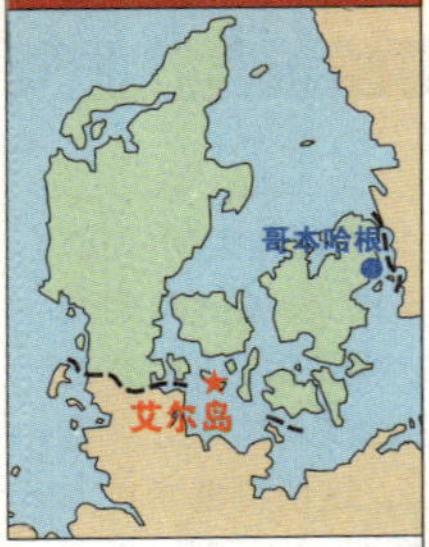

艾尔岛 *Ærø*

祖祖辈辈传承下来的海滨小屋

艾尔岛位于欧登塞所在的菲英岛以南，艾尔岛是丹麦第 12 大岛屿，是一个拥有田园牧歌风景的悠闲的地方。在描绘发生于 1137 年，有志于挪威王位的西古尔德（Sigurd Slembe）和维京人的战役的诗歌中有关于该岛的记载，这是历史上最早的关于艾尔岛的记述。

渡轮停靠的艾勒斯克宾，至今仍保存着 18 世纪后半叶建造的五颜六色的美丽房屋，而且仍使用着。到了海水浴的季节，这里还是著名的海水浴场，拥有澄澈透明的海水，在海边色彩丰富的海滩小屋中换好泳衣，就可以奔向大海，享受艾尔岛特有的夏季。

Map p.38-A4
人口：6290
长途区号：无
艾尔岛信息网站
URL visitaeroe.dk

前往艾尔岛的交通

开往艾勒斯克宾方向的渡轮从斯文堡（Svendborg）发出，从哥本哈根没有直达列车前往斯文堡。从欧登塞乘坐普通列车 Re 到斯文堡所需时间为 2 小时 ~2 小时 20 分钟，每小时运行 2 班。在斯文堡换乘艾罗威斯特公司的渡轮前往艾勒斯克宾，所需时间约 1 小时 15 分钟。

艾罗威斯特公司
Ærøfærgerne
☎ 62-524000
URL www.aeroe-ferry.dk

举行结婚仪式的城市

艾尔岛是著名的结婚仪式举办地，每年有 2800 对新人在此举办婚礼。丹麦的结婚手续非常简单，有很多国外新人在此注册结婚，尤其受结婚登记手续繁杂的德国的年轻人喜欢。在市区里漫步，经常看到幸福感满满的情侣，让来此地旅游的人们也都感到很开心。

艾尔岛的旅游咨询处
住 Ærøskøbing Havn 4
☎ 62-521300
URL visitaeroe.dk
开 6~8 月
周一～周五 10:00~17:00
周六 · 周日 10:00~15:00
9 月～次年 5 月
周一～周五 10:00~16:00
（根据季节不同）
休 9 月～次年 5 月的周六 · 周日

巴士

岛上运营着免费的巴士。790 路巴士连接着艾勒斯克宾、瑟比（Søby）和马斯塔尔（Marstal）。

艾尔岛 漫 步

艾勒斯克宾有很多 18 世纪的建筑物

艾尔岛共有 3 个城镇，中心城镇是艾勒斯克宾（Ærøskøbing）。除此之外，岛上还有瑟比（Søby）和马斯塔尔（Marstal），分别有渡轮前往福堡（Faaborg）以及 Fynshav。各城镇之间有免费巴士运行。

艾尔岛 主要景点

艾勒斯克宾市立博物馆 Map p.118

Ærøsk øbing Bymuseum

在艾勒斯克宾市立博物馆能够了解艾尔岛的历史。馆内陈列有制

作圣诞节时食用的丹麦菜肴 Æbleskiuver 的器具、以前船员们使用的食器、以 19 世纪服装为主的服装等各种物品。一层则是绿意盎然的庭园。

展品摆放得整齐紧凑

Hammerichs 房子 Map p.118

Hammerichs Hus

这里曾经是丹麦雕塑家 Gunnar Hammerich 避暑的地方，现在成为展出他庞大收藏品的博物馆。Hammerich 一点一点地对这座 200~300 年前的建筑物进行了改造，现在里面犹如迷宫一样错综复杂，建筑物本身就是一个优秀的艺术作品。

以 20 世纪 60 年代的收藏品为主

海滨小屋 Map p.118 外

Badehuse

从艾勒斯克宾市区向西北方向，沿着草木丛生的道路漫步，远远地就能看到五颜六色的海滨小屋。小屋位于被称为 Vesterstrand 的海滨沿线，是为了让人们在里面换泳衣、喝咖啡而建造的。因为是私人所有的建筑，所以不要随意进入。

排列着 30 多栋海滨小屋

艾勒斯克宾市立博物馆
住 Brogade 3-5
☎ 62-522950
URL www.arremus.dk
开 3/19~6/24，8/27~10/23
　周一～周六　11:00~15:00
6/25~8/26
　周一～周五　10:00~16:00
　周六·周日　11:00~15:00
10/24~次年 3/18
　周一～周五　11:00~14:00
休 8/27~次年 6/24 的周日、10/24~次年 3/18 的周六
费 40DKK

Hammerichs 房子
住 Gyden 22　☎ 62-522950
URL www.arrenmus.dk
开 6/27~8/12
　周一～周五 12:00~15:00
休 6/27~8/12 的周六·周日，8/13~次年 6/26（提前打电话可以入场）
费 40DKK

海滨小屋
交通➡➡➡
背向渡轮乘坐处，右手有一个超市，沿着超市里侧的道路 Strandvejen，朝着大海走 8 分钟左右即到。

艾尔岛的酒店
Hotel

艾尔岛贝德酒店
Badehotel Ærø

◆酒店使用的建筑物拥有 200 年历史。还有海景房。

Map p.118
住 Brogade 1　☎ 42-500005
URL www.badehotel-aeroe.dk
费 Ⓢ 800DKK~ Ⓓ 1000DKK~
CC A M V

德·利尔酒店
Det Lille Hotel

◆位于市中心，是一家只有 6 间客房的小型酒店。客房洁净，氛围宁静沉稳。一层设有餐厅和酒吧。

Map p.118
住 Smedegade 33　☎ 62-522300
URL www.det-lille-hotel.dk
费 Ⓢ 650DKK~ Ⓓ 850DKK~
CC M V

艾尔岛的餐厅
Restaurant

德·利尔酒店
Det Lille Hotel

◆在酒店一层的餐厅里，能品尝到艾尔岛独有的脆皮松饼（Æro Pandekager），38DKK~。餐厅供应午餐和晚餐。

Map p.118
住 Smedegade 33　☎ 62-522300
URL www.det-lille-hotel.dk　营 夏季　每天 8:00~21:00　休 冬季　预算 50DKK~
CC M V

På Torvet
På Torvet

◆面向广场的咖啡馆，使用当地食材制作的午餐套餐 129DKK~，非常受欢迎。咖啡 20DKK~。夏季夜晚还有钢琴演奏。

Map p.118
住 Torvet　☎ 62-524050　URL paatorvet.dk　营 4·5 月，9·12 月 周四～周六 10:00~16:00，6~8 月 每天 10:00~18:00（根据时期不同）休 10·11 月，1~3 月　预算 60DKK~　CC A D M V

Map p.38-A3
人口：330639
长途区号：无
奥胡斯信息网站
URL www.visitaarhus.com

前往奥胡斯的交通

✈ 从哥本哈根每天有 3~8 趟航班飞往奥胡斯，所需时间约 40 分钟。配合着飞机到达时间，机场有开往市区的机场大巴。所需时间约 50 分钟，单程 115DKK。

🚌 从哥本哈根乘坐城际超特快列车前往奥胡斯，所需时间约 2 小时 50 分钟，乘坐城际特快前往，约需 3 小时 10 分钟。5:00~ 次日 2:50，每小时运行 1~3 个班次。

奥胡斯狂欢节
Aarhus Festuge
☎ 87-308300
URL aarhusfestuge.dk
举办 8 月下旬 ~9 月上旬

人们从中午就开始喝啤酒

奥胡斯的旅游咨询处 ⓘ
☎ 87-315010
URL www.visitaarhus.com
原有的旅游咨询处已停用，现在在奥胡斯市政厅以及酒店等 30 多个地方设置了连网的旅游导引装置。还能拿到旅游地图和宣传册。

奥胡斯卡
Aarhus Card
使用奥胡斯卡可以免费乘坐奥胡斯的公共交通工具，而且几乎所有博物馆和美术馆都可以免费进入或优惠购票。可以在阿洛斯现代美术馆、旧城等景点和酒店等购买到奥胡斯卡。在埃伯尔措夫特（→ p.133）也能使用。
费 1 日票 129DKK
2 日票 179DKK

奥胡斯 *Aarhus*

市中心的奥胡斯大教堂

10 世纪初，奥胡斯湾深处的一些小村落发展成为了一个城市。但是最近在这附近发现了被认为是 10 世纪前的墓碑状巨石群，以及维京人住宅等，因此人们推断 8 世纪后半叶，这里曾是维京人居住的地方。市区中也发现了当时的遗迹。

现在的奥胡斯拥有约 33 万人口，与城市古老历史相反，如今是拥有现代城市功能的丹麦第二大城市。奥胡斯打出的标语是成为“世界上最小的大城市（World Smallest Big City）”。而奥胡斯也成了与标语中所说的一样的城市，虽小但拥有完整的城市功能，还有很多魅力独特的博物馆和美术馆等。

奥胡斯还是著名的艺术家聚集的城市，市区中分布着很多小画廊。每年 8 月下旬 ~9 月上旬的夏季，还会召开奥胡斯狂欢节，会上演音乐、戏剧、现代艺术等各种文艺表演，整个城市沉浸在艺术氛围中。

奥胡斯 漫 步

奥胡斯的地势高低起伏不平，这在以平原为主的丹麦城市中实属罕见。整个城市以大教堂为起点，地势梯次增高，呈扇形扩展开来，犹如一个圆锥体的一部分。相当于圆锥体底部的地方是城市的标志性建筑——奥胡斯大教堂。在大教堂和大教堂北侧的奥胡斯大学（Aarhus Universitet）周边，分布着几个博物馆。从大教堂前面的广场笔直延伸至火车站的阿雷公园大街（Park Allé）是城市的主要街道。道路两侧林立着百货商场、商店、餐厅等，非常繁华。另外，很多巴士也在道路沿线停靠。与阿雷公园大街平行的里埃斯大街（Ryesgade）一带是步行街，道路两侧有很多商店和咖啡馆。

拥有独特瞭望台的阿洛斯现代美术馆

阿雷公园大街沿路矗立着城市的另一个地标性建筑——奥胡斯市政厅。此外，运河沿岸的阿鲍尔瓦登大街（Aboulevarden）上也聚集着很多拥有露天席位的咖啡馆和酒吧。市政厅前面是巴士总站，几乎所有巴士都以此处为起始点。车站里标明了各路巴士停靠的站点，可以前往查询。

奥胡斯虽然是仅次于哥本哈根的丹麦第二大城市，但城市的规模并不大。如果只在市区游览，只要有一天时间就能步行转遍。如果前往郊区的景点，乘坐巴士会很方便。

奥胡斯 主要景点

奥胡斯市政厅 Aarhus Rådhus

Map p.121-A2

由让现代丹麦设计和建筑名扬世界的安恩·雅各布森和埃里克·米拉

免费自行车

在市区的 52 个主要旅游景点里，配备有免费的租借自行车（4~10 月）。需要先往自行车车把中心的中央锁处投入 20DKK 硬币解锁，使用后归还到租赁站，上锁并取回硬币。

方便的城市自行车

奥胡斯市政厅
住 Rådhuspladsen 2
电 89-402000
URL www.aarhus.dk
开 周一～周五 8:00~16:00
休 周六、周日

直线和曲线，木材和金属，这些迥异的元素建构了一个美丽的空间

市政厅由丹麦现代建筑名家设计

设计。市政厅有 70 多年的历史，是奥胡斯的地标性建筑。建筑物棱角分明，拥有高高的钟楼、大理石墙壁、青绿色的屋顶，而窗框上装饰性的木材又增添了一份柔和感，形成了优雅兼具创造性的独特外观。建筑物内部以白色为主要色调，墙壁和大厅地面都使用了组合木板进行装饰，营造出温暖的氛围。内部只能参观大厅。

市政厅广场上有一个被叫作“小猪喷泉”的雕塑。猪在丹麦象征着幸福和繁荣，深受人们喜爱，圣诞节期间也会用杏仁蛋白奶糖和巧克力制作小猪造型的点心。再加上奥胡斯是日德兰半岛最大的农产品和奶制品的集散地，因此小猪父子造型还象征着农业生产的兴旺。

旧城
住 Viborgvej 2
电 86-123188
FAX 86-760687
URL www.dengamleby.dk
开 1/2~2/12 每天 11:00~15:00
2/13~3/18 每天 10:00~16:00
3/19~6/24，8/8~11/11，12/23、26~30 每天 10:00~17:00
6/25~8/7，11/12~12/22 每天 10:00~18:00
休 12/24、25、31、1/1
费 75~135DKK（使用奥胡斯卡有优惠）

建筑物内部也能参观

旧城

Map p.121-A1

Den Gamle By

旧城是能够代表丹麦的杰出的“露天博物馆”。这里聚集有 70 多座丹麦各地的民居、商店、市政厅等建筑，再现了 200~400 年前日德兰半岛社会的风貌，有着梦幻般的美丽。博物馆内有老式马车穿过，还有牌匾造型诙谐的烟斗店、秉承传统工艺烤制美味面包的面包店、由老钟表匠进行老式钟表修理的钟表店、纯天然染色的毛线店、仿佛会有大胡子绅士走出来的市长府邸、摆满各色蜡烛的可爱的蜡烛店、水鸟嬉戏的河流旁边的水车小屋。形态造型各异的建筑物连绵着，让置身其中的人们流连忘返。至今博物馆仍在不断增建，一部分区域还在施工中。

有很多建筑物允许游客入内参观，如果可以，最好多留些时间慢慢参观。如果累了还可以在博物馆内的咖啡馆休息。

有着让人怀念的氛围

奥胡斯阿洛斯现代美术馆 Map p.121-A2

ARoS Aarhus Kunstmuseum

奥胡斯阿洛斯现代美术馆是北欧最大的现代美术馆。美术馆内收藏有从 18 世纪至现代，以丹麦作家为主的绘画作品共 1100 多件，雕塑作品约 400 件。除此之外，还用影像和音频等设置了假设空间，内容充实。美术馆的象征——巨型雕像《少年》（让·穆克作品）位于美术馆一层大厅，给人强烈的视觉冲击。由施密特·哈默 & 拉森事务所设计的建筑物也非常值得一看。犹如空中走廊一样的屋顶瞭望台也很特别。

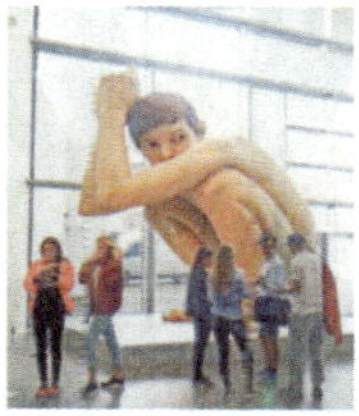

高约 5 米的《少年》雕像

奥胡斯阿洛斯现代美术馆
住 Aros Allé 2
☎ 87-306600
FAX 87-306601
URL www.aros.dk
开 周二、周四～周日 10:00~17:00
周三 10:00~22:00
休 周一
费 120DKK（使用奥胡斯卡有优惠）

奥胡斯大教堂 Map p.121-B2

Aarhus Domkirke

奥胡斯大教堂纵深达 93 米，是丹麦纵深最长的教堂，也是后哥特式建筑的杰作。大教堂建于 1201 年，但当时的建筑物现在早已不复存在，现存的大教堂是由本特·诺克于 15 世纪设计改建的建筑。建于 1479 年的祭坛被誉为现代首屈一指的艺术品。墙面上是面积达 220 平方米的浮雕，是丹麦最大的浮雕。教堂内部唯一的彩绘玻璃是挪威雕塑家维格兰（→ p.192）的作品。

另外，教堂内 1730 年制成的管风琴最初只有 44 个音，后来当代最杰出的管风琴技师弗罗贝尼乌斯又在原有基础上追加了 44 个音。教堂每个月还会举办 2~3 次音乐会。

奥胡斯大教堂
住 Store Torv 1
☎ 86-205400
URL www.aarhus-domkirke.dk
开 5~9 月 周一、周三～周六 9:30~16:00
周二 10:30~16:00
10 月～次年 4 月
周一、周三～周六 10:00~15:00
周二 10:30~15:00
休 周日
费 免费
塔
费 20DKK

位于市中心的壮观的大教堂

丹麦女性博物馆 Map p.121-B2

Kvindemuseet i Danmark

丹麦女性博物馆是将聚焦女性的博物馆，这在世界范围内也是非常罕见的。博物馆经常举办主题展览，利用大量照片和服装介绍女性地位变迁，以及由此形成的文化、支撑社会的日常生活等。这样的博物馆是世界为数不多的倡导男女平等的丹麦才会有的。博物馆内设有有机咖啡馆。

摆放着各种生活用品

丹麦女性博物馆
住 Domkirkepladsen 5
☎ 25-454510
URL kvindemuseet.dk
开 7·8 月 周一、周二、周四～周六 10:00~17:00
周三 10:00~20:00
周日 10:00~16:00
9 月～次年 6 月 周二、周四～周六 10:00~17:00
周三 10:00~20:00
周日 10:00~16:00
休 9 月～次年 6 月的周一
费 50DKK（使用奥胡斯卡有优惠）

奥胡斯反法西斯运动纪念博物馆 Map p.121-B2

Besættelsesmuseet i Aarhus 1940–1945

第二次世界大战期间，奥胡斯被德军占领。这是这期间的 1940~1945 年间，与在奥胡斯进行的抵抗运动相关的博物馆。博物馆内收藏并陈列着纳粹德国党旗、武器、制服等展品。馆内还用照片和文章反映了当时的各种限令和人们的日常生活，让人们切实感受到在纳粹占领下生活的人们的恐惧感。博物馆的建筑物原来是警察署，在纳粹德国占领期间是纳粹秘密警察的活动基地。

能了解德国占领期间的生活、看到纳粹使用的武器和制服

奥胡斯反法西斯运动纪念博物馆
住 Mathilde Fibigers Have 2
☎ 86-184277
URL www.besaettelsesmuseet.dk
开 6~8 月 周二～周日 11:00~16:00
9 月～次年 5 月
周二、周六、周日 11:00~16:00
休 周一、9 月～次年 5 月的周三～周五
费 30DKK（使用奥胡斯卡有优惠）

马塞利斯堡宫

Marselisborg Slot

Map p.121-B2 外

马塞利斯堡宫是丹麦国民为庆贺丹麦克里斯蒂安十世国王和亚利桑德拉曼丽王妃的婚礼而捐建的宫殿。玛格丽特二世和丈夫亨里克殿下每年也会在这里度过夏季的几周时间。马塞利斯堡宫的外观不像城堡，而更像是一座公馆。墙壁纯白的颜色和庭园的绿色相映成趣，给人留下深刻的印象，与眼前奥胡斯湾碧蓝的大海共同构成一幅和谐的画面。城堡内只有庭园向公众开放，城堡里面是不能参观的。除了城堡，玫瑰花园也非常著名。女王在此居住期间会举行卫兵换岗仪式。另外，城堡周边是绿意盎然的公园，可以沐浴着海风悠闲散步。

马塞利斯堡宫

住 Kongevejen 100

电 33-401010

URL www.kongehuset.dk

开 自由参观

※王室成员居住时期不能参观

休 无休

费 免费

交通

从奥胡斯火车站前的巴士站乘坐 19、100 路巴士约需 20 分钟，在 Mindeparken 下车。提前打招呼司机会提醒到站。

建造在能眺望到大海的高地上

莫斯格史前博物馆

Moesgaard Museum

Map p.121-B2 外

放置在玻璃棺椁中的碳化人类遗体

莫斯格史前博物馆是与考古学和民族学相关的博物馆。2014 年亨宁·拉森设计的崭新的建筑物建造完成，变身为一个使用多媒体的博物馆。

博物馆分为青铜器时代、铁器时代、维京时代 3 个展览区域，人们能够按照时间顺序了解到史前时代人们的生活历史。博物馆内最引人注目的是“碳化人类遗体（Grauballemanden）”，是 1952 年在奥胡斯近郊发现的公元前 3 世纪左右的男性遗体。因为被埋在泥炭之中，没有遭到腐蚀，皮肤等至今仍保持着弹性。尸体颈部有切割痕迹，估测可能是祭神仪式的活人祭品，从而失去了性命。再现铁器时代奥胡斯近郊 Illerup 峡谷的战争的影像资料，以及展示出土的大量武器的展览等，也都非常值得一看。

莫斯格史前博物馆

住 Moesgård Allé 15

电 87-394000

URL www.moesgaardmuseum.dk

开 周二、周四～周日 10:00~17:00

周三 0:00~21:00

休 周一

费 110~130DKK

交通

从奥胡斯火车站前的巴士站（Park Allé 路）乘坐 18 路巴士约需 25 分钟，在终点 Moesgård Museum 下车。

使用影像资料进行展示，内容也很充实

奥胡斯 短途旅行

锡尔克堡

Silkeborg

Map p.38-A2

锡尔克堡是被河流和湖泊围绕的宁静的小城，模仿日内瓦风格建造的湖面喷泉，为小城增添了一抹绚烂的色彩。城内的景点有欧洲最大的阿库淡水水族馆（Aqua Akvarium）、锡尔克堡博物馆（Silkeborg Museum）。锡尔克堡博物馆内展示着从石器时代到铁器时代的出土文物，其中必看的是被叫作图伦男子（Tollundmanden）的公元前 350 年左右的人类遗体。和奥胡斯莫斯格史前博物馆内的碳化人类遗体一样是因在泥炭当中而得以保存下来的，不过图伦男子的保存状况更好一些。

能看到美丽的湖上喷泉

锡尔克堡

交通

从奥胡斯乘坐火车前往约需 45 分钟。

如果想攀登希默尔山，可从锡尔克堡的巴士站乘坐 311 路巴士约需 20 分钟，在 Himmelbjerggården 下车。步行约 15 分钟。

锡尔克堡的旅游咨询处 i

电 86-821911

URL www.silkeborg.com

和奥胡斯一样，原有的旅游咨询处已被废止。可以在酒店和景点进行咨询。

阿库淡水水族馆

住 Vejlsøvej 55

电 89-212189

URL www.visitaqua.dk

这个城市到了夏季也会变得热闹非常。那是因为会有大量游客来附近的丹麦国内最高峰希默尔山（Himmelbjerg）旅游。其实希默尔山的实际高度只有海拔 147 米，但其名字却是“天山”之意。从中也能窥见到丹麦国土的平坦，以及丹麦人的幽默。

锡尔克堡博物馆内的巳伦男子

维堡 Viborg

Map p.38-A2

维堡是日德兰半岛上历史比较悠久的古城之一。石板垒砌的维堡大教堂，外观端方庄严，叙说着历史的沧桑。教堂正面的两个装饰塔，从城市的任何角落都能眺望到，成为整个城市的亮点。

维堡美丽的街景

维堡近郊有很多 Kro（发音为克罗，与英文中的旅馆 Inn 相似），是提供家庭式服务的旅馆兼小餐馆。例如，国王桥旅馆（Kongensbro Kro）等有着涂漆的墙壁和蒿草屋顶的旅馆，宛如画卷一般，形成日德兰半岛一种独特的风景。

兰讷斯 Randers

Map p.38–A2

兰讷斯保留着 15 世纪至 18 世纪间建造的木贡房屋，尤其是市中心地带，洋溢着浓浓的古城风情。另外，位于圣灵修道院（Helligåndshuset）屋顶的鹳鸟巢是整个城市的象征。如果按照被称为“星形线路”的经典漫步线路（旅游咨询处有宣传册）参观市内的景点，能高效率地进行游览。位于巨型圆顶玻璃建筑内的兰讷斯热带动物园（Randers Regnskov），再现了非洲和南美洲丛林的情形，非常受人欢迎。

小城里的迷你市政厅

锡尔克堡博物馆

住 Hovedgårdsvej 7
电 86-821499
URL www.museumsilkeborg.dk
开 1/15~4/30
周二、周三、周五～周日 12:00~16:00
周四 19:00~21:30
5/1~10/23 每天 10:00~17:00
10/24~12/18
周六、周日 12:00~16:00
休 10/24~12/18 的周一～周五、1/15~4/30 的周一、12/19~次年 1/14
费 50DKK

维堡

交通

从奥胡斯乘坐火车前往约需 1 小时 5 分钟。

维堡的旅游咨询处

住 Tingvej 2A
电 87-878888
URL www.visitviborg.dk
开 1/4~3/31、10/1~12/22
周一～周五 10:00~15:00
4~6 月、9 月
周一～周五 10:00~16:00
7 · 8 月
周六 10:00~14:00
休 周日、1/4~6/30 和 9/1~12/22 的周六、7 · 8 月的周一～周五、12/23~次年 1/3

维堡的酒店

Kongensbro Kro

住 Gl.Kongevej 70
电 86-870177
URL www.kongensbro-kro.dk
费 Ⓢ 965DKK~ Ⓓ 1095DKK~

兰讷斯

交通

从奥胡斯乘坐火车前往约需 35 分钟。

兰讷斯的旅游咨询处

住 Rådhustorvet 4
电 86-424477
URL www.visitranders.com
开 6~8 月
周一～周五 9:00~17:00
周六 9:00~13:00
9 月～次年 5 月
周一～周三、周五 10:00~16:00
周四 10:00~18:00
休 周日、9 月～次年 5 月的周六

兰讷斯热带动物园

住 Tørvebryggen 11
电 87-109999
URL www.regnskoven.dk

兰讷斯的酒店

Stephansens Hotel

住 Møllestræde 4
电 86-442777
URL www.stephansenshotel.dk
费 Ⓢ 750DKK~ Ⓓ 1075DKK~

奥胡斯的酒店
Hotel

奥胡斯丽笙斯堪的纳维亚酒店
Radisson Blu Scandinavia Hotel Aarhus

Map p.121-A2

◆奥胡斯代表性的高档酒店。紧邻会展设施斯堪的纳维亚中心（Scandinavia Center），酒店内餐厅、酒吧、健身中心等，各项设施非常齐全。

住 Margrethepladsen 1
电 86-128665
FAX 86-128675
URL www.radissonblu.com
费 Ⓢ Ⓓ 1100DKK~
CC A D J M V

奥胡斯斯堪迪克城市酒店
Scandic Aarhus City

Map p.121-B2

◆位于市中心，无论旅游还是购物都非常方便。客房装修风格简朴，加上木条状地板，营造出一份安宁的氛围。酒店内设有餐厅、酒吧、健身中心。

住 Østergade 10
电 89-318100
FAX 89-318111
URL www.scandichotels.com
费 Ⓢ Ⓓ 995~2695DKK~
CC A D J M V

皇家酒店
Hotel Royal

Map p.121-B2

◆位于奥胡斯大教堂旁边，是建于1838年的高档酒店。铺有红色地毯的大堂配上黑色木质装修，尽显豪华。酒店内设有赌场，可免费入场。

住 Store Torv 4
电 86-120011
FAX 86-760404
费 Ⓢ 1000DKK~ Ⓓ 1500DKK~
CC A D J M V

城市绿洲酒店
City Hotel Oasia

Map p.121– A2

◆全部使用北欧家具进行装饰的设计型酒店。全部用同一种色彩进行装饰，风格简洁的客房共65间，柔和的日光洒入室内，明媚温暖。

住 Kriegersvej 27
电 87-323715
URL www.hoteloasia.dk
费 Ⓢ 1150（795）DKK~
Ⓓ 1295（995）DKK~
CC A J M V

市长酒店
The Mayor

Map p.121-A2

◆酒店于2014年重装开业。位于火车站前面，地理位置非常方便。酒店内设有酒吧、健身中心、桑拿设施。

住 Banegårdspladsen 14
电 87-320100
FAX 87-320199
URL www.themayor.dk
费 Ⓢ 840DKK~ Ⓓ 1095DKK~
CC A D J M V

奥胡斯卡布旅馆
Cabinn Aarhus

Map p.121– B2

◆沿着运河而建的连锁酒店。设备简单而具功能性，使用起来会感到很方便。客房内有热水壶。

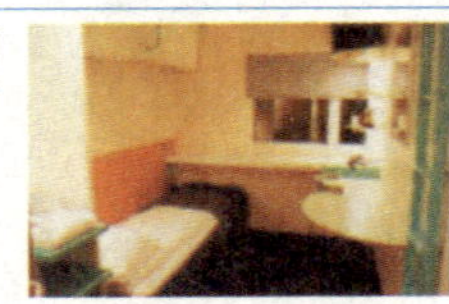

住 Kannikegade 14
电 86-75700
FAX 86-757100
URL www.cabinn.com
费 Ⓢ495DKK~ Ⓓ 625DKK~
早餐 70DKK
CC A D J M V

丽思奥胡斯酒店
Hotel Ritz Aarhus City

◆位于奥胡斯火车站前面，是格调高雅的酒店。古老的建筑物保持的状态非常好。有能够眺望到奥胡斯市政厅的景观房。

Map p.121-A2

住 Banegårdspladsen 12
電 86-134444
FAX 86-134587
URL www.hotelritz.dk
费 Ⓢ 795DKK~ Ⓓ 1095DKK~
CC A J M V

奥胡斯城市青年旅舍
City Sleep-Inn

◆位于距离火车站步行 15 分钟左右的地方。深受背包客的喜爱，总是人声鼎沸。全年营业。有公用休息室，也有厨房。

Map p.121-B2

住 Havnegade 20
電 86-192055
URL www.citysleep-in.dk
费 多人间 190DKK 带浴室 ⓈⒹ 5200DKK~ 公共浴室 Ⓢ 460DKK~ 床单 50DKK~ 早餐 70DKK
CC J M V

奥胡斯的餐厅
Restaurant

梅菲斯特餐厅 & 葡萄酒酒吧
Raadhuus Kafeen

◆位于奥胡斯市政厅对面，是 1924 年创业的老餐厅。在这里能品尝到传统的丹麦菜肴。丹麦单片三明治有 20 多种，69DKK~。

Map p.121-B2

住 Sønder Allé 3
電 86-123774
URL www.raadhus-kafeen.dk
营 周一～周六 11:30~21:30
周日 12:00~20:00
休 无休 预算 150DKK~
CC A J M V

浮士德咖啡馆
Mefisto Restaurant & Vinstue

◆龙虾 228DKK 等，以海鲜菜肴和肉类菜为主。大受欢迎的早午餐含饮料，价格为 228DKK~。夏季会在中庭设置露天席位。

Map p.121-B1

住 Volden 28 電 86-131813
URL www.mefisto.dk
营 周一～周五 11:30~22:00LO（夏季 10:00~）周六 · 周日 10:00~22:00LO
休 无休
预算 午餐 230DKK~、晚餐 520DKK~
CC A D J M V

拉的胡斯咖啡馆
Café Faust

◆位于运河沿岸的全天候餐厅。午餐的煎蛋 129DKK，夜晚套餐 298DKK~。周五 · 周六的 22:00 开始是夜总会。

Map p.121-B2

住 Åbulevarden 38 電 86-190706
URL www.cafefaust.dk
营 周日～下周三 10:00~23:00 周四 10:00~次日 1:00 周五 · 周六 10:00~次日 2:00
休 无休 预算 午餐 123DKK~、晚餐 250DKK~ CC A M V

中华炒锅坊
China Wok House

◆价格低廉、味道很好的中餐厅。采取的自助餐模式，午餐 89DKK，晚餐 158DKK。在餐厅门口有 35DKK 的食盒套餐销售，可从配菜中自由选取自己喜欢的 3 种。

Map p.121-B2

住 Sønder Allé 9 電 86-126923
URL www.chinawokhouse.dk
营 周一～周六 11:00~22:00
周日 12:00~22:00
休 无休
预算 80DKK~
CC J M V

浴缸 部分客房提供 电视 部分客房提供 吹风机 出租 迷你吧台及冰箱 部分客房提供 残障人士房间 无线 LAN 无线 LAN 收费 部分客房提供 无线 LAN 部分收费

积木玩具的大游乐场

乐高乐园

用乐高玩具搭建的童话王国

“乐高（Lego）”是国际知名的玩具公司，其总公司位于日德兰半岛正中央的比隆（Billund）。乐高（积木）集团一直秉承造福儿童的理念，希望通过乐高（拼接玩具）的组合，带给孩子们自己创造“世界”的乐趣。1968年，乐高乐园在比隆郊区正式成立，从此一个充满童趣的儿童乐园正式诞生。开园时乐园的面积是38000平方米，现在占地面积已扩大到10万平方米，每年都会迎来近1400万名游客。每年访问乐高乐园的游客中有半数以上是国外客人，现在这里已经是深受全世界儿童喜爱的童话乐园。

1 乐高乐园内最值得一看的是以现实存在的城镇为范本建造的微缩模型。每个细节都非常逼真
2 园内所有设备都是用乐高积木搭建的

Legoland

积木造型之美令人赞叹

前往乐高乐园的人总是络绎不绝，但乐高乐园内所有微缩模型都只是用普通的乐高积木搭建的。微缩城市内的人物和宠物等造型都栩栩如生，甚至能分辨出其性格的不同。玩过乐高积木的人肯定会震惊于其高超的组合方法。

还有能实际进行拼装的设施

其他活动同样丰富多彩

园内各处还设置了各种游乐设施和表演节目，其中大多数都是面向儿童的，为了让孩子们感受到乐趣，游乐园下足了功夫。在微缩世界参观后，还可以到真实比例的积木玩具世界看看。

游乐设施也很受欢迎

DATA

■ 乐高乐园 Map p.38–A3

电话 75-331333 URL www.legoland.dk

开 3/19~4/3，4/21 每天 10:00~18:00
4/4~20，周五～下周一 10:00~18:00
4/22 23，5/2~5，6/18~7/3，7/8~10，8/5~20
每天 10:00~20:00
4/24~5/1，5/7~6/17，8/21~9/4
周日～下周五 10:00~18:00，周六 10:00~20:00
5/6，7/4~7，10/15~22 每天 10:00~21:00
7/11~8/4
周一～周五 10:00~21:00，周六·周日 10:00~20:00
9/5~10/2 周一·周五·周日 10:00~18:00，周六 10:00~20:00
10/3~14 周五～下周二 10:00~18:00
10/23~30 周日～下周二，周五 10:00~18:00，周六 10:00~21:00

每年不同，详细信息一定要在网站上确认。游乐设施开放至闭园前 1~4 小时

费 成人 349DKK，2 岁以下免费，追加 1 日 129DKK

交通

飞机 从哥本哈根有飞往比隆的 SAS 的航班，每天有 1~5 班。所需时间约 50 分钟。从比隆机场乘坐出租车到乐高乐园需 65~70DKK。或者乘坐 43、44、143、144、166、179 路巴士，约需 4 分钟。

火车·巴士 从哥本哈根乘坐城际特快或者城际超特快前往，需 2 小时 ~2 小时 30 分钟，在 Vjle 下车。从火车站前乘坐 43、143 路巴士，在乐高乐园下车。所需时间约 40 分钟。开往欧登塞等各城市的长途巴士停靠在比隆机场前面。

比隆的酒店
Hotel

乐高乐园酒店
Hotel Legoland

◆位于乐高乐园旁边，是由乐高乐园直接经营的酒店。酒店有直接通往乐高乐园的专属通道，非常方便。酒店整年安排有各种活动，在此住宿会非常开心。

住 Aastvej 10 电话 79-511350
URL www.hotellegoland.dk
费 Ⓢ Ⓓ795（1295）DKK~
CC ADJMV

普鲁佩勒恩酒店
Hotel Propellen

◆酒店位于距离乐高乐园只有 500 米的地方，非常干净。酒店内设游泳池、桑拿浴、健身中心、水疗、儿童游戏室等设施，设施很齐全。

住 Nordmarksvej 3 电话 75-338133
FAX 75-353362 URL www.propellen.dk
费 Ⓢ 1198DKK~ Ⓓ 1348DKK~
CC ADMV

浴缸 部分客房提供 电视 部分客房提供 吹风机 出租 迷你吧台及冰箱 部分客房提供 残障人士房间 无线 LAN 无线 LAN 收费 部分客房提供 无线 LAN 部分收费

Denmark

Map p.38-A3
长途区号：无
里伯信息网站
URL www.visitribe.dk

前往里伯的交通

🚌 从哥本哈根和奥胡斯乘坐开往埃斯比约（Esbjerg）方向的火车，在布拉明（Bramming）换乘。从哥本哈根前往需 3 小时 20 分钟~4 小时，每隔 1 小时运行一班。从奥胡斯前往所需时间约需 2 小时 30 分钟，从布拉明乘坐私铁 Arriva，约需 20 分钟，每小时运行 1 班。

里伯的旅游咨询处 ℹ

住 Torvet 3　☎ 75-421500
URL www.visitribe.dk
开 7・8 月
周一～周五　9:00~18:00

里伯 *Ribe*

可爱的古老民居沿河而建

里伯是丹麦最古老的贸易城市，拥有这个国家最美丽、最古老的建筑。里伯是沿着里伯河形成的城市，以由安斯加大主教兴建于 862 年的里伯大教堂为中心发展起来。里伯人非常重视历史的传承，时至今日仍在举全城之力来保护文物史迹和环境。里伯环境之好，从有南日德兰半岛罕见的幸福之鸟——白鹳大量来访也可看出。整个城市呈现出一派田园牧歌般的氛围，热爱旅游的人一定会流连忘返。如果想与有点腼腆、阳光又非常亲切的丹麦人接触，就来里伯这样的南日德兰的小城镇看看吧。

里伯 漫 步

里伯河（Ribe Øster Å）流经里伯的正中央，河流东侧是现在的市政厅所在的新市区。河的西侧是以里伯大教堂为主的老城区，保存着古老的风貌。从大教堂向东延伸着 2 条大路，是这个城市的主要街道。一条是奥沃达曼大街（Overdammen）（又称 Mellemdammen，或 Nederdammen）。另一条是与火车站相连的达格玛大街（Dagmarsgade）。

奥沃达曼大街是非常繁华的商业区，商店和餐厅林立，热闹非凡。沿河的斯基布隆大街（Skibbroen）停泊着很多船只，与背后的古老城市风貌遥相呼应，非常美丽。达格玛大街上有很多古老的建筑物，有圣卡塔里娜教堂（Sct.Catharinæ Kirke），教堂后面有一个建于1228年的索尔特布劳德雷修道院（Sortebrødreklostre），是多米尼克教会的传教士为了传教而建造的修道院。大教堂旁边砖造的哥特式建筑是旧市政厅（Det Gamle Rådhus）。丹麦第一家报社的创始人诗人博丁于1619年出生在这里。在烟筒上筑巢的白鹳是这个城市的象征。整个城市不大，有3小时就能转遍。可以多花一些时间在有着橙色民居的美丽的里伯漫步，放松身心。

庄重的里伯大教堂

大教堂的南侧和西侧是住宅区，这里聚集着14世纪至17世纪建造的民居，形成一片如诗如画的美丽景观。曾经的拉丁语学校旧址和古老的建筑、商店等鳞次栉比，其中有的已经成了博物馆。走过住宅区，就是被护城河围绕着的里伯城遗迹（Riberhus Slotsbanke）。从遗迹里的土堆上能眺望到整个里伯市的风光。

里伯 主要景点

里伯维京博物馆 Map p.130-B2

Museet Ribes Vikinger

博物馆里陈列着里伯周边出土的遗迹和土器、装饰品等出土文物。而且按照时代顺序对700年左右至1500年左右的维京人的生活进行了介绍。另外还有再现实物比例大小的800年左右和1500年左右的里伯市风貌的展厅，能够充分感受到当时的氛围。

再现了16世纪时的里伯市区风貌

里伯大教堂 Map p.130-A1·2

Ribe Domkirke

里伯大教堂与罗斯基勒大教堂、维堡大教堂齐名，是丹麦三大教堂之一。大教堂是从1134年开始兴建的，花费了近90年的时间建成，是罗马式样和哥特式样并存的建筑，但据说大教堂初建时是一栋木结构的建筑物。

能看到绘有天使的浮雕画和彩绘玻璃

里伯美术馆 Map p.130-B1

Ribe Kunstmuseum

19世纪初至19世纪50年代被誉为丹麦美术的黄金时期，里伯美术馆收藏、展出的就是以这一时期为主的绘画作品。能了解19世纪后半叶至20世

周六　10:00~16:00
周日　10:00~15:00
9月～次年6月
周一～周五　9:00~16:00
周六　10:00~13:00
休 9月～次年6月的周日
每天9:00~22:00可以使用触屏等自助服务。

里伯著名的“夜警巡查体验游” The Night Watchman's Rounds

夏天和春天、秋天的一定时间内，会有穿着传统服装的夜警大叔巡查城市。他会边走边唱夜警之歌，讲述关于城市历史和巫女的传说。所需时间约45分钟。从Weis Stue餐厅出发。
举办 2/15~20、3/21~28、5月、9/1~10/22每天20:00
6~8月每天20:00、22:00
费 免费

瓦登海通票 Vadehavspas

使用此卡可免费进入博物馆、美术馆，参加旅游团的费用和餐厅的费用会有优惠。
费 在达格玛酒店或里伯青年旅舍等酒店住宿可免费获得。

里伯维京博物馆
住 Odins Plads 1
☎ 76-163960
URL www.ribesvikinger.dk
开 4~6月、9·10月
每天　10:00~16:00
7·8月
周四～下周二　10:00~18:00
周三　10:00~21:00
11月～次年3月
周二～周日　10:00~16:00
休 11月～次年3月的周一
费 70DKK（使用瓦登海通票有优惠）

里伯大教堂
住 Torvet
☎ 75-420619
URL www.ribe-domkirke.dk
开 4·10月 每天 11:00~16:00
5·6月、8/16~9/30
每天　10:00~17:00
7/1~8/15 每天 10:00~17:30
11月～次年3月
每天　11:00~15:00
休 无休　费 免费
塔
费 20DKK

里伯美术馆
住 Sct. Nicolaj Gade 10
☎ 75-420362
URL www.ribekunstmuseum.dk
开 7·8月
周四～下周二 11:00~17:00
周三　11:00~20:00

9月～次年6月
周二～周日 11:00~16:00
休 9月～次年6月的周一
费 70DKK（使用瓦登海通票有优惠）

收藏有丹麦画家 L.A. 林格的作品

纪前半叶期间，原本自然主义、现实主义风格的丹麦美术受到法国印象派的影响而逐渐变化的过程。

里伯的酒店
Hotel

达格玛酒店
Hotel Dagmar

Map p.130-A1

◆1581年开业的老酒店，位于里伯大教堂的对面。达格玛酒店是里伯最著名的一家酒店，高贵大气，富丽豪华。

住 Torvet 1 ☎ 75-420033
FAX 75-423652
URL www.hoteldagmar.dk
费 Ⓢ 1045（1125）DKK~
Ⓓ 1275（1325）DKK~
CC A D J M V

巴克豪斯旅馆
Backhaus

Map p.130-A1

◆是一家B&B，位于一层的丹麦菜餐厅非常受欢迎。推荐给喜欢家庭氛围住宿设施的人。只有一间有浴缸和卫生间的客房。

住 Grydergade 12 ☎ 75-421101
URL www.backhaus-ribe.dk
费 带浴缸、卫生间 Ⓢ Ⓓ 780DKK~
公共浴室、卫生间 Ⓢ 300DKK~
Ⓓ 600DKK~ CC M V

市政厅旅馆
Rådhus Conditoriet

Map p.130-A2

◆紧邻旧市政厅的一家B&B。所有客房都使用暖色调进行装饰，非常可爱。位于以丹麦酥皮点心著称的面包房的二层。

住 Hundgade 2 ☎ 75-420150
FAX 76-880888
URL www.raadhus-conditoriet.dk
费 公共浴室、卫生间 Ⓢ 300DKK~
Ⓓ 400DKK~ 早餐 70DKK~
CC A D M V

旧监狱旅馆
Den Gamle Arrest

Map p.130-A2

◆是由原来的监狱改建而成的旅馆。窗户上还保留着铁栅栏，氛围十足。一层是一家商店。夏季会开设露天咖啡馆。

住 Torvet 11 ☎ 75-423700
URL www.dengamlearrest.dk
费 带浴缸、卫生间 Ⓢ 790DKK~
Ⓓ 890DKK~ 公共浴室、卫生间
Ⓢ 590DKK~ Ⓓ 740DKK~ CC V

里伯青年旅舍
Danhostel Ribe Vandrerhjem

Map p.130-B1

◆位于距离市中心仅需步行3分钟的地方，地理位置非常好。客房非常干净整齐。

住 Sct. Peders Gade 16 ☎ 75-420620
FAX 75-424288 URL www.danhostel-ribe.dk 营 1/7~12/18 费 多人间 225DKK~ 带浴缸、卫生间 Ⓢ 445DKK~
Ⓓ 480DKK~ 床单 53DKK 早餐 75DKK
CC J M V

里伯的餐厅
Restaurant

维斯之家
Weis Stue

Map p.130-A1

◆建于1580年的一家餐厅兼旅馆。保存完好的木质结构和涂漆墙壁让人感觉到其年代久远，形成一种稳重宁静的氛围。二层是7间客房，适合喜欢古老民居风格住宿设施的人。

住 Torvet 2 ☎ 75-420700
URL www.weis-stue.dk
营 每天 11:30~22:00 休 无休
预算 220DKK~ CC A D J M V
B&B 费 Ⓢ395DKK~ Ⓓ 495DKK~

浴缸 部分客房提供 电视 部分客房提供 吹风机 出租 迷你吧台及冰箱 部分客房提供 残障人士房间 无线LAN 无线LAN收费 部分客房提供 无线LAN部分收费

埃伯尔措夫特 *Ebeltoft*

埃伯尔措夫特的名字是 Æble（苹果）和 Toft（耕地）的组合，14 世纪初是这一地区的商业中心。曾经繁华的旧街道，至今仍保持着原来的风貌。

埃伯尔措夫特的另一大特色是玻璃工艺。以埃伯尔措夫特玻璃博物馆为首，有很多玻璃工坊和商店。

埃伯尔措夫特 漫 步

参观整个市中心的一条大道，被分段冠以 5 个名字，分别为北门街（Nørreport）、阿德尔街（Adelgade）、尤尔斯贝克街（Juulsbakke）、奈德街（Nedergade）、塞纳街（Søndergade），全长约 1.5 公里。埃伯尔措夫特的主要景点和商店大多集中在这条路的沿线和港口周边。

埃伯尔措夫特 主要景点

日德兰号博物馆 Map p.133

Fregatten Jylland

日德兰号建造于 1862 年，全长 71 米，2450 吨，是丹麦海军最后的

Map p.38-B2
长途区号：无
埃伯尔措夫特信息网站
URL www.visitdjursland.com

前往埃伯尔措夫特的交通

🚌 从奥胡斯开往埃伯尔措夫特的巴士站乘坐 123 路长途车前往需 1 小时 5~20 分钟。5:20~23:25 期间，汽车每小时 1 班。不是在终点的长途巴士站下车，而是需要在 Ebeltoft c 下车。

埃伯尔措夫特的旅游咨询处 ⓘ

住 S.A.Jensens vej 3
☎ 86-341400
URL www.visitdjursland.com
开 3/21~6/26、8/8~10/23
周一～周五 9:00~16:30
周六 10:00~13:00
6/27~8/7
周一～周五 9:00~17:00
周六 · 周日 10:00~16:00
10/24~ 次年 3/20
周一～周五 9:00~16:00
周六 10:00~13:00
休 8/8~ 次年 6/26 的周日

夜警体验团

夏天时，在旧市政厅前会表演夜警之歌。
举办 6/27~8/14
每天 20:00、21:00、22:00
费 免费

犹如玩具一般可爱的旧市政厅

日德兰号博物馆

☎ 86-341099
URL www.fregatten-jylland.dk
开 2 月上旬 ~12 月下旬

每天 10:00~17:00（根据时期不同）
休 12 月下旬～次年 2 月上旬
费 125DKK

还能登上甲板

埃伯尔措夫特玻璃博物馆
电 86-341799
URL www.glasmuseet.dk
开 4 月中旬~6 月，8/15~10/31
每天 10:00~17:00
7/1~8/14 每天 10:00~18:00
11 月～次年 4 月中旬
周四～周日 10:00~16:00
休 11 月～次年 4 月中旬的周一～周三
费 85DKK（4 月上旬~10 月是 100DKK）

旧市政厅
电 87-122600
URL museumoj.randers.dk
开 6~8 月
周二～周日 10:00~16:00
9 月～次年 5 月
周四～周日 12:00~15:00
休 周一，9 月～次年 5 月的周二、周三 费 免费

大型军用帆船，也是世界最大的木质军舰。军舰在服役两年后就投入了战争，参加了赫里戈兰湾的海战。船上 3 根高高的桅杆非常醒目，远远望去，军舰犹如漂浮在海面上一样，但实际上只是军舰下部嵌在地里面而已。平时，游客能一直参观到军舰位于水下的部分，能清晰地看到巨大的船舵和螺旋桨。

埃伯尔措夫特玻璃博物馆 Map p.133

Glasmuseet Ebeltoft

玻璃工艺之城埃伯尔措夫特代表性的博物馆

博物馆展出、销售从世界各地收集来的玻璃制品。展品涉及范围广泛，有红酒杯、花瓶等生活用品，也有使用玻璃制作的现代艺术作品。博物馆内还能参观到当地艺术家制作玻璃工艺品的过程。

旧市政厅 Map p.133

Det Gamle Rådhus

市政厅规模非常迷你，与丹麦童话王国的风格很相符。原市政厅建于 1576 年，在 1789 年时进行改造成为现在的样貌。建筑左右对称，中间有一座小型的塔，能看到悬挂着的挂钟。现在其内部成为关于埃伯尔措夫特地区的博物馆。

埃伯尔措夫特的酒店

Hotel

埃伯尔措夫特海滨酒店

Ebeltoft Strand

Map p.133

◆位于海边的高级酒店，所有房间都能看见大海。全都是落地窗。

住 Ndr.Strandvej 3 电 86-343300
FAX 86-344636 URL ebeltoftstrand.dk
费 Ⓢ 995DKK~ Ⓓ 1195DKK~
CC ADJMV

埃伯尔措夫特大宿舍酒店

Danhostel Ebeltoft Vandrerhjem

Map p.133 外

◆酒店位于距离市中心步行 15 分钟左右的山岗上。共有 44 间客房，设有公共厨房。

住 Egedalsvej 5 电 86-342053 FAX 86-342589 URL www.ebeltoft-danhostel.dk
营 1/1~12/14 费 带浴室、卫生间 Ⓢ 450DKK~ Ⓓ 480DKK~ 床单 55DKK 早餐 65DKK CC V

埃伯尔措夫特的购物场所

Shopping

在埃伯尔措夫特，最值得购买的就是玻璃制品。能在玻璃博物馆的博物馆商店，以及分布在各处的玻璃工坊兼商店购买到玻璃制品。向旅游咨询处或玻璃博物馆咨询，就能得到玻璃工坊所在地的信息。

布斯特玻璃工坊

Pust Glasv ærksted

◆由一对夫妻经营的玻璃工坊兼商店。店内作品从杯子、摆件到花瓶，非常齐全。丈夫的作品主要使用的是冷色系，而妻子的作品则是给人温暖感的设计，都非常有魅力。

Map p.133

住 Strandvejen 19 电 22-530602
URL www.pustglas.dk
营 周一～周五 10:00~17:00 周六 10:00~13:00 休 周日 CC ADMV

浴缸 部分客房提供 电视 部分客房提供 吹风机 出租 迷你吧台及冰箱 部分客房提供 残障人士房间 无线 LAN 无线 LAN 收费 部分客房提供 无线 LAN 部分收费

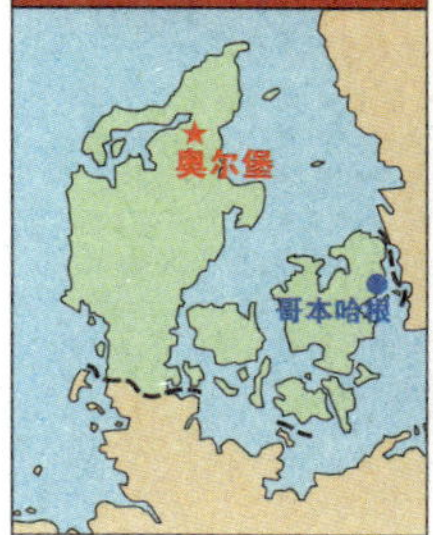

奥尔堡 *Aalborg*

与德国接壤的日德兰半岛在奥尔堡戛然而止。利姆湾（Limfjorden）犹如一个海峡一样守护着城市。每到冬季，这里的大海就会结冰。

日德兰半岛最大的城市奥尔堡，是沿着狭长的峡湾发展起来的，在封建时代曾多次因战争而濒临灭绝，但每次都能化险为夷，奇迹般地重生。17 世纪建造的豪商的府邸延斯·邦宅邸，就是奥尔堡以广袤的土地为依托，曾经繁荣一时的证据。

现在的奥尔堡不仅是著名的利姆湾牡蛎和丹麦鱼子酱等的产地，还是北日德兰半岛的文化和艺术中心。1969 年，利姆湾海底隧道正式开通，开车可以直达日德兰半岛最北端的斯卡恩。

奥尔堡还有一个不得不提的著名产品就是斯纳普斯（Snaps），是一种被称为“生命之水（Akvavit）”的烧酒。这是用土豆酿造的酒，酒精度数 45 度以上，口感浓烈。感冒的时候喝上一杯烧酒，然后好好睡一觉，是丹麦治疗感冒的偏方。

奥尔堡的象征延斯·邦宅邸

奥尔堡 漫步

从奥尔堡火车站沿着向东北方向延伸的伯雷瓦登大街（Boulevarden）前行，就能到达市政厅（Rådhus）、砖瓦结构的雄伟建筑延斯·邦宅邸所在的市中心。奥尔堡几乎所有景点都集中在以此处为中心的半径 300 米内的地方。

从奥尔堡火车站延伸至利姆湾的伯雷瓦登大街

Map p.38-A2
人口：210316
长途区号：无
奥尔堡信息网站
URL www.visitaalborg.com

前往奥尔堡的交通

✈ 从哥本哈根每天有 4~8 趟航班飞往奥尔堡，所需时间约 45 分钟。另外，11 月~次年 3 月期间，除了周六，每天都有 1~8 趟挪威航空（Norwegian Air shuttle）的航班从哥本哈根飞往奥尔堡，所需时间约 45 分钟。

🚆 从哥本哈根乘坐城际超特快列车前往约需 4 小时 15 分钟，乘坐城际特快前往约需 4 小时 50 分钟。5:02~次日 0:50 期间，每小时运行 1~2 趟车。从奥胡斯乘坐城际超特快列车前往约需 1 小时 15 分钟，乘坐城际特快前往约需 1 小时 30 分钟。4:21~23:26 期间，每小时运行 1~2 趟车。

奥尔堡的旅游咨询处 ❶

住 Kjellerups Torv 5
电 99-317500
URL www.visitaalborg.com
开 周一～周五 10:00~17:30
周六 10:00~14:00
休 周日
仅在 6~8 月，开设在盖贝尔广场（Gabels Torv）。

奥尔堡古迹游

奥尔堡是丹麦历史最悠久的城市之一，市区内有各种历史遗迹和古香古色的小径。如果想寻访这些古迹，可以前往旅游咨询处领取“Good Old Aalborg”小册子，上面写有推荐线路，以及各建筑物的介绍。

伯雷瓦登大街和新港大街（Nytorv）的交会处形成了一个小广场，几乎所有的巴士都从这里发车。与伯雷瓦登大街交叉的埃尔大街（Algade）、比斯彭斯大街（Bispensgade）是步行街，也是繁华的购物街。从比斯彭斯大街向峡湾方向延伸的圣女安妮大街（Jomfru Ane Gade），曾经是名噪一时的“红灯区”，现在道路两侧酒吧林立。如果只游览市中心区域，有半天时间就能步行转遍。

西桥大街（Vesterbro）贯穿城市的西部，城市的象征牦牛像（Cimbrertyren）、喂鸭少女铜像（G åsepigen）等，都集中在这一区域。从这条大街向南，穿过铁路线后，就是住宅街和面积广阔的公园，再往前就是奥尔堡现代美术馆。

每到夜晚就热闹非凡的圣女安妮大街

奥尔堡 主要景点

延斯·邦宅邸

Map p.136-1

Jens Bang`s Stenhus

1624 年，大富豪延斯·邦建造的建筑物，拥有壮丽的北欧文艺复兴式样的外观，是北欧这种类型宅邸中的翘楚。尤其是地下葡萄酒酒窖，内部装饰精美，曾被克里斯蒂安四世国王作为集会场所使用。1830 年，制药商斯特罗伊贝阿家族收购了整个建筑，现在这里成为奥尔堡市内最古老的药店。另外，这里的地下是杜斯·温凯尔德餐厅（Duus Vinkjælder）（→ p.141），是市民们每晚聚会休憩的地方。如果来到奥尔堡，一定要来这里品尝斯纳普斯。这种烧酒与普通的土豆烧酒不同，是添加了各种香料酿制而成的烧酒，拥有独特的香气。将烧酒整瓶放入冰库中冷冻，然后用小型的斯纳普斯专用酒杯一饮而尽。这种酒被誉为火酒，如火焰般的灼热感会瞬间点燃全身，一般和啤酒交替饮用。

延斯·邦宅邸
住 Østerågade 9

斯纳普斯和啤酒要交替着喝

圣布多尔菲教堂

Map p.136-1

Budolfi Kirke

圣布多尔菲教堂拥有耀眼的雪白墙壁，与周边保存完整的古老街道形成和谐美丽的画面。教堂拥有高 53 米的尖塔，塔内由 48 个小钟构成的组钟，在 8:00~22:00，每小时都会奏响一次美妙的声音。

教堂纯白的外观非常美丽

教堂建于 12 世纪，是以英国船员的守护神布多尔菲的名字命名的。教堂的尖塔建成于 1779 年。进入 20 世纪后 教堂内部改建成为北欧文艺复兴式样。入口处附近的浮雕画、有着精巧雕刻的祭坛，栩栩如生，非常精美。教堂还会举办音乐会，在圣诞节期间举办的“赞美乐”闻名遐迩。

圣布多尔菲教堂
住 Algade 40
电 98-124670
URL www.aalborgdomkirke.dk
开 6~8 月
周一～周五 9:00~16:00
周六 9:00~14:00
9 月～次年 5 月
周一～周五 9:00~15:00
周六 9:00~12:00
休 周日
费 免费

奥尔堡历史博物馆

Map p.136-1

Aalborg Historiske Museum

通过奥尔堡和奥尔堡近郊出土的各种文物，介绍奥尔堡的历史、地理、气候等。二层有从 1602 年建造的建筑物中移建过来的一间房间，能够了解到当时中产阶级的生活状况。另外还有与曾经在这一地区盛极一时的烟草制作相关的物品、银制品、玻璃工艺、瓶子等收藏品的展览。

被命名为奥尔堡之屋的 17 世纪的房间

奥尔堡历史博物馆
住 Algade 48
电 99-317400
URL nordmus.dk
开 1/2~3/31
周二～周日 10:00~16:00
4/1~11/18
周二～周日 10:00~17:00
11/19~12/23
周一～周五 9:00~17:00
周六·周日 10:00~17:00
休 1/2~11/18 的周一、12/24~次年 1/1
费 40DKK

圣灵修道院

Map p.136-1

Aalborg Kloster

建在一条狭窄的道路上

是 1431 年建成的养老院，也是丹麦最古老的福利设施。现在也仍作为养老院使用。

拥有 16 世纪描绘的精美浮雕画的议会大厦，以及西侧原样保存的建筑物都是必看之处。修道院必须跟随旅游团进行游览。

圣灵修道院
住 Klosterjordet 1
☎ 98-120205
URL www.aalborgkloster.dk
参观团（英语）
举办 7/5~8/18 周二、周四 14:00
费 50DKK

奥尔堡城

Map p.136-1

Aalborghus Slot

木质结构的低矮建筑，不像城堡，更像公馆

奥尔堡城是克里斯蒂安三世下令修建的省级官员办事处，1539~1555 年建造而成。采用实木和灰泥结构，与其说是城堡，不如说是一座公馆。城堡内部虽然不能参观，但可以参观防空洞遗迹（Kasemat），里面有监牢遗迹（Dungeon）、Fangehul、与城堡历史相关的平面展览。

奥尔堡城
URL www.slks.dk
占地内
开 每天 8:00~21:00
休 无休
费 免费
监牢遗迹
开 5~10 月
周一～周五 8:00~15:00
休 周六·周日、11 月～次年 4 月
费 免费
防空洞遗迹
开 5~10 月 每天 8:00~21:00
休 11 月～次年 4 月
费 免费

约翰·伍重中心

Map p.136-1

Utzon Center

约翰·伍重（Jørn Utzon）（1918~2008 年）是澳大利亚代表性现代建筑悉尼歌剧院的设计者，约翰·伍重中心是以其名字冠名的展览设施。伍重在奥尔堡度过了少年时代，在哥本哈根学习建筑后，应征了悉尼歌剧院的竞标。结果，伍重的设计被采用，其作品悉尼歌剧院被誉为 20 世纪最杰出的建筑物。伍重在晚年与儿子合作设计的建筑物，与悉尼歌剧院一样拥有独创性的外观，只是远眺也会感到陶醉。

约翰·伍重中心
住 Slotspladsen 4
☎ 76-905000
URL www.utzoncenter.dk
开 周二～周日 10:00~17:00
休 周一
费 60DKK

建筑物面向利姆湾而建

奥尔堡现代美术馆

Map p.136-2

Museum of Modern Art Aalborg（Kunsten）

建筑物本身就是一件艺术作品

由芬兰的阿尔瓦·阿尔托夫妇和丹麦人巴尔埃罗共同设计，展出的不仅有丹麦作品，还有欧洲的现代作品。美术馆除收藏有毕加索、恩斯特、夏加尔、摩尔等的作品之外，还以收藏有眼镜蛇派的众多作品，尤其以收藏了众多阿斯加·约恩的作品而

奥尔堡现代美术馆
住 Kong Christians Allé 50
☎ 99-824100
URL www.kunsten.dk
开 周二～周五 9:00~17:00
周六·周日 10:00~15:00
（每月第一个周四 ~21:00）
休 周一
费 95DKK
交通➡➡➡
从奥尔堡火车站步行 10 分钟。

眼镜蛇派（COBRA）
1948 年成立的艺术家群体。取哥本哈根（CO）、布鲁塞尔（BR）、阿姆斯特丹（A）的开头字母命名。

著称。博物馆旁边放有现代艺术雕刻的庭园也非常引人注目。馆内还设有咖啡厅 Café Aalto。

奥尔堡塔

Map p.136-2

Aalborg Tårnet

北日德兰艺术馆后面山岗上矗立着一座高 105 米的铁塔。塔顶是瞭望台兼咖啡馆。铁塔主体部分是裸露在外的钢架结构，每当有风吹过，塔身便会微微晃动，但从塔上能眺望到 360° 的城市全景，是非常受欢迎的景点。

奥尔堡 短途旅行

林霍尔姆遗迹

Map p.136-1 外

Lindholm Høje

林霍尔姆遗迹位于斜缓的林霍尔姆丘陵上，是北欧规模最大的维京人遗迹。这里有近 700 个保存完整的石墓遗迹，其中有约 200 个呈海盗船的造型。除了石墓，还挖掘出了民居遗迹、水井等，是最适合憧憬古代生活和浪漫氛围的参观地。

博物馆内有非常丰富的维京人相关资料

遗迹所在的山岗入口处是林霍尔姆博物馆（Lindholm Høje Museet），博物馆的建筑物非常时尚，里面展出有维京人的随身装饰品、食器等和生活相关的展品，还有电子屏解说。这个博物馆的内部装饰非常精致，目力所及之处都有维京人风格的装饰品。博物馆内还设有景观极好的咖啡馆。

从山岗上面能眺望到整个奥尔堡市区。这里风光旖旎，羊群成队，洋溢着田园牧歌的氛围。

被岩石围绕着的维京人之墓

奥尔堡塔

住 Søndre Skovvej 30

☎ 98-770511

URL www.aalborgtaarnet.dk

开 3/24~7/3、8/15~9/25
每天 11:00~17:00
7/4~8/14、10/14~23
每天 10:00~17:00

休 9/26~10/13、10/24~次年 3/23

费 40DKK

交通

从奥尔堡现代美术馆步行约 10 分钟。如果从后面的山路向上步行约需 5 分钟。

建在能够眺望到全市街景的地方

林霍尔姆遗迹

交通

从奥尔堡火车站前的巴士站乘坐 2 路巴士前往，约需 20 分钟，在 Lindholm Høje 下车。按照提示板前行，步行约需 10 分钟。

林霍尔姆博物馆

住 Vendilavej 11

☎ 99-317440

URL nordmus.dk

开 4~10 月 每天 10:00~17:00
11 月 ~ 次年 3 月
周二 ~ 周日 10:00~16:00

休 11 月 ~ 次年 3 月的周一

费 75DKK

奥尔堡的酒店

Hotel

利姆湾丽笙酒店

Radisson Blu Limfjord Hotel

Map p.136-1

◆奥尔堡代表性的高档酒店。酒店旁边就是赌场。酒店内设有餐厅、酒吧、健身中心、桑拿浴，设施齐全。

住 Ved Stranden 14-16

☎ 98-164333

FAX 98-161747

URL www.radissonblu.com

费 Ⓢ 1425（1095）DKK~
Ⓓ 1625（1195）DKK~

CC A D M V

浴缸 部分客房提供 电视 部分客房提供 吹风机 出租 迷你吧台及冰箱 部分客房提供 残障人士房间 无线 LAN 无线 LAN 收费 部分客房提供 无线 LAN 部分收费

奥尔堡第一宫殿酒店

First Hotel Aalborg

◆位于从奥尔堡城至利姆湾沿线稍微向东的地方。有能够眺望到峡湾的客房。酒店内设有健身中心。

Map p.136-1

住 Rendsburggade 5
☎ 98-101400
URL www.firsthotels.com
费 Ⓢ 850DKK~ Ⓓ 956DKK~
CC ADMV

夏加尔酒店

Hotel Chagall

◆酒店面向西桥大街而建。大堂内装饰有夏加尔绘画作品的复制品，客房宽敞，用明亮的颜色统一进行了装修。有自助式早餐。

Map p.136-1

住 Vesterbro 36-38
☎ 98-126933
URL www.chagall.dk
费 Ⓢ 780DKK~ Ⓓ 980DKK~
CC ADJMV

奥尔堡公园酒店

Park Hotel Aalborg

◆位于火车站正对面的中档酒店。客房用暖色系的家具进行装饰。酒店内的西餐厅 Restaurant Christian X 广受好评。

Map p.136-2

住 J.F.Kennedys Plads 41
☎ 98-123133
FAX 98-133166
URL www.parkhotelaalborg.dk
费 Ⓢ 790DKK~ Ⓓ 1175DKK~
CC ADJMV

赫尔南凤凰酒店

Phønix Hotel Aalborg

◆酒店位于喂鸭少女像旁边。是开业近 150 年的奥尔堡最古老的酒店。酒店大堂使用深色进行装饰，非常精致。2008 年经过重装，焕然一新。

Map p.136-1

住 Vesterbro 77
☎ 98-120011
FAX 98-101020
URL www.helnan.dk/phoenix
费 Ⓢ 995（815）DKK~
Ⓓ 1195（1015）DKK~
CC ADJMV

最佳西方普林森酒店

Best Western Prinsen Hotel

◆位于距离火车站步行 5 分钟左右处的经济型酒店。客房虽然很陈旧，但非常洁净，还有咖啡机。可入住 3~4 人的家庭房（1095DKK~），也非常方便。大厅旁边设有酒吧。

Map p.136-2

住 Prinsensgade 14-16
☎ 98-133733
FAX 98-165282
URL www.prinsenhotel.dk
费 Ⓢ 595DKK~ Ⓓ 795DKK~
CC AJMV

奥尔堡卡宾酒店

Cabinn Aalborg

◆位于从火车站步行约 15 分钟的地方。客房虽然不是很宽敞，但功能齐全。客房内有免费的咖啡和红茶。

Map p.136-1

住 Fjordgade 20
☎ 96-203000
FAX 96-203001
URL www.cabinn.com
费 Ⓢ 495DKK~ Ⓓ 625DKK~
早餐 70DKK
CC ADJMV

奥尔堡 BBBB

BBBB in Aalborg

◆位于火车站以西约3.5公里的地方。乘坐16、13、23路巴士前往约需20分钟。面向帆船港口而建。

Map p.136-1 外

住 Skydebanevej 50
电 98-116044
FAX 98-124711
URL www.aalborg-vandrerhjem.dk
费 多人间 390DKK（7/1~9/15，未满26岁260DKK）带浴室、卫生间 Ⓢ 450DKK~ Ⓓ 560DKK~ 床单 50DKK 早餐 62DKK
CC JMV

奥尔堡的餐厅

Restaurant

奥尔堡卡萨布兰卡餐厅

Restaurant Casa Blanca Aalborg

◆一家自助式国际美食餐厅，从主菜、沙拉到甜点，种类丰富。午餐自助119DKK，晚餐自助179DKK（周五·周六199DKK）。也可以零点。葡萄酒和鸡尾酒的种类也非常丰富。

Map p.136-1

主 Ved Stranden 4
电 98-164445
URL casablancaaalborg.dk
营 周一～周五 17:00~次日 0:00
周六·周日 12:00~次日 0:00
（夏天每天 12:00~次日 0:00）
休 无休
预算 150DKK~
CC ADJMV

杜斯·温凯尔德餐厅

Duus Vinkjælder

◆位于延斯·邦宅邸地下（→p.137）。午餐时提供丹麦肉丸89DKK等传统丹麦菜肴。斯纳普斯25DKK~。

Map p.136-1

住 Øster ågade 9　电 98-125056
营 周一～周四 11:00~次日 0:00
周五 11:00~次日 2:00
周六 10:00~次日 2:00
周日（仅第一个周日营业。12:00~17:00）
休 第一个周日以外的周日
预算 100DKK~
CC DMV

奥尔堡的购物场所

Shopping

阿尔姆恩古董店

Almuen Antik

◆面向主要街道的古董店。能以低廉的价格购入皇家哥本哈根等的产品。也有很多珍贵的孤品。

Map p.136-2

住 Boulevarden 26
电 98-113844
营 周一～周五 12:00~17:00
周六 11:00~13:00
休 周日
CC 不可

无线 LAN

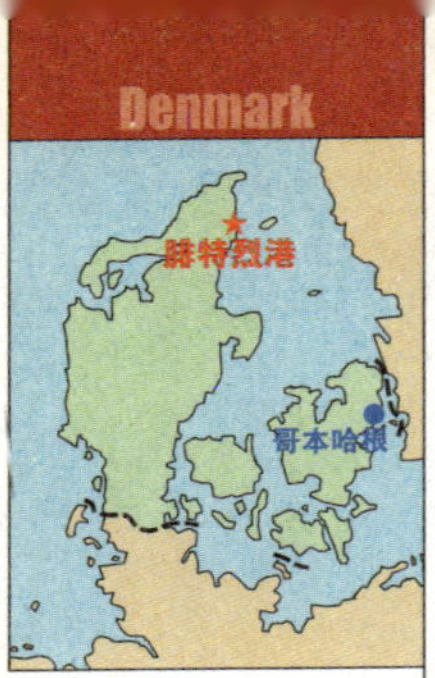

腓特烈港 *Frederiksavn*

火车站前的炮台遗迹

北日德兰半岛灌木丛生，连绵着平缓的丘陵。从奥尔堡向北，就能到达北日德兰半岛的中心地——腓特烈港。凭借靠近挪威和瑞典的地理优势，自古以来腓特烈港就是海上贸易重镇。城市中心区域面积不大，是步行区，每到夏季，来自世界各地的游客和来体验北日德兰半岛风情的丹麦人便会蜂拥而至，城市变得热闹异常。

Map p.38-B1
人口：60246
长途区号：无
腓特烈港信息网站
URL www.visitfrederikshavn.dk

前往腓特烈港的交通

从哥本哈根乘坐经由欧登塞、奥胡斯、奥尔堡的城际超特快列车前往约需 5 小时 30 分钟，每小时运行一趟车。也可以在奥胡斯或奥尔堡换乘普通列车 Re 前往。所需时间 5 小时 30 分钟 ~6 小时 30 分钟。

从奥尔堡长途巴士站乘坐 X-Bus 973 X，或 980 路巴士前往。每小时运行 1~2 班车，所需时间约为 1 小时 10 分钟。

从挪威的奥斯陆乘坐斯泰纳航线（→ p.536）前往，每小时一班船，所需时间约 12 小时。170NOK~。

从瑞典的哥德堡也有斯泰纳航线前往腓特烈港，每天有 2~4 班渡轮。所需时间约 3 小时 30 分钟，165 瑞典克朗（SEK）~。

举行各种类型企划展览的腓特烈港美术馆

腓特烈港的旅游咨询处

住 Skandiatorv 1
电 98-423266
URL www.visitfrederikshavn.dk
开 6/27~8/14
周一～周六 9:30~16:00
周日 10:00~13:00
8/15~ 次年 6/26
周一～周五 9:30~16:00
周六 10:00~13:00
休 8/15~ 次年 6/26 的周日
提供租赁自行车的服务。

腓特烈港 漫 步

腓特烈港的市区以市政厅（Rådhus）为原点向东南方向扩展。紧邻市政厅的是腓特烈美术馆，正对面是巴士总站。

腓特烈港的主要街道是与市政厅相隔一个街区的丹麦大街（Dammarksgade）。丹麦大街是步行街，道路两侧百货公司、商店、餐厅林立，热闹非常。

从市中心到腓特烈港火车站步行约需 5 分钟。火车站旁边是腓特烈港教堂（Frederikshavnkirke），白色墙壁和高高的尖塔非常引人注目。从这里走过白色的炮台遗迹（Krudttårnet），沿着海边的港口广场大街

（Havnepladsen）前行就能来到旅游咨询处，旅游咨询处旁边是通往轮渡港口的立体道路。

腓特烈港 主要景点

腓特烈港美术馆

Frederikshavn Kunstmuseum

Map p.142

腓特烈港美术馆是位于市政厅旁边的一个小型美术馆，却收藏有 4 万多家藏品。收藏品以反映北日德兰半岛地区的风景画、德国艺术家的绘画和雕刻作品为主，每隔 1~2 个月举办不同主题的展览。

邦斯伯沿岸博物馆

Kystmuseet Bangsbo

Map p.142 外

位于邦斯伯（Bangsbo）内的博物馆，是以大自然和文化为主题的综合设施。馆内陈列着 1163 年建造的木船“埃林加”号（The Elling å），附有对其结构和航海线路的说明。除此之外还有船舶模型和船首藏品。博物馆周边有植物园和公园以及餐厅等。

“埃林加号”曾经是一艘贸易商船

腓特烈港美术馆

住 Parallelvej 14
☎ 98-459080
URL www.frederikshavnkunstmuseum.dk
开 周二～周六 10:00~16:00
休 周日 · 周一　费 40DKK

邦斯伯沿岸博物馆

住 Dr.Margrethes Vej 6
☎ 98-423111
URL www.kystmuseet.com
开 3~5 月、9 · 10 月
　周一～周五　10:00~16:00
6~8 月
　周一～周五　10:00~16:00
　周六 · 周日　11:00~16:00
11 月～次年 2 月
　周一～周五　11:00~15:00
休 9 月～次年 5 月的周六 · 周日
费 75DKK

交通→→→

从市政厅前面的巴士车站乘坐 3 路巴士前往，约需 15 分钟，在 Møllehuset 下车，继续步行 10 分钟。3 路巴士是以市政厅前面的巴士站为起点的循环线路，回程也乘坐相同方向的巴士。

腓特烈港的酒店

Hotel

日蓝迪亚酒店

Hotel Jutlandia

Map p.142

◆腓特烈港最高档的酒店。位于面向港口的大街上。酒店共有 99 间客房，所有客房都装修成古典风格。酒店内设有酒吧。还有不含早餐的经济型房间（Ⓢ 915DKK~　Ⓓ 1115DDK~）。

住 Havnepladsen 1
☎ 98-424200
FAX 98-423872
URL www.hotel-jutlandia.dk
费 Ⓢ 1015DKK~ Ⓓ 1215DKK~
CC ADJMV

腓特烈港船员旅馆

Hotel Frederikshavn Sømandshjem

Map p.142

◆酒店位于从腓特烈港火车站步行 5 分钟的地方。共有 53 间客房，整理得非常整齐，洁净而舒适。酒店还有宽敞的家庭房。酒店设施齐全，还有连通房等房型。大堂销售咖啡和小吃。

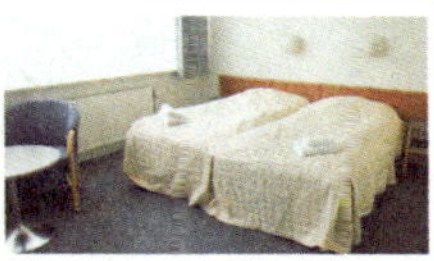

住 Tordenskjoldsgade 15B
☎ 98-420977
URL www.hotelfrederikshavn.dk
费 Ⓢ 725DKK~ Ⓓ 870DKK~
CC ADMV

腓特烈港的餐厅

Restaurant

2takt 咖啡 & 啤酒吧

2takt Café & Brasserie

Map p.142

◆用时尚的家具进行统一装饰的时髦餐厅。供应用时令食材制作的法国菜。

住 Søndergade 18A　☎ 98-408090
URL www.2takt.dk　营 周一～周五 11:30~22:00 周六 · 周日 10:00~22:00　休 无休
预算 200DKK~　CC MV

精华餐厅

Essens

Map p.142

◆洋溢着家庭氛围的温馨风格的餐厅。推荐品尝任意套餐，395DKK，能品尝到种类 10~12 种的迷你铁板菜肴。

住 Danmarksgade 69　☎ 23-291088
URL www.restaurantessens.dk　营 周二～周六 17:00~23:00　休 周日 · 周一（7 月暑假休息）　预算 250DKK~　CC ADMV

浴缸　部分客房提供　电视　部分客房提供　吹风机　出租　迷你吧台及冰箱　部分客房提供　残障人士房间　无线 LAN　无线 LAN 收费　部分客房提供　无线 LAN 部分收费

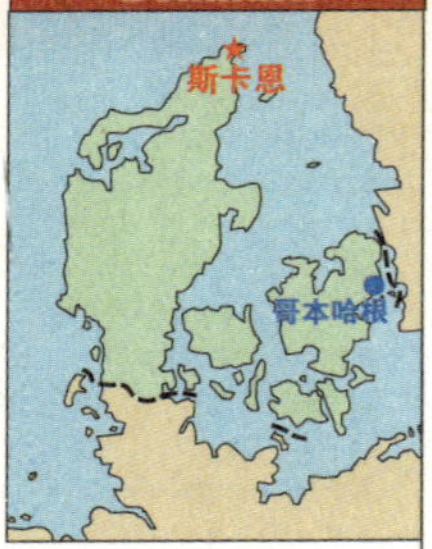

斯卡恩 *Skagen*

斯卡恩位于日德兰半岛的最北端。半岛东侧和西侧的海水在这里交汇，因此渔业非常发达，自古以来就是著名的渔村。沿着海岸线连绵起伏的沙滩、灌木点缀其间的丘陵，与蔚蓝色大海相得益彰，形成一道美丽的风景线。19 世纪末开始，有大量艺术家被这里美丽的风景吸引，移居此地。尤其是夏至前后的晚霞，魅力无限，有人慕名来斯卡恩，只为观看这一景色。

Map p.38–B1
长途区号：无
斯卡恩信息网站
URL www.skagen-tourist.dk

前往斯卡恩的交通

🚌 从腓特烈港乘坐私铁 Lokalbane 79 前往，所需时间约 35 分钟，6:04~23:38 期间，每小时运行 1~2 班车。

海滨地区利用渔夫小屋改造而成的餐厅

斯卡恩 漫 步

橙色屋顶、白色框架、黄色墙壁，斯卡恩火车站是典型的斯卡恩式建筑物

斯卡恩火车站前的圣劳伦蒂大街（Sct.Laurentii Vej）及其旁边的一条道路上有很多陶器、玻璃艺术品的商店和二作坊，店内展示着精美的作品，让人目不暇接。

夏季会有街头艺人在街上进行表演。还有很多艺术家工作室，透过橱窗能看到绘画作品和陶瓷制品等，在这里只是走走也会感觉很享受。斯卡恩大部分的景点都集中在这两条街上。因此只需半天就能步行转遍所有景点。

斯卡恩的旅游咨询处 i
住 Vestre Strandvej 10
回 98-441377
URL www.skagen-tourist.dk
开 3/21~6/19、8/8~10/16
周一～周五 9:30~16:00
周六 10:00~14:00
6/20~8/7
周一～周六 9:30~16:00
周日 10:00~14:00
10/17~次年 3/20
周一～周五 9:30~16:00
周六 10:00~13:00
休 8/8~次年 6/19 的周日

斯卡恩 主要景点

斯卡恩美术馆 Map p.144
Skagens Museum

有很多描绘斯卡恩的作品

美术馆收藏有1830~1930年间，活跃在斯卡恩的安卡夫妇（米歇尔、安娜）、P.S. 克罗亚、劳里茨·塔克森等的作品。2015 年美术馆新馆开放，展出内容更加丰富。

美术馆附近有安卡夫妇故居（Michael & Anna Anchers Hus og Saxilds Gaard），可以一并参观。

斯卡恩美术馆
住 Brøndumsvej 4
回 98-446444
URL www.skagensmuseum.dk
开 2/13~28、5 月
每天 10:00~17:00
3·4 月、9/1~12/18
周二～周日 10:00~17:00
6~8 月
周四～下周二 10:00~17:00
周三 10:00~21:00
休 3·4 月和 9/1~12/18 的周一、12/19~次年 2/12
费 100DKK

格雷嫩角 Map p.144 外
Grenen

感受大自然的神秘

从位于日德兰半岛北端的斯卡恩市区继续向北步行1 小时左右，就能来到格雷嫩角。格雷嫩角风格旖旎，沙滩连绵起伏，是西侧的斯卡格拉克海峡（Skagerrak）和东侧的卡特加特海峡（Kattegat）交汇的地方，东西两侧海水相撞的景色非常罕见，堪称奇景。

格雷嫩角
交通➡➡➡
从斯卡恩火车站乘坐开往格雷嫩角方向的巴士（只在 6 月下旬 ~8 月中旬期间运行），在 Grenen 下车。从那里乘坐由拖车牵引的汽车 Sandormen（只在 3 月下旬 ~10 月下旬期间运行）约 10 分钟。距离车站约 4 公里。

也可以不乘坐 Sandormen，步行前往

斯卡恩沿岸博物馆 Map p.144
Kystmuseet Skagen

介绍渔业城市斯卡恩历史的户外博物馆。由渔民住宅和工作场地等

斯卡恩沿岸博物馆
住 P.K.Nielsens Vej 8-10
回 98-444760
URL www.kystmuseet.dk
开 3~5 月、9·10 月

周一～周五　10:00~16:00
6~8 月
周六 · 周日　11:00~16:00
11 月～次年 2 月
周一～周五　11:00~15:00
休 6~8 月的周一～周五、9 月～次年 5 月的周六 · 周日
费 75DKK
门票一周内有效，还可凭票进入 Bango Fort、Sæby 的 Kystmuseet。

巨大的风车

10 个建筑物组成，所有建筑物都是曾经实际使用过的实物。建筑物内重现了当时的生活场景。有贫穷渔民和富裕渔民的两种不同住房，能了解当时不同阶层人们的生活。另外，博物馆内的风车建于 1870 年，是博物馆的象征。

斯卡恩的酒店
Hotel

斯卡恩缤纷酒店
Color Hotel Skagen

◆位于市区边缘的高档酒店。酒店内设有游泳池、健身中心、桑拿浴等，设施齐全。此外还设有餐厅。还有公寓式客房。

Map p.144 外
住 Gl.Landevej 39
☎ 98-442233
FAX 98-442134
URL www.skagenhotel.dk
费 Ⓢ 795DKK~ Ⓓ 850DKK~
CC A D J M V

佩蒂特旅馆
Hotel Petit Skagen

◆位于从火车站步行 2 分钟左右的地方，是一家家族经营的旅馆。客房的颜色以蓝色为主，象征着斯卡恩天空和大海的颜色，给人清爽的感觉。有的客房带有阳台。免费供应咖啡和红茶。

Map p.144
住 Holstvej 4
☎ 98-441199
FAX 98-445850
URL hotelpetit.dk
费 Ⓢ 645DKK~ Ⓓ 845DKK~
CC A D J M V

佛尔登斯酒店
Foldens Hotel

◆酒店距离火车站很近，内设餐厅和咖啡馆，每到周末（夏季是每天）会有音乐会。

Map p.144
住 Sct.Laurentii Vej 41
☎ 98-441166　FAX 98-441464
URL www.foldens-hotel.dk
费 带浴室、卫生间 Ⓢ 695DKK~ Ⓓ 895DKK~
公共浴室、卫生间 Ⓢ 595DKK~ Ⓓ 695DKK~
CC D J M V

斯卡恩青年旅舍
Danhostel Skagen Vandrerhjem

◆丹麦最北侧的青年旅舍，非常安静。从火车站步行约需 20 分钟。

Map p.144 外
住 Rolighedsvej 2
☎ 98-442200　URL danhostelskagen.dk
营 3/1~12/1
费 多人间 160DKK~
带浴室、卫生间 Ⓢ 325DKK~ Ⓓ 375DKK~
公共浴室、卫生间 Ⓢ 275DKK~ Ⓓ 349DKK~
床单 50DKK 早餐 60DKK
CC A D J M V

斯卡恩的餐厅
Restaurant

斯卡恩菲斯科餐厅
Skagen Fiskerestaurant

◆由渔夫小屋改建而成的餐厅，位于海边，能品尝到美味的海鲜。大受欢迎的有醋拌鲱鱼 85DKK，用当天捕捞的多种鱼肉做成的点心 105DKK~。夏天最好提前预约。

Map p.144

住 Fiskehuskaj 13
电 98-443544
URL skagenfiskerestaurant.dk
营 每天 11:30~21:00（时常有变化，请在网站上进行确认）
休 8 月中旬～下旬
预算 300DKK~
CC M V

帕克胡塞特
Pakhuset

◆位于海边的小型咖啡馆兼餐厅。店内有很多船首像，氛围十足。美味的鱼汤 135~175DKK、三文鱼面 95DKK 等海鲜菜肴非常受欢迎。根据季节供应不同的菜肴。夏季推荐在露天席位用餐。

Map p.144

住 Rødspættevej 6
电 98-442000
URL www.pakhuset-skagen.dk
营 每天 11:30~21:30LO
休 无休
预算 200DKK~
CC A D J M V

斯卡恩的购物场所
Shopping

里尔咖啡屋
Det Lille Kaffehus

◆由 19 世纪建造的渔夫房屋改建而成的茶叶店。有按重量销售的茶叶 40DKK~，丹麦产的巧克力等。还能喝到咖啡。

Map p.144

住 Sct.Laurentiivej 67
电 98-451020
URL theenfraskagen.dk
营 周一～周五 10:00~17:30 周六 10:00~13:00（夏季会延长，周日也会营业）
休 冬季的周日
CC M V

斯卡恩玻璃工艺品店
Skagen Glasværksted

◆玻璃艺术家耶佩经营的工作室兼商店。有很多五颜六色的葡萄酒杯、玻璃碗等手工制作的玻璃工艺品。还有现场制作表演。

Map p.144

住 Sct.Laurentii Vej 95
电 98-446050
营 5·6 月、8·9 月周一～周六 10:00~17:00
7 月周一～周六 10:00~17:00 周日 12:00~15:00
10 月～次年 4 月
周一·周五 10:00~17:00 周六 10:00~14:00
休 8 月～次年 6 月的周日、10 月～次年 4 月的周二～周四
CC M V

博恩霍尔姆岛 Bornholm

哈默斯胡斯遗址

博恩霍尔姆岛位于斯堪的纳维亚半岛南部，是漂浮在波罗的海上的一座孤岛。每年都有很多丹麦人、德国人、瑞典人来此地度假。但之前这里是对抗东欧各国的西欧军事重镇。历史上，只要丹麦和瑞典之间发生战争，这里的归属国就会发生变化，是饱受战争苦难的地方。岛内巨大的城堡遗迹，以及在非常时期可以作为防御工事使用的圆筒形教堂等，都在叙述着这些历史。

博恩霍尔姆岛的特产是熏鲱鱼干。几百年来，岛上的渔民们将捕捞自波罗的海的鲱鱼用烟熏的方法进行保存，现在鲱鱼干在丹麦本土大受欢迎，博恩霍尔姆岛产的价格相对会高一些。岛内有许多熏制工厂，游客还可以到工厂参观。

博恩霍尔姆岛 漫 步

博恩霍尔姆岛的中心是伦讷（Rønne）。从瑞典的于斯塔德（Ystad）发出的渡轮可抵达伦讷港。港口附近有旅游咨询处。

博恩霍尔姆岛内的公共交通工具只有巴士。将目的地告知司机，司机就会告知相应的票价。

风情独特的伦讷城

Map p.38-B1
人口：39756
长途区号：无
博恩霍尔姆岛信息网站
URL www.bornholm.info

前往博恩霍尔姆岛的交通

🚌 从哥本哈根乘坐城际特快到瑞典的于斯塔德（Ystad），所需时间约1小时15分钟。每天运行2~3趟车。在于斯塔德换乘高速渡轮前往伦讷。所需时间约1小时20分钟。每天运行3~7班。

🚌 乘坐在哥本哈根中央火车站前发车的866路巴士，所需时间约2小时50分钟。每天运行，但运行车次根据季节有所不同。

丹麦语的读法

我们在这里将Rønne音译成“伦讷”，但这与丹麦语的发音并不一样。将丹麦语音译为中文是非常难的，Rønne的发音尤其难以标注。实际的发音请到丹麦亲自确认吧。

电影的舞台

获得1988年戛纳电影节大奖、1989年学院奖最佳外语片奖的丹麦和瑞典合拍影片《征服者佩尔》，就是以这个岛为舞台拍摄的。

博恩霍尔姆岛的旅游咨询处 ⓘ

住 Nordre Kystvej 3
☎ 56-959500
URL www.bornholm.info
开 5月、9/1~10/16
　周一～周五　9:00~16:00
　周六　9:00~12:00
6/1~26
　周一～周五　9:00~16:00
　周六　9:00~14:30
6/27~8/14 每天　9:00~17:00
8/15~31
　周一～周六　9:00~16:00
10/17~次年4/30
　周一～周五　9:00~16:00
休 8/15~次年6/26的周日、10/17~次年4/30的周六

博恩霍尔姆岛 主要景点

哈默斯胡斯遗址
Map p.148

Hammershus Slotsruin

哈默斯胡斯遗址是北欧最大的中世纪城堡遗迹。矗立在临海悬崖峭壁上的荒废的遗址，呈现出不可思议的美。从巴士终点站步行前往，能看到位于小山谷对面的城堡废墟。里面残留着战火硝烟的痕迹，中途有博物馆和咖啡馆。

厄斯特拉斯圆形教堂
Map p.148

Østerlars Rundkirke

为了保护岛上居民免受海盗侵袭，另外也为了在战争时期作为军事据点使用，岛上有几个窗户可作为炮台或射击口使用的圆形教堂（Rundkirke）。其中最著名的是位于从岛中心区稍向北处的厄斯特拉斯圆形教堂。不仅形状特殊，而且白色墙壁和黑色屋顶在阳光的照耀下形成了一种奇特的氛围。

教堂外形独特，有点像火箭

城市巴士
☎ 56-952121
URL www.bat.dk
实行区间制的价格体系。如果准备多次乘坐巴士，可以购买 1 日通票。
费 每个区间 13DKK
1 日通票 150DKK

哈默斯胡斯遗址
交通→→→
从伦讷乘坐 2 路巴士前往，所需时间约 1 小时，在 Hammershus 下车（夏季还可以乘坐 7 路和 8 路巴士前往）。

厄斯特拉斯圆形教堂
住 Vietsvej 25
URL www.oesterlarskirke.dk
开 3 月下旬
周一～周六 9:00~17:00
4~10 月
周一～周六 9:00~17:00
周日 11:00~17:00（根据时期有所不同）
休 3 月下旬的周日、11 月～次年 3 月下旬
费 10DKK（3 月下旬 ~4 月、10 月免费）
交通→→→
从伦讷乘坐 3 路、4 路巴士，在 Østerlars 下车。所需时间约 30 分钟。

博恩霍尔姆岛的酒店
Hotel

格里芬酒店
Griffen Spa Hotel

◆ 建在面向大海的斜坡上的酒店。靠海的房间都带有阳台，能看到美丽的晚霞。

Map p.148 外
住 Ndr.Kystvej 34 ☎ 56-904244
FAX 56-904245 URL bornholmhotels.dk
费 Ⓢ 970DKK~ Ⓓ 1170DKK~
CC A D J M V

伦讷青年旅舍
Danhostel Rønne Vandrerhjem

◆ 位于伦讷港南侧，在教堂旁边的森林中。有公共厨房。

Map p.148
住 Arsenalvej 12 ☎ 56-951340
URL www.danhostel-roenne.dk
营 4/1~10/23 费 多人间 200DKK
Ⓢ 350DKK~ Ⓓ 450DKK~ 床单 60DKK
早餐 60DKK CC M V

博恩霍尔姆岛的餐厅
Restaurant

水牛牛排屋
Buffalo Steak House

◆ 供应使用当地产的牛肉制作的博恩霍尔姆汉堡 125DKK，以及牛排等。

Map p.148
住 Nørregade 2 ☎ 56-950069
URL www.buffalosteakhouse.dk
营 每天 11:00~21:00（冬季 17:00~21:00）
休 无休 预算 250DKK~ CC J M V

古斯塔夫咖啡馆
Café Gustav

◆ 面向广场的咖啡馆，配有面包的鲱鱼板 99DKK 等，提供的鱼类菜肴种类丰富。

Map p.148
住 Store Torv 8 ☎ 56-910047
URL www.cafegustav.dk 营 周日～下周四 10:00~20:00LO 周五 · 周六 10:00~20:30LO
休 无休 预算 40DKK~ CC J M V

浴缸 部分客房提供 电视 部分客房提供 吹风机 出租 迷你吧台及冰箱 部分客房提供 残障人士房间 无线 LAN 无线 LAN 收费 部分客房提供 无线 LAN 部分收费

丹麦简史

维京人时代

丹麦历史从公元前3000年左右的新石器时代开始，但直到800年左右的维京人时代才开始其古代史。

最初的国王们热衷于在自己支配的地区最南端修建土城墙，致力于日德兰半岛南部贸易中心海泽比的防御和领土的防御。811年，丹麦王国与法兰克王国之间签订了条约，约定以埃尔德河为国境。在这条线的延长线上，有丹麦国王率领下的维京人的频繁活动。根据《法兰克王国年代记》记载，808年丹麦国王戈特弗雷德授意维京人破坏了欧伯特利特人（波兰民族）的贸易中心莱里克，将那里的商人移居到海泽比。随后，哥姆王（940年左右去世）在约灵地区兴起并成为丹麦国王。970年，丹麦在"蓝牙王"哈拉尔一世（935年左右~985年左右在位）的统治下普及了基督教。"蓝牙王"的儿子斯汶一世征服了英格兰，成为英格兰国王（1014年）。其次子克努特（克努特大帝）在1016年即位成为英格兰国王，并于1018年在他的兄长哈拉尔二世去世后成为丹麦国王，并被拥戴为挪威国王（1028年），成为三个王国的国王（这被称为"北海帝国"）。

保留在奥尔堡的维京人墓地

卡尔马联盟和宗教改革

之后丹麦经历了争夺王位的混乱时期，最终由瓦尔德马四世（1340~1375年在位）平定了国内的混乱状况，政局进入了稳定期。瓦尔德马四世的女儿玛格丽特与挪威国王哈康六世结婚，其子奥拉夫继承了瓦尔德马四世的王位（1375年），并于1380年在其父哈康六世去世后兼任挪威国王。1387年，奥拉夫国王去世，玛格丽特公主被丹麦和挪威两国的国务院推举为"最高权威"，成为事实上的女王（1387~1397年）。1389年，她在瑞典贵族的恳求下，驱逐了瑞典国王阿尔布莱黑特，统一了北欧三国。1397年，玛格丽特公主姐姐的外孙埃里克被集结在卡尔马的贵族们推举为北欧三国的国王，成立了"卡尔马联盟"。在卡尔马联盟中丹麦占有绝对优势地位。瑞典从1448年开始曾经数次脱离丹麦统治，最终直至1523年古斯塔夫一世即位才彻底摆脱丹麦的统治。挪威直至1814年才脱离丹麦统治。

1448年，国务院推举奥尔堡的克里斯蒂安一世（1448~1481年在位）为国王，就此开始了著名的奥尔堡王朝的统治。第二代国王汉斯（1481~1513年在位）创建了哥本哈根大学。腓特烈一世（1523~1533年在位）对修道士汉斯·唐森提倡的路德主义进行了保护，开始了丹麦的宗教改革。腓特烈一世去世后，其子克里斯蒂安三世（1534~1559年）的即位遭到贵族会一年的抵制，但他却得到了日德兰半岛贵族的支持和承认。为了与此对抗，首都和马尔默地区的市民们拥戴天主教的前国王克里斯蒂安二世进行王位争夺（伯爵战争），但最终败北。1536年首都陷落，内乱终结，贵族会承认了路德宗的地位（1537年）。

王权至上时代

随后即位的克里斯蒂安四世（1588~1648在位）统治时期，是实行重商主义政策和文艺复兴运动蓬勃发展的时代，也是进行了卡尔马战争和三十年战争的国难时代。在其后即位的腓特烈三世（1648~1670年）的统治时期，1658年签署的《罗斯基勒条约》，使丹麦丧失了斯科讷地区，但在第二年瑞典军队攻击首都时，国王和市民共同抗敌，保护了首都，并以此为契机废除国务院，确立了王权世袭制（1661年）。1665年颁布《王室宪法》，对王位继承等作了法律规定。18世纪，以《圣经》为中心，强调体验和实践的“忠顺主义”风靡丹麦，1736年引进了“忠顺礼”。与此同时，由于瘟疫肆虐和粮食价格下跌等的影响，丹麦农村人口数量锐减，于是丹麦实行了禁止农民移动的政策，将农民束缚在土地上。18世纪后半叶，丹麦在重商主义的基础上，凭借英法战争中的中立政策获得利益。腓特烈六世（1808~1839年）从1784年成为病弱的父亲克里斯蒂安七世（1766~1808年）的摄政大臣，推行农民解放、承认私有化、农村土地改革政策。但在拿破仑战争中首都遭受了英国军舰的炮击（1801年、1807年），被迫成为法国的同盟国，最终沦为战败国。1814年，丹麦与战胜国签署了《基尔条约》，割让了挪威和瑞典，与挪威的历史同盟关系宣告结束。1834年，丹麦干设了4个地方议会，但在从南至北推行德意志化的石勒苏益格公爵自治领地中，以议会为中心，就“使用丹麦语还是德语”的问题展开争斗，民族矛盾日益激化。

独立后的时代

1848年，哥本哈根发生无血革命，摧毁了国王专制统治。石勒苏益格－何尔斯泰分裂主义者也在基尔宣布成立了临时政府，并请求德国的支持，为此丹麦和普鲁士之间发生了战争（石勒苏益格战争）。丹麦的本意是在自由主义宪法的基础上，实行石勒苏益格公爵领地和王族领地的合并，德国的意图是合并石勒苏益格和何尔斯泰后，成为德国的一个自治州。经过两次战争，丹麦败北（1864年），失去了石勒苏益格，丹麦王国的版图被挤压到历史最小程度。

1863年，制定自由宪法的腓特烈七世去世后，奥尔堡家族后继无人，由克里斯蒂安九世（1863~1906年）即位，开始了格吕克斯堡王朝的统治。石勒苏益格战争结束后，丹麦通过公社活动，成功完成从耕种农业到畜牧业的转型。随着工业革命的兴起，首都城市化加速，丹麦踏上近代工业化国家的发展道路。随着城市化的进程，劳动阶级逐渐成为一股强大的政治力量，于1872年成立了“社会民主党”，左派政党占据了下议院半数以上的席位。1901年，丹麦国家体制发生变化，成立了左派政党内阁。其间，丹麦通过社会立法为成为福利国家奠定了基础，在内政外交上充分体现了“国防虚无主义”的和平治国理念。

1915年丹麦制定宪法，废除上议院和下议院的差别，确定了女性参政权、比例代表制。在第一次世界大战中德国战败后，1920年，石勒苏益格北部地区根据投票公决，重新回到丹麦怀抱，形成现在的国家版图。第二次世界大战中，丹麦被德国占领，但仍维持了国境的完整。战后1949年丹麦加入了NATO（北大西洋公约组织），1953年修改宪法，废除上议院，承认了女性王位继承权。因此，1972年，玛格丽特二世女王即位。

学说丹麦话

会话集和实用单词集

实用单词 1

入口	indgang
出口	udgang
右	højre
左	venstre
前	foran
后	bagved
冷	koldt
多	mange/meget
少	lidt
好	god
（价格）高	dyr/billig
大	stor
小	lille
厕所	toilet
空	fri
使用中	optaget
男性	mand / Herrer
女性	kvinde / Damer
成人	voksen
儿童	barn
学生	studerende
危险	fare
注意	advarsel
警察	politi
医院	hospital
开馆	Åbent
闭馆	Lukket
推	Tryk
拉	Træk
发票	kvittering
机场	lufthavn
长途巴士站	busstation
港口	havn
地铁	undergrundsbane
火车	tog
船	skib
票	billet
售票处	billetvindue
站台	perron
从哪里来	fra
去哪里	til
出发	afgang
到达	ankomst
单程	enkelt
往返	retur
一等座	første klasse
二等座	anden klasse
时刻表	køreplan
禁烟	Rygning Forbudt / ikke ryger
国内线	indlands ruter
国际线	internationale ruter
酒店	hotel
青年旅舍	vandrehjem
包间	privatværelse
露营地	lejrplads
旅游信息中心	Turistinformationskontor
美术馆、博物馆	Museum
教堂	Kirke
修道院	Kloster

实用单词 2

（月份）	
1月	januar
2月	februar
3月	marts
4月	april
5月	maj
6月	juni
7月	juli
8月	august
9月	september
10月	oktober
11月	november
12月	december
（星期）	
周一	mandag
周二	tirsdag
周三	onsdag
周四	torsdag
周五	fredag
周六	lørdag
周日	søndag
（时间）	
今天	idag
昨天	igår
明天	imorgen

早晨	morgen
中午	middag
夜晚	aften
上午	formiddag
下午	eftermiddag

（数字）

0	nul
1	en
2	to
3	tre
4	fire
5	fem
6	seks
7	syv
8	otte
9	ni
10	ti

实用单词 3

面包	brød
火腿	skinke
奶酪	ost
鸡蛋	æg
黄油	smør
鲱鱼	sild
沙丁鱼	sardin
龙虾	hummer
凤尾鱼	ansjos
比目鱼	fladfisk
驯鹿肉	rensdyrkød
鹿肉	vildt
猪肉	svinekød
牛排	bøf
羊排	lammebøf
水果	frugt
橘子	appelsin
苹果	æbel
饮料	drik
咖啡	kaffe
红茶	te
牛奶	mælk
啤酒	øl
生啤	fadtøl
白葡萄酒	hvidvin
红葡萄酒	rødvin

实用会话

（寒暄）

嗨	Hej.
你好（白天）	God dag.
早上好	God morgen.
晚上好	God aften.
晚安	God nat.
再见	Hej hej. Farvel.

（答复）

是	Ja.
不是	Nej.
谢谢	Tak.
对不起	Undskyld.
不好意思	Undskyld.
不客气	Selv tak
明白	Javel.
不明白	Jeg forstår ikke

（提问）

~在哪里?

Hvor ligger~?

多少钱?

Hvad koster det?

什么时候?

Hvornår?

多少个?

Hvor mange?

需要花多少钱?

Hvor lang tid tager det?

请问你的名字是?

Hvad hedder du?

我的名字是~。

Jeg hedder~.

这个用当地话怎么说?

Hvad hedder det på dansk?

我想要~。

Jeg vil gerne have~.

我想去~。

Jeg vil gerne til~.

读者来信

~丹麦篇~

▶哥本哈根的餐厅村

哥本哈根新港的运河对岸有一个叫作Papirøen的岛屿，岛上有一个餐厅村Copenhagen Street Food。在一个大型仓库一样的建筑物里，集中有各种品类的菜肴摊点，不仅有单片式三明治等丹麦食物，还有寿司、泰国菜、墨西哥菜、土耳其菜等，人们能以经济实惠的价格品尝各国菜肴。这里还经常举办音乐会或艺术展览，详细情况可以在网站上确认，请在去之前一定要确认好。

DATA

Copenhagen Street Food
住 Papirøen, Trangravsvej 14, hal 7&8
URL copenhagenstreetfood.dk
营 夏季 周一～周六 11:00~22:00
周日 11:00~20:00
冬季 周四～周日 12:00~22:00
休 冬季的周一～周三
交通➡➡➡
乘坐市区巴士9A路在Prinsessegade/Bodenhoffs Plads下车，步行3分钟。工作日时也可以从新港乘坐水上巴士993路前往。

▶里伯的改装咖啡馆

里伯有很多利用古建筑物改成的商店和咖啡馆，在奥沃达曼大街上发现了一个叫作Quedens Gaard的咖啡馆。咖啡馆的建筑建于1760年，黄色的外观非常引人注目，店里面还销售五颜六色的糖果和杂货，店员态度亲切，氛围很好。

DATA

Quedens Gaard
住 Overdammen 10
☎ 75-411050
URL www.quedensgaard.dk
营 周日～周三 10:00~18:00
周四・周五 10:00~21:00
周六 9:30~21:00
休 无休
CC MV

▶火车站附近的超市Irma

趣伏里公园北门附近新开了一家超市——Irma。在这个超市里能买到生火腿、奶酪、熏三文鱼、水果等，还可以带回酒店当作夜宵或早餐，美味又经济。

▶大受欢迎的水边区域

从哥本哈根中心区越过Langebro桥，就是阿迈岛的Islands Brygge地区，近几年这里是备受关注的热门区域。这里有很多由原本作为港口设施使用的古老建筑物改建成的古董店和画廊等，时尚的咖啡馆和餐厅也在不断增加。运河里增设了游泳设施，夏天有很多人来戏水游玩。天气好时在运河沿岸的公园散步，也会非常惬意。

▶注意偷盗集团！

在火车站的自动售票机处购买火车票，觉得购买方法有点难，正束手无策时发现后面已经有2~3人在排队，便感到很焦急。正在与购票画面作斗争时，有一个20多岁的男人过来帮我操作，让我顺利买到了票。但是在我准备取回信用卡时，却发现卡已经消失不见，便马上追赶那个男人，在他要出站前终于追上并要回了信用卡。犯罪分子先让我全神贯注于机器画面，并趁机迅速取走卡，而在后面排队买票的也是同伙，旨在让我感到焦虑，并在此同时读取了我的密码。所以出门在外任何时候都不能掉以轻心。

无线LAN

挪威

Norway

努斯峡湾（罗弗敦群岛）

概览

Introduction

峡湾的美丽景观和夏天的极昼格外迷人

挪威东邻瑞典、芬兰，与俄罗斯接壤，西接大西洋。大部分人口聚居在首都奥斯陆所在的南部地区。西部拥有冰川作用形成的充满活力的峡湾奇景，在欧洲最北端的海角——北角可以观赏到的极昼，这些标志性景观每年都会吸引大量游客前来。此外，挪威国土的北半部分位于北极圈内，到了冬天，可以观赏到极光。说到挪威美食，一定是能够令人大饱口福的新鲜的海产品。

❶ 盖朗厄尔峡湾的壮观美景
❷ 保留着德国“新艺术”建筑风格的奥勒斯
❸ 北部的卡拉绍克地区聚居着原住民——萨米人（萨米公园）
❹ 勒罗斯的城市景观被评为世界遗产
❺ 同样被评定为世界遗产的卑尔根的布吕根地区
❻ 从驶向纳尔维克的火车上眺望到的美丽风景
❼ 在挪威民俗博物馆里会碰到身穿古时服装的工作人员

挪威
200km
N
北角
白岛
洛格岛
东北地岛
Nordaustlandet
斯匹次卑尔根岛
Spitsbergen
斯瓦尔巴群岛（挪）
Svalbard (Nor.)
埃季岛
Edgeøya
希望岛
厄于兰角
巴伦支海
熊岛
Bjørnøya
斯瓦尔巴群岛
北角
扬马延岛（挪）
Jan Mayen (Nor.)
南角
扬马延岛
北角
Nordkapp
梅港
Mehamn
马格尔岛
Magerøya
洪宁斯沃格
Honningsvåg
瓦德瑟
Vadsø
哈默费斯特
Hammerfest
乌茨约基
Utsjoki
拉克塞尔夫
Lakselv
阿尔塔
Alta
希尔克内斯
Kirkenes
伊纳里湖
Inarijärvi
特罗姆瑟
Tromsø
卡拉绍克
Karasjok
伊纳里
Inari
安德内斯
Andenes
凯于托凯诺
Kautokeino
伊瓦洛
Ivalo
哈尔斯塔
Harstad
纳尔维克
Narvik
埃农泰基厄
Enontekiö
斯沃尔韦尔
Svolvær
埃文内斯
Evenes
阿比斯库
Abisko
尤卡斯耶尔维
Jukkasjärvi
罗弗敦群岛
Lofoten
基蒂莱
Kittilä
索丹屈莱
Sodankylä
基律纳
Kiruna
拉普兰地区
博德
Bodø
耶利瓦勒
Gällivare
凯米耶尔维
Kemijärvi
弗于斯克
Fauske
挪威海
Norwegian Sea
罗瓦涅米
Rovaniemi
摩城
Mo i Rana
约克莫克
Jokkmokk
托尔尼奥
Tornio
拉努阿
Ranua
桑内舍恩
Sandnessjøen
哈帕兰达
Haparanda
布登
Boden
阿尔维斯尧尔
Arvidsjaur
凯米
Kemi
莫舍恩
Mosjøen
吕勒奥
Luleå
Brønnøysund
奥卢
Oulu
Storuman
Rørvik
谢莱夫特奥
Skellefteå
瑞典
SWEDEN
纳姆索斯
Namsos
Grong
Lycksele
Dorotea
科科拉
Kokkola
于默奥
Umeå
芬兰
FINLAND
特隆赫姆
Trondheim
Holmsund
克里斯蒂安桑
Kristiansund
Hell
瓦萨
Vaasa
斯图利恩
Storlien
厄斯特松德
Östersund
Sollefteå
恩舍尔兹维克
Örnsköldsvik
莫尔德
Molde
塞伊奈约基
Seinäjoki
奥勒松
Ålesund
奥普达尔
Oppdal
于维斯屈莱
Jyväskylä
翁达尔斯内斯
Åndalsnes
海讷桑德
Härnösand
维拉特
Virrat
Måløy
勒罗斯
Røros
Ånge
盖朗厄尔
Geiranger
杜姆奥斯
Dombås
坦佩雷
Tampere
派延奈湖
Päijänne
斯韦格
Sveg
奥塔
Otta
Hundiksvall
挪威
NORWAY
松达尔
Sogndal
达拉纳地区
波里
Pori
奥兰科
Aulanko
拉赫蒂
Lahti
利勒哈默尔
Lillehammer
波的尼亚湾
Gulf of Bothnia
Bollnäs
沃斯
Voss
弗洛姆
Flåm
穆拉
Mora
赖特维克
Rättvik
海门林纳
Hämeenlinna
法格内斯
Fagernes
泰尔贝里
Tällberg
耶夫勒
Gävle
米达尔
Myrdal
米约萨湖
Mjøsa
哈马尔
Hamar
莱克桑德
Leksand
奥兰群岛
Åland
楠塔利
Naantali
图尔库
Turku
卑尔根
Bergen
哈德兰玻璃工厂
埃兹沃尔
Eidsvoll
博伦厄
Borlänge
法伦
Falun
玛丽港
Mariehamn
赫尔辛基
Helsinki
赫讷福斯
Hønefoss
Kongsvinger
乌普萨拉
Uppsala
Leirvik
Lillestrøm
Charlottenberg
Norrtälje
卡珀尔谢尔
Kapellskär
奥斯陆
Oslo
韦斯特罗斯
Västerås
塔林
Tallinn
海于格松
Haugesund
德拉门
Drammen
锡格蒂纳
Sigtuna
厄勒布鲁
Örebro
梅拉伦湖
Mälaren
斯德哥尔摩
Stockholm
斯塔万格
Stavanger
卡尔斯塔德
Karlstad
Södertälje
爱沙尼亚
ESTONIA
拉尔维克
Larvik
卡特琳娜霍尔姆
Katrineholm
尼奈斯港
Nynäshamn
维纳恩湖
Vänern
阿伦达尔
Arendal
北雪平
Norrköping
Mjölby
林雪平
Linköping
克里斯蒂安桑
Kristiansand
斯卡恩
Skagen
维斯比
Visby
哥德堡
Göteborg
延雪平
Jönköping
Nässjö
哥得兰岛
Gotland
Västervik
里加
Riga
腓特烈港
Frederikshavn
Klintehamn
日德兰半岛
Jutland
尼伯
Nibe
斯科讷地区
奥尔堡
Aalborg
Oskarshamn
丹麦
DENMARK
Thisted
Varberg
拉脱维亚
LATVIA
维堡
Viborg
兰讷斯
Randers
Alvesta
卡尔马
Kalmar
Struer
奥胡斯
Aarhus
哈尔姆斯塔德
Halmstad
韦克舍
Växjö
厄兰岛
Öland
Balitc Sea
锡尔克堡
Silkeborg
埃伯尔措夫特
Ebeltoft
Karlskrona

国旗

挪威国旗为红色旗面上绘着镶白边的蓝色十字。即使用“斯堪的纳维亚十字”图案。

正式国名

挪威王国 Kongeriket Norge
（英语名称 Kingdom of Norway）

国歌

《对！我们热爱祖国》（*Ja.Vi Elsker Dette Landet*）

面积

385199 平方公里

人口

约为 521 万人（2016 年 1 月）

首都

奥斯陆（Oslo）

国家元首

国王哈拉尔五世 Harald V（1991 年 1 月即位）

国家政体

君主立宪制

民族构成

以挪威人为主。北部拉普兰地区（芬马克 Finnmark）居住着萨米人。

宗教

基督教新教（福音路德派）。

语言

挪威语。此外，很多国民会讲英语。

货币和汇率

通用货币为挪威克朗 Krone（单数），简写为 NOK。纸币有 50、100、200、500、1000NOK，共五种；硬币分为 1、5、10、20NOK 四种。

2017 年 11 月的汇率为：1NOK=0.81 元人民币

→旅行预算和货币兑换 p.546

1NOK 与 5NOK 的硬币中间都有个孔

一般不发行大面额的纸币

小费

由于服务费已经基本包含在总费用里面了，所以挪威一般没有支付小费的习惯。如果有诸如在酒店里请人搬运大件行李等特殊需求时，还是应该表达谢意付些小费的。在餐厅就餐时，如果碰到餐费里不含服务费的情况，则应支付 7%~10% 作为小费。另外，乘坐出租车请司机搬运大件行李的时候自不必说，就是平时坐车时一般也都不用找零。

节日

节日名称	2018 年
新年	1 月 1 日
圣枝主日 ※	3 月 25 日
圣周四（濯足节）※	3 月 29 日
圣周五 ※	3 月 30 日
复活节	4 月 1 日
复活节后的周一 ※	4 月 2 日
劳动节	5 月 1 日
耶稣升天节 ※	5 月 10 日
宪法纪念日	5 月 17 日
圣灵降临节 ※	5 月 20 日
圣灵降临节次日 ※	5 月 21 日
圣诞节	12 月 25 日
节礼日	12 月 26 日
新年前夜	12 月 31 日

※ 标记的节日每年日期不固定。

营业时间

【银行】

营 周一～周三、周五 9:00~15:30

周四 9:00~17:30

休 周六、周日

【一般商店】

营 周一～周三、周五

10:00~17:00

（夏季为 ~16:00）

周四 10:00~19:00

周六 10:00~15:00

休 周日

请注意，周日的时候大部分商店和银行都休息。

※ 在奥斯陆，营业时间由于是自由决定，所以因店而异。

电压和插座

挪威的标准电压为 230V，功率为 50Hz。使用的是两相圆形插头，如下图的 B、C 两种类型。可根据自己携带电器的情况带变压器和转换插头。

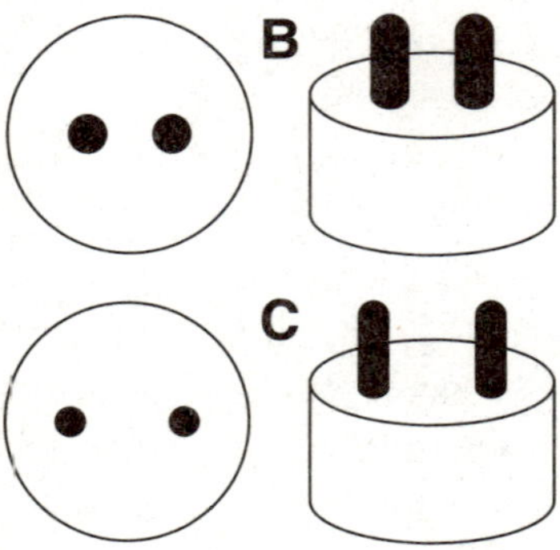

视频和 DVD 制式

电视制式是 PAL 制式，与中国相同。但是，挪威的 DVD 区码为 2（中国为 6），所以从挪威购买的光盘一般在中国的 DVD 机上无法播放。

从中国飞往挪威

目前，从中国内地飞往奥斯陆，需要在莫斯科、伦敦、多哈等地转机。约需 12~16 小时。

→前往北欧的方法 p.508

气候和自然

挪威在世界地图上位于遥远的北部地区，国土的北半部分在北极圈内。国土北部的斯瓦尔巴群岛以及西部的扬马延岛是挪威的属地；不仅如此，挪威对南半球南极附近的彼得一世岛、布韦岛也拥有领属权。挪威东部与俄罗斯、芬兰、瑞典等国家的国境线接壤，西部面向大西洋。从最北端的海角——北角到最南端的林德斯内斯角，直线距离达 1750 公里。如果加入峡湾进行测算的话，其海岸线超过 2 万公里。从沿海地区进入内陆，要经过气候恶劣的山脉地带。位于北极圈的地区，生长着茂密的针叶树林，风景秀丽。

由于受到流经沿海的墨西哥湾流的影响，与同纬度的地区相比，这里的气候比较稳定，四季也很分明。

北极圈地区被称为拉普兰，夏天会出现极昼现象，冬季则出现极夜现象。

→旅行季节和气候 p.524
→旅行必备品 p.548

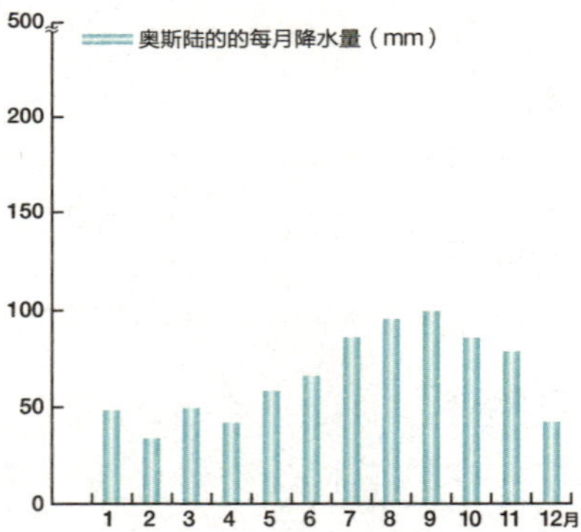

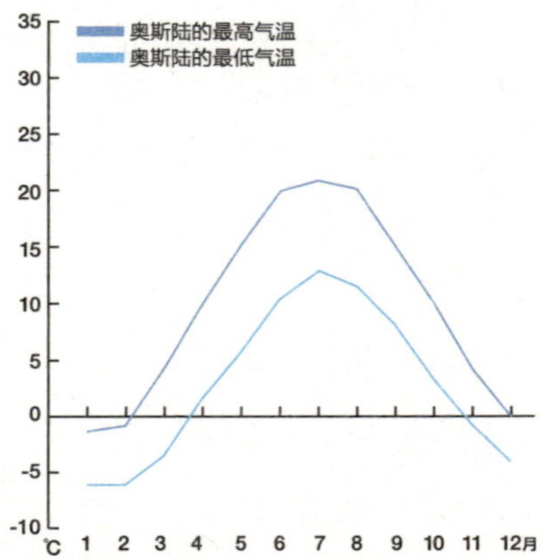

时差和夏令时

挪威采用中欧时间（CET），与中国的时差为 7 小时。也就是说，挪威比中国时间晚 7 小时。从每年 3 月份的最后一个周日到 10 月份的最后一个周日，挪威实行夏令时。其间，由于早了 1 小时，和中国的时差变成了 6 小时。乘坐飞机或者火车时请注意时间，不要迟到。

邮政

“POST”标志表示邮局，非常醒目。寄信的时候，直接写明 Air Mail 或者贴上印有“A-Prioritaire，ParAvion”的蓝色贴条。从挪威寄到中国的航空邮件，一张明信片或者是一封 20 克以内的信函，费用为 15NOK~。国内国际的信件都投到红色的邮筒里。

街上随处可见的邮筒

【邮局的营业时间】

营 周一～周五 9:00~18:00
周六 10:00~15:00
（大城市的营业时间会略有延长）

休 周日

税收

在挪威，大部分商品都要征收 15% 或者 25% 的附加价值税（VAT）。但是，居住在挪威以外国家的旅行者，如果在有“TAX FREE”标志的商店里一天一个店铺购物金额满 315NOK（15% 税率的时候购物金额为 290NOK）的话，则可以享受最多返还 19% 附加价值税的退税待遇。

【购物时】

外国旅行者在有“TAX FREE”标识的商店里购物，金额满 315NOK（食品满 290NOK）的话，向店方说明自己是旅行者，就可以拿到免税凭证。要求店方出具免税凭证时，原则上需要进行身份和护照号码的确认，因此请携带护照。另外，如果购买了免税商品，请在离开欧盟圈最终离境国之前不要开封。

【出境时】

从挪威直接回国时，需要完成一些退税手续，具体步骤如下：

①在奥斯陆的加勒穆恩国际机场，如果想办理退税手续，需在办理登机手续前前往位于出发大厅的加勒穆恩国际机场服务中心 Gardermoen Service Center。在服务中心出示所购买的未曾使用的商品、护照、机票，并请工作人员在购物时获得的免税凭证上盖章。由于有可能被要求出示所购商品的包装，所以需在行李托运以前办理。如果是手提物品，可以在办理出境手续之后再请工作人员盖章。免税凭证上要注明自己的居住地址、姓名等信息，并附上购物时的收据。盖章受理时限为自购物之日起 1 个月之内。

②盖章之后办理出境手续。将退税证明带回到中国国内的话，可以到环球蓝联的加盟点办理现金退税；也可以将退税证明投入退税专用邮筒，退税款会以人民币形式汇入信用卡或以支票形式返还，但是能够返还税金的只有加盟“TAX FREE”的商店。在加勒穆恩国际机场办理退税的话，可以拿到挪威克朗、美元、欧元等形式的退税现金，也可以办理退税到信用卡里或者银行支票邮寄到家的手续。退税凭证（盖过海关印章的）的申请期限为自购物之日起 4 个月内。

【注意事项】

如果在购物之日起一个月之内领取退税的话，只需在退税柜台出示所购商品，无须海关盖章就可以领取所退的税款。

Global Blue TAX FREE

退税加盟店标记

【退税地点】

可通过环球蓝联加盟退税点办理。

→环球蓝联中国现金退税点 p.297

出入境

挪威为申根协议国家，中国内地公民赴挪威旅游须前往挪威驻华使领馆办妥申根签证。如果计划前往不同申根成员国，则应向首次入境或停留时间最长的成员国使领馆申请统一申根签证。有效期最长为 90 天。

→旅行的准备 p.538

安全和纠纷

与欧洲其他国家相比，挪威的治安状况比较良好。但是，抢劫、盗窃等轻度犯罪现象近年来也有所增加。不要让你的行李离开你的视线范围，也要避免在夜间一个人行走。

水

大多数情况下，自来水可以直接饮用。如果不放心，不妨在报刊亭或者便利店购买矿泉水。由于矿泉水里几乎都含有碳酸，不爱喝碳酸饮料的人士一定要事先确认好再买。

度量衡

和中国一样，挪威也采用米进制作为长度单位。

拨打电话的方法

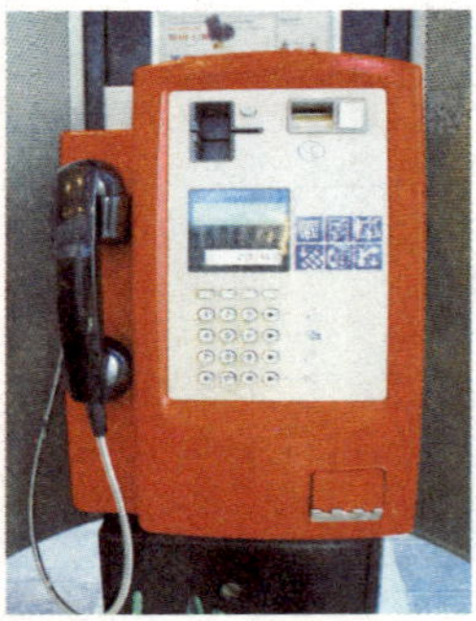

使用电话卡话费相对便宜

公共电话有投币式和电话卡式。此外，可以使用信用卡的电话机也已普及。投币式电话可以使用的硬币有1、5、10、20NOK。其使用方法与中国基本相同，先拿起话筒，投入硬币，然后拨号。公共电话可以拨打国内和国际电话，最低费用都是10NOK。和丹麦一样，挪威也没有长途区号，电话号码都统一为8位数字。电话卡式公共电话分为两种：一种是将电话卡直接插入电话机即可拨打电话；另一种是先在电话机上输入专用号码再使用。第二种电话卡又有国内电话卡和国际电话卡之分，购买时要注意。

互联网

在挪威，无线网的普及率很高，大部分住宿设施都提供无线网服务。此外，在机场或餐厅等很多公共场所也可以上网。

年龄限制

挪威禁止不满18岁的青少年饮酒和吸烟。此外，不同租车公司对年龄也有一些不同的限制要求，有的公司要求租车对象在21岁以上或者25岁以上。

饮酒和吸烟

挪威对酒类的管理十分严格，购买酒精度数高的酒只能到政府直营的酒类专卖店Vin Monoporet。333mL的1瓶啤酒的售价为20~30NOK，非常贵。

由于挪威法律禁止室内吸烟，因此机场、车站、酒店、餐厅、酒吧等所有的场所都不能吸烟。实在想吸烟的话只能到建筑物外面。烟草的价格昂贵，20支一盒的万宝路售价相当于50元人民币左右。

从中国往挪威拨打电话的方法

国际电话识别号码 00 ＋ 挪威的国家代码 47 ＋ 对方的电话号码 ××××××××

从挪威往中国拨打电话的方法

国际电话识别号码 00 ＋ 中国的国家代码 86 ＋ 区号（去掉前面第一个0）×× ＋ 对方的电话号码 ××××××

→关于国际电话 p.544

充满鳕鱼干香味的极品佳肴——鳕鱼干炖西红柿 Bacalao

餐饮

说到挪威美食，不能不提到新鲜美味的海产品。三文鱼、鲱鱼等鱼类生活在挪威冰冷的海水中，肉质鲜嫩，口感独特，是难得的美味。挪威也是捕鲸之国，鲸鱼肉排、炖鲸肉等菜肴也很出名。此外，炖菜也是挪威美食的一大特色。羊肉炖卷心菜 Fårikål 是挪威很有代表性的传统菜肴。众所周知的最好的佳肴极品是用产自以罗弗敦群岛为首的西海岸的鳕鱼干炖西红柿 Bacalao，有机会一定要尝一尝。此外，挪威人也食用美味的驯鹿肉。

一种名为 Geitost 的棕色的奶酪是挪威独具特色的美食，它用 100% 的纯山羊奶制成，味道很浓重，但是不妨尝一尝。牛乳和山羊乳混合而成的一种叫作 Gudbrandsdalsost 的奶酪（也被称作棕奶酪 Brunost），有类似焦糖般的香甜，很适合东方人的口味。

特产

北欧设计风格的家具和毛衣是非常受欢迎的特色礼物。北欧毛衣也被称为挪威毛衣，采用天然羊毛编织而成，穿着起来柔软舒适。有手工编织的，也有机器编织的，机器编织的毛衣 1000NOK 左右可以买到，手工编织的话大约要 3000NOK。此外，以传说中居住在挪威西海岸的精灵 Troll 为原型的人偶，以及以维京人或萨米人传统图案为装饰图形的锡质饰品等商品也很受游客青睐。

脸部越看越觉得可爱的 Troll 人偶

挪威出生的名人

出生在挪威的名人大多与艺术相关，他们中有创作了《呐喊》的著名画家爱德华·蒙克（Edvard Munch），有作曲家爱德华·格里格（Edvard Grieg），还有雕刻大师古斯塔夫·维格兰（Gustav Vigeland），以及剧作家亨里克·易卜生（Henrik Ibsen）等。此外，首位到达南极的探险家——罗纳德·阿蒙森（Roald Amundsen）也出生于挪威。

COLUMN　NORWAY

伟大的作曲家格里格

1843 年出生于挪威卑尔根的爱德华·格里格（Edvard Greig），是斯堪的纳维亚半岛著名的民族音乐大师。他的代表作是为同在挪威出生的剧作家易卜生的剧作《培尔金特》所谱写的组曲。特别是以美妙的长笛演奏为开端的第一组曲《清晨》广为传颂。此外，他的钢琴协奏曲以浪漫的旋律和恢宏的篇章而格外有名。《弦乐四重奏曲》以及《抒情小曲集》等优秀作品数不胜数。

在位于格里格晚年的故居——特洛尔德豪根的爱德华·格里格博物馆（→ p. 227）以及卑尔根等地，每年都会举办各种各样的纪念活动。

格里格给后世留下了很多钢琴曲以及歌曲等作品

节庆活动

挪威与北欧其他国家一样，经常举办丰富多彩的活动。全国各个城市都举办爵士乐、古典音乐、摇滚乐等音乐活动以及电影节。

其中，最受瞩目的是在奥斯陆的国家剧院里举办的易卜生国际戏剧节。戏剧节每2年举办一次，来自世界各国的剧团在这里竞相表演易卜生的戏剧作品。

夏季，各地举办美食节，当地人以及游客都可以一饱口福。此外，挪威还会举办许多具有北欧特色的集会，比如极光节、芬马克狗拉雪橇大赛等。尤其是在萨米复活节期间，除了可以观赏驯鹿雪橇大赛、乘坐电雪橇以外，还可以欣赏到身着民族服装的萨米人举办的音乐会，生动有趣。

活动日历

1月中下旬　特罗姆瑟
特罗姆瑟国际电影节
URL tiff.no

1月底~2月初　特罗姆瑟
极光节
URL www.nordlysfestivalen.no

1月下旬~2月上旬　克里斯蒂安桑
歌剧音乐节
URL www.oik.no

3月上旬　阿尔塔
芬马克狗拉雪橇大赛
URL www.finnmarkslopet.no

3/10~12　奥斯陆
霍尔门科伦 FIS 世界杯滑雪节
URL www.skifest.no

3月下旬　瓦尔德
国际打雪仗大会
URL www.yukigassen.no

3月下旬　奥斯陆
奥斯陆国际教堂音乐节
URL www.oslokirkemusikkfestival.no

3月下旬　凯于托凯诺
萨米复活节
URL www.samieasterfestival.com

4/7~9　沃斯
沃斯爵士音乐节
URL vossajazz.no

5月上旬　斯塔万格
斯塔万格国际爵士音乐节
URL www.maijazz.no

5/17　卑尔根、挪威各地
宪法纪念日游行
URL www.17-mai.com

5月下旬~6月上旬　卑尔根
卑尔根夜晚爵士音乐节
URL www.nattjazz.no

5月下旬~6月上旬　卑尔根
卑尔根国际节
URL www.fib.no

6月中旬　北角
北角节
URL www.nordkappfestivalen.no

6月中旬　奥斯陆
挪威森林摇滚节
URL norwegianwood.no

6月~8月　卑尔根
格里格音乐节
URL www.grieginbergen.com

6月中下旬　奥斯陆
奥斯陆骄傲
URL www.oslopride.no

6月中下旬　特罗姆瑟
子夜太阳马拉松大赛
URL www.msm.no

6月中下旬　哈尔斯塔
北挪威节
URL www.festspillnn.no

6/23　挪威各地
夏至节

7月中旬或下旬　斯塔万格
美食节
URL www.gladmat.no

7月底~8月上旬　奥斯陆
挪威杯儿童足球争夺赛
URL www.norwaycup.no

8月中旬　奥斯陆
奥斯陆爵士音乐节
URL oslojazz.no

8月下旬　海于格松
挪威电影节
URL www.filmfestivalen.no

8月下旬　奥勒松
挪威美食节与挪威厨师大赛
URL www.matfestivalen.no

9月　奥斯陆
易卜生国际戏剧节
URL www.nationaltheatret.no

9月中上旬　奥斯陆
奥斯陆现代音乐节
URL ultima.no

9月中旬　卑尔根
国际喜剧节
URL www.raptus.no

9月下旬　卑尔根
卑尔根国际电影节
URL www.biff.no

11月上旬　奥斯陆
奥斯陆国际音乐节
URL www.osloworld.no

12/10　奥斯陆
诺贝尔和平奖颁奖仪式
URL www.nobelprize.org

※ 日期每年可能会有不同。参加的时候请提前咨询确定。

国内交通

挪威拥有覆盖全境的长途巴士以及以奥斯陆为中心呈放射状延伸到国内各地的铁路。如果将两者巧妙地结合在一起，你就掌握了挪威国内交通的旅行窍门。特别是铁路沿线风光秀丽，能够尽享车窗美景。开通火车的地方乘坐火车，没有开通火车的城市间的交通就靠乘坐巴士来解决，两者搭配，可以制定出完美的旅行线路。由于前往拉普兰等北部地区非常耗时，因此建议乘坐从斯德哥尔摩出发的国际卧铺列车，或者乘坐飞机。

飞机

SAS 以及其系列公司——维德勒航空（Widerøe）（WF）等航空公司的航线几乎覆盖了挪威全境。维德勒航空公司在西部的峡湾地带以及拉普兰地区有很多航班。此外，挪威航空公司（Norwegian Air Shuttle）（DY）的机票价格非常便宜。需要说明的是，本书所刊登的前往各个城市的航班数量以及所需时间都是 SAS 航空公司提供的数据。

SAS

☎ 05400

URL www.flysas.com

维德勒航空

☎ 75-803568

URL www.wideroe.no

挪威航空公司

☎ 81-521815

URL www.norwegian.no

铁路

挪威铁路（Norges Statsbaner）（NSB）自 1850 年铺设以来，运营着连接南北的线路。它以奥斯陆为中心呈放射状延伸着，但是连接城市之间的列车很少。虽然由于地势险峻，挪威没有速度特别快的列车，但是正好可以借此好好欣赏沿途美丽风景的线路却不少。奥斯陆～卑尔根之间的线路叫作卑尔根特快 Bergen Express，它游走在险峻的山岳地带以及峡湾之间，是众多旅行者憧憬的线路之一。此外，挪威境内还有一些私营铁路，例如连接米达尔与弗洛姆的弗洛姆铁路（Flåmsbana）等线路。

顺便讲一下，奥斯陆并没有直达挪威最北部的火车站——纳尔维克车站的列车。这是因为有一条从瑞典的基律纳延伸到纳尔维克的铁路线。这条线路最初是为了运输基律纳出产的铁矿石而建的国际线路。所以，从奥斯陆出发乘坐国内火车到达的挪威最北边的车站是博德站。

连接近郊城市的近郊列车

列车上的座椅坐起来很舒适

关于订票

列车时刻表上有 R 标志的列车都可以预订。夏季乘客比较多，提前预订车票会比较好。车票预订的受理时间为乘车日前三个月到出发之前。

■ 教你看懂指定座席的火车票

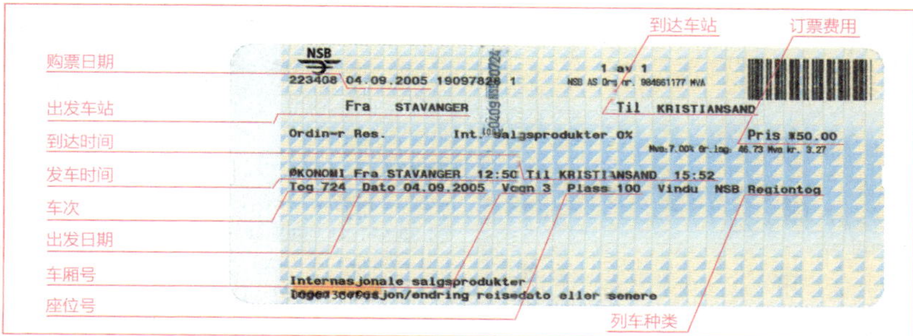

NSB
1 av 1
223408 04.09.2005 19097828 1 NSB AS Org nr. 984661177 MVA
Fra STAVANGER Til KRISTIANSAND
Ordin-r Res. Int. Salgsprodukter 0% Pris ¥50.00
Mva:7.00% Gr.lag 46.73 Mva kr. 3.27
ØKONOMI Fra STAVANGER 12:50 Til KRISTIANSAND 15:52
Tog 724 Dato 04.09.2005 Vogn 3 Plass 100 Vindu NSB Regiontog
Internasjonale salgsprodukter
...sjon/endring reisedato eller senere

查询列车时刻

火车站都放有按线路分类的火车时刻表，可供查询。由于挪威通用英语，所以也可以在售票处咨询列车信息。

购票

在中国购买

可以在挪威铁路的网站上在线预订，换乘手续需在当地售票处、售票机或列车上办理。

在当地购买

购票时一定要先从柜台旁边的专用机器里面取一张排号的票。等到电子显示板上出现自己的号码或者听到广播呼叫自己的号码时，前往指定柜台，向工作人员说明目的地、发车时间、车次等信息。

如果是奥斯陆中央车站，在中央大厅的售票处购票即可。此外，如果已经决定乘车线路的话，无须排队，使用设置在附近的数量众多的售票机即可购票，十分便捷。网上预约的票也可以在这里取票。

折扣优惠

在特定的城市之间，有一种名为 Minipris 的打折车票，可以在自动售票机或者网上买到。由于设置的条件很多，买票时要确认好。最低票价为 249NOK~。67 岁以上老人和儿童，票价优惠 50%，学生优惠 25%。

主要的列车种类

■长途特快 Regiontog

连接距离较远的主要城市的特快列车。车辆多种多样，既有连接奥斯陆和卑尔根的摆式新型列车 BM73，也有旧式车辆。根据线路提前预订一下比较好。

■ 城郊列车

连接地方上的小城的列车。在奥斯陆、卑尔根、斯塔万格、特隆赫姆等大城市的周边都能看到它们的身影。

挪威铁路

☎ 81-500888（预约）

再拨 9 的话，可以接通讲英语的话务员。

URL www.nsb.no

预约费用

预约指定座席的话，除票款外需要额外支付预约费。

奥斯陆出发的区间票价（二等座）

奥斯陆～卑尔根	865NOK
奥斯陆～博德	1595NOK
奥斯陆～斯塔万格	968NOK

巴士

挪威有数量众多的巴士公司，其中有运营着从南部到中部线路以及国际巴士的 NOR-WAY Bussekspress 公司，也有往返特罗姆瑟周边线路的 Cominor 公司等 NOR-WAY Bussekspress 公司的系列公司，还有其他的地方巴士公司，等等。巴士抵离站全部相同，各巴士公司的乘车费用也没有变化。在拉普兰德以北、北角周边地区有当地的巴士公司 Boreal Transport 在运营。由于中部的特隆赫姆和博德之间没有巴士运行，所以没有前往拉普兰的直达巴士。不过，有一条从拉普兰的卡拉绍克发往芬兰的巴士线路。

此外，冬季的拉普兰地区情况特殊，要特别注意。那里会发生诸如巴士班次减少、洪宁斯沃格～北角之间必须预订车票、由于天气原因导致长时间晚点以及停运等情况。

时刻的确认和购票

巴士站内有售票处，可以直接购票。里面放置着巴士时刻表，不妨在详细确认之后再购票。如果是小城镇，有的地方没设售票处，可以告诉司机想去的地方，然后直接从司机处买票。类似这样的地方，车站会张贴巴士时刻表，从酒店也可以拿到时刻表。

NOR-WAY Bussekspress 巴士公司

☎ 81-544444 URL www.nor-way.no

Cominor 巴士公司

☎ 40-554055 URL www.cominor.no

Boreal Transport 巴士公司

☎ 05798 URL www.boreal.no

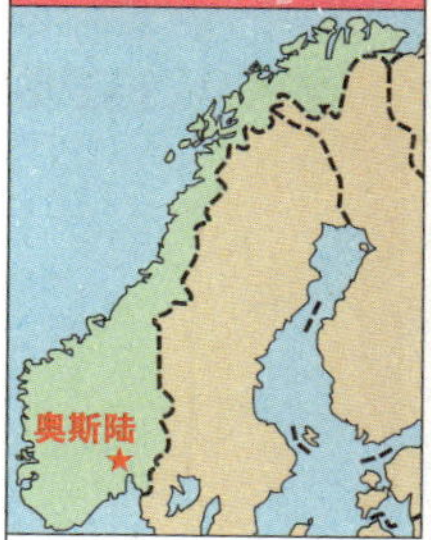

奥斯陆 *Oslo*

船无声地进入奥斯陆峡湾之中。峡湾波澜不惊，水面上倒映着美丽的森林和点缀其间的白色别墅。挪威首都奥斯陆位于距离外海 100 公里左右的峡湾深处，是一座绿意盎然的安静港口城市。乘船驶入峡湾尽头，才恍然大悟般意识到这里是堂堂的一国之都。

奥斯陆的历史始于 1050 年，当时挪威最后一位海盗国王哈拉尔·哈德拉德（Harald Hårdråde）在这里建立了城市。1066 年，哈拉尔国王在远征英吉利的途中战死。这一年也标志着挪威彻底终结了长达约 200 年的海盗历史。如今，描绘哈拉尔国王战死沙场的绘画作品——《斯坦福桥之战》依然展示在奥斯陆市政厅二楼的墙壁上。1299 年，奥斯陆正式成为挪威的首都，发展得十分顺利。但是，从 1624 年 8 月 17 日开始持续燃烧了三天三夜的大火，毁掉了大半个城市。在这样的情况下，丹麦国王克里斯蒂安四世对当时处于丹麦统治之下的奥斯陆进行了大规模的重建。

在重建后，奥斯陆的市中心被迁到了自东奥斯陆以西约 3 公里的阿克什胡斯堡附近，同时为了再次发生火情时能够有效地控制火势蔓延，重建时将街道拓宽了 15 米。不仅如此，城市的名称也被改为克里斯蒂尼亚（Christiania）。1877 年，这个名字又变为 Kristiania，1925 年 1 月 1 日再次变回奥斯陆，其间经历了约 300 年。在奥斯陆大教堂的前面，矗立着克里斯蒂安四世的铜像。他从阿克什胡斯堡上手指大地，仿佛在命令人们“将城市搬到这里来”。

夕阳西下，暮鼓时分的阿克什胡斯堡

红砖砌成的奥斯陆市政厅，这里也是举办诺贝尔和平奖颁奖仪式的地方

Map p.158-A4
人口：658849
长途区号：无
挪威信息网站
URL www.visitnorway.com
奥斯陆信息网站
URL www.visitoslo.com

关于长途区号

挪威没有长途区号。在国内，无论从哪里往哪里打电话，都是直接拨打对方的 8 位数字的电话号码。

展示着蒙克作品的国家美术馆

A
B
1
2
3
4
至霍尔门科伦滑雪跳台&滑雪博物馆
Holmenkollbakken Ski Jump & Skimuseum P.201
Borgen
Sørkedalsveien
Vestre Gravlund
Skøyenveien
Majorstuen
维格兰雕塑公园（弗洛格纳公园）
Vigelandsparken(Frognerparken)
人生柱
愤怒的小孩雕像
奥斯陆市立博物馆
Oslo Bymuseet
维格兰美术馆
Vigeland-museet
Middelthunsgade
Majorstuveien
Bogstadveien
Industrigata
Sporveisgata
Suhms gate
Pilestredet
"专属"挪威
Pur Norsk
Kirkeveien
Hegdehaugsveien
Gustav Vigelandsvei
Halvdan Svartesgate
Gyldenløves gate
Frognerveien
Løvenskiolds gate
Briskebyveien
Holtegata
Uranienborgveien
至海妮·昂斯塔德美术馆
Henie Onstad Kunstsenter
Drammensveien
Nobels gate
Frogner
阿尔宾和塞西莉咖啡馆商店
Albin & Cecilies Kafé og Butikk
Elisenbergveien
佐藤日本料理餐厅
Japanese Dining Sato
Parkveien
Colbjørnsensgate
王宫
Det Kongelige Slottet
Bygdøy Allé
西格那蒂伦
Signaturen
Kokkeløren餐厅
Juels gate
Niels Juels gate
Henrik Ibsens gate
红十字医院
Røde Kors Klinikk
Gabels gate
大学图书馆
Universitetsbiblioteket
加贝尔胡斯克拉里奥精选酒店
Clarion Collection Hotel Gabelshus
Observatoriegata
Munkedamsveien
Dronning Blancasvei
Wedelsvei
比格迪奥斯卡礼堂
Bygdøy Oscarshall
Oscarshallveien
彩色航线轮渡码头
Museumsveien
Strømsborgveien
挪威民俗博物馆
Norsk Folkemuseum
德隆宁根栈桥
Dronningen
海盗船博物馆
Vikingskipshuset
Huk Aveny
Bygdøy Kapellvei
"康蒂基"号博物馆
Kon-Tiki museet
"前进"号博物馆
Frammuseet
前往比格迪的轮渡航线
比格迪地区
Bygdøy
Langviksveien
Løchenveien
Bygdøynesveien
挪威海洋博物馆
Norsk Maritimt Museum
Fredriksborgveien
国际轮渡航线
国际轮渡航线
国际轮渡航线
步行街
有轨电车线路
奥斯陆
Oslo
N
0
500m
至基尔Kiel
至哥本哈根
至腓特烈港

至奥斯陆加勒穆恩国际机场
Oslo Gardermoen International Airport
医院
Diakonissehusets Sykehus
学校
Veterinærhøgskole
斯坦公园
Stensperken
圣汉斯公园
St. Hanshaugen
Bislett
旧阿克教堂
Gamle Aker Kirke
墓地
Gravlund
奥斯陆食品大厅
Mathallen Oslo
蒂姆·温德柏咖啡馆
Tim Wendelboe
蒙克少年时代故居
博柏特
Probat
Grünerløkka
蒙克的公寓
恐龙蛋咖啡馆
Egget Kafe
Carl Berners plass
Tøyen
动物学博物馆
Zoologisk Museum
地质学博物馆
Mineralogiskgeologisk museum
植物园
Botanisk Hage
蒙克美术馆
Munch-museet
Hammersborg
图书馆
Deichmanske bibliotek
急救医院
Oslo komm. Legevakt
Nationaltheatret
议会大厦
Stortinget
奥斯陆市政厅
Rådhuset i Oslo
奥斯陆大教堂
Oslo Domkirke
Jernbanetorget
奥斯陆中央车站
Oslo Sentralstasjon
Grønland
前往比格迪的轮渡码头
斯泰纳航线轮渡码头
DFDS航运公司轮渡码头
フェリー
奥斯陆市中心p.170～171
《呐喊》纪念碑
艾克伯格
Ekeberg

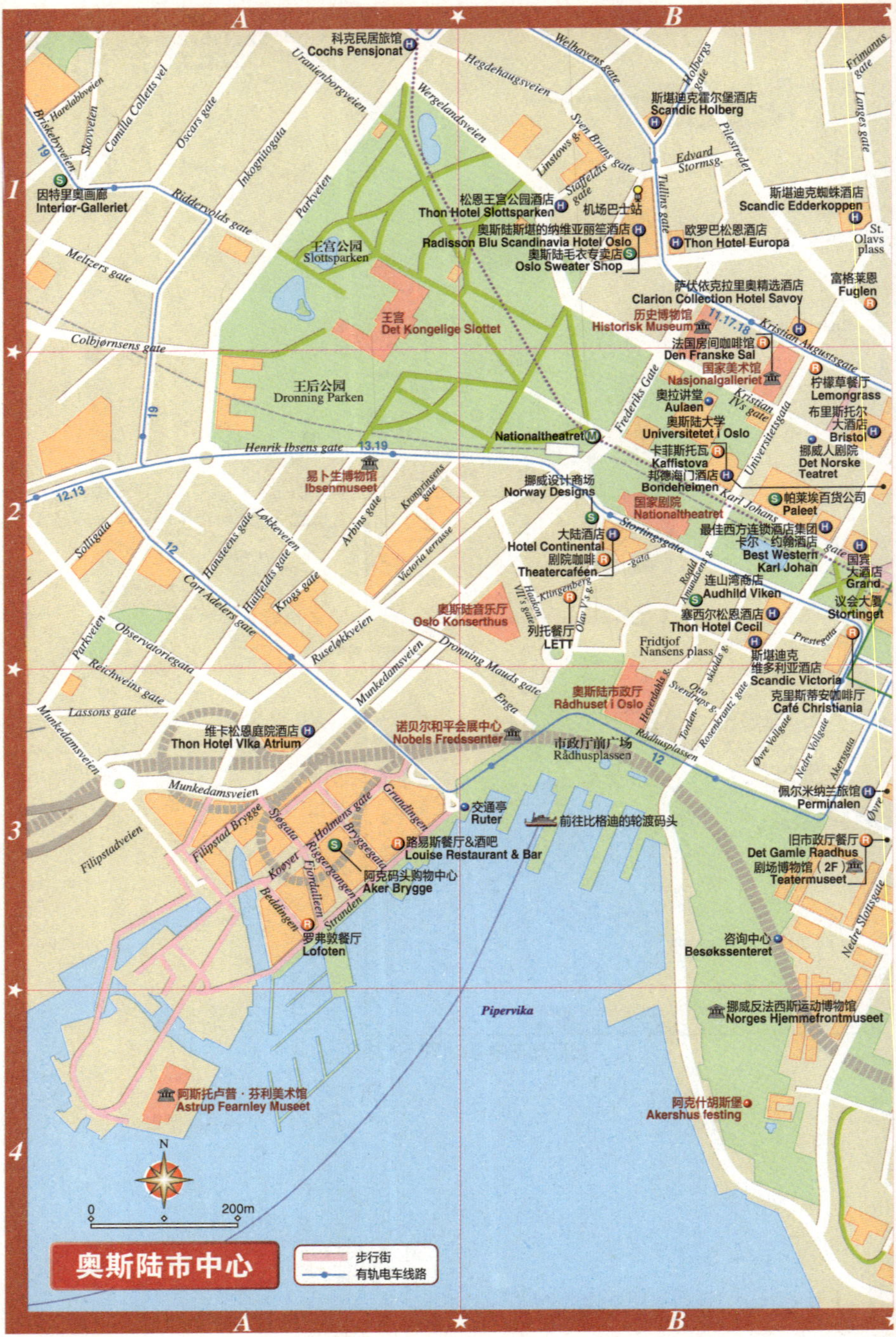
A
B
1
2
3
4
科克民居旅馆
Cochs Pensjonat
斯堪迪克霍尔堡酒店
Scandic Holberg
因特里奥画廊
Interiør-Galleriet
松恩王宫公园酒店
Thon Hotel Slottsparken
机场巴士站
奥斯陆斯堪的纳维亚丽笙酒店
Radisson Blu Scandinavia Hotel Oslo
奥斯陆毛衣专卖店
Oslo Sweater Shop
欧罗巴松恩酒店
Thon Hotel Europa
斯堪迪克蜘蛛酒店
Scandic Edderkoppen
王宫公园
Slottsparken
萨伏依克拉里奥精选酒店
Clarion Collection Hotel Savoy
富格莱恩
Fuglen
王宫
Det Kongelige Slottet
历史博物馆
Historisk Museum
法国房间咖啡馆
Den Franske Sal
国家美术馆
Nasjonalgalleriet
柠檬草餐厅
Lemongrass
王后公园
Dronning Parken
奥拉讲堂
Aulaen
奥斯陆大学
Universitetet i Oslo
布里斯托尔大酒店
Bristol
Nationaltheatret
卡菲斯托瓦
Kaffistova
挪威人剧院
Det Norske Teatret
易卜生博物馆
Ibsenmuseet
挪威设计商场
Norway Designs
邦德海门酒店
Bondeheimen
国家剧院
Nationaltheatret
帕莱埃百货公司
Paleet
大陆酒店
Hotel Continental
最佳西方连锁酒店集团卡尔·约翰酒店
Best Western Karl Johan
剧院咖啡
Theatercaféen
国宾大酒店
Grand
连山湾商店
Audhild Viken
议会大厦
Stortinget
奥斯陆音乐厅
Oslo Konserthus
塞西尔松恩酒店
Thon Hotel Cecil
列托餐厅
LETT
斯堪迪克维多利亚酒店
Scandic Victoria
奥斯陆市政厅
Rådhuset i Oslo
克里斯蒂安咖啡厅
Café Christiania
维卡松恩庭院酒店
Thon Hotel Vika Atrium
诺贝尔和平会展中心
Nobels Fredssenter
市政厅前广场
Rådhusplassen
佩尔米纳兰旅馆
Perminalen
交通亭
Ruter
前往比格迪的轮渡码头
路易斯餐厅&酒吧
Louise Restaurant & Bar
旧市政厅餐厅
Det Gamle Raadhus
剧场博物馆（2F）
Teatermuseet
阿克码头购物中心
Aker Brygge
罗弗敦餐厅
Lofoten
咨询中心
Besøksenteret
Pipervika
挪威反法西斯运动博物馆
Norges Hjemmefrontmuseet
阿斯托卢普·芬利美术馆
Astrup Fearnley Museet
阿克什胡斯堡
Akershus festing
Henrik Ibsens gate
Karl Johans gate
Stortingsgata
Dronning Mauds gate
Munkedamsveien
Ruseløkkveien
Cort Adelers gate
Observatoriegata
Colbjørnsens gate
Riddervolds gate
Wergelandsveien
Hegdehaugsveien
Uranienborgveien
Parkveien
Frederiks Gate
Universitetsgata
Kristian Augusts gate
Filipstadveien
Munkedamsveien
Stranden
Bryggegata
Holmens gate
Fjordalleen
Nedre Slottsgate
N
0
200m
步行街
有轨电车线路

奥斯陆市中心

C
D
1
2
3
4
蒙克之墓（纪念墓地）
挪威手工艺博物馆
Kunstindustrimuseet
圣奥拉夫教堂
St. Olavs kirke
北京饭店
Beijing House
蒙克松恩酒店
Thon Hotel Munch
图书馆
Deichmanske bibliotek
Hammersborg torg
满日本料理餐厅
Mitsu
挪威设计&建筑中心（DogA）
Norsk Design-og Arkitektursenter
斯卡帕商场
Skaperverket
安克酒店
Anker
安克青年旅舍
Anker Hostel
急救医院
Oslo komm. Legevakt
洛克餐厅
Lokk
越南房子
Viet Nam House
奥斯陆罗森克兰兹托恩酒店
Thon Hotel Rosenkrantz Oslo
市政府大楼
Regjeringskvartalet
海尔·尼尔森酒吧
Herr Nilsen
瓦勒伦加球迷酒吧
Bohemen
Youngs torget
捕鱼餐厅
Fiskeriet
米碗餐厅
Rice Bowl
斯尔咖啡
Cafe Sør
多弗莱哈伦餐厅
Dovrehallen
松恩总站酒店
Thon Hotel Terminus
奥斯陆光谱
Oslo Spektrum
Stortinget
Jernbanetorget
Grønland
奥斯陆丽笙世嘉酒店
Radisson Blu Plaza Hotel Oslo
34天空酒吧
34 Sky Bar
奥斯陆大教堂
Oslo Domkirke
卡尔·约翰街
Karl Johans gate
药店（24小时营业）
交通亭
Ruter
长途巴士站
（机场大巴乘车处）
旅游咨询处
奥斯陆中央火车站
Oslo Sentralstasjon
卡尔·约翰街周边地区
p.184
于禧年第一酒店
First Hotel Millennium
Christian Frederiks plass
格里姆斯·格伦卡第一酒店
First Hotel Grims Grenka
斯塔特霍尔德尔园餐厅
Statholdergaarden
电影博物馆
Filmmuseet
伯斯巴肯商务酒店
Comfort Hotel Børsparken
松恩会议酒店
Thon Hotel Opera
安格布雷特咖啡馆
Engebret Café
Bankplassen
挪威银行
Norges Bank
证券交易所
Børsen
森特伦旅舍
Sentrum Hostel
现代美术馆
Museet For Samtidskunst
歌剧院
Operahuset
Bjørvika
Bispevika
陆军博物馆
Forsvarsmuseet
第二码头
Utstikker 2
斯泰纳航线终点站
DFDS航线终点站
Ullevål Sveien
Damstredet
Fredensborgveien
Iduns gate
Maridalsveien
Brenneriveien
Nedre gate
Øvre gate
Korsgata
Markveien
Herslebs Gate
Wessels gate
Akersveien
Dops gate
Rosteds gate
Nordahl Bruns gate
Møllergata
Deichmans gate
Vestre Elvebakke
Østre Elvebakke
Leirfallsgata
Søndre gate
St. Olavs gate
Thor Olsens g.
Jess Carlsens g.
Maribroes Gate
Østerhaus' gate
Hausmanns gate
Akersgata
Keysers g.
Hospitalsgata
Youngs gate
Henrik Ibsens g.
Storgata
Apotekergata
Christian Krohgs gate
Akerselva
Brugata
Breigata
Møllergata
Torggata
Lybekkergata
Lille Grensen
Grensen
Nylandsveien
Grønland
Smålgangen
Stenersgata
Nygata
Biskop Gunnerus gate
Sonja Henies plass
Øvre Slottsgate
Nedre Slottsgate
Prinsens gate
Dronningens gate
Skippergata
Fred. Olsens gate
Strandgata
Kongens gate
Tollbugata
Rådhusgata
Kirkegata
Revierstredet
Myntgata
Glacisgata
Akershusstranda
Dronning Eufemias gate
Tomtekaia
Rostockergata
Kirsten Flagstads plass
Havneveien

从中国出发的航班
（→ p.528）
从北欧各国飞来的航班
（→ p.531）

奥斯陆加勒穆恩国际机场
Map p.169-D1 外
☎ 06400
URL www.avinor.no/flyplass/oslo

机场问询处
到达大厅
开 每天 24 小时　休 无

机场内的银行
出发大厅
营 周日 ~ 下周五　5:30~19:30
　周六　5:30~15:00
休 无
到达大厅
营 周一 ~ 周五　7:30~23:00
　周六、周日　9:00~23:00
休 无

机场特快列车
URL www.flytoget.no
机场→中央车站
运行 5:30~ 次日 0:50，间隔 10~20 分钟
中央车站→机场
运行 4:40~ 次日 0:00，间隔 10~20 分钟
费 180NOK（从自动售票机购票）
　大约运行 20 分钟。车次很多，十分方便。不能使用欧洲铁路通票等票证。

挪威铁路
☎ 81-500888（预约）
　再拨 9 的话，可以接通英语话务员。
URL www.nsb.no
运行 1 小时 1~2 班
费 92NOK~
　运行 23 分钟。可以使用铁路通票。

奥斯陆　抵达奥斯陆

乘飞机抵达

奥斯陆加勒穆恩国际机场（Oslo Gardermoen International Airport）位于奥斯陆北面约 50 公里处，是挪威的空中门户。虽然机场距离市区较远，但是可以乘坐直达市区的高速列车或大巴，地面交通舒适方便。

奥斯陆加勒穆恩国际机场 Oslo Gardermoen International Airport

设计方面别具风格的奥斯陆加勒穆恩国际机场

机场的一层是到达大厅，二层为出发大厅。建筑样式采用挪威特有的现代风格，在设计上十分注意与环境相协调。机场内不仅有银行、旅游咨询中心，还有商品种类丰富的商店、餐馆等设施，在这里可以尽情购物、享受美食，度过美好的时光。此外，由于到达大厅与出发大厅完全分开，设计上十分人性化，所以不用担心走错。

从机场前往市区的交通

■ 铁路

从机场到奥斯陆中央车站运行着叫作机场特快列车 Airport Express Train（Flytoget）的高速列车。除了周六、周日外，平时大多数时间每小时约 6 班，座位全部为自由席。乘客可以在自动售票机或是专用柜台（每张票收取 20NOK 的手续费）购票。

此外，挪威铁路 NSB 运行的 NSB Lokaltog 列车也在加勒穆恩国际机场停靠，也可以乘坐。车票可以在机场里的铁路售票处买到。

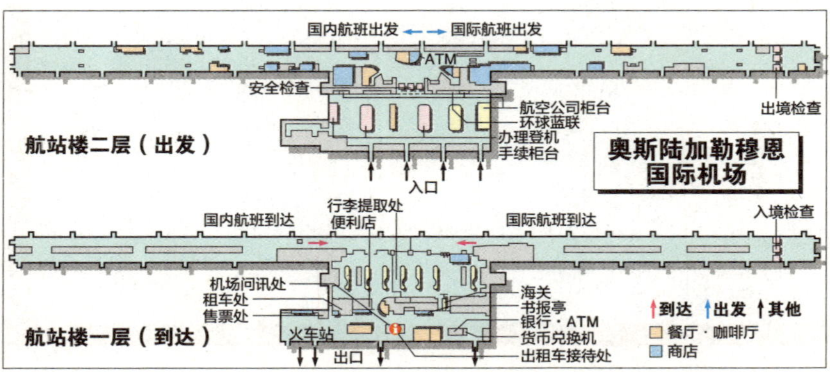

机场巴士

大件行李可以放在行李仓中，方便舒适

机场巴士（Airport Bus）（Flybussen），连接着机场和奥斯陆中央火车站南口处的长途巴士站以及奥斯陆斯堪的纳维亚丽笙酒店（Radisson Blu Scandinavia Hotel Oslo）（→p.195）。机场巴士发车地点位于机场到达大厅一楼，乘客在正面出口外的 11 号停车场乘车。车票既可以事先在网上预订，也可以向巴士司机直接购买。

出租车

出租车实行固定收费制度，车费因出租车公司以及目的地不同而有很大差别。虽然比公共交通工具贵很多，不过可以直达酒店，如果行李很多的话会比较方便。原则上无须另付小费。

乘坐火车抵达

所有国际、国内列车均到达奥斯陆中央火车站（Oslo Sentralstasjon）。出了车站便是奥斯陆的主要街道——卡尔·约翰大街。

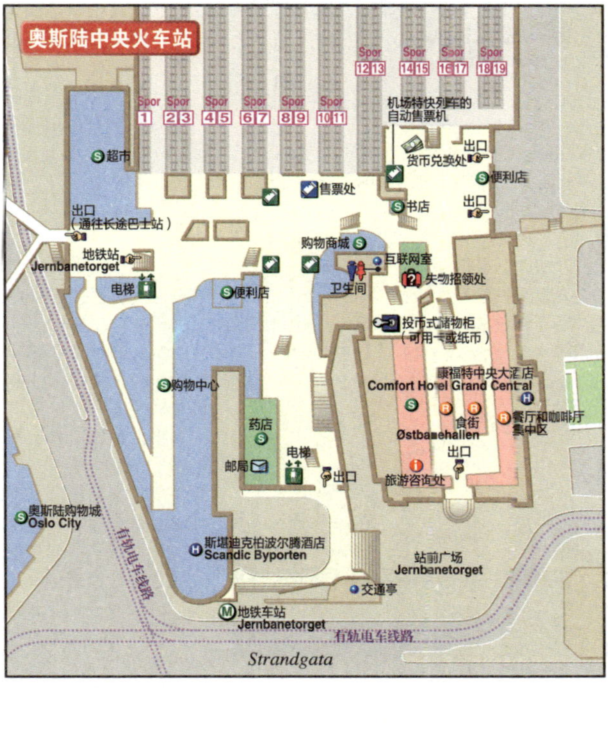

便捷的机场特快列车

机场巴士
☎ 4000-1166
URL www.flybussen.no

机场→市内
运行 周一～周五 5:20~次日 1:00
周六·周日 5:30~次日 1:00
间隔 20~30 分钟

市内→机场
运行 周一～周五 3:30~22:00
周六 3:30~21:30
周日 3:30~21:40
间隔 20~30 分钟
费 单程 180NOK
往返 275NOK
（网上订票的话，单程 150 NOK、往返 240NOK）
大约运行 45 分钟。

出租车
费 498~749 NOK（夜里及周末为 698~949 NOK）

来自北欧各国的火车
（→p.532）

预订火车票

奥斯陆中央火车站售票处位于车站正门的尽头，在这里可以预订或购买国内、国际的火车票。由于夏季前往峡湾的列车十分拥挤，一票难求，所以首先要在这里预订车票。即使持有欧洲铁路通票，也建议预约火车时刻表上有 R 标志的列车座位。要注意的是需要支付订票费。另外，还可以购买峡湾周游套票（NORWAY IN A NUTSHELL）（→p.236）等峡湾地区的周游车票，所以统筹安排，在这里统一购买比较好。此外，没有铁路通票的人士一定要注意，周六、周日火车票价格会上调。车站大厅里面设置了很多售票机，一般的车票在机器上也可以买到。

奥斯陆中央火车站
Map p.171-C · D3，p.184
售票处
营 周一～周五 6:30~23:15
周六 10:00~18:00
周日 10:00~18:00
休 无

中央火车站的货币兑换处

车站内除了设有若干处货币兑换处以外，位于一楼机场特快列车乘车处旁边的现金自动兑换机 24 小时提供服务。

中央火车站的邮局
营 周一～周五 9:00~18:00
周六 9:00~15:00
休 周日

车站内的食街

长途巴士站
Map p.171-D3
挪威特快巴士集团
☎ 81-544444
URL www.nor-way.no
斯维巴士公司
☎ 800-58444
（挪威国内）
URL www.swebus.se
从欧洲各国出发的主要巴士线路
（→p.530）
从北欧各国出发的主要巴士线路

从哥本哈根出发大约 9 小时，从斯德哥尔摩出发大约 8 小时。

从北欧各国出发的主要轮船航线
从哥本哈根出发

一天一班，大约需要 17 小时 15 分钟。
DFDS 航线
Map p.169-C4
哥本哈根
☎ 33-423010
URL www.dfdsseaways.com
从腓特烈港出发

一天一班，大约需要 12 小时。
斯泰纳航线
Map p.169-C4
☎ 23-179100
URL www.stenaline.com
从欧洲各国出发的主要轮渡线路
（→p.530）

奥斯陆中央火车站
Oslo Sentralstasjon

漫步奥斯陆，就从奥斯陆中央火车站走起

中央火车站共有两层，一层有挪威铁路的列车站台、机场特快列车的售票处以及抵离站台；二层位于桥上，有挪威铁路的售票处。此外，车站的地下部分与地铁的市场站（Jernbanetorget）相连。车站内设有旅游咨询处、货币兑换处、邮局、便利店、餐厅、酒吧等设施，非常方便。车站前面堪称市内交通的大本营，市内巴士以及有轨电车的始发站就设在那里。车站前面有交通亭（Ruter）。

乘坐巴士抵达

国内外巴士在这里出发和到达

长途巴士站位于奥斯陆丽笙世嘉酒店（Radisson Blu Plaza Hotel Oslo）（→ p.195）的里侧。无论国内长途巴士还是国际长途巴士都在这里抵离。另外，挪威国内最大的巴士公司——挪威特快巴士集团（NOR-WAY Bussekspress）运行着挪威国内大部分巴士线路，而斯维巴士公司（Swebus）则负责国际线路。

乘船抵达

国际航线轮船抵达奥斯陆的码头位于中央火车站南侧和阿克码头购物中心（Aker Brygge）（→p.209）的西南侧。中央火车站的 2 号码头——乌茨迪克 2（Utstikker 2）是 DFDS 船舶公司（DFDS Seaways）和斯泰纳线（Stena Line）的总站。Aker Brygge 的西南侧是彩色航线（Color Line）的总站。

城市中心停泊着大型轮船

来自哥本哈根和腓特烈港的轮渡在 2 号码头停靠，来自德国基尔（Kiel）的轮渡在彩色航线的总站停靠。彩色航线的总站处设有区间班车；2 号码头也设有巴士，它们都配合轮渡的抵离时间发车。

奥斯陆 市内交通

有轨电车、地铁、市区巴士和轮渡都是奥斯陆市内的公共交通工具。起点主要有国家剧院前的国家剧院站（Nationaltheatret）、议会大厦前的议会大厦站（Stortinget），还有中央火车站地下的铁路市场站。另外，国家剧院站和铁路市场站之间还开通了挪威铁路的列车。

价格和车票

在奥斯陆的市内交通工具中，无论是有轨电车还是巴士、地铁，全部采用区间计费制的统一票价。虽说路程越远收费越贵，不过奥斯陆的市区景点相对集中，所以游览时基本上只需付一个区间的费用（区间1）。单次票价为32NOK，可以在有轨电车站、地铁车站等处的售票机或者是交通亭、报亭（7-11、Deli De Luca、Narvesen 等便利店）买到。如果向有轨电车或巴士司机买票的话，需要另付20NOK的追加费用。能够反复使用的巴士IC卡被称为Reisekort（Travelcard），在交通亭或报亭可以买到。IC卡可以用于单次票、24小时票（24-timersbillett）、7日票（7dagersbilett），除零售店之外也可以在售票机上购买。使用巴士IC卡时，要刷一下车内或站内设置的读卡器。如果是24小时票、7日票，只刷第一次就OK了。单次票在1小时之内可以无限制地换乘各种公共交通工具。如果频繁乘车的话，还是使用24小时票或7日票以及奥斯陆通票（→p.178）更方便些。

首先收集一下市内交通的信息吧

了解市内交通信息，请前往交通亭咨询

奥斯陆中央火车站下面有一座交通亭（Ruter），不仅提供关于市内交通方面的信息咨询服务，还销售各种车票和通票。在这里游客还可以免费获取市内交通的时刻表、线路地图等资料。来到这里，需先在入口处领一张排号单，然后等待叫号。阿克码头购物中心前面也设有一个交通亭办事处。

交通亭

URL ruter.no

奥斯陆中央火车站前

Map p.171-C3、p.184

开 周一～周五 7:00~20:00
周六、周日 8:00~18:00

休 无

阿克码头购物中心前

Map p.170-B3

开 周一～周五 7:00~19:00
周六 9:30~18:00

休 周日

车票价格

单次车票（1个区间）

费 32NOK
（在交通亭、报亭、自动售票机购得）
50NOK
（向司机购买）

24小时车票 费 90NOK

7日车票 费 240NOK

不要无票乘车

奥斯陆市内的各种交通工具都实行途中随机查票制度。如果发现乘客无票乘车，或者通票、次数票上没有打印时间、次数，会处以950NOK（当时没有现金，事后再付的话，需付1150NOK）的罚金。

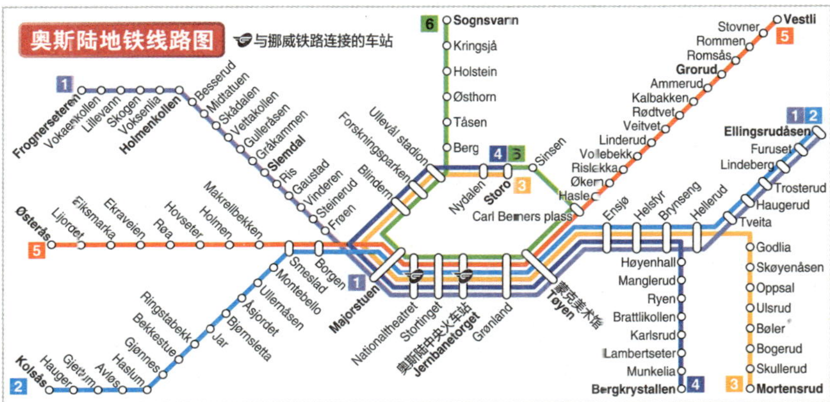

有轨电车 Trikken

有轨电车已经成为市民和旅游者便捷的交通工具

有轨电车的线路在市内纵横交错。车辆数量众多，车次时间准确，前往市内景点参观游览时乘坐有轨电车非常便捷。共有 6 条线路，分别是 11 路、12 路、13 路、17 路、18 路、19 路。虽然车辆停靠的站点都有车内广播，但是由于很难听懂，所以最好还是在线路图上确认自己所处的位置，再上下车。如果有所担心，不妨将下车地点告诉司机，拜托司机提醒自己。有前后两个车门。乘车时没有车票的话，从前门上车，向司机买票。使用已经打印换乘或乘车时间的 1 日票以及奥斯陆通票等各种通票时，可以从后门乘车。要下车时，需要按装在车内柱子上的红色按钮来通知司机。停车后，按一下后门附近的黄色按钮，门就打开了。

地铁 T-Banen

地铁车站的招牌

地铁共有 5 条线路，从 2016 年 4 月起线路号码以及线路都发生了变更。在奥斯陆市中心地带车站很少，基本发挥不了作用，如果前往稍微远一些的地方，乘坐地铁还是很便捷的。地铁车站都设有 T 标志的站牌。所有车站都停靠，地铁车厢的门全部为自动开闭。地铁不设检票口，可以直接进入候车室。但是，如果查票时，被发现没有有效车票的话，则会被处以罚金。

市区巴士 Busslinjene

市区巴士非常发达，事实上市内布满了巴士线路。出发前，去售票处问清车辆编号及发车时间即可。车内实时显示下一个站名，只要预先查好距离目的地最近的车站再下车，就几乎不会出错。巴士的乘降方式与电车相同。

轮渡 Batene

轮渡仅在夏季通航，它们一般从市政厅前广场（Rådhusplassen）和阿克什胡斯堡内侧的码头出发。从市政厅前广场出发的轮渡，开往海盗船博物馆和前进号博物馆所在的比格迪地区（Bygdøy）。乘坐巴士也可以前往比格迪地区，不过还是建议一边眺望奥斯陆峡湾的无限美景一边乘坐轮渡前往。船票在码头的售票处有售。

出租车 Taxi

奥斯陆街上没有流动的出租车空车，乘坐出租车时，或者前往出租车乘车点乘坐，或者打电话订车。收费实行打表制，但还是事先确认好到达目的地的金额为好。深夜时乘坐，会产生增加的费用。

有轨电车

运行 线路不同，运营时间也略有差异。一般情况，周一~周五 5:30~ 次日 0:00 左右，周六、周日 6:30~ 次日 0:00 左右，每班车间隔 15~20 分钟。

地铁

运行 线路不同，运营时间也略有差异。一般情况，6:30~次日 0:00 左右，每班地铁间隔 15~30 分钟。

Helsfyr~Bergkrystallen 之间的一号线只在周一 ~ 周五 7:00~19:00 运行。

地铁车票的购票方法

乘客可以在车站内的自动售票机购票。购票时，先选择有无 IC 卡，之后再选择车票种类。最后选定要前往的地点（区间）。一按按钮，就会显示金额，此时用硬币或信用卡支付即可。已经持有 IC 卡，要支付前往“区间 2”的追加费用时，请选择“Top up your travelcard”一栏，再选择“Additional ticket”。

市区巴士

运行 线路不同，运营时间稍有不同。基本在 5:30~ 次日 0:30 左右。一般来说每班车间隔 15~30 分钟，也有间隔 60~120 分钟一班的情况。

夜班车

31 路、37 路巴士每天 24 小时运行，其他线路的巴士只在周五、周六晚上有夜班车。

记住巴士乘车点，巧用乘车规则

轮渡

运行 3/18~10/16 的运营时间为 9:55~17:25（5/1~10/1 为 8:55~18:25），每班间隔 20~30 分钟。

费 单程 40NOK（船上买票的话需付 60NOK）

往返 60NOK

（可以持奥斯陆通票乘船）

海盗（维京人）

说起北欧，首先浮现在人们脑海里的难道不应该是“维京”海盗吗？

所谓“维京海盗”，指的是8~11世纪，在从欧洲到北美这样一个广阔的区域里进行远征，不断掠夺和侵略的集团。当时，丹麦、挪威和瑞典的国境线还很模糊，以这些北欧地区为大本营的北日耳曼人通用古诺尔斯语。他们拥有先进的造船技术和非凡的战斗力，所到之处所向无敌。北日耳曼人攻城略地时使用的大型海盗船船长30米以上，可以容纳30~40人。每个战队由50~60艘这样的战船组成，一起发动进攻。船速在当时也具有划时代的意义。他们使用的文字被称为如尼文字，时至今日，在海盗遗址或博物馆里还能够看到这些残存在金属、石碑上的如尼文字。关于海盗的挪威语“维京（Viking）”这个称呼的来源，有各种说法。其中最能站住脚的一种解释是来源于VIK，即海湾的意思。Viking一词从9世纪开始被广泛使用，在古诺尔斯语中是“海洋远征”的意思。

海盗们的侵略路径，涉及东西南北各个方向，范围极广。他们以英国和冰岛为开端，西至格陵兰岛和北美，南抵法兰西、西班牙、非洲，东达俄罗斯甚至中东地带，极为猖狂。海盗们第一次发动远征是在739年。当时，挪威海盗们发动突袭，侵入位于英格兰东岸海面的林迪斯法恩修道院。之后，他们按照出生地不同分裂为三个国家，挪威、丹麦和瑞典。其中，丹麦和挪威的海盗向西进发，瑞典海盗则向东挺进，进攻路径完全不同。挪威海盗不断侵入冰岛、爱尔兰、法兰西、葡萄牙、西班牙，甚至攻入非洲大陆。但是，到了10世纪末期，海盗王们开始接受基督教方面的宗教理念，丹麦和挪威成为受基督教教化的国家。加上从远征地区归来的海盗也变得很少，定居在其他国家的海盗们渐渐融入了当地人的生活。于是，海盗的时代终结了，海盗也渐渐销声匿迹了。

作为侵略者的海盗在欧洲各地令人望风而逃，但他们既是侵略者，同时也是优秀的航海家，另外也是发现格陵兰岛和美洲新大陆的探险家。他们发现美洲大陆的时间是10世纪，比哥伦布足足早了5个世纪。

在海盗的活动画上句号的时候，英格兰形成了统一的王权国家，开始向中世纪欧洲国家的方向挺进。海盗们所开辟的通商航路，被后来的汉萨同盟继承，变成了一条条商业航线。不容置疑的是，海盗活动给整个欧洲大陆的历史进程带来了巨大的影响。

在比格迪的海盗船博物馆里，陈列着海盗船实物

奥斯陆 漫 步

奥斯陆大教堂和克里斯蒂安四世铜像

奥斯陆三面环山，南面面对奥斯陆峡湾，是一座自然风光旖旎的城市。作为一国之都，它不算大，而对于旅游者来说，却是一座游览起来十分方便的城市。不仅旅游景点相对集中，有轨电车、地铁等交通设施纵横交错、十分完备，从一个地方前往另一个地方非常方便。特别是市中心的有轨电车，仿佛一张渔网，纵横交织，如果巧妙地使用好单日车票，不用花费其他交通费就可以在市内好好逛逛。

奥斯陆旅游的出发地点是奥斯陆中央火车站，这里也是来自国内外的列车的抵离车站，还是有轨电车、地铁、巴士等交通工具停靠的地方。由此向西，一直延伸到王宫入口的卡尔·约翰街的周边是这座城市最繁华的地区。大街东侧 2 公里处的中央火车站周边，云集着百货商店、购物中心等商业设施。大街的尽头是王宫，王宫西侧剧院和美术馆等文化设施鳞次栉比。首先慢慢地步行在这条大街上，了解一下城市氛围和地理状况吧。

从奥斯陆中央火车站出发前往王宫的途中，路左侧稍微向里即是气势宏伟的奥斯陆市政厅大楼。市政厅大楼面向奥斯陆峡湾，南面是市政厅前广场，广场与阿克码头购物中心（→ p.209）相连，是市民们休闲娱乐的场所。到了夏季，广场即是开往对岸比格迪地区的轮渡的起点和终点码头。

比格迪地区是从奥斯陆西侧突出的一个小小的半岛。在狭窄的空间里汇集了一家家美术馆、博物馆，在这里可以接触到挪威的历史和文化。

如果前往郊外的其他景点，基本上乘坐地铁或市区巴士就可以很简单地解决交通问题。只要不搞错乘车地点，就不会迷路，所以远行的时候，在交通亭确认好巴士的抵离地点后再出发，会更放心。

奥斯陆也有像歌剧院这样的近代建筑的代表作

WHAT'S ON OSLO

这是一种月刊小册子，可以在旅游咨询处或酒店免费获取。除了介绍旅游观光信息之外，在活动介绍方面也有丰富的内容。

奥斯陆通票
OSLO Pass

奥斯陆通票是一种优惠卡，持卡者可以免费乘坐奥斯陆市内的公共交通工具，免费参观主要的博物馆以及美术馆，参加市内旅游团、租车或是在指定的商店、餐厅消费时享受折扣优惠等。

除了在旅游咨询处购买以外，市内的主要住宿设施、露营地、奥斯陆中央火车站前的交通亭都可以买到奥斯陆通票。

费 24 小时通票 335NOK
48 小时通票 490NOK
72 小时通票 620NOK

Use-It Oslo
Map p.184

这里是以年轻人为服务对象的旅游咨询处。在这里可以咨询奥斯陆的旅游信息，还可以寄存行李、免费上网以及免费获取面向年轻人的游览地图。另外，这里关于便宜住宿设施的信息也很丰富

住 Møllergata 3
URL www.use-it.no
开 8 月
周一～周五 10:00~17:00
周六 12:00~17:00
9 月～次年 7 月
周一～周五 11:00~17:00
周六 12:00~17:00
休 周日

这里总是有很多背包客，十分热闹

奥斯陆的旅游咨询处 ℹ

旅游咨询处的工作人员会讲英语，态度十分亲切

奥斯陆的旅游咨询处位于奥斯陆火车站里面（Østbanehallen）。需要进去咨询的时候，从柜台附近的排号机里取一张排号券，然后按顺序等待叫号。在旅游咨询处游客不仅可以免费获取奥斯陆市内地图、以 *WHAT'S ON OSLO* 为代表的小册子以及介绍节庆活动的月刊杂志等旅游资料，还可以咨询各种各样的问题。另外，提问时，尽量避免提出诸如“我去哪里玩儿好啊”这样非常笼统、令服务人员难以回答的问题。提问时最好能涉及一些具体问题，比如，“去某某地方该怎么走”“某某博物馆什么时间开放”，等等。

奥斯陆的旅游咨询处 ℹ
Map p.171-C3，p.184
住 Jernbanetorget 1
☎ 81-530555
URL www.visitoslo.com
开 每天 9:00~18:00
休 无

从奥斯陆出发的旅行

在奥斯陆停留时间短的旅游者如果能够合理地选择旅行设施，就可以有效利用有限的时间。可以在主要酒店以及旅游咨询处预约旅游大巴。一般情况下，旅游大巴会来酒店接送客人。预约时要确认好集合时间和地点等信息。

■乘坐旅游大巴游览

乘坐奥斯陆城市观景大巴（City Sightseeing Oslo）进行游览比参加旅行团更为自由。这家旅游大巴在市内 19 处的停车点循环载客往返，是循环型巴士。游客持有 24 小时有效的车票，就可以自由上下车。观景巴士除了途经奥斯陆市政厅大楼、王宫、中央火车站等市内景点外，还前往维格兰公园、比格迪地区等地，十分方便。费用为 275NOK。

奥斯陆观景大巴
URL www.citysightseeing.no
举办 5~9 月
每天 10:00~16:30
每 30 分钟发一班车。
车票在车上购买。

乘坐起来十分方便的旅游大巴

■乘坐游船游览

观景船运公司（Båtservice Sightseeing）在夏季经营着乘坐游船游览奥斯陆峡湾的旅行线路。游览线路主要有两种，一种为迷你游，大约 1 小时 30 分钟，游船在奥斯陆港口周边航行；另一种为环绕奥斯陆峡湾的峡湾观景游（约需 2 小时，285NOK）。还有一些其他线路，旅游者可以根据自己的行程和喜好进行选择。游船从奥斯陆市政厅大楼南侧的码头出发。无须订票，可以在栈桥的售票处直接买票乘船。

观景船运公司
URL www.nyc.no
游览线路不同，通航时间也略有不同，所以请事先确认好行程。
凭奥斯陆通票可以享受 15% 的船票优惠。

奥斯陆实用地址一览表

中国大使馆	☎ 22-490570 FAX 22-920677	住 Tuengen Allé 2B，0244 OSLO，NORWAY
SAS	☎ 05400	
芬兰航空公司	☎ 81-001100	住 Lille Grensen 7
失物招领处（有轨电车、地铁、巴士）	☎ 22-085361	
奥斯陆警察局（失物招领处）	☎ 22-669050	住 Grønlandsleiret 44
警察、消防、急救车	☎ 112 ☎ 110 ☎ 113	
急救医疗服务（24 小时）	☎ 22-932293	住 Storgata 40

奥斯陆分区信息

A 奥斯陆中央火车站周边（→ p.184）

来自挪威国内各主要城市以及斯德哥尔摩、哥本哈根的火车都抵离奥斯陆中央火车站。站内设有旅游咨询处、银行、邮局等设施，非常齐全、方便。火车站周边云集着百货大楼、商店、酒店、餐厅等商业设施。站前有有轨电车以及市区巴士的乘车点、地铁车站，因此这里也是漫步市区的起点。

以中央火车站为起点，向西一直延伸下去，便是奥斯陆的主大街——卡尔·约翰街。大街北侧坐落着红褐色的奥斯陆大教堂。这座大教堂和议会大厦之间是一条步行街。夏天的时候，街头艺人和购物的人来来往往、川流不息。

可以在站前的交通亭咨询交通信息，十分方便

B 王宫周边（→ p.185）

从奥斯陆中央火车站向西延伸即是热闹的卡尔·约翰街，王宫所在的王宫公园（Slottsparken）就位于这条街的尽头。地铁国家剧院站就位于王宫公园的前面，地铁站周边汇集着国家剧院、奥斯陆大学等文化设施。

奥斯陆大学气派的礼堂

C 市政厅前广场周边（→ p.187）

奥斯陆市政厅是一座面向奥斯陆湾而建的大型建筑，其南侧的市政厅前广场，是市民和游客们的休闲娱乐场所。到了夏季，开往比格迪地区的轮渡都从这里出发。从市政厅前广场面向大海，左侧是富有趣味的阿克什胡斯堡，右侧是作为购物中心极具人气的综合商业设施——阿克码头购物中心（→ p.209）。使用了大量玻璃幕墙建造而成的这座大厦，采光效果极佳，从其崭新的设计上能够令人感受到北欧人那种对阳光的极度热爱和渴望。碰上好天气，在大厦前的木板人行道上散散步，一定会收获好心情。

奥斯陆峡湾和市政厅

D 比格迪地区（→ p.189）

奥斯陆西侧突出来的半岛被称为比格迪地区（Bygdøy），这里分布着数量众多、风格独特的博物馆。例如，挪威民俗博物馆、建筑本身也十分美丽的海盗船博物馆、康蒂基号博物馆、前进号博物馆以及挪威海洋博物馆等。如果逗留时间比较充裕的话，这里很值得花上一天时间慢慢地游览一番。从奥斯陆中央火车站出发乘坐 30 路巴士，大约 20 分钟就可以到达比格迪地区最靠里侧的康蒂基号博物馆和前进号博物馆的正门。夏季，从市政厅前广场的栈桥有轮渡发往比格迪地区，船程大约 15 分钟，途经德隆宁根栈桥（Dronningen）。轮渡规

模虽然不大，但是可以体验到在奥斯陆峡湾乘坐游轮观赏美丽风景的感觉。

占地面积广阔的挪威民俗博物馆

维格兰雕塑公园的人生柱雕像

郊外（→ p.192）

郊外有很多不能错过的景点。蒙克美术馆、维格兰雕塑公园、滑雪博物馆等，都是来到奥斯陆必去的经典景点。乘坐地铁或有轨电车前往郊外会比较方便。

One Day Sightseeing

奥斯陆 1日游精选线路

首先，要前往蒙克美术馆参观。之后，比格迪地区的博物馆也不可错过。巧妙利用好轮渡和有轨电车吧。

1 集中了艺术巨匠蒙克人生轨迹的 蒙克美术馆

参观 60 分钟

（→ p.192）

美术馆里收藏着艺术大师蒙克的大量作品，有绘画、版画、装饰品等，大约 25000 件。馆内设有一家时尚美丽的咖啡厅，气氛浪漫。

以蒙克绘画作品为装饰图案的纪念品集中摆放在一起

绿色环绕着玻璃幕墙的现代建筑物

2 文艺复兴风格的美丽建筑 阿克什胡斯堡

参观 60 分钟

（→ p.188）

阿克什胡斯堡是一座使用石材建造的厚重坚实的建筑，内部装修精美。从这里可以眺望到奥斯陆峡湾的美景。

大约花费 30 分钟，就可以放慢脚步参观阿克什胡斯堡内部

POINT

如果时间宽裕，不妨到卡尔·约翰街去购物，顺便转换一下心情。

Start!

1. 蒙克美术馆 Map p.169-D2
   - 乘坐地铁 15 分钟、乘坐有轨电车 5 分钟
2. 阿克什胡斯堡 Map p.170-B4
   - 步行 10 分钟
3. 奥斯陆市政厅 Map p.170-B3
   - 步行 1 分钟
4. 诺贝尔和平会展中心 Map p.170-B3
   - 乘坐轮渡（只限夏季）20 分钟
5. 挪威民俗博物馆 Map p.168-A3
   - 步行 10 分钟
6. 海盗船博物馆 Map p.168-A4
   - 乘坐轮渡（只限夏季）20 分钟、步行 15 分钟
7. 国家美术馆 Map p.170-B2
   - 乘坐地铁 10 分钟、步行 10 分钟
8. 维格兰雕塑公园 Map p.168-A·B~1·2

Goal!

3 拥有市民休憩广场的 奥斯陆市政厅

参观 30 分钟

（→ p.187）

奥斯陆市政厅是举办诺贝尔和平奖颁奖仪式的地方。大厅内装饰着一幅巨大的油画，是不容错过的艺术佳作。二楼也陈列着蒙克的绘画作品。

两座方形塔令人印象深刻

4 思考和平问题的博物馆 诺贝尔和平会展中心

参观 20分钟

（→p.187）

为了使游客易于理解，中心通过采用最新数字技术进行展示和举办活动的方式介绍人类所从事的和平活动。

可以看到历任获奖者肖像的一角

这里排列着从挪威各地搜集来的旧式民居

5 向现代人展示过去的生活状况 挪威民俗博物馆

参观 60分钟

（→p.189）

馆内除了土质结构的古代民居以外，还有关于北欧特有的木质教堂和居住在拉普兰的原住民——萨米人的生活习俗的展览。

6 眼前浮现出壮硕的古罗马人 海盗船博物馆

参观 30分钟

（→p.190）

博物馆里最大的看点是在峡湾发掘的海盗船实物——“乌瑟贝格”号和“戈克斯塔德”号。

夏天的时候，可以乘坐轮渡来这里参观

7 蒙克代表作《呐喊》就在这里 国家美术馆

参观 60分钟

（→p.185）

这里的藏品种类极多，范围很广，有绘画、雕刻等。蒙克的代表作《呐喊》和《青春期》是不可错过的艺术精品。

这里有很多藏品

One Day Sightseeing

8 被雕刻艺术精品环抱的美丽公园 维格兰雕塑公园

参观 30分钟

（→p.192）

公园内展示着200余件雕塑精品，其中最著名的就作为公园象征的作品——人生柱。在这里人们可以放慢脚步，尽情欣赏一件件雕刻艺术品，陶醉在艺术世界里。

位于公园西端的雕塑作品——《生命之环》

公园里的代表性作品——《愤怒的小孩》

长时期的修复工程告一段落，游客们可以参观大教堂的内部了

奥斯陆大教堂

住 Karl Johans gate 11
☎ 23-629010
URL www.oslodomkirke.no
开 周六～下周四 10:00~16:00
周五 16:00~次日 6:00
（不同时期情况有所差异）
休 无
费 无

奥斯陆 主要景点

奥斯陆中央火车站周边

奥斯陆大教堂

Map p.171-C2，p.184

Oslo Domkirke

奥斯陆大教堂建于 1697 年，是挪威国教基督教信义宗的大本营。教堂在 19 世纪中期经历了两次大规模的修复工程，变成了如今的模样。祭坛和管风琴周围的装饰品仍然保持着初建时的原状。此外，教堂里彩绘玻璃的设计出自艾玛努埃尔·维格兰（Emanuel Vigeland）之手，他是作为维格兰雕塑公园（→ p.192）名字来源的著名雕塑大师古斯塔夫·维格兰（Gustav Vigeland）的弟弟。1936~1950 年间创作的彩色浮雕画色彩柔和，十分美丽。教堂里还有一件不容错过的艺术品，就是一架配有 6000 根琴管的管风琴。

卡尔·约翰街

Map p.170-B2~p.171-C3，p.184

Karl Johans gate

卡尔·约翰街连接着奥斯陆中央火车站和王宫，是奥斯陆的主大街。街道全长约 2 公里，步行约需 30 分钟。从奥斯陆大教堂到议会大厦是步行街，每到夏季或周末，街头就会涌入进行艺术表演的街头艺人。其中，有自弹自唱的吉他歌手，有画头像素描的艺人、版画艺人、魔术师，甚至还有模仿铜像的行为艺术者。他们多才多艺，给人们带来了许多艺术情趣。

在卡尔·约翰街有众多艺术家们进行着各种各样的街头表演

繁华热闹的卡尔·约翰街

街道两侧商店、餐厅鳞次栉比，是理想的购物场所。到了奥斯陆以后，不妨先来这里走一走，以便对城市的整体氛围和地理状况有一个大概的了解。

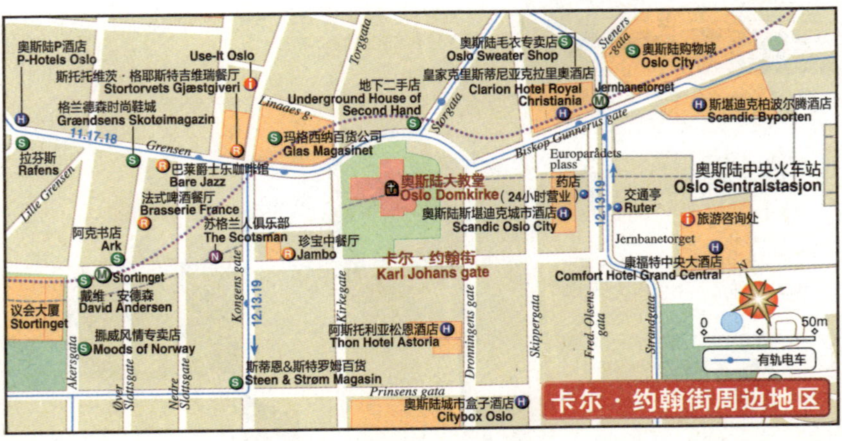

王宫周边

王宫 Map p.170-A1

Det Kongelige Slottet

挪威现在的国王仍然居住在王宫里面

1822 年开始着手修建的王宫，施工过程中由于资金不足，工程一度中断，直到 1843 年才竣工完成。整座王宫建得仿佛在俯瞰卡尔·约翰街一般，气势不凡。王宫前面矗立着当时的瑞典国王卡尔·约翰（Karl Johan）骑马的铜像（1814~1905 年挪威曾一度处于瑞典的统治之下）。

参观王宫里面只能在夏季，并且需参加有导游带领的旅游团。不过，王宫后面的公园进出自由，完全开放。每天 13:30，身穿藏蓝色制服的卫兵会举行换岗交接仪式。

国家美术馆 Map p.170-B2

Nasjonalgalleriet

在这里一定要欣赏著名的蒙克作品——《呐喊》

无论是否对艺术、美术怀有兴趣，只要来到奥斯陆人们必去参观的地方非国家美术馆莫属。馆内藏品丰富，除了挪威的代表性画家——蒙克的代表作品《呐喊》之外，还收藏着高更、毕加索、莫奈以及塞尚等著名画家的许多绘画作品。这些大师的绘画作品很多被刊载在美术教科书上。藏品种类从绘画到雕塑，涉及的范围很广泛。一楼的博物馆商店里出售有《呐喊》图案的明信片等纪念品。

王宫

住 Henrik Ibsens gate 1

电 22-048700

URL www.kongehuset.no

带导游的参观团（英语）

举办 6/18~8/14 每天 12:00、14:00、14:20、16:00 费 1350NOK

参观约需 1 小时。门票可以在邮局、便利店购买，或者拨打电话 81-533133 预订。如果有空缺，也可以在王宫门口买到当日门票。另外，挪威语参观团每隔 20 分钟安排一班，参观时间为周一～周四 11:00~17:00、周五 12:00~17:00、周六、周日 10:00~17:00。

交通

乘坐有轨电车 12 路、13 路、19 路在国家剧院站下车，或者乘坐地铁 1~5 号在国家剧院站下车。

国家美术馆

住 Universitetsgata 13

电 21-982000

URL www.nasjonalmuseet.no

带导游的旅游团（英语）

开 周二、周三、周五 10:00~18:00
周四 10:00~19:00
周六、周日 11:00~17:00

休 周一 费 50NOK（周四免费入场、特别展览需另外购票、持凭奥斯陆通票免费入场）

持同一门票也可以参观挪威手工艺博物馆和现代美术馆（只限当日）。

交通

乘坐有轨电车 11 路、17 路、18 路在 Tullinløkka 站下车，或者乘坐有轨电车 13 路、19 路在国家剧院站（Nationaltheatret）下车。或者乘坐地铁 1~5 号线在国家剧院站下车。美术馆位于奥斯陆大学老校舍后面，从卡尔·约翰街步行 3 分钟即到。

COLUMN NORWAY

前往“挪威设计”的博物馆

挪威设计 & 建筑中心（Norsk Design-og Arkitektursenter）（DogA）是一座综合性建筑设施，它由寄望于设计和建筑带来好生活的一些财团、协会于 2005 年建成。中心共分为三个区域，每个区域都会随时举办关于挪威的设计以及建筑方面的规划展览或展示活动。中心所在的建筑物原本在 1898 ~ 1948 年间是一座变电所，现在已登记为国家的文化财产。里面还设有咖啡厅和商店。

DATA

挪威设计 & 建筑中心

Map p.171-D1

住 Hausmanns gate 16

电 23-292870

URL www.doga.no

开 周一、周二、周五 10:00~17:00
周三、周四 10:00~20:00
周六、周日 12:00~17:00

休 无

费 无

交通

乘坐有轨电车 11 路、12 路、13 路、17 路在 Hausmanns gate 站下车，步行 5 分钟即到。

历史博物馆
住 Frederiks gate 2
☎ 22-851900
URL www.khm.uio.no/besok-oss/historisk
开 5/15~9/14
周二～周日　10:00~17:00
9/15~次年 5/14
周二～周日　11:00~16:00
休 周一
费 80 NOK（持奥斯陆通票免费入场）
同一门票也可以参观海盗船博物馆（48 小时之内）。
交通→→→
乘坐有轨电车 11 路、17 路、18 路在 Tullinløkka 站下车，或者乘坐地铁 1~5 号线在国家剧院站下车。

挪威手工艺博物馆
住 St. Olavs gate 1
☎ 21-982000
URL www.nasjonalmuseet.no
开 周二、周三、周五　11:00~17:00
周四　11:00~19:00
周六、周日　12:00~16:00
休 周一
费 50 NOK（周四免费、持奥斯陆通票免费入场）
同一门票也可以参观国家美术馆和现代美术馆（只限当日）。
交通→→→
乘坐有轨电车 11 路、17 路、18 路在 Tullinløkka 站下车，步行约 7 分钟。或者乘坐地铁 1~5 号线在国家剧院站下车。

易卜生博物馆
住 Henrik Ibsens gate 26
☎ 22-123550
URL www.norskfolkemuseum.no/ibsenmuseet
开 5/15~9/14
每天　11:00~18:00
9/15~次年 5/14
周五～下周三 11:00~16:00
周四　11:00~18:00
休 无
费 60 NOK（持奥斯陆通票免费入场）
有导游带领的参观团
费 5/15~9/14
每天　11:00~17:00
9/15~次年 5/14
周二、周三、周五～周日　11:00~15:00
周四　11:00~17:00
每小时出发一次。
费 115 NOK（含门票）
交通→→→
乘坐有轨电车 12 路、13 路、19 路在国家剧院站下车，或者乘坐地铁 1~5 号线在国家剧院站下车。

历史博物馆

Map p.170-B1·2

Historisk Museum

与海盗相关的展览是历史博物馆的重点部分

历史博物馆是奥斯陆大学的附属博物馆，馆内展示着海盗时代的日常生活用品、斧头、马具、战袍、背包以及银器和戒指等贵重物品。对海盗历史感兴趣的人一定不可错过这里。除与海盗相关的展品以外，馆内还陈列着木结构教堂的一部分。此外，按照冰川时代、石器时代、青铜时代和铁器时代的顺序，馆内还安排了一个关于挪威历史的展览。

挪威手工艺博物馆

Map p.171-C1

Kunstindustrimuseet

展示的内容非常清晰，各个时代的特征令人一目了然

这是一座展示装饰品、家具、餐具等物品的博物馆。馆内的展品以 18~20 世纪挪威生产的工艺品为主。此外，这里还陈列着巴洛克、洛可可时代的作品。有些展品来自波斯，十分珍贵。馆内还设有斯堪的纳维亚设计展区，以及追溯 20 世纪时尚和家电产品变迁的展览等，都非常有趣。内部商店里售有玻璃制品等十分漂亮的工艺品。

易卜生美术馆

Map p.170-A2

Ibsen museet

亨里克·易卜生（1828~1906）是挪威著名的戏剧作家，《玩偶之家》等是其蜚声世界的代表性作品。其作品被认为通过细致的人物描写，开创了欧洲戏剧描绘人物心理活动和反映社会问题的先河，意义非凡，因此他被尊称为“现代戏剧之父”。博物馆分为两部分：一部分是易卜生作品和生平展厅；另一部分是易卜生故居展厅。1895~1906 年，易卜生一直居住在这座公寓里。只有参加有导游带领的参观团才能进入的公寓里再现着当年布局的室内情形，置身其中，可以想象出这位戏剧大师生前生活和工作时的情景。

易卜生度过晚年时光的家

市政厅前广场周边

奥斯陆市政厅　Map p.170-B3

Rådhuset i Oslo

在市政厅大厅里可以欣赏到描绘挪威人文化和生活情景的巨幅壁画

奥斯陆市政厅是为了纪念奥斯陆市建立900周年而修建的。当时，从全国的建筑家中征集了大量设计方案，最终采用了两个方案，于1931年开始动工修建。第二次世界大战期间的1940~1945年，工程被叫停，1950年彻底竣工。从1050年哈拉尔国王为奥斯陆市发展奠定基础开始算起，正好是900年。

走进市政厅大厅，首先引人注目的是一幅堪称欧洲之最的巨幅油画（24m×12.6m）。除此之外，一楼和二楼还有许多壁画，艺术氛围浓厚。这些壁画大多描绘德军占领下挪威人民的苦难生活，表现了人们当时的民族情感。二楼的蒙克展厅内陈列着蒙克的画作——《人生》。这幅作品曾经一度流失到德国的德累斯顿，据说后来由于被希特勒嫌弃，最终被退还回来。

对北欧神话《埃达》感兴趣的游客一定要到正门入口处参观装饰在那里的16座木雕。木雕从正面开始向左，按照故事情节的顺序依次排列。市政厅建成时世界各国馈赠的礼物陈列在二楼的走廊上。每年12月10日，这里都会举办诺贝尔和平奖的颁奖仪式。

诺贝尔和平会展中心　Map p.170-B3

Nobels Fredssenter

从举办诺贝尔和平奖颁奖仪式的市政厅走过来，马上就到了诺贝尔和平会展中心

诺贝尔和平会展中心是一座展示诺贝尔和平奖历史和获奖者事迹的博物馆。希望通过各种展览资料，唤起人们对于和平的思考。2005年6月，为了纪念挪威建国100周年，和平会展中心隆重开馆。这里的展览多为交互式的，参观者可以在享受游览乐趣的同时，拓宽自己的知识面，真是一举两得。一楼定期举办以时事为主题的企划展览。馆内陈列的金质奖章是挪威国际和平运动斗士C.L.兰格于1921年获奖时的奖章。挪威著名的雕塑家古斯塔夫·维格兰参与了奖章的设计过程。这座建筑的前身是1872~1989年间使用的奥斯陆火车西站。

木质装修的蒙克展厅

奥斯陆市政厅

住 Rådhusplassen 1
电 23-461200
URL www.rft.oslo.kommune.no
开 7~8月
　每天　9:00~18:00
9月~次年6月
　每天　9:00~16:00
休 无
费 无
交通

乘坐地铁1~5号线在国家剧院站下车。

诺贝尔和平会展中心

住 Brynjulf Bulls Plass 1
电 48-301000
URL www.nobelpeacecenter.org
开 5/16~8/31
　每天　10:00~18:00
9/1~5/15
　周二~周日　10:00~18:00
休 9/1~次年5/15的周一
费 100NOK（持奥斯陆通票免费入场）
交通

乘坐有轨电车12路、13路、19路在Aker Brygge站下车，或者乘坐地铁1~5号线在国家剧院站下车。

制作成诺贝尔奖章样子的巧克力，作为特产深受游客青睐

阿克什胡斯堡
住 Akershus festning
电 81-570400
URL www.forsvarsbygg.no/festningene
开 5~8月周一～周六 10:00~16:00
周日 12:00~16:00
9月～次年4月
周六、周日 12:00~17:00
休 9月～次年4月的周一～周五
费 70NOK（持奥斯陆通票免费入场）
信息中心
电 23-093917
开 5~8月周一～周五 10:00~17:00
周六、周日 11:00~17:009月～次年4月
周一～周五 10:00~16:00
周六、周日 11:00~17:00
休 无
交通→→→
乘坐有轨电车12路、13路、19路在Christiania torv站下车。
阿斯托卢普·芬利美术馆
住 Strandpromenaden 2
电 22-936060
URL www.afmuseet.no
开 周二、周三、周五 12:00~17:00
周四 12:00~19:00
周六、周日 11:00~17:00
休 周一 费 120NOK（持奥斯陆通票免费入场）
交通→→→
乘坐有轨电车12路、13路、19路在Aker Brygge站下车。
现代美术馆
住 Bankplassen 4
电 21-982000
URL www.nasjonalmuseet.no
开 周二、周三、周五 11:00~17:00
周四 11:00~19:00
周六、周日 12:00~17:00
休 周一
费 50NOK（周四免费、持奥斯陆通票免费入场）
凭同一门票可以参观国家美术馆和挪威手工艺博物馆（只限当日）。
交通→→→
乘坐有轨电车12路、13路、19路在Kongensgate站下车。
美术馆的存包柜
参观各家美术馆时，要求必须寄存大件包裹。存包柜大多使用10~20NOK的硬币。所以要记得提前备好硬币。一般情况下硬币会在事后返还。

这座建筑物以前曾经是银行

阿克什胡斯堡

Map p.170-B4

Akershus festning

固若金汤的城墙环绕着城堡

阿克什胡斯堡是挪威国王哈康五世于1299年下令兴建的防御性建筑。城堡面向奥斯陆峡湾，仿佛一位忠勇的战士在守护着自己的家园。1527年，城堡遭遇了一场火灾，大部分被焚毁。直到17世纪初，热衷于战争、女人和建筑的丹麦国王克里斯蒂安四世下令将荒弃多年的城堡重建，于是这里由城堡变身为一座文艺复兴风格的宫殿。1630年前后，城堡的周边又筑起了城墙。

从1308年到1716年间，城堡曾9次被外敌围困。但没有沦陷过一次，充分发挥了军事要塞的作用。从1815年以后至今，这里逐渐成为举行国事活动的场所，军事色彩渐渐淡去。如今，这里俨然成了皇家墓地，王室成员去世后，大多埋葬于此。

城堡内部照明设施很少，有些幽暗。长长的石砌通道连通着宴会厅、居室、牢房、先王坟墓、礼拜堂等处。

从城堡外面望去，美丽的奥斯陆峡湾尽收眼底。城墙上没设防护栏，需要特别小心，以免坠落摔伤。和王宫一样，城堡内也驻扎着卫兵。

此外，城堡内还设有信息中心（Besøkssenteret），介绍建城以来奥斯陆和城堡的历史。

阿斯托卢普·芬利美术馆

Map p.170-A4

Astrup Fearnley Museet

这座2012年竣工的建筑物出自意大利的建筑家伦佐·皮亚诺之手

这家美术馆创办于1993年，其展品来源于一位发了海运财的挪威实业家的收藏。这里随时举办各种企划展览，介绍像马修·巴尼、达米昂·哈斯特、辛迪·夏芒这样的现代艺术旗手们的作品。杰夫·昆兹的陶质坐像——《杰夫昆斯和气球狗》是馆内的精品之一。

现代美术馆

Map p.171-C3

Museet For Samtidskunst

现代美术馆的前身是挪威银行，1990年完成转让，正式开馆。馆内陈列着20世纪以来挪威以及世界各地的现代美术作品。有时，这里还会举办摄影作品展览。馆内的很多作品都有着奇思妙想，令常人难以理解。欣赏这些作品时，最好能屏气凝神、摒除杂念，用心去感受作品所要表达的内涵。这样一来，就可能探究到作者的真实意图，体会到欣赏艺术品的乐趣。

比格迪地区

挪威民俗博物馆

Map p.163-A3

Norsk Folkemuseum

挪威民俗博物馆占地面积广阔，展示着从挪威各地收集到的170余座建筑。这些建筑大多是农舍，有的房顶还长满绿草。其中，还有一座1881年从距离奥斯陆以北200公里的高尔村（Gol）移建过来的木板教堂Stavkirke（→ p.241）。这座教堂建于1200年，十分珍贵，其屋顶上还装饰有海盗时代双眼仰望着星空的降魔龙头。此外，关于萨米人的民族服装以及他们的生活习俗等的展览也很有趣，值得一看。

每到夏季，在博物馆室外的舞台（雨天的时候，在展馆内）都能欣赏到民族舞蹈表演。

能看到从挪威古代传下来的建筑

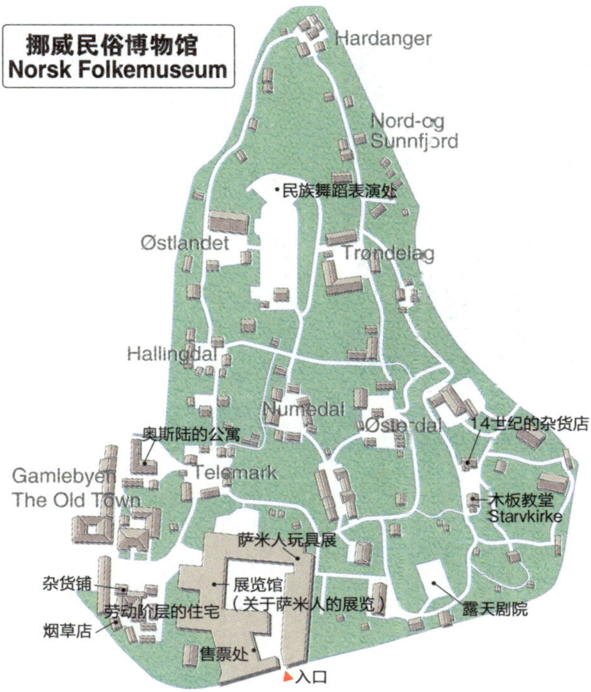

前往比格迪地区的方法

从奥斯陆中央火车站乘坐30路市区巴士，在距离各博物馆最近的车站停车前都有英语广播，可以根据提示下车。此外，还可以乘坐从市政厅前广场出发的轮渡（只有夏季通航）。

在乘坐轮渡时，如果想前往海盗船博物馆和挪威民俗博物馆的话，应该在第一个轮渡点——德隆宁根栈桥下船。如果想前往“康蒂基”号、“前进”号以及挪威海洋博物馆的话，应该在第二个轮渡点比格德内斯（Bygdøynes）下船。

前往比格迪的轮渡

☎ 23-356890

URL www.nyc.no

运行 3/18~4/30、10/2~16
每天 9:55~17:25
每10~20分钟出发一班。
5/1~10/1 每天 8:55~18:25
每10~30分钟出发一班。

休 10/17~次年3/17

费 单程40NOK（船内购票，需付60NOK）
（持奥斯陆通票可以免费乘船）
船票在轮渡码头有售。

可以同时欣赏到奥斯陆峡湾的美景

挪威民俗博物馆

住 Museumsveien 10

☎ 22-123700

URL www.norskfolkemuseum.no

开 5/15~9/14
每天 10:00~18:00
9/15~次年5/14
周一～周五 11:00~15:00
周六、周日 11:00~16:00

休 无

费 125NOK（9/15~次年5/14的周一～周五为95NOK）
（持奥斯陆通票免费入场）

民族舞蹈表演

举办 周日14:00（只限夏季）

交通➡➡➡

乘坐市区巴士30路在Folkemuseet站下车。

夏季，身着民族特色服装的舞蹈演员们为人们表演民族舞蹈

海盗船博物馆

住 Huk Aveny 35

电 22-135280

URL www.khm.uio.no/besok-oss/vikingskipshuset

开 5~9 月

每天 9:00~18:00

10 月～次年 4 月

每天 10:00~16:00

休 无

费 80NOK（持奥斯陆通票免费入场）

持同一门票也可以参观历史博物馆（48 小时内）。

交通→→→

乘坐市区巴士 30 路在 Vikingskipene 站下车。

馆内陈列着三艘海盗船

“康蒂基”号博物馆

住 Bygdøynesveien 36

电 23-086767

URL www.kon-tiki.no

开 3~5 月、9 · 10 月

每天 10:00~17:00

6~8 月

每天 9:30~18:00

11 月～次年 2 月

每天 10:00~16:00

休 无

费 100NOK（持奥斯陆通票免费入场）

交通→→→

乘坐市区巴士 30 路在 Bygdøynes 站下车（“前进”号博物馆、挪威海洋博物馆与此相同）。

纪录片电影的播放信息

人们参观过“康蒂基”号后不免发出疑问：单靠这么简陋的一艘船就能够出海远航吗？对于这一点，不妨观看一下馆内播放的纪录片电影，影片还原了当时航海探险的真实情景。这部影片还获得了奥斯卡奖，非常值得一看。

船帆上印有一轮红日的“太阳二世”号

海盗船博物馆 Map p.168-A4

Vikingskipshuset

戈克斯塔德号不仅性能好，其外观也具有很高的艺术性

走进博物馆，首先映入眼帘的是 1904 年发掘出土的“乌瑟贝格”号（Oseberg）。该船从 800 年开始一直是女王的御用船只，直到 850 年左右女王去世时，才与其遗体一起埋葬。沿着船尾向左走，会看到一艘 900 年使用的海盗船——“戈克斯塔德”号（Gokstad），船长 23 米、宽达 5 米。这艘船的吃水线极低，造型美丽，难以想象这是一艘 1000 多年以前就能制造出来的船只。当年海盗们凭借着先进的造船技术在欧洲及北美大陆叱咤风云。

距离海盗们活跃的时代 1000 多年后的 1893 年 4 月 30 日，一艘模仿“戈克斯塔德”号建造的海盗船从挪威出发，驶向北美大陆，追寻“戈克斯塔德”号的历史航行足迹。同年 5 月 27 日，该船顺利穿越了大西洋，到达加拿大的纽芬兰（New Foundland）再现了海盗们当年的航海奇迹。

“康蒂基”号博物馆 Map p.168-A4

Kon-Tiki museet

海尔达尔从秘鲁到复活节岛乘坐的“康蒂基”号

这座博物馆通俗易懂地向人们展示了文化人类学者索尔 · 海尔达尔（Thor Heyerdahl）（1914~2002 年）一生的功绩。展品中有芦苇船“太阳二世”号，有用木头制成的木筏“康蒂基”号，还有充满神秘色彩的复活节岛的石头巨像——摩埃的模型等，十分丰富。

康蒂基在波利尼西亚语中是“太阳之子”的意思。1947 年，包括海尔达尔在内的 6 名船组人员乘坐“康蒂基”号从秘鲁出发，漂流到复活节岛进行探险和文化研究，整个航程历时 101 天，航程达 8000 公里。结果，他们发现了印加文明和波利尼西亚石刻文明的共同点，并为波利尼西亚文明源自南美文明的观点提供了有力的证据。

随着“康蒂基”号的成功，海尔达尔闻名遐迩。1969 年，他又制造了芦苇船“太阳一世”号，并乘坐这艘船再次出海探险，此次探险的目的在于探寻金字塔和中北美石刻文明的共同点，找到南美文化来源于古埃及这一观点的证据。在航行过程中，他从摩洛哥出发驶向南美方向，但不幸的是行驶到 5000 公里时，“太阳一世”号遭遇飓风最终沉没。第二年，不甘心失败的海尔达尔又制造了“太阳二世”号，再次从摩洛哥扬帆出发。这一次，共招募到来自 8 个不同国家的 8 名船组人员，历时 57 天，航行 6100 公里。

前进号博物馆 Map p.168-A4

Frammuseet

博物馆里陈列着为研究北极海流而建的“前进”号探险船，船长39米，满载时重达800吨。在挪威语中“Fram”是“前进”的意思。

在诺贝尔和平奖得主南森（Nansen）的指挥下，“前进”号曾不断向北前进，挑战航海极限。但是，航行过程并非一帆风顺，它曾经一度在北极平原上搁浅长达3年。不过，这艘船在设计上独具匠心，可以浮在冰面上，从而避免了与浮冰相撞击，最终得以平安返回奥斯陆。

之后，“前进”号被转让给著名的探险家阿蒙森（Amundsen）。1910年8月10日，“前进”号再次从克里斯蒂安桑港起航，1911年12月14日，阿蒙森战胜了竞争对手——苏格兰探险队（1912年1月18日抵达南极点，在返回营地途中全部遇难），完成了人类首次抵达南极点的壮举。

可以登上甲板

三角形状的建筑物正好将船只收纳在里面

前进号博物馆
住 Bygdøynesveien 36
☎ 23-282950
FAX 23-282951
URL www.frammuseum.no
开 5·9月
　每天 10:00~17:00
6~8月
　每天 9:00~18:00
10月~次年4月
　每天 10:00~16:00
休 无
费 100NOK（持奥斯陆通票免费入场）

挪威海洋博物馆 Map p.168-A4

Norsk Maritimt Museum

挪威海洋博物馆共有两座展馆，一座是大规模展示挪威海洋资料的主展馆，另一座是收藏从古至今的船体实物模型的副展馆。展品中有令人眼前一亮的船舶模型，以及很多船首装饰品。装饰品造型精美，做工精细，极具艺术性。博物馆二楼陈列着据说是挪威现存最古老的木船残骸，距今已有2200多年的历史。对于考古爱好者来说，估计在这里待上半天都不会乏味。此外，博物馆里还播放电影，举办绘画展览。站在玻璃幕墙的博物馆里，人们可以一边眺望一望无际的大海，一边追溯挪威航海的悠久历史。

馆内关于海洋的资料非常丰富、齐全

挪威海洋博物馆
住 Bygdøynesveien 37
☎ 24-114150
FAX 24-114151
URL www.marmuseum.no
开 5/15~8/31
　每天 10:00~17:00
9/1~次年5/14
　周二~周日 10:00~16:00
休 9/1~次年5/14的周一
费 100NOK（持奥斯陆通票免费入场）

郊 外

蒙克美术馆

Map p.169-D2

Munch-museet

蒙克美术馆建成于 1963 年，是纪念艺术大师蒙克诞辰 100 周年修建的美术馆。馆内陈列着蒙克捐赠给奥斯陆市的大量作品。这些作品经常被借到国外，举办巡回展览，因此馆内的布局经常发生变动。从美术馆的空间来看，不可能展示蒙克的所有作品，所以许多作品都珍藏在地下室，一般不对外展示。馆内同时设有纪念品商店，销售以蒙克作品为主题的纪念品。

维格兰雕塑公园

Map p.168-A·B~1·2

Vigelandsparken

雕塑公园最受欢迎的作品——《愤怒的小孩》

虽然维格兰雕塑公园距离市中心稍有些远，但是乘坐有轨电车或是巴士一定要去看一看。这里又名弗洛格纳公园（Frognerparken），园内道路两侧种植着菩提树，园内还有许多可以野餐的场地，周围摆放着各种各样的雕塑作品。

园内共有 212 件雕塑作品，其中雕刻的人物图案达 650 多个，从人工湖畔的婴儿雕塑到喷泉中的骸骨，姿态各异，栩栩如生。公园中最具代表性的雕塑就是高 17 米、重 260 吨的人生柱，在这座巨型花岗岩的塔形作品上，有包括男女老幼在内的 121 个人物形象。漫步在这些雕塑作品中间，不同的人会有不同的感慨：有人会感慨生命的轮回，有人会看到浓缩的人生百态，有人会唏嘘人生的无常……这正符合雕塑的设计者——古斯塔夫 · 维格兰（1869~1943 年）的初衷，即不对作品做任何注解，全凭观赏者自己领悟。

维格兰美术馆

Map p.168-A2

Vigeland-museet

站在维格兰雕塑公园的人生柱旁边，向公园入口的右侧望去，就可以看见掩映在森林中的美术馆，它的屋顶带有一座绿色低塔。这里是奥斯陆市政厅提供给维格兰的创作室。最初，一楼用作工作室，二楼为起居室。如今，整个建筑已经改建为对外开放的艺术馆，一楼变成了雕塑作品展厅，二楼变成了木版画作品展厅，三楼的低塔里则安放着维格兰的遗体。

数量庞大的雕塑作品让人震撼

维格兰的弟弟艾玛努埃尔也是一位雕塑家，也有一座以他的名字命名的美术馆。

蒙克美术馆

住 Tøyengata 53
电 23-493500
URL munchmuseet.no
开 6/18~9/25
每天 10:00~17:00
9/26~次年 6/17
每天 10:00~16:00
休 无
费 100NOK（观看特别展览需另外购票，持奥斯陆通票免费入场）

交通→→→

乘坐地铁 1~5 号线在 Tøyen 站下车。或者乘坐 20 路巴士在 Tøyen 站下车后，再步行 5 分钟。

维格兰雕塑公园

开 24 小时
费 免费

交通→→→

乘坐地铁 1~5 号线在 Majorstuen 站下车，然后沿教堂路（Kirkeveien）向南走 10 分钟左右即是公园正门。或者乘坐有轨电车 12 路在 Vigelandsparken 车站下车。

探寻《愤怒的小孩》

在人工湖的桥上矗立着经典雕塑作品《愤怒的小孩》，愤怒的男孩站立的时候抬起了一只脚。这座被当地人称为"辛纳塔根"（"愤怒的小孩"的意思）的雕像非常受欢迎。但是，1992 年冬天，雕像的右脚被切掉，不知去向，后来被找到，再次回到了公园。

维格兰美术馆

住 Nobels gate 32
电 23-493700
URL www.vigeland.museum.no
开 5~8 月
周二～周日 10:00~17:00
9 月～次年 4 月
周二～周日 12:00~16:00
休 周一 费 60 NOK（持奥斯陆通票免费入场）

交通→→→

从维格兰雕塑公园出发，步行 5 分钟即到。

艾玛努埃尔 · 维格兰美术馆

住 Grimelundsveien 8
电 22-145788
URL www.emanuelvigeland.museum.no
开 5/15~9/15
周日 12:00~17:00
9/16~次年 5/14
周日 12:00~16:00
休 周一～周六 费 50NOK

交通→→→

乘坐地铁 1 号线在 Slemdal 站下车，步行 7 分钟。或者乘坐市区巴士 46 路在 Grimelundsveien 站下车，步行 5 分钟。

奥斯陆市立博物馆

Map p.168-A2

Oslo Bymuseet

奥斯陆市立博物馆是一座建于18世纪90年代的建筑物。馆内详细介绍了从12世纪开始直到当代的奥斯陆历史和文化。展品内容涉及通信、住宅、文化事业等多个领域。在这里可以欣赏到按照主题分类、运用绘画和模型进行详细介绍的展览。

可以了解到奥斯陆的发展历史

奥斯陆市立博物馆
住 Frognerveien 67
☎ 23-284170
URL www.oslomuseum.no
开 周二～周日　11:00~16:00
休 周一
费 无
交通
乘坐有轨电车12路在Frogner plass站下车。

霍尔门科伦滑雪跳台 & 滑雪博物馆

Map p.168-B1 外

Holmenkollbakken Ski Jump & Skimuseum

霍尔门科伦滑雪跳台是一座建在海拔417米处的高台。2010年3月，在全面改建旧设施的基础上，这里脱胎换骨般地成为一座拥有崭新设计的滑雪跳台。丹麦前国王奥拉夫五世（1991年1月去世，享年87岁）非常喜欢到这里滑雪，当他20岁左右还是个王子时，曾经来这里参加霍尔门科伦滑雪大赛。晚年时每年3月他都会到这里参赛。为了纪念这位酷爱滑雪的国王，人们在跳台附近建造了一座奥拉夫五世的铜像。

跳台旁边是滑雪博物馆，馆内展品非常丰富，从2500年前使用的滑雪板残片到现在使用的滑雪装备，应有尽有。其中，南森和阿蒙森在北极探险时使用的装备，非常具有纪念价值。在馆内可以乘坐电梯到达跳台。从顶上向下俯瞰，景色绝佳。

挪威是越野滑雪的发源地。来到这里不能忘记的是诺尔海姆（1821年出生），他被称为现代滑雪之父。他出生于奥斯陆以西约200公里处的小镇——莫格达尔（Morgedal），他用树木枝条做成绳索，将滑雪板固定在脚上，在雪海中自由驰骋，使滑雪板功能有了跨越式进步。挪威还是回转滑雪的发源地。博物馆内展示着诺尔海姆当时使用的滑雪板。

滑雪跳台旁边设有一个模拟滑雪场（Ski-Simulator），可以模拟体验高台滑雪和速降滑雪。

走近观看，其高度令人惊叹

霍尔门科伦滑雪跳台
住 Kongeveien 5
☎ 91-671947
URL www.skiforeningen.no
这里于1892年举办过最早的滑雪大赛。当时的跳台用雪堆积而成，纪录为21.5米。

滑雪跳台和滑雪博物馆
开 5·9月
每天　10:00~17:00
6~8月
每天　9:00~20:00
10月～次年4月
每天　10:00~16:00
休 无
费 130 NOK（持奥斯陆通票免费入场）

模拟滑雪场
URL www.skisimulator.no
开 5·9月
每天　10:00~17:00
6~8月
每天　9:00~20:00
10月～次年4月
每天　10:00~16:00
休 无
费 75NOK（持奥斯陆通票可以优惠25%）
交通
乘坐地铁一号线在Holmenkollen站下车后马上向右侧前行，顺着坡道大约步行15分钟。

海妮·昂斯塔德美术馆

Map p.170-A2 外

Henie Onstad Kunstsenter

这是一家展示国际现代艺术的美术馆，展品皆为实业家昂斯塔德及其原为花样滑冰运动员的夫人索尼亚·海妮的个人收藏。从绘画、雕刻到音乐、舞蹈、电影，这里汇集了多个种类的现代艺术。因此，每个展厅的内容完全不同，艺术爱好者肯定能在这里大饱眼福。美术馆定期更换展览内容。

位于郊外安静的地方

海妮·昂斯塔德美术馆
住 Sonja Henies vei 31，Høvikodden
☎ 67-804880
FAX 67-543270
URL www.hok.no
开 周二～周四　11:00~19:00
周五～周日　11:00~17:00
（因时期不同会有所差异）
休 周一
费 100NOK
交通
在长途巴士站乘坐市区巴士151路30分钟左右，在Høvikodden站下车，再步行5分钟。

哈德兰玻璃工厂

住 Glassverksveien 9，Jevnaker
电 61-316400
URL www.hadeland-glassverk.no
开 8/22~次年 6/19
周一~周六 10:00~16:00
周日 11:00~17:00
6/20~8/21
周一~周五 10:00~18:00
周六 10:00~17:00
周日 11:00~18:00
体验玻璃制作工艺
开 周六·周日和夏季
从开馆到闭馆前 2 小时。
玻璃博物馆
开 8/22~次年 6/19
周一~周六 10:00~16:00
周日 11:00~17:00
6/20~8/21
周一~周六 10:00~17:00
周日 11:00~18:00
休 无
费 免费（参加有导游带领的参观团，费用为 70NOK）
体验玻璃制品的吹制和喷砂工艺的话，费用各为 150NOK（含门票）。
交通→→→
在长途巴士站乘坐长途巴士 200 路，在终点站 Hønefoss 站下车，换乘前往 Jevnaker 的长途巴士（221/701 路），在 Hadeland-Glassverk 站下车。大约需要 2 小时。

哈马尔
交通→→→
从奥斯陆乘坐普通列车大约一个半小时。一小时内有 1~2 班车次。

哈马尔的旅游咨询处
电 40-036036
URL www.visit-hedmark.no
开 周一~周五 9:00~16:00
周六·周日 10:00~17:00
休 无

利勒哈默尔
交通→→→
从奥斯陆出发乘坐普通列车，大约 2 小时 15 分钟的车程。一小时内有 1~2 班车。

利勒哈默尔的旅游咨询处
电 61-289800
URL www.lillehammer.com
开 周一~周五 8:00~16:00
周六 10:00~14:00
休 无
位于火车站内。

哈德兰玻璃工厂 Map p.158-A3

Hadeland Glassverk

哈德兰玻璃工厂在奥斯陆以北约 60 公里处，坐落在兰兹峡湾湖畔。工厂于 1762 年创业，以取自周边森林的丰富的木材为燃料，1765 年开始制作生产饮料、药品用的瓶子。据说这是挪威存续至今的最古老的制造业。工厂现在有 140 名从业人员，从葡萄酒瓶、花瓶到艺术玻璃制品，生产的产品范围很广。这里设有参观项目，人们可以通过观察了解到工人们是如何使用吹管制做出一件件精美的玻璃制品的。每逢周末或夏季，还可以体验在玻璃上吹砂描绘图案的喷砂工艺以及吹制工艺。

厂区里还有一家北欧最大的玻璃博物馆，里面展示着古今珍贵的玻璃工艺品。此外，还有奥特莱斯、餐厅以及甜品店等。

可以近距离参观玻璃工匠的工作情景

哈马尔 Map p.158-A3

Hamar

哈马尔位于奥斯陆市北部 119 公里处，是一座规模不大、氛围悠闲的城市。可以观赏静静的米约萨湖（Mjøsa）、丰富的自然景观以及几处富有趣味的博物馆。

来到哈马尔，不妨从哈马尔火车站出发，沿着米约萨湖畔的步行街一边向市中心方向散步，一边欣赏沿途的美丽风景。市内的主要景点有挪威铁路博物馆（Norsk Jernbanemuseum）、海德马克博物馆（Hedmarkmuseet）等。海德马克博物馆里设有以建于 950 年的哈马尔大教堂遗址为中心的各种展览。

利勒哈默尔 Map p.158-A3

Lillehammer

利勒哈默尔市位于南北方向狭长的米约萨湖的最北端。

这里是 1994 年利勒哈默尔冬季奥运会的举办城市，至今市内还保留着大量的奥运会纪念场馆。此外，利勒哈默尔还拥有世界上最大的花样滑冰场馆、极光礼堂（Hamar Olympiske Amfi）（Nordlyshallen）、滑雪场以及霍峰高山滑雪中心（Hafjell Alpinesenter）等奥运会时使用过的冰雪设施。在市郊还坐落着迈海于根民族博物馆（Maihaugen），馆内从利勒哈默尔各地移建了 130 多间民居和木结构教堂。

奥斯陆的酒店
Hotel

奥斯陆的酒店种类丰富，从传统的高档酒店到标准的经济型旅馆，应有尽有。整体上住宿费用偏高，对于节约型的旅行者来说形势有点严峻。

城市的住宿设施加起来能容纳大约 1 万人，因此一般无须预约，基本上能保证随到随住。关于酒店信息，可以前往奥斯陆中央火车站的旅游咨询处（→p.179）进行咨询。不过，如果在游客集中的 6~8 月前来旅游，最好提前预约，以便能够住进最为经济实惠的酒店。除了在旅行社、酒店的预约网站预约以外，也可以在奥斯陆旅游局的网站（URL www.visitoslo.com）上预约。该网站除了酒店信息以外，还介绍B&B、私人小旅馆、公寓等各种各样的住宿设施。此外，各酒店的网站还提供了一些网上限定的优惠活动，预订时不妨看一看。由于住宿房价天天变动，所以事先调查一下想入住的酒店哪天价格便宜再安排行程也是一个降低旅行费用的办法。( ) 内是夏季、周末的价格。

奥斯陆丽笙世嘉酒店
Radisson Blu Plaza Hotel Oslo

奥斯陆中央火车站周边

◆从奥斯陆中央火车站向东北方向步行 3 分钟，即是堪称奥斯陆地标建筑的丽笙世嘉酒店。酒店外观全部采用玻璃幕墙，映衬着奥斯陆的繁华街景。酒店高达 37 层，可以一览市容市貌的天空酒吧 34 Sky Bar 位于 34 层。游泳池、桑拿、健身中心设在 34 层和 35 层。客房装修主要采用北欧和米兰风格，豪华时尚。酒店在环保方面采取的措施也十分先进。

时尚的北欧风格的客房装修

最高档酒店 Map p.171-D2

主 Sonja Henies plass 3
☎ 22-058000 FAX 22-058010
费 Ⓢ1495(1395)NOK~ Ⓓ1680(1395)NOK~
CC ADMV
房间数 647 间
URL www.radissonblu.com

全玻璃幕墙的外观令人印象深刻

奥斯陆斯堪的纳维亚丽笙酒店
Radisson Blu Scandinavia Hotel Oslo

王宫周边

◆面向王宫而建的高档酒店。客房设计得很宽敞，在内饰上独具匠心，极尽奢华之能事。游泳池、健身中心、桑拿等设施非常齐全。在 21 层的酒吧可以俯瞰奥斯陆街景。酒店前面有机场大巴的停车点。

最高档酒店 Map p.170-B1

住 Holbergs gate 30
☎ 23-293000
FAX 23-293001
费 Ⓢ 1995（995）NOK~
Ⓓ 2195（1095）NOK~
CC ADJMV
房间数 497 间
URL www.radissonblu.com

布里斯托尔大酒店
Hotel Bristol

王宫周边

◆酒店位于卡尔·约翰街附近一处幽静的场所。自 1920 年开业以来，一直保持高雅的格调，秉承优良的传统。从大堂到客房都充满了古典、高贵的氛围。客房装修以茶色为主色调，配以古典家具。

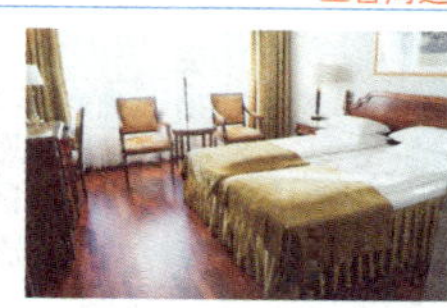

最高档酒店 Map p.170-B2

住 Kristian IV's gate 7
☎ 22-826000
FAX 22-826001
费 Ⓢ 1195~2595NOK
Ⓓ 1395~2795NOK
CC ADMV
房间数 251 间
URL www.thonhotels.no

浴缸 部分客房提供 TV 电视 部分客房提供 吹风机 出租 迷你吧台及冰箱 部分客房提供 残障人士房间 无线 LAN 无线 LAN 收费 部分客房提供 无线 LAN 部分收费

国宾大酒店
Grand Hotel

王宫周边

◆开业于1874年的国宾大酒店临卡尔·约翰街而建，是一家代表奥斯陆的百年酒店。其建筑附带一座钟塔，仿佛向人们诉说着其悠久的历史传统。下榻酒店的客人大多是参加国际会议或商业活动的各国政要和商界精英。大堂设计考究，在空间划分、色彩搭配方面充分体现了奥斯陆独特的审美取向。客房宽敞舒适，配以豪华的家具，气氛高雅，具备国际水准。酒店还设有只有女性房间的女性专属楼层。从奥斯陆中央火车站出发，向西步行约10分钟即到。

其豪华程度非常适合迎接国宾

最高档酒店 Map p.170-B2

住 Karl Johans gate 31
电 23-212000
FAX 23-212100
费 ⓈⒹ 1595~2545NOK
CC ADJMV
房间数 292间
URL www.grand.no

酒店外观也很有特色

大陆酒店
Hotel Continental

王宫周边

◆大陆酒店于1900年开业，在世界各国的酒店爱好者中享有很高的美誉。客房多使用花纹和方格图案，令人感觉温馨舒适。室内摆放着最高档的家具，沉稳大气。服务人员热情周到，应对得体。一楼设有一家名叫"剧院咖啡厅（Theater caféen）"的餐厅，很有情调。

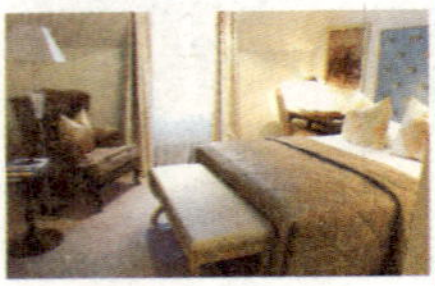

最高档酒店 Map p.170-B2

住 Stortingsgata 24-26
电 22-824000
FAX 22-824065
费 Ⓢ 2725（1675）NOK~
Ⓓ 3240（1935）NOK~
CC ADMV
房间数 155间
URL www.hotelcontinental.no

格里姆斯·格伦卡第一酒店
First Hotel Grims Grenka

市政厅前广场周边

◆在奥斯陆这是首家时尚设计酒店。酒店建筑的设计出自曾经主持国家美术馆咖啡厅设计的挪威建筑家克里斯汀·雅蒙德之手，各处种植的花花草草令人耳目一新。客房按照色调分为冬季、夏季和秋季三种类型，设计各具特色。一楼设有休闲餐厅及屋顶酒吧，口碑不错。

套间客房的配饰颜色搭配得很和谐

最高档酒店 Map p.171-C3

住 Kongens gate 5 电 23-107200
FAX 23-107210
费 Ⓢ 1495（1295）NOK~
Ⓓ 1695（1495）NOK~
CC ADMV 房间数 65间
URL www.firsthotels.com

挑空设计的大堂

斯堪迪克柏波尔腾酒店
Scandic Byporten

奥斯陆中央火车站周边

◆酒店直接连通奥斯陆中央火车站，地理位置十分优越。同一建筑里面还有购物中心和超市。虽然位于繁华地段，但是置身酒店却感觉十分安静、悠闲。2015年装修改造完工，酒店变得更为舒适。

高档酒店 Map p.184

住 Jernbanetorget 6
电 23-155500
FAX 23-155511
费 Ⓢ 980NOK~ Ⓓ 1180NOK~
CC ADMV
房间数 239间
URL www.scandichotels.com

皇家克里斯蒂尼亚克拉里奥酒店

Clarion Hotel Royal Christiania 奥斯陆中央火车站周边

◆酒店紧邻奥斯陆中央火车站，交通便利。设计时尚的房间采光良好。客房楼宇围合而成的庭院里设有餐厅，提供早、午餐自助餐。自助早餐的煎鸡蛋卷深受好评。此外，游泳池、健身房等设施也很齐全。

高档酒店 Map p.184

住 Biskop Gunnerus gate 3
电 23-108000
FAX 23-108080
费 Ⓢ 990NOK~ Ⓓ 1240NOK~
CC A D M V
房间数 532 间
URL www.nordicchoicehotels.no

萨伏依克拉里奥精选酒店

Clarion Collection Hotel Savoy 王宫周边

◆这家砖砌的豪华酒店于1918年开业，紧邻卡尔·约翰街，交通极为便利。客房装修高档，风格典雅。咖啡、红茶，还有夜晚的小吃免费供应。风格时尚的餐厅、酒吧等设施一应俱全。

高档酒店 Map p.170-B1

住 Universitetsgata 11
电 23-354200 FAX 23-354201
费 Ⓢ 1220（940）NOK~
Ⓓ 1720（1180）NOK~
CC A D M V
房间数 93 间
URL www.nordicchoicehotels.no

斯堪迪克蜘蛛酒店

Scandic Edderkoppen 王宫周边

◆这家高档酒店位于城市的北面，乘坐有轨电车11路、17路、18路在Tullinløkka站下车后步行约6分钟即到。大堂采用简约的设计风格，客房配备的白色实木家具和布艺用品暖意融融，令人放松。工作人员亲切和蔼，服务周到。

高档酒店 Map p.170-B1

住 St. Olavs plass 1
电 23-155600
FAX 23-135611
费 Ⓢ 1150（790）NOK~
Ⓓ 1350（1090）NOK~
CC A D M V
房间数 241 间
URL www.scandichotels.com

最佳西方连锁酒店集团卡尔·约翰酒店

Best Western Karl Johan Hotell 王宫周边

◆这家高档酒店临卡尔·约翰街而建。入口风格沉稳厚重，给人们留下了深刻印象。酒店内的大厅、走廊、楼梯，无不充满了浓厚的历史感，空气中荡漾着一种和外界完全不同的优雅气息。客房的墙壁、家具以及布艺饰品皆以奶油色为基调，充满了安详宁静的气氛。

高档酒店 Map p.170-B2

住 Karl Johans gate 33
电 23-161700
FAX 22-420519
费 Ⓢ 1195（895）NOK~
Ⓓ 1395（1095）NOK~
CC A D M V
房间数 114 间
URL www.bestwestern.no

奥斯陆罗森克兰兹托恩酒店

Thon Hotel Rosenkrantz Oslo 王宫周边

◆这是一家设计型酒店，于2014年开业。在现代装修风格的客房里，大屏幕彩色液晶电视机、音乐播放器等最新的设备一应俱全。每天18~19点，8层的休息室免费提供汤、沙拉等小吃。精心准备的早餐也深获好评。馆内全部禁烟。

高档酒店 Map p.171-C2

住 Rosenkrantz gate 1
电 23-315500 FAX 24-147001
费 Ⓢ 1495（1245）NOK~
Ⓓ 1695（1495）NOK~
CC A D M V
房间数 151 间
URL thonhotels.no

斯堪迪克维多利亚酒店

Scandic Victoria 市政厅前广场周边

◆从奥斯陆中央火车站向西步行约10分钟就能来到这家时尚酒店。酒店位于市中心，地理位置优越，住在这里便于游览和购物。二楼新设了餐厅和酒吧。此外，酒店设有可以容纳30辆车的停车场（收费），对于租车旅行的人们来说十分方便。

高档酒店 Map p.170-B2

住 Rosenkrantz' gate 13
电 24-147000
FAX 24-147001
费 Ⓢ Ⓓ 1349（1049）NOK~
CC A D J M V
房间数 199 间
URL www.scandichotels.com

加贝尔胡斯克拉里奥精选酒店
Clarion Collection Hotel Gabelshus　郊外

外表覆盖着绿色植物的酒店大楼非常漂亮

◆酒店位于城市西部一片安静的住宅区内，乘坐13路有轨电车，到Skillebekk站下车后步行2分钟即到。建筑外墙上覆盖着常春藤，给人一种田园风情的乡间别墅的印象。大堂中设有壁炉，暖意融融地迎接着住店的客人。墙壁采用淡色系的色调，搭配上优雅华美的古典家具、深色的布艺用品和精致的装饰品，置身其中，感觉来到了一处富有品位的私人宅邸。客房宽敞明亮，有的房间带有阳台。夜晚免费提供小吃自助餐等服务，所有这些温馨体贴的细节令人感觉宾至如归。酒店虽然是一家开业于1912年的老店，但是经过内部的再次装修，融入了现代元素，各种设施齐全。

高档酒店　Map p.168-B3

住 Gabels gate 16
電 23-276500
FAX 23-276560
费 Ⓢ 1380（780）NOK~
Ⓓ 1580（1080）NOK~
CC ADMV
房间数 114 间
URL www.nordicchoicehotels.no

建筑虽然老旧，不过客房非常舒适

奥斯陆斯堪迪克城市酒店
Scandic Oslo City　奥斯陆中央火车站周边

◆酒店位于奥斯陆中央火车站前面，地理位置绝佳，无论游览还是购物，出行都十分方便。风格简朴，但是充满了优雅的气息，体现了挪威人对于和谐之美的理解与认识。酒店设有桑拿等设施，非常齐全。2013年完成了装修改造工程。

中档酒店　Map p.184

住 Europarådets plass 1
電 23-104200　FAX 23-104296
费 Ⓢ 1100（900）NOK~
Ⓓ 1250（1050）NOK~
CC ADMV
房间数 175 间
URL www.scandichotels.com

松恩总站酒店
Thon Hotel Terminus　奥斯陆中央火车站周边

◆这是一家地理位置优越的中档酒店，从奥斯陆中央火车站向北步行约3分钟即到。整洁明亮的客房里，配置了质地上乘的布艺用品和别致的家具，营造出华丽温馨的气氛。早餐为自助餐。

中档酒店　Map p.171-D2

住 Stenersgata 10　電 22-056000
FAX 22-170898
费 Ⓢ 795~2095NOK
Ⓓ 995~2295NOK
CC ADMV
房间数 162 间
URL www.thonhotels.no

阿斯托利亚松恩酒店
Thon Hotel Astoria　奥斯陆中央火车站周边

◆酒店位于奥斯陆市的繁华地段，建在距离卡尔·约翰街入口50米处，从这里去大教堂或是奥斯陆中央火车站都很方便。酒店价格低廉，且设施齐全、服务周到，适合各种类型的旅行者。店内有100间客房面向中间的庭院，环境安静。

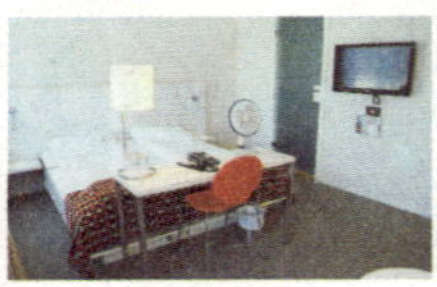

中档酒店　Map p.184

住 Dronningens gate 21
電 24-145550
FAX 24-425765
费 Ⓢ 695NOK~ Ⓓ 995NOK~
CC ADMV
房间数 180 间
URL www.thonhotels.no

松恩会议酒店
Thon Hotel Opera　奥斯陆中央火车站周边

◆酒店位于奥斯陆中央火车站南侧，店内全部配置了最新的设备。宽敞明亮的客房统一采用暖色调装修，充满了温馨舒适的氛围。店内除了餐厅、酒吧以外，还有健身中心、桑拿等设施。2015年8月酒店完成了改造升级工程。

中档酒店　Map p.171-D3

住 Dronning Eufemias gate 4
電 24-103000　FAX 24-103010
费 Ⓢ 1695（1045）NOK~
Ⓓ 1995（1345）NOK~
CC ADMV
房间数 480 间
URL www.thonhotels.no

伯斯巴肯商务酒店
Comfort Hotel Børsparken　　奥斯陆中央火车站周边

◆酒店位于奥斯陆中央火车站西侧，从火车站出发，步行约 5 分钟即到。店内设备非常齐全，地理位置优越，住客以商务人士为主。标准客房装修风格统一，色调柔和，整洁舒适。店内同时设有市内首屈一指的健身房。

中档酒店　Map p.171-C3

住 Tollbugata 4　电 22-471717
FAX 22-471718
费 Ⓢ 1380（695）NOK~
Ⓓ 1580（895）NOK~
CC ADMV
房间数 248 间
URL www.nordicchoicehotels.no

千禧年第一酒店
First Hotel Millennium　　奥斯陆中央火车站周边

◆这座 8 层高的现代化酒店位于从奥斯陆中央火车站步行约 5 分钟的位置，地理位置优越，距离卡尔·约翰街也很近，观光购物都十分方便。所有客房都配有浴缸，住在这里，可以消除旅途的疲劳，好好放松一下。

中档酒店　Map p.171-C3

住 Tollbugata 25　电 21-022800
FAX 21-022830
费 Ⓢ 1395（995）NOK~
Ⓓ 1595（1395）NOK~
CC ADMV
房间数 114 间
URL www.firsthotels.com

安克酒店
Anker Hotel　　奥斯陆中央火车站周边

◆位于奥斯陆市东北部，乘坐有轨电车 11、12、13、17 路在Hausmanns gate站下车后，步行 1 分钟即到。服务热情周到。虽然临街，但是客房里面却十分安静。大堂里有一间酒吧，还设有停车场，方便租车的旅客。最近几年进行了装修改造，酒店变得时尚明亮。

中档酒店　Map p.171-D1

住 Storgata 55
电 22-997500
FAX 22-997520
费 Ⓢ 990（1500）NOK~
Ⓓ 1190（2000）NOK~
CC ADMV
房间数 296 间
URL www.anker-hotel.no

康福特中央大酒店
Comfort Hotel Grand Central　　奥斯陆中央火车站周边

◆这是一家改建而成的酒店，于 2012 年开业，原为奥斯陆中央火车站站内的一部分。有的房间将旧砖砌的墙加以利用，使房间显得古朴自然；有的房间使用富有个性的艺术品进行装饰，等等，每间客房的装修风格迥异。店内采用全新的设备，特别采取了有效的隔音措施。车站内设有旅游咨询处，出行旅游非常方便。

中档酒店　Map p.184

住 Jernbanetorget 1
电 22-982800
费 Ⓢ 979NOK~
Ⓓ 1079NOK~
CC ADJMV
房间数 170 间
URL www.choice.no/comfort

欧罗巴松恩酒店
Thon Hotel Europa　　王宫周边

◆这家酒店位于王宫公园附近，设备齐全，价位适中。面向喜欢安静的旅客。有很多亚洲人住在这里，因此工作人员熟悉亚洲人的生活习俗，应对得体。现代风格装修的客房色彩亮丽。酒店同时设有餐厅、酒吧，当地人也常常来光顾。

中档酒店　Map p.170-B1

住 St. Olavs gate 31
电 23-256300
FAX 23-256363
费 Ⓢ Ⓓ 795~2065NOK
CC ADMV
房间数 168 间
URL www.thonhotels.no

斯堪迪克霍尔堡酒店
Scandic Holberg　　王宫周边

◆这家于 1916 年开业的酒店，是在一座传统建筑的基础上改建而成的老店。客房挑空极高，具有古典建筑独特的历史感，室内设施一应俱全，十分适合单独旅行的游客。由于位于王宫北侧，周围环境非常安静。

中档酒店　Map p.170-B1

住 Holbergs plass 1
电 23-157200
FAX 23-157201
费 Ⓢ 660~1945NOK
Ⓓ 860~2195NOK
CC ADMV　房间数 133 间
URL www.scandichotels.com

松恩王宫公园酒店

Thon Hotel Slottsparken

王宫周边

◆酒店建在王宫公园旁边，是一座富有个性的建筑。其中有236间公寓式客房适合长期居住，大多数房间带有厨房。酒店内洗衣、桑拿、健身房等各种设施都非常齐全。地下一楼还设有一间酒吧。

中档酒店 Map p.170-B1

住 Wergelandsveien 5
電 23-256600
FAX 23-256650
费 Ⓢ 925NOK~ Ⓓ 1125NOK~
CC A D M V
房间数 253 间
URL www.thonhotels.no

邦德海门酒店

Hotell Bondeheimen

王宫周边

◆酒店靠近中心街区，购物、就餐都很方便。酒店前面有一个机场大巴的停车点。客房装修使用木材，类似于北欧风格，既时尚漂亮又舒适。店内一楼有一家颇聚人气的餐厅卡菲斯托瓦 Kaffistova（→ p.203）。住宿客人在这里就餐，享受20%的优惠。

中档酒店 Map p.170-B2

住 Rosenkrantz' gate 8
電 23-214100 FAX 23-214101
费 Ⓢ 1995（695）NOK~
Ⓓ 2195（895）NOK~
CC A D M V
房间数 127 间
URL www.bondeheimen.com

蒙克松恩酒店

Thon Hotel Munch

王宫周边

◆酒店位于奥斯陆市西北部，乘坐有轨电车11、17、18路在Prof.Aschougs plass站下车，步行10分钟左右即到。这里距离卡尔·约翰街仅有500米，地处市中心的繁华地段。不过，由于酒店位于街道的内侧，周围环境比较安静。店如其名，酒店内到处装饰着一代巨匠蒙克的画作的仿制品。客房空间并不宽敞，但是，装修风格简约时尚，十分整洁，住起来温馨舒适。酒店在环保方面也积极采取了许多有效措施。其早餐使用有机食材，非常注重健康与营养，好评不断。收藏蒙克《呐喊》的著名的国家美术馆和历史博物馆近在咫尺，前往参观非常方便。2012年全部客房进行了装修翻新。

客房简约温馨，住起来很舒服

中档酒店 Map p.171-C1

住 Munchs gate 5
電 23-219600
FAX 23-219601
费 Ⓢ 675~1350NOK
Ⓓ 875~1550NOK
CC A D M V 房间数 180 间
URL www.thonhotels.no

由于位于安静的地段，可以在这里悠闲地度过美好时光

奥斯陆P酒店

P-Hotels Oslo

王宫周边

◆酒店位于奥斯陆中央火车站西侧，步行大约7分钟。由于位于市中心的繁华地段，观光和购物都十分方便。有专门满足过敏体质人士需求的客房。建筑有些年头了，但是房间整洁舒适。三人间的标价为995~1495NOK。早餐可以送到房间，非常方便。请注意这里不能用现金支付费用。

中档酒店 Map p.184

住 Grensen 19
電 23-318000
费 Ⓢ 595~1075NOK
Ⓓ 795~1295NOK
CC A D M V
房间数 93 间
URL www.p-hotels.no

塞西尔松恩酒店

Thon Hotel Cecil

市政厅前广场周边

◆这家酒店位于奥斯陆中央火车站西侧，步行7分钟左右即到。观光或购物极为方便。客房结构紧凑，多用于商务人士居住。酒店的庭院里每天都提供自助早餐，口碑不错。此外，都会免费提供咖啡、红茶。

中档酒店 Map p.170-B2

住 Stortingsgata 8 電 23-314800
FAX 23-314850
费 Ⓢ 1195NOK~
Ⓓ 1885NOK~
CC A D M V
房间数 111 间
URL www.thonhotels.no

维卡松恩庭院酒店
Thon Hotel Vika Atrium
市政厅前广场周边

◆酒店位于商业区阿克码头购物中心 Aker Brygge（→p.209）附近，房间基本是双人间，宽敞舒适。酒店内设有健身中心。此外，一楼有便利店，非常方便。这里免费提供咖啡、红茶。

中档酒店 Map p.170-A3

住 Munkedamsveien 45
☎ 22-833300 FAX 22-830957
费 Ⓢ 925NOK~
Ⓓ 1125NOK~
CC A D M V
房间数 104 间
URL www.thonhotels.no

森特伦旅舍
Sentrum Hostel
奥斯陆中央火车站周边

◆森特伦旅舍面向背包客，在一座稍显古旧的建筑的二楼上。旅舍设有最低限度的公共卫浴设施。也有公共厨房、洗衣房。从奥斯陆中央火车站步行不到5分钟即到，地理位置优越。在一楼咖啡厅可以吃早餐并享受折扣优惠。

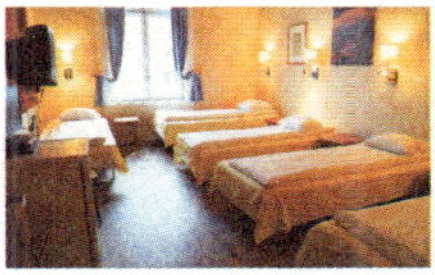

经济型酒店 Map p.171-C3

住 Tollbugata 8
☎ 22-335580
费 宿舍 290NOK~ Ⓢ 500NOK~
Ⓓ 750NOK~ 不含早餐
CC M V
房间数 47 间
URL sentrumhostel.no

安克青年旅舍
Anker Hostel
奥斯陆中央火车站周边

◆这里与安克酒店 Anker Hotel（→p.199）相邻，属于安克酒店直营的青年旅舍。刚刚装修改造完毕的大堂区域，时尚漂亮。客房虽然风格简约，但是宽敞舒适。店内也有带厨房的双人间。这里很受背包客们的青睐，店里人流不断，房间总是很紧张。

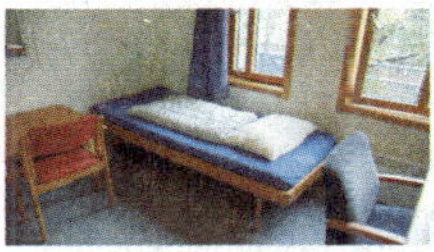

经济型酒店 Map p.171-D1

住 Storgata 55 ☎ 22-997200
FAX 22-997220
费 经济间 230（250）NOK~
ⓈⒹ 620（640）NOK~
床单 50NOK 早餐 60NOK
CC A D M V 房间数 70间（6~8月 115间）
URL www.ankerhostel.no

奥斯陆城市盒子酒店
Citybox Oslo
奥斯陆中央火车站周边

◆这家旅馆由于完全自动化从而实现了低价经营。办理入住手续实行自助方式，只需在门口外输入预订号码即可入住。客房里面没有电视机，也没有衣柜，虽然非常简约，但是设施都是崭新的。大堂里为旅客准备了公用微波炉以及纸质的餐具。从这里步行到奥斯陆中央火车站仅需 5 分钟。

经济型酒店 Map p.184

住 Prinsens gate 6
☎ 21-420480
费 Ⓢ 500NOK~ Ⓓ 600NOK~
CC M V
房间数 216 间
URL www.citybox.no

科克民居旅馆
Cochs Pensjonat
王宫周边

◆位于王宫公园北侧，旅馆所在的建筑非常古老，有 90 多年的历史。前台位于二楼。客房整洁干净，配套齐全。工作人员待人亲切热情，服务周到。这里虽然不提供早餐，不过可以到附近的咖啡厅享受有折扣优惠的早餐。

经济型酒店 Map p.170-A1

住 Parkveien 25 ☎ 23-332400
FAX 23-332410
费 独立卫浴 Ⓢ 630NOK~ Ⓓ 800NOK~
公共卫浴 Ⓢ 520NOK~ Ⓓ 720NOK~
不含早餐
CC M V 房间数 89 间
URL www.cochspensjonat.no

佩尔米纳兰旅馆
Perminalen Hotel
市政厅前广场周边

◆这家旅馆改建自一座挪威兵营。双人间内摆放着上下床或两张平行的床。店内还有 4 人住的家庭房。客房装修简单，但是打扫得非常及时，整洁舒适。所有的房间配有淋浴、卫生间以及桌子。特别值得一提的是这里的早餐，丰盛又美味，值得推荐。

经济型酒店 Map p.170-B3

住 Øvre Slottsgate 2
☎ 24-005500
费 Ⓢ 620NOK~ Ⓓ 860NOK~
4 人间 1 人 380NOK
CC A D J M V
房间数 55 间
URL www.perminalen.no

奥斯陆的餐厅

Restaurant

奥斯陆虽然算不上美食之城，不过，在卡尔 · 约翰街周边汇集了许多美食餐厅，只不过从数量上远远比不上北欧其他国家。

平时的午餐时间，大多数餐厅都会提供价格便宜的午餐。但是，最好还是选择价格在 100~200NOK 的餐厅。晚餐的最低价格也要 200NOK，如果再点上几道菜，再要几瓶饮料，马上就超出 500NOK 了，价格之高令人咂舌。

如果不想将钱过多地花在餐饮上，最好到咖啡厅用餐。挪威人非常喜欢喝咖啡，无论走到哪里，环境幽雅的咖啡厅随处可见，里面提供各种各样的快餐，品种丰富。此外，意大利餐厅和中餐厅，菜品也颇具特色，不妨光顾。在奥斯陆购物城（Oslo City）和帕莱埃（Paleet）等超大规模购物中心的地下，还有许多经营自助餐的美食街，里面汇聚了来自各国的美食，价格也很便宜。另外，有些餐厅到了 7、8 月份就会不定期地停业，这一点要特别注意。

斯托托维茨 · 格耶斯特吉维瑞餐厅

Stortorvets Gjæstgiveri 卡尔 · 约翰街周边

◆这是一家于 1881 年开业的老字号餐厅，餐厅所在的建筑是 18 世纪的建筑，在这里，人们能在一种具有历史感的独特氛围中品尝挪威当地的各色菜肴。二楼的墙壁上装饰着描绘奥斯陆历史的绘画作品。前菜 125NOK 起，主菜 198NOK 起。午餐时间（11:00~15:30）除了单片三明治 119NOK 以外，以煎鸡蛋卷、意粉等咖啡快餐为主。每个周六的 13:30~16:30 会有现场的爵士乐演奏。餐厅位于奥斯陆大教堂的西侧，黄色的外墙十分醒目，从街上一眼就能看到。如果享用晚餐，就打扮得漂亮些来就餐吧。7 月份是夏季停业时期。

午餐时穿休闲便装也 OK

挪威菜肴 Map p.184

住 Grensen 1
电 23-356360
FAX 23-356363
营 周一 ~ 周六 11:00~23:00（厨房营业 ~22:30）
休 周日
预算 午餐 150NOK~、晚餐 300NOK~
CC A D M V
URL www.stortorvets-gjestgiveri.no

涂成黄色的建筑外墙非常醒目，成了路标

克里斯蒂安咖啡厅

Café Christiania 卡尔 · 约翰街周边

◆这家咖啡餐厅面向议会大厦。在这里可以享受到添加了法国美食元素的挪威佳肴。店内陈列着 19 世纪 60 年代挪威的古董、杂物，营造出一种怀旧的氛围。特别推荐这里的下午茶 225NOK~。

挪威菜肴 Map p.170-B2

住 Nedre Vollgate 19
电 22-010510
营 周一 ~ 周六 11:00~23:00
休 周日
预算 午餐 160NOK~、晚餐 230NOK~
CC A D M V
URL cafechristiania.no

多弗莱哈伦餐厅

Dovrehallen 奥斯陆中央火车站周边

◆这是一家开业百年以上的大众餐厅。餐厅内摆放着木质的旧式桌椅，充满怀旧情调。在这里可以品尝到挪威的传统美食。主菜 120NOK~，单片三明治 74~139 NOK。每天变换的套餐价格合理，经济实惠。

挪威菜肴 Map p.171-C2

住 Storgata 22
电 22-172101
营 周一 ~ 周六 10:00~ 次日 0:00
周日 12:00~ 次日 0:00
休 无
预算 80NOK~ CC D M V
URL www.dovrehallen.no

无线 LAN

洛克餐厅
Lokk　奥斯陆中央火车站周边

◆位于中央站北侧幽静道路上的餐吧。所有菜肴都使用当地新鲜食材精心烹制。充分体现蔬菜原味的新创汤类和套餐 399NOK~，获得好评，每天例汤 149NOK。外卖 99NOK，经济实惠。

挪威菜肴　Map p.171-C2
住 Torggata 18b
☎ 22-112288
营 周一～周六 16:00~22:00
休 周日
预算 150NOK~
CC M V
URL www.lokkoslo.no

剧院咖啡
Theatercafeen　王宫周边

◆位于大陆饭店（Hotel Continental）（→ p.196）内的高档餐厅。能品尝到传统正宗挪威菜肴。晚餐主菜 225~365NOK，3 道菜套餐 655NOK~。另外，这里的单片三明治是奥斯陆的著名食物。周一～周六的午餐（11:00~15:00）是单片三明治自助 119NOK，非常受欢迎。餐厅装修成古典风格，格调高雅，能在这里度过一段优雅的时光。如果想轻松一下，推荐点心自助 85NOK。点心自助非常受欢迎，一定要提前预约。7 月份是休假月。

天花板很高，充满开阔感

挪威菜肴　Map p.170-B2
住 Stortingsgata 24-26　TEL 22-824050
营 周一～周六 11:00~23:00
周日 15:00~22:00
休 无休
预算 午餐 200NOK~、晚餐 400NOK~
CC A D M V
URL www.theatercafeen.no

位于 Hotel Continental 的一层

卡菲斯托瓦
Kaffistova　王宫周边

◆非常受欢迎的餐厅，供应使用挪威产食材制作的烤制菜肴，以及单片式三明治。采用从陈列在橱柜内的菜肴中自选喜欢菜品的自助形式，因价格实惠味道好而备受好评。餐厅面向道路，大块玻璃窗使店内非常明亮，开店不久就会有很多人聚集，边看晨报边用餐。主菜 150~180NOK，最受欢迎的菜是挪威肉丸 149NOK。午餐后推荐品尝店家自制蛋糕 49NOK 和咖啡 28NOK。

大受欢迎的肉丸量也很大

挪威菜肴　Map p.170-B2
住 Rosenkrantz' gate 8　☎ 23-214210
营 周一～周五 11:00~21:00
周六·周日 11:00~19:00
休 无休　预算 150NOK~
CC M V
URL www.kaffistova.com

休闲风格的餐吧

旧市政厅餐厅
Det Gamle Raadhus　市政厅前广场周边

◆创业于 1856 年的百年老店。建筑物建于 1641 年，是曾经的市政厅，现在里面也配有古董家具，优雅庄重，怀旧氛围浓郁。供应的食物以挪威菜为主，主菜 289NOK~。7 月会休息 3 周。

挪威菜肴　Map p.170-B3
住 Nedre Slottsgate 1
☎ 22-420107
营 周一～周五 11:30~16:00/17:00~22:00
周六 14:00~16:00/17:00~22:00
休 周日
预算 300NOK~
CC A D M V
URL www.gamle-raadhus.no

安格布雷特咖啡馆

Engebret Café　　市政厅前广场周边

挪威菜肴　　Map p.171-C3

装饰着蒙克的亲笔书信

◆位于现代美术馆前面。1857年创业，历史悠久，蒙克、易卜生、格里格等挪威著名艺术家曾经都是这里的常客。店内摆放着庄重的家具，采用古香古色的照明灯具，氛围十足。店内还装饰着蒙克亲笔书信等珍贵的物品。因为能够在优雅的环境中品尝正宗的挪威菜肴，备受本地人及游客的喜爱。驯鹿肉等肉菜265~415NOK，鱼类菜肴255~375NOK。夏季还会有露天席位。7月会放暑假，不营业。

住 Bankplassen 1
电 22-822525　FAX 22-822520
营 周一～周五 11:30~23:00
　 周六 17:00~23:00
休 周日
预算 350NOK~　CC A D M V
URL engebret-cafe.no

绿色葱茏

捕鱼餐厅

Fiskeriet　　奥斯陆中央火车站周边

海鲜菜肴　　Map p.171-C2

◆餐厅面向摆满露天摊位的广场，由著名的老鱼店经营。有用三文鱼、龙虾、时令鱼类等制作的奶油风味鱼汤（Fiskesuppe）165NOK，还有炸鱼片等。外卖价格非常实惠。

住 Youngstorget 2b
电 22-424540
营 周一～周五 11:00~19:30
　 周六 12:00~19:00（根据季节变化）
休 周日　预算 150NOK~
CC D M V
URL fiskeriet.com

路易斯餐厅 & 酒吧

Louise Restaurant & Bar　　市政厅前广场周边

海鲜菜肴　　Map p.170-A3

◆是与蒸汽船"路易丝"号有关的餐厅，2013年5月重装开业。店内的装修非常独特，使用的是船上曾经用过的物品。从餐厅能眺望到港口美景。除了供应新鲜食材制作的海鲜菜肴之外，还供应面条和肉类菜肴。

住 Stranden 3，Aker Brygge
电 22-830060
营 周一～周六 11:00~23:00
　 周日 12:00~22:00（仅限4~9月）
休 4~9月之外的周日
预算 280NOK~　CC A D M V
URL www.restaurantlouise.no

罗弗敦餐厅

Lofoten　　市政厅前广场周边

海鲜菜肴　　Map p.170-A3

◆能透过餐厅玻璃窗眺望对面奥斯陆峡湾的美景，会感觉食物都会更加美味。在这家餐厅一年四季都能品尝到时令鱼贝类制作的海鲜菜肴。厨师推介套餐3道菜535NOK~。最好提前预约临窗的位置。

住 Stranden 75，Aker Brygge
电 22-830808
营 周一～周六 11:00~23:00
　 周日 12:00~22:00
休 无休　预算 350NOK~
CC A D M V
URL www.lofoten-fiskerestaurant.no

法式啤酒餐厅

Brasserie France　　卡尔·约翰街周边

法国菜　　Map p.184

◆奥斯陆首屈一指的正宗法式餐厅，非常受欢迎。店内统一用白色和红色布置，显得非常有情调。菜肴款式传统，摆盘精美，味道也非常好。单品菜肴275NOK左右，套餐395NOK~。甜点也深获好评。

住 Øvre Slottsgate 16
电 23-100165
营 周一～周五 16:00~22:30
　 周六 12:00~22:30
休 周日　预算 250NOK~
CC A D M V
URL www.brasseriefrance.no

斯塔特霍尔德花园餐厅

Statholdergaarden 市政厅前广场周边

◆建筑物建于16世纪，曾是富豪的住宅，现将其二层改建成为餐厅。餐厅内保留了当时的风情，室内摆放着希腊的雕刻作品、豪华的吊灯，天花板和墙壁也都采用了北欧传统装饰。主厨曾经在法国美食大赛中获奖，烹制出的菜肴无论视觉效果还是味道都堪称奥斯陆一绝。使用当地食材制作的菜肴，一道菜中就能品尝到意大利菜和亚洲菜等多国美食的精华。主菜420NOK左右。每3周更换一次的套餐价格在1095~1295NOK。前往餐厅之前一定要提前预订。

豪华的餐厅内部气氛典雅高贵

法国菜 Map p.171-C3

住 Rådhusgata 11
☎ 22-418800
营 周一～周六 18:00~21:30LO
休 周日
预算 600NOK~
CC A D M V
URL www.statholdergaarden.no

隆重打扮后前往就餐

列托餐厅

LETT 王宫周边

◆提供有机食材制作的沙拉的快餐店。餐厅采用根据个人喜好选择辅料的定制形式，主料为面条或沙拉，按照顺序加入配料、调味汁。外卖价格是99NOK~，堂食109NOK~。还销售汤和手卷三明治。

国际美食 Map p.170-B2

住 Klingenberggata 7 ☎ 94-142924
营 周一～周五 7:30~19:00
周六 10:00~17:00
休 周日
预算 100NOK~
CC A D M V
URL www.lettoslo.no

巴莱爵士乐咖啡馆

Bare Jazz 卡尔・约翰街周边

◆由挪威女爵士乐手经营的咖啡馆。一层是爵士乐CD专卖店，二层是咖啡馆。现磨咖啡27NOK~。食物只有蛋糕和三明治等。顾客可以免费试听CD或点歌。有时还会举办现场演出。

咖啡馆 Map p.184

住 Grensen 8 ☎ 22-332080
FAX 22-332090
营 周一・周二 10:00~18:00
周三～周六 10:00~次日 0:00
休 周日
预算 30NOK~ CC A D M V
URL www.barejazz.no

法国房间咖啡馆

Den Franske Sal 王宫周边

◆位于国家美术馆（→p.185）内的咖啡馆。由于咖啡馆原来是法国雕刻作品的展室而得此店名。内部装修使用了大理石和金箔，非常豪华。咖啡29NOK，还供应简餐，有烤饼47NOK、三文鱼三明治136NOK等。

咖啡馆 Map p.170-B2

住 Universitetsgata 13 ☎ 21-982270
营 周二、周三、周五 11:00~17:00
周四 11:00~18:00
周六、周日 11:30~17:00
休 周一
预算 午餐 160NOK~、晚餐 230NOK~
CC M V URL www.nasjonalmuseet.no

富格莱恩

Fuglen 王宫周边

◆即使在咖啡文化盛行的奥斯陆也是最受欢迎的咖啡馆之一。以咖啡品质高而广获好评。夜晚时店内氛围会大转换，成为酒吧。店内摆放着时尚的家具，如果喜欢还可以购买。咖啡25NOK~。

咖啡馆 Map p.170-B1

住 Universitetsgate 2 ☎ 22-200880
营 周一、周二 7:30~22:00
周三、周四 7:30~次日 1:00
周五 7:30~次日 3:00
周六 11:00~次日 3:00
周日 11:00~22:00 休 无休
预算 20NOK~
CC M V URL www.fuglen.no

阿尔宾和塞西莉咖啡馆商店
Albin & Cecilies Kafé og Butikk 王宫周边

◆一间木质结构的独栋房子里，由母女二人共同经营的咖啡馆。还供应融合了法国菜和意大利菜特点的自制有机菜肴。花草茶 45NOK~，品质也非常高。4~9 月还有露台席位。内设画廊。

咖啡馆 Map p.168-B2

住 Briskebyveien 42 电 90-654161
营 周二～周五 11:00~20:00
周六 11:00~19:00
周日 12:00~18:00
休 周一
预算 150NOK~
CC M V

恐龙蛋咖啡馆
Egget Kafe 郊区

◆咖啡馆位于远离喧嚣的地方。店内摆放着庄重大气的木质家具，供应以挪威和德国创新菜肴为主的早午套餐 140NOK，咖啡 23NOK~。店名源自店门口的恐龙蛋。

咖啡馆 Map p.169– D2

住 Kirkegårdsgata 7 电 40-080012
营 周一～周六 11:00~ 次日 1:00
周日 11:00~23:00
休 无休
预算 30NOK~
CC M V
URL www.egget-kafe.no

蒂姆·温德柏咖啡馆
Tim Wendelboe 郊区

◆获得 2004 年咖啡大赛第一名的温德柏经营的浓缩咖啡吧。温德柏经常飞遍世界寻找高品质咖啡豆，在这里能品尝到经过他严格挑选出来的顶级咖啡。Hunkute 42NOK，有着类似茉莉花和柠檬的口味。这里的咖啡一定会改变你对咖啡的既定认识。

咖啡馆 Map p.169-C2

住 Grünersgate 1
电 40-004062
营 周一～周五 8:30~18:00
周六·周日 11:00~17:00
休 无休
预算 40NOK~
CC A D M V
URL timwendelboe.no

柠檬草餐厅
Lemongrass 王宫周边

◆柠檬草餐厅是挪威为数不多的经营加勒比海菜肴的餐厅。店内充满了南国风情。主菜 167NOK~296NOK。最受欢迎的菜肴是主厨精选时令鱼贝类制作的加勒比海炖菜，269NOK。也有套餐 399NOK~。

加勒比海菜肴 Map p.170-B2

住 Kristian Augustsgate 14
电 22-201222 FAX 22-201223
营 周一～周六 16:00~ 次日 0:00
周日 16:00~22:00
休 无休
预算 200NOK~
CC A D M V
URL www.lemongrass.no

满日本料理餐厅
Mitsu 奥斯陆中央火车站周边

◆餐厅位于距离中心区步行 10 分钟左右的地方。店主满村曾经做过渔师，在选材方面眼光独到。寿司拼盘 105NOK~。如果选择单品推荐三文鱼或鲽鱼寿司。店内还供应泰式椰汁鸡汤 60NOK 等东方菜肴，也非常受欢迎。外卖优惠 10%。

日本料理 Map p.171-C1

住 Møllergata 42
电 22-110330
营 周一～周五 10:00~21:30
周六 12:00~21:30
休 周日（7 月 1 日开始休息 3 周）
预算 100NOK~
CC A D J M V

佐藤日本料理餐厅
Japanese Dining Sato 郊区

◆是奥斯陆为数不多的由日本人经营的日餐厅。在日本本土高档餐厅进修过的店主亲自制作种类丰富的日本料理。炸猪排盖饭 175NOK，鸡肉鸡蛋盖饭 165NOK，锅仔炒乌冬面 185NOK。由龙虾等各种海鲜制作的海鲜锅 425NOK~，也大受好评。

日本料理 Map p.168-B2

住 Frognerveien 10
电 47-650333
营 每天 14:00~23:00
休 无休
预算 150NOK~
CC A D J M V
URL www.japanesediningsato.no

珍宝中餐厅
Jambo　　卡尔・约翰街周边

◆从春卷 70NOK、炒面 145NOK、拉面 135~170NOK 等简单餐食，到北京烤鸭、海鲜等大菜，应有尽有，种类丰富。每天午餐 95NOK。

中国菜　Map p.184

住 Karl Johans gate 13
☎ 22-421983
营 周一～周六 11:00~23:00
周日 12:00~23:00
休 无休
预算 120NOK~
CC A D M V

北京饭店
Beijing House　　王宫周边

◆创业于 1969 年，是奥斯陆最古老的中餐厅。餐厅面积很大，干净舒适，供应的食物以四川菜和广东菜为主。炒饭 118NOK，春卷 55NOK，烧麦 62NOK。工作日的午餐自助含咖啡 130NOK，非常经济实惠。

中国菜　Map p.171-C1

住 Munchs gate 5　☎ 22-204206
FAX 22-206779
营 周一～周五 11:00~22:30
周六、周日 14:00~23:00
休 无休　预算 175NOK~
CC M V
URL beijnghouse.no

越南房子
Viet Nam House　　奥斯陆中央火车站周边

◆位于奥斯陆中央火车站北侧繁华路段的越南餐厅。厨师和服务员都是越南人，菜肴的味道也很正宗。推荐鸡肉和柠檬草制作的柠檬草炒鸡（Xa Ot）118NOK 等炒菜。面类 118NOK~。也有寿司。

越南菜　Map p.171-D2

住 Bernt Ankers gate 6b
☎ 22-204441
营 每天 12:00~23:00
休 无休
预算 150NOK~
CC A D M V

米碗餐厅
Rice Bowl　　奥斯陆中央火车站周边

◆一家泰国菜餐厅，因为价格实惠，总是有很多年轻人和家庭聚餐客人聚集。因为不接受预订，经常会有人在外排队等候用餐。主菜分量十足，115~180NOK，泰式炒面 155NOK，冬荫功汤 155NOK。

泰国菜　Map p.171-C2

住 Youngs gate 4
☎ 22-412006
营 周一～周六 12:00~22:00
周日 14:00~21:00
休 无休
预算 130NOK~
CC A D M V

COLUMN　NORWAY

奥斯陆的新美食据点

2012 年，室内食品市场奥斯陆食品大厅（Mathallen Oslo）在再开发地区开张营业。市场内聚集了很多销售肉类和蔬菜的商店和餐厅、咖啡馆等。这里的食材大多数是挪威产的，非常新鲜，还能直接和生产商接触，从他们手里直接购买食材。

货品丰富

来这里购物的不仅有游客，还有很多厨师和本地人。这里是了解挪威饮食文化的好地方。

DATA
奥斯陆食品大厅
Map p.169-C2
住 Vulkan 5
☎ 40-001209
营 周二～周三 8:00~20:00
周六・周日 9:30~18:00（根据店铺不同）
休 周一
CC 各店不同
URL www.mathallenoslo.no

奥斯陆的购物场所
Shopping

奥斯陆的购物场所大都聚集在卡尔 · 约翰街周边和市政厅周边。玛格西纳（Glas Magasinet）、帕莱埃（Paleet）等高档百货商店备受女性消费者喜爱，位于滨水区的阿克码头购物中心（Aker Brygge）则凭借时尚理念，备受年轻人喜爱。

挪威最受欢迎的特产是毛衣、银饰品和陶器。礼品店中一般都会摆放着叫作“特洛尔”的妖精木偶和以海盗为主题的摆件等。想选购别致时尚礼物的人还可以去看看北欧设计杂货店。虽然与中心区有些距离，但比格德岛公园街（Bygdøy Alle）周边分布着很多小杂货店和家具店，里面的商品都非常精致。市区北侧的 Grunerløkka 地区则聚集着时尚最前沿的精品店。

玛格西纳百货公司
Glas Magasinet

卡尔 · 约翰街周边

◆高贵端庄的建筑外观令人侧目的高档百货公司。地下一层是北欧品牌的厨房用品和衣料、手工制品的卖场，商品种类丰富。一层是乔治 · 杰生、伊塔拉等北欧品牌的玻璃和陶瓷器，以及时尚商品的卖场。

百货公司 Map p.184

住 Stortorvet 9
电 23-080810
营 周一～周五 10:00~19:00
周六 10:00~18:00
休 周日
CC 各店铺不同
URL www.glasmagasinet.no

斯蒂恩 & 斯特罗姆百货
Steen & Strøm Magasin

卡尔 · 约翰街周边

◆位于市中心，创业于 1797 年。卖场面积达 8000 平方米，是挪威规模最大的百货公司，商场内汇聚了各种品牌的专卖店。店内从最新流行商品，到挪威特产、北欧设计款杂货等，应有尽有。地下还设有超市和美食广场。

百货公司 Map p.184

住 Nedre Slottsgate 8
电 22-004000
营 周一～周五 10:00~20:00
周六 10:00~18:00
休 周日
CC 各店铺不同
URL www.steenogstrommagasin.no

奥斯陆购物城
Oslo City

奥斯陆中央火车站周边

◆奥斯陆购物城与奥斯陆中央火车站相连，是挪威最受欢迎的购物中心之一。中央大厅为挑空式，地下一层至三层云集着饰品、杂货、时装等 90 多家店铺。地下设有超市，里面有很多挪威产的食材。

百货公司 Map p.184

住 Stenersgata 1
电 81-544033
营 周一～周五 10:00~22:00
周六 10:00~20:00
休 周日
CC 各店铺不同
URL oslocity.no

帕莱埃百货公司
Paleet

王宫周边

◆位于卡尔 · 约翰街沿线，是一个规模虽小但很有魅力的百货公司。店内汇聚了高档精品店、设计款杂货、艺术、书籍、特产等 30 多家精致的店铺，还有各种餐厅。2014 年重装开业，店内增设了美食广场等设施。

百货公司 Map p.170-B2

住 Karl Johans gate 37-43
电 23-080811
营 周一～周五 10:00~20:00
周六 10:00~18:00
休 周日
CC 各店铺不同
URL www.paleet.no

阿克码头购物中心
Aker Brygge
市政厅前广场周边

◆是一家由旧仓库改建而成的大型购物中心，由8个区域组成。购物中心内有30多家商铺和30多间餐厅与咖啡馆，还有剧院和银行。购物中心地处滨海区，是奥斯陆的时尚发源地。

百货公司　Map p.170-A3

住 Bryggegata 9
電 22-832680
营 周一～周五 10:00~20:00
　周六 10:00~18:00
休 周日
CC 各店铺不同
URL www.akerbrygge.no

地下二手店
Underground House of Second Hand
卡尔・约翰街周边

◆销售20世纪50~70年代老式衣物的二手服装店。收益用于援助发展中国家。衣物从运动服装到套装，种类丰富，还能以低廉的价格购买到北欧毛衣。翻新有瑕疵的旧衣服的服务项目也很独特。

流行时尚　Map p.184

住 Storgata 1
電 22-420966
营 周一～周五 11:00~19:00
　周六 11:00~18:00
休 周日
CC M V
URL www.uffnorge.org

挪威风情专卖店
Moods of Norway
卡尔・约翰街周边

◆是一家新锐时尚品牌店，不仅在挪威，还在欧洲各国和美国开设了店铺。有休闲、混搭、度假、运动、儿童5种系列产品，由3名挪威设计师负责设计。将具有挪威特色的田园风光、乡村美景、滑雪等元素进行充分利用的设计，充满活力，又匠心独具。男士和女士的商品都很齐全，短大衣1000NOK~，中性T恤500NOK。店内还有销售利用果酱瓶制成的灯具等的生活用品卖场。

以挪威大自然为主题的服装

流行时尚　Map p.184

住 Akersgtata 18
電 46-627796
营 周一～周五 10:00~19:00
　周六 10:00~18:00
休 周日　CC A M V
URL www.moodsofnorway.com

挪威产品

奥斯陆毛衣专卖店
Oslo Sweater Shop
奥斯陆中央火车站周边 / 王宫周边

◆商店位于Radisson Blu Scandinavia Hotel Oslo（→p.195）内，是挪威商品最齐全的毛衣专卖店。店内经营的独创针织品以传统北欧民族服装的图案为主，尤其以简单的圆领毛衣最为经典。价格也比其他便宜，2000NOK左右的商品最多。手工制作的高品质产品非常适合做礼物。除了毛衣，还有被称为“Kofte”的开衫，胸前配有独特的金属配件，2000NOK 很受欢迎。可以办理免税手续，也可以直接邮寄回中国。在Clarion Hotel Royal Christiania（→p.197）也设有分店。

有很多独具挪威特色的商品

流行时尚　Map p.170-B1

住 Tullins gate 5　電 22-112922
营 6~9月 周一～周六 9:00~19:00
　周日 11:00~18:00
10月～次年5月 周一～周五 10:00~18:00
　周六 10:00~15:00
休 10月～次年5月周日
CC A D J M V
URL www.sweater.no

商店位于建筑物的一层

博柏特

Probat

郊区

◆销售具有挪威特点的T恤品牌博柏特（Probat）。印有滑雪和驯鹿图形T恤的Norwegian Tees，299NOK。以挪威语中固有字母为图形的设计非常新颖。号码从儿童码开始，非常齐全。

流行时尚　Map p.169-D2

- 住 Thorvald meyers gate 54
- 电 22-352070
- 营 周一～周五 11:00~18:00　周六 10:00~18:00
- 休 周日
- CC ADMV
- URL www.probat.no

格兰德森时尚鞋城

Grændsens Skotøimagazin

卡尔·约翰街周边

◆北欧最大的鞋专卖店。地下一层是男士鞋卖场，一层和二层是女士鞋卖场，分为休闲和正装鞋卖场。三层是儿童鞋卖场。热卖的鞋子是800NOK左右的商品。商品种类非常丰富，还有用驯鹿皮制作的鞋子。

鞋子　Map p.184

- 住 Grensen 12
- 电 22-823400　FAX 22-823401
- 营 周一～周五 10:00~19:00　周六 10:00~18:00
- 休 周日
- CC ADMV
- URL www.grensensko.no

戴维·安德森

David Andersen

卡尔·约翰街周边

◆创业于1876年，是奥斯陆代表性的高档珠宝店。自创银餐具品牌备受好评，以海盗时代设计为主题的饰品也非常受欢迎。另外也销售乔治·杰生等著名品牌商品。

饰品　Map p.184

- 住 Karl Johans gate 20
- 电 24-148810
- 营 周一～周五 10:00~18:00　周六 10:00~17:00
- 休 周日
- CC ADJMV
- URL david-andersen.no

因特里奥画廊

Interiør-Galleriet

王宫周边

◆销售罗森塔尔和皇家哥本哈根品牌的商店。罗森塔尔高品质商品的种类尤其丰富，从传统图案的产品到最新设计，一应俱全。还有很多精致的装饰碟、细口花瓶、成套晚餐餐具、咖啡杯、酒杯等商品。

陶瓷器　Map p.170-A1

- 住 Briskebyveien 2
- 电 22-334040
- 营 周一～周五 10:00~18:00　周六 10:00~16:00
- 休 周日
- CC ADMV
- URL interiorgalleriet.no

拉芬斯

Rafens

王宫周边

◆主要经营北欧设计款厨房用具的商店。咖啡杯和杯子的价格大多在100~200NOK。以丹麦RICE公司五颜六色的餐具的销售最为火爆。最不可错过的是夏季的优惠活动，很多著名品牌商品打折力度非常大。

生活杂货　Map p.184

- 住 Grensen 16
- 电 91-745415
- 营 周一～周三，周五 10:00~18:00　周四 10:00~19:00　周六 10:00~17:00
- 休 周日
- CC ADMV
- URL rafens.no

挪威设计商场

Norway Designs

王宫周边

◆1957年开业的商场，主要经营斯特滕、乔治·杰生、伊塔拉等北欧品牌为主的艺术价值较高的商品。一层销售文具，地下一层销售珠宝、玻璃制品、纺织品等。

生活杂货　Map p.170-B2

- 住 Stortingsgata 28
- 电 23-114510
- 营 周一～周三、周五 10:00~18:00　周四 10:00~19:00　周六 10:00~16:00
- 休 周日　CC ADMV
- URL norwaydesigns.no

斯卡帕商场
Skaperverket

郊区

生活杂货　Map p.171-D1

◆以挪威女性为主的 50 多位艺术家共同经营的杂货店。经营商品有裙子、包、装饰品、首饰、文具、玩具等，大部分都是重视设计的手工制品。还有怀旧风格的进口杂货。

住 Markveien 60
电 22-385070
营 周一～周五 12:00~18:00
周六 11:00~17:00
周日 12:00~17:00
休 无休
CC ADMV

“专属”挪威
Pur Norsk

郊区

生活杂货　Map p.168-B1

◆销售家具、纺织品、厨房杂货、玩具等的商场，所有商品都是挪威人设计的。大部分商品都是以北欧大自然为主题。商店规模不大，但是世界著名店铺，曾被英国杂志推选为内饰商店世界前 5 名。

住 Industrigata 36
电 22-464045
营 周一～周三、周五 10:00~18:00
周四 10:00~19:00
周六 10:00~16:00
休 周日　CC MV
URL purnorsk.no

西格那蒂伦
Signaturen

郊区

生活杂货　Map p.168-B2

◆如果想选购精品文具，一定不能错过这家店。以意大利产为主，也有德国、丹麦的商品。销售的商品都进行过严格筛选，杂物筐、笔筒、圆珠笔等都是兼具实用性和设计性的商品。

住 Bygdøy allé 27
电 22-553045
营 周一～周五 10:00~17:00
周六 10:00~15:00
休 周日
CC ADMV
URL www.signaturen.no

连山湾商店
Audhild Viken

市政厅前广场周边

特产礼品　Map p.170-B2

◆位于市政厅不远处的礼品店。销售的商品从衣服到杂货种类繁多，但都是挪威产商品，且大多数都是自营品牌。被称为 Åkle 的传统工艺挂毯是商店创业以来的看家商品 。地下是圣诞节用品专卖店。

住 Fridtjof Nansens plass 6　电 40-000799
营 6~8 月 每天 9:00~21:00
9 月 周一～周五 9:00~20:00
周六 10:00~20:00　周日 10:00~19:00
10 月～次年 5 月周一～周六 10:00~18:00
休 10 月～次年 5 月的周日
CC ADMV　URL www.gifts.no

阿克书店
Ark

卡尔・约翰街周边

书籍　Map p.184

◆奥斯陆最大的书店，图书内容覆盖了所有领域。有很多封面可爱、引人注目的挪威语书籍和英文书籍，还有文具等。菜谱、旅游书籍、艺术相关书籍数量尤其丰富。贺卡的种类也很丰富。

住 Øvre Slottsgate 23/25
电 22-473200
营 周一～周五 9:00~21:00
周六 10:00~18:00
休 周日
CC ADMV
URL www.ark.no

Kokkeloren 餐厅
Kokkeløren

郊区

食品　Map p.168-B2

◆销售的是由厨师精选素材和调味汁组成的套装商品，只要有吐司和油就能制作出时尚的挪威食品。2 人份 110NOK~，因为量比较小，一个人食用也 OK。如果住在带厨房的酒店里一定要尝试一下。

住 Bygdøy Allé 15
电 45-180893
营 周一～周五 11:00~19:00
周六 11:00~18:00
周日 12:00~18:00
休 无休
CC ADMV
URL kokkeloren.no

奥斯陆的夜店
Night Spot

奥斯陆的酒吧和夜总会大多聚集在卡尔·约翰街周边，分布在从主街稍往里的小路上。夜店一般会在周末深夜里热闹起来。人们一般从 22:00 左右开始聚集，热度会持续到次日 3:00 左右。有些餐厅也会在周末变身为夜店。

苏格兰人俱乐部
The Scotsman

卡尔·约翰街周边

Map p.184

◆一层是苏格兰运动酒吧，二层是迪斯科，三层是运动俱乐部，其中一层的一部分和三层是赛马俱乐部。还设有露台席位。啤酒 63NOK~，其他酒类 98 NOK~。没有座位费。周二~周六的22:30开始有现场演奏。

住 Karl Johans gate 17
電 22-474477
营 周一～周二 11:00~ 次日 1:00
周三～周六 11:00~ 次日 3:00
周日 12:00~ 次日 1:00
休 无休
CC ADMV
URL www.sctsman.no

34 天空酒吧
34 Sky Bar

奥斯陆中央火车站周边

Map p.171-D2

◆位于 Radisson Blu Plaza Hotel Oslo（→ p.195）的 34 层的瞭望台式酒吧。奥斯陆的街景一览无余，是非常受欢迎的约会地点。夜晚在此眺望着夜景，品尝鸡尾酒会非常惬意。啤酒 64 NOK~，其他酒类饮料 114 NOK~。

住 Sonja Henjes plass 3
電 22-058759
营 周一～周四 1700- 次日 0:30
周五·周六 17:00~ 次日 2:30
休 周日
CC ADJMV
URL www.radissonblu.com/en/plazahotel-oslo/bars

斯尔咖啡
Cafe Sør

奥斯陆中央火车站周边

Map p.171-C2

◆白天是供应咖啡、三明治、松饼等简餐的咖啡厅，但夜晚会变身为每天有不同 DJ 的夜总会。在当地年轻人中非常有人气，涂成红色的墙壁上装饰着店主创作的艺术作品，店内装饰也非常时尚。酒类 76 NOK~。

住 Torggata 11 電 41-463047
营 周一～周三 10:00~ 次日 0:30
周四 10:00~ 次日 2:00
周五 10:00~ 次日 3:00
周六 11:00~ 次日 3:00
周日 12:00~ 次日 0:30
休 无休 CC AMV
URL www.cafesor.no

海尔·尼尔森酒吧
Herr Nilsen

王宫周边

Map p.171-C2

◆能欣赏到挪威著名爵士演奏家代表作的酒吧。现场演出周一、周二、周四从 21:00 开始，周三从 20:00 开始，周五从 22:00 开始。周六演出有 2 次，分别为 16:00 和 22:00，周日隔周的 20:00 开始，但需要提前确认。座位费 100~400 NOK。啤酒 64 NOK~。

住 CJ Hambros plass 5
電 22-335405
营 周日～下周四 14:00~ 次日 3:30
周五 13:00~ 次日 3:00
周六 12:00~ 次日 3:30
休 无休
CC MV
URL www.herrnilsen.no

瓦勒伦加球迷酒吧
Bohemen

王宫周边

Map p.171-C2

◆以奥斯陆为主场的足球队瓦勒伦加球队拥护者们聚集的运动酒吧。店内的显示屏上播放着欧洲足球赛和赛车比赛的实况，每当瓦勒伦加球队有比赛的周末会更加热闹。啤酒 62 NOK~。

住 Arbeidergata 2 電 22-416266
营 周一～周四 14:00~ 次日 0:30
周五 14:00~ 次日 2:00
周六 13:00~ 次日 2:00
周日 14:00~23:30
休 无休
CC ADMV
URL www.bohemen.no

奥斯陆的娱乐场所

奥斯陆全年都会有各种各样的演出活动。从戏剧、歌剧、交响乐到摇滚，演出形式多种多样，规模大小不同的演出每天都会有 20 多个。

如果想根据自己的日程安排观看演出，可以利用旅游咨询处（→ p.179）提供的网站演出信息页面。在网站中的“What's On”一栏里输入想观看演出的日期和感兴趣的演出范围，就会显示相关演出的信息。

如果人已在当地，可以直接去演出场所的售票处购票。如果想提前购票可通过票务公司票务通的网站使用信用卡购票。

国家剧院

Nationaltheatret

国家剧院是 1899 年建成的挪威最大的剧院。主要上演易卜生的作品，还会每 2 年举办一次易卜生戏剧节，届时世界各地的剧团都会来此演出易卜生作品。除此之外还上演美国和英国的现代剧。每年 7 月和 8 月关闭。剧院前面矗立着低着头的易卜生和仰着头的比昂松塑像。

歌剧院

Operahuset

2008 年开业的歌剧院，使用白色大理石的崭新建筑是设计了埃及亚历山大图书馆的 Snøhetta 的作品。歌剧院是世界第一个可以在屋顶漫步的剧院，备受各界瞩目。可以参观剧院内部。虽然是以歌剧和芭蕾舞剧为主要演出内容，但每个月也会有 1~2 次的音乐会。

屋顶上眺望到的风景也非常不错

奥斯陆音乐厅

Oslo Konserthus

主要举办奥斯陆爱乐乐团演奏会的音乐厅，也举办摇滚、爵士乐、舞剧等的演出。

DATA

票务通
URL www.ticketmaster.no

国家剧院
Map p.170-B2
住 Johanne Dybwads plass 1
电 22-001400（票务预约 电 81-500811）
URL www.nationaltheatret.no
开 周一～周五 11:00~18:30
周六 11:00~17:00（根据时期变化）
可通过电话、剧院内的售票处、网络购票。
交通
乘坐地铁在国家剧院站下车。

歌剧院
Map p.171-D4
住 Kirsten Flagstads plass 1
电 21-422121
URL operaen.no
开 周一～周五 10:00~20:00
周六 11:00~18:00
周日 12:00~18:00
可通过电话、剧院内的售票处、网络购票。
交通
从奥斯陆中央火车站步行 5 分钟。

奥斯陆音乐厅
Map p.170-B2
住 Munkedamsvejen 14
电 23-113100
URL www.oslokonserthus.no
开 周一～周三 11:00~17:00
周六 11:00~14:00
可通过电话、剧院内的售票处、网络购票。周日剧院内的售票处只销售当日音乐会的票。从音乐会开始前 2 小时开始售票。
交通
乘坐地铁在国家剧院站下车。

奥斯陆和蒙克

Oslo & Munch

表现主义艺术巨匠蒙克

▲蒙克的照片，可以在蒙克美术馆看到

爱德华·蒙克（Edvard Munch）（1863~1944）生于挪威，可以说他是北欧唯一的世界级画家。

蒙克的所有作品都围绕着“死亡”“孤独”“不安”“恐怖”这些主题进行创作，这与他的经历有着很深的渊源。1863 年 12 月 12 日，蒙克诞生在位于奥斯陆以北的城市洛顿（Løten）的一个军医家庭里。次年举家搬迁至奥斯陆，一直到青年时期蒙克都是在奥斯陆度过的。蒙克最初感受到的“死亡”，是他 5 岁时母亲因结核病去世。之后的 1877 年，他的姐姐也因结核病去世。蒙克本人也体弱多病，长期患有哮喘病和风湿热等病症。因此整个冬季蒙克都不得不在家中度过，这也使他在幼年期就感受到了“死亡”和“不安”。

蒙克最著名的作品当数《呐喊》（*The Scream*）（1893 年）和《圣母》（*Madonna*）（1893~1894 年），这些都是 1902 年柏林个展中发表的“生命的饰带（The Frieze of Life）”系列 22 幅画作中的作品。其他如《接吻》（*Kiss*）（1897 年）和《吸血鬼》（*Vampire*）（1893~1894 年）《不安（Anxiety）》（1894 年）等代表作也都是该系列作品。这些作品都描绘了“爱”“生”“不安”“死亡”，是 1889 年蒙克在法国留学时，因父亲病逝而陷入犹豫时创作的作品。

▲蒙克的自画像（蒙克美术馆收藏）

现在，蒙克被认为是“欧洲表现主义绘画的先驱”。表现主义不拘泥于外部情况和形态，而是忠实而直接地表达自己心中的感情。自身健康的问题、母亲和姐姐的死亡、在少年时期直面“死亡”的经历，以及父亲之死带来的难以承受的孤独感，都造就了蒙克敏锐的感受力。

蒙克因“生命的饰带（The Frieze of Life）”的发表而奠定了其在美术界的地位，但之前他作为画家的人生并不是一帆风顺的。他所生活的 19 世纪末是现实主义和自然主义盛行的时代。他的初期画作《病孩》(*The Sick Child*)(1886年)等作品都遭到了猛烈的批判，被抨击为“对艺术的侮辱”。另外，在“生命的饰带”发表后，他的私人生活也变得难以维持稳定。1902年，因与爱人争执时手枪走火，导致蒙克失去了左手中指，从此他开始酗酒。1908年，蒙克患上了精神疾病，不得不在哥本哈根住院治疗。

之后，蒙克回到了挪威，住在奥斯陆郊区一个小城镇里，其作品风格也有很大转变，从以“昏暗”为主的风格改变为有“光”的亮色的作品。之后直至1944年以80岁高龄去世前为止，蒙克的创作活动非常旺盛，留下了油画、版画、水彩画、素描作品共4万多幅。蒙克将他所有作品都捐赠给了奥斯陆市。现在，我们能在奥斯陆的国家美术馆和蒙克美术馆中看到蒙克的作品。

去《呐喊》的舞台！

蒙克的《呐喊》是以他的日记中记载的如下体验为主题的。“傍晚时分，与友人一同散步时，突然天空的颜色被渲染得如血一般红。感到疲乏的我停了下来，倚在栅栏上。青黑色的峡湾和城市上空，笼罩着如血般燃烧的红云。友人们在继续漫步，但我深感不安，震颤不止。然后，感到无边无际地呐喊穿过大自然”(蒙克日记，摘自蒙克美术馆网站)。

日记中蒙克漫步的道路应该就位于奥斯陆东南部的艾克贝格(Ekeberg)地区。从位于丘陵山腰的道路上，能眺望到奥斯陆峡湾和奥斯陆市区全貌。走在这条路上，确实能看到和画作中完全相同的景观。画作中出现的类似桥的景物实际上是道路。

道路边设有《呐喊》的纪念碑，但对其正确的位置，学者之间也有不同观点。另外，艾克贝格以西2公里左右处，也有一个地方被认为是《呐喊》背景地。

艾克贝格　Map p.169-D4
交通→　从奥斯陆中央火车站出站34路、74路巴士前往，约需10分钟，在Brannfjellveien下车，沿着汽车行驶的方向上坡，约步行2分钟即到。

哪里是舞台？

旁边立着显示这里是舞台的牌子

◀在能眺望到奥斯陆峡湾景色的山岗中段立着显示这里是舞台的『呐喊』的牌子。这里更接近作品中的画面？

◀蒙克美术馆主张这里的Mosseveien路是画作诞生的舞台，但与当年的风景已经有了很大的不同

与蒙克相关的地方

蒙克艺术诞生之地！漫步艺术之乡奥斯陆

蒙克大部分生涯都在奥斯陆度过，这里有很多和蒙克相关的景点。

蒙克曾经的故居，以及他作为工作室使用过的几处地方，至今都保留着。位于福斯大街7号的少年时代故居，是蒙克姐姐去世的地方。《病孩》描绘的正是这一体验。在绿意盎然的纪念墓地里，蒙克埋葬在与和他有过交流的易卜生的墓地附近。

1 蒙克少年时代故居

位于远离喧嚣的地方，奶黄色外观很醒目，是蒙克度过少年时代的家。

DATA Map p.169-C2

证明蒙克在此居住过的牌子

2 蒙克的公寓

蒙克居住过的公寓。一层是装饰着蒙克作品复制品的咖啡馆。

DATA Map p.169-D2

这里也有牌子

3 蒙克之墓（纪念墓地）

蒙克之墓位于绿意盎然的纪念墓地里。具体位置可在出入口附近的地图上确认。

DATA Map p.171-C1

4 蒙克去世后……

蒙克去世后其所有作品都捐赠给了奥斯陆市。与《呐喊》齐名的《圣母》（*Madonna*）可在国家美术馆看到。想把蒙克带来的感动带回家的人可在蒙克美术馆购买相关产品。

▶妖艳的《圣母》（*Madonna*）

▼用蒙克画作做装饰的礼品种类繁多

勒罗斯 *Røros*

城市的象征——勒罗斯教堂

自古以来就有萨米人居住在勒罗斯，但城市是从1644年作为矿山城市发展起来的。1679年曾遭到瑞典军队的破坏，之后重建。至1977年关山为止，勒罗斯拥有333年的矿山之城的历史。至今市区内仍保留有煤炭废弃物堆成的山，能够一窥当年的情景。

整个城市沿着斜缓的坡面延展开来，17世纪建造的黑色木屋给人留下深刻印象。尤其是降雪过后的景色异常美丽，1980年、2010年，勒罗斯和其周边被列为世界遗产。

勒罗斯 漫 步

城市的中心是教堂街（Kjerkgata），道路两侧商店林立，背对着火车站登上斜缓的坡路就能看到勒罗斯教堂。右手沿河建有介绍挖掘历史的博物馆——冶炼厂博物馆，从煤渣山眺望到的勒罗斯街道风貌也是必看的美景。勒罗斯是一个小城，只需一天时间就能逛遍整个城市。另外，挪威著名的挂毯厂家勒罗斯特威德的总店就在火车站南侧，价格比奥斯陆等地的商店还要低。

有很多仍在使用的木屋

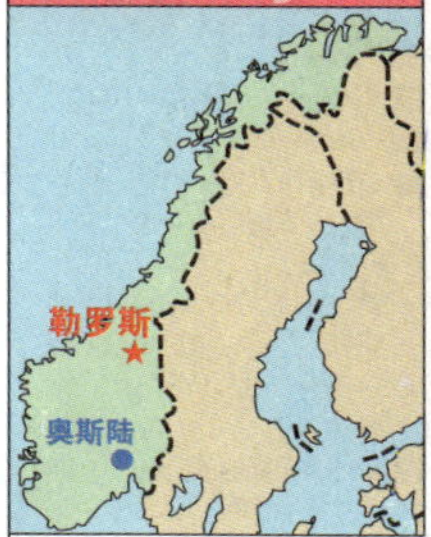

Map p.158-A3
人口：5663
长途区号：无
勒罗斯信息网站
URL www.roros.no

前往勒罗斯的交通

✈ 从奥斯陆有北欧航空的航班飞往勒罗斯，除周六外每天有2个航班，所需时间约55分钟。从机场到市区可乘坐出租车，约需3分钟，约100NOK。

🚌 从奥斯陆没有直达火车，需要在哈马尔转乘。每天运行2~6个班次，所需时间约5小时。

勒罗斯的旅游咨询处 ℹ

住 Peder Hiorts gate 2
☎ 72-410000
URL www.roros.no
开 6/20~8/14
周一～周六 9:00~18:00
周日 10:00~16:00
8/15~次年6/19
周一～周五 9:00~15:30
周六 10:00~16:00
休 8/15~次年6/19的周日

抵达火车站后，首先前往旅游咨询处。这里不仅有各种宣传册，还代办申请游览各景点的旅游团。勒罗斯是一个历史悠久的地方，一定要参加旅游团好好游览一下。

旅游团

举办 6/1~19、8/16~9/10
周一～周六 11:00
6/20~8/15
周一～周六
10:30、12:30、14:30
周日 11:30、13:00
9/11~次年5/31
周四 13:00
周六 11:00
费 100NOK

能够了解勒罗斯历史和城市风貌的旅游团线路。费用里包含了勒罗斯教堂的门票。所需时间约1小时15分钟。

勒罗斯教堂
住 Kjerkgata 电 72-410000
URL www.roros.no
开 6/1~19、8/16~9/10
周一～周六 11:00~13:00
6/20~8/15
周一～周六 10:30~16:00
周日 12:30~14:30
9/11~次年 5/31
周六 11:00~13:00
休 8/16~6/19 的周日、9/11~次年 5/31 的周一～周五
费 50DKK

教堂旁边有彼得·约尔特的墓

冶炼厂博物馆
住 Malmplassen
电 72-406170
URL www.rorosmuseet.no
开 6/1~19、8/16~9/10
每天 10:00~16:00
6/20~8/15 每天 10:00~18:00
9/11~次年 5/31
每天 11:00~15:00
休 无休 费 100DKK

大锤路民居
住 Sleggveien
电 72-406170
URL www.rorosmuseet.noo
开 7/4~8/7 每天 11:00~16:00
休 8/8~次年 7/3（可从外部观看） 费 免费

曾出现在《长袜子皮皮》里的地方

勒罗斯 主要景点

勒罗斯教堂

Map p.217

Røros Kirke

洛可可风格的可爱装修

勒罗斯教堂是勒罗斯象征性的建筑物，是拥有“矿山城市之美（Bergstadens Ziir）”美名的教堂。教堂由出生于勒罗斯并在哥本哈根学习神学的彼得·约尔特（Peder Hjort）（1715~1789 年）发起建造。他在大学毕业后，回到故乡并加入了勒罗斯的矿业公司工作。后来成为投资家，为开发新方案以及将方案付诸实践投入了庞大资金。约尔特是一位成功的商人，但同时又非常重视居民们的感受和利益，至今约尔特仍是勒罗斯人的骄傲。1784 年建成的教堂是挪威国内规模最大的教堂。淡蓝色的内装让教堂给人很可爱的印象，但实际上教堂不是大理石建筑，而是木质结构。由于建造时资金不足，为节约成本使用当时最高端的技术在木质结构上涂漆使之看起来像大理石。

冶炼厂博物馆

Map p.217

Smelthytta

非常生动的展览

这是能够了解到勒罗斯矿山业务和采掘历史的博物馆，建筑物建在 1975 年因火灾损毁的冶炼厂上面。地下二层展出采掘时使用的工具以及采掘和精炼方法的模型等，其中必看的是实际使用过的冶炼厂遗迹。接待处有语音导览器（免费）出租服务。地下一层有关于 19 世纪裙装变化的展览，还有各种主题展览。

大锤路民居

Map p.217

Sleggveien

位于城市北部大锤路（Sleggveien）的民居，是工人、职员、小手工艺者们曾经住过的房屋。其中有些建筑物直至 1950 年仍在使用，只有夏季可以入内参观。

勒罗斯的酒店

Hotel

伯格斯塔德登酒店

Bergstadens Hotel

Map p.217

◆是一家老牌酒店，建筑物建于 1644 年，原来是驿站，后改装成为高档酒店。酒店内设有健身中心和能品尝到挪威菜肴的餐厅。客房洁净、舒适。

住 Osloveien 2 电 72-406080
URL www.scandichotels.com
费 Ⓢ 1140（1240）NOK~
Ⓓ 1390（1590）NOK~
CC ADMV

索尔海姆旅馆

Solheim Pensjonat

Map p.217

◆由 5 名女性共同经营的小巧而可爱的酒店。客房非常干净，还设有面向中庭的房间。在建于 20 世纪 40 年代的建筑物里，配有酒庄式家具的大堂给人舒适的感觉，推荐喜欢怀旧风格的人一定来此住宿。

住 Osloveien 12
电 95-523706
URL www.solheimpensjonat.no
费 Ⓢ 785（885）NOK~
Ⓓ 985（1085）NOK~
CC MV

奥泽伊德尔加登酒店
Erzscheidergården

◆位于勒罗斯教堂旁边斜坡上的酒店。由 17 世纪建造的建筑物改建而成，共有 24 间客房，每间的装修风格都各不相同。使用当地产食材制作的早餐获得好评。大堂有免费咖啡和曲奇。酒店服务人员态度和蔼可亲。

Map p.217

住 Spell-Olaveien 6
☎ 72-411194
FAX 72-411960
URL erzscheidergaarden.no
费 Ⓢ 1090（1190）NOK~
Ⓓ 1290（1490）NOK~
CC A D M V

勒罗斯维特苏塞酒店
Vertshuset Røros

◆位于市区中心的人气酒店。以 1844 年建造的建筑物为主馆，另建有别馆。一层设有餐厅，总是有很多人光顾。还有带厨房和起居室的公寓式客房（ⓈⒹ2450NOK~）。

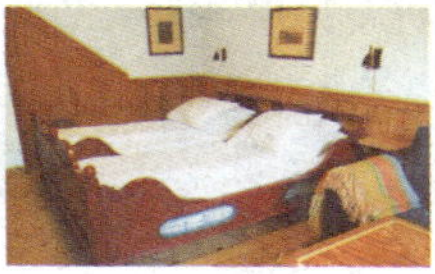

Map p.217

住 Kjerkgata 34
☎ 72-419350 FAX 72-419351
URL vertshusetroros.no
费 Ⓢ 990（1090）NOK~
Ⓓ 1290（1490）NOK~
CC A D M V

勒罗斯的餐厅
Restaurant

贝克尔酒吧
Berkel og Bar

◆位于勒罗斯维特苏塞酒店一层，是一间休闲风格的餐厅兼酒吧，勒罗斯啤酒 77NOK~，时令食材制作的精选菜肴（Dish of the week）160 NOK~。推荐驯鹿汉堡 189NOK 等北欧特色餐食。

Map p.217

住 Kjerkgata 34 ☎ 72-419350
URL vertshusetroros.no
营 每天 11:30~22:00LO
（饮料～次日 0:00LO）
休 无休
预算 200NOK~ CC A D M V

斯图格咖啡
Kaffestuggu

◆位于一个 17 世纪建造的建筑物内，是配有可爱家具的咖啡馆。卡布奇诺 38NOK，11:00~17:00 还供应法棍三明治 110~139NOK 等食物。夏季，鲜花围绕的露天席位非常受欢迎。夜晚供应传统挪威菜肴。

Map p.217

住 Bergmannsgata 18
☎ 72-411033
URL kaffestuggu.no
营 周日～下周三 10:30~17:30
周四～周六 10:00~23:00
休 无休 预算 30NOK~ CC A D M V

勒罗斯的购物场所
Shopping

勒罗斯特威德
Røros Tweed

◆挪威著名的挂毯品牌勒罗斯特威德总公司工厂商店。能以优惠 10% 的价格买到挂毯、枕头罩、餐桌罩等纺织品，非常实惠。

Map p.217

住 Tollef Bredals vei 8
☎ 72-406720 URL rorostweed.no
营 周一～周五 8:00~16:00
周六 10:00~ 14:00
休 周日 CC A M V

勒罗斯陶器店
Potteriet Røros

◆现在只有这家店按照特隆赫姆的制作 · 绘制方法制作餐具。以植物为主题的设计充满了温馨感，小碟子 390NOK~ 等，餐具种类非常丰富。

Map p.217

住 Fargarveien 4 ☎ 72-411710
URL www.potteriet-roros.no
营 夏季 周一～周五 9:00~17:00
周六 10:00~16:00
冬季 周一～周五 8:00~16:00
周六 10:00~15:00
休 周日 CC A D M V

卑尔根 *Bergen*

民居沿着山脚建造

卑尔根是挪威第二大城市，人口约 27 万人。其周边地形具有典型的西挪威峡湾地区特色，山峦逼近错综复杂的海岸线，木质房屋紧密排列在山间有限的平地上。因此，卑尔根市区内，白色房屋仅仅贴着山脚建造。由于道路狭窄，据说一旦发生火灾，如此紧密相连的房屋将无一幸免。

卑尔根历史悠久，1070 年，奥拉夫国王（Olav Kyrre）在此开建城市。12~13 世纪，这里曾是挪威的首都。之后 14~15 世纪，卑尔根加入了旨在促进北欧周边诸国商业发展和守护各国共同利益的“汉萨同盟”，并设有商站。在汉萨商人的统治之下，卑尔根通过出口特产鳕鱼干而得到迅速发展，直至 17 世纪汉萨同盟终结的 400 年间，一直都非常繁华。位于港口旁边的布吕根，作为再现当时风貌的珍贵建筑物而被列为世界遗产。

汉萨同盟结束后，卑尔根独自进入国际市场。除了渔业，卑尔根还着力发展造船业和手工艺业，现在已经成为挪威最大的港口城市。

据说当你问卑尔根人你是哪里人时，他会回答是“卑尔根人”，而不是“挪威人”。可见卑尔根人是多么以自己所在的城市为骄傲！

卑尔根港口停泊着快艇和帆船

Map p.158-A3
人口：277895
长途区号：无
卑尔根信息网站
URL www.visitbergen.com

前往卑尔根的交通

✈ 从奥斯陆每天有 4~18 个航班飞往卑尔根，所需时间约 50 分钟。从哥本哈根每天有 4~6 个航班飞往卑尔根，所需时间约 1 小时 20 分钟。从机场到市内可乘坐机场巴士（Flybussen），115NOK。所需时间约 30 分钟。机场巴士会在中途经过火车站旁边的巴士总站。

🚆 从奥斯陆每天有 3~4 趟列车（除了周六，其中一趟为卧铺车）开往卑尔根，所需时间为 6 小时 30 分钟 ~7 小时 30 分钟。

🚌 从奥斯陆每天有 1~4 趟车（除了周六，其中一趟为夜间车）开往卑尔根，所需时间为 9 小时 25 分钟 ~10 小时 30 分钟，695NOK。从斯塔万格每小时有 1~2 趟车开往卑尔根，所需时间 5 小时 ~5 小时 30 分钟，600NOK。

🚢 卑尔根是海达路德游轮（→ p.23）的发抵站，以这里为起点，可参加 6 晚 7 天前往希尔克内斯的游轮之旅。

卑尔根的气候

受墨西哥湾暖流影响的湿润空气在这里受到小的阻挡形成降雨。因此卑尔根等挪威西部的城市，整年的降水量都比较多。一年当中几乎有 2/3 的时间都在降雨。

卑尔根卡
Bergen Card

使用此卡，弗罗伊恩山缆车、博物馆门票、各种旅游团、停车场等都可以免费或得到优惠。详细信息参见在当地获取的使用指南。在旅游咨询处购买。

费 24 小时有效 240NOK
48 小时有效 310NOK

卑尔根 漫步

卑尔根市区分为港口周边区和火车站周边区。市中心是港口周边区域。港口周边酒店和海鲜餐厅林立，被列入《世界遗产名录》的布吕根等主要景点大多也集中在港口沿线。从鱼市场向西延伸的托尔加尔门宁根大街（Torgallmenningen）是大型百货商店和商铺鳞次栉比的主要街道。道路东端是从海盗至现代船员的"海之男子"纪念碑。

卑尔根火车站位于市区南侧，距离港口需步行20分钟左右。如果旅行重点不是游览卑尔根景点，而是体验峡湾的话，住宿在火车站周边也是不错的选择。另外，以火车站西北部的人工湖Smålungeren为中心形成了广阔的公园，公园沿线有很多美术馆。再往西就是卑尔根博物馆。

卑尔根的旅行步行游览就足够了。让我们在铺着石板路的卑尔根市区闲逛一下吧。

世界遗产布吕根

位于托尔加尔门宁根大街的海之男子纪念碑

卑尔根的旅游咨询处

☎ 55-552000
URL www.visitbergen.com
开 5·9月 每天 9:00~20:00
6~8月每天 8:30~22:00
10月~次年4月
周一~周六 9:00~16:00
休 10月~次年4月的周日

游览团

推荐叫作卑尔根快车（Bergens Expressen）的旅游车。从旅游咨询处前出发，沿着卑尔根港口游览沿线的鱼市场、布吕根等景点。200NOK（使用卑尔根卡优惠10%），所需时间约1小时。在旅游咨询处申请参加。

卑尔根快车

☎ 55-531150
运行 5月 每天 10:00~14:00
6/1~20、8/16~31
每天 10:00~16:00
6/21~8/15 每天 10:00~18:00
9/1~10/1 每天 10:00~13:00
每隔30分钟~1小时运行。

挪威 · 卑尔根

COLUMN NORWAY

乘快艇游览松恩峡湾

卑尔根是游览松恩峡湾（→ p. 235）的著名据点。如果是一日游，一般从卑尔根乘坐火车或汽车，然后转乘渡轮前往，但如果想更加轻松地游览，推荐乘坐直达快艇前往。

也可以只单程乘坐快艇

快艇公司Norled在夏季运行卑尔根至弗洛姆之间的直达快艇。8:00从卑尔根出发，巡游松恩峡湾和艾于兰峡湾后，13:25抵达弗洛姆。在弗洛姆游览之后，15:30出发，按照原路返回，在同一日回到卑尔根。选择这条线路，能免除换乘的麻烦，轻松地游览峡湾。

DATA

Norled
☎ 51-868700
URL www.norled.no
运行 5~9月 卑尔根出发 8:00 弗洛姆出发 15:30
费 单程795NOK，往返1192NOK

布吕根
Bryggen

现在建筑物里是餐厅和礼品店

见证历史的世界遗产——木结构房屋

卑尔根市区的中心，有一片面临港口，像墙壁一样整齐排列的木结构房屋，这一地区被称为布吕根地区。这些木结构房屋建于 13~16 世纪，曾是德国汉萨商人的住宅和办公场所。由于这些房屋全部采用木结构而且紧密连接在一起，因此几经火灾烧毁，但每次都按原样重建。见证中世纪欧洲汉萨商人兴盛的布吕根，被联合国教科文组织列入了《世界遗产名录》。

这些木质房屋纵向深长，走入房屋之间的空隙，道路犹如迷宫一样错综复杂。走在夹在两侧木板墙之间的小路上，犹如迷失在了中世纪。这里隐藏着商店和手工艺作坊，探访一下也别有趣味。另外，夏季会有游览布吕根的旅游团（英语导游）（举办 6~8 月 11:00，12:00 费 150NOK）。申请、出发地点都在布吕根博物馆。

穿越回中世纪的感觉

这里也要去！ check

布吕根博物馆
Bryggens Museum

通过模型和出土文物，介绍以布吕根为中心的卑尔根地区的历史。陈列着 1955~1969 年间在卑尔根周边发掘的建筑物的相关展示，以及 800 年前的木结构教堂、12 世纪时的集中住宅等，展览非常丰富。

布吕根博物馆
Map p.224-B2
住 Dreggsalmenning 3
電 55-308030
URL www.bymuseet.no
开 5/15~8/31 每天 10:00~16:00
9/1~ 次年 5/14
周一 ~ 周五 11:00~15:00
周六 12:00~15:00
周日 12:00~16:00
休 无休
费 80NOK
（可使用卑尔根卡入场）

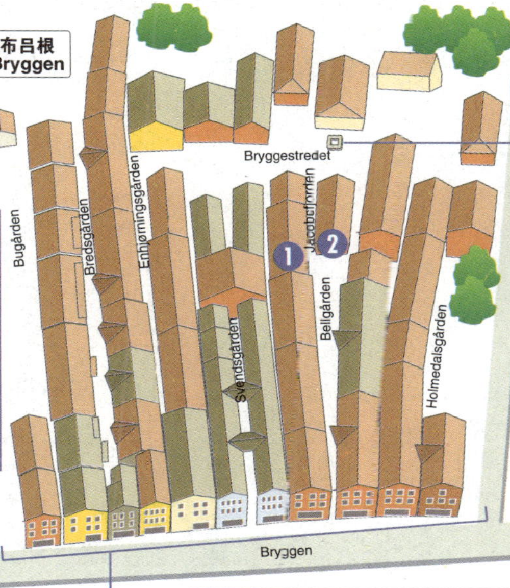

涂漆的建筑物是1666年建造的布吕根最古老的建筑物。现在是艺术学校。

位于广场的水井。石徽章是奥拉夫五世的徽章。投入的硬币会用于布吕根的保护。

建筑物的正面保存着古老的牌匾和木像。可以猜想一下这个建筑物曾用于什么。

在布吕根寻访 **工作坊**

布吕根区域里分布着一些艺术家的工作坊。寻访这些小型工作坊也会增加旅行的乐趣。

❶ Per Vigeland

佩尔·维格兰

布吕根唯一的银饰品工作坊兼商店。维格兰亲手制作的首饰，款式简洁，构思精巧。商品种类繁多，有耳环、项链、手串等。耳环350NOK~。

住 Bryggestredet 电 92-880544
营 周一～周六 10:00~19:00（冬季~17:00）
休 周日 CC JMV
URL www.pervigeland.no

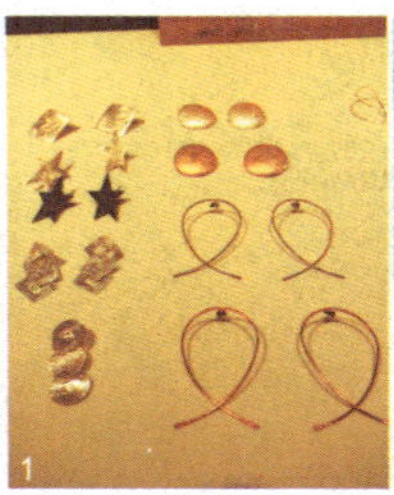

1 时尚又个性的饰品
2 由维格兰亲自设计、制作

❷ Blonder&Stas

布隆达 & 斯塔斯

销售的主要是以挪威的大自然和传统纹饰为主题的布艺品。所有商品都是手工制作，每一件都是能够感受到制作人手温的独一无二的作品。也有厨房餐垫（小）200NOK~，香袋150NOK等价格低廉的商品。由于是个人经营的商店，有时会关门，但只要提前联系就会开门营业。

住 Jacobsfjorden
电 55-318381
营 每天 11:00~15:00（冬季会缩短时间）
休 11·1月 CC AMV

1 充满温馨感的刺绣都是手工制作
2 有很多以花为主题的商品

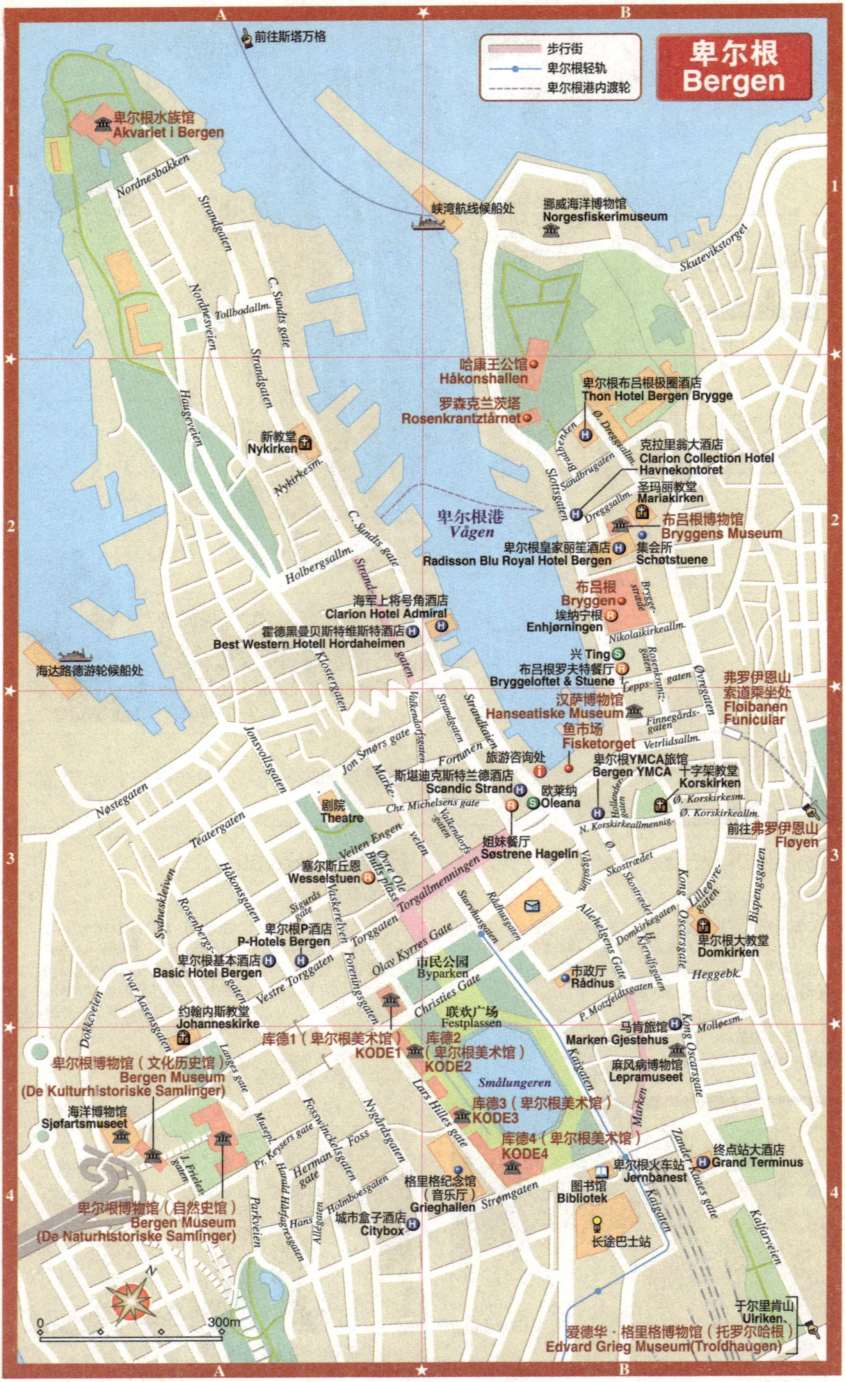
卑尔根
Bergen
步行街
卑尔根轻轨
卑尔根港内渡轮
前往斯塔万格
卑尔根水族馆
Akvariet i Bergen
峡湾航线候船处
挪威海洋博物馆
Norgesfiskerimuseum
哈康王公馆
Håkonshallen
罗森克兰茨塔
Rosenkrantztårnet
卑尔根布吕根极圈酒店
Thon Hotel Bergen Brygge
新教堂
Nykirken
克拉里翁大酒店
Clarion Collection Hotel
Havnekontoret
圣玛丽教堂
Mariakirken
布吕根博物馆
Bryggens Museum
卑尔根港
Vågen
卑尔根皇家丽笙酒店
Radisson Blu Royal Hotel Bergen
集会所
Schøtstuene
布吕根
Bryggen
海军上将号角酒店
Clarion Hotel Admiral
埃纳宁根
Enhjørningen
霍德黑曼贝斯特维斯特酒店
Best Western Hotell Hordaheimen
海达路德游轮候船处
兴 Ting
布吕根罗夫特餐厅
Bryggeloftet & Stuene
汉萨博物馆
Hanseatiske Museum
弗罗伊恩山
索道乘坐处
Fløibanen
Funicular
鱼市场
Fisketorget
旅游咨询处
卑尔根YMCA旅馆
Bergen YMCA
十字架教堂
Korskirken
斯堪迪克斯特兰德酒店
Scandic Strand
欧莱纳
Oleana
剧院
Theatre
前往弗罗伊恩山
Fløyen
姐妹餐厅
Søstrene Hagelin
塞尔斯丘恩
Wesselstuen
卑尔根P酒店
P-Hotels Bergen
卑尔根大教堂
Domkirken
卑尔根基本酒店
Basic Hotel Bergen
市民公园
Byparken
市政厅
Rådhus
约翰内斯教堂
Johanneskirke
联欢广场
Festplassen
马肯旅馆
Marken Gjestehus
库德1（卑尔根美术馆）
KODE1
库德2（卑尔根美术馆）
KODE2
卑尔根博物馆（文化历史馆）
Bergen Museum
(De Kulturhistoriske Samlinger)
麻风病博物馆
Lepramuseet
Smålungeren
海洋博物馆
Sjøfartsmuseet
库德3（卑尔根美术馆）
KODE3
库德4（卑尔根美术馆）
KODE4
终点站大酒店
Grand Terminus
卑尔根火车站
Jernbanest
卑尔根博物馆（自然史馆）
Bergen Museum
(De Naturhistoriske Samlinger)
格里格纪念馆
（音乐厅）
Grieghallen
图书馆
Bibliotek
城市盒子酒店
Citybox
长途巴士站
于尔里肯山
Ulriken、
爱德华·格里格博物馆（托罗尔哈根）
Edvard Grieg Museum(Troldhaugen)
0
300m
N
A
B
1
2
3
4

卑尔根 主要景点

鱼市场 Map p.224-B3

Fisketorget

鱼市场位于港口最里侧的广场和旅游咨询处所在的建筑物里。除了鱼，还销售鲜花、水果、蔬菜、土特产等，推荐旅游者购买能现场食用的三文鱼、虾肉三明治等，都非常新鲜可口。

在这里准备峡湾之旅时吃的东西吧

弗罗伊恩山 Map p.224-B3 外

Fløyen

来到卑尔根，一定要去攀登弗罗伊恩山。距离鱼市场 150 米左右的地方就是缆车乘车处，可直接乘坐缆车（Fløibanen Funicular）来到海拔 320 米的山顶。缆车的最大倾斜度达 26 度，全程 844 米，需时约 6 分钟（每秒 4 米）。缆车乘坐处左侧就是登山道，道路修整得很好，也可以步行登山。山顶设有咖啡餐厅和礼品店，可以度过一段闲适的时光。

从山顶能眺望到市区全景

如果时间充裕，还可以去攀登位于卑尔根郊区约 2 公里处的于尔里肯山（Ulriken）（643 米）。乘坐缆车到山顶约需 10 分钟。

罗森克兰茨塔和哈康王公馆 Map p.224-B2

Rosenkrantztårnet & Håkonshallen

位于布吕根尽头的两个坚固的石造建筑，是与城市同时建成的建筑物。进入大门首先看到的是哈康王公馆。公馆由创建这个城市的哈康王建造，13 世纪这里是政治中枢机构所在地。大厅面积达 37m × 16.4m，墙壁使用挪威产石料建造。公馆旁边的罗森克兰茨塔建于 16 世纪 60 年代，由卑尔根市市长建造。塔身使用从苏格兰运来的石材建造，曾作为要塞使用。塔内设有螺旋上升的阶梯，能参观塔内各层，登上塔顶还能眺望到卑尔根全景。夜晚灯光照明后也非常美丽。

坚固的石造建筑罗森克兰茨塔

汉萨博物馆 Map p.224-B3

Hanseatiske Museum

建于 1704 年的别致的木结构商会建筑。内部现在成为再现汉萨商人生活场景的博物馆，能够看到当时的状态。博物馆内还陈列着造就卑尔根繁荣的鳕鱼干。在距离布吕根博物馆不远的地方有汉萨商人的集会所（Schøtstuene）。另外，还有卑尔根产的汉萨啤酒。啤酒瓶标签上右边

鱼市场

开 1~4 月
周一～周六 9:00~21:00
周日 11:00~21:00
5~9 月 每天 7:00~21:00
10~12 月 周六 9:00~15:00
休 10~12 月的周日～周五
夏季有些店铺会一直营业到很晚。冬季只在旅游咨询处建筑物内营业。

弗罗伊恩山的缆车

住 Vetrlidsallmenning 21
☎ 55-336800
URL www.floyen.no
运行 周一～周五 7:30~23:00
周六 · 周日 8:00~23:00
费 单程 45NOK，往返 90NOK（使用卑尔根卡优惠 50%，10 月～次年 4 月往返免费，但仅限 1 次）

于尔里肯山的缆车

☎ 53-643643
URL www.ulriken643.no
运行 4 月 ~10 月中旬
每天 9:00~21:00
10 月中旬～次年 3 月
周二～周日 10:00~17:00
费 单程 100NOK，往返 160NOK
刮大风时停运。

前往于尔里肯山的旅游团

可以参加 The Ulriken 643 Panorama Tour 前往于尔里肯山。价格为 245NOK（包含缆车费），所需时间约 1 小时。从鱼市场每隔 30 分钟 ~1 小时就有一班车发出。

罗森克兰茨塔

☎ 47-979578
URL www.bymuseet.no
开 5/15~9/15
每天 9:00~16:00
9/16~ 次年 5/14
周日 12:00~15:00
休 9/16~ 次年 5/14 的周一～周六
费 80NOK（可使用卑尔根卡入内）

哈康王公馆

☎ 47-979577
URL www.bymuseet.no
开 5/15~9/15
每天 10:00~16:00
9/16~ 次年 5/14
每天 12:00~15:00
休 无休
费 80NOK（可使用卑尔根卡入内）

汉萨博物馆

住 Finnegården 1A
☎ 55-544690
URL hanseatiskemuseum.museumvest.no
开 5 月、9/1~15
每天 9:00~17:00
6~8 月（仅限参观团）每天 9:00~18:00

能了解当时商人们的生活情形

是鳕鱼干（代表挪威），左侧是鹰（代表德国）的符号。这些不禁让人回想起汉萨同盟时代。

库德（卑尔根美术馆）

Map p.224-A3~B4

KODE

陈列着蒙克的作品

时尚艺术作品的收藏也很丰富

库德是北欧规模最大的美术馆。2013 年 4 月由卑尔根美术馆和西挪威工艺博物馆合并而成，改名为库德（KODE）。美术馆内收藏着从文艺复兴时代至现代的众多绘画作品。美术馆分为 4 个建筑物，分别叫作 KODE1~4。

KODE1 陈列、介绍 16 世纪至现代，以挪威为中心的有关欧洲设计的 500 年历史。从世界最古老的小提琴到维格兰（→ p.192）制作的珠宝，展品种类繁多。KODE2 是展出现代美术的地方，经常举办很多主题展览。KODE3 展出 The Rasmus Meyer Collection，这里陈列着 18、19 世纪的挪威美术作品，尤其以蒙克的作品丰富著称。KODE4 展出的是毕加索和米罗等人的作品。库德所在的区域有很多建筑物时尚新潮的美术馆和音乐厅，因此被称为“美术馆街”。

卑尔根博物馆

Map p.224-A4

Bergen Museum

位于城市西部尽头

卑尔根博物馆分为自然史馆（De Naturhistoriske Samlinger）和文化历史馆（De Kulturhistoriske Samlinger）两个建筑物。开馆时间和门票相同。自然史馆的一层是地球诞生主题展览。陈列着来自世界各地的石头，数量惊人。另外还陈列着大量植物化石和标本。二层陈列着从鱼类到哺乳类动物的各种实物标本。最引人注目的是长达 24 米的鲸鱼骨骼标本。文化历史馆内除陈列着基督教艺术展品和传统家具外，还有关于易卜生和非洲艺术的展览。

卑尔根水族馆

Map p.224-A1

Akvariet i Bergen

水族馆位于半岛最尖端处。进入大门首先是企鹅和海豹的饲养室。

9/16~ 次年 4/30
　每天　11:00~15:00
休 无休　费 100NOK

集会所

住 Øvregaten 50
开 5 月、9/1~15
　每天　10:00~17:00
6~8 月 每天　10:00~18:00
9/16~ 次年 4/30
　周日　11:00~15:00
休 9/16~ 次年 4/30 的周一 ~ 周六
费 同汉萨博物馆

库德（卑尔根美术馆）

住 Rasmus Meyers Allé 3、7、9、Nordahl Brunsgate 9
☎ 53-009704
URL kodebergen.no
开 5/15~8/31 每天 11:00~17:00（KODE3 是 10:00~）
9/1~ 次年 5/14
　周二 ~ 周五　11:00~16:00
　周六 · 周日　11:00~17:00
休 9/1~ 次年 5/14 的周一
费 100NOK（2 天内有效，可使用卑尔根卡入场）

卑尔根轻轨
Bergen Light Rail
（Bybanen）

原为从卑尔根市中心区的市民公园（Byparken）（Map p.224-B3）经由卑尔根火车站、长途巴士站，至卑尔根以南约 10 公里处的 Lagunen 的城市轨道。如果是旅游，除了前往爱德华 · 格里格博物馆以外，很少有机会乘坐，但现已延伸至距离卑尔根机场 2.5 公里处的 Birkelandsskiftet，从卑尔根机场有机场巴士到 Birkelandsskiftet，预计会延长至机场。单人票 36NOK。可以在各车站自动售票机购买车票。
URL www.skyss.no

卑尔根博物馆

URL www.uib.no/universitets-museet
开 6~8 月
　周二 ~ 周五　10:00~16:00
　周六 · 周日　11:00~16:00
9 月 ~ 次年 5 月
　周二 ~ 周五　10:00~15:00
　周六 · 周日　11:00~16:00
休 周一
费 60NOK（可使用卑尔根卡入场）

文化历史馆

住 Håkon Sheteligs plass 10
☎ 55-583140

自然史馆

2016 年 4 月 ~2019 年因施工闭馆。

卑尔根水族馆

住 Nordnesbakken 4
☎ 55-557171

内部分为两层，必看的是位于二层的圆形水槽。水槽内按区域饲养着鱼类，卑尔根所在的“北海”区内能看到巨型鳕鱼和狼鱼。经常举办饲养员喂食企鹅和海豹等表演活动。

有喂食等各种活动

URL www.akvariet.no
开 5~8月
每天 9:00~18:00
9月～次年4月
周五~下周三 10:00~16:00
周四 10:00~18:00
休 无休
费 250NOK（使用卑尔根卡优惠25%，11月～次年2月可直接入场）
交通➡➡➡
乘坐11路巴士约需10分钟。夏季从鱼市场有直达渡轮前往水族馆。

爱德华·格里格博物馆（托罗尔哈根） Map p.224-B4外

Edvard Grieg Museum（Troldhaugen）

爱德华·格里格曾经居住了22年的白色维多利亚风格的住宅，俯瞰着峡湾美景。建筑物现在改建成为博物馆，能看到很多关于格里格的展览。沿着峡湾方向向下，是以前作曲家作曲时临时住过的小屋，向相反方向去就是埋葬着格里格夫妇的造型奇特的墓地。5月下旬~6月上旬举办的卑尔根国际音乐节，会有来自世界各国的著名钢琴家、小提琴家会聚一堂，每天举办音乐会。另外，夏季也会举办各种音乐会。具体信息和票务相关内容请在旅游咨询处进行确认。

格里格的粉丝一定要去看的地方

爱德华·格里格博物馆（托罗尔哈根）
住 Troldhaugveien 65
☎ 55-922992
FAX 55-922993
URL griegmuseum.no
开 1/6~4/30、10/1~12/13
每天 10:00~16:00
5~9月 每天 9:00~18:00
休 12/14~次年1/5
费 100NOK（使用卑尔根卡有优惠）
交通➡➡➡
位于卑尔根以南8公里处。从市中心的市民公园或卑尔根火车站前Nonneseter等地乘坐轻轨在Hop下车，按照“Troldhaugen”的指示牌步行约20分钟。

卑尔根的酒店
Hotel

在北欧各国当中，卑尔根的酒店是最难预订的。尤其是5月下旬~6月上旬的卑尔根国际音乐节期间，高档酒店基本在1年前就已经预订爆满。夏季时会因峡湾游览而出现酒店满员的情况，所以一定要提前预订。

卑尔根皇家丽笙酒店
Radisson Blu Royal Hotel Bergen

Map p.224-B2

◆酒店位于布吕根一角，砖造结构的建筑物非常引人注目。酒店内设有餐厅、酒吧、健身中心、桑拿等，设备齐全。机场大巴从门口出发，非常方便。共有342间客房。

住 Bryggen 5
☎ 55-543000
FAX 55-324808
URL www.radissonblu.com
费 Ⓢ 1200NOK~ Ⓓ 1300NOK~
CC A D M V

城市盒子酒店
Citybox

Map p.224-A4

◆在酒店入口处的电脑终端办理入住手续。有预约时输入预约号即可。没有预约时用旁边的电话联系工作人员。客房虽简洁但很舒适。没有早餐。一定要出示信用卡。

住 Nygårdsgaten 31
☎ 55-312500
URL citybox.no
费 带浴室 Ⓢ 500NOK~ Ⓓ 550NOK~
公共浴室 Ⓢ 400NOK~ Ⓓ 500NOK~
CC M V

克拉里翁大酒店
Clarion Collection Hotel Havnekontoret

◆利用原港务局建筑物改建而成的酒店。外观厚重，但内部非常时尚。有桑拿等设施。从屋顶能眺望到卑尔根街景（需要到前台确认）。

Map p.224-B2

住 Slottsgaten 1
☎ 55-601100
FAX 55-601101
URL www.nordicchoicehotels.no
费 Ⓢ 1595（1395）NOK~
Ⓓ 1795（1595）NOK~
CC ADMV

斯堪迪克斯特兰德酒店
Scandic Strand

◆位于紧邻鱼市场的地方，地理位置非常好。屋顶有露台，能够眺望到港口和布吕根的景色。酒店内设有餐厅、酒吧、商店。

Map p.224-B3

住 Strandkaien 2-4
☎ 55-593300
FAX 55-593333
URL www.scandichotels.com
费 Ⓢ 890NOK~ Ⓓ 1090NOK~
CC ADJMV

海军上将号角酒店
Clarion Hotel Admiral

◆位于港口西侧的高档酒店，有着庄重的外观。靠港口一侧的客房能够眺望到布吕根风景。2014 年 5 月进行过全面装修。

Map p.224-B2

住 C.Sundtsgate 9
☎ 55-236400
FAX 55-236464
URL www.nordicchoicehotels.no
费 Ⓢ 900NOK~ Ⓓ 1000NOK~
CC ADMV

霍德黑曼贝斯特维斯特酒店
Best Western Hotell Hordaheimen

◆位于港口附近的酒店，创业于 1918 年。2011 年秋进行全面改装，设备很新。9 月～次年 5 月提供免费咖啡。全馆禁烟。

Map p.224-A2

住 C.Sundtsgate 18
☎ 55-335000
费 Ⓢ 900NOK~ Ⓓ 1255NOK~
CC AMV
URL www.hordaheimen.no
Free 0120-563200

终点站大酒店
Hotel Grand Terminus

◆位于火车站旁边。如果乘坐早晨发车的火车会非常方便。1928 年开业，大堂充满老式酒店的高贵豪华感。内设健身中心、桑拿等设施。

Map p.224-B4

住 Zander Kaaes gate 6
☎ 55-212500
FAX 55-212501
URL www.grandterminus.no
费 Ⓢ 1090（1750）NOK~ Ⓓ 1250（1950）NOK~
CC ADMV

马肯旅馆
Marken Gjestehus

◆位于从火车站步行约 5 分钟的地方。客房打扫得非常干净。附设有 5 间客房的酒店（Ⓢ 795NOK~ Ⓓ 895NOK~）。前台位于四层。

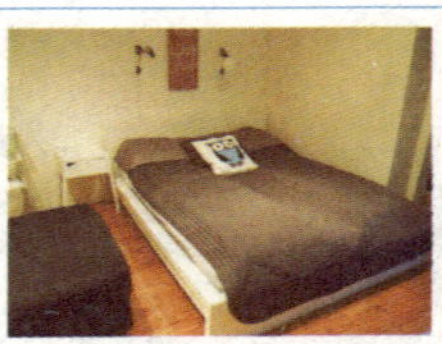

Map p.224-B3 · 4

住 Kong Oscarsgate 45
☎ 55-314404
FAX 55-316022
URL marken-gjestehus.com
费 多人间 250NOK~ 带浴室、卫生间 Ⓢ 750NOK~ Ⓓ 870NOK~ 公共浴室、卫生间 Ⓢ 575NOK~ Ⓓ 710NOK~ 早餐 130NOK
CC ADMV

浴缸　部分客房提供　电视　部分客房提供　吹风机　出租　迷你吧台及冰箱　部分客房提供　残障人士房间　无线 LAN　无线 LAN 收费　部分客房提供　无线 LAN 部分收费

卑尔根布吕根极圈酒店

Thon Hotel Bergen Brygge

◆酒店位于港口的一端，共有 229 间客房。客房很宽敞，非常干净舒适。酒店的自助餐内容很丰富。

Map p.224-B2

住 Bradbenken 3
电 55-308700
FAX 55-329414
URL www.thonhotels.no
费 Ⓢ 1095（795）NOK~
Ⓓ 1495（995）NOK~
CC A D M V

卑尔根 P 酒店

P-Hotels Bergen

◆在奥斯陆等地也有的连锁酒店。客房简洁干净。房费内包含早餐，会将早餐送到客房，有三明治、饮料等。可以提供热水壶。

Map p.224-A3

住 Vestre Torggaten 9
电 55-210000
URL www.p-hotels.no
费 Ⓢ 595NOK~ Ⓓ 795NOK~
CC A D J M V

卑尔根基本酒店

Basic Hotel Bergen

◆客房很时尚，木质地板带来特有的洁净感。基本设施齐全，有热水壶、冰箱等。服务人员也很亲切。

Map p.224-A3

住 Håkonsgaten 27
电 81-522742
FAX 57-009991
URL basichotels.no
费 Ⓢ 895NOK~ Ⓓ 1095NOK~
CC A D M V

卑尔根 YMCA 旅馆

Bergen YMCA Hostel

◆位于市中心，旅游咨询处旁边。多人间有 3 种类型，有大房间、4 张床、6 张床房型。可以自由使用厨房。有很多人在旅馆屋顶的露台上眺望着港口风景悠闲自在地享受时光。夏季会取消单人间，增加多人间和床位数。

Map p.224-B3

住 Nedre Korskirkeallmenning 4
电 55-606055
FAX 55-606051
URL www.bergenhostel.com
费 多人间 195NOK~ Ⓢ 600NOK~
Ⓓ 950NOK~早餐 50NOK(仅限 6~8 月)
CC M V

卑尔根的餐厅

Restaurant

埃纳宁根

Enhjørningen

◆餐厅位于布吕根，是由 14 世纪建造的建筑物改建而成的海鲜餐厅。从鱼市场直接采购来的鱼贝类食材非常新鲜。如果坐在靠窗的位置，还能眺望到港口的美景。推荐香煎安康鱼，350NOK。

Map p.224-B2

住 Enhjørningsgården 29
电 55-306950
FAX 55-306951
URL www.enhjorningen.no
营 5 月中旬 ~8 月 每天 16:00~23:00
9 月 ~ 次年 5 月中旬
周一 ~ 周六 16:00~23:00
休 9 月 ~ 次年 5 月中旬的周日
预算 450NOK~
CC A D J M V

无线 LAN

布吕根罗夫特餐厅
Bryggeloftet & Stuene

◆1910年开业的老牌餐厅。使用近海鱼贝类制作的经典菜肴深受好评。还有Bacalao，是用西红柿炖煮的卑尔根名产鳕鱼。

Map p.224-B2

住 Bryggen 11 ☎ 55-302070
FAX 55-302071
URL www.bryggeloftet.no
营 周一～周四 11:00~23:30
周五・周六 11:00~ 次日 0:00
周日 13:00~23:30
休 无休 预算 250NOK~
CC A D J M V

姐妹餐厅
Søstrene Hagelin

◆海鲜餐厅，餐厅自制的鱼类菜肴深获好评。用面包夹鱼蛋糕制作的鱼汉堡 59NOK~。鱼肉丸子和蔬菜制作的鱼汤 39NOK~，也非常受欢迎。另外还有沙拉和三明治等。推荐想节省餐费时前往。

Map p.224-B3

住 Strandgaten 3
☎ 55-902013
URL www.sostrenehagelin.no
营 周一～周五 9:00~9:00
周六 10:00~17:00
休 周日
预算 50NOK~
CC M V

塞尔斯丘恩
Wesselstuen

◆1957年创业的老店。能品尝到蒸驯鹿肉丸子 335NOK、鳕鱼菜等传统挪威菜肴。菜单根据季节调换。还设有酒吧。

Map p.224-A3

住 Øvre Ole Bulls plass 6
☎ 55-554949
URL www.wesselstuen.no
费 周一～周六 11:00~ 次日 1:00
周日 14:00~23:00
CC A D M V

卑尔根的购物场所
Shopping

欧莱纳
Oleana

◆卑尔根的毛衣品牌。用毛和丝的混纺手工制作的毛衣触感极好。罩衫 2690NOK~。

Map p.224-B3

住 Strandkaien 2a
☎ 55-310520 URL www.oleana.no
营 5~8月 周一～周五 10:00~19:00
周六 10:00~16:00 周日 9:00~14:00
9月～次年4月
周一～周三、周五 10:00~17:00
周四 10:00~19:00 周六 10:00~16:00
休 9月～次年4月的周日
CC A D M V

兴
Ting

◆店内销售以北欧风格为主的杂货、文具、厨房用品等。精巧别致的小物件非常适合做礼品。Ting是英语Thing（东西）的意思。

Map p.224-B2

住 Bryggen 13
☎ 55-215480
URL www.ting.no
营 1~4月 周一～周五 10:00~20:00
周六 10:00~18:00
5～12月 周一～周五 10:00~20:00
周六 10:00~18:00
周日 11:00~17:00（根据时期不同）
休 1~4月的周日
CC A D J M V

卑尔根快线

Bergen Express

通常被称为卑尔根快线，连接奥斯陆至卑尔根，全长471.2公里，是欧洲首屈一指的观光线路。透过车窗，能看到森林、湖泊、冰河、峡湾等变化多端的景色，能欣赏到挪威美丽的大自然风光。

1 穿过冰河造就的峡谷，列车一路奔向卑尔根 2 弗洛姆铁路芬瑟段的风景。即使夏季山顶也有积雪

列车从奥斯陆中央火车站出发，先向西南方向行驶一段后，向北划出一个弧形，用1小时时间穿越森林和湖泊地带。这一带是别的线路，距离奥斯陆89.5公里的Hönefoss站以后才是卑尔根线。

进入卑尔根线，车窗外山峦迫近，峡谷幽深，显露山间铁路的本来面貌。时速达200公里时，开始真正的爬坡线路，随着高度逐渐递增，风景中的绿色逐渐变少。不久后车窗外变成岩石和草地的荒凉景色。当看到左侧山顶上的银白色的Hardangerjøkulen冰河时，就到达了沿线海拔最高（1222米）的车站芬瑟（Finse）。车站周边夏季也能看到积雪，还设有徒步旅行线路，在此下车的人很多。

从芬瑟站出发后穿越全长10.6公里的芬瑟隧道，之后就是一路下行路。最壮观的景色在芬瑟～沃斯之间，这里形成了一个宏伟的U字形峡谷，车窗左右是雪水形成的湖泊和清澈的河流。距离芬瑟站约30分钟的米达尔站（Myrdal），是前往著名的旅游铁路弗洛姆铁路的换乘站。右侧是通往松恩峡湾的支流艾于兰峡湾的弗洛姆峡谷。随着列车下行，线路沿线出现峡湾里风平浪静的海湾。在通过全程共计184个隧道中的最后一个隧道——于尔里肯山隧道后，就抵达挪威第二大城市卑尔根了。时长7小时的景观列车之旅也迎来了终点。

3 还设有咖啡车厢 4 车厢内装饰得清爽宜人 能眺望三面美景的司机用餐 5 停靠在奥斯陆火车站的卑尔根快线

DATA

卑尔根快线

〈运行时刻表〉 从奥斯陆每天运行3~4趟车（除周六外，其中一趟为卧铺车），所需时间6小时35分钟~7小时30分钟。

〈预约〉 这条线路非常受欢迎，一定要提前预约。尤其是夏季游客很多，一定要提前一天预约。除了通过中国的旅行社预约、购票之外，也可以在挪威铁路的网站或奥斯陆中央火车站等挪威国内的火车站预约、购票。

游览峡湾地区

FJORD

挪威的西部海岸线被称为峡湾地区。
几百万年前，经冰河侵蚀形成的海岸线长达2万多公里。
这里拥有粗犷而美丽的景观，是最热门的挪威旅游地。
我们将介绍最受欢迎的5个峡湾的游览方法。

■ 峡湾地区信息网站 URL www.fjordnorway.com(Fjord Norway)

何为峡湾

WHAT IS THE FJORD?

挪威语峡湾（fjord）的意思是“深深探入内陆地区的海湾”。冰河侵蚀形成了U字形或V字形的山谷（冰蚀谷），海水进入这些山谷后就形成了海湾，被称为峡湾。峡湾大多数呈细长形，笔直向前延伸，两侧是高耸的陡峭山壁。在挪威、格陵兰、阿拉斯加南部、冰岛、智利等地能看到典型的峡湾地形。

峡湾是冰河作用的产物。大约在100万年前，北欧被厚度达1000米的冰河覆盖着。冰河是冰的河流，极其缓慢地流动着。现在很多地方仍能看到冰河汇入大海的景象。冰河在运动过程中，不断削蚀河床，犹如刀斧一般制造出一个个深深的河谷。随着冰河逐渐接近大海，其侵蚀力量也逐渐减弱。大海一侧的地形比内陆地区平缓，这就是冰河流入大海的原因。在冰河期结束后，海水灌进河谷，就形成了现在我们看到的海湾。在接近外海的地方，有的地方水深达1000米。在挪威北部，除了峡湾，还有很多冰河湖，形成了复杂的湖水地带。

五大峡湾

FIVE MAJOR FJORDS

无数峡湾连绵不断的挪威西部海岸线被称为“峡湾地区”。从风平浪静的大海，到险峻的高山，这些独特的景观保留了大地诞生时的原始风貌，吸引了众多游客。

在众多峡湾中，有些比较有代表性，从北至南分别为：盖朗厄尔峡湾、诺德峡湾、松恩峡湾、哈当厄尔峡湾、吕瑟峡湾。这些峡湾被统称为“五大峡湾”，因兼具生动的景色和方便的交通条件，每到夏季都会有世界各地的游客蜂拥而至。尤其是整年都能游览的松恩峡湾，非常受游客欢迎。

盖朗厄尔峡湾和松恩峡湾的支流纳柔依峡湾，2005年被联合国教科文组织列为世界自然遗产。

- 盖朗厄尔峡湾（→p.244）
- 诺德峡湾（→p.243）
- 松恩峡湾（→p.235）
- 哈当厄尔峡湾（→p.242）
- 吕瑟峡湾（→p.246）

交通工具和游览方法
TRANSPORTATION & SIGHTSEEING

游览峡湾需利用行驶在峡湾地区的巴士、火车、渡轮。峡湾旅游不只是在一个目的地游览，乘坐交通工具时看到的所有景色都是峡湾旅游的一部分。游览松恩峡湾和哈当厄尔峡湾，推荐购买由峡湾旅游公司发行的包括线路内所有交通工具的套票。游览盖朗厄尔峡湾、诺德峡湾、吕瑟峡湾，直接购买渡轮或巴士等各种交通工具的车票即可。乘坐交通工具期间，令人惊叹的壮观景色连绵不绝。如果乘坐渡轮，中途有导游解说；如果乘坐巴士，可以在著名景点停车。每个峡湾都有各具特色的景点游览线路。

透过车窗眺望美景

注意事项

■ 夏季的峡湾游客众多

夏季的旅游旺季时，来自世界各地的游客使峡湾显得非常拥挤。火车和酒店也都很难直接订票，如果确定了旅行日期，一定要在前一天预订。

■ 峡湾通票

URL www.fjordtours.com

有挪威国内120多个酒店加盟，住宿、早餐都能得到优惠。使用时期每个酒店会有不同设定，分为整年通用，或仅限夏季使用。峡湾通票价格为150NOK，可供成人2名和不满15岁的同行儿童2人使用（至购买年份的12月31日有效）。除了当地旅行社之外，还可以在网站上购买。

■ 行李托运服务

从奥斯陆出发，游览松恩峡湾、哈当厄尔峡湾后前往卑尔根时，可使用行李托运服务，非常方便。只要和下面的联络处联系，就会有人来酒店取行李，并直接送至目的地酒店。行李只要在6:00~7:45放在住宿酒店前台，就可以在当天21:00前送至指定的酒店。除了卑尔根的酒店，还可以指定弗洛姆或沃斯的酒店。

● Porterservice

电 90-610009 URL www.porterservice.no

费 一件行李250NOK（至弗洛姆为1750NOK~）

船上很冷，即使夏天也要准备外套

旅游季节
BEST SEASON

旅游季节从5月中旬开始。最好的旅游季节是6~8月，这个时期每个景点都挤满了来自世界各地的游客。进入9月，拥挤状况有所缓解，各种交通工具的班次也会减少。到了10月，盖朗厄尔峡湾、哈当厄尔峡湾、吕瑟峡湾进入冬季交通停运期（各处停运时间不同，需要提前确认）。如果一定要在冬季游览峡湾，可以前往整年都能游览的松恩峡湾。

● 各峡湾的旅游季节

松恩峡湾 …… 全年
哈当厄尔峡湾 …… 5~9月
盖朗厄尔峡湾 …… 5~9月
诺德峡湾 …… 6~8月
吕瑟峡湾 …… 5月上旬~9月中旬

旅行服装和携带物品
CLOTHES & PROPERTY

挪威是四季分明的地方。因此需要根据访问季节准备相应的服装。夏季天气晴朗时，准备T恤就可以了，但如果遇到天气不好或乘坐渡轮，则需要准备一件外套。上衣推荐准备一件轻便的防风衣，下身推荐穿着长裤，再加一双运动鞋。冬天着装和中国北部差不多。最好准备厚一点的毛衣，以及登山服等防水防风的服装。但建筑物内部都有暖气，着装最好便于按照温度进行调整。帽子和手套是必备品。峡湾地区整年雨水较多，一定要准备雨衣等雨具。如果有墨镜和望远镜会更方便。

峡湾周游信息

峡湾是挪威首屈一指的热门旅游线路。既然来到了这里，最好将几个峡湾的游览组合在一起，进行峡湾周游。峡湾的分布非常广，但只要安排好日程，在 1 周时间内就能走遍五大峡湾。

利用飞机、火车、巴士等，高效率地进行游览

线路制订方法

MAKING YOUR OWN ROUTE

峡湾游览有无数条线路，所需时间也各不相同。想走遍五大峡湾，至少需要 1 周时间。推荐以奥勒松、卑尔根、斯塔万格等城市为据点，游览各个峡湾。在这里介绍最具人气的卑尔根和松恩峡湾线路、世界遗产盖朗厄尔峡湾和松恩峡湾的组合线路，以及面向想一次性转遍五大峡湾的游客的景点线路。游客可以参考着制订适合自己的峡湾旅游线路。

各据点城市间的交通工具

TRANSPOR TATION

峡湾游览据点城市之间有飞机、巴士、渡轮连接。如果只有短短几天游览时间，可以乘坐飞机缩短移动时间，如果时间充裕，可以乘坐游轮。

■卑尔根 ~ 奥勒松

✈ 1 天 1~5 个航班，40~55 分钟

🚌 1 天 1 趟车，9 小时 15 分钟 ~10 小时

⛴ 1 天 1 班船（海达路德），约 14 小时 30 分钟

■卑尔根 ~ 斯塔万格

✈ 1 天 3~18 个航班，35~45 分钟

🚌 1 天 10~13 趟车，4 小时 30 分钟 ~5 小时 30 分钟

⛴ 1 天 1 班船（Fjord Line 公司），约 6 小时 30 分钟

■斯塔万格 ~ 奥勒松

✈ 经由卑尔根，1 天 1~3 个航班（周六、周日除外），1 小时 40 分钟 ~2 小时

旅游经典线路

MODEL ROUTE

1 适合想轻松游览峡湾的人
住宿卑尔根 3 日游

- 第 1 天：奥斯陆 → 卑尔根（住宿卑尔根）
- 第 2 天：游览松恩峡湾（住宿卑尔根）
- 第 3 天：卑尔根 → 奥斯陆

2 适合希望能同时游览城市风光的人
住宿卑尔根 · 沃斯 5 日游

- 第 1 天：奥斯陆 → 沃斯（住宿沃斯）
- 第 2 天：游览松恩峡湾（住宿卑尔根）
- 第 3 天：游览卑尔根（住宿卑尔根）
- 第 4 天：游览哈当厄尔峡湾（住宿卑尔根）
- 第 5 天：卑尔根 → 奥斯陆

3 游览两大世界遗产峡湾
周游型 5 日游

- 第 1 天：奥斯陆 → 卑尔根（住宿卑尔根）
- 第 2 天：游览松恩峡湾（住宿卑尔根）
- 第 3 天：卑尔根 → 奥勒松（住宿奥勒松）
- 第 4 天：游览盖朗厄尔峡湾（住宿盖朗厄尔）
- 第 5 天：盖朗厄尔峡湾 → 奥斯陆

4 峡湾全景之旅
周游型 8 日游

- 第 1 天：奥斯陆 → 游览盖朗厄尔峡湾（住宿盖朗厄尔）
- 第 2 天：盖朗厄尔 →（经由海尔西特）（住宿斯特林）
- 第 3 天：游览诺德峡湾（住宿卑尔根）
- 第 4 天：游览松恩峡湾（住宿卑尔根）
- 第 5 天：游览哈当厄尔峡湾（住宿卑尔根）
- 第 6 天：卑尔根 → 斯塔万格（住宿斯塔万格）
- 第 7 天：游览吕瑟峡湾（住宿斯塔万格）
- 第 8 天：斯塔万格 → 奥斯陆

松恩峡湾信息网站
URL www.sognefjord.no

Sognefjord

松恩峡湾

松恩峡湾是欧洲本土最长最深的峡湾。长204公里，水深最深处达1308米。从卑尔根北部延伸至内陆，在峡湾尽头又分裂成几个细长的峡湾。游览重点是位于松恩峡湾的最深处，细长分支尽头的纳柔依峡湾（Nærøyfjord）和艾于兰峡湾（Aurlandfjord）。

交通 ACCESS

奥斯陆（→p.167），卑尔根（→p.220）

从卑尔根利用一日游线路前往，或从奥斯陆游览峡湾后前往卑尔根的线路是最普通的线路。从奥斯陆不能进行1日游，需要在卑尔根住宿一晚，或乘坐卧铺车。如果时间充裕，推荐前往游览沃斯、弗洛姆、艾于兰、莱达尔等地。

最佳景观介绍 HIGHLIGHT

■米达尔~弗洛姆（弗洛姆铁路） Myrdal~Flåm

弗洛姆铁路（Flåmsbana）是连接卑尔根快车的停靠站米达尔（Myrdal）、艾于兰峡湾、弗洛姆的登山铁路。铁路全长约20公里，道路陡峭，全程约需1小时，沿途风景令人称绝。

列车中途会在落差达93米的休斯瀑布停车

■ 弗洛姆～古德旺恩 Flåm~Gudvangen

连接弗洛姆和古德旺恩（Gudvangen）之间的游轮巡游是峡湾游览的最大亮点。渡轮不仅是旅游船，同时也是当地人生活中必不可少的交通工具，中途经过艾于兰等村庄。

运气好时还能看到海狮和羊

■ 古德旺恩～沃斯 Gudvangen~Voss

从古德旺恩前往沃斯，乘坐巴士需要50分钟~1小时15分钟。中途会经过斯托尔海姆（Stalheim）附近峡谷的惊险的盘山公路直到山顶，停靠在山顶上的斯托尔海姆酒店（Stalheim Hotel）（→p.250）附近。

从Stalheim Hotel眺望到的景观

推荐周游线路 RECOMMENDED ROUTE

卑尔根出发的1日游线路

从卑尔根乘坐火车抵达米达尔后，乘坐弗洛姆铁路前往弗洛姆。利用开往古德旺恩方向的渡轮，游览艾于兰峡湾、纳柔依峡湾。从古德旺恩前往沃斯可以乘坐巴士。在沃斯乘坐火车前往卑尔根。当然，也可以反方向行进。

START	卑尔根	8:43出发
	火车	
10:58出发	米达尔	10:51抵达
	弗洛姆铁路 HIGHLIGHT	
11:55抵达	弗洛姆	13:00出发
	渡轮 HIGHLIGHT	
15:40 出发	古德旺恩	15:15抵达
	巴士 HIGHLIGHT	
16:55抵达	沃斯	17:41出发
	火车	
GOAL	卑尔根	18:58抵达

※ 日程根据时期和日期有所变化

奥斯陆出发，抵达卑尔根的单向线路

从奥斯陆出发，游览峡湾风光后抵达卑尔根的单向线路。从奥斯陆乘坐开往卑尔根的火车，中途在米达尔下车。从米达尔开始线路与卑尔根出发的1日游相同。也有反方向线路。

START	奥斯陆	8:25出发
	火车	
13:27出发	米达尔	12:59抵达
	弗洛姆铁路 HIGHLIGHT	
14:25抵达	弗洛姆	15:00出发
	渡轮 HIGHLIGHT	
17:45出发	古德旺恩	17:15抵达
	巴士 HIGHLIGHT	
19.00抵达	沃斯	21: 14出发
	火车	
GOAL	卑尔根	22:32抵达

※ 日程根据时期和日期有所变化

能全年游览的峡湾

松恩峡湾是五大峡湾中唯一一个全年都可以游览的峡湾。虽然旅游季节是夏季，但秋天的红叶、冬天的雪景也都非常美丽。而且，秋天和冬天的峡湾，没有夏天时游人如织的场景，能够更加近距离地感受峡湾的大自然。

冬季时各大交通工具都会减少班次

※ 弗洛姆铁路必须提前预订（并不是指定座席）

周游套票 TICKETS

峡湾游览公司发行奥斯陆、卑尔根、沃斯等松恩峡湾周边各城市出发的周游套票NORWAY IN A NUTSHELL。票内包含有火车、弗洛姆铁路、渡轮等的车船票，同时也可以预订座位。套票设定了很多区间段，也可以只购买渡轮和巴士的车票或预约火车，这样拥有欧洲铁路通票、火车通票等的人就不会重复付费。可以在奥斯陆、卑尔根的旅游咨询处、火车站购买。

DATA

■ 峡湾旅游公司（→p.247）
NORWAY IN A NUTSHELL
费 奥斯陆～卑尔根～奥斯陆（往返）2650NOK
奥斯陆→卑尔根（单程）2070NOK
沃斯～沃斯（周游）910NOK
卑尔根～卑尔根（周游）1320NOK

交通信息

■ 挪威国内时刻表 URL www.rutebok.no
■ 挪威铁路 URL www.nsb.no
奥斯陆～卑尔根（→p.231） 卑尔根～沃斯～米达尔
运行 从卑尔根至沃斯每天有14~25趟车运行，所需时间约1小时15分钟。从卑尔根至米达尔每天有5~6趟车运行，所需时间1小时50分钟~2小时30分钟。
■ 古德旺恩～沃斯的巴士
URL www.skyss.no 运行 5/1~9/27 每天5~12班
9/28~次年4/30 每天3~10班
■ 米达尔～弗洛姆（弗洛姆铁路）
电 57-632100 URL www.visitflam.com/flamsbana
运行 4/18~10/8（天气恶劣或有施工时会改为巴士）
米达尔发车 8:26※、9:40、10:58、12:13、13:27、14:43、15:59、17:15、18:35、19:48
弗洛姆发车 7:30※、8:35、9:45、11:05、12:20、13:35、14:50、16:05、17:25、18:40
10/9~次年4/17 米达尔发车 9:55、13:05、15:50、18:00 弗洛姆发车 9:00、11:50、14:45、16:50
※5/18~8/31 的周六～下周四
费 单程340NOK，往返440NOK
■ 弗洛姆～古德旺恩之间的渡轮
电 55-757000 URL www.fjord1.no
运行 弗洛姆出发 4·10月 9:30（4月为9:00）、15:00
5月 8:00、9:00、12:00、13:30、15:00、17:00
6~8月 9:00、10:00、12:00、13:00、14:00、15:00、17:00、18:00、19:00
9月 9:00、10:00、12:00、14:00、15:00、17:00、18:00
11月～次年3月 15:00
古德旺恩出发
4·10月 12:00、17:30 5月 9:30、10:30、12:00、14:30、16:00、17:30 6~8月 8:00、9:30、10:30、11:30、12:00、14:30、16:00、16:30、17:30
9月 8:00、9:30、11:30、11:45、14:30、16:00、17:30
11月～次年3月 12:00 费 单程280NOK

当地出发的旅游团

■ 松恩峡湾1晚2天游览

当地有奥斯陆米奇旅游公司举办的奥斯陆出发前往卑尔根的旅游团。出发日为7~9月的特定日期。可以1人申请参加。除了能使用套票外，在斯特加观景台，Tvindefossen瀑布下车游览，利用价值很高。移动中也不用担心行李的问题。最少参加人数2名。
URL www.myushop.net

这样游览松恩峡湾吧！

游览松恩峡湾使用 NORWAY IN A NUTSHELL 最方便。在这里将详细介绍以卑尔根为起点的一日游线路。

卑尔根出发的一日游线路

8:43 出发

卑尔根出发

乘坐从卑尔根火车站出站的挪威国家铁路的当地火车出发。列车是自由座席，人多的季节一定要早些去确保有座位。

松恩峡湾游览的起点卑尔根火车站

换乘弗洛姆铁路

10:51抵达 10:58出发

抵达米达尔乘坐弗洛姆铁路前往弗洛姆

抵达米达尔后，按照“Til Flåm”的指示前往西侧最近的 11 路（Spor11）。在站台上等候的火车就是弗洛姆铁路。

位于海拔约 867 米处山谷间的米达尔火车站

11:55抵达 13:00出发

抵达峡湾村庄弗洛姆乘坐渡轮前往古德旺恩

弗洛姆火车站面向艾于兰峡湾的海湾。下了火车走出站台，前面就是渡轮乘坐处。

走入大开的渡轮里！

HIGHLIGHT

弗洛姆铁路缓慢向下，穿过 800 多米的高度差。眼下就是雄伟的峡谷，推荐坐在行进方向左侧的位置上。

利用沿途美景连连的弗洛姆铁路前往弗洛姆

⬆渡轮乘坐处周边有餐厅和商店 ⬅弗洛姆火车站背后耸立着崇山峻岭

HIGHLIGHT

乘坐 2 小时左右的游轮前往古德旺恩。如果想欣赏峡湾绝景，还是在甲板上为佳。

渡轮上还有关于景观介绍的广播

15:15抵达 15:40出发

抵达古德旺恩乘坐巴士前往沃斯

在古德旺恩换乘巴士。巴士站点位于栈桥前面。站点有“Norway in a Nutshell”的标牌。

找寻写有nutshell的牌子

从古德旺恩眺望到的纳柔依峡湾

从渡轮换乘巴士也很顺利

透过巴士车窗看到的景色也非常壮观。5~9 月经过斯特海姆弯弯曲曲的山路时的景观尤其雄伟。

穿过九曲回肠的山路

HIGHLIGHT

站前还有特罗尔

16:55抵达 17:41出发

抵达沃斯乘坐火车返回卑尔根

从沃斯乘坐挪威国家铁路的火车返回卑尔根。与巴士抵达的站前广场相邻的站台就是火车乘坐处。

⬆距离沃斯市区 200 米左右的沃斯火车站
➡至卑尔根的 1 小时 20 分钟的火车之旅

18:58抵达

抵达卑尔根

如果是夏季，抵达卑尔根时天还是亮的。由于换乘很方便，一日游也能充分领略峡湾美景。

距离出发 10 小时后，又回到卑尔根火车站

Sognefjord

活动内容丰富多彩的旅游据点

弗洛姆（Flåm）

游览松恩峡湾，一定会经过从米达尔出发的弗洛姆铁路，以及古德旺恩发出的渡轮停靠的弗洛姆村。虽然只是一个小小的村庄，但有很多能够更好游览峡湾的活动和景点！

弗洛姆是“山谷间的小块平地”之意，它位于艾于兰峡湾和弗洛姆峡谷群山包围之中，自然景观丰富。虽然是一个只有居民 500 人的小村庄，但夏天会有大型游轮停靠，聚集来自世界各地的游客。村庄中心部是火车站和渡轮乘坐处周边，这里有餐厅、咖啡馆、礼品店，还有弗雷特海姆酒店（Fretheim Hotel）（→ p.251）等酒店。前往古德旺恩的渡轮乘坐处也在这里。这里还有介绍弗洛姆铁路历史的弗洛姆铁路博物馆（Flåmsbana Museet），建筑物原来是火车站。在距离此地 2 公里的山腰上有户外博物馆欧特乃斯 · 布格德顿农庄（Otteernes Bygdetun），集中了中世纪以后的古民居，还能眺望到峡湾全景，是非常有人气的观景点。

■ **弗洛姆的旅游咨询处** ⓘ

电 99-231500 URL www.sognefjord.no
开 4~9 月 每天 9:00~18:00
10 月 ~ 次年 3 月 每天 9:00~15:00
休 无休

■ **弗洛姆铁路博物馆**

电 57-632310
URL www.visitflam.com/se-og-gjore1/se/flamsbana-museet
开 5 月 每天 9:00~19:00
6~9 月 每天 9:00~20:00
10 月 ~ 次年 4 月 每天 13:30~15:00
休 无休 费 免费

Youth Hostel in Flåm

■ **弗洛姆的青年旅舍**

Flåm Camping og Vandrerhjem

弗洛姆翁达尔斯内斯露营地

电 94-032681
营 3~10 月
费 多人间 250NOK~ Ⓢ 400NOK~ Ⓓ 700NOK~ 含床单

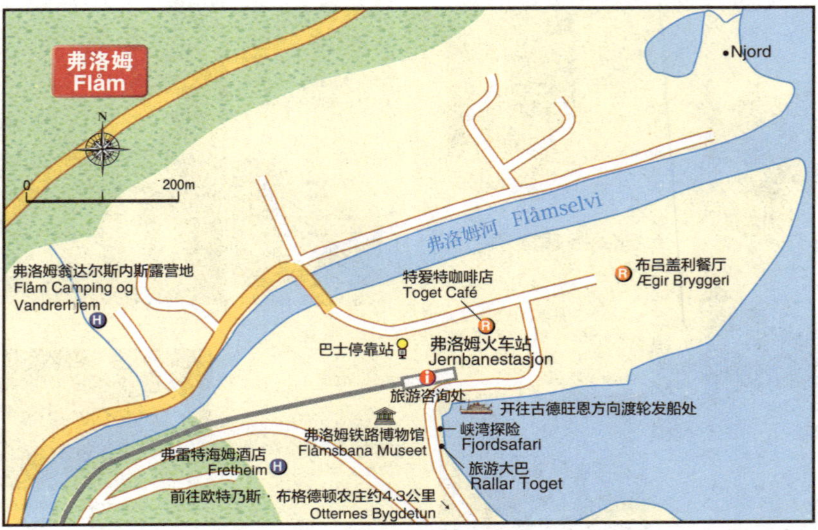

Activity

弗洛姆的户外活动

在弗洛姆的空闲时间，可以体验一下户外活动。户外活动无须提前预约，直接在事务所或旅游咨询处申请。可以在旅游咨询处获取有关户外活动的信息。

在弗洛姆铁路中途下车参加徒步旅行活动

徒步旅行 Hiking

弗洛姆周边共有 10 条徒步旅行线路。从只围绕火车站周边徒步 30~45 分钟的线路，到花费 4~5 小时至米达尔的线路，难易程度各异。在旅游咨询处拿到徒步旅行地图后，就可以轻松挑战了。

皮划艇 Kayak

因为没有波浪，划起来也很容易

从村东头的海滩出发，划皮划艇穿过艾于兰峡湾。旅行社 Njord 设有各种旅行线路，从 3 小时的短程线路到 3 天的一边露营一边行进的线路应有尽有。在出发前会进行约 30 分钟的教授划船方法的课程。除此之外，还有租赁皮划艇 1100NOK~ 的服务。

■ Njord　☎ 91-326628　URL www.njord.as

Fjord Paddle

举办 5/1~9/20 每天 12:00　费 700NOK 所需时间约 3 小时

The Old Kings Path

举办 5~8 月 每天 10:00，15:00

费 840NOK 所需时间约 4 小时。

峡湾探险 Fjordsafari

这是乘坐小型橡皮艇疾驰在峡湾的人气活动。从海面上眺望到的峡湾与平时看到的另有一番景象。设有只含巡游的 Fjordsafari Basic，以及巡游中包含访问昂德瑞戴尔村（→ p.240）的 Heritage Taste Fjordsafari 等几条线路。

乘坐小船能直接来到悬崖边上

■ 弗洛姆导游服务

☎ 57-633323

URL www.flamguide.no

Fjordsafari Basic

举办 6~8 月 每天 10:00、15:00

费 590NOK 所需时间约 1 小时 30 分钟

Heritage Taste Fjordsafari

举办 5/20~9/15 每天 16:30

费 790NOK 所需时间约 3 小时。

旅游大巴 Rallar Toget

乘坐火车形状的旅游大巴车，沿着弗洛姆峡谷缓慢向上行驶。在折返点弗洛姆老城停车，参观弗洛姆教堂等。还能听到关于周边地形和瀑布的介绍。出发点在渡轮乘坐处的旁边。

■ 旅游大巴

☎ 99-372338　URL discoverflam.com

运行 5~9 月 每天 10:00~16:00

费 100NOK 所需时间约 45 分钟

华丽的红色蒸汽车形状的汽车

弗洛姆的咖啡馆和餐厅

特爱特咖啡馆 Toget Café

利用火车车厢改建而成的咖啡餐厅。主要供应以汉堡包和挪威式肉丸子等为主的简餐，但也有麋鹿肉汉堡等比较特殊的菜品。价格一道菜 135NOK 左右~。

大受欢迎的挪威式肉丸子

☎ 99-202618

营 每天 9:30~22:00（根据时期不同）

休 无休　CC J M V

布吕盖特餐厅 Ægir Bryggeri

能在这家餐厅类似海盗村的建筑物内，品尝使用流淌过弗洛姆峡谷的水制作的自制啤酒。啤酒共有 6 种。餐厅的内部装修也类似海盗时代风格，氛围十足。

餐厅旁边是 2008 年开业的酒店

☎ 57-632050　URL www.flamsbrygga.no/aegir-bryggeri

营 周一～周五 12:00~22:00（冬季会缩短时间，根据时期和日期有所不同）

休 1 月　CC A M V

Sognefjord

还有很多!

其他顺道游览的景点

时间充裕的人还可以顺道去游览近郊的城镇。远离市区的瞭望台、古老的木板教堂等，都是非常好的景点。

1 城镇&瞭望台

峡湾沿线分布着几个城镇和村庄，其中特别著名的是艾于兰、莱达尔、昂德瑞戴尔这三个村庄。矗立在艾于兰背后的斯特加瞭望台是著名的观景台，向峡湾方向突出的形状非常独特，备受瞩目。

●斯特加瞭望台

Stegastein View Point

位于距离艾于兰村中心约 6 公里处，连接艾于兰和莱达尔的道路中途的瞭望台。从突出向峡湾的海拔 650 米处的瞭望台，能眺望到雄伟的艾于兰峡湾和艾于兰村庄全貌。

■交通

从弗洛姆经由艾于兰的旅游巴士每天运行 1~10 班（冬季会减少班次），往返所需时间约 1 小时 30 分钟。

1 松恩峡湾的支流艾于兰峡湾美景一览无余
2 突出向峡湾方向的独特形状
3 瞭望台尖端是玻璃屏障，非常惊险

●艾于兰 Aurland

位于艾于兰峡谷之间的村庄。也是弗洛姆和古德旺恩、莱达尔一带的中心，也可以以此地为据点游览峡湾。在峡谷能看到利用丰富水源建造的家庭用水电站。超过 1400 米的山峦之间，分布着白色墙壁的木结构民居。另外，在通往莱达尔的道路中途，有世界最长的陆地隧道，全长约 24.5 公里。

■交通

从古德旺恩经由弗洛姆的火车每天有 1~7 趟车，所需时间约 40 分钟。

连接古德旺恩 ~ 弗洛姆的线路在中途停泊在这里。每天运行 3~6 个班次。

■ 艾于兰的旅游咨询处

57-632900

URL www.aurland.kommune.no

村庄里设有小型教堂

●莱达尔 Lærdal

莱达尔是位于松恩峡湾最里侧的小村庄。流淌过村庄的莱达尔河是著名的垂钓三文鱼的地方。村庄里排列着五颜六色的木结构房屋，著名的景点是有播放关于三文鱼影像的剧院和展览的挪威野生三文鱼中心（Norsk Villakssenter）等。这里还有住宿设施，可以以此为据点游览峡湾风光。

●昂德瑞戴尔村 Undredal

这是面向艾于兰峡湾的人口约 80 人的小村庄。村庄内以饲养羊的农户为主，他们制作的叫作 Geitost 的羊乳奶酪是村子的特产。木结构民居林立的村庄里有建造于 1147 年的北欧最小的木结构教堂——昂德瑞戴尔木板教堂。

■ 交通

从艾于兰至古德旺恩每天运行 2~5 个班次，所需时间约 30 分钟。

连接古德旺恩 ~ 弗洛姆的渡轮中途停泊在此。每天运行 1~7 个班次。

■ 昂德瑞戴尔的旅游咨询处

URL naroyfjorden.no/verdsarvbygdene/undredal

并排而立的多彩木结构房屋

■交通

从古德旺恩经由弗洛姆、艾于兰，每天运行 2~6 班，从艾于兰所需时间约 35 分钟。

■ 莱达尔的旅游咨询处

57-641200

URL www.laerdal.kommune.no

能了解三文鱼相关知识

② 木板教堂

木板教堂是北欧特有的木结构教堂，大部分建于11~12世纪。据说在最鼎盛时期共有1000多个木板教堂，现在只保留下28个。URL www.stavechurch.com

●博尔贡木板教堂
Borgund Stavkyrkje

建在峡湾山谷间的教堂，建于1180年。由于造型精巧，交通方便，有很多游客访问。建筑物上雕刻海盗时代的纹饰和十字架。

■ DATA
☎ 57-668109 URL www.stavechurch.com/borgund
开 5/1~6/10、8/22~9/30 每天 10:00~17:00；6/11~8/21 每天 8:00~22:00 休 10月~次年4月 费 90NOK
■交通
6~8月间，每天有一班从莱达尔至博尔贡木板教堂的巴士。所需时间约1小时。

1 曾经出现在纸币图案中
2 屋顶上有类似龙的装饰物
3 能参观内部

●乌尔内斯木板教堂 Urnes Stavkyrkje

教堂位于吕斯特峡湾里侧的乌尔内斯，建造于12世纪前半叶，是现存最古老的木板教堂。教堂的墙壁上有以北欧神话为主题的精巧雕刻。

■ DATA ☎ 57-678840
URL www.stavechurch.com/urnes
开 5/2~9/30 每天 10:30~17:45
休 10/1~次年5/1 费 90NOK ■交通
前往乌尔内斯的交通工具只有从对岸的苏尔沃伦（Solvorn）运行的渡轮。每天运行4~8个班次，所需时间约20分钟（冬季班次会减少）。至苏尔沃伦可以乘坐从古德旺恩经由弗洛姆、莱达尔的巴士到松达尔（Sogndal）下车，换乘开往苏尔沃伦的车即可。每天运行2~6班，所需时间约2小时。

1 面向峡湾的教堂
2 教堂旁边是墓地

Hardangerfjord

哈当厄尔峡湾

哈当厄尔峡湾位于卑尔根东南部，以果树成荫、繁花似锦的田园牧歌式景观著称于世。峡湾长 179 公里，其长度居世界第三、挪威第二。乘船悠闲地游览峡湾美景，中途还可以在美丽的村庄停留。

交通 ACCESS

据点城市：卑尔根(→p.220)，沃斯(→p.249)

一般都是以卑尔根或沃斯为据点进行一日游。周边还有乌特讷（Utne）、洛夫特胡斯（Lofthus）等美丽的度假胜地，也可以在这些地方住宿停留，悠闲地游览峡湾。

最佳景观介绍 HIGHLIGHT

■ 埃德峡湾～努尔黑姆松

Eidfjord ～ Norheimsund

渡轮横穿哈当厄尔峡湾。颜色鲜艳的房屋等分布在山峦和丘陵地带，展开一幅田园牧歌般的画卷。渡轮中途会在洛夫特胡斯、乌特讷停留。另外，渡轮只在夏季（5~9 月）运行。

顺道游览的其他景点 DETOUR & OTHER SPOT

■ 埃德峡湾 Eidfjord

位于哈当厄尔峡湾最里侧的城镇。有很多以周围的大自然为舞台的活动。URL www.hardangerfjord.com/eidfjord

■ 沃琳瀑布 Vøringfossen

哈当厄尔维达高原（Hardangervidda）西侧尽头的瀑布，落差达 182 米。URL www.voringfossen.com

■ 努尔黑姆松 Norheimsund

被誉为挪威最美丽的小镇。

URL www.visitkvam.no

推荐周游线路 RECOMMENDED ROUTE

■ 卑尔根出发的一日游线路

从卑尔根乘坐火车前往沃斯，换乘巴士前往乌尔维克（Ulvik）。从乌尔维克乘坐渡轮前往埃德峡湾，乘坐巴士前往沃琳瀑布后，返回埃德峡湾。从那里再换乘渡轮前往努尔黑姆松，乘坐巴士返回卑尔根。

START	卑尔根	8:43出发
	火车	
10:05出发	沃斯	9:56抵达
	巴士	
11:10抵达	乌尔维克	11:15出发
	渡轮	
11:45出发	埃德峡湾	11:45抵达
	巴士	
13:45抵达	沃琳瀑布	14:00出发
	巴士	
14:40出发	埃德峡湾	14:20抵达
	渡轮 HIGHLIGHT	
17:30抵达	努尔黑姆松	17:40出发
	巴士	
GOAL	卑尔根	19:05抵达

※ 5~9月的时刻表

交通信息　挪威铁路、Skyss 公司、Norled 公司（→ p.247）

周游套票 TICKETS

峡湾旅游公司发行从卑尔根出发的周游券 HARDANGER IN A NUTSHELL。

DATA

■峡湾旅游公司（→p.247）

HARDANGER IN A NUTSHELL

举办 5 ～ 9 月　费 1380NOK（卑尔根～卑尔根）

Nordfjord

诺德峡湾

诺德峡湾位于盖朗厄尔峡湾和松恩峡湾之间。峡湾中最著名的地方是面积达487平方公里的冰川——欧洲最大的冰川约斯特达尔冰川（Jostedalsbreen）的支流布里克斯达尔冰川。

诺德峡湾信息网站
URL www.nordfjord.no

交通 ACCESS

据点城市：奥勒松（→p.257），卑尔根（→p.220）

通常人们会在游览盖朗厄尔峡湾和松恩峡湾的中途顺便游览诺德峡湾。以卑尔根或奥勒松为据点，在斯特林住宿一晚。另外，开往布里克斯达兰的巴士只在6~8月运行。

最佳景观介绍 HIGHLIGHT

■布里克斯达尔冰川 Briksdalsbreen

布里克斯达尔冰川是约斯特达尔冰川的一条支流。从斯特林开出的巴士停靠在布里克斯达兰（Briksdalen），从这里徒步至冰川单程约需45分钟。中途有一处比较陡峭的山路，但其他地方都很平缓，比较容易行走。还可以乘坐被称为“Troll Car”的敞篷车。

逼近眼前的冰川让人感到震撼

■ 布里克斯达尔冰川
电 57-876800 URL www.briksdalsbre.no
■ Troll Car
电 57-876805 URL www.oldedalen-skysslag.com
运行 5~10月左右 9:00~17:00 每隔30~45分钟一班
费 210NOK，往返需1小时30分钟，旺季时最好预约。

在冰河湖挑战户外活动

布里克斯达尔冰川正下方是蓝色的冰河湖。夏季，冰河湖上会开展乘坐橡皮艇直至冰河边的冰川探险活动。参加这项活动能近距离地感受冰河。

■ 冰川探险
URL www.briksdaladventure.no
举办 5~9月
需要提前预约。最少发团人数为8人。
费 300NOK

近距离地眺望冰川，更能感受到其震撼人心的力量

推荐周游线路 RECOMMENDED ROUTE

■奥勒松出发，抵达卑尔根的单向线路

从奥勒松乘坐巴士前往斯特林。因无法当天抵达布里克斯达尔冰川，需要在斯特林住宿一晚。次日清晨，乘坐巴士前往布里克斯达兰，游览布里克斯达尔冰川。从那里乘坐巴士前往欧尔顿（Olden），换乘开往卑尔根的巴士。

START	奥勒松	11:00出发
	巴士	
次日9:45出发	斯特林	14:45抵达
	巴士	
10:45抵达	布里克斯达兰	13:30出发
	巴士	
15:50出发	欧尔顿	14:00抵达
	巴士	
21:50抵达	卑尔根	GOAL

※ 6~8月的时刻表
交通信息 Nettbuss公司（→p.247）

顺道游览的其他景点 DETOUR & OTHER SPOT

■ 斯特林 Stryn

虽然是规模很小的小镇，但酒店、餐厅、购物设施都很齐全。

Hotel in Stryn

■斯特林的酒店

Stryn Hotel 斯特林酒店
电 57-870700 URL www.facingfjords.no

Geirangerfjord

盖朗厄尔峡湾

盖朗厄尔峡湾位于沿着海岸线深入内陆的弯弯曲曲的峡湾最深处，周围是陡峭的群山，堪称秘境。细长又错综复杂的海湾以及托罗尔斯蒂根山道（Trollstigen）是盖朗厄尔峡湾中最著名的景观。这一段线路被称为“黄金线路”，拥有世界首屈一指的美景。

盖朗厄尔峡湾的信息网站
URL www.visitalesund-geiranger.com

交通 ACCESS

据点城市：奥斯陆（→ p.167，奥勒松（→ p.257）

通常会以奥勒松为据点，进行 1 日游。也可以从奥斯陆直接前往，当天可抵达奥勒松，但如果时间充裕，推荐在盖朗厄尔住宿一晚。

最佳景观介绍 HIGHLIGHT

■杜姆奥斯～翁达尔斯内斯（拉乌玛火车）

Dombås~Åndalsnes

拉乌玛火车是挪威国家铁路运营的一条线路，是连接杜姆奥斯和翁达尔斯内斯的全长 114 公里的山间铁路。列车穿行在险峻的山峦和拉乌玛河编织出的美丽峡谷间，是一条风光绚丽明媚的线路，非常受游客喜爱。6~8 月会有英语、德语旅游团。

火车沿着著名的出产三文鱼的河流——拉乌玛河运行

■翁达尔斯内斯～盖朗厄尔

Åndalsnes~Geiranger

从翁达尔斯内斯开往盖朗厄尔的巴士通过“托罗尔斯蒂根山道（意为特洛尔的梯子，特洛尔是挪威传说中的丑陋的妖精）”，是一段景色绝美的线路。巴士只在 6 月下旬~8 月间运行。

悬崖上还有能眺望景色的瞭望台

■盖朗厄尔～海尔西特

Geiranger~Hellesylt

盖朗厄尔～海尔西特间屹立着高山峻岭，这是一段乘坐渡轮眺望高山的旅程。夏日期间船上会播放包括英语在内的 6 种语言的导游词。渡轮只在 5~9 月运行。

七姐妹瀑布，细细的瀑布层叠 7 层

推荐周游线路 RECOMMENDED ROUTE

■奥勒松出发的 1 日游线路

从奥勒松出发的 1 日游，并不利用拉乌玛铁路和托罗尔斯蒂根山道。从奥勒松乘坐开往海尔西特的巴士，从海尔西特乘坐在盖朗厄尔峡湾运行的渡轮前往盖朗厄尔。从盖朗厄尔乘坐巴士前往奥勒松。

START	奥勒松	11:00 出发
	巴士	
14:00 出发	海尔西特	13:50 抵达
	渡轮 HIGHLIGHT	
15:05 抵达	盖朗厄尔	15:45 出发
	巴士	
GOAL	奥勒松	18:42 抵达

※ 6 月中旬 ~8 月下旬（周一～周五）的时刻表。其他时期时间会变更。

■奥斯陆出发，抵达奥勒松的单向线路

从奥斯陆乘坐火车前往杜姆奥斯，从那里乘坐拉乌玛铁路（Raumabanen）前往翁达尔斯内斯。从翁达尔斯内斯乘坐巴士前往盖朗厄尔，在那里住宿 1 晚。从盖朗厄尔乘坐渡轮游览峡湾。从海尔西特再次乘坐巴士前往奥勒松。

START	奥斯陆	8:02 出发
	火车	
12:04 出发	杜姆奥斯	11:59 抵达
	拉乌玛铁路 HIGHLIGHT	
13:22 抵达	翁达尔斯内斯	18:00 出发
	巴士 HIGHLIGHT	
次日凌晨 2:00 出发	盖朗厄尔（在盖朗厄尔住宿）	20:47 抵达
	渡轮 HIGHLIGHT	
15:05 抵达	海尔西特	16: 20 出发
	巴士	
GOAL	奥勒松	18:40 抵达

※ 6 月下旬 ~8 月下旬（周一～周五）的时刻表。其他时期可从奥斯陆前往奥勒松住宿一晚，之后按照从奥勒松出发的 1 日游线路游览。住宿在盖朗厄尔期间，还可以游览达尔斯尼拔观景台。

船在深谷间缓慢穿过

乘坐海达路德游轮游览峡湾

从卑尔根至北部的希尔克内斯的海达路德游轮（→p.23）北部航线，在6~8月航行在盖朗厄尔峡湾内。海达路德游轮公司还举办前往盖朗厄尔峡湾的游览团，能从老鹰之路上欣赏下面辽阔的盖朗厄尔峡湾的美景。

游览非常舒适，也很平稳

顺道游览的其他景点

DETOUR & OTHER SPOT

盖朗厄尔 Geiranger（→p.252）

建在山坡斜面上的小村庄，是著名的游览盖朗厄尔峡湾的据点。除住宿设施以外，还设有餐厅和特产商店。

海尔西特 Hellesylt

利用渡轮和盖朗厄尔相连接的村庄。著名景点是飞落进峡湾的海尔西特瀑布（Hellesyltfossen）。村庄的中心与渡轮乘坐处稍有些距离。

海尔西特瀑布位于村庄正中间

交通信息

挪威铁路

URL www.nsb.no

拉乌玛铁路（杜姆奥斯～翁达尔斯内斯）

电 81-500888 URL www.nsb.no

运行 5/21~8/21 每天2~4个班次 8/22~5/20 每天2个班次

费 5/21~8/21 270NOK~ 8/22~5/20 257NOK~

翁达尔斯内斯～盖朗厄尔的巴士

URL www.nettbuss.no

运行 6/21~8/31 翁达尔斯内斯发车 每天3趟车

盖朗厄尔发车 每天3趟车

休 9/1~次年6/20 费 250NOK

盖朗厄尔～海尔西特间的渡轮

电 57-757200 URL www.fjord1.no

运行 5·9月 每天4次往返 6~8月 每天8次往返

休 10月~次年4月

费 单程250NOK，往返340NOK

其他巴士

URL www.nettbuss.no

Lysefjord

吕瑟峡湾

像刀削斧砍一般的巨大岩壁——普雷克斯图伦，就是吕瑟峡湾的象征。吕瑟峡湾的魅力就在于从普雷克斯图伦上眺望。

吕瑟峡湾信息网站
URL www.ryfylke.com

交通 ACCESS

据点城市：斯塔万格（→ p.254）

因为无法从奥斯陆一日游，需要在斯塔万格住宿一晚。

最佳景观介绍 HIGHLIGHT

■普雷克斯图伦 Preikestolen

在挪威语中，普雷克斯图伦的意思是“教堂的讲坛”，岩石非常平坦，下面则是高达 600 米的断崖。前往普雷克斯图伦从 Preikestolenhytta 沿山路向上攀登约 2 小时。

有恐高症的人需要注意

推荐周游线路 RECOMMENDED ROUTE

■ 斯塔万格出发的一日游线路

从斯塔万格乘坐渡轮前往泰于（Tau）。从那里乘坐巴士前往 Preikestolenhytta。有的车次需要在约尔柏兰（Jørspeland）换乘。9 月中旬 ~5 月上旬，巴士开不到约尔柏兰 。

START	斯塔万格	8:40 出发
	渡轮	↓
9:20出发	泰于	9:20 抵达
↓	巴士	
9:45抵达	Preikestolenhytta	16:30 出发
	巴士	↓
17:20出发	泰于	17:15 抵达
↓	渡轮	
17:50	斯塔万格	GOAL

※ 5/1~9/30（周一～周五）的时刻表。根据时期变动。

前往普雷克斯图伦的徒步旅行

前往普雷克斯图伦只能自己攀登山路。登山路是单程约耗时 2 小时（上行）的山路。道路基本经过修葺，但也有需要攀登比较陡的岩石场的地段，还是需要一些体力的。但是登上山顶后眺望到的景色非常宏伟，值得付出努力。准备好运动鞋、水和食物挑战一下吧。

陡峭的地段并不长

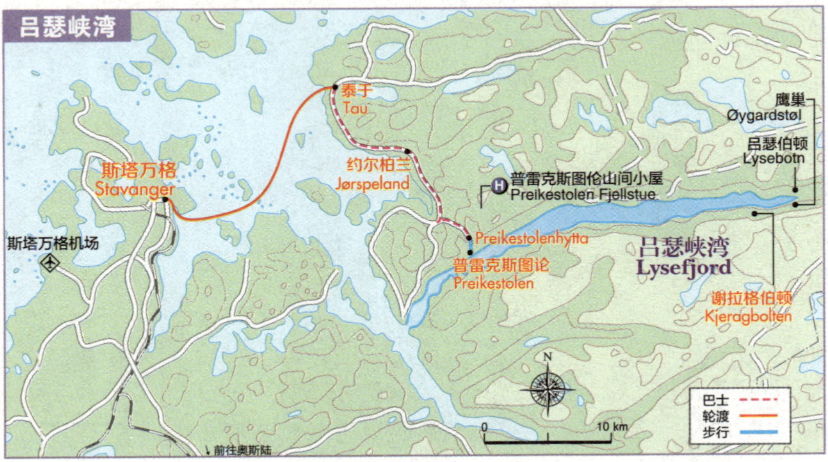

Lysefjord

顺道游览的其他景点

DETOUR & OTHER SPOT

■普雷克斯图伦小屋

Preikestolenhytta

前往普雷克斯图伦进行徒步旅行时的据点。建有面向湖面的大型住宿设施普雷克斯图伦山间小屋（Preikestolen Fjellstue）。巴士停靠站旁边是旅游咨询处，同时也是土特产店。在这里还能买到饮料、雨具、徒步旅行必备物品等。另外，只有这里有洗手间，可以利用。

徒步旅行前来这里看看

旅游团

Rødne 公司经营从斯塔万格乘坐前往吕瑟峡湾的渡轮，从下仰望普雷克斯图伦的旅行团所需时间约 3 小时。只有夏季才能攀登到普雷克斯图伦的顶上，但游轮全年都运营。在旅游咨询处或登船处购买船票。

■ Rødne 公司

电话 51-895270

URL www.rodne.no

举办 5·6·9 月 每天 10:00，14:00

7·8 月 每天 10:00，12:00，14:00

10 月～次年 4 月 周三～周日 11:00

费 480NOK

Lodge in Lysefjord

■吕瑟峡湾的小屋

Preikestolen Fjellstue

布道石山地旅舍

电话 51-742074

URL www.preikestolenfjellstue.no

费 多人间 325NOK~Ⓢ 950NOK~Ⓓ1320NOK~

有全年开放的山间小屋和仅在夏季（4~10 月）开放的青年旅舍（Preikestolhytta）等，4 种住宿设施。

交通信息

■ 斯塔万格～泰于的渡轮

■ 泰于～普雷克斯图伦山间小屋的巴士

URL www.boreal.no URL www.norled.no

从斯塔万格至普雷克斯图伦，有 Boreal Transport 公司或 Norled 公司的渡轮和巴士运行。无论渡轮还是巴士的班次都很多，可以按照普雷克斯图伦的徒步旅行时间安排行程。另外，登载的线路都是 Boreal Transport 公司的线路。Boreal Transport 公司出售从泰于前往返巴士车票，160NOK。

峡湾旅游 有用的信息

USEFUL LINKS FOR SIGHTSEEING IN FJORD

峡湾信息

FJORD INFORMATION

● 挪威峡湾旅游协会

URL www.fjordnorway.com

● 松恩峡湾旅游协会

URL www.sognefjord.no

● 哈当厄尔峡湾旅游协会

URL www.hardangerfjord.com

● 盖朗厄尔峡湾旅游协会

URL www.visitalesund-geiranger.com

● 诺德峡湾旅游协会

URL www.nordfjord.no

● 布里克斯达尔冰川

URL www.briksdalsbre.no

● 吕瑟峡湾旅游协会

URL www.ryfylke.com

周游套票信息

TICKETS INFORMATION

● 峡湾旅游公司

URL www.fjordtours.com

● 62 Nord

URL www.62.no

交通信息

TRAFFIC INFORMATION

● SAS

URL www.flysas.com

● 挪威国内的时刻表

URL rutebok.no

● 挪威铁路

URL www.nsb.no

● 峡湾 1（渡轮公司）

URL www.fjord1.no

● 弗洛姆铁路

URL www.visitflam.com/flamsbana

● Nettbuss 公司（巴士公司）

URL www.nettbuss.no

● Norled 公司（渡轮公司）

URL www.norled.no

● Skyss 公司（巴士公司）

URL www.skyss.no

● Boreal Transport 公司（巴士公司）

URL www.boreal.no

● 海达路德游轮公司（沿岸快船）

URL www.hurtigruten.com（英语，挪威语）

前往五大峡湾的

著名景点

峡湾还有很多令人备感震撼的著名景点。这里介绍的 2 处是现在最受关注的地方。但是这些景点也都伴有一定的危险。访问时一定要注意安全，不要勉强。

恶魔之舌 Trolltunga 哈当厄尔峡湾

挪威语中意为“恶魔的舌头”的著名景点。“恶魔之舌”矗立在高 700 米的断崖之上，是一块突出向外的岩石。登上“恶魔之舌”需要从山脚沿着山路上步行约 4 小时，是需要花费一天时间的行程。悬崖之上也没有栅栏等防护措施。

■交通　从卑尔根到据点城市奥达（Odda）每天有1~3趟巴士，所需时间约3小时。从奥达到徒步旅行的起点Skjeggedall，6/1~9/15期间每天有4班车运行。所需时间为35~40分钟。奥达还举办徒步旅行旅游团（URL trolltunga-active.com）。

谢拉格伯顿 Kjeragbolten 吕瑟峡湾

因为夹在两个断崖之间，因此被称为“奇迹石”。需要从吕瑟伯顿步行约 6 公里。虽然可以站立在奇迹石上，但因两侧岩石有高低差，非常危险。当然也会带来无比的惊险感觉。

■交通　从斯塔万格乘坐巴士到据点城市鹰巢（Øygardstøl），从那里开始徒步旅行。从斯塔万格购买套票会比较方便。6/11~8/31期间，每天7:30出发（URL www.tideereiser.com/Hikingtour-Kjerag）。

峡湾旅游的中转站——沃斯

登上杭于伦山的缆车

沃斯(Voss)，夏天是峡湾游览的中转站，冬天则会聚集很多滑雪爱好者。这个城市建于1023年，历史悠久。但是在1940年，第二次世界大战一开始时，城市就遭到了德国军队的破坏，因此建筑物都是新建的。唯一幸免于难的沃斯教堂保留了往昔的风貌。

漫步沃斯

走出沃斯火车站，就能看到美丽的万古斯湖（Vangsvathet）。市中心在火车站东侧，面向湖水的左侧。沿着火车站和湖水之间的Evangervegen大街向东，不久就能来到沃斯教堂（Vangskyrkja），教堂的正面是美丽的石结构建筑。沿着教堂入口所在的Vangsgata大街前行，就能来到餐厅和商店聚集的繁华路段。

教堂正面有通往大山的道路。穿过高架桥，顺着路前行，就能看到可爱的缆车形指示牌。按照路标所指顺着坡路走5分钟，不久就能来到缆车乘车处（由于建设新缆车，预计关闭至2018年）。天气晴好时，从杭于伦山（Hanguren）能眺望到壮观的景观。山腰的沃斯民俗博物馆（Voss Folkemuseum）内保存着建于16~19世纪的农家建筑等。

DATA

■ 沃斯
交通→→→ 🚃从奥斯陆每天有3~4班车（一趟车为卧铺车），所需时间5小时20分钟~6小时。从卑尔根每小时有一班车，所需时间约1小时20分钟。
🚌从卑尔根有2~7班车，所需时间约1小时45分钟。

■ 沃斯的旅游咨询处 ℹ
住 Skulegata 14
电 40-617700
URL www.visitvoss.no
开 6/10~8/30 周一~周五 9:00~18:00
周六 10:00~18:00
周日 11:00~17:00
8/31~次年6/9 周一~周五 9:00~16:00
周六 10:00~15:00
休 8/31~次年6/9的周日

■ 沃斯教堂
电 56-523880
URL www.voss.kyrkja.no
开 6~8月 周二~周六 10:00~16:00
休 6~8月的周日、周一，9月~次年5月
费 15NOK

■ 沃斯民俗博物馆
住 Mølstervegen 143
电 47-479794
URL www.hardangerogvossmuseum.no
开 5/18~8/31 每天 10:00~17:00
9/1~次年5/17 周一~周五 10:00~15:00
周日 12:00~15:00
休 9/1~次年5/17的周六
费 75NOK
交通→→→ 从沃斯火车站步行约30分钟。中途设有路标。

■ 杭于伦山的缆车
电 47-004700
URL vossresort.no
运行 6/25~8/7 每天 11:00~15:00
费 往返 100NOK
※ 因缆车关闭，这里刊登的是代为运转的索道缆椅的数据。

一定要住一晚体验一下 峡湾酒店

如果想尽情享受峡湾游览，一定要住在能够眺望到峡湾美景的峡湾景观酒店。有很多峡湾酒店已经开业超过100年，能保证度过高品质的酒店生活。

从酒店后面的花园眺望斯托尔海姆峡谷

透过大堂玻璃窗能看到宏伟的峡湾景观

因为建在山顶，室内设施简单，但很舒适

Stalheim Hotel 斯托尔海姆酒店

松恩峡湾 Sognefjord

建在能俯瞰连绵着九曲十八弯道路的斯托尔海姆峡谷的悬崖上。周边除了酒店建筑之外别无一物，能够度过绝对安静的私密时光。从大堂和中庭能够眺望到悬崖峭壁组成的宏伟景观。大部分客房都面向峡湾方向，在房间里也能尽情欣赏景色。

Map p.235
住 N-5715 Stalheim
☎ 56-520122
FAX 56-520056
URL www.stalheim.com
营 5/14~9/25
费 Ⓢ1160NOK~ Ⓓ 1880NOK~
CC ADJMV
房间数 124 间

从客房能看到峡湾

眺望着峡谷，度过优雅时光

Hotel Union 联合酒店

盖朗厄尔峡湾 Geirangerfjord

设备齐全的度假村酒店，有围绕在森林中的游泳池和花园等。位于从港口向上的坡道尽头的高地上，环境幽静，能度过放松的假期。能在俯瞰盖朗厄尔峡湾的景观餐厅用晚餐。客房分为峡湾景观房和森林景观房两种房型。酒店工作人员态度和蔼可亲。

Map p.245
住 6216 Geiranger
☎ 70-268300
FAX 70-268350
URL www.hotelunion.no
费 Ⓢ1260NOK~ Ⓓ 1880NOK~
CC ADMV 房间数 197 间

从客房能看到峡湾景色

酒店前面的花园是非常受欢迎的漫步线路

Hotel Ullensvang

哈当厄尔峡湾 Hadangerfjord

乌兰斯万酒店

位于哈当厄尔峡湾沿线的洛夫特胡斯，是创办于1840年的老牌酒店。酒店后院是果树园，沿着斜坡向上，就能看到果树园和峡湾形成的这个地区独特的景色。这家酒店是格里格喜爱的酒店，庭园里保留着他使用过的作曲小屋。

Map p.242
住 5787 Lofthus i Hardanger
☎ 53-670000
FAX 53-670001
URL hotel-ullensvang.no
费 Ⓢ1395NOK~ Ⓓ 2050NOK~
CC ADJMV 房间数 168间

餐厅能眺望到峡湾和花园的景色

Fretheim Hotel

松恩峡湾 Sognefjord

弗雷特海姆酒店

新馆客房的白木带来温馨感

位于弗洛姆火车站的前面。玻璃的三角形屋顶建筑物非常引人注目，大堂是挑空式的，给人开阔的感觉。位于大堂上部的餐厅，能眺望着峡湾景色用餐。酒店分为新馆和历史悠久的木结构旧馆两种类型。

Map p.238
住 5743 Flåm ☎ 57-636300
FAX 57-631119
URL fretheimhotel.no
费 Ⓢ1090NOK~ Ⓓ 1350（1690）NOK~
CC AMV 房间数 121间

Solstrand Hotel & Bad

卑尔根郊区 Suburb of Bergen

索尔斯特朗巴德酒店

客房统一使用柔和的颜色，明亮温暖

酒店位于卑尔根以南30公里的小镇奥斯，眼前就是Bjønefjord。晚餐是用当地时令食材制作的创新法国菜。不接待团体客人，适合想安静住宿的客人。

眺望着峡湾美景享用美味的法国菜

Map p.242
住 Solstrandveien 200 ☎ 56-571100
FAX 56-571120
URL solstrand.com
费 Ⓢ1790（1400）NOK~ Ⓓ 2880（2100）NOK~
CC AMV 房间数 135间

盖朗厄尔 *Geiranger*

位于盖朗厄尔峡湾最里侧的村庄

这里有海拔1500米的高山峻岭和湛蓝幽静的大海。盖朗厄尔就位于盖朗厄尔峡湾最深处。盖朗厄尔是属于斯特兰达（Stranda）的小村庄，但5~9月会有世界各地的约70万人来到这里。景点虽然不多，但周边分布着眺望峡湾的观景点，在这些观景点之间徒步旅行也别有乐趣。在游览峡湾时可以来这里一游，住宿一晚并游览各观景点吧。

盖朗厄尔 漫 步

盖朗厄尔教堂

渡轮停靠的栈桥周边是村中心。巴士站也位于这里的一角，聚集着旅游咨询处、餐厅、土特产店等。中心区只有盖朗厄尔酒店（Hotell Geirangerl）一家酒店，其他都离中心区有些距离。

坡道上面的山腰上建有联合酒店（Hotel Union）（→ p.250）。对面是挪威峡湾中心。位于坡道中途的木结构教堂是建于1842年的盖朗厄尔教堂（Geiranger Kirke）。从中心区到这里约需20分钟。

Map p.158-A3
长途区号：无
盖朗厄尔信息网站
URL www.geiranger.no

前往盖朗厄尔的交通

🚌 翁达尔斯内斯（Åndalsnes）每天有2班车运行（仅限6/20~8/21），所需时间约3小时。可乘坐奥斯陆铁路（在杜姆奥斯Dombås或利勒哈默尔换乘，每天2~4个班次）至翁达尔斯内斯，所需时间约5小时30分钟。从奥勒松开来的巴士每天有1~2个班次，周六除外，所需时间约3小时。从奥勒松至海尔西特（Hellesylt）的巴士每天也有2~3个班次，也可以换乘海尔西特发出的渡轮（仅限5~10月，每天4~8个班次）。

⛴ 卑尔根20:00出发的海达路德游轮公司（开往希尔克内斯）的游船每天一班停靠在这里，仅限6~8月。于次日13:25抵达盖朗厄尔。

盖朗厄尔的旅游咨询处 ℹ

住 Geirangervegen 2
电 70-263099
URL www.visitalesundgeiranger.com
开 5~8月 每天 9:00~18:00
9月~次年4月 10:00~15:00
休 无休

能寄存行李

盖朗厄尔峡湾的旅游船

盖朗厄尔还运营着盖朗厄尔峡湾旅游船（Geiranger Sightseeing）。价格245NOK，所需时间约1小时30分钟。在旅游咨询处购买船票。

盖朗厄尔峡湾服务

电 70-263007

如果想徒步旅行，可以在旅游咨询处获取导游图（10NOK）。这里有游览瀑布、古老农家等 18 条徒步旅行线路，每条线路单程需 30 分钟 ~2 小时 30 分钟。

游览盖朗厄尔峡湾的据点

URL www.geirangerfjord.no
运行 4 月 周四 ~ 周六 11:30
5/1~13、9/19~10/15
周日 ~ 周五 11:30
5/14~31、9/1~18
每天 9:15、14:30、17:00

盖朗厄尔 主要景点

挪威峡湾中心 Map p.252

Norwegian Fjordsenter

指向峡湾方向的枪一样的外观非常引人注目。以自然、农业、旅游、灾害等不同主题分别介绍盖朗厄尔峡湾。还有从盖朗厄尔附近移来的农舍，以及再现以前的蒸汽船和码头的展览，能了解这一地区生活的变迁。中心内设有播放介绍盖朗厄尔四季风情影像的剧院。还设有咖啡馆，能品尝到当地著名的松饼“Svele”等简餐。

能了解到盖朗厄尔风土人情和生活情形的博物馆

挪威峡湾中心
电 70-263810
URL www.vestnorskfjordland-skap.no
开 6~8 月 每天 10:00~18:00
9 月 ~ 次年 5 月
每天 10:00~15:00
休 无休
费 110NOK

达尔斯尼拔观景台 Map p.252 外

Dalsnibba

位于从盖朗厄尔前往奥斯陆方向时的国道 63 号沿线的著名景点。地处海拔 1476 米高的地方，能眺望到位于雄伟的 V 字形谷底的盖朗厄尔村和峡湾的大海。这里气温很低，夏季也有积雪，一定不要忘记准备防寒衣物。在前往达尔斯尼拔观景台途中有一个弗里达斯悬崖观景台，这里的景色也非常美。

达尔斯尼拔观景台
交通
6/20~8/21 期间，运行着从盖朗厄尔出发，经由弗里达斯前往达尔斯尼拔观景台的巴士，每天有 1~3 个班次。在达尔斯尼拔观景台停车 15 分钟后，回到盖朗厄尔。所需时间约 2 小时。详细信息请询问旅游咨询处。

女王陛下的椅子
弗里达斯悬崖观景台有一座叫作“女王陛下的椅子”的纪念碑。这是 2003 年挪威女王索尼娅访问此地时赠送的。能坐在上面眺望风景。

盖朗厄尔的酒店
Hotel

盖朗厄尔酒店 Map p.252
Hotel Geiranger

◆位于距离栈桥步行 5 分钟左右的高地上，能眺望到峡湾景色。设备有些陈旧，但客房非常整洁。峡湾景观房带有阳台。

住 N-6216 Geiranger 电 70-263005
URL www.hotel-geiranger.no
营 5~9 月
费 Ⓢ 1015NOK~ Ⓓ 1330NOK~
CC A D M V

盖朗厄尔的餐厅
Restaurant

邮报餐厅 Map p.252
Brasserie Posten

◆面向峡湾而建的挪威菜餐厅。从三明治等简餐到肉类菜肴等，食品种类齐全。

住 N-6216 Geiranger 电 70-261306
URL www.brasserieposten.no
营 4/1~11/1 每天 12:00~22:00
11/2~ 次年 3/31 周三 20:00~22:00
周六 10:00~16:00 休 11/2~ 次年 3/31 的周日 ~ 下周二、周四、周五
预算 100NOK~ CC A D J M V

浴缸 部分客房提供 电视 部分客房提供 吹风机 出租 迷你吧台及冰箱 部分客房提供 残障人士房间 无线 LAN 无线 LAN 收费 部分客房提供 无线 LAN 部分收费

斯塔万格 *Stavanger*

港口周边密集的木结构民居

斯塔万格是以 20 世纪 70 年代的北海油田为基础迅速成长壮大起来的城市，现在是挪威第四大城市。城市中心区密集的 17 世纪古老民居，形成了一道独特的景观。因为是港口城市，这里有很多鱼市场和蔬菜市场，有着和大城市不相匹配的安宁舒适的氛围。

斯塔万格 漫 步

五颜六色建筑聚集的 Øvre Holmegate 大街

从斯塔万格大教堂（Stavanger Domkirke）至港口的区域为市中心。港口有玻璃建筑的鱼市场，东侧沿海边是三角屋顶的古老建筑物，里面是海运公司。这里和其他挪威城市不同，自 17 世纪后没有遭遇大火，因此木结构建筑得以大量保存下来。

以从斯塔万格大教堂向北延伸的基尔凯加塔大街（Kirkegata）为中心的左右 1~2 个街区周边，是商店和餐厅林立的繁华区域。大教堂前面就是蓝天市场。而港口西侧则是旧城区，有很多可爱的老式木结构房屋。

火车站和长途巴士站位于南侧，与中心区隔着布雷亚湖相望。距离中心区步行约需 10 分钟。

斯塔万格 主要景点

挪威石油博物馆
Map p.255

Norsek Oljemuseum

建筑物是模仿油田基地的造型

介绍斯塔万格支柱产业——石油和天然气相关历史，以及油田设备等的博物馆。博物馆通过精密模型进行说明，非常易懂，再现基地内生活场景的展台非常吸引人。博物馆内还有放映油田历史和石油相关影像的剧院。

旧城区
Map p.255

Gamle Stavanger

排列着鲜花装点着的白色木结构房屋

斯塔万格的旧城区有着给人厚重历史感的石板街道，还有白色墙壁和橘色屋顶的木结构建筑物。建筑物建于 17 世纪至 18 世纪，现在也作为民居使用，窗台上的装饰物、鲜花盛开的阳台都非常可爱。在这里漫无目的地漫步也别有趣味。

Map p.158-A4
人口：132682
长途区号：无
斯塔万格信息网站
URL www.regionstavanger.com

前往斯塔万格的交通

✈ 从奥斯陆每天有 6~18 个航班，所需时间约 50 分钟。从卑尔根每天有 2~12 个航班，所需时间约 35 分钟。从机场到市区有机场巴士 Flybussen，约需 25 分钟，120NOK。

🚆 从奥斯陆每天有 3~5 个班次（其中一趟车是卧铺车），所需时间 8~9 小时。

🚌 从奥斯陆出发，在克里斯蒂安桑换乘。每天有 1~2 班车，根据换乘时间发车。所需时间 7~9 小时。从卑尔根每小时都有 1~2 班车，所需时间 4 小时 30 分钟 ~5 小时 30 分钟。

⛴ 从卑尔根乘坐 Fjord Line 公司运营的渡轮前往，每天有一班船。所需时间约 5 小时 30 分钟。

Fjord Line 公司
URL www.fjordline.com

斯塔万格的旅游咨询处 i
住 Strandkaien 61
☎ 51-859200
URL www.regionstavanger.com
开 6~8 月 每天 9:00~20:00
9 月 ~ 次年 5 月
周一 ~ 周五 9:00~16:00
周六 9:00~14:00
休 9 月 ~ 次年 5 月的周日

挪威石油博物馆
☎ 51-939300
URL www.norskolje.museum.no
开 6~8 月 每天 10:00~19:00
9 月 ~ 次年 5 月
周一 ~ 周六 10:00~16:00
周日 10:00~18:00
休 无休
费 120NOK

莱多尔和布莱达布里克

Map p.255

Ledaal & Breidablikk

莱多尔是 19 世纪初当地的名门望族谢兰家族（Kielland）建造的新古典式样的建筑物。曾作为王室避暑行宫使用。

莱多尔旁边的布莱达布里克是建造于 1881 年的历史悠久的建筑物。建造时是富豪 Berentsen 的府邸，保存状态完好。

庭园环绕的布莱达布里克

斯塔万格博物馆

Map p.255

Stavanger Museum

博物馆内分为两大板块：文化史（Cultural History Exhibition）和自然史（Natural History Exhibition）。文化史馆使用模型和透视画展示了从 1125 年斯塔万格大教堂的建造至作为石油城市兴起的历史，自然史馆陈列着以挪威为主的鸟类和哺乳类的实物标本和骨骼标本等。

能了解斯塔万格历史的博物馆

莱多尔和布莱达布里克

住 Eiganesveien 45，40A

☎ 51-842700

URL www.museumstavanger.no

开 5/15~8/31

每天 10:00~16:00

休 9/1~次年 5/14

费 90NOK

从莱多尔到布莱达布里克步行约需 3 分钟。

斯塔万格博物馆

住 Muségata 16

☎ 51-842700

URL www.museumstavanger.no

开 6~8 月 每天 10:00~16:00

9 月～次年 5 月

周二～周五 11:00~15:00

周六 · 周日 11:00~16:00

休 9 月～次年 5 月的周一

费 90NOK

还有关于地方产业的展览

斯塔万格的酒店
Hotel

斯塔万格丽笙大西洋酒店
Radisson Blu Atlantic Hotel Stavanger

◆面向布雷亚湖建造的高档酒店。共有 364 间客房，是斯塔万格规模最大的酒店。位于从火车站步行 5 分钟的地方。

Map p.255

住 Olav V' s gate 3 电 51-761000
FAX 51-761001
URL www.radissonblu.com
费 Ⓢ 1795（1255）NOK~
Ⓓ 1895（1355）NOK~
CC ADJMV

斯勘森酒店
Skansen Hotel

◆客房风格简朴，但很洁净宽敞。办理入住手续和用早餐都在旁边的维多利亚酒店进行。

Map p.255

住 Skansegata7 电 51-938500
FAX 51-938501 URL www.skansenhotel.no
费 Ⓢ Ⓓ 995（770）NOK~
CC ADMV

维多利亚酒店
Victoria Hotel

◆1900 年创业的老牌酒店。建筑物和大堂风格沉稳厚重。位于港口前端。

Map p.255

住 Skansegata 1 电 51-867000
FAX 51-867010 URL www.victoria-hotel.no 费 Ⓢ 1090（790）NOK~
Ⓓ 1290（990）NOK~ CC ADMV

斯卡恩布莱格号角酒店
Clarion Collection Hotel Skagen Brygge

◆位于峡湾旅游团出发点正前方。客房中有一半以上面向峡湾。酒店内设有餐厅、酒吧等设施。

Map p.255

住 Skagenkaien 28-30
电 51-850000 FAX 51-850001
URL www.nordicchoicehotels.no
费 Ⓢ Ⓓ 990NOK~ CC ADMV

哈弗利贝斯特韦斯特酒店
Best Western Havly Hotell

◆与港口沿线相隔一条街。客房宽敞干净。酒店工作人员态度亲切。

Map p.255

住 Valberggata 1 电 51-939000
FAX 51-939001 URL www.havly-hotell.no
费 Ⓢ 880NOK~ Ⓓ 990NOK~
CC ADMV

斯塔万格青年旅舍
Stavanger Vandrerhjem Mosvangen

◆拥有 2 层建筑的美丽的青年旅舍。从火车站向西南 3 公里，位于莫斯瓦特奈湖附近。从火车站的巴士站乘坐 4 路市营巴士能到达距离青年旅舍 200 米的地方。YH 会员可享受 10% 的优惠。

Map p.255 外

住 Henrik lbsensgate 19 电 51-543636
FAX 51-543637 URL hihostels.no
营 6/12~8/21 费 多人间 250NOK~
ⓈⒹ 630NOK~ CC MV

斯塔万格的餐厅
Restaurant

N.B. 苏思森 · 丹普斯埃克斯佩提森
N.B.Sørensens Dampskibsexpedition

◆主要供应使用新鲜鱼贝类制作的西餐。

Map p.255

住 Skagen 26 电 51-843820
URL www.herlige-stavanger.no 营 周一～周三 16:00~ 次日 0:00 周四～周五 16:00~ 次日 1:00 周六 11:00~ 次日 1:00 周日 13:00~23:00 休 无休
预算 300 NOK~ CC ADMV

迪加 · 乌 · 德利卡特塞
Déjà-Vu Delikatesser

◆位于 Magasin Blaa 百货公司一层的餐厅。采用从橱柜里自己选择喜欢食物的自助模式。推荐食物有鳕鱼、虾等鱼贝类菜肴，使用根茎菜制作的奶油味炖菜。

Map p.255

住 Verksgata 2 电 51-896363
URL www.dejavu.no 营 周一～周五 10:00~20:00 周六 10:00~18:00 休 周日
预算 100 NOK~ CC MV

浴缸 部分客房提供 电视 部分客房提供 吹风机 出租 迷你吧台及冰箱 部分客房提供 残障人士房间 无线 LAN 无线 LAN 收费 部分客房提供 无线 LAN 部分收费

奥勒松 *Ålesund*

奥勒松是面向大西洋的港口城市，鳕鱼捕捞量居世界前几位。城市由3个岛屿组成，分别由隧道和桥梁连接在一起。在陡峭的悬崖间隙，层叠般连绵着民居建筑，形成壮观的景色。

从阿克斯拉山眺望到的奥勒松街景

1904年奥勒松遭受过一次大火灾，烧毁了700~800座民居。在重建时，建筑家们建造了当时流行的“新艺术派”风格的建筑，使整个城市焕然一新。现在，奥勒松以港口周边建筑物形成的优美景观著称于世。

奥勒松还是游览盖朗厄尔峡湾的据点城市，在游览峡湾时一定要来这里看看。

奥勒松 漫 步

奥勒松是在伸向峡湾的半岛上发展起来的城市。城市以奥勒松港口为轴，分为东西两侧，繁华地带在东侧。西侧和港口周边有着优美的“新艺术派”建筑物，漫步其中，享受无比。最好先游览长途巴士站和旅游咨询处所在的东侧，再步行前往西侧。

城市以东矗立着阿克斯拉山。山顶上有瞭望台和咖啡馆，奥勒松全貌以及周边岛屿一览无余。从Scandic Parken旁边进入公园，从尽头的台阶向上步行15分钟左右就能到达山顶。

送报少年像

奥勒松 主要景点

阿克斯拉山 Map p.258

Aksla

如果想俯瞰新艺术派的城市街景，可以去海拔189米的阿克斯拉山。从位于Scandic Parken后面的公园登上480个台阶，就能到达山顶的瞭望台。山顶上设有咖啡馆，可以在此休息后下山。

至山顶的道路修整得很好

奥勒松博物馆 Map p.258

Aalesunds Museum

介绍奥勒松生活史的博物馆。馆内陈列着新艺术派的家具和生活用

Norway

Map p.158-A3
人口：46743
长途区号：无
奥勒松信息网站
URL www.visitalesundgeiranger.com

前往奥勒松的交通

✈ 从奥斯陆每天有1~6个航班，所需时间约55分钟。从机场至市区有机场巴士，约需25分钟，80NOK。

🚆 没有火车直达这里，但可以从奥斯陆出发，在杜姆奥斯（Dombås）或利勒哈默尔（Lillehammer）换乘，至翁达尔斯内斯（Åndalsnes），然后再乘坐巴士前往奥勒松。奥斯陆至翁达尔斯内斯约需5小时30分钟，每天有4班车。从翁达尔斯内斯至奥勒松所需时间约2小时。从特隆赫姆出发，在杜姆奥斯换乘后至翁达尔斯内斯，然后再乘坐巴士。

🚌 从卑尔根每天有一班车，所需时间9小时15~45分钟。

奥勒松的旅游咨询处 ⓘ

住 Skateflukaia
☎ 70-163430
URL www.visitalesund-geiranger.com
开 6~8月
周一~周五 8:30~18:00
周六·周日 9:00~16:00
9月~次年5月
周一~周五 9:00~16:00

如果想参观新艺术派风格的建筑物，可以在旅游咨询处购买“On foot in Alesund”宣传册（30NOK）。里面有关于城市历史的介绍，以及具体建筑物的说明。

奥勒松博物馆

住 R.Rønnebergsgata 16
☎ 70-164842
URL aalesunds.museum.no
开 6/13~8/14
周一~周五 9:00~15:00
周六·周日 12:00~16:00

品，还收集有19世纪的主要交通工具——船的模型，以及第二次世界大战中的史料等。博物馆位于小丘陵上，风景不错。周围是修整得很好的公园。

新艺术派中心

Map p.258

Jugendstil Senteret

原样保存着20世纪前半叶的风情

中心的建筑物是典型的“新艺术派”建筑，曾经作为药店使用。中心里面陈列着有着精美雕刻的家具、陶瓷器，同时也保留了作为药店使用时的店内风情。还设有利用声音和影像介绍1904年大火的角落。推荐在中心内的时尚咖啡馆稍事休息。

奥勒松水产业博物馆

Map p.258

Fiskerimuseet Ålesund

博物馆只在夏季开放，介绍有关水产业的历史。博物馆白色木结构建筑原来是鳕鱼加工厂。馆内使用真实的道具介绍鳕鱼的加工方法，除了食用之外，还有从肝脏提取肝油等的方法。

森莫来博物馆

Map p.258 外

Sunnm øre Museum

位于从奥勒松向东约4公里处。是将位于西挪威峡湾地区的森莫来地区的建筑物移建过来后形成的户外博物馆。在占地120公顷的博物馆内，共有55栋古老建筑物。在木结构建筑物的房顶上培土，再在上面种植植物等，很多建筑物都很有趣。另外还有陈列古代船只的展区，其中有7世纪至8世纪的维京时代的船只复原品。夏季会举行建筑物内部参观游览及海盗船巡游等各种活动。

5/1~6/12，8/15~9/30
周一～周五 9:00~15:00
周日 12:00~16:00
10月～次年4月 9:00~15:00
休 8/15~次年6/12的周六、10月～次年4月的周日
费 50NOK

1919年建造的初期新艺术派风格建筑物

新艺术派中心
住 Apotekergata 16
☎ 70-104970
URL www.jugendstilsenteret.no
开 6~8月 每天 10:00~17:00
9月～次年5月
周二～周日 11:00~16:00
休 9月～次年5月的周一
费 70NOK

奥勒松出发的市内游

旅游咨询处举办步行游览新艺术派建筑物的导游参观团（英语，挪威语）。从旅游咨询处前面出发，所需时间约1小时30分钟。
举办 6/13~8/14 每天 12:00
费 100NOK

奥勒松水产业博物馆
☎ 70-164842
URL aaliesunds.museum.no
开 6/1~12、8/15~31
周一～周五 9:00~15:00
6/13~8/14
周一～周五 9:00~15:00
周六·周日 12:00~16:00
休 6/1~12、8/15~31的周六·周日，9月～次年5月
费 50NOK

森莫来博物馆
☎ 70-164870
URL sunnmoremuseum.no
开 5·6月、8·9月
周一～周五 10:00~16:00
周日 12:00~16:00
7月 周一～周六 10:00~16:00
周日 12:00~16:00
10月～次年4月
周二～周五 10:00~15:00
周日 12:00~16:00
休 8月～次年6月的周六、10月～次年4月的周一
费 80NOK

交通→→→

乘坐618路巴士约15分钟，在Sunnm øre Museum下车。

奥勒松的酒店
Hotel

斯堪迪克公园酒店
Scandic Parken Hotel

◆位于与繁华地区有些距离的地方。因为地处小高坡上，能从房间眺望到美丽的风景。距离长途巴士站步行约 15 分钟。酒店内设有健身中心和桑拿设施。

Map p.258
住 Storgata 16 电 70-132300
FAX 70-132280
URL www.scandichotels.com
费 Ⓢ 895NOK~Ⓓ 1150NOK~ CC ADMV

大西洋第一酒店
First Hotel Atlantica

◆位于市中心，距离长途巴士站也很近，非常方便。酒店内设施齐全、价格适中，因此很受欢迎。2011 年重装开业。

Map p.258
住 R.Rønnebergsgate 4 电 70-117300
URL www.firsthotels.com
费 Ⓢ 890NOK~ Ⓓ 950NOK~
CC ADMV

斯堪迪克斯堪的纳维亚酒店
Scandic Scandinavie

◆由 1905 年建造的新艺术派建筑物改建而成的酒店。经过重新装修的客房干净舒适。内部装饰大量使用了艺术作品。

Map p.258
住 Løwenvoldgata 8 电 70-157800
FAX 70-157801 URL www.scandichotels.com
费 Ⓢ 790NOK~ Ⓓ 990NOK~
CC ADJMV

布洛松迪特酒店
Hotel Brosundet

◆由设计奥斯陆歌剧院的设计师设计建造的设计型酒店。客房非常时尚。还有使用烛台的客房。

Map p.258
住 Apotekergata 5 电 70-114500
FAX 70-114501 URL www.brosundet.no
费 Ⓢ 1090（1330）NOK~ Ⓓ 1290（1530）NOK~ CC ADJMV

斯堪迪克奥勒松酒店
Scandic Ålesund

◆位于港口西侧的酒店。有一半客房面向峡湾，能眺望到优美的风景。客房宽敞时尚，也非常舒适。还能使用桑拿。

Map p.258
住 Molovegen 6 电 21-614500
FAX 21-614511 URL www.scandichotels.com
费 Ⓢ 890NOK~ Ⓓ 1090NOK~
CC ADJMV

奥勒松青年旅舍
Ålesund Vandrerhjem

◆位于市中心，非常干净。可以免费使用洗衣机和厨房。YH 会员享受 10% 的优惠。

Map p.258 外
住 Parkgata 14 电 70-115830
URL hihostels.no 费 多人间 265NOK~
Ⓢ 620NOK~ Ⓓ 850NOK~ 床单 60NOK
CC MV

奥勒松的餐厅
Restaurant

安诺香料 & 饮料
Anno Spise & drikke

◆能品尝到在当地备受好评的鱼类菜肴。

Map p.258
住 Apotekergata 9B 电 71-707077
URL www.anno.no 营 6~8 月 周一～周五 11:00~23:00 周六 · 周日 14:00~3:00 9 月～次年 5 月 周一～周五 11:00~23:00 周六 14:00~3:00 休 9 月～次年 5 月的周日 预算 160NOK~ CC ADMV

XL 晚餐厅
XL.Dinner

◆能品尝到使用挪威食材制作的各国菜肴。

Map p.258
住 Skaregata 1B 电 70-124253
URL www.xldiner.no
营 周一～周六 17:00~23:00
休 周日 预算 300NOK~
CC ADJMV

浴缸 部分客房提供 TV 电视 TV 部分客房提供 吹风机 出租 迷你吧台及冰箱 部分客房提供 残障人士房间 无线 LAN 无线 LAN 收费 部分客房提供 无线 LAN 部分收费

特隆赫姆 *Trondheim*

绿色围绕着的美丽城市

特隆赫姆是中世纪时的挪威首都，现在是挪威第三大城市。特隆赫姆的城市历史比奥斯陆和卑尔根都要悠久，997 年由圣奥拉夫国王（Olav Tryggvason）奠定了城市的雏形。之后作为挪威中部的中小城市发展起来，12 世纪时成为政治、文化、宗教的重要城市。现在，城市里洋溢着朝气蓬勃的学生气息，因为挪威 4 所大学中的一个就在特隆赫姆。

Map p.158-A3
人口：187181
长途区号：无
特隆赫姆信息网站
URL www.trondheim.com

前往特隆赫姆的交通

✈ 从奥斯陆每天有 2~18 个航班，所需时间约 55 分钟。从卑尔根每天有 1~6 个航班，所需时间约 1 小时。从机场至市区乘坐机场巴士 Flybussen，约需 45 分钟，130NOK。

🚆 从奥斯陆每天有 2~4 班车（其中一趟为卧铺车），所需时间 6 小时 40 分钟 ~8 小时。

🚆 从卑尔根 16:30（夜行车）发出的车，次日 6:42 抵达特隆赫姆。

⛴ 特隆赫姆是海达路德游轮（→ p.23）的停靠港。

特隆赫姆火车站售票处
开 周一 ~ 周五 7:00~19:10
周六 7:45~17:10
周日 12:30~17:10
休 无休

特隆赫姆的旅游咨询处 ⓘ
住 Nordre gate 11
☎ 73-807660
URL www.visitnorway.com
开 夏季 每天 9:00~18:00
冬季 周一 ~ 周六 9:00~18:00
休 冬季的周日

王宫
住 Munkegate 3-7
☎ 73-808950
开 6/1~8/20
周一 ~ 周六 10:00~16:00
周日 12:00~16:00
8/21~ 次年 5/31 周二、周三、周五、周六 10:00~15:00
周四 12:00~20:00
周日 12:00~16:00
休 8/21~ 次年 5/31 的周一
费 90NOK

尼达洛斯大教堂
住 Bispegata 5 ☎ 73-890800
URL www.nidarosdomen.no
开 5 月
周一 ~ 周五 9:00~15:00
周六 9:00~14:00
周日 9:00~16:00
6~8 月
周一 ~ 周五 9:00~18:00

特隆赫姆 漫步

特隆赫姆的市区以圣奥拉夫一世铜像所在的广场为中心向外扩展。面向广场设有旅游咨询处和购物中心，夏季还会举办集市，是一个非常热闹的地方。广场南面是城市的象征——尼达洛斯大教堂，北面是北欧最大的木结构建筑王宫（Stiftsgården），作为旅行的出发地点非常合适。连接这两个建筑物的蒙克凯塔大街（Munkegate），以及面向王宫的女王大街（Dronningen gate），是商店和餐厅林立的繁华区。火车站位于城市的北部，距离市中心需步行 20 分钟左右。

中世纪的吊桥和仓库

广场东侧，沿着尼德河（Nidelva）延伸的商人大街（Kjøpmannsgade）上有很大的中世纪的仓库和吊桥，保留着往昔的风情。过了吊桥是一座小山坡，坡顶附近建有克里斯蒂安要塞。

虽然市区内有巴士运营，但只要一天时间就能步行转遍这个城市。

中世纪北欧第二大建筑物——尼达洛斯大教堂

特隆赫姆 主要景点

尼达洛斯大教堂 Map p.261

Nidarosdomen

是巴洛克式风格的大教堂，纵深 101 米，宽 50 米，高 30 米。尼达洛斯大教堂是挪威最大、北欧第二大的中世纪建筑物，祭祀着载入中世纪北欧文学《萨迦选集》的圣奥拉夫二世。大教堂正面雕刻有以耶稣基督和圣母玛利亚像为中心的 54 圣人像，给人以庄严肃穆的感觉。大教堂自 1070 年建成以来，经历了数次损毁和重建。大教堂内的彩绘玻璃和雕刻等内部装饰，凝聚了许多挪威艺术家的心血，其中也有创作了奥斯陆“维格兰雕塑公园”的雕塑作品的维格兰的作品。6 月中旬 ~8 月中旬能攀登到大教堂屋顶的尖塔上，俯瞰整个市区。另外，教堂内经常举办合唱以及管风琴音乐会等。

教堂后面有一个祭司馆（Erkebispegården）。角落里还设有祭司馆博物馆（Museet Erkebispegården），陈列着修复前使用的雕刻作品等。

克里斯蒂安要塞 Map p.261

Kristiansten Festning

在位于城市东侧的山顶上，能眺望整个城市的景色。这是 1676~1682 年建造的要塞，要塞内有白色的建筑物和城墙，以及无数的大炮。

白色建筑物周边放置着大炮

周六 9:00~14:00
周日 9:00~17:00
9 月 ~ 次年 4 月
周一 ~ 周六 9:00~14:00
周日 9:00~16:00
休 无休 费 90NOK

祭司馆博物馆

开 周一 ~ 周五 10:00~17:00
周六 10:00~15:00
周日 12:00~16:00（根据时期不同）休 9 月 ~ 次年 4 月的周一 费 90NOK

克里斯蒂安要塞

81-570400
URL www.forsvarsbygg.no/festningene/festningene/Kristiansten-festning
开 5/18~9/13
周一 ~ 周六 10:00~16:00
周日 12:00~16:00
休 9/14~ 次年 5/17
费 免费
要塞内建筑物内部之外的部分全年开放。

户外民俗博物馆
住 Sverresborg Allé 13
电 73-890100 FAX 73-890150
URL sverresborg.no
开 6/11~8/14
每天 10:00~17:00
6/1~10、8/15~31
每天 10:00~16:00
9月～次年5月
周二～周五 10:00~15:00
周六·周日 12:00~16:00
休 9月～次年5月的周一
费 150NOK（8/15~6/10 期间 110NOK）
交通
从市中心步行约15分钟。

1718年，挪威在这里与瑞典展开了激战，并取得了胜利。另外，第二次世界大战期间，抵抗德军占领的士兵们也是在这里被行刑的，现在这里建有追悼他们的纪念碑。

户外民俗博物馆

Trøndelag Folkemuseum

Map p.261 外

博物馆收集了特隆赫姆地区的农舍等60多个建筑物。以18世纪至19世纪较新的建筑物为主，但也有1170年建造的木结构教堂等。

特隆赫姆的酒店

Hotel

布丽坦尼娅酒店

Britannia Hotel

Map p.261

◆位于市中心的高档酒店。大堂和客房都充满优雅而浪漫的风格。住宿客人可以使用SPA设施。

住 Dronningens gate 5 电 73-800800
FAX 73-800801 URL www.thonhotels.no
费 Ⓢ Ⓓ 1395（1195）NOK~
早餐 110NOK CC A D M V

施乐城市生活酒店

City Living Schøller Hotel

Map p.261

◆酒店是位于王宫前面的古老建筑物。二层和四层是客房。

住 Dronningens gate 26 电 73-870800
FAX 73-870801 URL www.cityliving.no
费 Ⓢ Ⓓ 790（599）NOK~
早餐 110NOK CC A M V

松恩城市酒店

Thon Hotel Gildevangen

Map p.261

◆由古老的石造建筑物改建而成的酒店。位于火车站旁边。周边有很多餐厅。

住 Søndre gate 22B 电 73-870130
FAX 73-523898 URL www.thonhotels.no
费 Ⓢ Ⓓ 1295（695）NOK~
CC A D M V

布拉特拉 P- 酒店

P-Hotels Brattøra

Map p.261

◆2012年开业的酒店。位于火车站附近，很方便。早餐采用送到房间的形式。大堂放有免费的咖啡和红茶。

住 Fosenkaia 7 电 80-046835
URL p-hotels.no
费 Ⓢ 699NOK~ Ⓓ 899NOK~
CC M V

特隆赫姆的餐厅

Restaurant

Baklandet Skydsstation 餐厅

Baklandet Skydsstation

Map p.261

◆位于旧城区中建于1791年的历史悠久的建筑物内。怀旧风格的红色木结构房屋与特隆赫姆的城市风格相得益彰，充满意境。能品尝到以西红柿汤炖煮干鳕鱼、Bacalao等鱼类菜肴为主的挪威传统菜。鲱鱼自助餐的味道也很好。

住 Øvre Bakklandet 33
电 73-921044
URL www.skydsstation.no
营 周一～周五 11:00~次日 1:00
周六·周日 12:00~次日 1:00
休 无休
预算 200NOK~
CC M V

浴缸 部分客房提供 电视 部分客房提供 吹风机 出租 迷你吧台及冰箱 部分客房提供 残障人士房间 无线LAN 无线LAN收费 部分客房提供 无线LAN部分收费

博德 *Bodø*

博德是能够看到极昼的城市中距离奥斯陆最近的城市。人口约5万，是一个面向大海的港口城市。这个城市和其他挪威城市一样，在第二次世界大战中被德国军队完全摧毁。现在这里的道路布局像棋盘一样整齐有序，建有现代化建筑物。

港口上木结构民居和船只排而列

Map p.158-A2
人口：50532
长途区号：无
博德信息网站
URL www.visitbodo.com

前往博德的交通

✈ 从奥斯陆每天有2~8个航班，所需时间约1小时30分钟。从特隆赫姆每天有1~6个航班，所需时间约50分钟。从机场至市内步行约需15分钟。也可以乘坐市营巴士。

🚆 从奥斯陆出发需要在特隆赫姆换乘，从特隆赫姆有7:38出发、23:40出发（卧铺）两个班次，抵达博德的时间分别为17:28和次日9:15。从奥斯陆出发，换乘时间最短的是16:02出发（抵达博德9:15）的班次，所需时间约17小时。

🚌 从纳尔维克7:00出发，所需时间约6小时20分钟。

⛴ 是海达路德游轮（→p.23）的停靠港。

博德的旅游咨询处 ℹ

住 Tollbugata 13
☎ 75-548000
URL www.visitbodo.com

博德 漫 步

博德的景点有陈列着关于北部生活方式和萨米人相关展出的北部博物馆（Nordlandsmuseet），以及能了解挪威所有飞机历史的挪威航空博物馆。

北部博物馆艳丽的黄色外观非常引人注目

从火车站向着与市区相反的方向步行3公里左右，有一座隆维克山（Rønvikfjellet）（115米），登上山顶能眺望到美丽的岛屿、峡湾，还有远处的罗弗敦群岛。

开 6~8 月
周一～周五 9:00~20:00
周六・周日 10:00~18:00
9 月～次年 5 月
周一～周五 9:00~15:30
休 9 月～次年 5 月的周六・周日

北部博物馆

住 Prinsens gate 116
☎ 75-503500
URL nordlandsmuseet.no
开 6~8 月 每天 11:00~16:00
9 月～次年 5 月
周一～周五 9:00~15:00
休 9 月～次年 5 月的周六・周日
费 60NOK

挪威航空博物馆

住 Olav V gate ☎ 75-507850
URL www.luftfart.museum.no
开 6/15~8/15
每天 10:00~18:00
8/16~ 次年 6/14
周一～周五 10:00~16:00
周六・周日 11:00~17:00
休 无休 费 120NOK

交通→→→

从市中心乘坐 3 路巴士约需 5 分钟。周日停运。

博德 主要景点

挪威航空博物馆

Map p.263 外

Norsk Luftfartsmuseum

博物馆位于市中心东南方向约 1.5 公里处，是一座巨大的螺旋桨形状的建筑物。博物馆内用简单易懂的展示方式说明了挪威民用和军用飞机相关历史。展出内容相当丰富，按照零件、年代分别进行陈列。尤其是可以近距离地观看军用飞机，是机械迷们不能错过的地方。

飞机迷们一定要看的博物馆

博德的酒店

Hotel

博德丽笙酒店

Radisson Blu Hotel Bodø

◆位于长途巴士站前面，面向前往罗弗敦群岛船舶停靠的港口的高档酒店。从位于最顶层的 Top 13 Rooftop Bar 能眺望到博德的街景。

Map p.263

住 Storgata 2 ☎ 75-519000
FAX 75-519001
URL www.radissonblu.com
费 Ⓢ995（795）NOK~
Ⓓ 1195（795）NOK~
CC A D J M V

斯卡恩酒店

Skagen Hotel

◆酒店距离港口约有 200 米，面向一条安静的道路。可以使用附近健身中心的设施。还提供户外活动服务。

Map p.263

住 Nyholmsgata 11 ☎ 75-519100
URL www.skagen-hotel.no
费 Ⓢ1425（795）NOK~ Ⓓ 1725（1095）NOK~ CC A D M V

斯堪迪克博德酒店

Scandic Bodø

◆距离火车站很近的中档酒店。砖石外观，稳重安静。酒店内设施完善，设有餐厅、健身中心等。有几个客房面向大海。

Map p.263

住 Sj øgata 23 ☎ 75-547000
FAX 75-547055
URL www.scandichotels.com
费 Ⓢ990NOK~ Ⓓ 1090NOK~
CC A D J M V

博德酒店

Bodø Hotell

◆共有 31 间客房的中档酒店。位于市中心，地理位置非常方便。

Map p.263

住 Professor Schyttes gate 5 ☎ 75-547700 FAX 75-525778 URL www.bodohotell.no 费 Ⓢ980（700）NOK~ Ⓓ 1250（900）NOK~ CC A D M V

索恩诺德里斯酒店

Thon Hotel Nordlys

◆紧邻港口，地理位置极佳。共有 146 间客房。

Map p.263

住 Moloveien 14 ☎ 75-531900
URL www.thonhotels.no
费 Ⓢ Ⓓ 895NOK~ CC A D M V

浴缸 部分客房提供 电视 部分客房提供 吹风机 出租 迷你吧台及冰箱 部分客房提供 残障人士房间 无线 LAN 无线 LAN 收费 部分客房提供 无线 LAN 部分收费

纳尔维克 *Narvik*

从法格内斯山能眺望城市全貌

纳尔维克是北角之旅的起点，位于北极圈内。但是因为墨西哥湾暖流的影响，这里的港口冬天也不会结冰，成为瑞典基律纳铁矿石的出口港。基律纳～纳尔维克的列车是在北欧最北方行驶的旅客列车，从列车车窗眺望到的峡湾景色异常壮观。

对军事感兴趣的人，对纳尔维克这个名字应该别有感触。1940 年 4 月 9 日，德国入侵挪威。至 6 月 7 日沦陷前，英国、法国、波兰、挪威联合军队和德国军队展开了激战，这场战役非常有名。战争博物馆内再现了当时的情形。在这场战争中牺牲的各国士兵们的遗体埋葬在距城市几公里处的霍克维克城（Høkvik）。

纳尔维克 漫 步

城市的主要街道是 Kongensgate 大街。沿路排列着购物中心、餐厅和酒店等。旅游咨询处也位于这条大街上，所以先来这里看看吧。顺着 Kongensgate 大街向北，在火车站前面的 Nedre Jernbanegate 街右转，再走

Map p.158-B2
人口：18811
长途区号：无
纳尔维克信息网站
URL www.visitnarvik.com

前往纳尔维克的交通

✈ 从奥斯陆至哈尔斯塔纳尔维克机场（Harstad Narvik Airport），除了周六，每天都有 SAS 的 3 个航班，所需时间约 1 小时 40 分钟。另外，博德至纳尔维克机场（Narvik Airport）每天有北欧航空的 2~3 个航班，所需时间约 40 分钟。从机场至市区乘坐出租车约需 5 分钟。

🚆 从斯德哥尔摩每天有 2 个班次（卧铺）。其中一班是直达车，斯德哥尔摩 15:59 出发，12:36 抵达纳尔维克。从基律纳每天有 1 班车发出，所需时间约 3 小时。还可以从奥斯陆乘坐火车至博德，从博德乘坐巴士至纳尔维克。

🚌 从博德发出的巴士每天有 7:22 和 16:22 两个班次，分别在 13:30、23:00 抵达纳尔维克。340NOK。从特隆赫姆每天有 2~3 班车，所需时间约 4 小时 15 分钟。

纳尔维克的旅游咨询处 ℹ

住 Kongensgate 41-43
☎ 76-965600
URL www.visitnarvik.com
开 6/22~8/20
周一～周五 9:00~19:00
周六·周日 9:00~14:00
8/21~次年 6/21
周一～周五 9:00~15:00
休 8/21~次年 6/21 的周日

纳尔维克火车站售票处

开 6:00~17:50（仅限自动售票机） 休 无休

战争博物馆

☎ 76-944426
URL narviksenteret.no

北方博物馆
电 76-154000
URL www.museumnord.no/narvik
开 夏季
周一～周五 10:00~15:00
周六 · 周日 12:00~15:00
冬季
周一～周五 10:00~15:00
（根据时期不同）
休 冬季的周六 · 周日
费 60NOK

纳尔维克缆车
电 90-540088
URL www.narvikfjellet.no
开 6/17~7/24
每天 13:00~次日 1:00
7/25~8/28
每天 13:00~20:00
8/29~次年 6/16
每天 11:00~17:00
（根据时期不同）
休 无休
费 往返 160N0K

从位于城市北部的港口能眺望到雄伟的山峦

沿着住宅区前行，能看到岩石绘画

200 米左右就是火车站。纳尔维克的景点有可以了解在纳尔维克发生的战争的战争博物馆（Nordland Røde Kors Krigsminnemusum）、展示从基律纳开始的铁路相关历史以及上映相关影像的北方博物馆（Museum Nord）。Kongensgate 大街的东侧是一个小丘陵。在顺坡道向上 500 米左右的地方，设有登上法格内斯山（Fagernesfjellet）的纳尔维克缆车（Narvikfjellet）。在海拔 656 米的山顶上，能够眺望到整个城市的全景和峡湾地形。城市就建在斜缓的坡面上。Kongensgate 大街的东侧坡度很大。如果选择了住在山坡上的酒店，就只能自己背着行李上坡了。

Kongensgate 大街以西，穿过火车道的道路左侧，建有现代化的购物中心，旁边紧邻长途巴士站。铁路线对面是住宅区。这里有坚固的石造纳尔维克教堂（Narvik Kirke），还有岩石绘画（Helleristninger）。

纳尔维克的酒店
Hotel

皇家酒店
Quality Hotel Grand Royal

◆共有 162 间客房的高档酒店，设有 2 个餐厅。客房非常时尚。

Map p.265
住 Kongensgate 64
电 76-977000 FAX 76-977007
URL www.nordicchoicehotels.no
费 Ⓢ1215（990）NOK~ Ⓓ 1365（1040）NOK~ CC ADJMV

布莱达布吕克旅馆
Breidablikk Gjestehus

◆1950 年开业，建在高地上的一家可爱的小型酒店。近几年重新进行了装修，内装和家具都极具魅力。客房、餐厅、休息室等都能眺望得到美丽的景色。共有 20 间客房，其中 17 间有淋浴设施。

Map p.265
住 Tore Hundsgate 41
电 76-941418
URL www.breidablikk.no
费 Ⓢ1150NOK~ Ⓓ 1195NOK~
CC AMV

斯堪迪克纳尔维克酒店
Scandic Narvik

◆2012 年开业的高档酒店。从 16 层的酒吧能眺望到城市全景和峡湾。

Map p.265
住 Kongensgate 23
电 76-961400 FAX 76-961401
URL www.scandichoteles.com
费 Ⓢ1295（995）NOK~
Ⓓ 1545（1245）NOK~
CC ADMV

浴缸 部分客房提供 电视 部分客房提供 吹风机 出租 迷你吧台及冰箱 部分客房提供 残障人士房间 无线 LAN 无线 LAN 收费 部分客房提供 无线 LAN 部分收费

罗弗敦群岛 *Lofoten*

罗弗敦群岛位于挪威北部，是北极圈内风光明媚的岛屿，被誉为“世界最美丽的地方之一”。因冰川侵蚀而形成的大地，在被水淹没后形成了独特的地形，屹立着裸露的岩石，“好像是阿尔卑斯山的山顶浮出了海面一样”。

能眺望到绝美景色的雷讷

在卑尔根因汉萨商人的庇护而繁荣的时代，支撑其贸易的就是罗弗敦群岛捕获的鳕鱼。作为高档产品备受欢迎的鳕鱼干，经过汉萨商人之手，以卑尔根港为出口港发往欧洲各地。现在鳕鱼捕捞业仍然是罗弗敦群岛的主要产业，岛内各处分布着晾晒鳕鱼的木架子。捕鱼期是 2 月至 4 月中旬。这一时期，港口和渔村热闹起来，岛上各处的木架子上挂满了晾晒的鳕鱼。

Map p.158-A2
人口：9376（沃根岛）
长途区号：无
罗弗敦群岛信息网站
URL www.lofoten.info

出生于斯沃鲁瓦的画家贡纳尔·伯格的代表作《特罗尔峡湾战争》

罗弗敦群岛 漫 步

罗弗敦群岛主要由维根岛（Vågen）、西沃格岛（Vestvågøy）、弗拉克斯塔岛（Flakstadøya）、莫斯克内斯岛（Moskenesøy）4 个岛屿组成，各个岛屿之间有桥梁连接。罗弗敦群岛游览的据点是位于维根岛的斯沃鲁瓦。这里除了有机场之外，还有海达路德游轮和来自纳尔维克的渡轮停靠。从斯沃鲁瓦至位于岛屿西端的奥，有公路 E10 横穿整个岛屿，主要的城市都分布在这条公路的沿线。岛屿上道路四通八达，即使是小镇

前往罗弗敦群岛的交通

✈ 没有从奥斯陆的直飞航班，需要在博德换乘。经由斯沃鲁瓦、莱克奈斯的航班每天有 1~3 个班次，所需时间约 25 分钟。

🚌 每天有从纳尔维克至斯沃鲁瓦的 2 趟车，纳尔维克 9:40（周六9:20，周日11:45）、15:30发车，抵达斯沃鲁瓦分别为 13:50（周

六 13:35，周日 15:50）、20:00。有经由莱克奈斯直达奥的列车。

🚢 从博德至斯沃鲁瓦，每天运行一班高速船，所需时间约 3 小时 35 分钟，时刻表根据时期不同，请提前向旅游咨询处确认。另外，也有来自各地的渡轮，由当地渡轮公司运营。斯德姆松和斯沃鲁瓦也是海达路德游轮（→ p.23）的停靠港。

租赁汽车

Avis 斯沃鲁瓦

☎ 76-071140

Europcar 斯沃鲁瓦

☎ 95-450620

前往斯沃鲁瓦的交通

参照前往罗弗敦群岛的交通。

斯沃鲁瓦的旅游咨询处 ⓘ

☎ 76-070575

URL www.lofoten.info

开 2/27~5/16、9/5~10/16
周一～周五 9:00~15:30
5/17~6/5、8/8~9/4
周一～周五 9:00~15:30
周六 10:00~14:00
6/6~8/7
周一～周五 9:00~21:00
周六 9:00~21:00
10/17~次年 2/26
周一～周五
8:15~11:15/12:15~15:30

休 除上述时间外

罗弗敦战争博物馆

☎ 91-730328

URL www.lofotenkrigmus.no

开 夏季
周一～周六 10:00~22:00
周日
12:00~15:00/18:00~22:00

休 冬季 费 80NOK

北挪威艺术中心

☎ 92-020537

URL www.nnks.no

开 6~8 月 每天 10:00~16:00 / 18:00~22:00
9 月～次年 5 月
周二～周日 10:00~16:00

休 9 月～次年 5 月的周一

费 免费

前往卡贝尔沃克的交通

斯沃鲁瓦～卡贝尔沃克之间约有 5 公里。每天有 2~15 班巴士运行。

罗弗敦博物馆

☎ 76-069790

URL www.lofotmuseet.no

开 6/1~8/15
每天 10:00~18:00
5 月、8/16~31
每天 11:00~15:00
9 月～次年 4 月
周一～周五 11:00~15:00

休 9 月~次年4 月的周六·周日

费 80NOK

在大海和山脚持续延伸的道路

也有道路直达，交通非常方便。虽然岛上也有巴士，但如果想游遍整个岛屿，最好还是租赁汽车。从斯沃鲁瓦至奥虽然只有 134 公里，但因道路在山间穿行，需要耗费较长时间。如果中途游览其他城市，建议在莱克奈斯或斯德姆松（Stamsund）等城镇住宿一晚。有从斯沃鲁瓦至奥的直达长途巴士，但中途在莱克奈斯换乘的线路车次会更多一些。从巴士车窗眺望到的景色也非常美丽。

斯沃鲁瓦 *Svolvær*

罗弗敦群岛的门户

斯沃鲁瓦是罗弗敦群岛最大的港口城市，自 1918 年开设港口以来，一直是交通要道。城市北部耸立着险峻的山峦，景色雄伟。山腰附近有一块突出的岩石，被称为“斯沃鲁瓦的山羊”，是著名的攀岩胜地，也是城市的象征。市中心位于海达路德游轮停靠的港口周边。这里分布着海鲜餐厅和住宿设施。收集了第二次世界大战中使用过的军服的博物馆——罗弗敦战争博物馆（Lofoten Krigsminnemuseum）也位于这里。海滨沿线排列着渔村小木屋，有着浓厚的渔民小镇的风情。港口的广场上设有旅游咨询处，在同一建筑物内还设有北挪威艺术中心（Nordnorsk Kunstner Senter）。艺术中心陈列着北挪威出身的艺术家们的作品。对岸的斯温诺亚岛（Svinoya ）上有贡纳尔·伯格画廊（Galleri Gunnar Berg），收集展示着北挪威出身的画家贡纳尔·伯格的画作。

卡贝尔沃克 *Kabelvag*

渔夫木屋现在被作为酒店和餐厅使用

卡贝尔沃克是罗弗敦群岛上最古老的城镇。直至 18 世纪这里都是罗弗敦群岛最重要的渔村，是罗弗敦第一个教堂及最初的渔夫木屋所在的地方。城镇边缘建有再现 19 世纪渔村景象的罗弗敦博物馆（Lofotmuseet）、聚集了北挪威海洋生物的罗弗敦水族馆（Lofotakvariet）。周边还分布着艺术家的画廊。

海宁谷斯沃 *Henningsvær*

海宁谷斯沃是位于维根岛最西侧的小城镇。海湾深入城镇内，犹如一条运河一样，因此这里也被称为“罗弗敦的威尼斯”。有很多艺术家因为这里美丽的风景而移居来此，海湾边上分布着很多画廊。其中收集了19 世纪末北挪威出身的艺术家们作品的罗弗敦美术馆（Galleri Lofotens Hus）最为著名。

博鲁格 *Borg*

博鲁格位于与维京人渊源很深的西维根岛的中间位置。这里有罗弗敦群岛最大的户外博物馆维京博物馆（Lofotr Vikingmuseet）。从E10 公路上就能看到的巨大的建筑物是复原的维京人居所，宽幅达 83 米。内部陈列着维京人的生活用品和装饰品等，还有身着维京人当年服饰的工作人员导游的参观团。场地内有一个湖，可以乘坐仿造的海盗船游湖。

复原的维京人居所

罗弗敦水族馆
☎ 76-078665
URL www.lofotakvariet.no
开 每天 11:00~15:00（根据时期不同） 休 2~4 月和 9~11 月的周六、12 月 ~ 次年 1 月
费 120NOK

前往海宁谷斯沃的交通
斯沃鲁瓦 ~ 海宁谷斯沃之间约有 26 公里。每天有 2~11 班巴士运行。

罗弗敦美术馆
☎ 91-595083
URL www.galleri-lofoten.no
开 每天 10:00~19:00（根据时期不同） 休 无休 费 85NOK

前往博鲁格的交通
斯沃鲁瓦 ~ 博鲁格之间约有 56 公里。每天有 4~6 班巴士运行。

维京博物馆
☎ 76-084900
URL www.lofotr.no
开 5 月、8/16~9/15
每天 10:00~17:00
6/1~8/15 每天 10:00~19:00
9/16~10/31、2~4 月
周三 ~ 周六 12:00~15:00
11 月 ~ 次年 1 月
周三、周六 12:00~15:00
休 上述时间以外
费 160NOK（8/16~6/14 为 140NOK）

前往莱克奈斯的交通

斯沃鲁瓦～莱克奈斯之间约有 70 公里。每天运行 4~6 班巴士。

莱克奈斯的旅游咨询处

☎ 76-087553

开 周一～周五 9:30~19:00
周六 10:00~16:00
周日 10:00~15:00
（根据时期不同）

休 8/21~ 次年 6/19 的周日

莱克奈斯 *Leknes*

位于罗弗敦的中央位置，也是穿行在岛上的长途巴士的中转站。莱克奈斯位于内陆地区，周边有罗弗敦最好的牧场。能看到在斜缓的丘陵上悠闲吃草的羊和马。

前往努斯峡湾的交通

莱克奈斯～努斯峡湾之间约有 25 公里。巴士周二运行 3 班，周四运行 2 班（夏季会增加班次）。

努斯峡湾 *Nusfjord*

努斯峡湾是一个小渔村，与其说是城市不如说更像一个部落。周边是峡湾，山清水秀，港口边上排列着的渔夫小屋形成画卷般美丽的风光。港口边上是一个高地，是拍摄港口全貌的好地方。

前往雷讷的交通

莱克奈斯～雷讷之间约有 56 公里。每天有 5~7 班巴士。

雷讷 *Reine*

从高速公路沿线眺望雷讷风景

连接各个岛屿的桥梁九曲十八弯般架设在岛屿之间，悬崖边上就是公路。雷讷在罗弗敦群岛最西侧的莫斯克内斯岛上，被誉为罗弗敦群岛最美丽的城镇，拥有让人感觉仿佛来到世界尽头的美丽风光。镇上并没有特色的景点，但从 E10 左转进入城镇的道路中途能看到的风景堪称绝美。湛蓝的海水中矗立着的峡湾，映照出海滨上的渔夫小屋和群山。

前往奥的交通

莱克奈斯～奥约有 64 公里。每天有 5~7 班巴士。

挪威渔村博物馆

☎ 76-091488

COLUMN NORWAY

在渔夫小屋里住宿！

“罗夫特（Rorbur）”是挪威语，由意味着人的“罗（Ror）”和意味着住宿的“夫（buer）”组成，是在罗弗敦群岛所有岛屿上都能看到的渔夫小屋。其中一些现在仍作为渔夫小屋使用，也有些废弃的渔夫小屋被改造成了住宿设施，成了罗弗敦群岛特有的一种住宿设施。为了应对海水涨落的影响，建筑物设计成为高支架形式，大部分都是红色木结构建筑，窗框则是白色。罗弗敦群岛共有 30 多家能住宿的渔夫小屋，档次也多种多样。其中最有名的是位于安静的渔村 Mortsund 的斯塔莱罗夫特中心（Statles Rorbusenter）。很多名人是这里的常客。

有很多旅行团住宿在渔夫小屋

DATA

■ 斯塔莱罗夫特中心

Map p.267

☎ 76-055060

URL www.statles.no

费 Ⓢ Ⓓ 600~2400NOK

CC AMV

奥 *Å*

这是位于罗弗敦群岛最西侧的城镇。从雷讷沿着 E10 驾车 15 分钟左右，就能看到城镇。不要直接进入城镇，而是再往前走一段穿过隧道，能看到左侧的巴士站和停车场。道路会在这里突然中断，让人感觉到了世界尽头。道路的前面是一条徒步线路，一直通到岛屿尽头。从车站旁边的阶梯下去走 5 分钟就能进入城镇。市区内有两个与渔业相关的博物馆：挪威渔村博物馆（Norsk Fiskeværsmuseum）和罗弗敦鳕鱼干博物馆（Lofoten Tørrfiskmuseum）。

URL www.lofoten-info.no
开 5/30~8/28
每天 9:00~19:00
8/29~次年 5/29
周一～周五 10:00~16:30
休 8/29~次年 5/29 的周六·周日
费 80NOK

罗弗敦鳕鱼干博物馆
☎ 76-091211
开 6/1~8/31
每天 11:00~16:00
休 9/1~次年 5/31
费 60NOK

罗弗敦群岛的酒店
Hotel

斯沃鲁瓦

斯温诺亚罗布尔酒店
Svinøya Rorbuer

◆位于斯温诺亚的小木屋。室内非常干净，还设有旅游柜台。

Map p.269
住 Gunnar Bergs vei 2
☎ 76-069930
FAX 76-074898
URL svinoya.no
费 ⓈⒹ 1150NOK~ 早餐 145NOK
CC A D J M V

罗弗敦松恩酒店
Thon Hotel Lofoten

◆位于海滨的酒店，共有 161 间客房。客房时尚，内部装修非常精致。酒店内的餐厅非常有名，有用鳕鱼等制作的海鲜和羊肉等，以当地食材制作的食物为主。

Map p.269
住 Torget ☎ 76-049000
URL www.thonhotels.no
费 Ⓢ Ⓓ 1345NOK~
CC A D J M V

斯堪迪克斯沃尔维尔酒店
Scandic Svolvaer

◆酒店位于市中心港口的岛屿上。内设外形如船只的餐厅和酒吧，是眺望周边的大海和群山的好地方。

Map p.269
住 Lamholmen ☎ 76-072222
URL www.scandichotels.com
费 Ⓢ 1090（1840）NOK~ Ⓓ 1290（1940）NOK~ CC A D J M V

莱克奈斯

罗弗敦最佳西方酒店
Best Western Lofoten Hotell

◆是莱克奈斯唯一一家酒店，在美丽的群山环绕之中，共有 60 间客房。2014 年对浴室进行了全面装修。设有餐厅，提供使用罗弗敦当地食材制作的传统挪威菜肴。

Map p.267
住 Lillevollveien 15
☎ 76-054430
FAX 76-054431
URL www.bestwestern.no
费 Ⓢ1140NOK~ Ⓓ 1350NOK~
CC A D M V

斯德姆松

斯德姆松青年旅舍
Lofoten Vandrerhjem Stamsund

◆青年旅舍位于距离市区 400 米左右的地方。使用的建筑是以前的渔夫小屋，有着浓厚渔村的氛围。能在这个远离城市喧嚣的地方，享受闲适的时光。提供各种户外活动，如租赁船只等。

Map p.267
住 Hartvågen 13
☎ 76-089334
URL hihostels.no 营 3/1~10/15
费 多人间 160NOK Ⓢ 325NOK~ Ⓓ 460NOK~ 床单 90NOK
CC V

浴缸 部分客房提供 电视 部分客房提供 吹风机 出租 迷你吧台及冰箱 部分客房提供 残障人士房间 无线 LAN 无线 LAN 收费 部分客房提供 无线 LAN 部分收费

特罗姆瑟 *Tromsø*

北极教堂的彩绘玻璃非常美丽

特罗姆瑟位于北纬 70° 左右，是北极圈内最大的城市。特罗姆瑟的中心在特罗姆瑟岛上（Tromsøya），岛的对面是特罗姆瑟机场。特罗姆瑟岛和挪威本土之间由长达 1036 米的特罗姆瑟桥，以及全长 3.5 公里的海底隧道连通。其西侧的克瓦尔岛（Kvaløya）和特罗姆瑟岛之间由长 1220 米的桑奈松桥连接，大桥从机场前面通过。从面向大海的特罗姆瑟市区能眺望到特罗姆瑟桥和对岸拥有三角形屋顶的北极教堂。特罗姆瑟拥有创建于 1968 年的大学，是世界上最北部的大学，有将近 1 万名在校生。因此，市区里有许多面向年轻人的餐厅和商店。

特罗姆瑟虽然位于北极圈，但因暖流的影响，相对比较温暖，19 世纪后半叶开始这里成为北极探险和极地研究的基地，发挥着重要作用。现在，每到冬季，这里还会聚集很多看极光的人。

特罗姆瑟 漫 步

热闹的斯特鲁卡塔大街

城市的中心是以建有阿蒙森雕像的广场为中心的 500 米见方的区域。这里有酒店、餐厅、旅游咨询处、长途巴士站等各种设施，步行游览很方便。旅游咨询处能购买到《抵达北极圈证明书》（*Polarsertifikat*）（50NOK）。主要街道斯特鲁卡塔大街（Storgata）上排列着怀旧风格的木结构房屋，这些都是 1915~1916 年间建造的民居，其中有挪威最古老的电影院。景点分布在距离市中心稍远的地方，虽然也能步行前往，但如果想更有效率地游览的话，可以乘坐市营巴士。

位于市区西侧的马克啤酒厂（Mack øl），是世界最北部的啤酒加工厂，2012 年迁至郊区。但原工厂内的酒吧 Ølhallen 至今仍在营业，能感受到因海员们而热闹的城市历史。

特罗姆瑟 主要景点

北极圈博物馆 Map p.273

Polarmuseet

博物馆面向大海的建筑物是建于 19 世纪 30 年代的古老仓库。建筑物外面摆放的 2 台捕鲸炮，彰显着特罗姆瑟曾经作为捕鲸基地的辉煌历史。博物馆内 2 层展厅分为 8 个展室，大部分都是关于北极圈动物和狩猎历史的展览，再现了捕猎海豹、捕猎北极熊的情形，以及狩猎生活者的生活情况。还有关于从特罗姆瑟出发飞行后便失踪的探险

Map p.158-B1
人口：73556
长途区号：无
特罗姆瑟信息网站
URL www.visittromso.no

前往特罗姆瑟的交通

✈ 从奥斯陆每天有 3~10 个航班，所需时间约 1 小时 50 分钟。从机场至市内可乘坐机场巴士 Flybussen90NOK 以外，还可以乘坐城市巴士（40/42 路）。

🚌 从纳尔维克每天运行 1~3 班车，所需时间约 4 小时 40 分钟，385NOK。从阿尔塔每天有一班车，所需时间约 6 小时 45 分钟。从洪宁斯沃格没有直达巴士，需要在阿尔塔等地换乘。

⛴ 从卑尔根或博德可乘坐海达路德游轮（→ p.23）。

极昼的时间

5 月下旬 ~7 月下旬。

特罗姆瑟的旅游咨询处 i

住 Kirkegata 2
☎ 77-610000
URL www.visittromso.no
开 1~3 月、5/18~8/31
周一 ~ 周五 9:00~19:00
周六 · 周日 10:00~18:00
4/1~5/17、9 · 10 月
周一 ~ 周五 9:00~16:00
周六 10:00~16:00
11/1~12/23
周一 ~ 周五 9:00~16:00
周六 9:00~17:00
周日 10:00~16:00
休 4/1~5/17 和 9 · 10 月的周日，12/24~31

北极圈博物馆

住 Søndre Tollbugate 11
☎ 77-623360
URL uit.no/om/enhet/tmu/polamuseet
开 6/15~8/15
每天 9:00~18:00
8/16~ 次年 6/14
每天 11:00~17:00

家阿蒙森的展室，展出有他用过的工具，及他在北极和南极探险时拍摄的照片。

由古老仓库改建而成的博物馆

阿蒙森的雕像

北挪威美术馆

Map p.273

Nordnorsk Kunstmuseum

美术馆主要展出以北挪威的大自然和居民生活为主题的绘画作品，收藏有约 1650 件作品。每 2~3 个月就会更换展出内容。也有展出萨米艺术家们的绘画和首饰等手工艺品的展览。

充满震撼力的绘画作品

休 无休

费 60NOK

与特罗姆瑟博物馆的通票 80NOK。

交通→→→

距离市中心步行约需 10 分钟。

观光列车

Ishavstoget

☎ 90-881675

URL www.ishavstoget.no

运行 5/25~8/20

每天 11:00~16:00

费 150NOK

夏季时，运行着能让游客轻松游览特罗姆瑟的观光列车。每个整点都会从 Stortorget 发车。

观光列车非常受孩子们的欢迎

特罗姆瑟的市营巴士

特罗姆瑟交通局（Troms fylkestrafikk）（TFT） 运营着市区内的巴士线路。单程票 60 分钟内有效，从司机处购票 50NOK。在位于阿蒙森雕像所在的广场上的 TFT 客户中心（营 周一～周五 8:00~17:00，周六 10:00~16:00）购买 36NOK。在斯特鲁卡塔大街的烟草店 Wi-To 及报刊亭等处也能买到。

内容丰富的极光观赏团

虽然在市区内也能观赏到极光，但也有专程前往郊区观赏极光的旅游团。根据当天的天气情况，以及极光发生情况，去最适合观赏极光的地方。有多个旅行社运营这样的旅游团，在旅游咨询处也可以申请。AS 北极向导服务公司是其中经验较丰富的几家公司之一。

Arctic Guide Service AS

URL www.arcticguideservice.com

北挪威美术馆

住 Sjøgata 1

☎ 77-647020

URL www.nnkm.no

开 周一～周五 10:00~17:00

周六·周日 12:00~17:00

休 无休

费 免费

北极圈水族馆
住 Hjalmar Johansensgate 12
电 77-750100 FAX 77-750101
URL www.polaria.no
开 5/17 12:00~16:00
5/18~8/31 每天 10:00~19:00
9/1~ 次年 5/16
每天 10:00~17:00
休 无休 费 125NOK
交通→→→
从市中心步行 10 分钟。

特罗姆瑟博物馆
住 Lars Thøringsveg 10
电 77-645000
URL uit.no/om/enhet/tmu
开 6~8 月 每天 9:00~18:00
9 月 ~ 次年 5 月
周一 ~ 周五 10:00~16:30
周六 12:00~15:00
周日 11:00~16:00
休 无休 费 60NOK
交通→→→
从市中心乘坐 37 路巴士约需 15 分钟。

北极教堂
住 Hans Nilsens vei 41
电 47-680668
FAX 77-685090
URL www.ishavskatedralen.no
开 4 · 5 月、8/16~ 次年 1/31
每天 15:00~18:00
2 · 3 月每天 14:00~18:00
6/1~8/15
周一 ~ 周六 9:00~19:00
周日 13:00~19:00
休 无休 费 40NOK

午夜太阳音乐会
举办 6/1~8/15 每天 23:30
费 150NOK

管风琴演奏会
举办 6 · 7 月 每天 14:00
费 70NOK
交通→→→
乘坐 20、24、26、28 路巴士约需 5 分钟。从 Stortorget 步行约 15 分钟。

斯图尔泰恩山缆车
住 Sollivegen 12
电 92-617837
URL www.fjellheisen.no
开 5/15~8/19
每天 10:00~ 次日 1:00
8/20~ 次年 5/14
每天 10:00~22:00
休 无休
费 往返 170NOK
交通→→→
从市中心乘坐 26 路巴士约 10 分钟。

缆车乘车处

北极圈水族馆

Map p.273 外

Polaria

能观看到给海豹喂食的表演

在这个水族馆能观察栖息在北极圈的海洋生物。还有关于极地调查的展览，放映有关北极海域情形的宽银幕影像资料。

特罗姆瑟博物馆

Map p.273 外

Tromsø Museum

再现萨米人生活的展区

利用特罗姆瑟大学的一部分形成的博物馆，有地理学、动物学、植物学、考古学等 6 个主题的展室。展出内容丰富，有恐龙足迹化石、逼真的动物标本、海陆动物标本等。二层有展现萨米人生活情形的实物大小房屋复原品，用通俗易懂的方式进行介绍。另外还有建于 15 世纪的教堂的复原品，只要按键就能自动进行演奏的 1856 年制作的管风琴等。还有放映关于极光的影像资料的剧院。博物馆内设有商店。

北极教堂

Map p.273

Ishavskatedralen（Troms ødalen Kirke）

设计时尚的教堂

1965 年，由建筑家扬 · 音格 · 鲍依设计的美丽的教堂。设计灵感源自特罗姆瑟的冬天和极光。使用玻璃和水泥建造的建筑物外观时尚，与北极大地融为一体，被誉为“雪之教堂”。教堂内最引人注目的是三角形的彩绘玻璃墙，高 23 米，面积 140 平方米，是欧洲最大的作品。夏季会举办午夜太阳音乐会和管风琴演奏会。

斯图尔泰恩山

Map p.273 外

Storsteinen

斯图尔泰恩山位于特罗姆瑟市区所在的特罗姆瑟岛的对面，是矗立在挪威本土的海拔 421 米的山。从特罗姆瑟岛跨过特罗姆瑟桥（Tromsøbrua），从山脚的 Fjillheisen（上山的电梯之意）乘坐缆车 4 分钟就能抵达山顶。从山顶能看到由两条美丽的桥梁连接的特罗姆瑟岛。峡湾的海水和漂浮在水面之上的岛屿非常美丽。缆车在夏季会运营至深夜，也可以去观赏深夜的太阳。山顶设有餐厅和瞭望台。

从斯图尔泰恩山眺望到的特罗姆瑟城市景色

北挪威科学中心

Map p.273 外

Nordnorsk Vitensenter

有很多北极圈特有的展览

位于特罗姆瑟大学校园内的科学中心，于2011年开放。针对北极圈的气候、环境和能源问题及人体结构等主题，采用互动式的展览，让成人和孩子们都可以通过观看、触摸、体验等方法进行学习。一定要看的是内设的天文馆放映的“Experence Aurora”电影。在圆形荧屏上播放的极光影像，犹如看到实物一般，现场感十足。

从科学中心前面的漫步路前行5分钟左右，就是位于世界最北部的植物园——北极圈高山植物园（Arktisk-Alpin Botanisk Hage）（免费），能看到生长在喜马拉雅山等世界高地上的珍贵植物。

北挪威科学中心

住 Hansine Hansensveg 17
电 77-620945
URL nordnorsk.vitensenter.no
开 每天 11:00~16:00
休 无休 费 120NOK

Experience Aurora

举办 每天 15:15（英语）

根据时段会增加放映次数，需要在网站等确认时刻表。

交通

从市中心（Fredrik Langes路的巴士站F1等）乘坐20、21、34路巴士约10分钟。

夏天是最佳访问季节

特罗姆瑟的酒店

Hotel

斯堪迪克伊萨维斯酒店

Scandic Ishavshotel

Map p.273

◆酒店面向港口，半数以上的客房都是海景房。距离海达路德游轮乘坐处和巴士站都很近。建筑物外观以船为主题，设计非常独特，从远处眺望宛如一个停靠在港口的船只。

住 Fr.Langesgate 2
电 77-666400
FAX 77-666444
URL www.scandichotels.com
费 Ⓢ Ⓓ 1899（1099）NOK~
CC ADJMV

克拉里翁大酒店

Clarion Collection Hotel With

Map p.273

◆酒店紧邻港口，对岸风景一览无余的海景房非常受欢迎。以古老的船内房屋为主题的客房氛围安静舒适。

住 Sjøgata 35-37
电 77-664200
FAX 77-689616
URL www.nordicchoicehotels.no
费 Ⓢ1650（980）NOK~
Ⓓ 1750（1080）NOK~
CC ADMV

泼乐松恩酒店

Thon Hotel Polar

Map p.273

◆在旅游咨询处靠山峦一侧往里一条街上有两个面向道路而建的建筑物。2009年重新装修过的客房非常时尚。早餐内容非常丰富。

住 Grønnegata 45
电 77-751700
FAX 77-751710
URL www.thonhotels.no
费 Ⓢ1295（795）NOK~
Ⓓ 1595（995）NOK~
CC ADMV

丽笙特罗姆瑟酒店

Radisson Blu Hotel Tromsø

Map p.273

◆高档酒店，有着英国殖民地风格的稳重氛围。重新装修过的客房非常明亮，宽敞而又舒适。酒店靠近海边，从房间眺望到的景色也很美丽。

住 Sjøgata 7
电 77-600000
FAX 77-685474
URL www.radissonblu.com
费 Ⓢ995（895）NOK~
Ⓓ 1200（1195）NOK~
CC ADJMV

浴缸 部分客房提供 电视 部分客房提供 吹风机 出租 迷你吧台及冰箱 部分客房提供 残障人士房间 无线LAN 无线LAN收费 部分客房提供 无线LAN部分收费

维京特罗姆瑟酒店
Viking Hotell Tromsø

Map p.273

◆从机场大巴停靠的 Grand Nordic Hotel 车站步行 3 分钟。位于市中心，很受商务客人欢迎。有 25 间客房和 35 间带厨房设施的公寓式客房。

住 Grønnegata 18
☎ 77-647730
FAX 77-655510
URL vikinghotell.no
费 Ⓢ790（690）NOK~
　Ⓓ 990（850）NOK~
CC D M V

艾米酒店
Ami Hotel

Map p.273

◆位于幽静住宅区的 B&B。位于陡峭的山坡上，但距离市中心很近，可步行前往。前台 7:00~15:00 开放。共有 17 间客房，可使用公共厨房。

住 Skolegata 24
☎ 77-621000　FAX 77-621001
URL www.amihotel.no
费 带浴室、卫生间 Ⓢ 990NOK~
Ⓓ 1099NOK~　公用浴室、卫生间
Ⓢ 890NOK~ Ⓓ 990NOK~
CC A D M V

特罗姆瑟的餐厅
Restaurant

厄尔哈伦酒吧
Ølhallen

Map p.273

◆1928 年开业，是马克啤酒公司直营的啤酒酒吧。2012 年工程搬迁后也继续营业。内设的马克工厂间平时以参观团方式开放参观。

住 Storgata 4　☎ 77-624580
URL olhallen.no
营 周一～周三 10:00~19:00
　周四～周六 10:00~ 次日 0:00
休 周日
预算 100NOK~
CC M V

鱼类餐厅
Fiskekompaniet

Map p.273

◆提供用挪威近海鱼贝类制作的创新菜肴，也有传统的干鳕鱼菜肴。每季更换的套餐 585NOK。从窗户旁和露台席位能眺望到港口美景。

住 Killengreens gate
☎ 77-687600
URL fiskekompani.no
营 每天 16:00~23:00
休 无休
预算 300NOK~
CC A M V

艾玛厨房
Emma`s Drømmekjøkken

Map p.273

◆由擅长烹饪的艾玛经营的餐厅。能品尝到以新鲜鱼贝类和麋鹿肉制作的菜肴。5 道菜的套餐 760NOK~，主菜 295NOK~。一层是也经营午餐的休闲餐厅。

住 Kirkegata 8　☎ 77-637730
URL emmasdrommekjokken.no
营 一层 周一～周五 11:00~22:00
　二层 周六 12:00~22:00
　　周一～周四 18:00~22:00
　　周五～下周四 17:30~22:00
休 周日　预算 午餐 150NOK~ 、晚餐 350NOK~　CC A D J M V

唐氏餐厅
Tang`s Restaurant

Map p.273

◆特罗姆瑟最古老的中餐厅。在充满亚洲风情的餐厅内，能品尝到广东菜和国际美食。最受欢迎的是酸甜味道的炸猪肉 Kuluyuk 195NOK、台湾式辣酱调味的牛肉炒蔬菜 Biff Malak 182NOK 等。也有外卖菜单。

住 Bankgata 7　☎ 77-680424
URL tangs.no
营 周一～周四 14:00~22:00
周五 14:00~ 次日 0:00
周六 13:00~ 次日 0:00 周日 14:00~22:00
休 无休　预算 360NOK~　CC A D M V

海达路德游轮停靠站洪宁斯沃格

洪宁斯沃格是挪威北部最重要的渔港。每年有数千艘渔船进出港口，它作为进入欧洲最北端——北角的关口，吸引着世界各地数量众多的游客。这里保留着第二次世界大战期间唯一一座没有被德军摧毁的教堂——洪宁斯沃格教堂。

最边远的海港城市

漫步洪宁斯沃格

来到洪宁斯沃格的游客，大部分都是在前往北角途中逗留在这座小城，而不是专程来这里旅游。这座小城除了位于旅游咨询处二楼展示洪宁斯沃格周边渔业活动的北角博物馆（Nordkappmuseet）和洪宁斯沃格教堂（Honningsvag Kirke）之外，没有其他旅游景点。这里宁静悠闲的气氛和颜色鲜艳的民居是旅游观光最大的乐趣。另外，沿岸邮轮中转站周边，还配备了诸多提供拉普兰地区传统料理的店，方便游客。

洪宁斯沃格教堂

DATA

URL ■ 洪宁斯沃格

交通

从奥斯陆前往洪宁斯沃格，需要在特罗姆瑟转机。从特罗姆瑟出发经由哈默费斯特的航班每天有 1~2 个，所需时间约 1 小时 20 分钟。

从哈默费斯特除周六外每天有 1~2 趟车，所需时间约 3 小时 20 分钟。从阿尔塔除周六外每天有 1~2 趟车，所需时间约 4 小时。

乘坐海达路德游轮（→p.23），北岸 11:15 出航，5:30 分到达南岸。

■ 洪宁斯沃格旅游咨询处

住 Fiskeriveien 4D 电 78-477030

URL www.nordkapp.no

开 6/15~8/14

周一～周五 9:00~20:00

周六～周日 12:00~19:00

8/15~次年 6/14 周一～周五 11:00~14:00

休 8/15~次年 6/14 周六、周日

■ 北角博物馆

住 Fiskeriveien 4 电 78-477200

URL www.kystmuseene.no/nordkappmuseet

■ 洪宁斯沃格教堂

电 99-204625

开 5/15~9/30

周二～周五 9:00~14:00

（根据时间段不同，略有调整）

休 5/15~9/30 周六～下周一、10/1~次年 5/14

费 免费

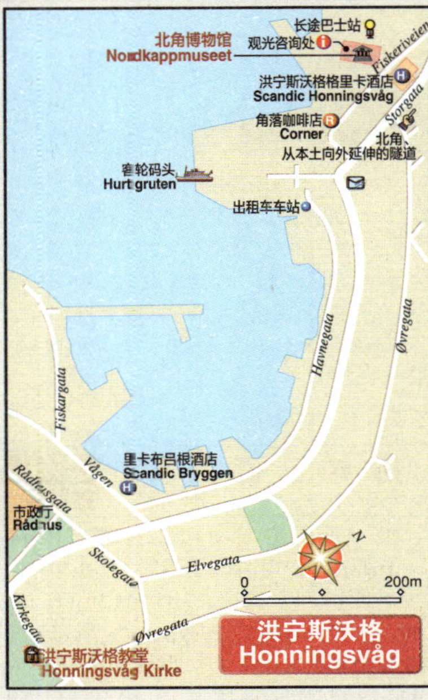

欧洲最北端的海角

北角 Nordkapp

欧洲大陆延伸入北海的最北端是马格尔岛。
北角即是位于马格尔岛最北端的岬角。
它的纬度是北纬71°10′21″。夏季极昼时期，
在广袤无垠的地平线上能看到太阳清晰地移动。
而在出现极夜的冬季，大地被无尽的黑暗和冰雪覆盖。
去感受一下伟大的自然和大陆尽头的浪漫吧！

通往北角的道路

北角的入口位于马格尔岛的洪宁斯沃格（→p.277）。不论是利用飞机、陆路还是海路都要先到洪宁斯沃格。只有夏季才有从芬兰的罗瓦涅米出发的直达巴士。过去想去马格尔岛只能乘坐渡轮。自从1999年全长6.8公里的海底隧道开通后，可以乘车直接到达，并且不需要换乘，因此整个旅程变得方便快捷。

从挪威出发 from Norway

从洪宁斯沃格出发到北角乘坐 Boreal Transport 公司的巴士最方便。5~9 月每天发 5 班车，分别是：7:45、11:30、15:50、18:40、21:30。从旅游咨询处出发，所需时间大约 45 分钟。返回时间分别是：8:40、13:45、16:40、19:35、次日 0:15 发车。10 月～次年 4 月每天发 1 班车，11:30 发车，返回 13:45 发车。

你可以根据自己的行程计划，自由调整来去时间。车票在旅游咨询处购买。包含北角大厅的门票往返总共 590NOK。

除了上面的巴士之外，还可以开车或者打出租车，但是价格比较贵。

推荐你参加 11:15 到达洪宁斯沃格的客轮短途旅行团 North Cape。价格包括北角大厅的门票在内 1150NOK。

从芬兰出发 from Finland

从芬兰出发，可乘坐 6/1~8/20 由芬兰 Eskelisen Lapinlinjat 巴士公司运营的从罗瓦涅米出发经由萨利塞尔卡、卡拉绍克直达洪宁斯沃格的巴士。每天 1 班。罗瓦涅米 11:45 发车，22:15 到达北角，返回是次日 1:00 发车。上述期间以外只到卡拉绍克。

① 世界各地的孩子们设计的纪念碑 ② 交通便利 ③ 5月中旬~7月能看到极昼现象 ④ 造型现代的基督教礼拜堂 ⑤ 大陆尽头偏远的北角大厅 ⑥ 岬角前方以地球为主题设计的纪念碑

北角大厅
Nordkapphallen

在海拔 300 米险峻山崖北角的顶端耸立着北角大厅。建筑本身具有的威严气魄减轻了大陆尽头荒凉冷漠的气氛。建筑入口大厅设有咖啡店和商店。右侧是宽敞的餐厅。因为建筑是圆形的，所以坐在窗边可以欣赏到广阔无垠的大海。地下有邮局和介绍马格尔岛自然风光的影院。剧场连接着向前延伸的隧道，隧道内除了展示发现北角和有关萨米人的历史之外，还有世界上最北端的礼拜堂。内容之丰富让你忘记身处荒凉之所。

岬角边缘设置了金属防护栏，不必担心会坠入 307 米深的北极海。但是绝壁直冲出大海的气魄还是让人心惊胆战。

北角大厅
☎ 78-476860 FAX 78-476861
URL www.nordkapp.no.www.visitnordkapp.net
开 5/18~8/17 每天 11:00~ 次日 1:00
8/18~31 每天 11:00~22:00
9/1~ 次年 5/17 每天 11:00~15:00 休 无休 费 260NOK

马格尔岛 Magerøy

如果想要进一步体验大陆尽头的乡土气息，那么就到马格尔岛其他村落看看吧！

马格尔岛的村落

也斯维尔 Gjesvaer：人口约 120 人。这是个极其寒冷的村子，让人很难相信居然有人居住。从这里向北 15 公里的岛屿上栖息着在北海里生存的鸟类。乘船观鸟旅行团 Bird Safari（☎ 78-475773 URL www.birdsafari.no）

斯卡什沃格（Skarsag）：人口约 150 人的渔村

卡默于韦尔（Kamøyvaer）：人口约 70 人的渔村

努尔沃根（Nordvagen）：人口约 500 人。有鱼类加工厂

真正的最北端

在马格尔岛的北端，突出海面的岬角有两个。一个是北角，另一个是克尼夫谢洛登角（Knivskjeodden），实际上克尼夫谢洛登角的位置更靠北一些，到克尼夫谢洛登角目前没有开通公路，所以从距离最近的停车场出发还需要步行大约 2 小时。

也斯维尔酒店

Bird Safari 观岛酒店
住 Nygardsveien 38 ☎ 78-475773 URL birdsafari.no
营 5/1~9/10 费 Ⓢ Ⓓ 490NOK~ CC M V

斯卡什沃格的酒店

NordkappTuristhotell 北角旅游酒店
住 9763 Skarsvag ☎ 78-475267 FAX 78-475210
URL www.nordkappturisthotell.no
费 Ⓢ Ⓓ 790NOK CC M V

阿尔塔 *Alta*

阿尔塔是粘板岩的产地

阿尔塔是一座位于阿尔塔湾最深处的小城。由于城市地处北极圈内，可以看到极光，因此远近闻名。这里是特罗姆瑟通往北角的交通枢纽，会迎来世界各地的游客，终年络绎不绝。市内拥有著名的阿尔塔博物馆，可以欣赏到被联合国教科文组织评选为世界遗产的“阿尔塔岩画艺术”，具有较高的文化价值。

阿尔塔 漫 步

阿尔塔城市沿阿尔塔湾（Altafjord）而建，市内地形狭长，南北两端相距约6公里，共划分为3个区。分别是机场所在的埃尔瓦公园区（Elvabakken）、长途巴士站所在的阿尔塔市中心区（Alta Sentrum）以及旅馆集中的波西科普区（Bossekop）。从旅游咨询处到波西科普区步行需要15~20分钟，市中心各个区之间配有循环通行的区间巴士，乘车观光比较方便。但是，周日停运，需要特别注意！阿尔塔市内最著名的景点就是阿尔塔博物馆，但是其地处郊外，需要乘坐巴士前往。

阿尔塔 主要景点

阿尔塔博物馆

Alta Museum

岩画上涂上鲜红的涂料使作品更加清晰

坐落在大自然中的博物馆

冰川冲刷的岩石上有许多岩画。被联合国教科文组织列入《世界遗产名录》的这些岩画，大约创作于公元前4200年~200年，共有3000余处。岩画遗址就在阿尔塔博物馆附近的海岸边，游客们只要沿着步行街向前走，就能看到著名的岩画了。

这些作品集中描绘了拉普兰地区的驯鹿、熊、船、人等图案。大体可分为两个区域。那么古人究竟想通过这些图画表达什么呢？细细看来，每幅岩画的内容各不相同，仿佛潜藏着某种向人倾诉的强烈愿望。此外，岩

Map p.158-B1
人口：20127
长途区号：无
阿尔塔信息网站
URL www.northadventure.no

前往阿尔塔的交通

✈ 从奥斯陆出发的航班，除周六外，每天有1~2个航班，所需时间2小时。

🚌 通常线路是从奥斯陆出发，乘坐开往博德方向的列车，然后换乘开往纳尔维克方向的巴士。最后再换乘开往阿尔塔的巴士。此外，还可以乘坐从斯德哥尔摩开往纳尔维克方向的列车，然后从纳尔维克换乘巴士到达阿尔塔。

从纳尔维克开往阿尔塔方向的巴士，除周六外，每天1班，所需时间9小时40分钟。

从特罗姆瑟开往阿尔塔方向的巴士，每天1班，所需时间6小时30分钟。

阿尔塔的旅游咨询处

住 Bjørn Wirkolas Vei 11
电 99-100022
URL www.visitalta.no
开 2/15~3/31
每天 9:00~18:00
4/1~6/14、8/16~次年2/14
周一～周五 8:30~16:00
6/15~8/15
周一～周五 9:00~20:00
休 4/1~6/14和8/16~2/14的周六、周日，6/15~8/15的周日

区间巴士

从长途巴士站发车，途经波西科普（Bossekop）到达阿尔塔博物馆前的海姆鲁夫特（Hjemmeluft），每隔30分钟1班，票价50NOK（1小时有效）。投币式，没零钱找，请自行准备零钱。

阿尔塔博物馆

住 Altaveien19
电 41-756330
URL www.alta.museum.no

画的线条被涂上了红色，涂色的同时也起到了保护作用。绕步行街行走一周大约3公里。博物馆内主要展示萨米人的生活繁衍史和来自世界各地的岩画等内容。馆内还设有商店，销售T恤衫、首饰等原创商品。除此之外还设有能观赏阿尔塔湾风景的咖啡店。

2012年4月重装开放

顺便说一下，阿尔塔博物馆于1993年获得过象征欧洲博物馆最高荣誉的“欧洲年度最佳博物馆奖”（European Museum of the Year Award），这是挪威历史上首座获此殊荣的博物馆。

开 5/14~6/9、8/22~9/11
每天 8:00~17:00
6/10~8/21
每天 8:00~20:00
9/12~次年5/13
周一~周五 9:00~15:00
周六、周日 11:00~16:00
休 无休
费 105NOK（10月~次年4月70NOK）10月~次年4月的冬季受天气影响，岩画被积雪覆盖，因此，只能参观博物馆。

交通→→→
乘坐区间车，从长途巴士站出发，途经波西科普（Bossekop），最后到达阿尔塔博物馆前的海姆鲁夫特（Hjemmeluft）。

阿尔塔的酒店
Hotel

阿尔塔市中心区的中、高级酒店大都集中在市中心周边，波西科普区（Bossekop）附近民宅风格的旅馆居多。

阿尔塔斯堪迪克酒店
Scandic Alta

◆是一家位于长途巴士站附近的高档酒店。房间设计合理、宽敞，附带浴室。配有餐厅。

住 Løkkeveien 61
电 78-482700
FAX 78-482777
URL www.scandichotels.com
费 Ⓢ 1149（890）NOK~
Ⓓ 1249（999）NOK~
CC ADJMV

阿尔塔松恩酒店
Thon Hotel Alta

◆紧邻长途巴士站。客房半数配有厨房，适合长期居住。几乎从每个房间都可以欣赏到阿尔塔美丽的风光。酒店旁边就是购物中心，非常方便。

住 Labyrinten 6
电 78-494000
URL www.thonhotels.no
费 Ⓢ1245（1095）NOK~
Ⓓ1445（1295）NOK~
CC ADMV

阿尔塔峡湾酒店 & 水疗
Altafjord Gjestegaard & Spa

◆波西科普最小的酒店。具有地域特色的客房，很受欢迎。酒店附近有当地特色的餐厅及超市。

住 Bossekopveien19
电 78-431960
FAX 78-431961
URL www.altafjordgs.no
费 Ⓢ795SEK~ Ⓓ995SEK~
CC MV

维卡松恩酒店
Thon Hotel Vica

◆这是一家位于波西科普区的民宅风格酒店。23间客房全部使用带顶的卧床和花纹图案的卧具，营造出可爱的氛围。设有桑拿间。

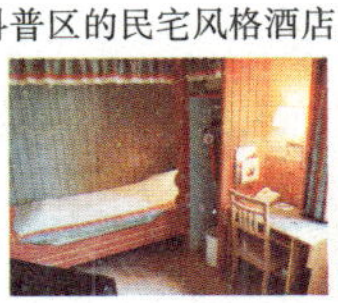

住 Fogdebakken 6
电 78-482222
URL www.thonhotels.no
费 Ⓢ1145（995）NOK~
Ⓓ1345（1195）NOK~

浴缸　部分客房提供　TV 电视　TV 部分客房提供　吹风机　出租　迷你吧台及冰箱　部分客房提供　残障人士房间　无线LAN　无线LAN收费　部分客房提供　无线LAN部分收费

卡拉绍克 *Karasjok*

饲养驯鹿的萨米公园

在斯堪的纳维亚半岛北部的拉普兰地区生活着萨米人。卡拉绍克就是被称为“萨米人的首都”的地方。从芬兰的罗瓦涅米经陆地到北角时，一般都要经过这里。

卡拉绍克 漫 步

位于市中心的购物中心

这里虽然被称为“萨米人的首都”，但是城市的规模特别小。步行即可走遍全城。城市的中心是旅游咨询处所在的公园。公园的旁边就是卡拉绍克斯堪迪克大酒店（Scandic Karasjok）。长途巴士站在稍远一点的地方，但是巴士会在距其大概 800 米的卡拉绍克斯堪迪克酒店处停车，因此可以从酒店处乘车。

卡拉绍克 主要景点

萨米公园 Map p.282

The Sápmi Park

在这里可以感受到萨米人的文化和生活。公园里有萨米人的住居和

Map p.158-B1
人口：2675
长途区号：无
卡拉绍克信息网站
URL www.visitsapmi.no

前往卡拉绍克的交通

🚌 从阿尔塔出发每天 1~2 班（周六除外）。所需时间 4 小时 50 分钟。从洪宁斯沃格出发，埃斯可里森 · 拉林加奈特公司的巴士每天 1 班（仅限于 6/1~8/21 运行），从洪宁斯沃格 5:10 出发，9:15 到达。从芬兰的罗瓦涅米经过萨里鲁卡和伊瓦洛每天 1 班。从罗瓦涅米 11:45 出发，17:40 到达卡拉绍克。

卡拉绍克的旅游咨询处 ⓘ

📞 78-468800
URL www.visitsapmi.no
开 1~5 月、8/31~12/20
周一～周五 9:00~16:00
周六 11:00~15:00
6/1~9、8/10~30
每天 9:00~16:00
6/10~8/9
每天 9:00~19:00
休 1~5 月和 8/31~12/20 的周日，12/21~12/31

萨米议事堂
The Sami Parliament

开 周一～周五 8:00~15:30
休 周六，周日

萨米各界泰斗精英聚集的议事堂

萨米公园

📞 78-468800
FAX 78-468801
URL www.visitsapmi.no
开 1~5 月、8/31~12/20
周一～周五 9:00~16:00
周六 11:00~15:00
6/1~9、8/10~30
每天 9:00~16:00

生活用具。在公园一角的建筑内，不仅可以买到手工制作的皮革纪念品，还有放映萨米人生活变迁录像的魔法剧场（The Magic Theatre）。在建筑物的一角设有旅游咨询处，可以从这里获得有关萨米公园和卡拉绍克的观光介绍。夏季在这里不仅可以听到传统歌谣《谣依库》和观看有关驯鹿喂食的传统节目，公园内还设有餐厅，能吃到地道的萨米菜。

萨米传统帐篷

6/10~8/9
每天 9:00~19:00
休 1~5 月和 8/31~12/20 的周日、12/21~12/31 费 150NOK

体验投绳运动

商店里售卖的纯手工银质工艺品

萨米博物馆

Map p.282

Sámid Vuorká Dávvirat

博物馆内展示着有关萨米文化的丰富展品。有多彩的民族服装和帐篷，也销售《谣依库》的 CD。在室外展示区可以参观捕猎驯鹿时使用过的笼子。

萨米人真实生活的写照

萨米博物馆
住 Mariboinegeaidnu 17
☎ 78-469950
开 6/6~8/14
每天 9:00~18:00
8/15~9/2
周一～周五 9:00~15:00
周六、周日 10:00~16:00
9/3~ 次年 6/5
周三 · 周四 · 周日
（根据时间不同略有调整）
9:00~15:00
休 9/3~ 次年 6/5 的周一 · 周二、周五 · 周六 费 75NOK

卡拉绍克的住宿

Hotel

卡拉绍克斯堪迪克大酒店

Scandic Karasjok

Map p.282

◆位于萨米公园一隅的高级酒店。酒店内到处洋溢着北极圈文化风光。门前就是长途巴士站，交通十分方便。客房宽敞舒适。

住 Leavnnjageaidnu 49
☎ 78-468860
FAX 78-468861
URL www.scandichotels.com
费 ⓈⒹ 779（699）NOK~
CC ADJMV

卡拉绍克露营地

Karasjok Camping

Map.282 外

◆从城市中心步行约 15 分钟（如果需要接送，要预约），房间有两种类型，一种是独立的小木屋，另一种是私人单间。也有带厨房的客房。

住 Avjuvargeaidnu 88
☎ 97-072225
URL www.karacamp.no
费 多人间 205NOK~ Ⓢ Ⓓ 205NOK~ 帐篷 130NOK~ 无早餐
CC MV

浴缸　部分客房提供　电视　部分客房提供　吹风机　出租　迷你吧台及冰箱　部分客房提供　残障人士房间　无线 LAN　无线 LAN 收费　部分客房提供　无线 LAN 部分收费

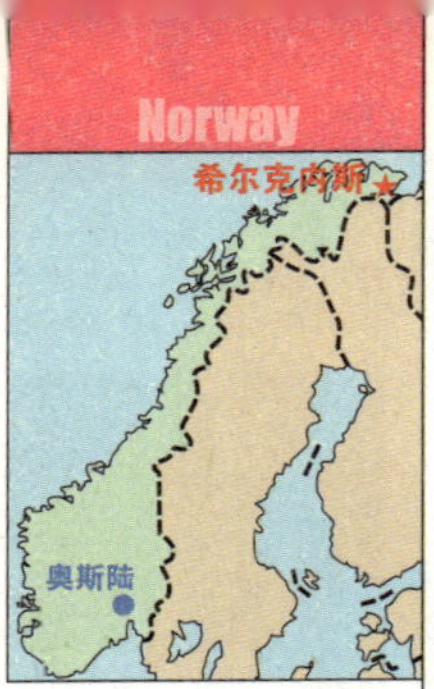

Map p.158-B1
长途区号：无

前往希尔克内斯的交通

✈ 从奥斯陆每天有1~2个航班，所需时间约2小时。从特罗姆瑟每天有1~3个航班，所需时间约1小时10分钟。从机场可乘坐巴士（配合从奥斯陆飞过来的航班发车）。所需时间约20分钟。巴士在Scandic Kirkenes停车。

🚌 巴士从阿尔塔经由卡拉绍克，每周运行2~3班车。阿尔塔16:05发车，23:25抵达希尔克内斯。从卡拉绍克约需4小时。

⛴ 这里是海达路德游轮（→p.23）的北部终点站。

希尔克内斯的旅游咨询处 ℹ

希尔克内斯没有旅游咨询处。相关信息可以向酒店或旅行社询问。

防空洞遗址

☎ 78-970540
URL www.kirkenessnowhotel.com
开 5~9月

希尔克内斯 *Kirkenes*

森林环绕的悠闲的小城市

希尔克内斯是海达路德游轮的终点站，距离俄罗斯边境仅7公里。这是一座因铁矿石露天开采而繁荣起来的城市，与边境城市的氛围大相径庭，市中心非常洁净，充满现代气息。最近有很多来这里观赏陆地尽头极昼现象的游客。

希尔克内斯 漫 步

南瓦朗厄博物馆内的伊柳辛二型战斗机

步行街一带是希尔克内斯的市中心。广场周边聚集着酒店、超市、银行等设施。城中心的东部是住宅区。住宅区的一角，保留着“二战”时使用过的防空洞。从小城的中心区沿Solheimsveien坡道上行，终点是一座小山岗。这条坡道的中部是南瓦朗厄博物馆。从市中心到这里，步行需要20多分钟。城市边缘处是海达路德游轮的停靠港。

希尔克内斯 主要景点

防空洞遗址 Map p.284

Andersgrotta

在第二次世界大战期间，希尔克内斯成了德苏两军交战的战场，曾

经遭到300多次空袭。城市被烧毁，但人员伤亡却不是太严重。这得益于防空洞。现在防空洞的一部分正式开放，允许游客参观 。防空洞里还播放关于希尔克内斯历史的影像，能了解到毁于战火又在战争的废墟中重新站立起来的情形。

每天 10:30、11:00、18:00
休 10月～次年4月
费 100NOK

南瓦朗厄博物馆

Map p.284

Sør-Varanger Museum

博物馆向观众介绍这一挪威和芬兰、俄罗斯三国交界地区错综复杂的文化、历史和自然。展品包括苏制伊柳辛二型轰炸机，该机在“二战”中曾被德军击落沉入湖底，经复原后在这里展出。博物馆内还有一座以本土画家赛维欧（John Andreas Savio）（1902~1938年）的名字命名的赛维欧美术馆（Saviomuséet）。画作以萨米人的日常生活为题材，非常美丽动人。

南瓦朗厄博物馆
住 Førstevannslia
☎ 78-994880
URL www.varangermuseum.no
开 每天 9:30~14:00
休 无休
费 50NOK

希尔克内斯 短途旅行

边境雅各布河村

Map p.284

Grense Jakobselv

从希尔克内斯往俄罗斯边境的方向走，不久道路便朝向北延伸，遇海而止。这里有个村庄叫雅各布河。这个村庄里有一座建于1869年的教堂——奥斯卡国王（King Oscals Kirke）教堂。国境的对面，可以看到俄罗斯一侧的监视塔。

奥斯卡国王教堂

边境雅各布河村
交通
从希尔克内斯有巴士前往这里。所需时间约1小时30分钟。
从希尔克内斯只有一条道路前往这里，约10公里。夏天设有露营地，还有位于欧洲最北侧的海滩。

希尔克内斯的酒店

Hotel

斯堪迪克希尔克内斯酒店

Scandic Kirkenes

◆位于希尔克内斯市中心的高档酒店。客房宽敞而舒适。

Map p.284
住 Kongensgate 1-3 ☎ 78-995900
FAX 78-995901
URL www.scandichotels.com
费 Ⓢ Ⓓ 1299NOK~
CC ADJMV

希尔克内斯松恩酒店

Thon Hotel Kirkenes

◆酒店距离市中心比较近，共有143间客房。面向峡湾的客房能眺望到非常宏伟的风光。

Map p.284
住 Johan Knudtzens gate 11
☎ 78-971050
URL www.thonhotels.no
费 Ⓢ1195NOK~ Ⓓ 1345NOK~
CC ADMV

冰雪酒店

Snow Hotel

◆酒店距离市中心约有10公里。在有着雪中古城般风光的地方，能够体验到极地雪景环绕的北欧特有的居住氛围。

Map p.284 外
住 Sandnesdalen 14 ☎ 78-970540
FAX 78-970541
URL www.kirkenessnowhotel.com
营 12/20~次年4/20
费 ⓈⒹ 2675NOK~
CC ADJMV

浴缸 部分客房提供 电视 部分客房提供 吹风机 出租 迷你吧台及冰箱 部分客房提供 残障人士房间 无线LAN 无线LAN收费 部分客房提供 无线LAN部分收费

挪威简史

卡尔马联合之前

卑尔根的哈康王纪念馆

挪威最早的居民是公元前 1 万年左右从南方迁居过来的移民。公元前 15 世纪到公元前 3 世纪，因受到了瑞典和丹麦的影响，自公元前 1 世纪开始，罗马文化进入挪威。直至公元前 8 世纪，这里的各种部落以共同体形式分而治之。但 890 年时，哈拉尔一世（890 年左右 ~940 年左右在位）统一了全国。挪威国王曾一度受制于丹麦国王克努特大王等（北海帝国时代），后来由马格努斯一世（1035~1047 年在位）恢复了独立。但在马格努斯去世之后，挪威再次陷入分裂和内乱状态，直至斯韦雷国王（1184~1202 年在位）确立了长子即位制，之后在其孙哈康国王在位期间（1217~1263 年在位）迎来了中世纪挪威的鼎盛时期。马格努斯六世国王（1263~1280 年在位）颁布了全国性法典。这时掌握着农产品供给的德国商人频繁进出挪威，为了与此抗衡，挪威着力发展与瑞典和丹麦的关系。通过与瑞典建立的同君联盟，哈康六世的儿子奥拉夫成了丹麦国王（1376 年），1380 年在其父去世后又继承了挪威王位，并与丹麦一直保持着这种同盟关系直至 1814 年。其间丹麦的首都哥本哈根也是挪威的首都。

政治上从属于丹麦王国的时期

奥拉夫死后，1387 年奥拉夫的母亲玛格丽特女王作为统治者成立了丹麦、瑞典和挪威的三国同君联盟，即“卡尔马联合”。之后，挪威逐渐被纳入丹麦影响之下，到克里斯蒂安三世（1534~1559 年在位）统治时期，在法律上挪威已经完全成了丹麦的一个区域。1536 年进行的宗教改革没收了教会的土地和财产，更加推动了从属于丹麦的进程。另外，挪威的商业从 13 世纪开始被从事汉萨贸易的德国商人操控。随着 17 世纪汉萨贸易的衰退，挪威面向英国、荷兰的林业和制铁业逐渐繁荣起来。1661 年腓特烈六世统治下成立了丹麦绝对王权，1687 年克里斯蒂安五世（1670~1699 年在位）时，通过颁布《挪威法》加强了中央集权统治。18 世纪后半叶，随着农民自主耕作的推进，以及在欧洲大陆战争中作为海运国而中立的立场，挪威不断繁荣起来，脱离丹麦统治而独立的呼声越来越高。随着丹麦在拿破仑战争中的败北，瑞典通过《基尔条约》取代丹麦获得了与挪威建立同君联盟的权力（1814 年 1 月）。根据在此期间颁布的自由主义的《埃兹沃尔宪法》和《联合法》，挪威获得了除外交权和防务权之外的所有自治权。

印证汉萨同盟历史的重要城市——卑尔根

独立与中立政策

19世纪，伴随着挪威所有经营管制与特权的废止，以及铁路、蒸汽船的出现带来的交通发达，丹麦进入产业发展时代。在文化方面，表现为丹麦文化的继承者与挪威文化的复兴者之间的对立，而在政治上则存在右派与左派（左翼政党）之间的对立。1884年，左翼政党成立，并确立了议会制。1898年开始实施普通选举。1913年，继芬兰之后挪威成为欧洲第二个承认女性参政权的国家。挪威本国产业与外国市场紧密结合，加上海运业的发展，19世纪挪威的商船保有量位居世界第三。挪威国会接连向联合王国提出在海外设立独立领事馆的要求。在数次遭到拒绝后，1905年6月7日，挪威国会宣布独立。11月，从丹麦王室迎来卡尔王子，成为挪威国王哈康七世（1905~1957年在位）。这出独立剧的和平式成功，与遏制本国军事行动的本国社会民主党政府的态度有关，也有与北欧有深刻利害关系的沙皇俄国因日俄战争及第一次革命而无暇顾及他国的因素存在。

位于奥斯陆的议会大厦

20世纪的挪威，在外交上更是深受列强纷争之苦的小国。在第一次世界大战期间，挪威与其他北欧国家一样保持中立，因而遭受了粮食进口匮乏的困难。大战后半段，遭到对英通商的德国潜水艇和鱼雷攻击，近半数船舶被损毁。在第二次世界大战期间，挪威的中立政策也因德国法西斯的军事占领而被践踏（1940年4月），政府成员与国王逃亡伦敦。“二战”后，挪威继续保持中立，1945年加入联合国，1949年加入NATO（北大西洋公约组织），并奉行不在国内设外国驻军的政策。经济方面，挪威于1959年加入欧洲自由贸易联盟。

内政方面，20世纪以水力发电为动力的产业不断发展，社会福利也持续完善。挪威劳动党在俄国革命的影响，以及急速工业化出现的劳动运动的大背景下，势力不断扩张，1935年与农民党组成了联合政府，之后经过了第二次世界大战，战后的大部分时间也都是其掌握政权。在劳动党的领导下，从保护劳动者和保证农产品价格政策，到保护所有弱者、建立平等为目的的福利政策得到不断推进。

1994年，虽然国民投票未通过加入EU（欧盟）的提案。但是通过各种形式的合作与合约，挪威与北欧其他国家以及EU保持着紧密联系。

第二次世界大战时占有重要位置的纳尔维克

学说挪威话

会话集与实用单词集

实用单词 1

入口	inngang
出口	utgang
右	høyre
左	venstre
前	foran
后	bak
热	varmt
冷	kaldt
多	mye
少	litt
好	godt
（价格）高	dyrt
大	stort
小	liten
卫生间	toalett
空的	ledig
使用中	opptatt
男性	mann/herre
女性	kvinne/dame
成人	voksen
儿童	barn
学生	student
危险	farling
警察	politi
医院	sykehus
开馆	åpent
闭馆	stengt
推	skyv
拉	trekke
发票	kvittering
机场	flyplass/lufthavn
港口	havn
电车	trikk
地铁	T-bane
火车	tog
船	skip
票	billett
售票处	billet kontor
站台	spor
从哪儿来	fra
去哪里	til
出发	avreise
到达	ankomme
单程	enveisbillett
往返	tur returbillett
一等座	første klasse
二等座	annen klasse
时刻表	tigtabell
禁烟	Røyking forbudt
国内线	innenlandsk flyrute
国际线	utenlandsk flyrute
青年旅舍	vandrerhjem
露营地	kamping
旅游咨询处	turist informasjon
美术馆，博物馆	museum
教堂	kirke
修道院	kloster

实用单词 2

（月）	
1月	januar
2月	februar
3月	mars
4月	april
5月	mai
6月	juni
7月	juli
8月	august
9月	september
10月	oktober
11月	november
12月	desember
（星期）	
周一	mańdag
周二	tirsdag
周三	onsdag
周四	torsdag
周五	fredag
周六	lørdag
周日	søndag

（时间）	
今天	idag
昨天	igår
明天	imorgen
早晨	morgen
中午	middag
夜晚	kveld
上午	formiddag
下午	ettermiddag

（数字）	
0	null
1	en
2	to
3	tre
4	fire
5	fem
6	seks
7	sju
8	åtte
9	ni
10	ti

实用单词 3

面包	brød
火腿	skinke
奶酪	ost
鸡蛋	egg
黄油	smør
鲱鱼	sild
沙丁鱼	sardin
龙虾	hummer
凤尾鱼	ansjos
平鱼	flyndre
驯鹿肉	renkjøtt
鹿肉	elkjøtt
猪肉	svinekjøtt
牛排	biffstek
羊排	lammestek
水果	frugt
橙子	appelsin
苹果	eple
饮料	drikke
咖啡	kaffe
红茶	te
牛奶	melk
啤酒	pils
生啤	fatøl
白葡萄酒	hvitvin
红葡萄酒	rødvin

实用会话

（寒暄）	
嗨	Hei
你好	God dag
早上好	God morgen
晚上好	God kveld
晚安	God natt
再见	Ha det

（答复）	
是	ja
不是	nei
谢谢	Takk
对不起	Unnskyld
抱歉	Unnskyld
不客气	Bare hyggelig.
知道了	Jeg forstår det.
不知道	Jeg forstår ikke.

（提问）

～在哪里？

Hvor er~?

多少钱？

Hva er prisen?

结账。

Regningen，takk.

几点了？

Hva er klokken?

需要多少钱？

Hvor lang tid tardet?

你叫什么名字？

Hva heter du？

我叫～。

Jeg heter~.

我想要～。

Jeg vil ha en~.

我想去～。

Jeg skal til~.

读者来信

~挪威篇~

▶奥斯陆的新休息点

阿斯托卢普·芬利美术馆（→p.188）建筑物周边是能够眺望奥斯陆峡湾的休息点。即使没有美术馆门票，也能进入这一区域，这里的草坪上摆放着现代艺术作品。天气晴好时眺望着峡湾里交错的船只，度过闲适的时光吧。

▶奥斯陆的餐厅

在国家剧院站附近的酒吧餐厅，能品尝到新鲜的当地啤酒和挪威菜肴。推荐装入大大的木质碟子内的醋渍鲱鱼。虽然位于旅游景点内，但价格公道，深受当地人和游客欢迎。

DATA

■ Amundsen Bryggeri & Spiseri
住 Stortingsgaten 20
☎ 24-200900
营 周一 11:30~24:00
周二~周四 11:30~次日 1:00
周五 11:30~次日 2:00
周六 12:00~次日 2:00　周日 13:00~24:00
休 无休
CC A M V
URL www.amundsenbryggeri.no

▶冷夏中的雪路

6 月中旬，在极昼的卑尔根度过了约 2 周时间。其间我访问了景色绝美的恶魔之舌，但因为冷夏形成的雪路而吃尽了苦头。因此最好还是提前询问当地人一些当地信息。我们用路途中的泉水解决了饮用水问题。山脚的便利店店主非常亲切，帮我们看管行李直到我们下山。

▶吕瑟峡湾的美景

我们在 8 月份去了吕瑟峡湾。山路基本都是岩石路，千万不能掉以轻心。水、食物、雨具、防寒服等都是必备之物。服装除需要速干衬衫、帽子之外，最好准备登山鞋。有的地段因为有山间流水而比较湿滑，也确实有人滑倒受伤，因此登山鞋比运动鞋更适合这里。出了登山口入口（停车场）后往返约需 6 小时，途中没有商店、卫生间等任何设施。很多登山客携带着面包和零食，而我们在山顶上享用了带来的午餐。虽然登山的路比想象的要险峻得多，但从山顶眺望到的景色非常壮观！

▶火车延误

从瑞典的阿比斯库到纳尔维克的火车出现了大幅度晚点。车站上没有常驻的工作人员，乘客也很少，感到有些不安，但是从 STF 阿比斯库旅游站得到了延误信息后放下心来。

▶能购买酒类的时间

为了在住宿的酒店内喝酒，去了附近的超市。选购了看起来不错的当地啤酒后，去结账。但是周六只能在 18:00 之前购买酒类，只好放弃购买……想在超市买酒喝的人一定要注意。

▶奥斯陆的车内检票

蒙克美术馆（→p.192）的归途中，从 Toyen 站上了地铁，在相邻的 Gronland 站遇到了车内检票。所有的车门都有检票员上车，不可能逃过。检票员在停车 3 分钟左右确认了所有人的车票后，下了车。

瑞典

Sweden

老城（斯德哥尔摩）

概览

Introduction

瑞典，一个拥有精致的首都斯德哥尔摩和美丽的大自然这两副面容的国家

瑞典是北欧最大的国家，东面和西面分别与芬兰、挪威接壤，南面与丹麦隔着厄勒海峡遥遥相望。瑞典先民是9世纪前后以维京海盗而为人熟知的海洋民族。首都斯德哥尔摩是北欧各国中最具风情的城市，其老城的怀旧气息与时尚的商店、餐厅等和谐共存。不过，瑞典国土的约半数被森林覆盖，游客可以通过登山和钓鱼等活动亲近大自然。

3

4

5

❶ 从南城区眺望“水城”斯德哥尔摩
❷ 北极圈内广袤的自然。阿比斯库因冬季可以观测极光而闻名
❸ 如同漂浮在水面上的卡尔马城堡
❹ 哥德堡运河及市政厅的夜景
❺ 瑞典的名特产达拉木马产于达拉纳地区
❻ 位于吕勒奥的Nederluleå教堂。教堂及周边的加默尔斯塔德教堂村被列为世界文化遗产
❼ 每年有大量登山客光顾阿比斯库

瑞 典

瑞 典
0 200km
N
A
B
1
2
3
4
挪威海
Norwegian Sea
波的尼亚湾
Gulf of Bothnia
Balitc Sea
瑞 典
SWEDEN
挪 威
NORWAY
芬 兰
FINLAND
爱沙尼亚
ESTONIA
立陶宛
LATVIA
拉脱维亚
LITHUANIA
丹麦
DENMARK
安德内斯
Andenes
凯于托凯诺
Kautokeino
伊纳里
Inari
伊瓦洛
Ivalo
埃文内斯
Evenes
埃农泰基厄
Enontekiö
冰雪酒店
Icehotel
尤卡斯耶尔维
Jukkasjärvi
纳尔维克
Narvik
阿比斯库
Abisko
罗弗敦群岛
Lofoten
斯沃尔韦尔
Svolvær
基蒂莱
Kittilä
索丹屈莱
Sodankylä
基律纳
Kiruna
弗于斯克
Fauske
拉普兰地区
博德
Bodø
耶利瓦勒
Gällivare
凯米耶尔维
Kemijärvi
罗瓦涅米
Rovaniemi
摩城
Mo i Rana
约克莫克
Jokkmokk
树屋酒店
Treehotel
托尔尼奥
Tornio
哈拉斯
Harads
拉努阿
Ranua
桑内舍恩
Sandnessjøen
布登
Boden
哈帕兰达
Haparanda
凯米
Kemi
莫舍恩
Mosjøen
阿尔维斯尧尔
Arvidsjaur
吕勒奥
Luleå
Brønnøysund
奥卢
Oulu
Storuman
谢莱夫特奥
Skellefteå
Rørvik
Grong
Lycksele
纳姆索斯
Namsos
科科拉
Kokkola
Dorotea
于默奥
Umeå
Holmsund
特隆赫姆
Trondheim
Hell
斯图利恩
Storlien
厄斯特松德
Östersund
Sollefteå
恩舍尔兹维克
Örnsköldsvik
瓦萨
Vaasa
塞伊奈约基
Seinäjoki
奥普达尔
Oppdal
于韦斯屈莱
Jyväskylä
海纳桑德
Härnösand
维拉特
Virrat
勒罗斯
Røros
Ånge
Solleftea
杜姆奥斯
Dombås
斯韦格
Sveg
派延奈湖
Päijänne
奥塔
Otta
达拉纳地区
Dalarna
Hundiksvall
坦佩雷
Tampere
波里
Pori
奥兰科
Aulanko
拉赫蒂
Lahti
利勒哈默尔
Lillehammer
Bollmäs
海门林纳
Hämeenlinna
哈马尔
Hamar
穆拉
Mora
赖特维克
Rättvik
泰尔贝里
Tällberg
波尔沃
Porvoo
耶夫勒
Gävle
奥兰群岛
Åland
楠塔利
Naantali
图尔库
Turku
赫尔辛基
Helsinki
莱克桑德
Leksand
Eidsvoll
法伦
Falun
博伦厄
Borlänge
玛丽港
Mariehamn
赫讷福斯
Hønefoss
Kongsvinger
乌普萨拉
Uppsala
奥斯陆
Oslo
Lillestrøm
Charlottenberg
Norrtälje
塔林
Tallinn
卡珀尔谢尔
Kapellskär
德拉门
Drammen
卡尔斯塔德
Karlstad
韦斯特罗斯
Västerås
锡格蒂纳
Sigtuna
厄勒布鲁
Örebro
梅拉伦湖
Malaren
斯德哥尔摩
Stockholm
克里斯蒂娜港
Kristinehamn
Södertälje
拉尔维克
Larvik
维纳恩湖
Vänern
卡特琳娜霍尔姆
Katrineholm
尼奈斯港
Nynäshamn
约塔运河
北雪平
Norrköping
Mjölby
林雪平
Linköping
腓特烈港
Frederikshavn
哥德堡
Göteborg
延雪平
Jönköping
维斯比
Visby
哥得兰岛
Gotland
斯卡恩
Skagen
Nässjö
里加
Riga
格兰库拉维克
Grankullavik
斯莫兰地区
奥斯卡港
Oskarshamn
Klintehamn
尼伯
Nibe
奥尔堡
Ålborg
瓦尔贝里
Varberg
厄兰岛
Öland
韦克舍
Växjö
阿尔沃斯塔
Alvesta
维堡
Viborg
哈尔姆斯塔德
Halmstad
玻璃王国
Glasriket
博里霍尔姆
Borgholm
兰讷斯
Randers
赫尔辛堡
Helsingborg
厄勒海峡大桥
Øresundsbron
卡尔马
Kalmar
埃伯尔措夫特
Ebeltoft
海斯勒霍尔姆
Hässleholm
锡尔克堡
Silkeborg
奥胡斯
Aarhus
赫尔辛格
Helsingør
隆德
Lund
Karlskrona
哥本哈根
Copenhagen
Kristianstad
斯科讷地区
罗斯基勒
Roskilde
马尔默
Malmö
于斯塔德
Ystad
格利姆朗厄胡斯
Glimmingehus

国旗

蓝底黄色十字形图案

正式国名

瑞典王国 Konungariket Sverige
（英文名 Kingdom of Sweden）

国歌

《你古老光荣的北国山乡》（*Dut Gamla, dut Fria*）

面积

45 万平方公里

人口

1000 万（截至 2017 年 2 月）

首都

斯德哥尔摩（Stockholm）

国家元首

国王卡尔十六世古斯塔夫
Carl XVI Gustav（1973 年 9 月即位）

国家政体

君主立宪制

民族构成

瑞典人。此外还有萨米人和芬兰人等。

宗教

新教（福音路德教会）

语言

瑞典语。此外还有萨米语和芬兰语等。许多国民也会讲英语。

货币和汇率

所有硬币上都有王冠图案

货币为瑞典克朗 Krona（单数）。符号为 SEK。纸币面额为 20、50、100、200、500 和 1000SEK6 种。硬币面额有 1、2（基本不流通）、5、10 共 4 种。2015 年 10 月和 2016 年 10 月，瑞典分别发行了 20、50、200、1000 克朗和 100、500 克朗的新版纸印。

2017 年 11 月的汇率为：1SEK=0.78 元人民币。

→旅行预算和货币兑换 p.546

常见的 4 种新版纸印

小费

由于在大多数情况下服务费已经包含在所支付的费用里了，所以在瑞典没有支付小费的习惯。但是遇到在酒店等处请人搬运较大件的行李这类特殊情况时，最好支付小费。在餐饮就餐时，如果服务费没有包含在餐费内时，需要支付 7%~10% 的小费。如果出行携带行李，则无论在搭乘出租车还是在平时乘车时，都需要支付相当于车费尾数的小费。

节日

节日名称	2018 年
新年	1 月 1 日
主显节 ※	1 月 6 日
圣周五 ※	3 月 30 日
复活节 ※	4 月 1 日
复活节后的周一 ※	4 月 2 日
五一劳动节	5 月 1 日
耶稣升天节 ※	5 月 10 日
圣灵降临节 ※	5 月 20 日
国庆节	6 月 6 日
夏至节前夜 ※	6 月 22 日
夏至节 ※	6 月 23 日
万圣节 ※	11 月 3 日
平安夜	12 月 24 日
圣诞节	12 月 25 日
节礼日	12 月 26 日
新年前夜	12 月 31 日

※ 标记的节日每年日期不固定。

营业时间

【银行】

营 周一～周三、周五　10:00~15:00
　周四　10:00~16:00/17:30

休 周六、周日
　斯德哥尔摩的银行有时营业到 18:00

【普通商店】

营 周一～周五　10:00~18:00
　周六　10:00~14:00/16:00

休 周日

【商场（斯德哥尔摩）】

营 周一～周五　10:00~19:00
　周六　10:00~17:00
　周日　12:00~17:00

【超市】

营 周一～周五　9:30~20:00
　周六　9:00~16:00

休 周日（有时也营业）

电压和插座

220V、50Hz，与中国相同，但插座为两相圆形插头的 B、C 型。

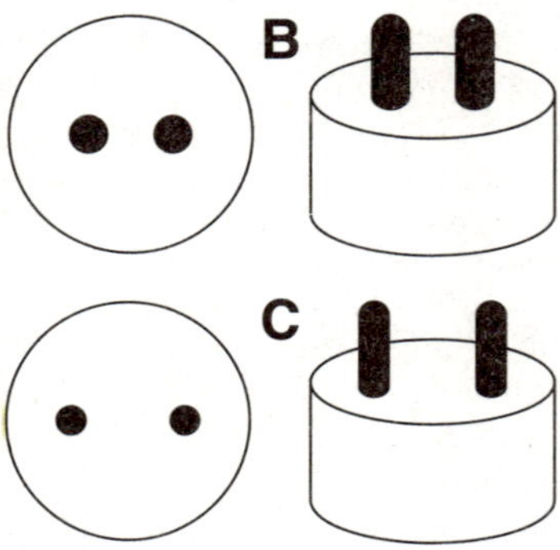

视频和 DVD 制式

与中国一样为 PAL 制式。

从中国飞往瑞典

目前中国国航和北欧航空运营从北京到斯德哥尔摩的直飞航班，约需 9.5 小时。

→前往北欧的方法 p.528

时差和夏令时

瑞典采用中欧时间（CET），比中国晚 7 个小时。夏令时从 3 月的最后一个周日到 10 月的最后一个周日，此时时间提早了 1 小时，时差为 6 小时。在乘坐飞机和火车时注意不要迟到。

气候和自然

瑞典东邻芬兰，西接挪威，南面隔厄勒海峡与丹麦遥遥相望，是北欧各国中面积最大的国家。瑞典北部是被称为拉普兰的北极圈地区。

国土的 53% 是森林，超过 9 万个湖泊点缀在这片大地上。面向波罗的海有绵延 2700 公里的海岸线。在瑞典，只有南部的斯科讷地区是粮食主产区。

与其他的北欧国家相同，流经瑞典的墨西哥湾暖流使得这里比同纬度其他地区的气候更加稳定，四季也相对分明。

在北极圈以北的拉普兰地区，夏季有“日不落”的极昼，冬季则有“不见光”的极夜奇景。

→旅游季节和气候 p.524
→旅行必备品 p.548

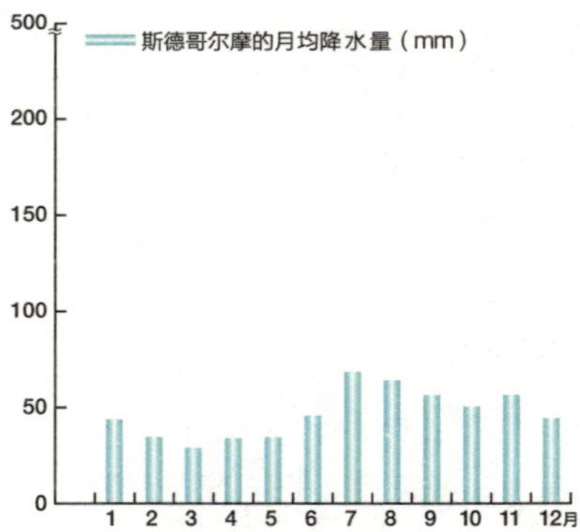

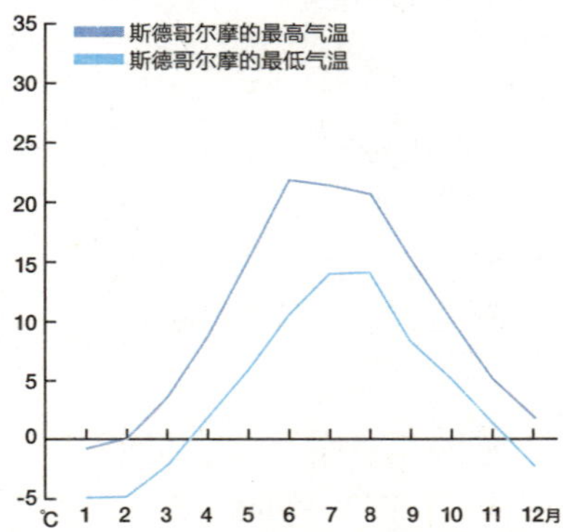

邮政

邮局被称为 Postkontor，角笛和皇冠是其标志性图案。可以在城区看到带有该图案的黄色和蓝色邮筒。寄件时须粘贴写有“Air Mail”或印着“PRIORITAIRE”的蓝色标签。寄往中国的 1 张明信片或不超过 20 克的信件为 11SEK。

瑞典的邮政业务基本都是民营，因此邮局数量不多。邮局和带 Postkontor 标识的便利店、加油站都销售邮票，营业时间内可随时收发邮件。

【邮局的营业时间】

营 周一 ~ 周五 8:00~18:00

休 周六、周日

造型时尚的邮筒

税收

在瑞典，几乎所有商品都会征收 12% 或 25% 的增值税（VAT）。居住在欧盟之外的国家的旅行者如果同一天在同一家带有“TAX FREE”标识的商店购买超过 200SEK 的商品时，办理相关手续后，最高可退回增值税约 17% 的金额。

【购物时】

在带有“TAX FREE”标识的商店购买超过 200SEK 的商品时，游客可以表明自己的旅行者身分，请工作人员填写退税单。填写时，需要确认本人身份和护照号码，所以请务必随身携带护照。免税购入的商品在离开瑞典或欧盟最后一个国家之前不得开封。

【出境时】

从瑞典直接返回国内或者去非欧盟国家，出境时可办理退税手续。具体流程如下：

①如果是从斯德哥尔摩的阿兰达国际机场出发，第 5 航站楼的出发楼层有环球蓝联公司的柜台，需要在那里提交购物时获取的退税单，请对方盖上图章。此时，必须在退税单上附上购物时的收据。如果错过了柜台的营业时间，需要去到达楼层的海关或借助免费摆渡车 Alfa/Beta 去海关大楼盖章。此外，工作人员会要求游客出示机票、护照和未使用商品的包裹，请预先准备好。图章的加盖期限为购买商品当月的最后一天起的 3 个月内。并且，如果是在非北欧 4 国购买的商品，需要获取正规的海关章，然后在 Global Blue 柜台办理手续。随身携带的商品则要在办理完离境手续后再获取海关章。如果你获取的是代理章，出示退税单时还要递交护照的复印件。

②盖章后可办理离境手续。如果将退税单带回了国内，可以到环球蓝联的加盟点办理现金退税；或者通过环球蓝联专用邮政系统寄送票据即可使用信用卡或通过支票收取退税。但是，能回国办理手续的，仅限于环球蓝联公司的“TAX FREE”。如果在阿兰达机场领取退税金，可以在盖章后办理登机手续，在位于通道的退税柜台提交退税单。退税金转入信用卡账户，或以银行支票方式寄送到家。退税单（已盖章）的申请日期为自商品购买之日起 1 年之内。

【注意事项】

从瑞典离境后还要去其他欧盟国家旅行再回国的话，要在最后一个欧盟国离境时办理退税手续，不需要在瑞典办理。几个国家的退税可以同时办理。

【环球蓝联中国现金退税点】

北京

首都国际机场：北京首都国际机场一层国际到达厅中国工商银行望京支行北京机场分理处

市内退税点：东城区东四十条 24 号青蓝大厦一层中国工商银行东城支行营业厅

上海

浦东国际机场退税点：上海浦东国际机场国际到达厅一层中国工商银行上海市国际机场支行

市内退税点：上海市南京东路 99 号中国工商银行上海市分行黄浦支行

广州

市内退税点：广州市环市东 339 号广东国际大酒店主楼二层中国工商银行广州市南方支行

香港

市内退税点：香港中环德辅道中 10 号东亚银行总行

Global Bule（原名 Global Refund）

☎（03）4530-3623

E-mail taxfree@globalbule .com

URL www.globalblue .com

环球蓝联加盟企业的标识

出入境

瑞典为申根协议国家，中国内地公民赴瑞典旅游须前往瑞典驻华使领馆办妥申根签证。如果计划前往不同申根成员国，则应向首次入境或停留时间最长的成员国使领馆申请统一申根签证。有效期最长为90天。

→旅行的准备 p.538

安全和纠纷

与其他的欧洲国家相比，瑞典的治安状况良好，但是调包和盗窃事件等犯罪现象也在逐年增多。请注意不要让行李远离视线，避免深夜单独外出。

→旅行安全和纠纷对策 p.552

水

几乎所有场所自来水都可以直接饮用。如果担心，也可以在车站售货亭或便利店购买矿泉水。矿泉水几乎都添加了碳酸。

度量衡

与中国相同，采用米制。

拨打电话的方法

国际电话在普通电话和公共电话上都可以拨打。打往中国每分钟约10SEK。如果使用酒店的电话，价格略高。如果使用公共电话，除了1、5、10SEK的硬币，还可以使用信用卡和电话卡。电话卡可以在车站售货亭等地购买，有些电话只能使用电话卡。使用方法与中国相同，拿起听筒，投入硬币等之后，按下对方号码。如果投硬币，最低费用为10SEK，国内通话1分钟2SEK，打往丹麦和芬兰等EU国家（包括挪威），1分钟6SEK，其他国际长途1分钟10~30SEK。

互联网

无线LAN普及率高，几乎所有酒店都能使用。另外，大多数机场和餐馆等公共场所也能使用无线LAN。

年龄限制

不满18岁的未成年人禁止饮酒和吸烟。此外，有些汽车租赁公司只将车租给21岁或25岁以上者。

饮酒和吸烟

只有在政府经营的Liquor Shop、System Bolaget能买到酒。一瓶333毫升的啤酒售价23~40SEK，略贵。酒精度数在3.5%以下的低度酒会稍便宜，可以在超市或便利店买到。

香烟有很重的税，与中国相比高得多。一盒20支装的万宝路相当于60元人民币。瑞典的法律规定禁止在公共场所吸烟，大部分餐厅也禁烟。酒店则分为禁烟房间和非禁烟房间。近年来，全面禁烟的酒吧也呈现增多趋势。

从中国往瑞典拨打电话的方法

国际电话识别号码 00 ＋ 瑞典的国家代码 46 ＋ 区号（去掉前面第一个0）×× ＋ 对方的电话号码 ××××××

从瑞典往中国拨打电话的方法

国际电话识别号码 00 ＋ 中国的国家代码 86 ＋ 区号（去掉前面第一个0）×× ＋ 对方的电话号码 ××××××

→关于国际电话 p.544

餐饮

各种颜色的达拉木马。大小也不尽相同

传统的家庭菜肴叫瑞典肉丸（Köttbullar），煸炒过后，再添加果酱食用。在小吃店很流行的美食叫“噼里啪啦”（Pyttipanna），将土豆丁、火腿和肉等一起炒熟，在上面放上煎鸡蛋食用。被称为“杨松的诱惑”（Janssons Frestelse）的美食，是一种将土豆和凤尾鱼叠放在一起，然后洒上一层奶油，再烧烤而成的家庭美味。据说也经常出现在派对的夜宵餐桌上。

夏末时节，小龙虾开始解禁。虽然进口的小龙虾在逐渐增加，但是对北欧人而言，它仍然是夏天特有的风情。配以香草莳萝煮得通红的小龙虾，蘸着调味料一起食用。这道菜在道边的餐厅也能品尝到，建议你不妨尝尝。

说到瑞典，一种叫 Smörgåsbord 的自助餐最为著名。瑞典是维京料理的发源地，除了 Smörgåsbord 和鱼类美食之外，还有冷盘料理、各类肉食、奶酪、面包和甜品。待到各种美食齐聚一桌时，必是一道壮丽美景。吃法没有特别的讲究，一般会从醋腌鲱鱼开始。先吃小食等冷盘海鲜，随后是瑞典肉丸等肉食及蔬菜、蛋类料理。最后是奶酪和甜品。游客可以忽略不爱吃的东西，只选自己喜欢的。注意不要在自己的餐盘里堆放太多的菜肴。将热菜、冷盘，或者肉和鱼放在一个餐盘里是有失礼仪的。一次性取的菜肴没吃完也是一件失礼的事。所以请你在遵守这些基本的礼仪规范的前提下享受饕餮盛宴吧。

特产

最受欢迎的是带有时尚北欧设计元素的物品。特别是奥勒福什、科斯塔·布达等品牌的玻璃制品值得购买。此外，还有达拉纳地区的达拉木马及萨米的民间工艺品——针织品、宝石镶嵌制品等瑞典的传统工艺品也在备选之列。

美食方面，推荐北欧其他国家也常见的醋腌鲱鱼。有咖喱和番茄风味等，种类多样。

瑞典出生的名人

创立诺贝尔奖的阿尔弗里德·诺贝尔（Alfred Nobel）是瑞典人。今天，除了和平奖外，其他所有的诺贝尔奖均在斯德哥尔摩颁奖。另外，瑞典在电影、音乐领域也是名人辈出。电影界有导演英格玛·伯格曼（Ingmar Bergman）、女影星英格丽·褒曼（Ingrid Bergman）、葛丽泰·嘉宝（Greta Garbo）、安妮塔·艾克伯格（Anita Ekberg）。音乐界堪称翘楚的是活跃于 20 世纪 70 年代后半期 ~80 年代前半期的 ABBA。在中国以第二张专辑《LIFE》一夜蹿红的瑞典流行乐团“The Cardigans”及北欧的“Meja”等。此外，还有被称为“植物分类学之父”的植物学家卡尔·林奈（Carl von Linné）等，名人可谓多如斗量。

节庆活动

斯德哥尔摩、哥德堡这些中心城市经常举办音乐、艺术和体育等众多领域的活动。被誉为瑞典夏季一绝的小龙虾节在每年的 8 月 1 日的小龙虾解禁日开幕。游客可以品尝到新鲜的小龙虾。4 月下旬举办的沃尔帕吉斯夜是在大型篝火堆旁庆祝春天到来的传统活动。

活动日历

1月下旬～2月初 哥德堡
哥德堡国际电影节
URL www.giff.se

2月上旬 约克莫克
约克莫克冬季市场
URL jokkmokksmarknad.se

3月上旬 赛伦－穆拉
瓦萨滑雪马拉松
URL www.vasaloppet.se

4月上旬 斯德哥尔摩（斯堪森）
复活节活动
URL www.skansen.se

4月下旬 斯德哥尔摩
北欧园艺博览会
URL www.nordiskatradgardar.se

4月下旬
全国大学城（乌普萨拉、隆德、斯德哥尔摩等）
沃尔帕吉斯夜

6月初 斯德哥尔摩
美食节
URL www.smakapastockholm.se

6/3 斯德哥尔摩
斯德哥尔摩马拉松
URL www.stockholmmarathon.se

6/23~24 瑞典各地
夏至节、前夜节

6月底～7月初 斯德哥尔摩
斯德哥尔摩街头
URL www.stockholmstreetfestival.com

7月中上旬 莱克桑德、赖特维克、穆拉
锡利扬湖音乐节
URL www.musikvidsiljan.se

7月底～8月初 斯德哥尔摩
斯德哥尔摩同志骄傲节
URL www.stockholmpride.org

8月 瑞典各地
小龙虾节

8月中上旬 维斯比
哥得兰岛中世周
URL www.medeltidsveckan.se

8月中旬 马尔默
马尔默节
URL malmofestivalen.se

8月中旬 斯德哥尔摩
斯德哥尔摩文化节
URL kulturfestivalen.stockholm.com

9月下旬～10月初 厄兰岛
厄兰岛收获节
URL www.skordefest.nu

10月初 斯德哥尔摩
斯德哥尔摩爵士音乐节
URL www.stockholmjazz.se

10月下旬 乌普萨拉
乌普萨拉国际短片电影节
URL www.shortfilmfestival.com

11月 斯德哥尔摩
斯德哥尔摩电影节
URL www.stockholmfilmfestival.se

12/10 斯德哥尔摩
诺贝尔颁奖典礼（和平奖除外）
URL nobelprize.org

※ 日期每年可能会有不同。参加时请提前咨询确认。

COLUMN SWEDEN

瑞典的圣诞节

斯德哥尔摩 Stockholm

斯德哥尔摩的圣诞节与丹麦哥本哈根相比，在华丽程度上逊色不少。在老城，在并不绚烂的霓虹灯照射下，简洁、时尚的瑞典风格顿时显现。每年的12月13日举行的圣路济亚节是规模最大的活动，从NK商城选拔出来担任光之女王圣路济亚的少女与光之精灵一同游街。

1 旧城矗立着一棵巨大的圣诞树
2 除了大广场，斯堪森和王室公园等地也会设立小规模的圣诞集市

盯着NK商场豪华的橱窗看得入迷的孩子们

国内交通

南部铁路网密布，乘坐火车非常方便。尤其是斯德哥尔摩至哥德堡及斯德哥尔摩至马尔默之间的 Snabbtåg 是瑞典典型的高速列车。虽然比城际列车（Inter City）票价高，不过一定要试乘一次。北部的铁路线较少，但是途经基律纳和阿比斯库、开往挪威的纳尔维克的国际列车 Norrlandståget 是行走在北欧最北端的列车，并因此享有盛名。不过班次不多，如果时间不合适的话，建议考虑乘坐长途巴士。

行人熙熙攘攘的斯德哥尔摩中央火车站

航班

斯堪的纳维亚航空、Nextjet 航空（2N）等 10 余家航空公司经营着瑞典的国内航线。几乎所有飞往各城市的飞机都从斯德哥尔摩起飞，地方城市间的航线比较少。如果想在各个地方城市之间穿梭，也需要经由斯德哥尔摩。此外，本书中刊载的各城市的航班数和所需时间均为 SAS 的数据。

SAS

☎ 0770-727727

URL www.flysas.com

Nextjet 航空

☎ 0771-900090

URL www.nextjet.se

铁路

瑞典国铁（Statens Järnvägar）（SJ）以南部为中心呈网状运行。斯德哥尔摩至哥德堡每小时 1~2 班列车。其次，瑞典铁路运输公司 Tågkompaniet 和 Transdev 等也运营一些私营列车。北部的 Norrlandståget 列车由瑞典国铁运营。哥德堡～斯德哥尔摩～吕勒奥、吕勒奥～纳尔维克有数条线路，其中连接斯德哥尔摩和纳尔维克的国际列车是全球首屈一指的观景线路，夏季有不少游客来此体验。长途列车除普通的卧铺车外，还有餐车等。

关于预约

除 Snabbtåg 和夜间列车外的列车都不需要预约。但是如果想确保有座位的话，也可预约指定座位。要是在高峰时段或线路乘车，建议预约。是否为高峰期或线路，可以咨询售票窗口。预约座位需要加收一定费用。开车日前 90 天至开车前都可预约。

查询列车时刻

瑞典没有铁路运行时刻表，所以请在车站的显示牌上确认，或者用英语在车站询问。如果是在斯德哥尔摩中央火车站乘车，售票处旁就有铁路咨询处。

当然，也可以事先在网站上查询。

教你看懂指定座席的火车票

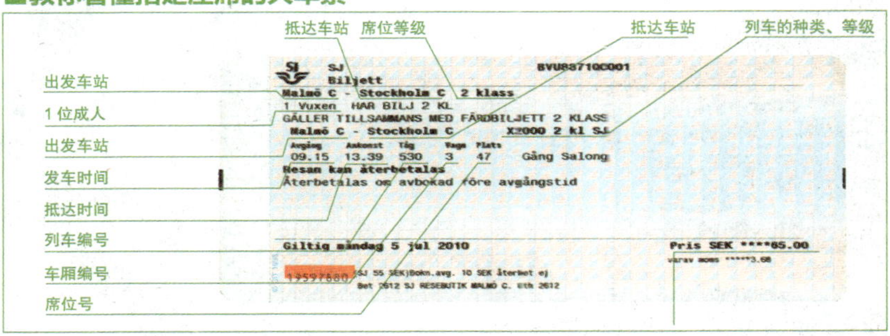

购票

在中国购买

可在瑞典国铁的网站上预约、购买，然后在当地的售票点取票。

在当地购买

购票时务必先从柜台旁的专用设备中取号。如果电子显示牌上显示了自己的号码或叫到自己的号时，即可去柜台告知自己的目的地、时间、列车编号及是否预约指定座位。

如果是在地方车站乘车，车站很多时候并没有常设的售票处。此时，需要在自动售票机上买票（只接受信用卡支付）。另外，也可以上车后，再从检票员那里买票，不过这种方式票价略高。

折扣优惠

票价会根据供需情况做细微调整。即使同一区间的同一等级列车，乘车日期不同，价格也可能不同。同一天内不同时段的票价也可能不一样。基本上，离出发日越近购票，票价越贵。因此一旦预定了日期，应尽早订票。在瑞典国铁主页的 Best Buy Calendar 中，输入乘车区间后就会显示每天最低票价一览表。此外还要注意，变更预约或可否退款这些条件，都可能造成票价的变动。

主要的列车种类

■ Snabbtåg（X2000/SJ3000）

瑞典国铁引以为豪的高速列车。除斯德哥尔摩至哥德堡、斯德哥尔摩至马尔默等这些国内线外，还运营斯德哥尔摩至哥本哈根的国际列车。座位有一等座和二等座，一等座提供小吃、饮品等服务。

■城际列车 Inter City（IC）

在主要城市之间运行的列车。

■地方列车 Regional（Reg）

短、中途的普通列车。

瑞典国铁

☎0771-757575

URL www.sj.se

车票可在网上预订，有电子车票和在乘坐地取票两种可选。在乘坐地取票时，可通过车站的售票机取票，免手续费。如果是在 Pressbyrån 和 7-11 等便利店取票则需要手续费。

Transdev

☎08-6295000

URL www.transdev.se

斯德哥尔摩出发的区间票价（可变更预订、退款的二等座）

斯德哥尔摩～哥德堡	
Snabbtåg	850SEK
城际列车	587SEK
斯德哥尔摩～马尔默	
Snabbtåg	920SEK
斯德哥尔摩～隆德	
Snabbtåg	920SEK
斯德哥尔摩～基律纳	
夜间列车	850SEK

巴士

比二等列车座位便宜，所以近年来乘坐巴士的人在慢慢增多。有很多巴士公司，瑞典的三大巴士公司分别是：运营全国性线路的瑞典长途巴士公司（Swebus）、瑞斯卡巴士公司（Svenska Buss），以及运营北部线路的维巴士公司（Ybuss）。

瑞典长途巴士公司

☎0771-218218 URL www.swebus.se

瑞斯卡巴士公司

☎0771-676767 URL www.svenskabusss.se

维巴士公司

☎0771-334444 URL www.ybuss.se

斯德哥尔摩 Stockholm

夏季的斯德哥尔摩，犹如疾驰在波罗的海上的白色游艇，给人以畅快的感觉。在近 20 小时持续照射的阳光下，胡姆勒公园的草坪上是享受日光浴的俊男靓女，他们的脸上写满了对瑞典生活的满足。到了 12 月，下午 3 点左右太阳就下山了。走在冰冷的老城里巷，作曲大师西贝柳斯的阴郁旋律不禁在心底油然而生。

在斯德哥尔摩居住一段时间后，能够感受到它不同于中国及欧洲大陆的独特的自然风光——那是一年四季从北边的天空洒下的澄澈的阳光。沐浴在这种光线下的建筑物的轮廓也不可思议地清晰起来，就连行人的肌肤，也仿佛笼罩上了一层通透的湛蓝。

与斯德哥尔摩的邂逅带有戏剧色彩。无论是取道空中，还是借助铁路远道而来，在未经人类文明熏染、绵延数百公里的广袤湖泊和森林中，玻璃与混凝土打造的现代化城市会陡然出现在眼前。在如此丰饶的大自然的环抱下，你也就不难理解为什么斯德哥尔摩的空气中飘散着针叶林的清香，以及阳光的姿态会与众不同。

斯德哥尔摩是在 13 世纪的老城的基础上，根据重视人类居住环境的现代化规划理论建造而成。这座城市令人感动，有种难以言喻的美。城市规划专家们未受商业目的的影响，秉着崇高的理想，花费了几个世纪的努力造就了今日的斯德哥尔摩。这是一个在全球绝无仅有的现代化都市之一。

Map p.294-B3
人口：923516
长途区号：08
瑞典信息网站
URL www.visitsweden.com
斯德哥尔摩信息网站
URL www.visitstockholm.com

可以看到皇宫卫兵的换岗仪式

庄严肃穆的大教堂祭坛

各个地方都能感受到水城斯德哥尔摩的美景

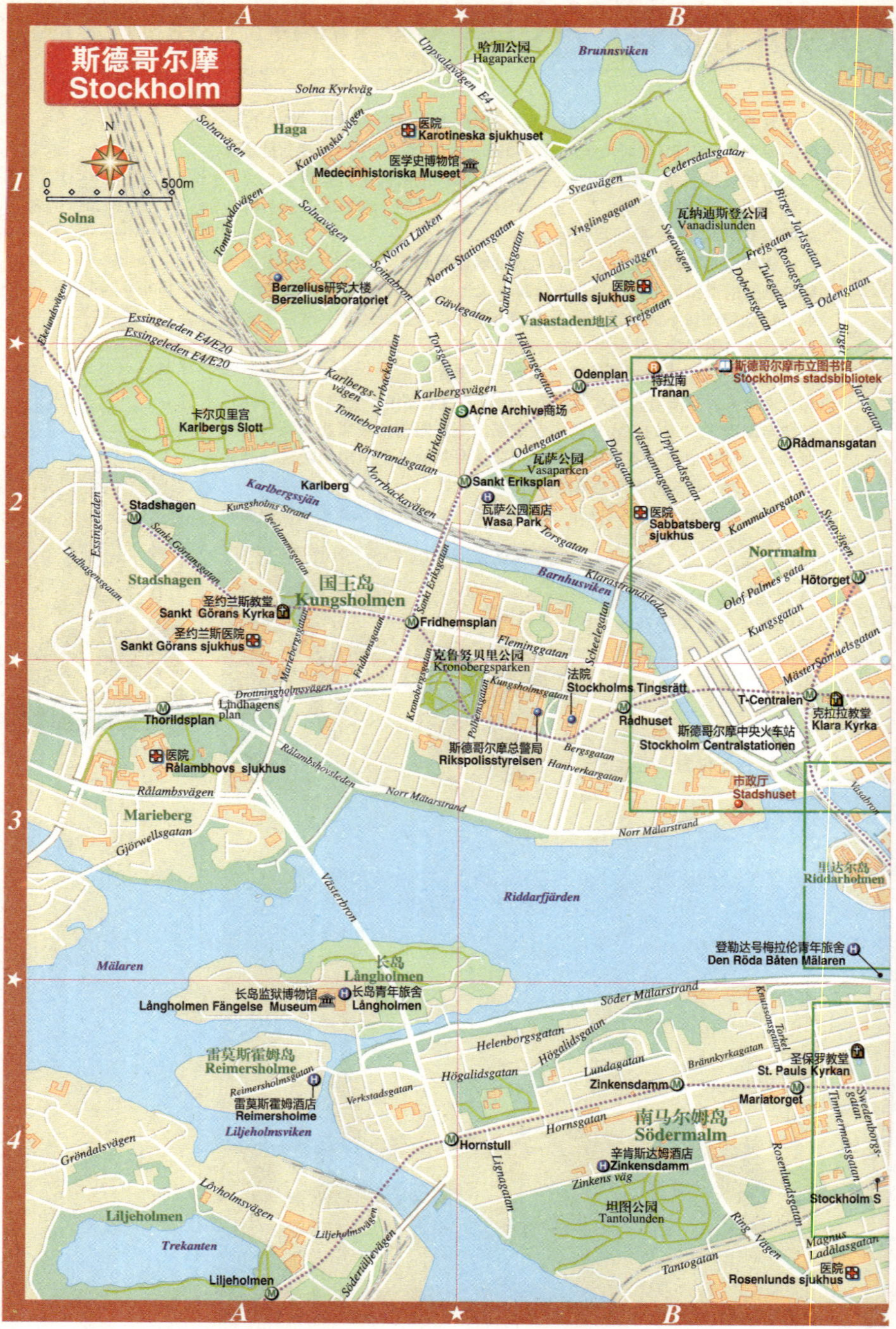
斯德哥尔摩
Stockholm
N
0
500m
A
B
1
2
3
4
哈加公园
Hagaparken
Brunnsviken
Solna Kyrkväg
Haga
医院
Karotineska sjukhuset
医学史博物馆
Medecinhistoriska Museet
Solna
Solnavägen
Karolinska vägen
Uppsalavägen E4
Tomtebodavägen
Norra Länken
Solnabron
Norra Stationsgatan
Sveavägen
Cedersdalsgatan
Ynglingagatan
瓦纳迪斯登公园
Vanadislunden
Birger Jarlsgatan
Berzelius研究大楼
Berzeliuslaboratoriet
Gävlegatan
Sankt Eriksgatan
Vanadisvägen
医院
Norrtulls sjukhus
Frejgatan
Tulegatan
Roslagsgatan
Dobelnsgatan
Odengatan
Vasastaden地区
Ekelundsvägen
Essingeleden E4/E20
Essingeleden E4/E20
Torsgatan
Hälsingegatan
Karlbergsvägen
Norrbackagatan
Odenplan
特拉南
Tranan
斯德哥尔摩市立图书馆
Stockholms stadsbibliotek
卡尔贝里宫
Karlbergs Slott
Acne Archive商场
Tomtebogatan
Birkagatan
Odengatan
瓦萨公园
Vasaparken
Västmannagatan
Upplandsgatan
Rådmansgatan
Rörstrandsgatan
Karlberg
Karlbergssjön
Sankt Eriksplan
Norrbackavägen
Dalagatan
Stadshagen
Kungsholms Strand
瓦萨公园酒店
Wasa Park
医院
Sabbatsberg sjukhus
Kammakargatan
Sankt Göransgatan
Igeldammsgatan
Torsgatan
Norrmalm
Lindhagensgatan
Essingeleden
Stadshagen
国王岛
Kungsholmen
Barnhusviken
Klarastrandsleden
Olof Palmes gata
Hötorget
圣约兰斯教堂
Sankt Görans Kyrka
Sankt Eriksgatan
Fridhemsplan
Scheelegatan
Kungsgatan
圣约兰斯医院
Sankt Görans sjukhus
Mariebergsgatan
Fridhemsgatan
Fleminggatan
克鲁努贝里公园
Kronobergsparken
Mäster Samuelsgatan
Drottningholmsvägen
Kronobergsgatan
Kungsholmsgatan
法院
Stockholms Tingsrätt
T-Centralen
克拉拉教堂
Klara Kyrka
Thorildsplan
Lindhagens plan
Polhemsgatan
Rådhuset
斯德哥尔摩中央火车站
Stockholm Centralstationen
医院
Rålambhovs sjukhus
Rålambshovsleden
斯德哥尔摩总警局
Rikspolisstyrelsen
Bergsgatan
Hantverkargatan
Rålambsvägen
Norr Mälarstrand
市政厅
Stadshuset
Vasabron
Marieberg
Gjörwellsgatan
Norr Mälarstrand
Västerbron
里达尔岛
Riddarholmen
Riddarfjärden
登勒达号梅拉伦青年旅舍
Den Röda Båten Mälaren
Mälaren
长岛
Långholmen
长岛监狱博物馆
Långholmen Fängelse Museum
长岛青年旅舍
Långholmen
Söder Mälarstrand
Krukmakargatan
Torkel Knutssonsgatan
Helenborgsgatan
Högalidsgatan
雷莫斯霍姆岛
Reimersholme
Brännkyrkagatan
圣保罗教堂
St. Pauls Kyrkan
Högalidsgatan
Lundagatan
Reimersholmsgatan
Zinkensdamm
Mariatorget
雷莫斯霍姆酒店
Reimersholme
Verkstadsgatan
Swedenborgsgatan
Timmermansgatan
Liljeholmsviken
南马尔姆岛
Södermalm
Hornsgatan
Hornstull
Gröndalsvägen
辛肯斯达姆酒店
Zinkensdamm
Rosenlundsgatan
Lignagatan
Zinkens väg
Lövholmsvägen
坦图公园
Tantolunden
Stockholm S
Liljeholmen
Ring vägen
Magnus Ladulåsgatan
Trekanten
Liljeholmsvägen
Södertäljevägen
Tantogatan
医院
Liljeholmen
Rosenlunds sjukhus

C
D
1
2
3
4
Ropsten
Hjorthagen
Lidingövägen
Lilla Värtan
Norra Djurgården
韦尔塔港
Värtahamnen
至赫尔辛基
诗丽雅码头
Siljaterminalen
至塔林
Fiskartorpsvägen
Drottning Kristinas väg
Tegeluddsvägen E20
技术大学
Tekniska Högskolan
Erik Dahlbergsgatan
Gärdet
Tekniska Högskolan
Valhallavägen
斯德哥尔摩中心区 p.306～307
Stadion
弗里港
Frihamnen
东马尔姆地区
Östermalm
Östermalmsgatan
Värtavägen
Sandhamnsgatan
Karlaplan
Karlavägen
Lindarängsvägen
Engelbrektsgatan
Sturegatan
Linnégatan
Karlaplan
古斯塔夫・阿道夫教堂
Gustav Adolf Kyrkan
Ladugårdsgärdet
电视台
TV-huset
Banérgatan
Karlavägen
Östermalmstorg
Oxenstiernsgatan
卡克奈斯塔
Kaknästornet
Birger Jarlsgatan
历史博物馆
Historiska museet
Narvavägen
奥斯卡教堂
Oscars Kyrka
广播电台
Radiohuset
Gärdesgatan
Djurgårdsbrunnsvägen
警察博物馆
Polismuseet
Hamngatan
Strandvägen
诺贝尔公园
Nobelparken
民族学博物馆
Etnografiska Museet
国家海洋博物馆
Sjöhistorika Museum
Strandvägen
科学技术博物馆
Tekniska Museet
Ladugårdsviken
北方民俗博物馆
Nordiska museet
Djurgårdsvägen
动物园岛桥
Djurgårdsbrunnsviken
Kungsträgården
儿童博物馆
Junibacken
Rosendalsvägen
Fredsgatan
Strömgatan
老城
p.308～309
"瓦萨"号博物馆
Vasamuseet
皇家狩猎岛玫瑰花园咖啡厅
Rosendals Trädgård Kafé
罗森达尔宫
Rosendals sloff
圣灵岛
Helgeandsholmen
东亚博物馆
Östasiatiska Museet P.338
ABBA博物馆
ABBA The Museum
罗森达尔公园
Rosendals Trädgård
Slottskajen
船岛教堂
Skeppsholms Kyrkan
动物园岛
Djurgården
Orangerivägen
Svensksundsvägen
布拉普特恩
Blå Porten
Hazeliusbacken
斯堪森
Skansen
老城
Gamla Stan
现代美术馆
Moderna Museet
建筑博物馆
Arkitekturmuseet
船岛
Skeppsholmen
Allmänna Gränd
哈塞尔巴肯斯堪的亚酒店
Scandic Hasselbacken
至蒂尔画廊
Thielska Galleriet
趣伏里公园
Gröna Lunds Tivoli
Djurgårdsvägen
Gamla Stan
Munkbroleden
Skeppsbron
城堡岛
Kastellholmen
Beckholmssundet
Ryssviken
Centralbron
贝克霍尔姆岛
Beckholmen
弗里森公园
Frisens Park
希尔顿斯德哥尔摩斯卢森酒店
Hilton Stockholm Slussen
欧根王子美术馆
Prins Eugens Waldemarsudde
Katarinahissen
南马尔姆岛
p.316
Waldemarsviken
Hornsgatan
Slussen
市立博物馆
Stadsmuseet
Saltsjön
至赫尔辛基
圣玛丽教堂
Maria Magdalena Kyrka
Stadsgårdsleden
摄影博物馆
Fotografiska
斯塔斯戈德港
Stadsgårdshamnen
凯塔琳纳教堂
Katarina Kyrka
维京码头
Vikingterminalen
Finnbodavägen
Götgatan
Folkungagatan
Medborgarplatsen
Renstiernas gata
Bondegatan
Kvarnholmsvägen
Åsögatan
Nytorgsgatan
Södermannagatan
Skånegatan
Henriksdals
Nacka
Östgötagatan
Barnängsgatan
Tegelviksgatan
Värmdövägen
Hallandsgatan
至戈洛本
Globen
有轨电车

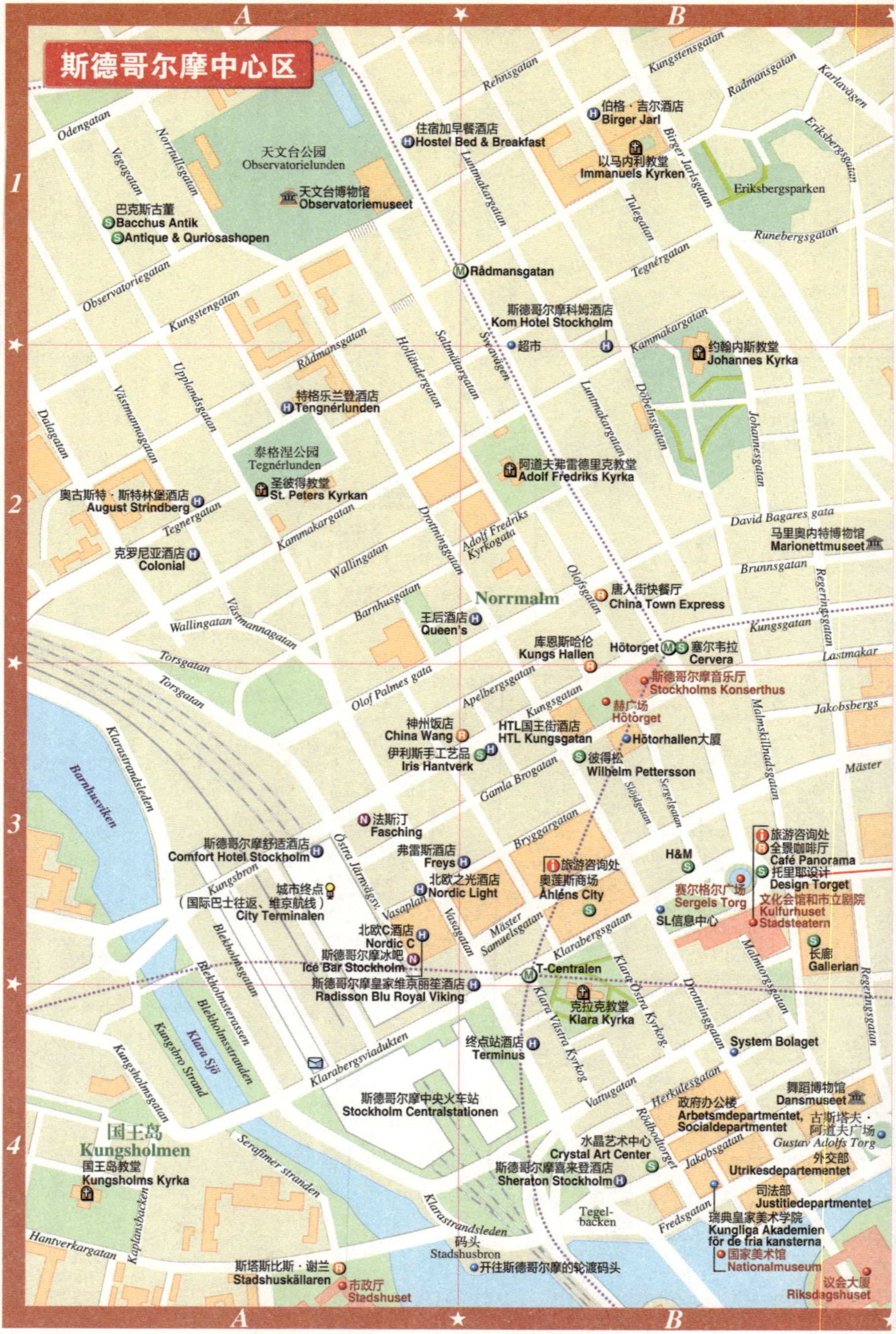

斯德哥尔摩中心区
A
B
1
2
3
4
天文台公园
Observatorielunden
天文台博物馆
Observatoriemuseet
巴克斯古董
Bacchus Antik
Antique & Quriosashopen
住宿加早餐酒店
Hostel Bed & Breakfast
伯格·吉尔酒店
Birger Jarl
以马内利教堂
Immanuels Kyrken
Eriksbergsparken
Rådmansgatan
斯德哥尔摩科姆酒店
Kom Hotel Stockholm
超市
约翰内斯教堂
Johannes Kyrka
特格乐兰登酒店
Tengnérlunden
泰格涅公园
Tegnérlunden
圣彼得教堂
St. Peters Kyrkan
阿道夫弗雷德里克教堂
Adolf Fredriks Kyrka
奥古斯特·斯特林堡酒店
August Strindberg
克罗尼亚酒店
Colonial
马里奥内特博物馆
Marionettmuseet
Norrmalm
唐人街快餐厅
China Town Express
王后酒店
Queen's
库恩斯哈伦
Kungs Hallen
Hötorget
塞尔韦拉
Cervera
斯德哥尔摩音乐厅
Stockholms Konserthus
赫广场
Hötorget
神州饭店
China Wang
HTL国王街酒店
HTL Kungsgatan
Hötorhallen大厦
伊利斯手工艺品
Iris Hantverk
彼得松
Wilhelm Pettersson
法斯汀
Fasching
斯德哥尔摩舒适酒店
Comfort Hotel Stockholm
弗雷斯酒店
Freys
旅游咨询处
奥莲斯商场
Åhléns City
H&M
旅游咨询处
全景咖啡厅
Café Panorama
托里耶设计
Design Torget
文化会馆和市立剧院
Kulturhuset
Stadsteatern
城市终点
（国际巴士往返、维京航线）
City Terminalen
北欧之光酒店
Nordic Light
赛尔格尔广场
Sergels Torg
SL信息中心
北欧C酒店
Nordic C
斯德哥尔摩冰吧
Ice Bar Stockholm
长廊
Gallerian
T-Centralen
斯德哥尔摩皇家维京丽笙酒店
Radisson Blu Royal Viking
克拉克教堂
Klara Kyrka
终点站酒店
Terminus
System Bolaget
Barnhusviken
Klara Sjö
斯德哥尔摩中央火车站
Stockholm Centralstationen
舞蹈博物馆
Dansmuseet
政府办公楼
Arbetsmdepartmentet,
Socialdepartmentet
古斯塔夫·阿道夫广场
Gustav Adolfs Torg
国王岛
Kungsholmen
水晶艺术中心
Crystal Art Center
外交部
Utrikesdepartementet
国王岛教堂
Kungsholms Kyrka
斯德哥尔摩喜来登酒店
Sheraton Stockholm
司法部
Justitiedepartmentet
Tegel-
backen
瑞典皇家美术学院
Kungliga Akademien
för de fria kansterna
码头
Stadshusbron
国家美术馆
Nationalmuseum
斯塔斯比斯·谢兰
Stadshuskällaren
开往斯德哥尔摩的轮渡码头
市政厅
Stadshuset
议会大厦
Riksdagshuset
Odengatan
Vegagatan
Norrtullsgatan
Rehnsgatan
Kungstensgatan
Radmansgatan
Karlavägen
Eriksbergsgatan
Birger Jarlsgatan
Lummakargatan
Tulegatan
Runebergsgatan
Tegnérgatan
Observatoriegatan
Kungstengatan
Rådmansgatan
Holländergatan
Salmdtorgatan
Sveavägen
Kammakargatan
Döbelnsgatan
Johannesgatan
Upplandsgatan
Västmannagatan
Dalagatan
Drottninggatan
Adolf Fredriks Kyrkogata
Olofsgatan
David Bagares gata
Brunnsgatan
Regeringsgatan
Tegnergatan
Kammakargatan
Wallingatan
Barnhusgatan
Kungsgatan
Lastmakar
Torsgatan
Olof Palmes gata
Apelbergsgatan
Jakobsbergs
Klarastrandsleden
Gamla Brogatan
Slöjdgatan
Sergelgatan
Malmskillnadsgatan
Mäster
Bryggargatan
Östra Järnvägsg.
Kungsbron
Vasaplan
Vasagatan
Mäster Samuelsgatan
Klarabergsgatan
Malmtorgsgatan
Blekholmsgatan
Blekholmsterassen
Blekholmsstranden
Kungsbro Strand
Kungsholmsgatan
Klara Västra Kyrkog
Klara Östra Kyrkog.
Drottninggatan
Klarabergsviadukten
Vattugatan
Herkulesgatan
Rödbodtorget
Jakobsgatan
Serafimer stranden
Fredsgatan
Hantverkargatan
Kaplansbacken
Klarastrandsleden

C
D
1
2
3
4
Stadion
Östermalmsgatan
Stureparken
Engelbreksgatan
Jungfrugatan
Artillerigatan
Strindbergsgatan
Valhallavägen
Runebergs-plan
Brahegatan
Grev Turegatan
Nybrogatan
Patent-och resistreringsverket
Karlavägen
Sibyllegatan
Erik Dahlbergsallén
东马尔姆地区
Östermalm
Tyskbagargatan
Östra Reals gymnasium
Humlegården公园
Engelbrektsgatan
Skeppargatan
Östermalmsgatan
Sturegatan
Karlavägen
皇家图书馆
Kungliga Biblioteket
莫宁顿酒店
Mornington
Linnégatan
Karlaplan
Humlegårdsgatan
Kommendörsgatan
斯德哥尔摩广场精品酒店
Elite Hotel Stockholm Plaza
Nybergsgatan
Grevgatan
圣三一教堂
Trefaldighets kyrkan
阿斯普朗德
Asplund
口袋餐厅
Pocket
Östermalmstorg
昆卡尔酒店
Kung Carl
史都雷购物中心
Sture Gallerian
时尚装饰店
Modernity
Linnégatan
斯兑乐广场
Stureplan
斯特雷霍福
Sture Hof
Saluhall（广场）
菲利帕K
Filippa K
Hedvig Eleonora kyrka教堂
斯芬司克
Svensk Hemslöjd
Norrlandsgatan
克拉丽奥惠灵顿连锁酒店
Clarion Collection Hotel Wellington
米科森斯·巴克菲卡
Mixens Bakfica
Riddargatan
Storgatan
历史博物馆
Historiska museet
莫德斯德哥尔摩商场
Mood Stockholm
Biblioteksgatan
Birger Jarlsgatan
约韦尼亚·尤韦莱尔
Jovenia Juveler
武器博物馆
Armémuseum
Samuelsgatan
洛马斯多雷广场 Norrmalmstorg
（有轨电车始发站）
奥舍尔德旅舍
Örnsköld
里达
Riddarbageriet
斯德哥尔摩设计院
Design House Stockholm
Smålandsgatan
哈瓦立博物馆
Hallwylskateatern
音乐博物馆
Musikmuseet
Riddargatan
Styrmansgatan
Grev Magnigatan
Torstenssonsgatan
NK商场
皇家剧院
Dramatiskateatern
Kaptensgatan
马科斯
Max
新桥广场
Nybroplan
Hamngatan
贝尔泽利公园
Berzelii Park
原诺贝尔颁奖音乐厅
斯文森科特·泰恩
Svenskt Tenn
Kungsträdgårdsgatan
Näckströmsgatan
Nybrokajen
瑞典宫
Sverigehuset
伯尔尼酒店
Berns
观光船旅行团乘船处
开往动物园岛的码头
外交家酒店
Diplomat
Strandvägen
Västra Trädgårdsgatan
圣尤金妮亚教堂
S:t Eugenia kyrkan
前往瓦克斯岛轮渡码头
王室公园
Kungsträdgården
Nybrohamnen港
Musikaliska akademien
Kungsträdgården
斯特兰德丽笙酒店
Radisson Blu Strand
雅各布教堂
Jacobs kyrka
Stallgatan
Nybrokajen
Ladugårdslandsviken
动物园岛
Djurgården
Blasieholmsgatan
Greygränd
地中海博物馆
Medelhavsmuseet
皇家歌剧院
Kungliga Operan
Strömkajen
贝兰达
Verandan
Strömgatan
大酒店
Grand
Museiparken公园
Norrström
Strömbron
Södra Blasieholmshamnen
Norrbro
国家美术馆
Nationalmuseum
（至2018年施工中）
N
斯德哥尔摩中世纪博物馆
Stockholm Medeltidsmuseum
0
200m
圣灵岛
Helgeandsholmen
船岛
Skeppsholmen
有轨电车
Slottskajen
老城
Gamla Stan
至船岛
To Skeppsholmen

A
B
1
2
3
4
Frodsgatan
Rosenbad
Strömgatan
Riksbron
议会大厦
Riksdagshuset
Riksgatan
Vasabron
Strömsborgsbron
Stallbron
Kanstikajen
Centralbron
Riddarhuskajen
Myntgatan
Salvllgr.
Riksdagens leoamothus
Riksdagensförvaltn. hus
N. Riddarholmshamnen
Arkivg.
S.Rosenhanes gr.
贵族馆
Riddarhuset
Storkyrkobrinken
Svea Hovrätt
Tryckerig.
Riddarhustorget
将军餐厅
Shogun
HD:s kansli
Gråmunkegr.
Regeringsrätten
斯坦佩恩
Stampen
H.Lekamens gr.
Stora
Stora Nygatan
G. Hälsinges gr.
弗兰格尔宫
Wrangelska Palatset
里达尔岛
Riddarholmen
Gåsgränd
Övers-kärargr.
Wrangelskabacken
里达尔岛教堂
Riddarholms kyrkan
Munkbron
胜利酒店
Victory
Kammarrätten
Yxsmedsgr.
Södra Riddarholms hamnen
Kommerskollegium
Kåkbrinken
邮政博物馆
Postmuseum
Lilla Nygatan
Munkbrogatan
瓦皮亚诺
Vapiano
Schonfelts gr.
Mälartorget
Gamla Stan
Riddarfjärden
N
0
100m
老城
Gamla Stan

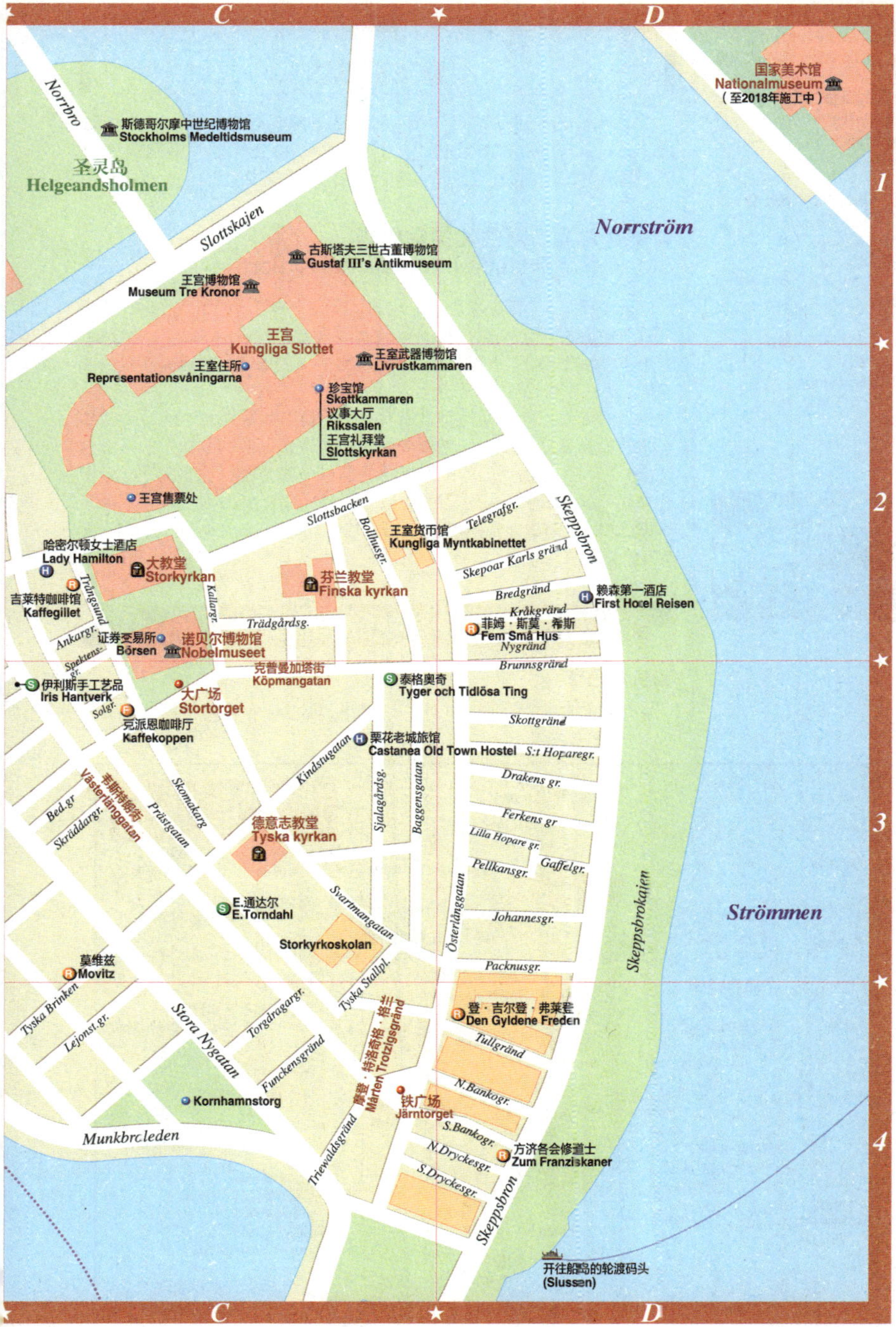
C
D
1
2
3
4
斯德哥尔摩中世纪博物馆
Stockholms Medeltidsmuseum
Norrbro
圣灵岛
Helgeandsholmen
国家美术馆
Nationalmuseum
（至2018年施工中）
Norrström
Slottskajen
古斯塔夫三世古董博物馆
Gustaf III's Antikmuseum
王宫博物馆
Museum Tre Kronor
王宫
Kungliga Slottet
王室武器博物馆
Livrustkammaren
王室住所
Representationsvåningarna
珍宝馆
Skattkammaren
议事大厅
Rikssalen
王宫礼拜堂
Slottskyrkan
王宫售票处
Slottsbacken
Bollhusgr.
王室货币馆
Kungliga Myntkabinettet
Telegrafgr.
Skeppsbron
Skepoar Karls gränd
哈密尔顿女士酒店
Lady Hamilton
大教堂
Storkyrkan
芬兰教堂
Finska kyrkan
Bredgränd
赖森第一酒店
First Hotel Reisen
吉莱特咖啡馆
Kaffegillet
Trångsund
Kallargr.
Trädgårdsg.
Kråkgränd
菲姆·斯莫·希斯
Fem Små Hus
Nygränd
Ankargr.
证券交易所
Börsen
诺贝尔博物馆
Nobelmuseet
Spektens gr.
克普曼加塔街
Köpmangatan
Brunnsgränd
伊利斯手工艺品
Iris Hantverk
大广场
Stortorget
泰格奥奇
Tyger och Tidlösa Ting
Solgr.
克派恩咖啡厅
Kaffekoppen
Skottgränd
栗花老城旅馆
Castanea Old Town Hostel
S:t Hoparegr.
Kindstugatan
Drakens gr.
韦斯特朗街
Västerlånggatan
Bed.gr
Skräddargr.
Prästgatan
Skomakarg
Sjalagårdsg.
Baggensgatan
Ferkens gr
Lilla Hopare gr.
Gaffelgr.
Pellkansgr.
德意志教堂
Tyska kyrkan
Österlånggatan
Skeppsbrokajen
Strömmen
E.通达尔
E.Torndahl
Svartmangatan
Johannesgr.
Storkyrkoskolan
莫维兹
Movitz
Packnusgr.
Tyska Stallpl.
Tyska Brinken
Lejonst.gr.
Stora Nygatan
Torgdragargr.
马丁·特洛奇格·柏兰
Mårten Trotzigsgränd
登·吉尔登·弗莱登
Den Gyldene Freden
Tullgränd
Funckensgränd
N.Bankogr.
Kornhamnstorg
铁广场
Järntorget
S.Bankogr.
Munkbroleden
Triewaldsgränd
N.Dryckesgr.
方济各会修道士
Zum Franziskaner
S.Dryckesgr.
Skeppsbron
开往船岛的轮渡码头
(Slussen)

从北欧各国飞来的航班
（→ p.531）

斯德哥尔摩 · 阿兰达国际机场
Map p.310
☎ 010-1091000
URL www.swedavia.se/arlanda

机场内的旅游咨询处 ℹ
5 号航站楼的抵达大厅
开 每天 6:30~23:45
休 无休
销售开往斯德哥尔摩市区的巴士和火车车票。

机场内的外币兑换处
抵达大厅
SEB Exchange
营 每天 7:30~23:00
休 无休

有 5 个航站楼的大型机场

斯德哥尔摩 抵达斯德哥尔摩

乘飞机抵达

国际航班抵达斯德哥尔摩 · 阿兰达国际机场（Stockholm Arlanda International Airport）。机场位于市中心往北约 45 公里处，国际航班和大部分的国内航班都在这里起降，是斯德哥尔摩的空中门户。

斯德哥尔摩 · 阿兰达国际机场 Stockholm Arlanda International Airport

机场拥有 5 个航站楼，彼此相通，连成一座巨大的建筑。SAS 的国际航线使用 5 号航站楼，芬兰航空使用 2 号航站楼，SAS 的国内航线则在 4 号航站楼起降。各航站楼之间可以步行前往，也可以乘坐免费的摆渡车。还有免费的可换乘巴士。

目前从北京前往斯德哥尔摩有直达航班。如果经哥本哈根或赫尔辛基转机再抵达这里时，无须接受入境检查，只要领取托运的行李通过海关即可。在海关，如果携带物品超过免税范围，需要前往红色柜台办理手续；如果在免税范围之内，可从绿色柜台直接通过。机场除了有银行和旅游咨询处外，4 号、5 号航站楼之间的 Sky City 还有商店、餐厅和酒店。

从机场前往市区的交通

■机场巴士

在机场和市区之间，运行着一种叫 Flygbussarna 的机场巴士。终

点是斯德哥尔摩中央火车站旁的城市终点（City Terminalen）。车票可在机场闪的旅游咨询处或自动售票机上购买；也可以从司机那里直接购买，不过只接受信用卡支付。

便捷的机场巴士

铁路

阿兰达特快列车（Arlanda Express）连接了阿兰达机场站和斯德哥尔摩中央火车站。此外，还可以乘坐郊外列车，这种 SL 公司运营的列车经过 Sky City 地下的阿兰达中央车站。虽然票价较低，但是班次也少，不太方便。无论哪种列车，车票都要在机场内的旅游咨询处或站台、抵达大厅的自动售票机上购买。如果从市区来机场，可在通往 2 号、3 号、4 号航站楼的车站前先下车。

通往机场的直达列车班次多，轻便捷

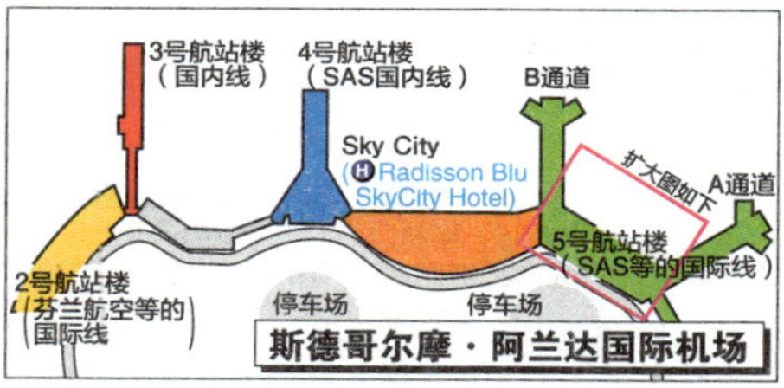

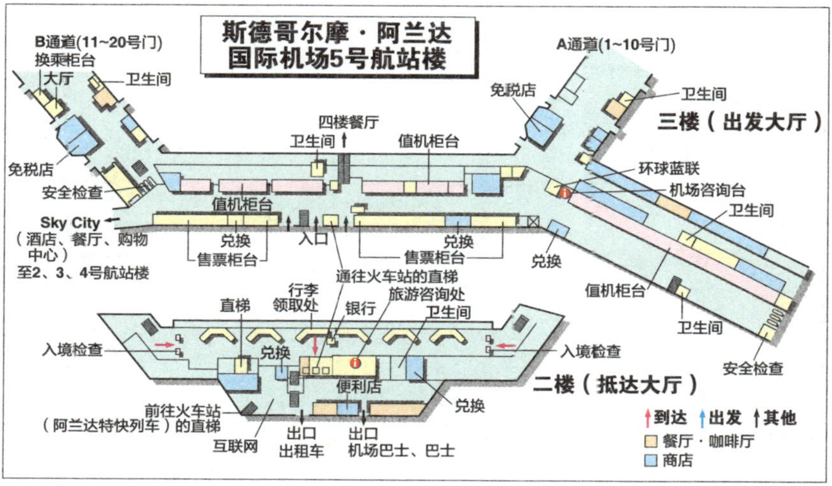

机场巴士
☎ 0771-515252
URL www.flygbussarna.se
机场→城市终点
运行 每天 24 小时，间隔 15 分钟 ~1 小时发车
城市终点→机场
运行 3:45~22:00、间隔 10~15 分钟
费 119SEK
需要约 45 分钟。

阿兰达特快列车
☎ 0771-720200
URL www.arlandaexpress.com
机场→中央车站
运行 每天 5:05~ 次日 1:05
中央车站→机场
运行 每天 4:35~ 次日 0:35
费 单程 280SEK、往返 540SEK
间隔 15~30 分钟发车，需要约 20 分钟。可使用欧洲铁路通票（Eurail Pass）。往返车票有效期一个月。
周四 ~ 周日，双人车票单程 300SEK。

瑞典国铁
☎ 0771-757575
URL www.sj.se
费 128SEK
需要约 40 分钟。

出租车
费 470~675SEK

费用贴在车窗等地方。在出租车站台没必要非得乘坐排在最前面的车，可以先看看票价再决定坐哪一辆

来自欧洲各国的火车
（→ p.529）
来自北欧各国的火车
（→ p.532）

斯德哥尔摩中央火车站
Map p.306–A · B4
售票处
营 周一～周五 6:00~22:00
周六、周日 8:00~22:00
休 无休
遗失物品招领处
URL www.missingx.com
开 周一～周五 9:00~19:00
休 周六、周日

出租车

各个航站楼前都有出租车搭乘处，可以在那里乘车。斯德哥尔摩的出租车公司自行定价，各家公司的票价也各不相同。在机场和市内间设定固定费用的公司居多，会在后座的窗户等处张贴着“Arlanda → Stockholm 470SEK”等标签。如果乘坐这类出租车到斯德哥尔摩市区，就需要交纳标签上的费用。不过事先告知目的地，再确认费用的做法更加保险。如果乘坐没有这类标签的出租车，费用可能会成倍增加，要注意。

乘坐火车抵达

从哥本哈根和奥斯陆出发的列车，以及国内的长途列车都抵达斯德哥尔摩中央火车站。

斯德哥尔摩中央火车站
Stockholm Centralstationen

瑞典首屈一指的大型车站

中央火车站位于市区繁华商业街的西侧。在地上 2 层、地下 1 层的 3 层建筑内，二楼是长途客车城市终点的候车室，地下一层则直达地铁 T-Centralen 站。站台共有 18 个，1、2 号站台是阿兰达特快列车专用站台，3~12 号站台（没有 9 号站台）为长途列车所用，13~19 号站台用于郊区电车的出发和

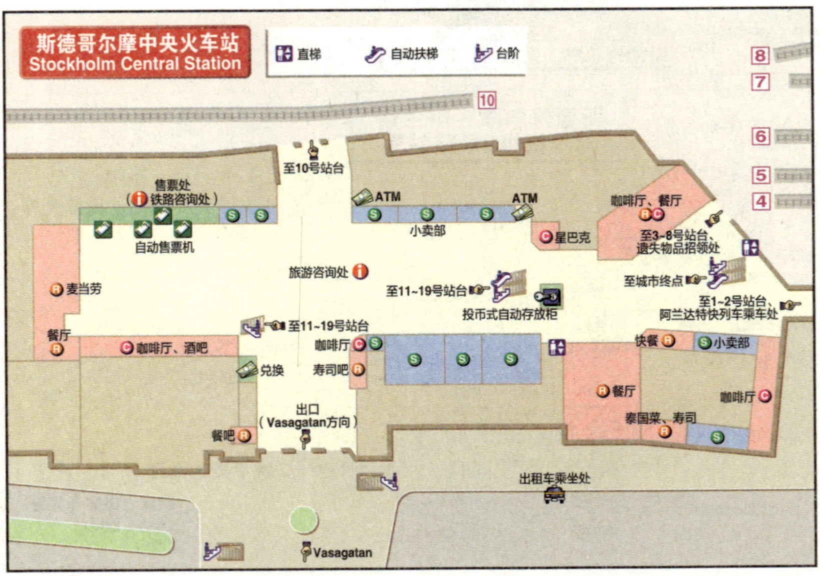

抵达。一楼有阿兰达特快列车的站台和3~10号站台的入口、瑞典国铁（SJ）售票处、铁路咨询处（Kundservice）、旅游咨询处、投币式自动存放柜和外币兑换处，地下一层有超市和SL中心等。列车的出发时刻表可以通过巨大的电子显示屏查询。另外，11~19号站台的检票工作在地下一层和地上二层。站内还能免费无线上网。

乘坐巴士抵达

所有的国际巴士和国内巴士都抵达斯德哥尔摩中央火车站附近的城市终点（City Terminalen）。这是一座有玻璃幕墙的现代化建筑，一层除了各个长途客运公司的售票柜台外，还有机场巴士上客点、兑换处、投币式自动存放柜、咖啡厅和小卖部等。游轮的塔林克·诗丽雅航线（Tallink Silja Oy）和维京航线在这里也设有柜台，可预约或购票。Swebus公司（→p.534）运营着从挪威出发的国际巴士。国内巴士方面，Swebus公司和Ybuss公司等几家公司在各地都拥有运营线路。各客运公司的柜台共用，还设有自动售票机。大厅中心附近有旅游咨询处，如果你不知道怎么走，可以去那里咨询。

有玻璃幕墙的现代化建筑

乘船抵达

如果从芬兰乘船入境，塔林克·诗丽雅航线的船只停泊在市区东北部的韦尔塔港（Värtahamnen）的诗丽雅码头（Siljaterminalen），维京航线的船只停靠在南马尔姆地区东部的斯塔斯戈德港（Stadsgårdshamnen）的维京码头（Vikingterminalen）；从爱沙尼亚出发的塔林克·诗丽雅航线的船只停泊在韦尔塔港。如果要去市中心，从诗丽雅码头去地铁站Gärdet徒步需要约10分钟；要是乘坐诗丽雅City Transfer的巴士（60SEK），可以直接抵达城市终点，交通便利，需要约20分钟。如果从维京码头出发，到地铁站Slussen可以乘坐400路巴士；到城市终点则可以乘坐专用巴士。

中央火车站的兑换处
Forex
营 周一～周五 6:00~21:00
周六、周日 9:00~20:00
休 无休

城市终点
Map p.306-A3·4
住 Klarabergsviadukten 72
电 010-4553397
URL www.cityterminalen.com
开 每天3:15~次日0:15
休 无休
售票处
营 每天7:00~19:00
（机场巴士的售票处为
周一～周五3:15~19:15
周六、周日3:15~19:00）
休 无休

城市终点的兑换处
Forex
营 周一～周五9:00~19:00
周六、周日10:00~17:00
休 无休

从北欧各国出发的主要巴士线路
从奥斯陆出发约需8小时。
从欧洲各国出发的主要巴士线路
（→p.530）

韦尔塔港
Map p.305-D1

斯塔斯戈德港
Map p.305-D4

从北欧各国出发的主要航线
从赫尔辛基出发
塔林克·诗丽雅航线
电（08）222-140
URL www.tallinksilja.com
1天1班。需要约17小时30分钟。
维京航线
电 0600-41577
URL www.vikingline.fi
1天1班。需要约17小时30分钟。

从欧洲各国出发的主要轮渡线路
（→p.530）

SL 公司

回（08）600-1000　URL sl.se

运行 基本上是5:00~次日1:00左右。市区巴士班次少，但是通宵运营。

车票票价

费 1个区域的费用（两张票）

在自动售票机、SL中心和小卖部购票36SEK

在检票窗口、车内（巴士除外）购票44SEK

分A、B、C 3个区域，市区的大多数景点都位于A区。旅游时的交通费，一个区域的费用基本就够了。售票机只接受信用卡支付。窗口购票也可用现金。

旅行卡

费 24小时票 115SEK

72小时票 230SEK

7日票 300SEK

※ 购卡需另交20SEK。可循环使用。

斯德哥尔摩 市内交通

斯德哥尔摩的地铁、市内巴士、有轨电车和郊外电车由SL公司（Stockholms Lokaltrafik）运营，所有车票通用。

价格和车票

车票从开始使用计时，75分钟内有效（如果是3个区域的票有效时间为2小时），有效时间内可自由换乘。A、B、C 3个区域分区定价，同区域内（1个区域）乘车需要2张票，在A、B或B、C区间乘车（两个区域）需要3张票，在A、C区域（3个区）间需要购买4张票。还有可在一定天数内自由换乘的旅行卡。近期，游客主要使用类似于IC卡的车票—— SL交通卡（SL Access-kort）。卡工本费为20SEK，可在售票机和小卖部充值（有效期为发卡后6年内）。销售的旅行卡即为这种IC卡。

地铁 Tunnelbana

标志为Ⓣ。一共7条地铁线路，以T-Centralen站为中心辐射开来。

斯德哥尔摩地铁、有轨电车及郊区电车线路图

各条线路都有自己的编号，方向以终点站名称加以区分。在检票口买的票会被打上购买时间，从这个时间点开始，可在75分钟内在斯德哥尔摩范围内使用。

市区巴士 SL Buss

所有巴士都是前门上车、后门下车的无人售票车。不能从司机处直接购票，需要事先在巴士站台的售票机或车站售货亭购买。使用IC乘车卡时须让读卡机读取。

市区巴士的车体为蓝色或红色

有轨电车 Spårvagn

一共运行着10条线路，市区2条，郊区8条。市区线路为连接赛尔格尔广场（本书调查时，由于赛尔格尔广场周边施工，改由诺玛姆斯托格广场（Norrmalmstorg）始发）和动物园岛的SL公司运营的线路城市有轨电车（S7线），以及连接贝尔泽利公园附近的洛马斯多雷广场和动物园岛的博物馆线这两条。郊区线路Lokalbana（轻轨）可在去米勒斯公园时乘坐。

乘坐城市有轨电车去动物园岛比较方便

郊区电车 Pendeltåg

在南北延伸约80公里的区域内运行。为J35~38四条线路，所有线路均经过斯德哥尔摩中央火车站。可使用SL公司的车票乘坐。

能用地铁和巴士的通票，十分便利

轮渡 Båt

连接贝尔泽利公园旁的Nybrohamnen港与动物园岛的趣伏里公园附近的Allmänna Gränd大街之间的轮渡，以及连接老城的斯凯普斯布龙（Skeppsbron）对面的Slussen和Allmänna Gränd大街之间的轮渡全年通航。两条线路都能使用SL公司的旅行卡。

出租车 Taxi

没有流动出租车，只能从出租车站搭乘。车窗上贴有黄色标签，上面写着每10公里或每15分钟的价格（一般是290~390SEK），要看清楚。乘客人数越多，价格越高。夜间按比例加价。

地铁线路图

位于斯德哥尔摩中央火车站（地下）和赛尔格尔广场、Slussen站等地的SL中心咨询处可以买到SL公司的各种车票，还可以拿到地铁等线路图和运行时刻表。

赛尔格尔广场 SL信息中心

Map p.306-B3

开 周一～周五 7:00~18:30
周六、周日 10:00~17:00

休 无休

市区巴士

运行 5:00~次日0:00左右

也有24小时运行的线路。

下车门位于车辆的中间位置。下车信号分为绳扣式（拉一下系在车厢顶部的绳扣）、按钮式、黑色带子的接触式等。如果向司机打听，就会告诉你什么时候该下车。

有轨电车

城市有轨电车（S7线）

运行 周一～周五
5:30~次日1:30左右
周六
6:00~次日1:30左右
周日
6:30~次日1:30左右

休 无休

博物馆线

URL www.sparvagssallskapet.se

运行 3/25~6/17、8/29~12/18
周六、周日 11:00~17:00
6/18~8/28
每天 11:00~18:00

郊区电车

运行 5:00~次日1:30左右

轮渡

费 36SEK~

主要的出租车公司

Taxi Stockholm

电（08）15-0000

Taxi Kurir

电（08）30-0000

通常不需要支付小费。车费尾数会四舍五入。

出租车费用

费 起步价45SEK左右～（各家出租车公司的起步价不尽相同）

在市内行驶，票价为140~200SEK。

斯德哥尔摩通卡
Stockholm Pass

如果在斯德哥尔摩只是短暂游玩，建议你购买斯德哥尔摩通卡（Stockholm Pass）。持该卡可以免费参观博物馆、美术馆及 P.317 列出的观光巴士之旅及游艇之旅等 60 余项娱乐活动，乘坐机场巴士还能打折，是一张便捷的卡。主页上列举了适用的设施及游览项目列表，可事先查看自己想去的景点有多少个包含在内，确认买这种卡是否划算。从 2016 年起，持卡可免费参观的博物馆数量增多，所以还是考虑一下吧。除了旅游咨询处外，还能在主页上订购。如果你选择网上购买，可以委托对方寄送（自付运费，到达中国需要 10 天左右），也可以去 Åhlens City 内的旅游咨询处取。

URL www.stockholmpass.com
费 1 日用（24 小时有效）595SEK
2 日用（48 小时有效）795SEK
3 日用（72 小时有效）995SEK
5 日用（120 小时有效）1295SEK

斯德哥尔摩 漫步

斯德哥尔摩由大小 14 个岛屿组成，面积较大，不过分成几个区来介绍则很容易了解它。

市中心是地铁 T-Centralen 站出口处的赛尔格尔广场。广场西侧是斯德哥尔摩中央火车站。再向西，隔河相望的是市政厅。赛尔格尔广场的东面是东马尔姆地区（Östermalm）。沿着港口，有王室公园，附近还有国立美术馆和皇家剧场（Dramatiskateatern）。剧场前的贝尔泽利公园有发往动物园岛（Djurgården）的有轨电车和轮渡。动物园岛的旁边是船岛（Skeppsholmen）。

老城（Gamla Stan）位于市中心的南面，扩展到里达尔岛（Riddarholmen）。在大广场的周边，分布着王宫和斯德哥尔摩大教堂等历史建筑，是斯德哥尔摩旅游的必到之处。可以在地铁老城站（Gamla Stan）下车，很方便。从主干道步行过桥，或者乘坐从动物园岛出发的轮渡也可以抵达。老城南面，是颇具人气的购物及美食区——南马尔姆岛（Södermalm）。

在面积广大的斯德哥尔摩，可主要利用地铁，也可灵活乘坐市区巴士等在市区穿行。在一个区域内穿梭时步行即可。此外，建议你感受一下水城特有的轮渡。

绿荫环绕的动物园岛上的庭院

斯德哥尔摩的旅游咨询处 ℹ

位于市中心，交通便利

斯德哥尔摩的旅游咨询处（Sveriges Turistråd）位于赛尔格尔广场对面的文化会馆一楼。从柜台旁的设备上取号，待叫到号码后去柜台咨询。免费分发大量观光指南和地图。在柜台除了可以咨询旅游信息外，还可购买市内交通票、演唱会和剧院等的票。不能预约酒店。可免费连接无线网。

从斯德哥尔摩出发的旅行

观光巴士之旅

Ströma Tourism 公司主办的、乘坐巴士游览斯德哥尔摩主要景点的 Stockholm Panorama 深受欢迎。有电子导游设备。从古斯塔夫·阿道夫广场（Gustav Adolf Torg）出发，全程约 75 分钟，票价 300SEK。也可在旅游咨询处预约。

游艇之旅

游艇之旅有多种，基本上都是从王室公园东侧的斯德哥尔摩大酒店（Grand Hôtel）（→ p.339）前的 Strömkajen 码头、市政厅前的 Stadshusbron、贝尔泽利公园前的 Nybrohamnen 港出发。有 Ströma Tourism 公司主办的动物园岛及老城周边游 Royal Canal Tour，以及沿着运河和海岸听导游讲述斯德哥尔摩历史的 Historical Canal Tour。Royal Canal Tour 从 Strömkajen 码头出发，约需 50 分钟，190SEK。冬季有 Stockholm Winter Tour，约需 75 分钟，250SEK。

斯德哥尔摩的旅游咨询处 ℹ
Map p.306-B3
住 Sergels Torg 5
电 （08）5082-8508
URL www.visitstockholm.com
开 5/1~9/15
周一～周五 9:00~19:00
周六 9:00~16:00
（7、8 月为 ~18:00）
周日 10:00~16:00
9/16~4/30
周一～周五 9:00~18:00
周六 9:00~16:00
周日 10:00~16:00
休 无休

Ströma Tourism 公司
电 （08）1200-4000
URL www.stromma.se

Stockholm Panorama
举办 5/23~6/26、8/24~9/20
10:00、11:30、13:30、15:00
6/27~8/23
10:00、11:30、13:30、15:00、16:30、18:00
9/21~5/22
10:00、12:00、14:00

Royal Canal Tour
举办 4/4~21
周一～周四 10:30~15:30
周五～周日 10:30~16:30
4/22~8/21
每天 10:30~18:30
8/22~9/4
每天 10:30~17:30
9/5~10/9
每天 10:30~16:30
10/10~12/18
通航时间缩短。
每隔 1 小时出发。4/30~9/4 从 Nybrohamnen 港出发。

Historical Canal Tour
举办 6/4~8/14
每天 10:30~16:30
每隔 1 小时出发。

Stockholm Winter Tour
举办 12 月中旬～次年 4 月上旬
每天发船 2~4 班。

斯德哥尔摩实用旅游地址一览表

中国大使馆	电（08）5793-6451	住 Lidovägen 8, 115 25 Stockholm, Sweden
SAS	电 0770-727727	
芬兰航空	电 0771-781100	
塔林克·诗丽雅航线	电（08）222-140	
维京航线	电 0600-41577	住 城市终点内 Map p.306-A3 · A4
斯德哥尔摩总警局	电 114-14	住 Norra Agnegatan 33-37 Map p.304-B3
警察、消防、急救	电 112	
急救医疗电话服务（24 小时）	电 1177	

斯德哥尔摩分区信息

A 斯德哥尔摩中央火车站周边（→ p.322）

斯德哥尔摩的繁华街道从中央火车站向东扩展。连接赫广场和赛尔格尔广场这两个广场的王后街（Drottninggatan）附近是斯德哥尔摩最繁华的商业区。王后街是一条步行街，一直通向老城，每天都有来自世界各地的游客到此游玩。从斯德哥尔摩中央火车站出发，步行约 5 分钟后就能看到面向梅拉伦湖（Mälaren）巍然屹立的砖墙建筑，那是市政厅。夏天可以登上塔内，一览水城斯德哥尔摩的风采。坐船横渡湖面时吹来的风令人顿感惬意。

C 东马尔姆地区周边（→ p.329）

从东马尔姆地区（Östermalm）的地铁站 Östermalmstorg 到斯兑乐广场（Stureplan）的这段路，聚集了商店和餐厅。从广场往南走，有贝尔泽利公园、王室公园和 Museiparken 公园等，夏季有很多人在这里享受日光浴。

位于市中心的贝尔泽利公园

B 老城（→ p.326）

从王室公园朝歌剧院方向前进，过桥后就来到了老城（Gamla Stan）。这一带坐落着王宫、大教堂以及虽然街面不宽但两侧密布着一间间小店的韦斯特朗街（Västerlånggatan），你可以花些时间在这里四处看看。从老城沿着韦斯特朗街径直向北走，穿过王后街，再步行 12~13 分钟，就回到了赛尔格尔广场。

虽然有地铁老城站，但是景点距离 T-Centralen 站还有一站，与步行花费的时间差不多。

D 南马尔姆岛周边

位于老城南面的大岛叫南马尔姆岛（Södermalm）。这里地势较高，从海岸线可以看到老城及向北延伸的斯德哥尔摩市区。岛内依然保留着众多被斯德哥尔摩市指定为文化遗产的 17~19 世纪的古建筑。这里过去是工人居住的平民区，如今逐渐吸引了艺术家和企业家等入住，也是年轻人的天堂。时尚的餐厅和时装店主要集中在 Götgatan 大街和 Skånegatan 大街周边。

E 船岛（→ p.330）

从市中心走过带有皇冠标志的大桥，前方就是船岛（Skeppsholmen）。这里曾是16世纪王室的疗养地，17世纪中叶成了海军基地，总司令部和各类设施都在这里，也被称为海军岛。当时修建的海军司令的住所、兵营、体育馆和国王马厩等都经过了改建，如今变成了东亚博物馆、建筑博物馆和现代美术馆等。

从市中心走过带有皇冠标志的大桥

F 动物园岛（→ p.330）

动物园岛（Djurgården）是一座自然公园，一年四季都受到斯德哥尔摩人的喜爱。它拥有1000公顷的面积，是绿意盎然的城市绿洲。这里是为数不多的王室领地之一，但是出于保护自然的目的，不允许新建任何建筑，想必葱绿的景色可长久保存。岛上除有世界最古老的露天博物馆斯堪森外，还有多座美术馆和博物馆。

G 郊外（→ p.333）

斯德哥尔摩的郊外有世界遗产王后岛宫殿等景点。可乘坐渡轮跨海参观。

One Day Sightseeing

斯德哥尔摩
1日游精选线路

由群岛组成的斯德哥尔摩景点分布范围很广。相距较远的景点可以乘坐地铁，距离近的景点步行即可。

1 有宫殿般优雅的氛围
市政厅

游览 60 分钟

（→ p.322）

举办诺贝尔颁奖典礼的金色大厅和蓝色大厅不容错过。有导游讲解。从塔上还可以将老城一览无余。

举办诺贝尔颁奖典礼的金色大厅

POINT 建议步行前往老城。从桥上眺望，美不胜收。

2 斯德哥尔摩的浴血舞台
大广场

游览 10 分钟

（→ p.327）

不妨在广场对面的咖啡厅休息片刻。附近有很多老城具有代表性的建筑，如果时间充裕，建议也参观一下。

也可在设置于广场中央的长椅上小憩

POINT

如果有时间，建议乘坐渡轮观光，可以慢慢欣赏水边的建筑。

One Day Sightseeing

Start!

- ① 市政厅 Map p.306-A4
  - 徒步 20 分钟
- ② 大广场 Map p.309-C3
  - 徒步 5 分钟
- ③ 大教堂 Map p.309-C2
  - 徒步 5 分钟
- ④ 王宫 Map p.309-C1.2
  - 徒步 5 分钟、轮渡 10 分钟
- ⑤ 斯堪森 Map p.305-D3
  - 徒步 5 分钟
- ⑥ 瓦萨号博物馆 Map p.305-C3
  - 有轨电车（夏季）5 分钟、徒步 10 分钟
- ⑦ 现代美术馆 Map p.305-C3

Goal!

3 斯德哥尔摩的地标
大教堂

游览 20 分钟

（→ p.327）

斯德哥尔摩最古老的教堂。游客在教堂内可以看到《圣乔治与龙》木雕等精美雕刻和华美的祭坛。

意大利巴洛克风格的华丽大教堂

4 代表老城的庄严建筑
王宫

游览 60分钟

（→p.326）

王室的住所以及展示瑞典王室宝物的珍宝馆是最重要的景点。卫兵的交接仪式也不可不看。

举行卫兵交接仪式的王宫庭院

身着军装、手持步枪而立的卫兵

POINT

要配合卫兵交接仪式的时间参观

5 与家人一起游玩的露天博物馆
斯堪森

游览 60分钟

（→p.330）

展示了瑞典各地的传统建筑，还能看到身着民族服饰的人们现场纺织纺织品等。

可以看到瑞典古时人们的生活

园内有各种礼品商店

6

船体很大，甚至从室外也能看到船的一部分

激起冒险心的
“瓦萨”号博物馆

游览 45分钟

（→p.332）

展示了现存最古老的军舰——全长62米的“瓦萨”号。船的细微之处也有雕刻和装饰，要细心观看。

定期举办规划展

7 现代艺术品云集
现代美术馆

游览 60分钟

（→p.330）

展示了现代美术作品。作品包含人物写真、绘画、雕刻和影像艺术，门类丰富。同时设有一个建筑博物馆。

市政厅
住 Hantverkargatan 1
电 (08) 5082-9058
URL international.stockholm.se/the-city-hall

参观市政厅内部只有跟团游。下列参观时刻表有可能因斯德哥尔摩举办活动而发生变更或中止参观，请提前确认。

跟团游（英语）
举办 5/1~20
每天 9:30~11:30
（每 30 分钟发一个团）
12:00~15:00
（每 1 小时发一个团）
5/21~6/5、8/29~10/2
每天 9:30~15:30
（每 30 分钟发一个团）
6/6~8/28
每天 9:00~16:00
（每 30 分钟发一个团）
10/3~31
周一～周五 10:00~15:00
（每 1 小时发一个团）
周六、周日 10:00~11:30
（每 30 分钟发一个团）
12:00~15:00
（每 1 小时发一个团）
11 月～次年 4 月
10:00~15:00
（每 1 小时发一个团）
费 4~10 月 100SEK
11 月～次年 3 月 70SEK

塔
开 5、9 月
每天 9:10~15:50
6~8 月
每天 9:10~17:10
（每 40 分钟发一个团）

在塔内最多只能待 40 分钟。此外，一个团最多只能带 30 人入内参观。
休 10 月～次年 4 月
费 50SEK

交通→→→
在地铁站 Rådhuset 下车，步行 5 分钟即到。从斯德哥尔摩中央火车站出发步行 5 分钟也能到。

金光璀璨的金色大厅

斯德哥尔摩 主要景点

斯德哥尔摩中央火车站周边

市政厅

Stadshuset

Map p.306-A4

斯德哥尔摩具有代表意义的知名建筑

市政厅位于斯德哥尔摩中央火车站的西侧、步行 5 分钟即到的地方，弥漫着水城斯德哥尔摩特有的优雅与庄严。梅拉伦湖里也能见到它的倒影。市政厅由瑞典建筑师拉格那尔·奥斯特伯克（Ragnar Östberg）设计，并于 1911~1923 年建造完成。这座让人联想到宫殿的建筑带有民族浪漫主义色彩，是北欧中世纪的设计风格。106 米高的塔楼、红砖的质感、哥特式风格的窗户以及拜占庭风格的镀金装饰，各种设计在这里交错，完美融合。

在跟团游中，首先会去宽敞的蓝色大厅。设计风格类似于中世纪的意大利广场，高窗采光效果极佳，红砖墙面则属于凿锤饰面设计（突出石面并留下细微痕迹。具有柔和的音响效果）。可举办音乐会和典礼，用途广泛，但是最知名的是每年 12 月 10 日举办的诺贝尔颁奖晚会。二层是拥有维京文艺复兴样式屋顶的市议会大厅，一定要看看。被 200 年前的哥白林双面挂毯环绕的圆形小屋每周六都会承办市民的婚礼。

金色大厅是参观的重中之重。使用 1800 万块金箔来装饰的墙面奢华绚烂。这里是诺贝尔奖颁奖晚会的舞会大厅。

如果想上到塔楼，需要进入内庭旁边的东侧入口，但是塔楼内的升降梯会停在中途，接下来需要步行。从塔顶俯瞰全城美景，梅拉伦湖尽收眼底。市区、老城的屋顶轮廓倒映在湖面上，美丽而优雅。

空间广大的蓝色大厅

赛尔格尔广场、文化会馆和市立剧院 Map p.306-B3

Sergels Torg & Kulturhuset Stadsteatern

赛尔格尔广场位于斯德哥尔摩的中心城区，与地铁 T-Centralen 站的出口同位于地下一层，地板是由白色和黑色的瓷砖铺成的马赛克状，设计时尚。广场对面的玻璃外墙建筑是文化会馆。这座大建筑宽 150 米，内部有市立剧院，还有电影院、咖啡厅、各类商店、展示瑞典青年艺术家和设计师作品的画廊等。

从地铁 T-Centralen 站横穿过广场，走上台阶就到了转盘处，转盘中间是由 8 万块玻璃片组合建造的尖塔。夜晚华灯四起，美丽异常。尖塔北侧的 5 栋 18 层住宅用楼 Höghusen 作为斯德哥尔摩的新开发地区，始建于 1955 年，于 1966 年建成。

用玻璃片建造而成的塔楼

赛尔格尔广场

交通 ➡

在地铁 T-Centralen 站下车。

文化会馆和市立剧院

☎（08）5062-0100

URL kulturhusetstadsteatern.se

咨询处

开 6/15~8/9
周一～周五 11:00~18:00
周六、周日 11:00~16:00
8/10~次年 6/14
周一～周五 9:00~19:00
周六、周日 11:00~17:00

休 无休

Box Office

开 周一～周五 12:00~19:00
周六、周日 12:00~16:00

休 无休

建在赛尔格尔广场对面的文化会馆和市立剧院

赫广场 Map p 306-B3

Hötorget

从赛尔格尔广场向北延伸的赛尔格尔街（Sergelgatan）是一条步行街，两侧商铺林立，是繁华的商业区。街道的尽头就是赫广场。'Hö" 在瑞典语里是"干草"的意思，历史上，这里曾经是干草、衣物、木材、肉类和鱼类的市场。今天的市场早在 100 多年前便已成形，各色花卉、新鲜果蔬、蘑菇等堆积成山，叫卖声此起彼伏。周日还有自由市场，销售古董和二手衣物等。

正对着广场南面的 Hötorhallen 大厦也需要去看看。一到周末，这里就人声鼎沸，十分嘈杂。鱼、肉、蔬菜类货品齐全，特产驯鹿肉、麋斯、野兔肉，甚至雷鸟肉都可以买到。小龙虾、鳗鱼和大鲽鱼占据着店铺最前面的位置，粉红色的小虾堆积成山。在这里走走看看就已经乐趣无穷了。广场内还有咖啡厅、小吃店、出售土耳其式三明治的快餐店、可以吃到鱼的餐厅，如果要吃小吃，这里是不错的选择。

广场东侧的蓝色建筑是斯德哥尔摩音乐厅（→ p.359），主要用于举办古典音乐会，同时也是举办诺贝尔颁奖典礼的场所。建筑前面的青铜塑像群是瑞典代表性的雕刻家卡尔·米勒斯的作品《俄耳浦斯之泉》。

赫广场

开 每天 6:30~19:00
（各个时期的时间可能有变化）

休 无休

Hötorhallen 大厦

URL www.hotorgshallen.se

营 周一～周四 10:00~18:00
周五 10:00~19:00
周六 10:00~16:00

休 周日

交通 ➡

地铁赫广场（Hötorget）站下车。

冬季也有很多人光顾的自由市场

踏着石板路漫步斯德哥尔摩

漫步老城

一边感受中世纪的古老韵味，一边踏着石板路前行。目所及处，满是历史带给我们的无尽美丽与惊喜。你完全可以花上一天时间，在老城悠游漫步。

❶ 德意志教堂

Tyska kyrkan（→ p.328）

出地铁站后稍微走一会儿，就能看到一座美丽的教堂。尖塔的高度达 96 米。

❷ 大广场

Stortorget（→ p.327）

位于老城的中央，曾经是集市，也是处决犯人的地方。

❸ 韦斯特朗街

Västerlånggatan

早在 13 世纪，韦斯特朗街还是一条繁华街道。石头路面两旁，礼品商店鳞次栉比。进入店内后，你可以看看屋顶，不少店内都保存着被美化过的老式玻璃顶篷。

❹ 里达尔岛教堂

Riddarholms Kyrkan（→ p.328）

建于 1280~1310 年间。很多瑞典王室成员都长眠于此。

❺ 大教堂

Storkyrkan（→ p.327）

13 世纪建造的斯德哥尔摩最古老的教堂。

❻ 王宫

Kungliga Slottet（→ p.326）

瑞典王室用来举办正式活动的宫殿，属意大利巴洛克风格。

❼ 芬兰教堂

Finska kyrkan

在教堂的内庭，有被称为《阿安男孩》的市内最小雕像，高度仅 14 厘米。可爱的形象在市民和游客中很有人气，也有很多人在这里投硬币。雕像有时候还戴着帽子，可能是游人随性而为吧。

Start!

- 10:00 地铁老城站 ▶
- 10:05 ❶ 德意志教堂 ▶
- 10:30 ❷ 大广场 ▶
- ❸ 韦斯特朗街 ▶
- 11:00 ❹ 里达尔岛教堂 ▶
- 11:30 ❺ 大广场 ▶
- 12:15 ❻ 王宫 ▶
- 在大广场附近吃午餐 ▶
- 14:30 ❼ 芬兰教堂 ▶
- 14:45 ❽ 诺贝尔博物馆 ▶
- ❾ 科普曼加塔街 ▶
- ❿ 摩登·特罗奇格·格兰 ▶
- 15:45 ⓫ 铁广场 ▶
- 16:00 地铁老城站

Goal!

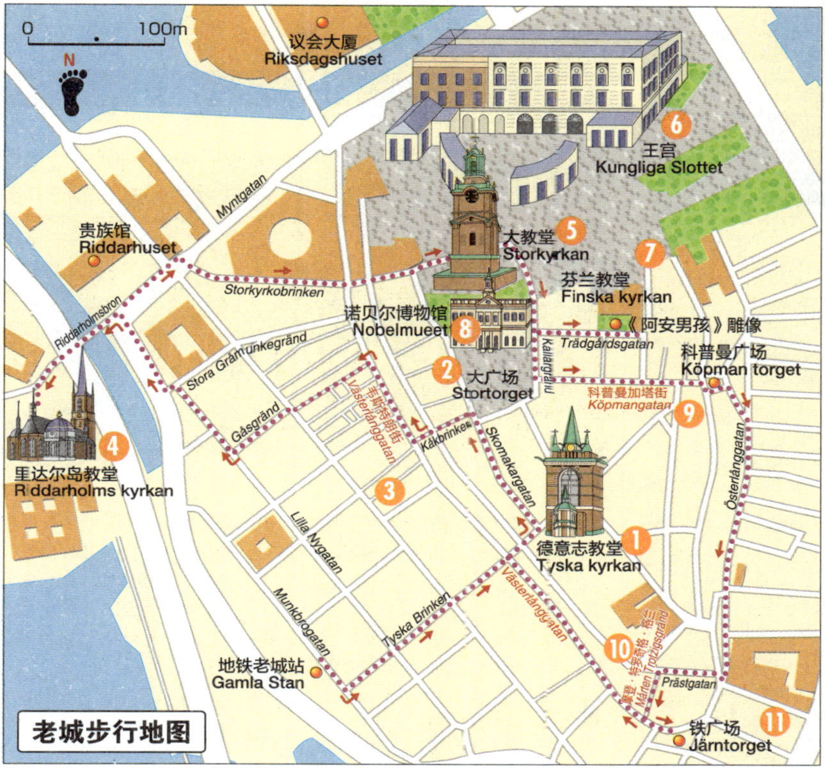

8 诺贝尔博物馆

Nobelmuseet
（→ p.328）

要留意馆内的咖啡厅。那里可以品尝到与颁奖晚会上相同的冰激凌。椅子的背面有获奖者的签名。

10 摩登·特罗奇格·格兰

Mårten Trotzigsgränd

老城最狭窄的街道。宽度仅有 90 厘米左右，不用展开双臂也能触摸到两边的墙。

9 科普曼加塔街

Köpmangatan

科普曼加塔街是斯德哥尔摩历史最悠久的商业街。现在，这附近集中了艺术品商店和艺术画廊。街道尽头的科普曼广场有《圣乔治和龙》的复刻版雕像。

11 铁广场

Järntorget

过去，这个广场曾用于存放从港口运来的铁，故而得名。广场的中央至今仍保留着一个巨大的称量器。立在一隅的眼镜男像是瑞典的著名诗人 Evert Taube 的雕像。

老城

王宫 Map p.309-C1-2

Kungliga Slottet

卫兵交接时的仪式不可错过

一幢建在老城北侧的庄严的3层建筑。始建于13世纪中叶，但是在1697年被付之一炬。之后又耗费了57年时间重建，终于在1754年竣工。王宫融合了意大利巴洛克和法国洛可可两种风格，曾世世代代作为王室成员的居所，但是现在的王室为了给孩子们创造一个更适合他们生活的环境，于1981年搬到了郊区的王后岛宫殿（→p.333）。游客可以顺道观看在王宫西院中举行的卫兵交接仪式。

■王室住所 Map p.309-C2

王室住所（Representationsvåningarna）共有约600个房间，其中一部分对外开放。可以参观的是王宫内二楼与三楼之间的贝纳多特大厅（Bernadotteuåningen）、晚会大厅（Festvåningen）、会客室（Gästvåningen）等。可以看到洛可可风格的装潢、重达450公斤的水晶玻璃枝形吊灯、银器、玻璃收藏品、波丝绒毯等豪华展品。

■珍宝馆和议事大厅 Map p.309-C2

从王宫东侧的入口处进入后，可以看到珍宝馆（Skattkammaren）。这里展示着12位历代国王、女王的王冠、佩剑和各类宝物。镶嵌着700颗钻石、珍珠、红宝石、绿宝石的王冠，为1561年埃里克十四世加冕仪式时所用。

位于一角的议事大厅Rikssalen在很长的一段时间内一直是国王见证下，举行传统的议会召开仪式的场所。

■属于王室的博物馆等 Map p.309-C1-2

王宫礼拜堂（Slottskyrkan）是典型的法国洛可可风格。王室武器博物馆（Livrustkammaren）中陈列着17世纪古斯塔夫二世国王在Lützen战死时所乘战马的标本、18世纪末在剧院的面具舞会中遭遇暗杀的古斯塔夫三世的血衣，以及行凶的贵族当时使用的手枪、面具等。

王宫博物馆（Museum Tre Kronor）需要从西侧或王室住所旁的入口进入。这里展示了17世纪末毁于大火的旧王宫的遗物。古斯塔夫三世古董博物馆（Gustaf III's Antikmuseum）中展示了国王的收藏品，王宫北侧有入口。

这些王室所属的博物馆、礼拜堂经常举办各种室内音乐、抒情音乐的演奏会。夏季更为频繁。

王宫
- 回（08）402-6130
- URL www.kungahuset.se

在大教堂对面的售票处买票。

※王宫的所有景点和王室博物馆，跟团游都可以凭斯德哥尔摩通卡入场。

跟团游（英语）

举办 5/14~9/14
每天 10:30、14:30、15:30（王室住所）
11:30（珍宝馆）
15:30（王宫博物馆）
9/15~次年5/3
周二~周日 11:30（珍宝馆）
10:30、14:30（王室住所）

卫兵交接仪式

举办 4/23~8/31
周一~周六 11:45~
周日 12:45~
9、10月
周三、周六 11:45~
周日 12:45~
11/1~次年4/22
周三、周六 12:09~
周日 13:09~

王室住所、珍宝馆、议事大厅和王宫博物馆

开 5/15~6/30、9/1~14
每天 10:00~17:00
7、8月
每天 8:30~17:00
（除王室住所外是10:00~）
9/15~次年5/14
周二~周日 10:00~16:00
休 9/15~次年5/14的周一
费 150SEK（7日内有效）
5/15~9/13还包含古斯塔夫三世古董博物馆。

王宫礼拜堂

开 5/14~9/14
每天 10:00~17:00
休 9/15~次年5/13
全年周日上午11:00开始做弥撒。
费 免费

古斯塔夫三世古董博物馆

开 5/15~9/13
每天 10:00~17:00
休 9/14~次年5/14

王室武器博物馆

回（08）402-3030
URL livrustkammaren.se
开 5、6月
每天 11:00~17:00
7、8月
每天 10:00~18:00
9月~次年4月
周二、周三、周五~周日 11:00~17:00
周四 11:00~20:00
休 9月~次年4月的周一
费 免费

交通→→→

在地铁老城站下车，步行20分钟。

议会大厦 Map p.308-B1

Riksdagshuset

瑞典的议会大厦位于斯德哥尔摩市中心与老城之间的小岛上。这座 20 世纪初建造的石质建筑，气氛庄重。内部只能由讲解员带领参观，使用瑞典语和英语。

整个岛几乎都是议事厅

大教堂 Map p.309-C2

Storkyrkan

紧挨着王宫南侧的是斯德哥尔摩最古老的教堂。建于 13 世纪后期，后经数次改扩建，到 15 世纪 80 年代形成了现在的规模。为了与王宫的建筑风格保持统一，把原来的哥特式改成了意大利巴洛克样式。这里一直是举办国王、女王的加冕和婚礼等仪式的地方。最近一次是 1976 年举行的现任国王卡尔十六世古斯塔夫与王后西尔维娅的婚礼。2010 年 6 月，公主殿下 (即女太子维多利亚) 的婚礼也在这里举办。

木雕《圣乔治与龙》

进入教堂后，可以看到黑檀银质祭坛、巴洛克风格宝座、布道台和 1489 年创作的木雕作品《圣乔治与龙》等。

此外，7~8 月中旬还会举办风琴音乐会。

大广场 Map p.309-C3

Stortorget

出了大教堂，向王宫的反方向前行就会看到大广场。如今这片安宁和平的广场曾在 1520 年发生了载入史册的“斯德哥尔摩大屠杀”。据称，因抵抗丹麦国王克里斯蒂安二世的入侵，包括瓦萨王父亲在内的贵族、高官等 90 余人在这里被送上断头台，行刑之日广场一片血海。

广场周边有很多咖啡厅

广场对面是建于 1776 年的证券交易所 Börsen。顶层是古斯塔夫三世创立的瑞典文学院，每年这里都会举行诺贝尔文学奖的评审活动。

议会大厦

住 Riksgatan 3

☎ (08) 786-4862

URL www.riksdagen.se

带导游的旅行团 (英语)

举办 6 月下旬 ~8 月下旬
周一 ~ 周五 12:00、13:00、14:00、15:00
10 月 ~ 次年 6 月下旬
周六、周日 13:30

费 免费

上述为英语旅行团参观时间。8 月下旬 ~9 月及议会开会期间不接待游客。

在这里提交旅行团申请

大教堂

住 Trångsund 1

☎ (08) 723-3000

URL svenskakyrkan.se/stockholmsdomkyrkoforsamling

开 6 月
周一 ~ 周五 9:00~17:00
周六、周日 9:00~16:00
7、8 月
周一 ~ 周五 9:00~18:00
周六、周日 9:00~16:00
9 月 ~ 次年 5 月
每天 9:00~16:00

休 无休

费 40SEK (可凭斯德哥尔摩通卡入场)

斯德哥尔摩最古老的教堂是漫步老城的方向标

贵族馆
住 Riddarhustorget 10
☎ (08) 723-3990
URL www.riddarhuset.se
开 周一～周五 11:00~12:00
休 周六、周日
费 60SEK（可凭斯德哥尔摩通卡入场）

德意志教堂
住 Svartmangatan 16A
☎ (08) 411-1188
开 5/1~6/13、8/18~9/15
每天 11:00~15:00
6/14~8/17
每天 10:30~16:30
9/16~次年 4/30
周三、周五、周六
11:00~15:00
周日 12:30~15:00
休 9/16~次年 4/30 的周一、周二、周四
费 免费

里达尔岛教堂
住 Kungliga Slottet
☎ (08) 402-6130
URL www.kungahuset.se
开 5/14~9/14
每天 10:00~17:00
休 9/15~次年 5/13
费 50SEK（可凭斯德哥尔摩通票入场）

诺贝尔博物馆
住 Stortorget 2
☎ (08) 5348-1800
URL www.nobelmuseum.se
开 6~8 月
每天 9:00~20:00
9 月～次年 5 月
周二 11:00~20:00
周三～周五 11:00~17:00
休 9 月～次年 5 月的周一
费 100SEK（可凭斯德哥尔摩通票入场）

带导游的旅行团（英语）
举办 6~8 月
每天 10:15、11:15、13:15、15:15、16:15、18:15
9 月～次年 5 月
周二～周日
11:15、13:15、15:15

这栋建筑曾是证券交易所

贵族馆

Map p.308-B2

Riddarhuse

能够遥想贵族的世界

这栋荷兰巴洛克风格的建筑位于老城的西北角，建于 1668 年，是当时贵族阶层举行首次议会的地方。内部装饰着多达 2322 张带有贵族徽章的盾，让人依稀看到当年的风云。

建筑前的铜像是 16 世纪中期伟大的国王古斯塔夫·瓦萨，是使用 18 世纪初卡尔十二世在 Narva 之战中夺来的大炮改造而成，重达 11 吨。

内部的大厅经常举办室内音乐会。

德意志教堂

Map p.309-C3

Tyska kyrkan

位于大广场南边，带有高高的尖塔。为汉萨同盟的商人在 1634~1648 年建造。经过多次改建后，于 1887 年形成了现在的风貌。内部装饰为 17 世纪中叶风格。教堂内装饰着 38 个镀金的天使面庞，八角形的布道台是以黑檀和雪花石膏制成的。

里达尔岛教堂

Map p.308-A-B3

Riddarholms kyrkan

拥有大尖塔的新哥特式教堂

从城市的任一角落都能看到一座高高的尖塔，拥有这座尖塔的就是里达尔岛教堂。它是 13 世纪中叶作为方济各教会修道院修建的，是与大教堂齐名的斯德哥尔摩最古老教堂之一。这个镂空的新哥特式塔尖曾经两次毁于火灾，后于 1846 年重建。里达尔岛教堂从 17 世纪初的古斯塔夫·阿道夫二世开始，成为历代国王和女王的菩提寺。

诺贝尔博物馆

Map p.309-C2-3

Nobelmuset

于 2001 年诺贝尔奖 100 周年之际改建的博物馆。馆内用视频和照片等手段，按照年代对诺贝尔奖的历史和历届获奖者进行了详细介绍。此外，在博物馆商店内，有诺贝尔文学奖获奖作家的作品集和明信片，此外还销售带有阿尔弗雷德·贝恩哈德·诺贝尔头像的巧克力。这种巧克力被添加在诺贝尔奖颁奖典礼的晚宴上所使用的餐后咖啡中。在咖啡厅里可以品尝到与晚宴正餐上的甜品一模一样的冰激凌。每天都有英语导游带领参观。

东马尔姆地区周边

王室公园 Map p.307-C3-4
Kungsträdgården

在 18 世纪末之前，这里一直是王室和贵族休闲散步的地方。1953 年，作为建市 700 周年的庆典举办场所，公园进行了翻新，现在是深受市民喜爱的热闹场所。

园内有两座雕像，北边的雕像是卡尔十三世，南边是卡尔十二世。夏季这里常常举办各类活动，露天舞台上还会举办音乐会和露天戏剧。还有台球和国际象棋爱好者来此，是市民的休闲好去处。坐在长椅上欣赏人来人往也有几分乐趣。两侧的菩提树林荫道是散步的绝佳地方。一到冬天，人工溜冰场就会对外开放。

位于公园南侧的卡尔十二世雕像

武器博物馆 Map p.307-C-D3
Armémuseum

一座用装甲车和迫击炮迎宾的大型博物馆。3 层建筑的馆内，介绍了从维京海盗时期到 20 世纪的瑞典军队，武器史展品有大炮、枪、剑等实战使用的武器和作为战利品缴获的各国国旗等。此外，还利用精巧的实物模型、音响效果等，真实地还原了各个时期的战争场景，堪称镇馆之宝。

楼前放置有大炮

历史博物馆 Map p.307-D3
Historiska museet

按时间顺序展示古代人的骨骼、出土的陶器碎片等约 1.1 万年前的文物。另外，在位于金色大厅（Guldrummet）内的圆形特殊展览室内，展示了金银材质的装饰品、餐具、武器等，闪闪发光。

国家美术馆 Map p.307-C4
Nationalmuseum

瑞典最大的美术馆，展示了 16 世纪至 20 世纪的绘画、雕刻、家居饰品、银器等。本书调查时，美术馆由于大规模的翻修作业，展品转移至瑞典皇家美术学院（Kungliga Akademien för de fria kansterna）（Map .306-B4）内临时展出。遗憾的是，受限于博物馆较小的展示空间，几乎所有展品都借调到瑞典国内外的美术馆展出，无法得见，不过随时都有企划展。位于王室公园东侧的建筑预计于 2018 年左右重新开放。

王室公园
交通
在地铁 T-Centralen 站或王室公园（Kungsträdgården）站下车。

武器博物馆
住 Riddargatan 13
电 08）5195-6301
URL www.sfhm.se
开 6~8 月
每天 10:00~17:00
9 月～次年 5 月
周二 11:00~20:00
周三～周日 11:00~17:00
休 9 月～次年 5 月的周一
费 免费

历史博物馆
住 Narvavägen 13-17
电（08）5195-5600
URL www.historiska.se
开 6~8 月
每天 11:00~18:00
9 月
周四～下周二 11:00~18:00
周三 11:00~20:00
10 月～次年 5 月
周二、周四、周五 12:00~18:00
周三 12:00~20:00
周六、周日 11:00~18:00
休 10 月～次年 5 月的周一
费 免费

国家美术馆
住 Södra Blasieholmshamnen（现在临时在 Fredsgatan 12 展出）
电（08）5195-4300
URL www.nationalmusum.se
开 周二、周四 10:00~20:00
周三、周五～周日 10:00~17:00
（各个时期开放时间不同）
休 周一
费 免费

虽然在施工，外观依旧能看一看。倒映在水中的外观很美

船　岛

现代美术馆

Moderna Museet

Map p.305-C3

现代美术馆

住 Skeppsholmen
电 （08）5202-3500
URL www.modernamuseet.se
开 周二 10:00~20:00
周三～周日　10:00~18:00
休 周一
费 免费

交通→→→

地铁王室公园站下车，步行 10 分钟。或乘坐 65 路巴士在 Moderna Museet 站下车。

展品每年都会轮换数次

是一座展示现代艺术的美术馆，位于与国家博物馆隔桥相望的船岛上。所展出的 10 万余件图片展品最早可追溯到 19 世纪中期，包括达利、毕加索等人的名作，此外还展示了雕刻和影像艺术，门类齐全。美术馆由西班牙著名建筑师拉斐·蒙迪欧（Rafael Moneo）设计。视野开阔的餐厅也广受好评。

此外还设有建筑博物馆，展示了古纳·阿斯普伦（Gunnar Asplund）等瑞典知名建筑师的翔实资料。

东亚博物馆

Östasiatiska Museet

Map p.305-C3

东亚博物馆

住 Tyghusplan，Skeppsholmen
电 010-456-1200
URL www.varldskulturmuseerna.se
开 周二 11:00~20:00
周三～周日　11:00~17:00
休 周一
费 免费

介绍亚洲各国文化的博物馆。主要展示了中国的作品，兼有日本、韩国、印度等国的陶瓷、佛像、卷轴和书画等。在入口旁的商店内，还能买到各种亚洲商品。

动物园岛

斯堪森

Skansen

Map p.305-D3

斯堪森

住 Djurgårdsslätten 49-51
电 （08）442-8000
URL www.skansen.se
公园和动物园
开 4 月
每天　10:00~16:00
5/1~6/23、9 月
每天　10:00~18:00

创立于 1891 年的斯堪森露天博物馆的创始人是哈塞利乌斯（Hasselius）。

COLUMN　SWEDEN

地铁站的环境艺术

贯穿斯德哥尔摩市内、全长 110 公里的地铁线路有几条穿过深深的海湾或海峡。车站位于乘坐升降梯方可抵达的数十米深处的地下。破碎坚硬的岩石后建成的站台，其墙面混凝土上经过喷涂处理，绘制了设计比赛中胜出的艺术家们的各种壁画和雕刻作品。整个站台就像一座美术馆。地铁全线 100 个站中的 90 个以上可以见到超过 150 名艺术家的作品。

夏季会有讲解员免费带领参观数个地铁站（需要有效的地铁票）。详情请咨询 SL 公司。

装饰独特的地铁 T-Centralen 站

馆内散布着迁移至此的传统建筑

哈塞利乌斯对瑞典同欧洲其他国家一样在急速工业化中消失的古老传统万分感慨，于是把全国各地约 160 栋传统建筑集中在这里。哈塞利乌斯的故居（Hasseliushuset）也被迁移到这里，供游客参观。

展望辽阔的斯堪森，18 世纪至 20 世纪的民居、豪门宅邸、教堂、玻璃工厂和杂货店等建筑随处可见。屋子里面，身着当地服装的人或纺线，或编织，真实地再现了古代民生兴旺时期的劳作画面。还有动物园和水族馆。要在博物馆内细细游览，满打满算需要 2 小时。

ABBA 博物馆 Map p.305-D3

ABBA The Museum

于 2013 年正式对外开放，是一个专门为瑞典流行乐队 ABBA 设立的博物馆。博物馆是介绍瑞典音乐发展历程的大型音乐设施的一部分，门票也是通用的。博物馆内展出 ABBA 乐队的演出服装、知名作品，还建造了他们创作室的模型。有不少互动环节，如跟 ABBA 成员一道演唱他们的代表曲目等，视频还能随后从网上下载。馆内支付只限信用卡。

不是 ABBA 的粉丝也能感觉到乐趣

北方民俗博物馆 Map p.305-C3

Nordiska museet

动物园岛入口处的宫殿式建筑是北方后期文艺复兴风格，根据斯堪森的创始人哈塞利乌斯的设计建造。在这里，你可以了解到 16 世纪到今天的人们的生活风貌。也可以看到，这个发达的工业化国家早在 100 年前，还是一个贫穷的农业国。

馆内按年代顺序展出了纺织品、衣物、家具、农耕用具、陶瓷以及住房史。一层大厅正面的巨大冷杉木雕像是率领瑞典取得独立的古斯塔夫·瓦萨的雕像，雕像出自卡尔·米勒斯之手。

6/24~8/31
每天 10:00~20:00
10 月 ~ 次年 3 月
周一 ~ 周五 10:00~15:00
周六、周日 10:00~16:00
休 无休
费 100~180SEK（不同时期票价不同）

水族馆
☎（08）666-1000
URL www.skansen-akvariet.se
开 5 月
周一 ~ 周五 10:00~17:00
周六、周日 10:00~18:00
6/1~23、8/15~28
周一 ~ 周五 10:00~18:00
周六、周日 10:00~19:00
6/24~8/14
每天 10:00~20:00
8/29~ 次年 4/30
周一 ~ 周五 10:00~16:00
周六、周日 10:00~17:00
休 无休
费 120SEK

ABBA 博物馆
住 Djurgårdsvägen 68
☎（0771）75-7575
URL www.abbathemuseum.com
开 1/13~3/20、4/4~5/1、8/29~10/30、11/7~12/11
周五 ~ 周二 10:00~18:00
周三、周四 10:00~20:00
3/21~4/3、10/31~11/6、12/12~ 次年 1/8
每天 10:00~18:00
5/2~8/28
每天 10:00~20:00
（最晚入馆时间为闭馆前 1 小时 30 分钟）
休 1/9~12
费 215SEK（持斯德哥尔摩通卡打 8 折，在网站上购票为 195SEK。免费使用语音导游设备）
交通
乘坐 67 路巴士或 7 路有轨电车在 Liljevalchs/Gröna Lund 下车。

北方民俗博物馆
住 Djurgårdsvägen 6-16
☎（08）5195-4600
URL www.nordiskamuseet.se
开 6~8 月
每天 10:00~17:00
9 月 ~ 次年 5 月
周四 ~ 下周二 10:00~17:00
周三 10:00~20:00
休 无休
费 100SEK（9 月 ~ 次年 5 月的周三 17:00 以后免费）
交通
乘坐 67 路巴士或 7 路有轨电车在 Nordiska Museet/Vasa Museet 下车。

“瓦萨”号博物馆 Map p.305-C3

Vasamuseet

展示作为现存最古老的完整船只而闻名的战舰“瓦萨”号的博物馆。“瓦萨”号建造于古斯塔夫·阿道夫二世主政时期，当时瑞典国力强盛。为参加德意志三十年战争，“瓦萨”号1628年8月10日在王宫附近的码头开始了它的首航。不幸的是，战舰突遇风暴，还没驶出斯德哥尔摩港湾就沉入了32米深的海底。也许是设计上存在瑕疵，也可能是排水量不足，还可能是大炮吨位过大，总之，沉船真正的原因至今仍是个谜。

“瓦萨”号全长61米，最大宽度11.7米，高52.5米（至桅杆顶端），排水量1210吨，扬帆面积达到1275平方米。船员共445人。就17世纪的军舰来说，规模称得上相当巨大。虽然是战舰，但整个船身装饰了180处雕刻，特别是船尾部分，华丽的木雕被漆上金色，看上去相当华贵。馆内还播放从1961年打捞船体到复原的整个过程的纪录片。

馆内地板与“瓦萨”号的吃水线处于同一高度

“瓦萨”号博物馆

住 Galärvarvsvägen 14

☎（08）5195-4800

URL www.vasamuseet.se

开 6~8月

每天 8:30~18:00

9月~次年5月

周四~下周二 10:00~17:00

周三 10:00~20:00

休 无休

费 130SEK（可凭斯德哥尔摩通卡入场，9月~次年5月的周三17:00以后入场为100SEK）

交通

乘坐67路巴士或7路有轨电车在Nordiska museet/Vasa Museet下车。

墙上也展示着船上的装饰品

欧根王子美术馆 Map p.305-D3-4

Prins Eugens Waldemarsudde

这原本是一座建于1904年的欧根王子宅邸，绿荫掩映，位于动物园岛南侧的岬角上。如今被改造成美术馆，保留了欧根王子当年居住时的原貌，可谓独一无二。

除了王子本人的作品外，还展示了很多北欧画家的画作，值得一看。有些房间装点着四季的鲜花、绿植，与精美的装修风格融为一体。幽雅的环境与绘画鉴赏相得益彰。

欧根王子美术馆

住 Prins Eugens väg 6

☎（08）5458-3700

URL www.waldemarsudde.se

开 周二、周三、周五~周日 11:00~17:00

周四 11:00~20:00

休 周一

费 120SEK（可凭斯德哥尔摩通卡入场）

交通

从7路有轨电车的终点处向右侧的林间小道前进，5~10分钟后到。

让人想起当时奢华的生活

蒂尔画廊 Map p.305-D3外

Thielska Galleriet

一座位于动物园岛东端突出部分的美术馆。20世纪初刚建造时，是银行家蒂尔的新艺术派风格私宅，白墙绿瓦分外醒目。画廊展品几乎都是北欧著名画家的作品。以19世纪末至20世纪初的绘画为主，大量卡尔·拉森、安德斯·左恩、恩斯特·约塞弗松及挪威的骄傲——蒙克的作品。这里收藏的蒙克的作品堪称瑞典之首。二层的安德斯·左恩的铜版作品也不容错过。

柔和的阳光射进展览室

蒂尔画廊

住 Sjötullsbacken 8

☎（08）662-5884

URL www.thielska-galleriet.se

开 周二、周三、周五~周日 12:00~17:00

周四 12:00~20:00

休 周一

费 100SEK（可凭斯德哥尔摩通卡入场）

交通

乘坐69路巴士在Thielska Galleriet站下车。

郊 外

卡克奈斯塔 Map p.305-D2

Kaknästornet

这座建于 1967 年的 155 米高的电视塔，是斯堪的纳维亚半岛最高的塔。从距离地面 128 米、位于 30 层的瞭望台可以俯瞰斯德哥尔摩市区及周边大片的公园。31 层还设立了露天瞭望台。塔内有观光咨询台和餐厅。位于自然公园附近的 Gärdet。

森林中傲然挺立的现代高塔

王后岛宫殿 Map p.310

Drottningholmsslott

早在 16 世纪初，这里就已经出现了王室庭院和城堡，但王后岛宫殿的建造工程直到 1662 年才真正开始。当时正是年轻守寡的卡尔十世古斯塔夫的王后乌尔里卡 · 埃莱奥诺娜当政时期。

到 1756 年，宫殿历经数度改建、扩建，终于建成了如今 3 层共 220 个房间的模样。宫殿最早是由王宫设计者泰辛父子完成的。这座受到意大利、法国建筑风格影响的巴洛克式建筑被誉为“北欧的凡尔赛宫”，但其实并未刻意以凡尔赛宫为原型。

初建时，强调宫殿与庭院融为一体的和谐美。庭园靠近宫殿的部分是巴洛克式，在法国勒诺托（Le Nôtre）（路易十四时期的著名园林设计师）的影响下建成。紧挨着巴洛克式庭园的是保留自然原貌、起伏平缓的宽阔英国式庭园。这里还有一座中国宫（Kina Slott）。建于 1753 年，外观和装饰都是富于梦幻色彩的中国设计风格。由原来的后厨改建而成的咖啡厅就在附近。这里从 1981 年开始成为国王及其家庭成员的住所，二楼和三楼的一部分对外开放。

宫殿内有天鹅游弋的湖面、鲜绿的草坪、幽深森林包围的淡黄色建筑，这一切都宛如在童话世界里。

王后岛宫殿和中国宫、宫廷剧院（→ p.334）一同被联合国教科文组织评为世界遗产。

被誉为“北欧的凡尔赛宫”的美丽宫殿

卡克奈斯塔
住 Mörka Kroken 28-30
电（08）667-2180
URL www.kaknastornet.se
开 6~8 月
周一～周六 9:00~22:00
周日 9:00~18:00
9 月～次年 5 月
周一～周六 10:00~21:00
周日 10:00~18:00
（不同时期开放时间不同）
休 无休 费 55SEK
交通
乘坐 69 路巴士在 Kaknästornet 下车。

王后岛宫殿
电（08）402-6280
URL www.kungahuset.se
开 1~3 月、11/1~12/11
周六、周日 12:00~15:30
4 月 每天 11:00~15:30
5~9 月每天 10:00~16:30
10 月周五～周日 11:00~15:30
休 10 月的周一～周四、1~3 月与 11/1~12/11 的周一～周五、12/12~31
费 120SEK（可凭斯德哥尔摩通卡入场）
只在夏季销售与中国宫的通票，票价 180SEK。
交通
地铁至 Brommaplan 站下，再换乘站前的 176、177、301~323 路巴士，在王后宫站（Drottningholm）下车。或乘坐 Strömma Turism 公司的渡轮，从市政厅东侧的 Stadshusbron 码头出发约需 1 小时。

Strömma Turism 公司
电（08）1200-4000
URL www.stromma.se
运行 3/28~4/30
周六、周日
10:00、12:00、14:00
5/1~29
周一～周五 10:00~18:00
周六、周日 9:30~16:00
5/30~6/26
周一～周五 10:00~18:00
周六、周日 9:30~18:00
6/27~8/16 每天 9:30~18:00
8/17~9/6
周一～周六 10:00~18:00
周日 10:00~16:00
9/7~27 周一～周五
10:00、12:00、14:00
周六、周日 10:00~15:00
9/28~10/27 周六、周日
10:00、12:00、14:00
费 单程 155SEK、往返 205SEK（可凭斯德哥尔摩通卡乘船）

中国宫
开 5~8 月每天 11:00~16:30
9 月每天 12:00~15:30
休 10 月～次年 4 月
费 100SEK（可凭斯德哥尔摩通卡入场）

王后岛宫廷剧院
(08) 5569-3100
URL dtm.se
带导游的旅行团
举办 4月
每天 12:00~15:30
5~8月
每天 11:00~16:30
9月
每天 11:00~15:30
10月
周五~周日 12:00~15:30
费 100SEK
(可凭斯德哥尔摩通卡入场)

建于18世纪的剧院还在使用

米勒斯公园
住 Herserudsvägen 32
(08) 446-7590
URL www.millesgarden.se
开 5~9月
每天 11:00~17:00
10月~次年4月
周二~周日 11:00~17:00
休 10月~次年4月的周一
费 150SEK
(可凭斯德哥尔摩通卡入场)
交通→→→
从地铁 Ropsten 站换乘201、202、204、205、206、211、212、221路巴士，在 Torsviks torg 下车，步行约10分钟。

王后岛宫廷剧院

Map p.310

Drottningholms Slottsteater

位于王后岛宫殿的庭园内的古斯特维安风格的剧院，由路易·萨乌尔里卡女王于1766年所建，剧院在其子古斯塔夫三世执政时期迎来了黄金时期。1792年，古斯塔夫三世被刺杀后，剧院逐渐凋零，并淡出人们的记忆。1922年重新开放。至今仍然使用着18世纪的设备的剧院，全世界独此一家。内部仅限带导游的旅行团参观。

舞台深20米，拥有30幅背景，具有10秒变换一次背景的功能。除了韩德尔、歌德、莫扎特等人的剧目，还上演18世纪意大利、法国的歌剧及芭蕾舞。

米勒斯公园

Map p.310

Millesgården

可以欣赏到卡尔·米勒斯的作品

瑞典著名雕刻家卡尔·米勒斯（Carl Milles）（1875~1955）的雕刻作品公园。公园位于斯德哥尔摩东北部的利丁岛（Lindingö）上。米勒斯的住处和庭院中展示他本人以及他收藏的绘画和雕刻作品。作品多以希腊、北欧神话为题材，线条明快舒展，体现了北欧人的斗志和力量。直到死神来临的前一刻，米勒斯仍然在精力充沛地创作，故能给后人留下丰富的作品。

COLUMN SWEDEN

乘坐热气球进行空中漫步

斯德哥尔摩是欧洲少数几个允许热气球在市区上空飞行的城市之一。运营被称为夏季一景的热气球飞行之旅的是一家叫 Far & Flyg 的公司。旺季在5月中旬~9月中旬。热气球通常在气流相对稳定的早晨或傍晚升空，游客可在热气球上待30分钟~1小时，欣赏斯德哥尔摩的景色。遇到下雨和大风等恶劣天气会中止飞行。费用包含了出发、抵达地点的接送。飞行时，尽量穿轻便的衣服和合脚的鞋子。还要准备好帽子，以保护头部不被燃烧器灼伤。预约电话可在网页上查询。

壮美的群岛一览无余

DATA
Far & Flyg 公司
URL www.farochflyg.se
（在网站 URL www.liveit.se 上预约）
费 每人 2095SEK

斯科斯累格加登公墓 Map p.310

Skogskyrkogården

斯科斯累格加登公墓在瑞典语中的意思是“森林墓地”。这片市民公墓位于森林之中，里面有礼拜堂以及10万座墓碑。设计墓地的是瑞典的著名建筑师阿斯普伦德（Erik Gunnar Asplund）和莱韦伦茨（Sigurd Lewerentz），遵循了瑞典人“死者回归森林”的生死观。

1994年被评为世界遗产

树木丛生的巨大墓地内，分布着5个礼拜堂和火葬场。从正面入口进入后，穿过菩提树林荫道就能够看到一座大型花岗岩十字架。它能让你看到生命的轮回，也是这片墓地的象征。十字架旁边是森林火葬场、信仰礼拜堂和希望礼拜堂等建筑，均为阿斯普伦德的设计作品，是倡导功能主义的现代建筑。从那里沿着森林小道走10分钟左右，左侧树木掩映的森林礼拜堂映入眼帘。礼拜堂的旁边是葛丽泰·嘉宝(Greta Garbo)的墓。

墓地分布在森林之中

再从森林礼拜堂往前走大约10分钟，有一处游客中心，那里展示了各个礼拜堂和整片墓地的资料。还设置了咖啡厅，走累的时候不妨在那里休憩片刻。墓区内有往返巴士，不过还是建议一边散步一边欣赏森林的美景。夏季墓地还有讲解员解说。斯德哥尔摩市立美术馆需要提前预约。

斯科斯累格加登公墓

电（08）5083-1730

URL skogskyrkogarden.stockholm.se

游客中心

开 5/27~8/26

每天 11:00~16:00

9月

周日 11:00~16:00

休 8/27~31、9月的周一~周五、10/1~次年5/26

费 免费

带导游的旅行团（英语）

E-mail bokning.stadsmuseum@stockholm.se

举办 7~9月

周日 10:30

费 100SEK

交通

在地铁斯科斯累格加登公墓（Skogskyrkogården）站下车，徒步约5分钟。

刻着阿斯普伦德签字的基石

COLUMN SWEDEN

斯德哥尔摩群岛之旅

从斯德哥尔摩到波罗的海外海大约50平方公里的范围内，散布着24000座左右的岛屿。这些群岛被称为斯德哥尔摩群岛（Stockholm Skärgården），长期以来一直是小说和电视剧故事发生的舞台。群岛中最方便参观的是瓦克斯岛（→p.336）。此外，Sandhamn岛、Finnhamn岛、Grinda岛和Möya岛等也很受欢迎。如果要去上述各岛，可以乘坐Waxholms Bolaget公司的渡轮。Stromma Tourism公司运营着巡游群岛的游船。

DATA

Waxholms Bolaget公司

电（08）600-1000

URL www.waxholmsbolaget.se

渡轮从Stromkajen码头出发。

Stromma Tourism公司

电（08）1200-4000

URL www.stromma.se

组团 5/29~9/27 每天1~4班 约需3小时

（1/10~3/22及11/7~12/24只在周六、周日有1班，3/27~5/24及10/2~11/1只在周五~周日每天有2~3班，12/25~次年1/6每天有2~3班。）

费 270SEK 从Nybrohamnen码头出发。

（可凭斯德哥尔摩通卡乘船）

Gustavsbergs 陶瓷制造工厂
URL www.varmdo.se
交通→→→
在地铁 Slussen 站前的交通枢纽换乘 474 路巴士，约 25 分钟后，在 Farstaviken 下车，步行 3 分钟。

厂家直销店
住 Chamottevägen 2，Gustavsberg
电 (08) 5703-6900
URL www.gustavsbergsporslinsfabrik.se
营 周一～周五 10:00~18:00
周六、周日 11:00~16:00
休 无休

Gustavsberg 陶瓷博物馆
住 Odelbergs väg 5B, Gustavsberg
电 (08) 5703-5658
URL www. gustavsbergsporslinsmuseum.se
开 5/28~8/31
周二～周五 10:00~17:00
周六～下周一 11:00~16:00
9/1~次年 5/27
周二～周日 11:00~16:00
休 9/1~次年 5/27 的周一
费 70SEK
（可凭斯德哥尔摩通卡入场）

瓦克斯岛
交通→→→
大酒店（Grand Hôtel）（→p.339）前的 Stromkajen 码头在夏季只有 Waxholms Bolaget 公司运营轮渡。1 小时 1~2 班。
也有 Stromma Tourism 公司运营的游船，不过时间在 4 月上旬~12 月下旬，1 天 1~3 班，票价 260SEK。从新桥（Nybroplan）广场附近的 Strandvägen 码头出发。
如果乘坐地铁，从 Tekniska Högskolan 站乘坐 670 路巴士，约 45 分钟后在 Vaxholm 站下车。

瓦克斯岛要塞博物馆
电 (08) 5413-1110
URL www.vaxholmsfastning.se
开 4/29 13:30~17:00
6/4~23、26~30
每天 12:15~16:00
4/30、5/1、8 月
每天 11:15~17:00
7 月
每天 11:15~19:00
5/2~31、9 月
周六、周日 12:15~16:00
休 上述时间以外
费 80SEK
（可凭斯德哥尔摩通卡入场）

斯德哥尔摩 短途旅行

Gustavsbergs 陶瓷制造工厂 Map p.310
Gustavsbergs

大型厂家直销店

可以了解该品牌历史的博物馆

在斯德哥尔摩以东约 20 公里处的一个小港口城市内，有一家瑞典代表性的瓷器品牌——Gustavsbergs 陶瓷制造工厂。Gustavsbergs 在初创的 17 世纪还是个砖瓦作坊，直到 19 世纪才开始生产陶瓷。之后陆续聘用了威廉·卡格（Wilhelm Kage）和斯蒂格·林德伯（Stig Lindberg）等诸多知名设计师，并因此长盛不衰。工厂坐落于海岸，工厂内除了生产车间外，还有各种商店连成的购物区。一定要看看 Gustavsberg 的厂家直销店。店内经营 Bersa 系列的热销餐具以及实惠的出口商店。工厂同时还设立了 Gustavsberg 陶瓷博物馆（Gustavsberg Porslinsmuseum）、在亚洲也颇具人气的女陶艺家 Lisa Larson 的工厂兼商店。除了 Gustavsberg，还有 Kosta Boda、iittala 等出口商店和北欧风格的旧货商店、餐厅和咖啡馆。你可以花些时间去各处看看。

瓦克斯岛 Map p.310
Vaxholm

从斯德哥尔摩乘船不到 1 小时就到了瓦克斯岛。这是一个在当地人气颇高的度假胜地，走进古老的木结构房屋林立的商业街，可以看到水彩画般的房子和手工艺品店等。如果带着泳衣，还可以在岛内几处浴场（Strand）游泳。此外，由于处在通往首都斯德哥尔摩的主要航线上，这里有建于 16 世纪的要塞，现在已经改建成瓦克斯岛要塞博物馆（Vaxholms Fästnings Museum）。

与当地人一起享受海水浴吧

锡格蒂纳

Map p.310

Sigtuna

卢尼文石碑也向游人展示

锡格蒂纳位于斯德哥尔摩西北约 40 公里处，面朝梅拉伦湖，是瑞典历史最悠久的城镇之一。这座小镇曾被称为"圣锡格蒂纳"，在 11 世纪初，由首位基督教徒国王奥拉夫·舍特科农建造。

城市较小，景点都集中在中心城区，可以徒步游览。从巴士总站和停车场所在的广场出发，可以看到圣玛利亚教堂和其他三座教堂的遗址。

圣玛利亚教堂（St. Maria Kirke）建于 1248 年，是锡格蒂纳最古老的建筑物。教堂旁边是 Sigtuna Rådhus，被称为斯堪的纳维亚最小的市政厅。据说瑞典最古老的街道 Stora gatan 上有旅游咨询处。走进旅游咨询处附近的小巷，可以看到名为"布朗婶婶"的咖啡店（Tantbrun）。入口有一个真人大小的中年女性人偶，夏天可以在里面的院子里喝咖啡。这条街道上还坐落着锡格蒂纳博物馆（Sigtuna Museer），展示了锡格蒂纳出土的文物。另外，在市内的圣玛利亚教堂等几个地方，都有使用卢尼文记述史实的石碑。

斯库克劳斯特城堡

Map p.310

Skokloster Slott

从锡格蒂纳乘船约 30 分钟后，一座巴洛克风格的城堡出现在眼前。它原本是 17 世纪贵族弗兰格尔（Wrangel）的宅邸。城堡内展示了巴洛克风格的家具、书籍、纺织品、陶瓷、武器等藏品。建筑物内一层面向普通大众开放，二层则需要导游带领才能参观。

白墙的宫殿前是一片绿油油的草坪广场

锡格蒂纳

交通

从斯德哥尔摩中央火车站乘坐郊区电车，到总站 Märsta 约需 35 分钟。从站前乘坐 570、575 路巴士至锡格蒂纳，此间需 15~20 分钟。

锡格蒂纳的旅游咨询处

住 Stora gatan 33，Sigtuna

电 （08）5948-0650

URL destinationsigtuna.se

开 6/1~23
周一～周六 10:00~17:00
周日 11:00~17:00
6/24~8/31
周一～周六 10:00~18:00
周日 11:00~17:00
9 月
周一～周五 10:00~17:00
周六 10:00~16:00
周日 11:00~16:00
10 月～次年 5 月
周一～周五 10:00~17:00
周六 11:00~16:00
周日 12:00~16:00

休 无休

市政厅

开 6~8 月
每天 12:00~16:00

休 9 月～次年 5 月 费 免费

锡格蒂纳博物馆

住 Stora gatan 55，Sigtuna

电 （08）5912-6670

URL www.sigtunamuseum.se

开 6~8 月
每天 12:00~16:00
9 月～次年 5 月
周二～周日 12:00~16:00

休 9 月～次年 5 月的周一

费 50SEK（10 月～次年 4 月免费）

斯库克劳斯特城堡

电 （08）402-3060

URL skoklostersslott.se

开 2/25~3/1
每天 12:00~15:00
3/24~28、10/29~11/6、11/26~27
每天 11:00~16:00
5、9 月周六、周日
11:00~16:00
6~8 月
每天 11:00~17:00

休 上述时间以外

费 免费（规划展收费）

带导游的旅行团

费 60SEK

在入口旁的商店内申请。

交通

从斯德哥尔摩中央火车站乘坐郊区电车，到总站 Bålsta 站下车，换乘 311 路巴士，约 75 分钟后在终点斯库克劳斯特（Skokloster）下车。

玛丽弗雷德和格里普斯霍尔姆城堡

Mariefred & Gripsholm Slott

Map p.310

湖畔密布着五彩的房屋

距离斯德哥尔摩约 65 公里处，有一座建在梅拉伦湖畔的小城玛丽弗雷德。到处都排列着童话般红色、黄色的木屋，石板路和巴洛克风格教堂更为这里增添了妙趣。

小城的标志是格里普斯霍尔姆城堡。城堡由 14 世纪的当权者格里普所建，曾一度毁于大火，现在的城堡是由古斯塔夫 · 瓦萨国王重建而成。莎士比亚戏剧中事件发生的历史舞台就在这里：国王去世之后，子嗣们纷争不断，哥哥埃里克十四世国王将弟弟约翰三世投入囹圄，而约翰三世又把兄长埃里克囚禁起来并毒死。古斯塔夫三世的宫廷剧院一定要看看，有讲解员解说。旅游咨询处位于市政厅（Rådhuset）内。作为小城一绝的 SL 在整个瑞典都是不多见的。线路开通于 1895 年，现在在玛丽弗雷德和莱格斯塔（Läggesta）之间的 4 公里距离内，以 11 公里 / 小时的速度运行。

特鲁萨

Trosa

Map p.310

从斯德哥尔摩相继乘坐火车和巴士，不到 2 小时即可抵达。建在大海边的田园小城特鲁萨有北欧独有的红色小木屋，是一座充满童趣的小城。此地自古以来就商贸繁盛，15 世纪时作为商业中心而盛极一时。如今，作为斯德哥尔摩近郊的别墅区而远近闻名。当地人都知道 ABBA 的钢琴师本尼 · 安德森（Benny Andersson）的别墅也在这里。

城市的规模很小，即使步行游玩也花不了半天。从斯德哥尔摩出发的巴士所抵达的巴士总站位于城北，那里是市中心，有由古旧民居改造而成的商店、咖啡厅和小画廊等。从任何地方看上去都引人注目的钟塔是特鲁萨最古老的建筑之一，现在它是旅游咨询处。这里提供地图，游客可以先在这里了解旅游信息。运河流经城区，河两岸排布着绿树和红色木屋。沿着运河在钟塔前的街道上走 20 分钟左右，就到了小小的特鲁萨港。港口附近有海鲜餐厅，可以品尝到新鲜的鱼虾。去斯德哥尔摩的巴士从特鲁萨港始发，可以在这里等候巴士。

沿着运河散步至特鲁萨港是一条深受欢迎的线路

玛丽弗雷德

交通➡➡➡

有蒸汽船和巴士等多种出行方式，推荐前往时乘坐蒸汽机车 SL，返回时乘坐穿过梅拉伦湖的渡轮。从斯德哥尔摩中央火车站搭乘区间列车约需 40 分钟，在莱格斯塔（Läggesta）站下车。再从这里换乘蒸汽机车 SL 前往玛丽弗雷德。返程时在玛丽弗雷德港搭乘蒸汽船，在市政厅前的 Stadshusbron 前下船。需要注意的是，蒸汽机车的运营时间是 5/1~9/24、蒸汽船的运营时间是 6/4~9/10。（有时候也不营业，需要提前确认）

格里普斯霍尔姆城堡

电 （0159）10-194

URL www.kungahuset.se

开 4/1~5/13、10 月和 11 月
周六、周日 12:00~15:00
5/14~9/30
每天 10:00~16:00

休 4/1~5/13、10 月和 11 月的周一～周五以及 12 月～次年 3 月

费 120SEK（包括带导游的旅行团）
（可凭斯德哥尔摩通卡入场）

带导游的旅行团（英语）

举办 5/1~10
周六、周日 13:00
5/14~9/30
每天 15:00

历史厚重的格里普斯霍尔姆城堡

特鲁萨

URL trosa.com

交通➡➡➡

从斯德哥尔摩中央火车站乘郊区电车在 Södertälje centrum 站下车，约需 45 分钟。随后换乘前往特鲁萨的 802 路巴士，此间约需 50 分钟。

斯德哥尔摩的酒店
Hotel

与其他北欧国家相同，酒店价格偏高。即便是中档酒店，单人间 1 夜也需要 1000SEK，这点需要注意。酒店数量多，但是在夏季，几乎每天都有国际会议和学会在这里举行，到处都人满为患。如果没有预约，可以去斯德哥尔摩中央火车站的旅游咨询处，请他们帮忙介绍。不过依然建议游客最好预订抵达斯德哥尔摩当天入住的酒店。

市内有很多特色酒店，尤其是在老城及其周边区域，能够充分体会斯德哥尔摩的美丽。中央火车站周边集中了面向商务人士的中高档酒店。平价酒店分布在距离市中心较远的地方。节俭出行的游客不妨考虑青年旅舍和 B&B。这类住处单人间价格略低，一夜为 400SEK~。预约可通过 The Guestroom Bed & Breakfast（电话 0702-996270 URL www.gastrummet.com）等预约代理商进行。括号内是夏季 · 周末的费用。

斯德哥尔摩皇家维京丽笙酒店
Radisson Blu Royal Viking Hotel

斯德哥尔摩中央火车站周边

◆位于斯德哥尔摩中央火车站旁边的顶级豪华酒店。现代化的外观在夜晚华灯亮起时，更显豪华气派。酒店内设有餐厅、泳池、桑拿和健身中心，顶层还有视野绝佳的酒吧。在这里可以度过丰富的酒店生活。

最高档酒店 Map p.306-B3 · 4

住 Vasagatan 1
电话 (08) 5065-4000
FAX (08) 5065-4001
费 Ⓢ1995 (1295) SEK~ Ⓓ2095 (1395) SEK~
CC ADMV 房间数 459 间
URL www.radissonblu.com

北欧之光酒店
Nordic Light Hotel

斯德哥尔摩中央火车站周边

◆以光为设计主题的时尚酒店。酒店大堂装饰的光之艺术令人震撼，走廊和客房的照明等细节也都经过精心设计。还有提供瑞典美食的餐厅 The Crooked Leg 和健身房，设施齐全。

最高档酒店 Map p.306-A3

住 Vasaplan 7
电话 (08) 5056-3000
FAX (08) 5056-3030
费 Ⓢ 1580SEK~ Ⓓ2080SEK~
CC ADMV
房间数 175 间
URL www.nordiclighthotel.se

北欧 C 酒店
Nordic C Hotel

斯德哥尔摩中央火车站周边

◆位于阿兰达特快列车出入口前的设计型酒店。带有斯德哥尔摩当地特色的各间客房设计各异。房间简朴，没有冗余感，能让人感受到瑞典独特的设计。一层有 Ice Bar Stockholm（→ p.357）。

最高档酒店 Map p.306-A3

住 Vasaplan 4
电话 (08) 5056-3000
FAX (08) 5056-3090
费 Ⓢ2400 (1000) SEK~ Ⓓ2600 (1500) SEK~
CC ADJMV
房间数 367 间
URL www.nordicchotel.se

大酒店
Grand Hôtel

东马尔姆地区周边

◆创立于 1874 年。大酒店临湖而建，与老城和王宫遥遥相对，区位绝佳，是斯德哥尔摩代表性的豪华大酒店。作为诺贝尔奖获得者的指定下榻酒店而闻名世界。设有可品尝自助餐 smogsbord 的餐厅 Verandan。

最高档酒店 Map p.307-C4

住 Södra Blasieholmshamnen 8
电话 (08) 679-3500
FAX (08) 611-8686
费 Ⓢ 2700SEK~ Ⓓ3980SEK~
CC ADJMV
房间数 280 间
URL www.grandhotel.se

浴缸　部分客房提供　TV 电视　TV 部分客房提供　吹风机　出租　迷你吧台及冰箱　部分客房提供　残障人士房间　无线 LAN　无线 LAN 收费　部分客房提供　无线 LAN 部分收费

希尔顿斯德哥尔摩斯卢森酒店

Hilton Stockholm Slussen

南马尔姆岛周边

◆一座坐落于南马尔姆岛的时尚酒店。北侧房间可以看到斯德哥尔摩街景。4种类型的客房都面积宽敞，浴室内使用的是大理石，装饰高档。餐厅、酒吧和健身中心等一应俱全。

最高档酒店 Map p.305-C4

住 Guldgränd 8
电话 (08) 5173-5300
FAX (08) 5173-5311
费 Ⓢ Ⓓ1590~4290SEK~
CC ADJMV
房间数 289 间
URL www3.hilton.com

里瓦尔酒店

Hotel Rival

南马尔姆岛周边

◆音乐组合 ABBA 的作曲家建于教堂旁边的一家精品酒店。作曲家以《妈妈咪呀》等曲目闻名。这家设计时尚的酒店的大堂和客房内都播放着 ABBA 的歌曲。酒店自营的咖啡厅也深受推崇。周末还带早餐。

最高档酒店 Map p.316

住 Mariatorget 3 电话 (08) 5457-8900
FAX (08) 5457-8924
费 Ⓢ 2395 (1195) SEK
Ⓓ2595 (1695) SEK~ 早餐 175SEK
CC ADMV
房间数 99 间
URL www.rival.se

斯德哥尔摩喜来登酒店

Sheraton Stockholm Hotel

斯德哥尔摩中央火车站周边

◆从中央火车站步行 2 分钟即可抵达的一家临梅拉伦湖而建的高规格酒店。特制的大床让你一晚独享安心睡眠，体现舒适性的设备齐全。湖景房备受欢迎，著名演员和政治家都曾下榻这里。健身中心 24 小时开放。

高档酒店 Map p.306-B4

住 Tegelbacken 6
电话 (08) 412-3400
FAX (08) 412-3409
费 Ⓢ Ⓓ1495SEK~ 早餐 259SEK
CC ADMV
房间数 465 间
URL www.sheratonstockholm.com

弗雷斯酒店

Freys Hotel

斯德哥尔摩中央火车站周边

◆一家高档酒店，从斯德哥尔摩中央火车站步行约 3 分钟即可抵达。色调柔和的客房内装修时尚，适宜居住。还可选择那些进行了防过敏处理的客房。所有房间都配备了带咖啡和红茶的热水设备。

高档酒店 Map p.306-B3

住 Bryggargatan 12
电话 (08) 5062-1300
FAX (08) 5062-1313
费 Ⓢ950~2650SEK Ⓓ1150~3050SEK
CC ADMV
房间数 127 间
URL www.freyshotels.com

伯格·吉尔酒店

Hotel Birger Jarl

斯德哥尔摩中央火车站周边

◆以设立斯德哥尔摩市的伯格首领命名的酒店。内部设计现代，整个酒店透露出时尚气息。还有瑞典著名设计师纳森·博赫林亲手打造的设计型客房和健身房。

高档酒店 Map p.306-B1

住 Tulegatan 8
电话 (08) 674-1800
FAX (08) 673-7366
费 Ⓢ 700~2790SEK Ⓓ800~3090SEK
CC ADJMV
房间数 271 间
URL www.birgerjarl.se

哈密尔顿女士酒店

Lady Hamilton Hotel

老城周边

◆位于老城的四星级酒店。由 17 世纪保留下来的建筑改造而成，于 1980 年开业。客房内装饰豪华，并且酒店内全是有关船舶的装饰品及古董家具。浴室带有地暖设备，温馨舒适。还设有桑拿间。

高档酒店 Map p.309-C2

住 Storkyrkobrinken 5
电话 (08) 5064-0100
FAX (08) 5064-0110
费 Ⓢ 1190~2790SEK Ⓓ1890~3090SEK
CC ADMV
房间数 34 间
URL www.thecollectorshotels.se

赖森第一酒店
First Hotel Reisen　老城周边

◆酒店严格遵守着 18 世纪创业时流传下来的传统和风格。客房设计凸显经典情调，同时也颇具时尚氛围。部分是海景房，还有带桑拿和按摩浴缸的房间。除餐厅、酒吧外，酒店地下还有泳池和桑拿房。

高档酒店　Map p.309-D2

住 Skeppsbron 12
☎（08）22-3260
费 Ⓢ Ⓓ1500~2500SEK
CC ADMV
房间数 144 间
URL www.firsthotels.com

胜利酒店
Victory Hotel　老城周边

◆在 1641 年建造的雅致建筑的基础上改造而成的酒店。与 Lady Hamilton Hotel 是同一集团经营的连锁型五星级酒店。大堂的墙上挂着人鱼像，游客仿佛置身于古船之内。配有古典家具的客房以白色和淡黄色为主色调，营造出安宁舒适的居住环境。

高档酒店　Map p.308-B3

住 Lila Nygatan 5
☎（08）5064-0000
FAX（08）5064-0010
费 Ⓢ 1390~3190SEK Ⓓ1790~3690SEK
CC ADJMV
房间数 45 间
URL www.thecollectorshotels.se

伯尔尼酒店
Berns Hotel　东马尔姆地区周边

◆坐落于公园旁，环境清幽，宫殿般的外观引人注目。2015 年被评为斯德哥尔摩最佳酒店，客房雅致。房内配备了最新的音响设备和时尚杂志等。酒店还有音乐会厅及夜间酒吧。

高档酒店　Map p.307-C3

住 Näckströmsgatan 8
☎（08）5663-2200/（08）5663-2250（预约电话） FAX（08）5663-2201
费 Ⓢ Ⓓ2194SEK~
CC ADJMV
房间数 82 间
URL www.berns.se

斯特兰德丽笙酒店
Radisson Blu Strand Hotel　东马尔姆地区周边

◆一家高档酒店，爬满爬山虎的外墙带有古色古香的气息，内部经过装修后却十分现代化。步行就可抵达东马尔姆地区的购物区和王室公园。休息室可以眺望位于酒店前方的港口美景，人气颇旺。

高档酒店　Map p.307-C4

住 Nybrokajen 9　☎（08）5066-4000
FAX（08）5066-4001
费 Ⓢ2165（1765）SEK~
Ⓓ2355（1995）SEK~
CC ADMV
房间数 152 间
URL www.radissonblu.com

外交家酒店
Hotel Diplomat　东马尔姆地区周边

◆一家法国新艺术风格的酒店。酒店前身是 1911 年修建的一栋建筑，后于 1968 年装修后成为酒店。家具与建筑风格统一，全部为具有豪华感的淡色。推荐入住可观赏海湾美景的房间。

高档酒店　Map p.307-D3

住 Strandvägen 7C　☎（08）459-6800
FAX（08）459-6820
费 Ⓢ2095（1595）SEK~
Ⓓ2500（2000）SEK~
CC ADMV
房间数 130 间
URL www.diplomathotel.com

昆卡尔酒店
Hotel Kung Carl　东马尔姆地区周边

◆从地铁 Ostermalmstorg 站往西北方向走大约 3 分钟即到。开放式的大厅给人深刻印象。设计各异的客房里都会有一只吉祥物毛绒小狗迎接客人。此外，还有可品尝到包括瑞典美食在内的各国美味的餐厅。

高档酒店　Map p.307-C2

住 Birger Jarlsgatan 21
☎（08）463-5000
FAX（08）463-5050
费 Ⓢ1890（1290）SEK~
Ⓓ2090（1490）SEK~
CC ADMV　房间数 143 间
URL www.kungcarl.se

斯德哥尔摩广场精品酒店
Elite Hotel Stockholm Plaza

东马尔姆地区周边

◆一家位于胡姆勒公园（Humlegården）南面、以石质外观著称的高级酒店。客房内是木质桌和床，色泽明快，时尚而整洁。2013 年翻新。餐厅和酒吧也透露出精致风格。

高档酒店 Map p.307-C2

住 Birger Jarlsgatan 29
电（08）5662-2000
FAX（08）5662-2020
费 Ⓢ700~1900SEK Ⓓ1200~2300SEK
CC ADMV
房间数 143 间
URL www.elite.se

莫宁顿酒店
Mornington Hotel

东马尔姆地区周边

◆虽然位于市区，但是酒店闹中取静。宽敞开放的大堂色调淡雅，气氛明快温和。客房面积也够大，令人心旷神怡。房内配备了咖啡机和熨斗，酒店内还有图书室和桑拿房等。

高档酒店 Map p.307-C2

住 Nybrogatan 53
电（08）5073-3000
FAX（08）5073-3039
费 Ⓢ1290SEK~ Ⓓ1690SEK~
CC ADMV
房间数 221 间
URL www.mornington.se

安努 1647 酒店
Hotel Anno 1647

南马尔姆地区周边

◆这座精致的个性化酒店的建筑建于 1647 年，历史悠久。不过酒店内丝毫没有古旧感，全是时尚的内饰。客房墙壁雪白，气氛怡人，适合女性入住。可以在餐厅享用早餐。

高档酒店 Map p.316

住 Mariagränd 3 电（08）442-1680
FAX（08）442-1647
费 带浴室、洗手间 Ⓢ1490（990）SEK~ Ⓓ1790（1490）SEK~ 使用公共浴室、洗手间 Ⓢ790（590）SEK~ Ⓓ990（790）SEK~ CC ADMV
房间数 42 间 URL www.anno1647.se

哈塞尔巴肯斯堪的亚酒店
Scandic Hasselbacken

动物园岛

◆位于斯堪森正门旁。淡粉色的外观融入周围的景色中，让人一下就感受到了传统韵味与格调。房间内配备了精选的上等家居用品，深受老人和女士们的欢迎。传统的瑞典料理餐厅口碑不错。还有桑拿房。

中档酒店 Map p.305-D3

住 Hazeliusbacken 20
电（08）5173-4300
费 Ⓢ Ⓓ1700SEK~
CC ADMV
房间数 113 间
URL www.scandichotels.com

斯德哥尔摩舒适酒店
Comfort Hotel Stockholm

斯德哥尔摩中央火车站周边

◆位于城市终点区域内，对于时刻准备出游的人来说再合适不过了。客房设计不华丽，但是考虑到了商务人士的需求，因此酒店和房间内设备都比较齐全，只是面积比较小。酒店内还有日式房间以及无窗房间。

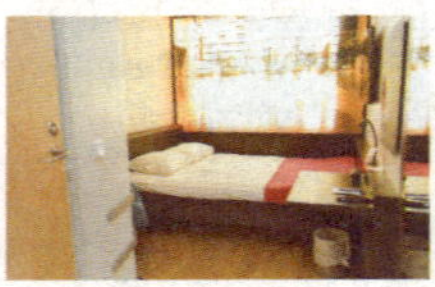

中档酒店 Map p.306-A3

住 Kungsbron 1
电（08）5662-2200
FAX（08）5662-2444
费 Ⓢ Ⓓ695~2200SEK
CC ADMV
房间数 257 间
URL www.nordicchoicehotels.se

终点站酒店
Hotel Terminus

斯德哥尔摩中央火车站周边

◆斯德哥尔摩中央火车站对面的一家酒店，地理位置优越，价格公道。客房墙壁是白色，室内装饰织物为花纹式样，气氛沉静休闲。房内窗户是双重的，格外安静。酒店还配有泳池和桑拿房。

中档酒店 Map p.306-B4

住 Vasagatan 20
电（08）440-1670
FAX（08）440-1691
费 Ⓢ 1150SEK~ Ⓓ2600SEK~
CC ADJMV
房间数 155 间
URL www.terminus.se

奥古斯特·斯特林堡酒店
August Strindberg Hotell

斯德哥尔摩中央火车站周边

◆从斯德哥尔摩中央火车站步行约15分钟。酒店是根据曾经住在隔壁的一位著名作家的姓名命名的。酒店建筑曾在19世纪80年代做过卷烟厂，有标志性的螺旋楼梯和西班牙式的屋顶。白色调的房间整洁清爽。

中档酒店 Map p.306-A2

住 Tegnergatan 38
电（08）32-5006
FAX（08）20-9085
费 Ⓢ 1585（1085）SEK~
Ⓓ 1785（1385）SEK~
CC MV 房间数 26间
URL hotellstrindberg.se

特格乐兰登酒店
Hotel Tegnérlunden

斯德哥尔摩中央火车站周边

◆特格乐兰登公园（Tegnérlunden）前的一家酒店。酒店内装饰精细，居住舒适。还配有健身房。地下有隶属同一连锁集团的Hotel Micro（所有房间带浴室，洗手间是共用式），Ⓢ 645SEK~，Ⓓ745SEK~。

中档酒店 Map p.306-A2

住 Tegnérlunden 8
电（08）5454-5550
FAX（08）5454-5551
费 Ⓢ 790SEK~ Ⓓ 1090SEK~
CC ADMV
房间数 102间
URL www.hoteltegnerlunden.se

斯德哥尔摩科姆酒店
Kom Hotel Stockholm

斯德哥尔摩中央火车站周边

◆从地铁Rådmansgatan站向东南方向步行大约5分钟即到，周边是幽静的住宅区。酒店大堂设于建筑的二层。造型豪华，客房内摆放着木质家具，整体氛围祥和。还配有健身中心和桑拿房。

中档酒店 Map p.306-B1-2

住 Döbelnsgatan 17
电（08）412-2300
FAX（08）412-2310
费 Ⓢ 1520（790）SEK~
Ⓓ 1790（1290）SEK~
CC ADJMV 房间数 143间
URL www.komhotel.se

克拉丽奥惠灵顿连锁酒店
Clarion Collection Hotel Wellington

东马尔姆岛周边

◆这是一家从地铁Ostermalmstorg站向东步行约3分钟可到达的精致酒店，对散客的服务同样十分热情。正门旁就是酒吧，可以在里面享受舒适空间，很受欢迎。客房是白墙配茶色装饰。酒店配备桑拿房。18:00~21:00酒吧提供简餐。

中档酒店 Map p.307-D2

住 Storgatan 6
电（08）667-0910
FAX（08）667-1254
费 Ⓢ 920~2420SEK Ⓓ 1220~3120SEK
CC ADMV
房间数 60间
URL www.wellington.se

马尔姆斯堪迪克酒店
Scandic Malmen

南马尔姆岛周边

◆位于南马尔姆岛，建在地铁Medborgarplatsen站上面，地理位置优越。简装的风格适合经济并不宽裕的游客。单人房只有沐浴设备。无窗房间更加便宜。有瑞典料理餐厅。

中档酒店 Map p.316

住 Götgatan 49-51
电（08）5173-4700
费 Ⓢ 1150（1090）SEK~
Ⓓ 1250（1190）SEK~
CC ADMV
房间数 332间
URL www.scandichotels.com

诺佛酒店
NOFO Hotel

南马尔姆岛周边

◆酒店所在建筑前身是一家啤酒酿造厂。穿门而过，有一个石头建成的院子，院子正对面是酒店入口。客房都配有暖色系家具，氛围安宁。顶层有只提供公共浴室、洗手间的Columbus Loft（Ⓢ 995SEK~ Ⓓ 1195SEK~）。

中档酒店 Map p.316

住 Tjärhovsgatan 11
电（08）5031-1200
FAX（08）5031-1201
费 Ⓢ 1395（1295）SEK~
Ⓓ 2045（1595）SEK~
CC ADMV 房间数 48间
URL www.nofohotel.se

HTL 国王街酒店

HTL Kungsgatan

斯德哥尔摩中央火车站周边

◆经营理念是“以实惠的价格享受精品酒店”。虽然客房面积不大，但设备先进，装修时尚。床边有桌椅，设计合理。保险柜内可以存放个人电脑。入住手续须由本人亲自办理。

中档酒店 Map p.306-B3

住 Kungsgatan 53
☎（08）4108-4150
费 Ⓢ Ⓓ 699SEK~
CC ADMV
房间数 274 间
URL htlhotels.com

王后酒店

Queen's Hotel

斯德哥尔摩中央火车站周边

◆19 世纪风格的造型给人留下深刻印象。水晶枝形吊灯和古色古香的家具营造出豪华的氛围。客房宽敞，窗帘和床上用品均是淡黄色，感觉清爽。周边有很多商店，十分热闹。

经济型酒店 Map p.306-B2

住 Drottninggatan71A
☎（08）24-9460
费 Ⓢ700SEK~ Ⓓ1100SEK~
CC ADMV
房间数 64 间
URL www.queenshotel.se

克罗尼亚酒店

Colonial Hotel

斯德哥尔摩中央火车站周边

◆从斯德哥尔摩中央火车站步行 15 分钟左右即到。各间客房都是独一无二的，因为装饰各不相同。带浴室、洗手间的房间较宽敞，也很整洁。使用公共浴室、洗手间的房间只有床，相对简单。

经济型酒店 Map p.306-A2

住 Västmannagatan 13
☎（08）20-0400 FAX（08）24-4920
费 带浴室、洗手间 Ⓢ895SEK~ Ⓓ1150SEK~ 使用公共浴室、洗手间 Ⓢ650SEK~ Ⓓ750SEK~
CC ADMV 房间数 25 间
URL www.colonial.se

住宿加早餐酒店

Hostel Bed & Breakfast

斯德哥尔摩中央火车站周边

◆从地铁 Rådmansgatan 站步行 1 分钟可以看到一栋建筑，住宿加早餐酒店就在该建筑的地下一层。客房整洁，装修精致。工作人员也十分热情，感觉温馨，有不少长期居住者。厨房设施齐全，还有女性专用宿舍。住宿费含早餐。前台上班时间为 9:00~20:00。

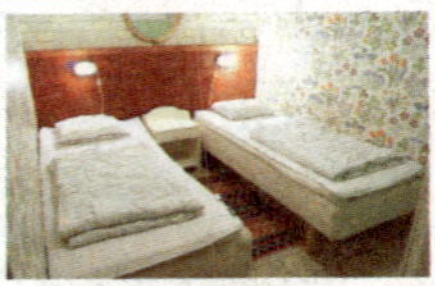

经济型酒店 Map p.306-A1

住 Rehnsgatan 21
☎（08）15-2838
费 多人间 280（320）SEK~ Ⓢ 500（550）SEK~ Ⓓ 680（780）SEK~ 床上用品 50SEK 毛巾 10SEK
CC MV
房间数 14 间、36 张床
URL www.hostelbedandbreakfast.com

栗花老城旅馆

Castanea Old Town Hostel

老城周边

◆从德意志教堂步行 2 分钟可到。旅馆内环境清洁。所有房间都带窗，天花板也高，适于住宿。多人间分 4 床、6 床和 16 床型。还有女性专用房。前台和厨房位于三层。存放柜免费使用。

经济型酒店 Map p.309-C3

住 Kindstugatan 1
费 多人间 165~320 SEK Ⓢ 520~595SEK Ⓓ 590~810SEK 床上用品 65SEK
CC MV
房间数 16 间、57 张床
URL castaneahostel.com

奥舍尔德旅舍

Hotel Örnsköld

东马尔姆岛周边

◆这家三星级旅馆位于音乐博物馆（Musikmuseet）的附近、皇室剧院的后面。前台在二层，需要走上一段狭窄的楼梯。客房干净整洁。地理位置好，价格不贵。可以在房内用早餐。

经济型酒店 Map p.307-C3

住 Nybrogatan 6
☎（08）667-0285
FAX（08）667-6991
费 Ⓢ995~1295SEK Ⓓ1495~2495SEK
CC ADMV
房间数 27 间
URL www.hotelornskold.se

登勒达号梅拉伦青年旅舍
Den Röda Båten Mälaren

南马尔姆岛周边

◆位于梅拉伦湖上的一艘船内。设备老旧，但是以价格低廉、造型独特吸引顾客。还有由带浴室和洗手间的船舱改造而来的房间（Ⓢ 900SEK~ Ⓓ 1200SEK~，含早餐）。只有大堂能连无线网。

经济型酒店 Map p.304-B3

住 Söder Mälarstrand，Kajplats 10
电（08）644-4385
费 多人间 310（350）SEK~ Ⓢ 520（550）SEK~
Ⓓ 650（750）SEK~ 早餐 80SEK
CC MV 房间数 98 张床
URL www.theredboat.com

辛肯斯达姆酒店
Zinkensdamm

南马尔姆岛周边

◆环境幽静的旅馆，兼营酒店。客房整洁，设施完善，适合那些想充分感受大自然的游客。配有私密房型和桑拿房。从地铁辛肯斯达姆站步行 5 分钟左右即到。

经济型酒店 Map p.304-B4

住 Zinkens väg 20 电（08）616-8110
FAX（08）616-8120
费 多人间 285 SEK~（YH 会员优惠 50SEK）早餐 90SEK
酒店 Ⓢ 1195SEK~ Ⓓ 1495SEK~
CC ADMV 房间数 90 间，多人间 60 间
URL www.zinkensdamm.com

加姆博住宿酒店
Jumbo Stay

郊区

◆由被淘汰的喷气式飞机改造而成的旅馆。驾驶舱改为了商务套房（1 晚 3300SEK~）。位于阿兰达国际机场内，从各个航站楼有免费摆渡车（Alfa）可到达这里。共用沐浴室和洗手间。

经济型酒店 Map p.310

住 Jumbovägen 4
电（08）5936-0400
费 多人间 395 SEK~ Ⓢ 975SEK~
Ⓓ 1200SEK~ 早餐 65SEK
CC ADMV
房间数 33 间，80 张床
URL www.jumbostay.se

瓦萨公园酒店
Wasa Park Hotel

郊区

◆从地铁圣埃里克广场站（St.Eriksplan）步行 2 分钟。以低廉的房价吸引游客。客房环境舒适。前台位于二层，需要在一层按门铃才能进入。只有 2 间房带独立浴室、卫生间，其他为共用型。酒店附近有机场巴士停靠站。

经济型酒店 Map p.304-B2

住 Sankt Eriksplan 1
电（08）5454-5300
FAX（08）5454-5301
费 Ⓢ 800SEK~ Ⓓ 1050SEK~
CC ADMV
房间数 18 间
URL www.wasaparkhotel.se

雷莫斯霍姆酒店
Reimersholme Hotel

郊区

◆2009 年开业的酒店。酒店前有 54 路和 66 路巴士站台。地铁 Hornstull 站到这里步行约 10 分钟路程。清静的环境让人内心安宁，适于居住。酒店自带餐厅。带浴室、洗手间的房间有 6 间，其他为共用型。

经济型酒店 Map p.304-A4

住 Reimersholmsgatan 5
电（08）444-4888
FAX（08）444-4889
费 Ⓢ Ⓓ 1445（495）SEK~ 早餐 75SEK
CC AMV
房间数 40 间
URL reimersholmehotel.se

长岛青年旅舍
Långholmen

郊区

◆这是一家由有 250 年历史的监狱改造而成的旅馆，兼营酒店。5 层建筑的中央是挑空式大堂，两侧则是一间间独立房间。这里的户型绝无仅有，房间内带有铁栅栏的高窗，原来是囚犯所用。住客可免费参观酒店内的监狱博物馆。

经济型酒店 Map p.304-A4

住 Långholmsmuren 20
电（08）720-8500 FAX（08）720-8575
费 多人间 330SEK~（YH 会员为 280 SEK~）早餐 98SEK 酒店
Ⓢ 1295 SEK~ Ⓓ 1595SEK~
CC ADMV
房间数 264 张床，103 间房
URL www.langholmen.com

斯德哥尔摩的餐厅
Restaurant

斯德哥尔摩中央火车站周边及老城，有不少味道、环境和服务都很不错的美食店。从传统美食到特色料理，菜品种类多样。餐费与北欧其他国家类似，都很高。午餐一般需要65~110SEK，晚餐则需要100~400SEK。想省钱的话，可以选择11:00~14:00供应的一种名为“达根斯赖特”(Dagens Rätt)的“午间套餐”，当天的菜单会写在黑板上。即使看不懂瑞典语，也可以询问店员。还有很多麦当劳、汉堡王和MAX等快餐店，套餐价格大约在67SEK。

吉莱特咖啡馆
Kaffegillet 老城周边

瑞典美食 Map p.309-C2

◆一家位于老城大教堂附近的咖啡馆&餐厅。店铺的前身是14世纪的葡萄酒窖。85SEK~可以品尝到咖啡加蛋糕，还有美味的三明治。正餐时间一定要尝尝瑞典家常菜。砖瓦建造的圆形天花板下，餐桌上烛光摇曳，营造出中世纪浓郁的浪漫氛围。菜品是传统的瑞典风味，有165SEK~的Pyttipanna和Köttbullar(瑞典肉丸)。午餐(周一~周五的10:30~15:00)套餐相对实惠，价格为145SEK~(冬季135SEK~)。招牌菜由新鲜鱼制作，保留着食材天然的美味。套餐400SEK~。

蛋糕通常有7~8种

住 Trångsund 4
電 (08) 21-3995
FAX (08) 21-3996
营 每天 9:30~23:00 (冬季时间缩短)
休 无休
预算 150SEK~
CC ADMV

店内洋溢着中世纪的气氛

口袋餐厅
Pocket 东马尔姆岛周边

瑞典美食 Map p.307-C2

◆2013年开业的融合了法国风味的瑞典美食餐厅。店内摆放着时尚的黄色餐椅，整体精致，感觉温馨。通常都比较拥挤，但无须预约。除了每天更换菜品的午餐套餐外，午餐和晚餐的菜单是一样的，顾客可以品尝到丰盛的美食。热卖菜品是添加新鲜蔬菜的鱼类料理，195SEK~，再拌点咖喱和番红花酱更美味。为了使用当季的食材，菜单每1~2个月更换一次。主菜200SEK左右。

午餐时间可以看到很多上班族

住 Norrlandsgatan 31
電 (08) 5452-7300
营 周一 11:30~14:00
周二 11:30~14:00/17:00~21:00
周三、周四 11:30~14:00/17:00~23:00
周五 11:30~23:00 周六 12:00~23:00
休 周日 预算 200SEK~
CC ADJMV
URL pontusfrithiof.com

图例为单点菜品

无线LAN

斯塔斯比斯·谢兰
Stadshuskällaren

斯德哥尔摩中央火车站周边

瑞典美食 Map p.306-A4

◆位于市政厅大楼地下的一家高级餐厅，在这里可以吃到与诺贝尔颁奖晚会相同的美食。带红酒的 Nobel menu 价格为 1695SEK。还可单点前卫的瑞典料理，价格 265~325SEK。午餐套餐 275SEK~。建议提前预约。

住 Hantverkargatan 1
电 （08）5862-1830
营 周一、周二 11:30~14:30
周三～周五 11:00~14:30/17:00~23:00
周六 17:00~23:00
休 周日、6/29~8/9、12/20~ 次年 1/6
预算 250SEK～ CC ADMV
URL www.stadshuskallarensthlm.se

菲姆·斯莫·希斯
Fem Små Hus

老城周边

瑞典美食 Map p.309-D2

◆经营传统瑞典美食的餐厅。店名在瑞典语中意为“五间房”。外观正如其名，看上去由五间屋子组成，不过里面却连成一体。稍显昏暗的室内，跳跃的烛光散发出特别的情调。前菜 135SEK~，主菜 275SEK~，套餐 455SEK~。人气很旺，需要预约。

住 Nygränd 10
电 （08）10-8775
营 周三～周六 19:00~23:00LO
周六～下周二 17:00~22:00LO
休 无休
预算 300SEK～
CC ADJMV
URL www.femsmahus.se

登·吉尔登·弗莱登
Den Gyldene Freden

老城周边

瑞典美食 Map p.309-D4

犹如地窖一样的地方实际上也有餐桌

◆店名翻译成英语是“金色和平”（The Golden Peace）。这个店名是为了纪念开业的前一年 1721 年与沙俄等国签署了和平条约。它被称为北欧现存最古老的餐厅，至今还能在店内感受历史的韵味。瑞典的吟游诗人艾菲特·陶布（Evert Taube）和画家安德斯·左恩等文化名流、如今评选诺贝尔文学奖的瑞典文学院评委们经常光顾该店，从而使得它声名鹊起。菜谱以瑞典传统美食为主，单点主菜一般为 200~430SEK。午餐 135SEK~。须提前预约。

住 Österlånggatan 51 电 （08）24-9760
FAX （08）21-3870
营 周一～周五 11:30~22:00
周六 13:00~22:00
休 周日
预算 午餐 150SEK~、晚餐 250SEK~
CC ADMV
URL gyldenefreden.se

具有悠久历史的建筑，一度被用作酒店

莫维兹
Movitz

老城周边

瑞典美食 Map p.309-C3

◆由 17 世纪民居的地下仓库改造而成的餐厅。地下洞穴内用蜡烛照明，气氛独特。主要供应传统的瑞典菜。推荐品尝 339SEK 的海鲜拼盘 Symphony Movitz。

住 Tyska Brinken 34 电 （08）20-9979
营 周二～周五 17:30~23:00
周六 13:00~23:00
周日 15:00~21:00
休 周一 预算 250SEK～
CC AJMV
URL www.movitz.com

方济各会修道士
Zum Franziskaner

老城周边

瑞典美食 Map p.309-D4

◆位于老城的一家临湖餐厅，颇有些年头。店内装饰美丽、精致，营造出温馨的就餐环境。191SEK 的 Pyttipanna 和 184SEK 的醋腌鲑鱼等家常瑞典菜备受欢迎。

住 Skeppsbron 44
电 （08）411-8330
营 周一～周五 11:00~23:00
周六 12:00~ 次日 0:00
休 周日 预算 200SEK～
CC ADMV
URL www.zumfranziskaner.se

贝兰达

Verandan

东马尔姆岛周边

◆位于大酒店（Grand Hôtel）（→p.339）的一层，以全年自助餐（维京料理）525SEK 而闻名（午餐只在 5~8 月供应）。可一次性品尝腌鲱鱼、烟熏鲑鱼等瑞典美食。

瑞典美食　Map p.307-C4

住 Södra Blasieholmshamnen 8
☎（08）679-3586
FAX（08）611-8686
营 周一 ~ 周五 11:30~23:00
周六、周日 12:00~23:00
休 无休　预算 525SEK~　CC ADJMV
URL www.grandhotel.se

卡瓦奈

Kvarnen

南马尔姆岛周边

◆1908 年创立的老字号餐厅。氛围舒适温馨，主菜在 175~325SEK，物美价廉。菜单包括 Pyttipanna175SEK 和腌鲑鱼 215SEK、每天变换的午餐 95SEK。

瑞典美食　Map p.316

住 Tjärhovsgatan 4
☎（08）643-0380
营 周一 ~ 周五 11:00~23:00LO
周六、周日 12:00~23:00LO
休 无休　预算 200SEK~
CC AMV
URL www.kvarnen.com

埃里克斯 · 贡多伦

Erik's Gondolen

南马尔姆岛周边

◆穿过老城，进入南马尔姆岛眼前立即出现一栋建筑，这家观景餐厅就在建筑的八层。空中走廊连接着“卡特琳娜升降梯”。透过巨型落地窗，可以眺望宛如漂浮于水面之上的斯德哥尔摩的街景。餐厅从全球各地精选当季的新鲜食材，制作瑞典传统美食。菜单一年更换 6 次，主菜在 225~345SEK，午餐为 135SEK~。屋顶餐厅仅在夏季营业，以烧烤为主。还可以在 Bar lounge 品尝小吃。

悬浮在半空中的餐厅

瑞典美食　Map p.316

住 Stadsgården 6
☎（08）641-7090
营 周一 ~ 周五 11:30~14:30 / 17:00~23:00LO　周六 16:00~23:00LO
休 周日　预算 300SEK~
CC ADMV
URL www.eriks.se

一边远眺，一边享受美食

特拉南

Tranan

郊外

◆供应传统的瑞典料理，还可品尝到欧洲各地的美食。Biff Rydberg295SEK 和 Bouillabaisse 275SEK 备受欢迎。地下是酒吧，夏季有露天席位。去这家人气餐厅前最好提前预约。

瑞典美食　Map p.304-B2

住 Karlbergsvägen 14　☎（08）5272-8100
营 夏季 周一 ~ 周六 17:00~23:00
周日 17:00~22:00
冬季 周一 ~ 周五 11:30~23:00
周六、周日 12:00~23:00
休 无休　预算 200SEK~
CC ADJMV　URL www.tranan.se

瓦皮亚诺

Vapiano

老城周边

◆位于地铁老城站出口旁，是一家颇具人气的自助餐厅。20 余种自制生意面 85SEK~、比萨 79 SEK~，价格实惠。点餐时，将进店领取的餐卡在读卡器上刷一下，离店时凭卡结账。

意式料理　Map p.308-B3

住 Munkbrogatan 8
☎（08）22-2940
营 周日 ~ 周四 11:00~23:00LO
周五、周六 11:00~24:00LO
休 无休　预算 80SEK~
CC ADMV
URL se.vapiano.com

萨尔丁

Sardin　　南马尔姆岛周边

◆位于南马尔姆岛繁华地段的私房意面餐厅（小碟装），只有 25 个座位，多为熟客，总是人满为患。1 份意面 49~169SEK。红酒种类多，血红鸡尾酒（sangría）60SEK 大受欢迎。

西班牙美食　　Map p.316

住 Skånegatan 79
电 （08）644-9700
营 周一～周六 17:00~ 次日 0:00
休 周日
预算 150SEK~
CC MV
URL www.restaurangsardin.se

斯特雷霍福

Sture Hof　　东马尔姆岛周边

◆以自创瑞典菜为主，兼营各国美味的餐厅。选用新鲜的鱼，每天都会选购不同的食材制作不同的美食。主菜 215SEK~。各地产的生蚝每个 35SEK~，挪威产多罗波蟹 185SEK 也是招牌菜。

国际风味　　Map p.307-C2

住 Stureplan 2　电 （08）440-5730
营 周一～周五 11:00~ 次日 2:00
周六、周日 12:00~ 次日 2:00
休 无休
预算 250SEK~
CC ADMV
URL www.sturehof.com

萨鲁华尔

Saluhall　　南马尔姆岛周边

◆里面有生鲜食品店，也有咖啡厅和餐馆。还有不少售卖帕尼尼和佛卡夏等的 Fresh Cafe & Salladsbar 及寿司和墨西哥饼店。还有红茶和果酱店。

国际风味　　Map p.316

住 Söderhallarna 110
电 各店不同
营 周一～周五 10:00~19:00
周六 10:00~16:00
休 周日　预算 100SEK~（各店不同）
CC 各店不同
URL www.soderhallarna.se

库恩斯哈伦

Kungs Hallen　　斯德哥尔摩中央火车站周边

◆赫广场对面的美食广场。一层有瑞典、泰国、希腊餐厅，地下一层是拥有 800 个座位的美食城，有印度、中国、意大利和墨西哥等风味的自助餐厅。

美食城　　Map p.306-B2~3

住 Kungsgatan 44　电 各店不同
营 周一～周六 11:00~22:00
周日 12:00~22:00
休 无休
预算 100SEK~（各店不同）
CC（各店不同）
URL www.kungshallen.eu

马科斯

Max　　东马尔姆岛周边

◆瑞典家喻户晓的快餐店。创立于 1968 年，现在在瑞典国内有 103 家分店，仅斯德哥尔摩就有 17 家。汉堡、薯条和饮品套餐 67（微型套餐 32）SEK。如有会员卡，还可在 iPad 上一边浏览图片一边点餐。

快餐　　Map p.307-C3

住 Kungsträdgårdsgatan 20
电 （08）611-3810
营 周日～下周二 10:00~ 次日 1:00
周三、周四 10:00~ 次日 5:00
周五、周六 10:00~ 次日 6:00
休 无休　预算 30SEK~　CC ADMV
URL www.max.se

全景咖啡厅

Café Panorama　　斯德哥尔摩中央火车站周边

◆位于在赛尔格尔广场对面文化会馆的五层。从店内可以俯瞰斯德哥尔摩的主干道，区位好。自助式午餐含沙拉、面包、咖啡或红茶，95（周六、周日 110）SEK~。可以预订靠窗的座位。

咖啡馆　　Map p.306-B3

住 Kulturhuset, Sergels Torg Fl.5
电 （08）21-1035
营 周一～周五 11:00~19:00
周六 11:00~18:00
周日 11:00~17:00
休 无休　预算 95SEK~　CC DMV
URL cafepanorama.se

克派恩咖啡厅
Kaffekoppen　　老城周边

◆位于老城大广场对面。刷过漆的墙面与黑亮的地板诉说着历史。这里总是挤满了游客与当地居民。夏天时阳台也对外开放。蛋糕有7~10种，35~53SEK。巧克力热饮45SEK~。

咖啡馆　Map p.309-C3

住 Stortorget 20　电 (08) 20-3170
营 周一～周四 9:00~22:00
周五 9:00~23:00
周六 8:00~23:00
周日 8:00~22:00
休 无休　预算 50SEK~　CC MV
URL www.cafekaffekoppen.se

法布里肯巧克力
Chokladfabriken　　南马尔姆岛周边

◆巧克力专卖店经营的咖啡厅。主厨在全欧各地的大赛中多次获奖。含有大量可可豆的香浓巧克力热饮45SEK很受欢迎。有含70%可可豆的黑茶和33%的奶茶、茶三种口味可选。手信也很多。

咖啡馆　Map p.316

住 Renstiernas gata 12
电 (08) 640-0568
营 周一～周五 8:00~18:30
周六 10:00~18:00
周日 11:00~18:00
休 无休　预算 30SEK~　CC AMV
URL www.chokladfabriken.com

我们只做咖啡
We Just Do Coffee　　南马尔姆岛周边

◆当地的时尚人群经常光顾的咖啡厅。精致的店内气氛恬静。浓咖啡25SEK~和三明治35SEK，不妨在此享受静谧时光。自制杏仁牛角面包30SEK和香蕉蛋糕25SEK是热销美食。

咖啡馆　Map p.316

住 Kocksgatan 19
电 070-8421206
营 周一～周五 12:00~18:00
周六 12:00~17:00
休 周日
预算 30SEK~
CC ADMV
URL wejustdocoffee.se

布拉普特恩
Blå Porten　　动物园岛

◆深受当地人喜爱的咖啡&餐厅。有一个被绿色环抱的庭院，夏季在露天席位就餐甚是惬意。可以在前台点三明治和甜品，结完账就可以享用了。暖暖的主餐可直接用点菜设备点。蛋糕25~48SEK。

咖啡馆　Map p.305-D3

住 Djurgårdsvägen 64
电 (08) 663-8759
营 6~8月 周一～周五 11:00~22:00
周六、周日 11:00~19:00
9月～次年5月每天 11:00~19:00
休 无休　预算 105SEK~　CC AMV
URL www.blaporten.com

皇家狩猎岛玫瑰花园咖啡厅
Rosendals Trädgård Kafé　　动物园岛

◆在动物园岛的皇家狩猎岛玫瑰花园（Rosendals Trädgård）内。在这片宽敞的温室内，可以品尝到使用采自花园的有机蔬菜和香料制作的美食和茶。设置在正门旁的餐桌上摆满了自制三明治55SEK~、蛋糕25SEK~和曲奇10SEK~等，可自选后在前台结账。午餐时间（周一～周五11:30~14:00）有每天不同的正餐95SEK~和沙拉120SEK~等。夏季，可在露天席位一边欣赏花园绽放的鲜花，一边惬意品尝。

漫步花园也是一种休息

瑞典美食　Map p.305-D3

住 Rosendalsterrassen 12
电 (08) 5458-1270
营 2~3月、11月~12月下旬 周二～周日 11:00~16:00；4月周二～周日 11:00~17:00；5~9月 每天 11:00~17:00；10月周二～周五 11:00~16:00 周六、周日 11:00~17:00　休 2~4月与10月~12月下旬的周一、12月下旬～次年1月
预算 50SEK~
CC AMV
URL www.rosendalstradgard.se

布达佩斯蛋糕45SEK和红茶28SEK

米科森斯·巴克菲卡
Mixens Bakficka　东马尔姆岛周边

◆日本人经营的寿司酒吧。鲑鱼等 7 贯寿司和鳄梨 6 贯寿司每份 69SEK~，价格适中，评价颇高。建议尝尝生鱼片盖饭 100SEK 等日式菜。晚上这里会变成小酒吧，供应 10 余种啤酒。

日本料理　Map p.307-C3
住 Norrlandsgatan 18
回（08）640-1660
营 周一、周二 11:00~20:00
周三～周五 11:00~ 次日 1:00
周六 15:00~ 次日 1:00
周日 12:00~17:00
休 无休　预算 69SEK~　CC A M V

将军餐厅
Shogun　老城周边

◆位于老城的日式餐厅。白天有天妇罗和饺子等每天不重样的午餐 85SEK，烤肉 100SEK 也很有人气。晚上供应寿司和涮牛肉、鸡肉烤串等经典美味。生鱼片套餐 389SEK 等各类套餐送酱汤（味噌汁）和甜品。

日本料理　Map p.308-B2
住 Stora Nygatan 3　回（08）20-8205
营 周一～周五 11:00~21:30LO
周六 12:00~21:30LO
周日 12:00~20:30LO
休 无休
预算 午餐 80SEK~、晚餐 360SEK~
CC A M V　URL www.shogun.nu

紫
Murasaki　南马尔姆岛周边

◆位于南马尔姆岛的日式餐厅。一层是寿司吧，二层是餐厅。寿司吧的 8 贯寿司（带酱汤）90SEK 和烤肉便当 90SEK 等实惠午餐很受欢迎。二层可以品尝正宗的烤肉和涮肉。

日本料理　Map p.316
住 Götgatan 41　回（08）615-2288
营 周一～周四 11:00~14:00/17:00~22:00
周五 11:00~14:00/17:00~23:00
周六 17:00~23:00 周日 17:00~22:00
休 无休　预算 午餐 90SEK~、晚餐 250SEK~
CC A D J M V
URL www.murasaki.se

神州饭店
China Wang　斯德哥尔摩中央火车站周边

◆一家有 25 年历史的中餐馆，美味实惠。菜单种类丰富，干烧虾仁 218SEK，回锅肉 168SEK，炒饭 138SEK。自助晚餐 168SEK。自助午餐 99SEK，更加实惠。

中餐　Map p.306-B3
住 Kungsgatan 62
回（08）20-0110
营 周一～周四 10:30~22:00
周五 10:30~23:00
周六 12:00~23:00
周日 12:00~22:00
休 无休　预算 150SEK~　CC A D J M V

唐人街快餐厅
China Town Express　斯德哥尔摩中央火车站周边

◆以泰国菜为主的亚洲多国风味快餐店。想节约饮食成本的游客可以去试试。招牌美食是烤鸡肉＋米饭或绿咖喱、红咖喱等，每份 79SEK~。还有各式中式炒菜。可外带。

泰国菜　Map p.306-B2
住 Olof Palmes gata 7
回（08）21-9048
营 周一～周六 11:00~21:00
周日 12:00~21:00
休 无休
预算 70SEK~
CC A M V

帕岸岛餐厅
Koh Phangan　南马尔姆岛周边

◆当地人常去的餐馆。带有“泰国帕岸岛之夜”的氛围，餐馆还登上了泰国国际航空公司的航班杂志。菜肴种类丰富，主要有冬荫功汤 105SEK 和绿咖喱鸡肉 173SEK 等。晚餐较拥挤，最好提前预订。

泰国菜　Map p.316
住 Skånegatan 57　回（08）642-5040
营 周一～周四 16:00~23:00LO
周五 16:00~ 次日 0:00LO
周六 12:00~ 次日 0:00LO
周日 12:00~23:00LO
休 无休
预算 午餐 79SEK~、晚餐 200SEK~
CC A D M V　URL www.kohphangan.se

斯德哥尔摩的购物场所

Shopping

购物中心大多集中在王后街、哈门街（Hamngatan）、斯特莱普兰广场、比利埃尔·亚尔斯加坦大街（Birger Jarlsgatan）以及老城。老城有很多小而精致的店铺，适合逛街和购物。赛尔格尔广场和赫广场周边也是购物区。时间比较紧张的游客可以逛逛 NK、Gallerian、Åhléns City、Sture Gallerian 等商场或小型购物中心。此外，最近比较火的是南马尔姆岛。那里遍布小型设计店和化妆品等的商店。瑞典驰名的玻璃制品、陶瓷、家居用品和纺织品等手工艺品、民间艺术品可买来当特产。店前有“Rea”“Extrapris”和“Fynd”等标志的，表示这里打折。夏季的 7 月下旬 ~8 月上旬、冬季的 12 月末开始都是折扣季。

NK 商场
NK

斯德哥尔摩中央火车站周边

◆1902 年开业，是北欧规模最大的商场。商场内有很多一线品牌及高档商店，时尚商品和室内装饰品琳琅满目。也有咖啡馆，午餐不错。地下有瑞典陶瓷和玻璃制品店。洗手间在四层（10SEK）。

商场 Map p.306-307-B · C3

住 Hamngatan 18-20
电 （08）762-8000
营 周一～周五 10:00~20:00
周六 10:00~18:00
周日 11:00~17:00
休 无休 CC 各店不同
URL www.nk.se

长廊
Gallerian

斯德哥尔摩中央火车站周边

◆创立于 1976 年的商城。内有约 80 家店铺，涵盖衣物、靴、体育用品等。位于赛尔格尔广场附近，有通道直达地铁站和文化会馆，因此雨雪天气在里面逛也不会受到影响。还有旅游咨询处和货币兑换处。

商场 Map p.306-B3

住 Hamngatan 37
电 073-5319496
营 周一～周五 10:00~20:00
周六 10:00~18:00
周日 11:00~18:00
休 无休
CC 各店不同
URL gallerian.se

奥莲斯商场
Åhléns City

斯德哥尔摩中央火车站周边

◆位于地铁 T-Centralen 站的上方，是瑞典规模最大的连锁百货商城。三层是玻璃制品、陶瓷和特产卖场，二层是时尚女装卖场。地下二层是斯德哥尔摩最大的食品卖场，地下三层设有旅游咨询处。

商场 Map p.306-B3

住 Klarabergsgatan 50
电 （08）402-8016
营 周一～周五 10:00~21:00
周六 10:00~19:00
周日 11:00~19:00
休 无休
CC 各店不同
URL www.ahlens.se

史都雷购物中心
Sture Gallerian

东马尔姆岛周边

◆开业于 1989 年，建在斯兑乐广场对面的一家特色购物中心。主要是时尚女装及饰品店，还有餐厅及咖啡馆等，一共有近 70 家店铺进驻。一层的大厅不时举办活动。

商场 Map p.307-C2

住 Stureplan 4 Turegatan 9A
电 （08）611-4606
营 周一～周五 10:00~19:00
周六 10:00~17:00
周日 12:00~17:00
休 无休
CC 各店不同
URL www.sturegallerian.se

莫德斯德哥尔摩商场
Mood Stockholm

东马尔姆岛周边

◆2012年3月新开张的个性购物中心，汇聚了时尚品牌和杂货等超过40家店铺，还有多家餐馆。建筑内装饰了艺术品，走进去就能感受到艺术气息。

商场 Map p.306-307B · C3

住 Regeringsgatan 48
☎ 各店不同
营 周一～周五 10:00~20:00
周六 10:00~18:00
周日 11:00~17:00
休 无休 CC 各店不同
URL moodstockholm.se

戈洛本
Globen

郊外

◆位于地铁戈洛本站旁，是一座兼做演出场馆与购物中心的一体化建筑。白色的大圆顶下是演出场地，可以举办音乐会和运动项目。从130米高的地方透过玻璃眺望舱俯瞰市景是最受欢迎的项目。

商场 Map p.305-C4 外

住 Arenavägen 45-63
☎ 各店不同
营 周一～周五 10:00~19:00
周六 10:00~17:00
周日 11:00~17:00
休 无休 CC 各店不同
URL www.globenshopping.se

H & M
H & M

斯德哥尔摩中央火车站周边

◆瑞典本土的时尚品牌，店铺遍及全球。H & M主销平民价格的时尚服饰，门类遍及男女装和童装。

时尚店铺 Map p.306-B3

住 Sergelgatan 1
☎ (08) 5451-2230
营 周一～周五 10:00~20:00
周六 10:00~19:00
周日 11:00~18:00
休 无休 CC A D M V
URL www.hm.com

菲利帕 K
Filippa K

东马尔姆岛周边

◆一名瑞典设计师经营的店铺，深受年轻人喜爱。同时销售男女装。简约而不简单的设计十足吸引眼球。店面陈列每年更新两次。内裤1200SEK~，罩衫1400SEK~。

流行时尚

住 Grev Turegatan 18
☎ (08) 5458-8888
营 周一～周五 11:00~19:00
周六 11:00~17:00
周日 12:00~16:00
休 无休 CC A D M V
URL www.filippa-k.com

Nudie 牛仔
Nudie Jeans

南马尔姆岛周边

◆成立于2001年的瑞典时尚品牌。牛仔的原料来自意大利和日本，在意大利完成缝纫。有男女装和童装。牛仔系列1099SEK~，T恤299SEK~。

流行时尚 Map p.316

住 Skånegatan 75
☎ (08) 4109-7200
营 周一～周五 11:00~18:30
周六 11:00~17:00
周日 12:00~16:00
休 无休 CC A M V
URL www.nudiejeans.com

艾克妮
Acne Studios

南马尔姆岛周边

◆瑞典的本土时尚品牌。店内有男女装和童装，其中以女装款式最多。畅销的淑女牛仔系列售价1295SEK~。还成立了出口直营店Acne Archive（Map p.304-B2）。

流行时尚 Map p.316

住 Nytorgsgatan 36
☎ (08) 640-0470
营 周一～周五 11:00~19:00
周六 11:00~17:30
周日 12:00~17:00
休 无休 CC A M V
URL www.acnestudios.com

彼得松
Wilhelm Pettersson

斯德哥尔摩中央火车站周边

◆创立于1939年的人气店铺。经营以北欧自然风光为主题的珠宝饰品，包括瑞典品牌及乔治·杰生等国际品牌。价格一般为220SEK~。

饰品店 Map p.306-B3

住 Drottninggatan 70 ☎（08）20-0490
FAX（08）21-7181
营 周一～周五 10:00~19:00
周六 11:00~17:00
休 周日（圣诞前的周日营业）
CC ADJMV
URL www.wilhelmpettersson.se

约韦尼亚·尤韦莱尔
Jovenia Juveler

东马尔姆岛周边

◆创立于1971年。手工打造的个性化简约设计风格深受好评。进店前需要按下门铃。小钻戒指10000SEK~。很多人前来选购订婚戒指。

饰品店 Map p.307-C3

住 Māster Samuelsgatan 2
☎（08）611-2566
FAX（08）611-2239
营 周一～周五 10:00~18:00
周六 11:00~14:00
休 周日 CC ADMV
URL joveniajuveler.se

斯文森科特·泰恩
Svenskt Tenn

东马尔姆岛周边

◆成立于1923年的老牌瑞典店铺，在全球享有盛誉。店内使用特色纺织品做成的室内装饰品与生活百货摆满货架。其中自店铺诞生以来就一直担任主设计师的约瑟夫·弗朗克设计的、以动物和瑞典的自然风光为主题的纺织品最为著名。特色商品可按米卖，此外还有用布做成的灯罩850SEK~（小灯罩450SEK~）、枕套900SEK~等商品。

经营种类丰富的纺织品

纺织品 Map p.307-C3

住 Strandvāgen 5 ☎（08）670-1600
营 周一～周五 10:00~18:30
周六 10:00~17:00
周日 11:00~16:00（仅9月～次年5月）
（茶歇雅座在关店前30分钟停止营业）
休 6~8月的周日 CC ADMV
URL www.svenskttenn.se

店内还设有茶歇雅座

时尚装饰店
Modernity

东马尔姆岛周边

◆经营室内古董饰品的店铺，以威格纳、阿尔托、雅各布森等20世纪北欧著名设计师的作品为主。商品主要为家具、陶瓷和灯具等。也有乔治·杰生的饰品。7月中旬开始有3周歇业时间。

家具·室内饰品 Map p.307-D2

住 Sibyllegatan 6
☎（08）20-8025
营 周一～周五 12:00~18:00
周六 11:00~15:00
休 周日
CC ADMV
URL www.modernity.se

阿斯普朗德
Asplund

东马尔姆岛周边

◆被某杂志评选为北欧最好的室内装饰店之一。以瑞典著名设计师创作的家具为主，此外还有芬兰、意大利和法国等各国的精致物品。还销售刀叉和餐具、杂货。

家具·室内饰品 Map p.307-D2

住 Sibyllegatan 31
☎（08）662-5284
FAX（08）662-0003
营 周一～周五 11:00~18:00
周六 11:00~16:00
（7月为11:00~14:00）
休 周日 CC ADJMV
URL www.asplund.org

水晶艺术中心
Crystal Art Center
斯德哥尔摩中央火车站周边

◆欧瑞诗、珂丝塔等瑞典品牌玻璃制品琳琅满目。简朴时尚的风格正是瑞典特色。长脚杯、菜碟等，种类丰富。店内还有玻璃艺术展览。

玻璃制品 Map p.306-B4
住 Tegelbacken 4
电（08）21-7169
营 周一～周五 10:00~18:00
周六、周日 11:00~18:00
休 无休
CC ADMV

托里耶设计
Design Torget
斯德哥尔摩中央火车站周边

◆经营瑞典顶级设计师和美术学院学生设计的时尚生活用品。从灯饰到玻璃制品、酒杯等，无所不包，每件商品都体现了个性。适合在这里挑选特色礼物。

生活杂货 Map p.306-B3
住 Sergelgången 29
电（08）21-9150
营 周一～周五 10:00~20:00
周六 10:00~19:00
周日 11:00~18:00
休 无休 CC ADMV
URL www.designtorget.se

塞尔韦拉
Cervera
斯德哥尔摩中央火车站周边

◆经营以厨房用具为主的生活日用品，以淡色系的雅致设计见长。经营罗斯兰和芬兰的伊塔拉、玛丽马克等品牌的商品。也有自制商品，值得一去。

生活杂货 Map p.306-B2
住 Sveavägen 24-26
电（08）10-4530
营 周一～周五 10:00~19:00
周六 10:00~17:00
周日 12:00~17:00
休 无休 CC ADJMV
URL www.cervera.se

伊利斯手工艺品
Iris Hantverk
斯德哥尔摩中央火车站周边

◆一家经营瑞典手工艺品的店铺。白木刷 45SEK~，有扫地用和洗脸用等，种类多。烛台、有机香皂 55SEK~ 等可作为礼物。在老城有分店（Map p.309-C3）。

生活杂货 Map p.306-B3
住 Kungsgatan 55
电（08）214-726
营 周一～周五 10:00~18:00
周六 10:00~15:00
休 周日
CC ADMV
URL www.irishantverk.se

斯德哥尔摩设计院
Design House Stockholm
斯德哥尔摩中央火车站周边

◆1992 年创立的设计院。销售超过 60 名北欧设计师的作品。有家具、灯具、杂货和时尚用品。特产方面，以童话故事为原型的马克杯 195SEK 最受欢迎。

生活杂货 Map p.307-C3
住 Hamngatan 18-20
电（08）762-8119
营 周一～周五 10:00~20:00
周六 10:00~18:00
周日 11:00~17:00
休 无休 CC ADMV
URL www.designhousestockholm.com

库恩斯特手工艺品
Konsthantverkarna
南马尔姆岛周边

◆拥有近 60 年历史的画廊兼商店，收藏了多位知名艺术家的作品。这里的会员审查标准很严苛，通过审查的艺术家的作品都是独一无二的高品质珍品。商品种类丰富。

生活杂货 Map p.316
住 Södermalmstorg 4
电（08）611-0370
营 周一～周五 11:00~18:00
周六 11:00~16:00
休 周日
CC ADMV
URL konsthantverkarna.se

斯芬司克
Svensk Hemslöjd

东马尔姆岛周边

◆销售瑞典毛线及生活日用品等的手工艺品店。毛线（每卷 85SEK~）不仅质量高，而且品种多，是手工艺品爱好者的天堂。还有抓锅垫布 140SEK 等厨房用具和达拉木马等地方城市的工艺品，每件都很精美。

工艺品 Map p.307-C2

住 Norrlandsgatan 20
☎（08）232-115
营 周一～周五 10:00~18:00
周六 11:00~16:00
周日 12:00~16:00
休 无休 CC AMV
URL svenskhemslojd.COM

泰格奥奇
Tyger och Tidlösa Ting

老城周边

◆狭小的店内摆满了玩偶。真人扮演的滑稽圣诞老人每年的圣诞期间都会亲自迎客。纯手工制作的木质米奇、圣诞老人每个 140SEK~，饰品每件 40SEK~，很受欢迎。

工艺品 Map p.309-C3

住 Köpmangatan 1
☎（08）20-5662
营 周一～周五 10:30~17:30
周六 10:00~18:00
周日 10:00~17:00
休 无休
CC MV

E. 通达尔
E.Torndahl

老城周边

◆19 世纪起就开在老城的老店。主要经营银、锡和琥珀加工的饰品，还有大量萨米风格装饰品及斯堪的纳维亚杂货。项链 195SEK~，价格实惠，可作为小礼物。

工艺品 Map p.309-C3

住 Vāsterlånggatan 63
☎（08）10-3409
营 6 月中旬 ~8 月
每天 10:00~20:00
9 月～次年 6 月中旬
每天 10:00~18:00
休 无休 CC ADMV

COLUMN SWEDEN

斯德哥尔摩的古董街

斯德哥尔摩是北欧设计界的风向标。在这里追溯古董家具、陶瓷、玻璃制品的发展过程也是乐事。古董商店集中在老城，市区西北面的 Vasastaden 数量更多，感兴趣的人可以去看看。从地铁 Odenplan 站到 Sankt Eriksplan 站的 Odengatan 街，以及从那里向南延伸的 Upplandsgatan 街，有很多古董店。细细寻找，有可能会发现一些著名设计师的珍稀作品。大多数商店中午开始营业，周日休息。

古董爱好者不可错过

DATA

■巴克斯古董
Bacchus Antik
Map p.306-A1
住 Upplandsgatan 46
☎（08）30-5480
URL www.bacchusantik.com
营 周一～周五 12:00~18:00
周六 11:00~16:00
休 周日
CC MV
经营古斯塔夫斯贝里和芬兰阿拉比亚的瓷器，还有奥勒福什的玻璃制品等北欧风情的日用品。

■ Antique & Quriosashopen
Map p.306-A1
住 Upplandsgatan 44
☎（08）30-2906
URL www.antique-quriosashopen.se
营 周一～周五 11:00~18:00
周六 11:00~15:00
休 周日
CC MV
主营北欧系列陶瓷。另外还有大量 20 世纪初至 20 年代的玻璃制品。

奥德宁雷达
Ordning & Reda

南马尔姆岛周边

◆全球著名的瑞典纸制品专卖店。便笺和笔记本等采用原色涂料，鲜艳夺目，设计简练。还有铅笔和剪刀等文具。笔记本、手机套每个 199SEK~。店内还有厨房用品波顿杯（Bodum）。

文具 Map p.316

住 Götgatan 32
☎（08）714-9601
营 周一～周五 10:00~19:00
周六 11:00~17:00
周日 12:00~16:00
休 无休 CC ADMV
URL www.ordning-reda.com

里达
Riddarbageriet

东马尔姆岛周边

◆东马尔姆地区的小副食品店。有机麦粉制作的面包带有自然的醇香，是当地居民偏爱的美食。店内还有咖啡厅，供应早餐和午餐。可与咖啡 25SEK 和卡布奇诺 30SEK 一同品尝。

食品 Map p.307-D3

住 Riddargatan 15
☎（08）660-3375
营 周一～周五 8:00~17:00
周六 8:00~15:00
周日 9:00~13:00
休 无休
CC MV

斯德哥尔摩茶叶中心
The Tea Centre of Stockholm

南马尔姆岛周边

◆1978 年开业的红茶专卖店。选用纯天然原料，手工制作的红茶被瑞典王室誉为“King of the Tea”。热销商品包括王室成员爱喝的浓香 Soderblanding 和 Tea Center Blend 等。售价 100 克 59SEK~。

食品 Map p.316

住 Hornsgatan 46 ☎（08）640-4210
FAX（08）640-9375
营 周一～周五 10:00~18:00
周六 10:00~16:00
（5~8 月 ~14:00）
休 周日 CC DMV
URL www.theteacentre.se

JFK 商店
JFK Shop

南马尔姆岛周边

◆郊外电车 Stockholm Södra 站旁的一家食品店。销售调味品和糕点等日式食品。内设餐厅，周一～周五的 11:00~15:00 有套餐（85SEK~）。餐厅在 6 月末 ~8 月上旬歇业。

食品 Map p.316

住 Swedenborgsgatan 28
☎（08）34-3815 FAX（08）442-3010
营 周一～周五 11:00~18:00
周六 10:00~15:00
（5~8 月 ~14:00）
休 周日 CC AMV
URL www.japanfood.se

COLUMN SWEDEN

具有北欧时尚设计风格的图书馆

在斯德哥尔摩市中心边缘有一家斯德哥尔摩市立图书馆（Stockholms stadsbibliotek）。图书馆中央呈圆柱形，内壁全摆满了书，四周全是书的海洋。

设计者是因斯科斯累格加登公墓（→ p.335）而驰名的阿斯普伦德（1885~1940），他被称为北欧现代建筑的奠基人。

每天约有 3000 人来这里

可随意入馆，即使你不是北欧建筑迷，也不妨去看看。

DATA

■斯德哥尔摩市立图书馆
Map p.304-B2
住 Sveavägen73 ☎（08）5083-0900
开 6 月中旬 ~8 月中旬
周一～周五 9:00~19:00 周六 12:00~16:00
8 月中旬～次年 6 月中旬
周一～周四 9:00~21:00 周五 9:00~19:00
周六、周日 12:00~16:00
休 6 月中旬 ~8 月中旬的周日
费 免费
CC AMV
URL biblioteket.stockholm.se

斯德哥尔摩的夜店
Night Spot

作为北欧的大城市，斯德哥尔摩的夜生活十分丰富。这里有数不尽的俱乐部和酒吧，可以到处游玩。东马尔姆地区有很多时尚俱乐部，南马尔姆岛的斯尔森地铁站有不少气氛优雅的酒吧，一到周末就会人满为患。

斯德哥尔摩冰吧
Ice Bar Stockholm

斯德哥尔摩中央火车站周边

◆位于北欧 C 酒店 Nordic C Hotel（→ p.339）的酒吧，模仿瑞典的尤卡斯耶尔维的冰雪旅馆而建。室内温度保持在 -7℃，装修和杯子全是冰。建议事先预约。如果未预约，可在周五、周六的 21:45~ 入内，票价 205SEK，含一杯饮品。

Map p.306-A3

住 Vasaplan 4
电 （08）5056-3000
营 周日～周四 16:30~23:15
周五、周六 15:45~ 次日 1:00
（6/1~9/13 会延长时间）
休 无休
CC ADJMV
URL www.nordicchotel.se

法斯汀
Fasching

斯德哥尔摩中央火车站周边

◆斯德哥尔摩最知名的爵士俱乐部。瑞典国内外的音乐家都在此演出。门票 120~500SEK。去之前最好在网上查好演出时间表。现场演奏通常 20:00 开始。能就餐。

Map p.306-A3

住 Kungsgatan 63
电 （08）20-0066
营 周一～周四 18:00~ 次日 1:00
周五、周六 18:00~ 次日 4:00
周日 18:00~ 次日 1:00
休 无现场演出时
CC MV URL www.fasching.se

斯坦佩恩
Stampen

老城周边

◆位于老城的老牌爵士俱乐部。可聆听老鹰乐队、布鲁斯和布基伍基等爵士乐。现场演出在周二～周四的 20:00 左右、周一的 17:00 左右、周六的 14:00 左右开始。门票 50SEK，周六免费。演出时间表可在网页上查询。

Map p.308-B2

住 Stora Nygatan 5
电 无
营 周二～周五 17:00~ 次日 1:00
周六 14:00~ 次日 1:00
休 周日、周一
CC ADMV
URL www.stampen.se

斯纳普斯
Snaps

南马尔姆岛周边

◆在一栋 17 世纪建筑的地下一层，这里可以欣赏到 DJ 舞曲。乐曲以欧式摇滚和浩室音乐为主。周五、周六地下的舞厅也会开放。菜肴种类多，每年更换两次。免费入场，寄存物品收 30SEK。

Map p.316

住 Gōtgatan 48 电 （08）640-2868
营 周一 11:00~14:30
周二～周四 11:00~14:30/17:00~23:00
周五、周六 11:00~14:30/17:00~ 次日 3:00
休 周日 CC 不可用（店内有 ATM 机）
URL www.snapsbar.se

阿库拉特
Akkurat

南马尔姆岛周边

◆拥有超过 800 种啤酒及 400 多种威士忌，生啤也有约 30 种，酒类很多。自酿啤酒中，有贮藏啤酒（Tjockhult Tjinook）等好几种，1 品脱 74SEK~。牛排和汉堡等菜品 185SEK~。

Map p.316

住 Hornsgatan 18
电 （08）644-0015
营 周一 11:00~24:00
周二～周五 11:00~ 次日 1:00
周六 15:00~ 次日 1:00
周日 18:00~ 次日 1:00
休 无休 CC ADJMV
URL www.akkurat.se

斯德哥尔摩的娱乐场所

作为北欧首屈一指的大都市，斯德哥尔摩的音乐会和歌剧等演出形式十分丰富。最受欢迎的是国家歌剧院上演的歌剧及斯德哥尔摩音乐厅的古典音乐会。此外，文化会馆（→ p.323）内的市立剧院每晚都会举行芭蕾舞演出及摇滚、流行音乐、戏剧等的演出。一到夏季，还可以欣赏王后岛宫廷剧院（→ p.334）内上演的歌剧、王室公园（→ p.329）的露天音乐会，可谓盛况空前。各演出的时间表都可从旅游咨询处分发的“What's on Stockholm”上查询到。门票在各演出场馆的售票处购买。如果想提前预约，可利用相应网站或票务公司的售票窗口。购票可通过电话和网络两种形式。

斯德哥尔摩音乐厅

Stockholms Konserthus

坐落在赫广场对面的一座蓝色建筑就是斯德哥尔摩音乐厅。它建于1926年，古希腊式的神柱给人深刻印象。音乐厅前有卡尔·米勒斯的雕刻作品。这里是瑞典斯德哥尔摩皇家交响乐团的总部所在地，除了举办古典音乐会，还有爵士乐演奏。

这里是斯德哥尔摩最繁华的地段

王室歌剧院

Kungliga Operan

位于海边广场与公园之间，从这里可以眺望老城。剧院建于1890年，是一座巴洛克风格的宏伟建筑。这里也是王室芭蕾舞团的总部所在地，会举办歌剧及芭蕾舞演出。内设有奥培拉咖啡屋（Cafe Opera）、王室歌剧院餐厅（Operakällaren）等知名餐厅。可由导游带领参观后台及瑞典国王的贵宾席等。

位于古斯塔夫·阿道夫广场一侧的是正门

DATA

订票处
☎ 0771-707070
URL www.ticketmaster.se

市立剧院（文化会馆内）
（→ p.323）
☎（08）5062-0200
URL kulturhusetstadsteatern.se

斯德哥尔摩音乐厅
Map p.306-B3
住 Hötorget 8
☎（08）786-0200（咨询）
☎（08）5066-7788（订票）
URL www.konserthuset.se
E-mail info@konserthuset.se
开 周一～周五 11:00~18:00
周六 11:00~15:00
休 周日
带导游的旅行团
举办 周六 13:00（英语）
费 120SEK

乌普萨拉 *Uppsala*

乌普萨拉这座城市是在 1477 年创建的乌普萨拉大学的基础上发展而来的。市内遍布着研究所和大学教室，乌普萨拉大学已经与这座城融为了一体。促进乌普萨拉发展的，是以 16 世纪乌普萨拉城堡的缔造者古斯塔夫 · 瓦萨为代表的各个时代的掌权者。宗教人士将这里作为基督教的一个大本营，建起了北欧最大的教堂。在政治与宗教结合得越发紧密的过程中，大学和这座城市也得以发展。

乌普萨拉的北部是王室陵寝“老乌普萨拉”。要说乌普萨拉是瑞典的历史博物馆，这座建于 6 世纪的遗址便是最好的证明。

从城市的任何一个角落都能看到大教堂的尖塔

Map p.294-B3
人口：210126
长途区号：018
乌普萨拉信息网站
URL www.destinationuppsala.se

前往乌普萨拉的方法

🚌 从斯德哥尔摩乘坐巴士需要约 40 分钟。每小时有 3~6 班，周末会少一些。

从斯德哥尔摩 · 阿兰达国际机场出发

从机场乘坐 UL 巴士（801 路）可直达。需要约 45 分钟，150SEK。另外，从机场也可以坐火车前往乌普萨拉，需要约 20 分钟。

抵达地点

所有火车的终点都是乌普萨拉中央火车站（Uppsala Centralstation），长途巴士到达长途巴士总站。

乌普萨拉的旅游咨询处 ℹ

住 Kungsgatan 59
☎（018）727-4800
URL www.destinationuppsala.se
开 7、8 月
周一～周五 10:00~18:00
周六 10:00~15:00
周日 11:00~15:00
9 月～次年 6 月
周一～周五 10:00~18:00
周六 10:00~15:00
休 9 月～次年 6 月的周日

乌普萨拉 漫 步

乌普萨拉中央火车站与菲利斯河（Fyrisån）之间的这片区域有很多酒店、商铺和餐馆，十分繁华。它的中心是斯特拉特里埃广场（Storatorget）。从这个广场沿着菲利斯河的道路是步行街，也是乌普萨拉最为人熟知的购物街，聚集了很多百货商店和超市。与这条街并排的还有一条国王街（Kungsgatan），那里有很多市内巴士的停靠站点。

菲利斯河畔有散步小道，也设置了座椅，是休闲好去处。穿过菲利斯广场（Fyristorg）、乌普兰瓦思博物馆（Upplandsmuseet）的旁边，有一个圣埃里克广场（St Eriks torg）。据说这座广场曾经是果蔬市场，有不少露天店铺，现在已经没有了当年的盛景。圣埃里克广场对面有一个叫市场馆（Saluhallen）的建筑，经营新鲜食品。从这里走入艺术大街（Akademigatan），左侧是壮美的乌普萨拉大教堂正门。大教堂西侧是大学本部，前面的广场上展示着瑞典各地出土的石碑。从大学西部向南望去，可以看到山坡上的乌普萨拉城堡。城堡内有一座拥有 350 余年历史的植物园。

菲利斯广场是城市中心

乌普萨拉 主要景点

乌普萨拉大教堂

Map p.361

Uppsala Domkyrka

高 118.7 米的宏伟建筑

大教堂是乌普萨拉的象征，始建于 1270 年左右，历时 165 年左右完工。这座北欧最大的教堂，最初的尖塔在 1702 年被付之一炬，现在看到的是 1880 年重建后的塔。

教堂内长眠着著名君主古斯塔夫 · 瓦萨及其两位王后、林奈等瑞典名人。此外，大教堂北侧的塔如今是大教堂博物馆，展示着大教堂的传世之宝。还收藏有全球独一无二的中世纪纺织品。

乌普萨拉大教堂
☎（018）430-3630
FAX（018）10-1695
URL www.uppsaladomkyrka.se
开 每天 8:00~18:00
休 无休
（举办弥撒等活动时谢绝入内）
费 免费

大教堂博物馆
开 5~9 月
周一 ~ 周六 10:00~17:00
周日 12:30~17:00
10 月 ~ 次年 4 月
周一 ~ 周六 10:00~16:00
周日 12:30~16:00
（最晚入馆时间为闭馆前 30 分钟）
休 无休
费 40SEK

乌普萨拉大学

Map p.361

Uppsala Universitet

瑞典最古老的大学。中世纪的乌普萨拉大学只有神学、哲学、法学、医学 4 个专业，如今已经发展成拥有神、法、医、药、科学、语言、教育、社会学和艺术 9 个学科及众多研究院的综合性大学。紧挨大教堂西

乌普萨拉大学
大学本部
☎（018）471-1715
URL www.uu.se
开 周一 ~ 周五 9:00~16:00
休 周六、周日
费 免费

乌普萨拉大学约有4万师生

乌普萨拉城堡
回（018）727-2482
URL www.destinationuppsala.se
带导游旅行团（英语）
举办 7/2~8/30
周二～周日 13:00、15:00
费 90SEK（含乌普萨拉美术馆门票）
乌普萨拉美术馆
回（018）727-2482
开 周二、周五～周日 12:00~16:00
周三 12:00~18:00
周四 12:00~20:00
休 周一
费 免费

古斯塔维纳姆博物馆
住 Akademigatan 3
回（018）471-7571
URL www.gustavianum.uu.se
开 6~8月
周二～周日 10:00~16:00
9月～次年5月
周二～周日 11:00~16:00
休 周一
费 50SEK

林奈博物馆
住 Svartbäcksgatan 27
回（018）13-6540
URL www.linnaeus.se
开 5~9月
周二～周日 11:00~17:00
休 周一、10月～次年4月
费 60SEK
林奈花园
回（018）13-6540
开 5~9月
周二～周日 11:00~17:00
休 周一、10月～次年4月
费 60SEK
（与林奈博物馆通用）

老乌普萨拉
交通→→→
从乌普萨拉中央火车站可乘坐2路巴士在终点下车，也可以乘110、115路在老乌普萨拉站下。需要约15分钟。如果从司机那里购票，只能使用信用卡支付。

老乌普萨拉博物馆
住 Disavägen
回（018）23-9312
URL www.raa.se/upplev-kulturarvet/gamla-uppsala-museum

侧的大学本部（Universitetshuset）只有入口大厅允许普通游客参观，一定要去看看。

乌普萨拉城堡 Map p.361

Uppsala Slott

大教堂旁边的山丘上矗立着一栋宏伟的建筑，那是乌普萨拉城堡。这座由名君古斯塔夫·瓦萨建于16世纪的建筑，直到1757年才形成今天的模样。这里最初是王室成员的居城，现在是展示乌普萨拉大学藏品的乌普萨拉美术馆（Uppsala Konstmuseum）。宫内仅在夏天可以由导游带领参观。

位于可俯瞰市区的山丘上

古斯塔维纳姆博物馆（历史博物馆） Map p.361

Gustavianum

在大学本部的左边有一座带变形圆顶的建筑。这是1622年由古斯塔维纳姆国王主持建造的，并以他的名字命名。在1887年以前，这里都是乌普萨拉大学的核心区。现在内部改建成了博物馆，展示从古代到中世纪的瑞典历史以及尼罗河流域出土的古埃及文物等。另外，圆顶处有人体解剖的讲解室，建议去看看。这里还诞生了“植物分类学之父”林奈和提出摄氏度的天文及物理学家摄耳修斯等名人。

瑞典的知识中心

林奈博物馆 Map p.361

Linnémuseet

被誉为“植物分类学之父”的植物学家卡尔·林奈（1707~1778）曾在隆德大学学习，之后来到乌普萨拉大学做研究。这座博物馆还原了林奈的住所和讲堂。除了林奈的研究成果——植物标本外，馆内还展示了他曾经使用过的衣物和生活用品。培育着约1300种植物的花园Linnéträdgården也是必看景点。

花园入口处的咖啡吧夏季营业

乌普萨拉 短途旅行

老乌普萨拉 Map p.361 外

Gamla Uppsala

由乌普萨拉市区向北乘坐15分钟左右的巴士就会看到一片恢宏的墓葬群。该区域在4~6世纪曾经是瑞典政治、宗教的中心，传言古教堂旁这三座相连的古墓会散发出神秘的光环。中间一座墓是父亲 Aun 的，东侧的是他儿子 Egel 的，西侧是孙子 Adils 的。对瑞典人而言，这称得上是原始风景。墓葬的入口有老乌普萨拉博物馆（Gamla Uppsala museum），展示了出土文物，值得一看。

农田之中，是凸起的古坟

开 4~9 月
每天 11:00~17:00
10 月～次年 3 月
周三、周六～下周一
12:00~16:00
休 10 月～次年 3 月的周二、周四·周五 费 80SEK

老乌普萨拉咖啡吧
Odinsborg
☎（018）32-3525
URL www.odinsborg.nu
营 周一～周五 10:00~16:00
周六、周日 10:00~18:00
休 无休

位于古墓旁边的咖啡厅&餐厅。内设商店。

伦纳

Lenna

Map p.361 外

乌普萨拉中央火车站的正后方，是只有站台的乌普萨拉东站（Uppsala Östrastation）。从这里到伦纳，可乘坐一种名为 Lennakatten Uppsala-Lenna Jernväg 的蒸汽小火车。6 月上旬~9 月中旬，可以看到由乌普萨拉东站始发的蒸汽火车。

蒸汽小火车
☎（018）13-0500
URL www.lennakatten.se

运行时刻表和票价每年有变，乘坐前要事先查询。

乌普萨拉的酒店

Hotel

克拉丽奥吉莱特酒店
Clarion Hotel Gillet

Map p.361

◆乌普萨拉市区最高档的时尚酒店。有泳池、桑拿房和健身房。

住 Dragarbrunnsgatan 23
☎（018）68-1800 FAX（018）68-1818
URL www.nordicchoicehotels.se
费 Ⓢ1190（940）SEK~
Ⓓ1390（1040）SEK~ CC ADJMV

斯堪迪克乌普兰迪尔酒店
Scandic Uplandia

Map p.361

◆位于闹市区。室内光线明亮，清爽整洁。内设桑拿房和健身房。

住 Dragarbrunnsgatan 23
☎（018）495-2600 FAX（018）495-2611
URL www.scandichotels.com
费 Ⓢ1390（990）SEK~
Ⓓ1590（1190）SEK~ CC ADJMV

乌普萨拉丽笙酒店
Raddison Blu Hotel Uppsala

Map p.361

◆乌普萨拉中央火车站对面的现代化酒店。客房舒适、精致，适于居住。

住 Stationsgatan 4
☎（018）474-7900 FAX（018）12-0311
URL www.raddisonblu.com
费 Ⓢ1790（1290）SEK~
Ⓓ1990（1490）SEK~ CC ADMV

浩南酒店
Grand Hotell Hörnan

Map p.361

◆建于 1907 年的老牌酒店。古色古香的外观与内饰保持了原有风格，装修后添加了现代化设备。

住 Bangårdsgatan 1
☎（018）13-9380 FAX（018）12-0311
URL www.grandhotellhornan.com
费 Ⓢ1495（795）SEK~
Ⓓ1595（1095）SEK~ CC ADMV

乌普萨拉城市旅馆
Uppsala City Hostel

Map p.361

◆从乌普萨拉火车站徒步 5 分钟即到，位置优雅，价格实惠。包括多人间在内，客房装修简约，整洁干爽。前台 8:00~23:00 营业。

住 S:t Persgatan 16 ☎（018）10-0008
URL uppsalacityhostel.se
费 多人间 220SEK~ Ⓢ440SEK~
Ⓓ560SEK~ 早餐 55SEK 床上用品 60SEK CC MV

浴缸 部分客房提供 电视 部分客房提供 吹风机 出租 迷你吧台及冰箱 部分客房提供 残障人士房间 无线 LAN 无线 LAN 收费 部分客房提供 无线 LAN 部分收费

达拉纳地区 *Dalarna*

达拉纳地区不仅因夏至节成为著名的观光地，更是瑞典人心灵的故乡。尤其是锡利扬湖周边的村庄，那里完整地保存了瑞典的民族传统，如质朴的木结构民居和朴素的工艺品，让人想起瑞典还是个贫穷的农业国的时代。一到夏季，身着五彩民族服饰的人们围着装饰有白桦树叶和野花的五月杆，和着小提琴的旋律翩翩起舞。

将瑞典从丹麦版图中独立出来的国王古斯塔夫·瓦萨以及与维京密不可分的联系，都赋予了这片土地不同的意义。《尼尔斯历险记》的作者塞尔马·拉格勒夫及画家卡尔·拉松也在这里留下了烙印。

穆拉 *Mora*

穆拉位于锡利扬湖北岸，是达拉纳地区的中心，不过是一个人口仅2万左右的小镇。它不只在地理位置上处于中心，更是传统与文化的核心传承地。民族舞蹈、民族音乐、夏至节、木雕、树皮工艺、纺织、刺绣和毛发制作的装饰品等各类手工艺品世代相传，民众可以在国民学校的辅导班上接受相关培训。

穆拉历来是一座重要的城市。1520年，国王古斯塔夫·瓦萨号召瑞典人民起来反抗丹麦统治者，最先响应国王的就是穆拉的勇士们。为了纪念这段历史，每年冬季穆拉都会举办名为Vasaloppet的世界越野滑雪大赛（→ p.300）。另外，还有一座介绍滑雪大赛及瓦萨国王的瓦萨竞技博物馆（Vasalopps Museet）（Vasaloppets Hus）。

镇上各处都摆着达拉纳的特色工艺品——达拉木马

还有一位值得我们铭记的人物是19世纪瑞典著名画家安德斯·左恩（Anders Zorn）。穆拉有一座美术馆，展示了他的故居、作品及藏品。还有一座集中展示古代民居的露天博物馆。

左恩花园是散步的好地方

Map p.294-A3
长途区号：
穆拉：0250
赖特维克：0248
法伦：023
达拉纳地区信息网站
URL dalarna.se

前往穆拉的方式

🚃 从斯德哥尔摩到法伦可乘坐城际列车或Snabbtåg，在博伦厄（Borlnge）换乘前往穆拉的列车。需要约3小时50分钟。从斯德哥尔摩出发有直达列车，每天2~3趟。9:45从斯德哥尔摩出发的列车13:34抵达穆拉，17:45从斯德哥尔摩出发的列车21:26抵达穆拉。

🚌 瑞典长途巴士公司Swebus每天从斯德哥尔摩发1~4班。需要约4小时30分钟。中途会在赖特维克停留。

穆拉的旅游咨询处
住 Köpmannagatan 3 A
电（0248）79-7200
URL www.visitdalarna.se/sv/siljan
开 周一～周五 12:00~17:00
周六 10:00~14:00
休 周日

瓦萨竞技博物馆
电（0250）39-200
URL www.vasaloppet.se
开 周一～周三、周五 8:00~16:30
周四 8:00~15:00
（12:00~13:00为午休时间）
休 周六、周日 费 免费

左恩美术馆
住 Vasagatan 36
电（0250）59-2310
URL www.zorn.se
开 6~8月
每天 9:00~17:00
9月～次年5月
每天 11:45~16:00
休 无休 费 70SEK
还销售与左恩花园的通票。
费 160SEK

穆拉 漫步

在穆拉火车站下车后，沿着站前宽阔的瓦萨街（Vasagatan）朝车站相反的方向一直往前走。在一个沿湖的大转弯处，路分成了两条。左边的分支叫 Strandgatan。沿着右侧的瓦萨街再往前稍走一段，可以看到木结构的穆拉教堂（Morakyrka）。教堂历史最久的部分建于 13 世纪。现在它是瑞典规模最大的教堂。

教堂的前面是展示安德斯 · 左恩画作的左恩美术馆（Zornmuseet）和保留了他的故居的左恩花园（Zorngården）。这是穆拉最值得一游的景点，展示了家具、餐具等大量富有意义的藏品。左恩花园只能在导游（英语、瑞典语）的带领下参观。

市中心的穆拉教堂

郊外的露天博物馆（Zorns Gammelgård）也值得一去。这里收集了古代的民居，旁边还有展示穆拉传统服饰等的纺织品展览厅（Textilkammaren）。

距离穆拉 15 分钟车程的地方，有圣索勒伦岛（Sollerön）和耶松达山（Gesundaberg）。圣索勒伦岛如同锡利扬湖（Siljan）上的一座浮岛，维京之墓和手工艺品中心就位于这里。沿着湖的西岸驱车 15 分钟，就到了带有登山电梯的耶松达山入口。从山顶（海拔 501 米）眺望锡利扬湖，别有一番滋味。山的入口处还有圣诞老人（北欧人称为“Tomte”）主题公园和童话世界（Tomteland）。

左恩花园

导游

举办 6/20~8/31
每天 11:15、14:15
9/1~次年 6/19
每天 12:00、13:00、14:00、15:00

费 100SEK

露天博物馆与纺织品博物馆

开 6/15~8/31
每天 11:00~16:00

休 9/1~次年 6/14

费 50SEK

交通➔➔➔

沿着湖畔人行道朝车站的反方向一直走，博物馆就在左手边。徒步需要 15 分钟。

童话世界

住 Gesundaberget

电 （0250）28-770

URL www.tomteland.se

开 开放时间需要在以上网页上查询。

费 240SEK

交通➔➔➔

距离穆拉车站约 18 公里。从长途巴士总站乘坐 323 路巴士，约 30 分钟后抵达。童话王国前有巴士站台。

前往赖特维克的方法

🚌 从斯德哥尔摩乘坐开往法伦的城际列车或Snabbtåg，在Borlange换乘开往穆拉的火车，大约需要3小时20分。直达列车每天2~3趟。

🚌 从穆拉可乘坐132路巴士。每小时1~2班，需要约50分钟。

赖特维克的旅游咨询处 ℹ

住 Riksvägen 40
电 (0248) 79-7200
URL www.visitdalarna.se/sv/siljan
开 周一～周五 12:00~17:00
　 周六 10:00~14:00
休 周日

赖特维克教堂

住 Pilgatan 17
电 (0248) 73-650
URL www.rattvikspastorat.se
开 6/1~8/15
　 每天 9:00~21:00
　 8/16~次年5/31
　 每天 9:00~16:00
休 无休

露天博物馆

电 (0248) 51-445
开 6/18~8/14
　 每天 11:00~17:00
休 8/15~次年6/17 费 免费

赖特维克 *Rättvik*

这是一片位于锡利扬湖东岸的度假区，拥有湖畔泳池、沙滩及露营地，环境清幽。

火车站后面的锡利扬湖上，有一座全长625米的木栈桥Langbryggan，从这里可以欣赏到美丽的夜景。

位于小镇西北角的赖特维克教堂（Rättvik Kyrka）始建于13世纪。可以步行前往，不过当地人一般会选择乘船过去。教堂周围有做弥撒时看管马匹的木造马厩，还有一块刻有“古斯塔夫·瓦萨号召达拉纳人奋勇抗争之地”的纪念碑。

从赖特维克教堂步行约10分钟，可以看到一幢在古老建筑基础上改造而来的露天博物馆Gammelgård。小镇的景点还包括自然博物馆以及展示传统服饰及民间工艺品的艺术中心，即文化会馆（Kulturhus）。

穿过架在锡利扬湖上的木桥

COLUMN　　SWEDEN

瑞典的文化象征——达拉木马

达拉木马是林业发达的达拉纳地区的木制工艺品。你可以在任何一家瑞典特产店内见到它，事实上它已经成为瑞典的文化符号。达拉木马诞生于18世纪。据说最初是因为在冬季，男人们早早地完成了一天的劳作后，拿出木材的边角料给孩子做玩具。到了20世纪初，奥莱松兄弟开办了作坊，开始制作这一手工艺品，于是，达拉木马奠定了作为瑞典民间艺术品的地位。直到今天，兄弟俩各自创办的作坊还在薪火相传。达拉木马是工匠纯手工打造，游客也可以在工坊现场观看。地点就在从穆拉返回赖特维克必经的Nusnäs，距离穆拉约10公里。在工坊的商店内，可以买到比镇上更便宜的达拉木马。

有各种尺寸

DATA

■达拉木马工厂 Map p.365 外

Nils Olsson Hemslöjd AB

住 Edåkersvägen 17 电 (0250) 37-200
URL www.nisolsson.se
开 周一～周五 8:00~15:30
　 周六 10:00~14:00
休 周日

Grannas A.Olsson Hemslöjd AB

住 Edåkersvägen 24 电 (0250) 37-250
URL www.grannas.com
开 6/15~8/15
　 周一～周五 9:00~18:00
　 周六、周日 9:00~16:00
　 8/16~次年6/14
　 周一～周五 9:00~16:00 周六 10:00~13:00
休 8/16~次年6/14的周日（工坊为8/16~次年6/14的周六、周日）

交通➡➡➡
从穆拉的长途巴士总站或穆拉火车站前的巴士站台乘坐324路巴士，约15分钟后抵达。

法伦 *Falun*

法伦是达拉纳地区的首府，也是支撑瑞典实现现代化的铜都。从 9 世纪左右开始开采，到 17 世纪，这里的铜矿开采量接近世界的 2/3。直到 1992 年年末，这里依然出产铁矿和铅矿。现在它被列为世界自然遗产。

法伦最重要的景点是城西的法伦铜山（Falu Gruva）。矿山内部可以在导游的带领下参观（需要预约）。戴着安全帽，身披防雨斗篷，穿着靴子的游览，相信一定会让你一生难忘。铜山上还有铜山博物馆（Gruvmuseet），展示了用于开采的工具等。此外，小城中心的达拉纳博物馆（Dalarnas Museum）中也可以看到民族服饰和民间工艺品。

郊外的 Sundborn 内有画家卡尔·拉松（1853~1919）的故居（Carl Larssongården）。素淡的内饰就是他自己的作品，让人仿佛进入他画中的世界。

文化会馆
住 Storgatan 2
☎（0248）70-195
开 每天 11:00~19:00
随日期变动
休 无休
费 免费

前往法伦的方法

🚆 从斯德哥尔摩乘坐城际铁路约需 2 小时 50 分钟，每天运行 4~6 班。

🚌 从穆拉出发可乘坐 132 路巴士，每小时有 1~2 班。约需 1 小时 40 分钟。

法伦的旅游咨询处 ℹ
住 Trotzgatan 10-12
☎（077）162-6262
URL www.visitdalarna.se/sv/sodradalarna
开 周一～周五 10:00~17:00
周六 10:00~13:00
休 周日

法伦铜山
住 Gruvplatsen 1
☎（023）78-2030
URL www.falugruva.se

带导游的旅行团
举办 可在网站确认
费 210SEK（含博物馆票价）

铜山博物馆
开 6~9 月（开馆时间各季节有所不同）
休 10~5 月
费 80SEK（夏季 90SEK）

达拉纳博物馆
☎（023）76-5500
URL www.dalarnasmuseum.se
开 周二～周五 10:00~17:00
周六～下周一 12:00~17:00
（9 月～次年 4 月的周三～19:00）
休 无休 费 免费

卡尔·拉松的故居
☎（023）60-053
URL www.clg.se
只能由导游带领参观。
举办 可在网站确认
费 180SEK

达拉纳地区的酒店 *Hotel*

可拨打 ☎（0248）79-7200（锡利扬旅行预约专线）预约该地区的酒店。

穆　　拉

孔约斯塔酒店 *Hotell Kung Gösta*

Map p.365

住 Kristinebergsgatan 1 ☎（0250）15-070
URL www.kunggosta.se
费 Ⓢ980（1080）SEK~
Ⓓ1080（1280）SEK~ CC ADMV

穆拉水疗酒店 *Mora Hotell & Spa*

Map p.365

住 Strandgatan 12
☎（0250）59-2650 FAX（0250）18-981
URL www.morahotell.se
费 Ⓢ1595（1195）SEK~
Ⓓ1645（1245）SEK~ CC ADJMV

圣米卡埃尔酒店 *Fridhemsgatan Hotell*

Map p.365

◆拥有舒适友好的氛围。

住 Fridhemsgatan 15
☎（0250）15-900
URL www.hotellimora.se
费 Ⓢ1095SEK~
Ⓓ1295（1395）SEK~
CC AMV

穆拉锡利扬酒店 *Hotell Siljan Mora*

Map p.365

◆共有 36 个房间，全部配有淋浴及卫生间。

住 Moragatan 6
☎（0250）13-000
URL www.hotellsiljan.se
费 Ⓢ985SEK~ Ⓓ1085SEK~
CC MV

浴缸 部分客房提供 电视 部分客房提供 吹风机 出租 迷你吧台及冰箱 部分客房提供 残障人士房间 无线 LAN 无线 LAN 收费 部分客房提供 无线 LAN 部分收费

哥德堡 *Göteborg*

在古斯塔夫·阿道夫广场的中央，有一尊食指指地、昂首向前的国王铜像。他就是哥德堡的创立者、被称为“北方雄狮”的古斯塔夫二世阿道夫国王。铜像刻画的是当年他下令在此处动工建城时的英姿。

17 世纪初的瑞典，北边挪威压境，南部被丹麦占领，只有哥德堡这一个出海口。当时聘请荷兰建筑师建造该城，其中老城周边有运河和护城河拱卫。运河沿岸的石结构建筑是 18 世纪促使当地繁荣发展的东印度公司大商人的宅邸。现在的市立博物馆就是东印度公司所在的大楼。漫步街区，或探访勒斯卡美术工艺博物馆和海洋博物馆，依然可以惊奇地发现当时东西方交流的印迹。

如今，哥德堡已是瑞典的第二大城市，著名的汽车企业沃尔沃公司的总部就设在这里。

Map p.294-A4
人口：548190
长途区号：031
哥德堡信息网站
URL www.goteborg.com

前往哥德堡的方法

✈ 从斯德哥尔摩出发每天有 3~13 个航班，需要约 1 小时。从哥本哈根出发每天有 5~9 个航班，需要约 50 分钟。从奥斯陆出发每天有 3~5 个航班（周六除外），需要约 1 小时。从赫尔辛基出发乘坐芬兰航班，每天有 2~4 个航班，需要约 1 小时 30 分钟。

🚆 从斯德哥尔摩乘坐 Snabbtåg 约 3 小时 10 分钟。城际列车约需 4 小时 40 分钟。6:06~20:29，每小时有 1~2 班次。从奥斯陆每天有 3 班左右，约需 3 小时 45 分钟。从哥本哈根出发需要在哥本哈根国际机场换乘，5:40~20:40 间每小时有 1 班，约需 4 小时。

⛴ 从丹麦的腓特烈港出发乘坐斯泰纳客轮，需 3 小时 20~40 分钟。

沿运河而建的城市

哥德堡 漫 步

哥德堡中央火车站（Göteborg Centralstationen）可谓瑞典仍在使用的火车站中最古老的一座了。车站旁就是现代化的长途巴士总站。中央火车站的南边是广场，有轨电车繁忙穿梭。

在车站的西侧，隔着一条大道对面就是一座“诺德斯坦”（Nordstarn）的大型商业中心，内有购物中心，还有酒店和餐厅等。还设有旅游咨询处。穿过站前的地下通道，再通过诺德斯坦，前面是坐落着古斯塔夫二世阿道夫国王雕像的古斯塔夫·阿道夫广场（Gustav Adolfs Torg）。

诺德斯坦的南边是布鲁恩斯公园广场（Brunnsparken），这里是哥德堡的电车枢纽，几乎所有的有轨电车都途经此地。

从古斯塔夫·阿道夫广场出发，来到运河对岸，一直到国王门广场

从机场到市区

从哥德堡机场到中央火车站旁的长途巴士总站有机场巴士通行，单程票价105SEK。

行人如织的孔斯波茨阿维宁大道

哥德堡的旅游咨询处 ℹ

国王门广场

住 Kungsportsplatsen 2
电 (031) 368-4200
URL www.goteborg.com
开 5/1~29
周一～周五 9:30~18:00
周六、周日 10:00~14:00
5/30~6/26、8/22~28
每天 9:30~18:00
6/27~8/21
每天 9:30~20:00
8/29~次年 4/30
周一～周五 9:30~17:00
周六 10:00~14:00
休 8/29~次年 4/30 的周日

诺德斯坦

住 Nordstadstorget
开 周一～周五 10:00~20:00
周六、周日 10:00~18:00
休 无休

哥德堡卡
Göteborg City Card

哥德堡景点多，想花一两天时间好好玩玩的游客最好购买哥德堡卡。凭卡可免费进出主要的博物馆和美术馆，市内交通也可任意乘坐。旅游咨询处和酒店的前台有售。

费 1 日票（24 小时内有效）375SEK
2 日票（48 小时内有效）525SEK

哥德堡的市内交通

单次票

费 28SEK~

从首次乘车开始的 90 分钟内可自由换乘。要是有轨电车，也可在车内的售票机上购票。

24 小时卡 费 85SEK
72 小时卡 费 170SEK

仅在哥德堡市内有效。

哥德堡周边的巴士卡

URL www.vasttrafik.se

帕丹

一种观光船，从护城河到运河、约塔河（Göta älv）巡游一周约需 50 分钟。

电 (031) 60-9670
URL www.stromma.se/en/gothenburg
开 3/25~10/16
每天 10:30~19:00
（各季节有所不同）
每小时 2~3 班。
费 170SEK
（可凭哥德堡卡乘坐）

哥德堡美术馆

电 (031) 368-3500
URL konstmuseum.goteborg.se
开 周二、周四 11:00~18:00
周三 11:00~20:00
周五～周日 11:00~17:00
休 周一 费 40SEK
（特别展览费用另计。持哥德堡卡只能参观常设展览）

广场正面就是市政厅

（Kungsportsplatsen）都是宾客如潮的商业区。NK 百货等商场数量众多。从诺德斯坦延伸出来的佛列德街（Fredsgatan）是步行街，可漫步其间。国王门广场一端的桥底是“帕丹”（Paddan）观光游轮的码头。

过桥之后，便由老城来到了新城。眼前的这条街是新城主干道孔斯波茨阿维宁大道（Kungsportsavenyn）。这条宽阔的繁华大道两侧种着菩提树，餐厅和店铺鳞次栉比，年轻人喜欢在这里彻夜狂欢。沿着大道步行 10 分钟便可看到约塔广场（Götaplatsen）。广场中央是瑞典知名雕塑家卡尔·米勒斯的名作《波塞冬喷泉》，它已成为这座城市的象征。这里还是一个文化繁荣之地，周围林立着图书馆、剧院和美术馆。

城市很大，搭乘有轨电车出行较为便利。所有的电车都会经过诺德斯坦南面的布鲁恩斯公园广场和中央火车站南边的广场。巴士和有轨电车的车票有单次票，也有依据使用时间如 24 小时、72 小时发行的卡式车票。可在售票处或车站售货亭购买。

诺德斯坦的旅游咨询处

哥德堡 主要景点

哥德堡美术馆 Map p.369-B2

Göteborgs Konstmuseum

这是瑞典第二大美术馆，展示有安德斯·左恩、卡尔·拉松等瑞典著名画家的作品，还珍藏着伦勃朗、凡·高、马奈、毕加索等大师们的巨作。里面还收藏了不少现代美术作品。这里还经常举办特别画展。

维克多·哈苏的雕像与美术馆

此外，总部位于哥德堡的相机制造商哈苏公司也有自己的画廊，会定期举办图片展览。作品数量巨大，要想全部看完需要花不少时间。

勒斯卡美术工艺博物馆 Map p.369-B2

Röhsska museet

除了常设展览，还会举办各类特别展览。19 世纪后半叶至现代的室内设计展区内，展示了奥勒福什和科斯塔布达的玻璃制品以及瑞典的室内设计作品。三层是亚洲展区，有中国的陶瓷和日本的吊坠及浮世绘等。展示 18 世纪的室内设计的二层部分展区及三层是否对外开放，需要事先确认好。

自 1916 年开馆以来，举办了各类展览

市立博物馆（东印度馆） Map p.369-A1

Göteborgs Stadsmuseum

由东印度公司大楼改建而成的博物馆

位于市中心的一家市立博物馆。前身是东印度公司的大楼。里面展示了哥德堡附近的居民的生活史，还有从亚洲运过来的奖品等其他藏品。博物馆咖啡馆内别有情调，很有人气。

哥德堡歌剧院和哥德堡观景塔 Map p.369-A1

Göteborgs Operan & Göteborgs Utkiken

1994 年落成的现代化歌剧院。拥有最新的技术，极佳的音响效果也为人津津乐道。除了歌剧，还会上演音乐剧、芭蕾舞等。约塔大桥的旁边有一座高 86 米的哥德堡观景塔，从塔顶 360° 观赏街景堪称壮观。它红色的外观格外引人注目，被哥德堡市民亲切地称为“口红”。

哥德堡海洋中心（Maritiman） Map p.369-A1

Göteborgs Maritima Upplevelsecentrum (Maritiman)

漂浮在约塔河面上的各类船只的内部供游人参观。“斯莫兰”号驱逐舰（HMS-Småland）、“北卡帕伦”号潜水艇（Nordkapren），还有其他各式消防艇、货轮、灯台船和拖轮等，全都由一条通道连成一片。通道内有箭头指示方向，提高游览效率。能参观潜水艇内部实属难得，内部狭小的空间令人惊讶。你绝对想不到，船员的宿舍内还摆放着鱼雷！艇内还有迷你咖啡厅和商店。

克隆许瑟塞特 Map p.369-A1

Kronhuset

有着深厚历史意味的设计

这是哥德堡最古老的建筑，1643 年初建时还是一座弹药库。如今，它的周围满是金、银、玻璃和陶瓷等工坊。还有不少精致的古典咖啡馆及销售传统手工艺品的礼品店。

里瑟贝里公园 Map p.368

Liseberg

当地居民认为，这家公园比哥本哈根的趣伏里公园更美，娱乐项目也更有趣。公园景色优美，到处都能看到雕刻家卡尔·米勒斯的塑像。园内有各种游乐项目，只要买了门票，就能在里面畅玩。入口前空地上的一座石碑刻着曾来到这座公园的知名人士的姓名，包括滚石乐队。这里的云霄飞车堪称北欧最大规模。还有一座 125 米高的瞭望台，在上面可以俯瞰哥德堡的美景。

确认开放日期后再前往参观

勒斯卡美术工艺博物馆
电（031）368-3150
URL rohsska.se
开 周二 12:00~20:00
周三～周五 12:00~17:00
周六、周日 11:00~17:00
休 周一 费 40SEK
（可凭哥德堡卡参观）

市立博物馆
电（031）368-3600
URL goteborgsstadsmuseum.se
开 周二、周四～周日 10:00~17:00
周三 10:00~20:00
休 周一 费 40SEK
（可凭哥德堡卡参观）

哥德堡歌剧院
住 Christina Nilssons Gata
电（031）10-8000
URL en.opera.se

哥德堡观景塔
住 Lilla Bommen 1
电（031）15-6147
开 7/9~8/21
每天 11:00~16:00
8/22~次年 7/8
周一～周五 11:00~15:00
（8/22~次年 7/8 每 1 小时组织一次入内参观）
休 8/22~次年 7/8 的周六、周日 费 40SEK
（可凭哥德堡卡参观）

哥德堡海洋中心（Maritiman）
电（031）10-5950
URL www.maritiman.se
开 4 月
周六、周日 11:00~16:00
5、9 月每天 11:00~17:00
6~8 月每天 10:00~18:00
10/24~11/1
每天 11:00~16:00
休 4 月的周一～周五、10/1~23、11/2~3/31
费 120SEK

克隆许瑟塞特
住 Postgatan 6-8
URL www.kronhusbodarna.com
开 周一～周五 10:00~17:00
周六 11:00~14:00
休 周日

里瑟贝里公园
电（031）40-0100
URL liseberg.se
开 4/23~5/24、8/22~10/9 的部分工作日与周六、周日
5/25~8/21 的每天
开园时间每天均可能不同，一般是 11:00~15:00，20:00~23:00 关门。
费 入园 95SEK
游乐项目 1 日票 355SEK
（可凭哥德堡卡入场）

马斯特许格教堂 Map p.368

Masthuggs Kyrkan

据说，过去船只驶入哥德堡港最先看到的就是这座建在山坡上的教堂。这里是为数不多的可以同时鸟瞰城市和海港的高地之一。

从教堂所在的山坡上可以看到港口的全貌

马斯特许格教堂

回（031）731-9250

开 6~8月

每天 9:00~18:00

9月～次年5月

周一～周五 9:00~16:00

休 9月～次年5月的周六、周日

费 免费

交通→→→

坐3、9、11路有轨电车在 Stigbergstorget 下车。沿 Bangatan 大街往南走20米左右，在超市后面的 Kjellmansgatan 左拐。再沿着坡道和台阶走8分钟。

海洋博物馆 Map p.368

Sjöartsmuseet

向人们展示了从17世纪至今当地的开发和造船的历史。还有模拟轮船控制室及水族馆。

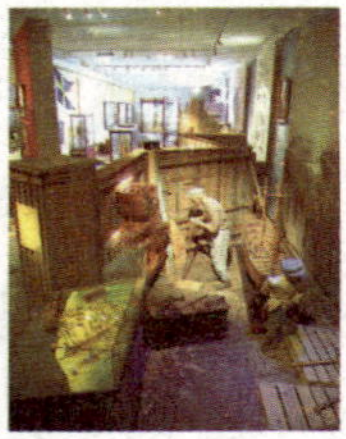

原样再现了造船厂的模样

海洋博物馆

住 Karl Johansgatan 1-3

回（031）368-3550

URL www.goteborg.se/wps/portal/sjofartsmuseet

开 周二、周四～周日 10:00~17:00

周三 10:00~20:00

休 周一

费 40SEK

（可凭哥德堡卡参观）

哈加地区 Map p.369-A2

Haga

保留着17世纪哥德堡初建时的风貌。除了密集分布的木造民居，还有大量咖啡馆和古董店等店铺。

哈加地区

交通→→→

乘坐1、3、6、9、11路电车在 Hagakyrkan 下车，然后步行2分钟。

植物园 Map p.368 外

Botaniska Trägåd

很多当地居民来此漫步游玩

175公顷的公园是瑞典面积最大的公园，里面种植着16000种植物。园内地势起伏不平，设有主题不同的园中园。哥德堡大学的植物研究所也坐落于此。

植物园

住 Carl Skottsbergs gata 22A

回（010）473-7777

URL www.botaniska.se

开 每天 9:00~ 日落

休 无休

费 20SEK（捐赠）

交通→→→

乘坐1、2、7、8路电车在 Botaniska Trädgården 下车，步行2分钟。

沃尔沃博物馆 Map p.368 外

Volvo Museum

瑞典著名的汽车生产商沃尔沃运营的博物馆。从哥德堡市区向西5公里就是沃尔沃集团的工厂密集的地区阿伦达尔（Arendal）。这里展示的车型从1927年诞生的第一辆车 OV 4 到最新款乘用车，还有巴士、货车和飞机、船舶的发动机等，由沃尔沃打造的名车、名机整齐摆放，蔚为壮观。还展示了沃尔沃创始人阿瑟·格布尔森和古斯塔夫·拉尔森使用过的办公桌，在这里，你可以了解到沃尔沃的历史。里面的商店一定要去转转，在那里你可以买到限量款车型的车模。

可以看到历代的汽车

沃尔沃博物馆

住 Arendal Skans

回（031）66-4814

URL www.volvomuseum.com

开 5~9月

周一～周五 10:00~17:00

周六、周日 11:00~16:00

10月～次年4月

周二～周五 10:00~17:00

周六、周日 11:00~16:00

休 10月～次年4月的周一

费 100SEK

交通→→→

乘坐5、6、10路有轨电车前往 Eketrägatan，再换乘32路巴士，在 Arendal Skans 下车。周六、周日乘坐32路巴士需要在乘车前1小时致电 回（031）788-0789 预约。

哥德堡的酒店
Hotel

哥德堡丽笙斯堪的纳维亚酒店
Radisson Blu Scandinavia Hotel Gothenburg

Map p.369-B1

◆哥德堡最高档的酒店，靠近购物区。大堂呈挑空设计，客房装饰时尚。

住 Södra Hamngatan 59
☎（031）758-5000
FAX（031）758-5001
URL www.radissonblu.com
费 Ⓢ 1195SEK~ Ⓓ 1295SEK~
CC A D M V

剧院大酒店
Grand Hotel Opera

Map p.369-B1

◆诺德斯坦一角对面的中档酒店。带桑拿房和极可意浴缸，性价比高。2012 年装修一新。

住 Nils Ericsonsgatan 23
☎（031）80-5080
URL www.profilhotels.se
费 Ⓢ1095（795）SEK~
Ⓓ1295（895）SEK~
CC A D J M V

欧罗巴斯堪迪克酒店
Scandic Europa

Map p.369-B1

◆位于诺德斯坦一角的高级酒店。内设餐厅、酒吧，还有室内泳池和桑拿房。

住 Nils Ericsongyn 21
☎（031）751-6500 FAX（031）751-6511
URL www.scandichotels.com
费 Ⓢ 1780（1240）SEK~
Ⓓ1880（1340）SEK~ CC A D J M

STF 哥德堡城市酒店
STF Göteborg City

Map p.369-B1

◆由国际青旅在瑞典运营的 STF 经济型酒店。客房简朴，2014 年翻新后，更加舒适。有公共厨房。

住 Drottninggatan 63-65
☎（031）756-9800
URL www.svenskaturistforeningen.se
费 Ⓢ 695SEK~ Ⓓ 895SEK~
CC A D M V

艾格思酒店
Hôtel Eggers

Map p.369-B1

◆位于哥德堡中央火车站对面的一家大气的酒店，历史也很悠久。客房内木质装饰营造出优雅的气氛。

住 Drottningtorget ☎（031）333-4440
FAX（031）333-4449
URL www.hoteleggers.se
费 Ⓢ 1115~2195SEK Ⓓ 1440~2290SEK
CC A D M V

皮嘉尔大酒店
Hotel Pigalle

Map p.369-B1

◆位于有轨电车线路附近的酒店。客房具有巴黎风情，房间设计各不相同。酒店内的酒吧也可用餐。

住 Södra Hamngatan 2
☎（031）80-2521 URL www.hotelpigalle.se
费 Ⓢ 1445（1045）SEK~
Ⓓ 1545（1145）SEK~ CC A M V

哥德堡舒适酒店
Comfort Hotel Göteborg

Map p.369-A1

◆2016 年 5 月开业的酒店，从诺德斯坦步行只需要 5 分钟。内设桑拿、健身房和餐厅。时尚的装修赢得一片赞誉。

住 Skeppsbroplatsen 1 ☎（031）752-2800
URL www.nordicchoicehotels.com
费 Ⓢ 1110SEK~ Ⓓ 1250SEK~
CC A D M V

司提阁博格司丽登 STF 旅馆
STF Stigbergsliden Vandrarhem

Map p.368

◆前身是船员的宿舍，如今改建成大型旅馆。内有洗衣房和厨房设备。YH 会员可优惠 50SEK。

住 Stigbergsliden 10 ☎（031）24-1620
URL www.stigbergsliden.com
费 多人间 225SEK~ Ⓢ 450SEK~
Ⓓ 520SEK~ 早餐 65SEK
床上用品 60SEK CC A D M V

浴缸　部分客房提供　TV 电视　部分客房提供　吹风机　出租　迷你吧台及冰箱　部分客房提供　残障人士房间　无线 LAN　无线 LAN 收费　部分客房提供　无线 LAN 部分收费

韦克舍 *Växjö*

坐落在小城尽头的大教堂

韦克舍是一座被森林和湖泊环绕的精致小城，并因宣布不再使用化石燃料而声名大噪。韦克舍致力于在全市范围开展减排行动，力争成为环保先进城市。此外，这里还是前往玻璃王国的起点，吸引了大批游客在此驻足。

韦克舍 漫 步

火车站后面的斯莫兰博物馆（Smålands Museum）又称瑞典玻璃博物馆（Sveriges Glasmuseum），馆内向人们展示了瑞典 500 多年来玻璃工业的历史及各个时代的玻璃制品。在参观玻璃王国前，在这里预先了解历史等相关知识，对之后的旅行将大有裨益。斯莫兰博物馆的旁边是移民博物馆（Utvandrarnas Hus）。1850~1930 年间，有 120 万瑞典人移居美国。这座博物馆不仅对移民进行研究，还专设展览室，展示与移民相关的历史。有不少瑞典裔美国人来这里追寻祖先的历史。

位于车站一侧的斯莫兰博物馆

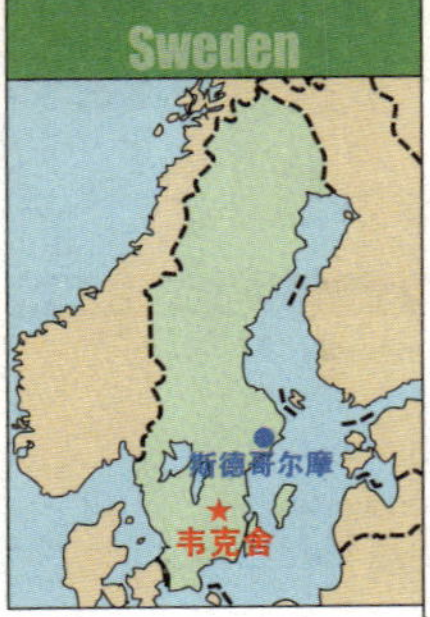

Map p.294-A4

人口：88108

长途区号：0470

韦克舍信息网站

URL www.vaxjo.se

前往韦克舍的方法

🚌 从斯德哥尔摩乘坐 Snabbtåg 在阿尔沃斯塔（Alvesta）下车，再换乘城际列车。约 1 小时 1 班，全程约需 3 小时 30 分钟。

韦克舍的旅游咨询处 ⓘ

住 Kronobergsgatan 7

电 (0470) 73-3280

URL www.vaxjo.se

开 6~8 月
周一～周五 10:00~18:00
周六 10:00~14:00
9 月～次年 5 月
周一～周五 10:00~17:00

休 周日、9 月～次年 5 月的周六

斯莫兰博物馆

住 Södra Jämvägsgatan 2

电 (0470) 70-4200

URL www.kulturparkensmaland.se

开 6~8 月
每天 10:00~17:00
9 月～次年 5 月
周二～周五 10:00~17:00
周六、周日 11:00~16:00

休 9 月～次年 5 月的周一

费 80SEK（与移民博物馆使用通票）

在这里了解玻璃王国的历史

移民博物馆

电 (0470) 70-4200

URL www.kulturparkensmaland.se

开 6~8 月
每天 10:00~17:00
9 月～次年 5 月
周二～周五 10:00~17:00
周六、周日 11:00~16:00

夏季城内有集市

从火车站前向右走有一座公园，公园内有一座大教堂（Domkyrkan）。这座古老的教堂最早可追溯至12世纪。教堂的东侧矗立着刻有12世纪北欧古文字的石碑。市中心是步行购物区，这里集中了商场和超市，咖啡馆和餐厅甚至将桌椅摆到了步行街上。一到周末，这里便会人山人海。

休 9月~次年5月的周一
费 80SEK（与斯莫兰博物馆使用通票）

大教堂
☎（0470）70-4824
开 每天 9:00~18:00
休 无休 费 免费

韦克舍的酒店
Hotel

瑞典精英酒店
Elite Stadshotellet

◆位于大广场对面，始建于19世纪，洋溢着厚重的历史气息。

Map p.374
住 Kungsgatan 6 ☎（0470）13-400
FAX（0470）44-837 URL www.elite.se
费 Ⓢ1175（650）SEK~
Ⓓ1375（950）SEK~
CC A D M V

最佳西方酒店连锁集团皇家之角酒店
Best Western Hotel Royal Corner

◆位于购物区，带桑拿房和泳池。客房配北欧式家具，氛围安谧。

Map p.374
住 Liedbergsgatan 11
☎（0470）70-1000 FAX（0470）70-1010
URL www.royalcorner.se
费 Ⓢ1350（700）SEK~ Ⓓ1550（900）SEK~ CC A D M V

克拉丽奥卡迪纳尔连锁酒店
Clarion Collection Hotel Cardinal

◆走出火车站即到，坐落于步行街对面。大厅和客房装饰柔和。

Map p.374
住 Bäckgatan 10 ☎（0470）72-2800
FAX（0470）72-2808
URL www.nordicchoicehotels.se
费 Ⓢ1020（820）SEK~
Ⓓ1080（880）SEK~
CC A D M V

精英公园酒店
Elite Park Hotel

◆音乐会馆旁边的时尚酒店。周围环境清幽，适合住宿。客房装饰颇具现代特点。

Map p.374
住 Västra Esplanaden 10-14
☎（0470）70-2200 FAX（0470）47-577
URL www.elite.se
费 Ⓢ1305（750）SEK~
Ⓓ1505（950）SEK~ CC A D M V

瓦润德酒店
Hotell Värend

◆韦克舍市中心最实惠的住处。从火车站徒步约10分钟。客房简洁明快，适于居住。

Map p.374
住 Kungsgatan 27 ☎（0470）77-6700
URL www.hotellvarend.se
费 Ⓢ695（495）SEK~
Ⓓ850（695）SEK~ CC J M V

滨海酒店
Hotel Esplanad

◆靠近精英公园，交通便利，价格实惠。客房整洁简朴。还有适合长期居住的公寓式客房。

Map p.374
住 Norra Esplanaden 21A
☎（0470）722-580
URL www.hotelesplanad.com
费 Ⓢ795SEK~ Ⓓ895SEK~ CC M V

浴缸 部分客房提供 电视 部分客房提供 吹风机 出租 迷你吧台及冰箱 部分客房提供 残障人士房间 无线LAN 无线LAN收费 部分客房提供 无线LAN部分收费

Sweden

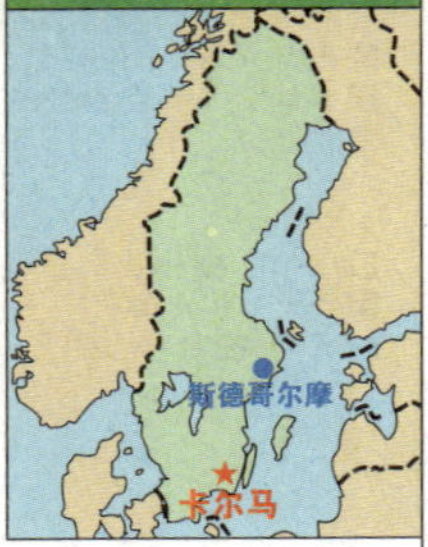

Map p.294-A4
人口：65704
长途区号：0480
卡尔马信息网站
URL www.kalmar.com

前往卡尔马的方法

🚌 从斯德哥尔摩出发乘坐Snabbtåg前往阿尔沃斯塔（Alvesta），再换乘城际列车。1小时1班左右，约需4小时40分钟。

从韦克舍到卡尔马的城际列车要运行1小时10分钟。1小时1趟左右。

从哥得兰岛至卡尔马

（→p.391）

环绕老城的护城河上架有木桥

卡尔马的旅游咨询处 ℹ

住 Ölandskajen 9
☎（0480）41-7700
FAX（0480）41-7720
URL www.kalmar.com
开 5、9月
周一～周五　9:00~17:00
周六　10:00~15:00
6/1~23、8/15~31
周一～周五　9:00~20:00
周六、周日　10:00~16:00
6/24~8/14
周一～周五　9:00~21:00
周六、周日　10:00~17:00
10月～次年4月
周一～周五　10:00~17:00
休 9月～次年5月的周一、10月～次年4月的周六

卡尔马城堡

住 Kungsgatan 1
☎（0480）45-1490
URL www.kalmarslott.se

卡尔马 *Kalmar*

卡尔马是斯莫兰地区的核心，从中世纪起就是商业城市。自古以来就有“控制了卡尔马就掌握了海峡的交通”的说法，因此关于这座小城的归属问题，瑞典和丹麦曾兵戎相见。老城的中心有大教堂和广场，井然有序的城区被城垣围绕，在北欧，这是难得一见的中世纪街景。这里还保留了大量17~18世纪的建筑。市中心矗立的巴洛克式大教堂始建于1660~1702年。

浮在海面上的卡尔马城堡

卡尔马 漫 步

被护城河和城垣环绕的地区是卡尔马的中心区。城墙内酒店林立，商店众多，是一片繁华的街区。出城墙后往南走便可看到浮在海面上的卡尔马城堡。城堡的四周已建成公园，公园内还有卡尔马美术馆。旅游咨询处位于卡尔马火车站以南的Ölandskajen对面，在一栋现代化的建筑内。

卡尔马 主要景点

卡尔马城堡 Map p.376

Kalmar Slott

卡尔马城堡是这座城市的象征，大概创建于800年前。1397年，为

由石板路连接的老城

对抗汉萨同盟，瑞典、丹麦和挪威三国在这里结成卡尔马同盟。设置在城墙四角的巨大圆形堡垒见证了在这里数度上演的领土之争。现在大家见到的文艺复兴式建筑是 16 世纪由古斯塔夫·阿道夫国王修缮而成。从卡尔马火车站南面的公园可以眺望到漂浮在入海口上的卡尔马城堡的全景。卡尔马城堡前是老城，那里还残留着 18 世纪街道的模样。还保留了部分石板路，一边欣赏美景的民居，一边散步，何其悠哉。

开 5、9 月
周三～周一 10:00~16:00
周二 10:00~20:00
6/1~26 每天 10:00~16:00
6/27~8/31
每天 10:00~18:00
10 月 每天 10:00~16:00
11 月～次年 4 月
周六、周日 10:00~16:00
休 11月～次年4月的周一～周五
费 100~130SEK

卡尔马郡博物馆

Map p.376

Kalmar Läns Museum

展示了 1676 年爆发的厄兰岛海战中被击沉的“克伦纳”号战舰（Kronan）上打捞上来的大炮及金银珠宝，以及卡尔马郊区出土的约 12000 年前的史迹资料等。

卡尔马郡博物馆
住 Skeppsbrogatan 51
电 （0480）45-1300
URL www.kalmarlansmuseum.se
开 周一、周二、周四、周五 10:00~16:00
周三 10:00~20:00
周六、周日 11:00~16:00
休 无休 费 80~100SEK

卡尔马美术馆

Map p.376

Kalmar Konstmuseum

主要展示 19 世纪至 20 世纪卡尔马周边出生的画家的作品。展品中除了绘画，还有瑞典艺术品。

卡尔马美术馆
住 Stadsparken
电 （0480）42-6282
URL www.kalmarkonstmuseum.se
开 周二、周四、周五 12:00~15:00
周三 16:00~21:00
周六、周日 11:00~16:00
休 周一 费 50SEK

卡尔马的酒店

Hotel

克拉丽奥帕克哈塞特连锁酒店

Clarion Collection Hotel Packhuset

◆位于购物中心旁。客房以木头的房梁和柱子为特色，颇有情调。大多数客房都是海景房。

Map p.376
住 Skeppsbrogatan 26
电 （0480）57-000 FAX （0480）86-642
URL www.nordicchoicehotels.se
费 Ⓢ1420（1120）SEK~
Ⓓ1533（1220）SEK~ CC ADMV

弗里穆拉里酒店

Frimurarehotellet

◆从火车站步行即到，面朝剧院所在的广场。建于 1878 年，酒店充满了历史厚重感。

Map p.376
住 Larmtorget 2 电 （0480）15-230
FAX （0480）85-887
URL www.frimurarehotellet.se
费 Ⓢ990SEK~ Ⓓ1090SEK~
CC ADMV

最佳西方卡尔马海峡酒店

Best Western Plus Kalmarsund Hotell

◆距离火车站约 300 米，价格适中。工作人员态度热情，气氛温馨。

Map p.376
住 Fiskaregatan 5 电 （0480）48-0380
FAX （0480）41-1337
URL www.kalmarsundhotel.se
费 Ⓢ895SEK~ Ⓓ1095SEK~
CC ADJMV

罗格普里斯青年旅舍

Lågprishotell & Vandrarhem Svanen

◆酒店共有 39 间房。青年旅舍共 21 间房。

Map p.376 外
住 Rappegatan 1 电 （0480）25-560
FAX （0480）88-293 URL hotellsvanen.se
费 酒店 Ⓢ545SEK~ Ⓓ650SEK~
青年旅舍 多人间 195SEK
Ⓢ415SEK~ Ⓓ530SEK~ 早餐 85SEK
床上用品 60SEK 清洁费 30SEK
CC ADMV

浴缸 部分客房提供 电视 部分客房提供 吹风机 出租 迷你吧台及冰箱 部分客房提供 残障人士房间 无线 LAN 无线 LAN 收费 部分客房提供 无线 LAN 部分收费

带你畅游可了解瑞典玻璃历史的

玻璃王国

在斯莫兰地区（Småland）位于韦克舍与卡尔马的中间地带，云集着众多玻璃工坊。这一地区因玻璃制品闻名，最早可追溯至16世纪中期。当时，这里只有丰富的林业资源。为了振兴经济，招募了掌握波西米亚玻璃等技艺的工匠传授当地人手艺，该地的玻璃产业也因此繁荣起来。今天，虽然各地都有玻璃工匠，但是一提到玻璃，人们首先还是会想到斯莫兰，这里也因此被称为“玻璃王国”。

玻璃王国的信息网站
URL www.glasriket.se

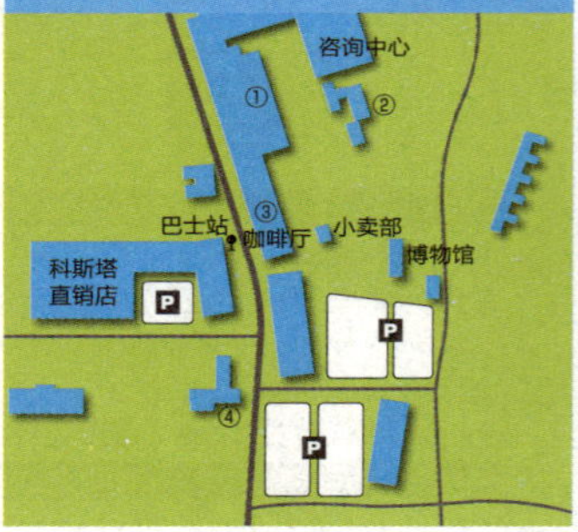

前往瑞典知名老店科斯塔的玻璃工坊

创立于1742年的瑞典最古老玻璃制造商，经营商品门类广泛，包括日用品和玻璃艺术品。在科斯塔不仅可以参观制作过程，还有画廊、商店和经营其他品牌产品的科斯塔直销店，可以亲身体会瑞典的玻璃文化。

URL www.kostaboda.com

交通 ▶ 从韦克舍乘坐218路巴士约50分钟。从卡尔马搭乘火车前往Lesseborg，再换乘218路巴士约20分钟。

①参观玻璃工坊 Glasbruk

在科斯塔的玻璃工坊内现场观看工匠们如何制作成品。熟练的工匠通常被尊称为“师傅”，他们纯手工制作吹制玻璃。还有带导游的参观团，有意者可咨询。

DATA

营 周一～周五 6:30~15:30　周六、周日 10:00~16:00（各时期参观时间有变）休 无休　费 免费

大烟囱所在地就是目的地

②科斯塔·布达艺术长廊 Kosta Boda Art Gallery

快去欣赏艺术品吧

主要展示玻璃工艺品的画廊。在这里，你可以感受到科斯塔深厚的玻璃艺术，而不只是生活日用品。还有介绍科斯塔历史的大屏及展示历代作品的区域，值得一看。

DATA

营 周一～周五 10:00~17:00　周六、周日 10:00~16:00　休 无休　费 免费

③科斯塔玻璃商店 Kosta Glas-shop

直销区一定要去看看

工坊直营店。店铺面积大，囊括了所有现行商品。关键是这里有一块用直销价格即可购买的B级品区域。店方也做了免税处理，可放心购买。店内还有咖啡厅。

DATA

电（0478）34-532　营 每天 10:00~20:00　休 无休　CC ADJMV

④科斯塔·布达艺术酒店 Kosta Boda Art Hotel

装饰着玻璃制品的玻璃酒吧

挂满科斯塔玻璃制品的高档酒店。各客房内分别装饰着不同艺术家的玻璃作品，连大堂、泳池和餐厅也是如此。玻璃酒吧除住客以外，别的游客也可光临。

DATA

电（0478）34-830
URL www.kostabodaarthotel.se

马尔默 *Malmö*

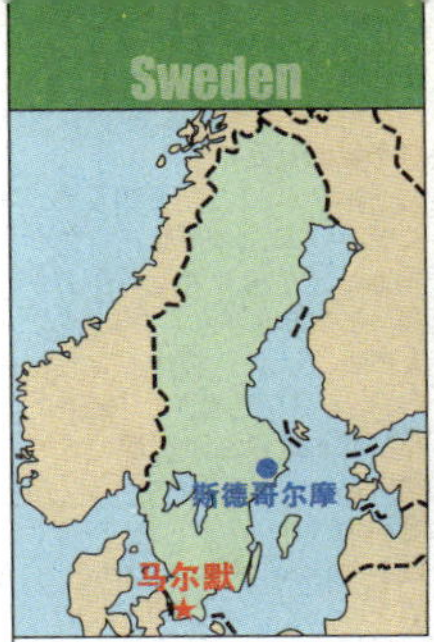

在丹麦与瑞典冲突不断的年代，马尔默曾是丹麦的领土，城市规模与哥本哈根相当。1658年，马尔默重新归属瑞典，并发展成为一个商业城市。在这座恬静的城市中，市中心有一个大广场和公园，市内保留着中世纪流传下来的红瓦建筑、石建广场及如今已被改造成美术馆的城堡。海湾对面就是哥本哈根，两城之间有公路、铁路两用的厄勒海峡大桥相连，两国之间的交流也因此变得更加紧密。

2015年5月竣工的马尔默现场大厦

Map p.294-A4

人口：322574

长途区号：040

马尔默信息网站

URL www.malmotown.com

前往马尔默的方法

✈ 从斯德哥尔摩每天有1~9个航班，需要约1小时15分钟。

🚆 从斯德哥尔摩乘坐Snabbtåg，需要约4小时30分钟。1小时1班。从哥德堡乘坐Snabbtåg，需要约2小时20分钟，后换乘1小时1班的城际列车，约需3小时。从哥本哈根出发需35分钟~1小时。每隔10~20分钟有一趟火车。

🚌 乘坐哥本哈根中央火车站前的999路巴士约需35分钟。周一～周六运营。

马尔默 漫 步

走出马尔默中央火车站，渡过运河后，左边是萨沃伊精英酒店（Elite Hotel Savoy）。从这里沿着哈门街（Hamngatan）稍微走一段，即可看到马尔默最大的广场斯托托里广场（Stortorget）。广场中央矗立着将马尔默从丹麦手中夺回来的卡尔十一世的雕像。广场周围依次耸立着带钟楼的市政厅（Rådhuset）和酒店等。市政厅的后面是建于14世纪的哥特式圣彼得里教堂（S:t Petri Kyrka）。

斯托托里广场向南延伸的大道南街（Södergatan）是一条步行街。在步行街的入口处有一座狮子药房（Apoteket Lejonet），金狮子徽章煞是醒目。狮子药房创立于1571年，是马尔默历史最悠久的药房，内部装修

城市隧道开通

2010年12月，连接哥本哈根~马尔默的城市隧道（City Tunneln）正式开通运行，并在马尔默市内新建了Triangeln火车站。游客可根据自己的住宿情况，灵活选择在此中转。

马尔默的旅游咨询处

住 Skeppsbron 2
电 (040) 34-1200
URL www.malmotown.com
开 周一～周五 9:00~16:00
周六、周日 10:00~14:00
（夏季时间延长）
休 无休

市内巴士

关于马尔默市内的交通，单次票22SEK。如果要乘坐3次以上，推荐购买24小时票65SEK。可在旅游咨询处或车站购买。

伦东

电 (040) 611-7488
URL www.stromma.se/malmo
运行 4/15~29、9/12~10/2
每天 11:30~14:30
4/30~6/24、8/15~9/11
每天 11:30~16:30
6/25~8/14
每天 10:30~17:30
休 10/3~次年4/14
费 140SEK

马尔默中央火车站对面的码头每30分钟~1小时有一班船出发，约需50分钟。导游讲英语和瑞典语。

马尔默胡斯

住 Malmöhusvägen 6
电 (040) 34-4400
URL www.malmo.se/museer
开 每天 10:00~17:00 休 无休
费 40SEK（与科技、海洋博物馆共用通票）

有轨电车

运行 5/28~10/2 的周六、周日
费 20SEK

科技、海洋博物馆

住 Malmöhusvägen 7
电 (040) 34-4438
开 每天 10:00~17:00
休 无休 费 40SEK（与马尔默胡斯共用通票）

海鲜市场 Fiskehoddorna

营 周二～周六 6:30~13:00
休 周日、周一

科技、海洋博物馆的东侧设立的一个鱼市场，一大早就开始营业。有很多售卖鲜鱼和熏鱼的渔民小摊。

造型 / 设计中心

住 Lillatorg 9
电 (040) 664-5150
URL www.formdesigncenter.com
开 周二～周六 11:00~17:00
周日 12:00~16:00
休 周一 费 免费

为1871年流传下来的，颇有历史韵味。步行街两旁遍布咖啡馆、餐厅和店铺，一直延伸至古斯塔夫·阿道夫广场（Gustav Adolfstorg）。广场同时也是巴士总站。中央火车站旁边的运河沿岸也在逐渐被开发出来，其中作为音乐厅的马尔默现场大厦（Malmö Live）于2015年5月落成。

狮子药房的装潢设计也凸显了历史感

城西有一座被用作美术馆的中世纪城堡马尔默胡斯及公园。夏季可以乘船在运河及港口畅游，享受“伦东之旅（Rundan）”。市中心西北约1.5公里的西港地区（Västra Hamnen）是热门景区。海滨可远眺厄勒海峡，还建起了休闲小道，时尚咖啡厅和餐厅也在增加。被称为扭转大厦（Turning Torso）的高层公寓高达190米，是瑞典国内第一高楼。从海岸望去，厄勒大桥尽在眼前。

马尔默 主要景点

马尔默胡斯（马尔默城堡）

Map p.379-A

Malmöhus

建于1434年的文艺复兴风格城堡。16世纪至17世纪期间是丹麦王室的别墅，19世纪成为一座监狱。1937年进行了翻修，如今是对外开放的马尔默博物馆（Malmö Museer）。一层是自然科学博物馆，二层是马尔默历史展区。二层和三层是展示14世纪至今北欧艺术的美术馆。地下室自2015年5月整修后成了一座水族馆。对面的司令官邸Kommendanthuset内有咖啡厅。城堡的周围是大片的公园，夏季公园内有有轨电车Museispårvägen通行。

在城墙的掩映下，城堡异常美丽

科技、海洋博物馆

Map p.379-A

Tekniska Sjöfartsmuseet

展示海洋技术与工业技术的博物馆。建筑右半部是海洋博物馆，其中一层展示生活日用品，二层展出多个时代的港口模型、客舱及船舶模型。左半部是科技博物馆，展出实物飞机、汽车和摩托车，还有Saab公司为瑞典空军研发的新式双三角翼喷气式战机“萨博龙”。室外有瑞典海军使用过的全长49.6米的潜水艇U3，可入内参观。

科技博物馆的展品

造型 / 设计中心

Map p.379-B

Form / Design Center

展示现代化斯堪的纳维亚设计的展馆，在19世纪中叶的粮仓基础上改建而成。可以看到瑞典及北欧各地设计师们的力作。穿过小广场对面的建筑后，可以看到一个院子，院子深处就是入口。

现代美术馆

Map p.379-B

Modern Museet

2009年开业的美术馆，是斯德哥尔摩的现代美术馆（→ p.330）的分馆。不举办常设展览，全年只有2~3次特别展。不过展品时间跨度大，搜罗了从19世纪的名画到现代艺术家的作品。它别样的外观也大有看头。

现代美术馆

住 Ola Billgrens Plats 2-4
☎（040）685-7937
URL www.modernamuseet.se/malmo
开 周二~周日 11:00~18:00
休 周一
费 免费

COLUMN　SWEDEN

横跨国境的大桥

连接马尔默和丹麦哥本哈根的厄勒海峡大桥（Øresundsbron）（全长15.4公里）于2000年7月开通。在那之前，往来于两个城市之间只能依靠船只，即使是高速快艇至少也需要花费45分钟。现在从马尔默到丹麦哥本哈根的中央火车站的列车也不过35分钟，并且一天24小时发车，每隔10~20分钟就有一班，非常便捷。当然，也可以乘汽车。总之，两个城市的交通变得更加密切。

瑞典南部的斯科讷地区在1658年前一直是丹麦的领土，正因此，两国间有着深厚的情感渊源。随着大桥的开通，两国在现实交流中有了新的纽带，关系进一步拉近。

从马尔默眺望厄勒海峡大桥

DATA

厄勒海峡大桥　Map p.294-A4

交通　从马尔默中央火车站前的巴士站台乘坐8路巴士，约12分钟后在Malmö Bellevuegården换乘34路，13分钟后在Malmö Sibbarp下车。从巴士站台穿过公园就可以看到飞架在海峡上空的大桥。

马尔默的酒店

Hotel

马尔默的酒店都很舒适，但都价格不菲。如果有欧洲铁路通票可以不住在马尔默，而选择在哥本哈根火车站前的旅馆街上住宿，那样相对便宜一些。酒店可在马尔默中央火车站内的旅游咨询处预订。

马斯特约翰酒店

Mäster Johan

◆虽然位于市中心附近，但是环境清幽。橡木地板搭配手工地毯以及大理石打造的浴缸，营造出一种高贵感。

Map p.379-B

住 Mäster Johansgatan 13
☎（040）664-6400　FAX（040）664-6401
URL www.masterjohan.se
费 Ⓢ Ⓓ1890（1190）SEK~
CC A D J M V

斯堪迪克克莱默酒店

Scandic Kramer

◆1875年建造的老牌酒店。插入云霄的尖塔格外引人注目。

Map p.379-B

住 Stortorget 7　☎（040）693-5400
FAX（040）693-5411
URL www.scandichotels.com
费 Ⓢ 1490（910）SEK~
Ⓓ 1690（1010）SEK~　CC A D M V

萨沃伊精英酒店

Elite Hotel Savoy

◆这家雅致的酒店与马尔默中央火车站中间隔了一条护城河。现在的建筑建成于1862年。

Map p.379-B

住 Norra Vallgatan 62
☎（040）664-4800
FAX（040）664-4895　URL www.elite.se
费 Ⓢ 1150（950）SEK~
Ⓓ 1350（1150）SEK~　CC A D M V

浴缸　部分客房提供　电视　部分客房提供　吹风机　出租　迷你吧台及冰箱　部分客房提供　残障人士房间　无线LAN　无线LAN收费　部分客房提供　无线LAN部分收费

最佳西方贵族山庄酒店
Best Western Plus Hotel Noble House

◆古斯塔夫·阿道夫广场对面的酒店。

Map p.379-B

住 Per Weijersgatan 6

(040) 664-3000 FAX (040) 664-3050

URL www.bestwestern.se

费 Ⓢ 900 (700) SEK~ Ⓓ 900 (1200) SEK~ CC A D M V

斯堪迪克广场酒店
Scandic Stortorget

◆斯托托里广场对面的酒店。经典的内饰风格让人内心安宁。还有大堂酒吧和桑拿房。

Map p.379-B

住 Stortorget 15 (040) 660-9550

FAX (040) 660-9559

URL www.scandichotels.com

费 Ⓢ 1144 (801) SEK~ Ⓓ 1244 (901) SEK~ CC A D M V

马尔默号角会议酒店
Clarion Hotel & Congress Malmö Live

◆在马尔默现场大厦旁边的精品酒店，2015 年 5 月开业。位于 85 米高处的天空酒吧备受好评。

Map p.379-A

住 Dag Hammarskjölds torg 2

(040) 20-7500

URL www.nordicchoicehotels.com

费 Ⓢ 1880SEK~ Ⓓ 2380SEK~

CC A D M V

梅菲尔图内尔酒店
Mayfair Hotel Tunneln

◆一家 16 世纪贵族用房改建而成的酒店。氛围雅致，好评如潮。内设餐厅。

Map p.379-B

住 Adelgatan 4 (040) 10-1620

URL www.mayfairtunneln.com

费 Ⓢ 1175 (895) SEK~ Ⓓ 1375 (995) SEK~ CC A D M V

最佳西方皇家酒店
Best Western Hotel Royal

◆乡村风格的内饰勾勒出迷人的魅力。

Map p.379-A

住 Norra Vallgatan 94 (040) 664-2500

FAX (040) 12-7712 URL www.bestwestern.se

费 Ⓢ 1495 (795) SEK~ Ⓓ 1695 (995) SEK~ CC A D M V

马尔默市 STF 酒店
STF Hotel & Hostel Malmö City

◆从 Triangeln 火车站步行 7 分钟即到，从马尔默中央火车站步行约 20 分钟。还有带浴室、洗手间的房型。

Map p.379-A 外

住 Rönngatan 1 (040) 611-6220

FAX (040) 611-6225

URL www.svenskaturistforeningen.se

费 多人间 270SEK~（YH 会员是 220SEK~）浴室、洗手间共用的 Ⓢ560SEK~ Ⓓ680SEK~ 早餐 75SEK 床上用品 60SEK CC A M V

马尔默的餐厅
Restaurant

鲤居酒屋
IZAKAYA KOI

◆位于斯托托里广场一角的一家日本料理餐厅。寿司套餐中，6 贯寿司及 4 份寿司卷售价 149SEK，8 贯寿司及 8 份寿司卷售价 199SEK。

Map p.379-B

住 Lillatorg 5 (040) 75-700

URL www.koi.se

营 周一～周四 11:30~22:00 周五 11:30~23:00 周六 12:00~22:00

休 周日 预算 150SEK~ CC A D J M V

Moccasin Vin & Kaerlighet 餐厅
Moccasin Vin & Kaerlighet

◆在这家餐厅可以品尝到当地的有机食材制作成的瑞典特色美食。主要由鱼、肉和蔬菜拼制的沙拉面包午餐套餐售价 100SEK~，广受欢迎。

Map p.379-A 外

住 Fersens väg 14 (040) 631-0880

URL www.restaurantmoccasin.com

营 周二～周五 11:30~22:00LO 周五 15:00~23:00LO 休 周日、周一

预算 100SEK~ CC A D M V

赫尔辛堡 *Helsingborg*

从地图上看，瑞典距离丹麦最近的城市是赫尔辛堡。与丹麦的赫尔辛格只隔着一道海峡。

城市的历史可追溯至 1085 年。当时这里是丹麦控制下的军事及经济中心，但在 1675 ~ 1679 年间爆发的“瑞丹斯科讷战争”中被战火烧毁，仅剩下圣玛利亚教堂和一间民房。随后，在 19 世纪产业革命兴起时，这里又重新焕发了生机，奠定了今天城市面貌的雏形。

从谢尔南眺望到的赫尔辛堡街景

Map p.294-A4
人口：135344
长途区号：042
赫尔辛堡信息网站
URL www.helsingborg.se

前往赫尔辛堡的方法

🚌 搭乘由斯德哥尔摩开往马尔默、哥本哈根的列车，在 Hässleholm 或隆德换乘。也可以在哥德堡换乘，不过时间稍长，需 5 小时 30 分钟 ~6 小时。从马尔默出发需 40 分钟 ~1 小时，每小时 5 班左右。从哥德堡乘坐 Snabbtåg 需要大约 1 小时 40 分钟，城际列车需要 2 小时 15 分钟，每小时运行 1~2 班次。

🚌 与丹麦赫尔辛格之间的水路，除深夜外，每 15~20 分钟有一班轮渡，约需 20 分钟。

赫尔辛堡 漫 步

市中心是大广场（Stortorget）。大广场带有一定坡度呈狭长形，如今已是一个购物区。广场尽头的高地上矗立着谢尔南古堡要塞。走过诺拉街（Norra Storgatan），前面有一个小广场，小广场旁边是斯科讷战争中幸存下来的雅各布·汉森之家（Jacob Hansens hus）。再向西走可以看到邓克斯文化中心（Dunkers Kulturhus），里面设有旅游咨询处和音乐厅。

火车站、轮渡码头和长途巴士总站位于市政厅的斜对面海岸附近，都集中在一座被称为“库努特普克顿”（Knutpunkten）的现代化大楼内。

赫尔辛堡的旅游咨询处 ℹ

住 Kungsgatan 11
☎（042）10-4350
URL www.helsingborg.se
开 6~8 月
周一 ~ 周五 9:00~18:00
周六、周日 10:00~17:00
9 月 ~ 次年 5 月
周二 ~ 周五 10:00~18:00
周六 11:00~15:00
休 9 月 ~ 次年 5 月的周日、周一

邓克斯文化中心

住 Kungsgatan 11
☎（042）10-7400
URL www.dunkerskulturhus.se
开 周二 ~ 周四 10:00~18:00
周五 10:00~20:00
周六、周日 10:00~17:00
休 周一
费 70SEK

赫尔辛堡 主要景点

谢尔南 Map p.383

Kärnan

残留了砖瓦结构的高塔

瑞典南部一般称作斯科讷地区（Skåne），这一带是北欧最重要的粮仓。这里是瑞典与丹麦的交界地带，中世纪时有很多农场主居住在这里。现在还保留了约 200 处王室、贵族和地主的城堡，其中有一个就叫谢尔南。它是斯科讷最古老的建筑之一，14 世纪后半叶到 15 世纪修建时是用于军事目的。城堡的部分区域在 1680 年被卡尔十一世毁坏，如今只剩下尖塔。

露天博物馆 Map p.383 外

Fredriksdal

位于赫尔辛堡市中心向北约 2 公里处。建于 1787 年的庄园古堡及周边的大花园、农地保存完好。广阔的露天博物馆对外开放，可在此感受古斯科讷地区的生活气息。

索菲罗城堡 Map p.383 外

Sofiero Slott

城堡内部可供参观

奥斯卡王子于 1864 年建造的夏宫。1876 年形成了城堡今天的模样。1905 年作为礼物送给了大婚的古斯塔夫·阿道夫国王。城堡周边是绿意葱葱的公园，5、6 月份有 1 万余株杜鹃花绚烂绽放。

谢尔南
电（042）10-4500
URL www.helsingborg.se
开 3/21~5/29、9/5~10/2
周二～周日 11:00~15:00
5/30~9/4 每天 10:00~18:00
3/5~20、10/3~30
周六、周日 10:00~15:00
休 3/5~5/29 与 9/5~10/30 的周一、3/5~20 与 10/3~30 的周二～周五、10/31~ 次年 3/4
费 50SEK

露天博物馆 Fredriksdal
住 Gisela Trapps väg 1
电（042）10-4500
URL www.fredriksdal.se
开 5~8 月每天 10:00~18:00
3、4 月及 9~12 月
每天 10:00~16:00
休 1、2 月（外部可参观）
费 70SEK
（9/26~ 次年 4/13 免费）
交通→→→
从赫尔辛堡市中心乘坐 1、7、22 路巴士，在 Juelsgatan 下车。
车上不能购票，因此请提前买好票。

索菲罗城堡
住 Sofierovägen 131
电（042）10-2500
URL www.sofiero.se
开 4/15~5/8 每天 11:00~16:00
5/9~9/18 每天 10:00~18:00
（各季有所不同）
休 9/19~ 次年 4/14
费 100~120SEK
交通→→→
从赫尔辛堡市中心乘坐 8 路巴士，在 Laröd Sofiero Huvudentrén 下车。

赫尔辛堡的酒店

Hotel

酒店大多都在距离现代化车站大厦步行 10 分钟的范围内。旅游咨询处可免费预订赫尔辛堡的酒店。

赫尔辛堡号角大酒店

Clarion Grand Hotel Helsingborg

Map p.383

◆位于斯托托里广场对面，是赫尔辛堡最高档的酒店。酒店建筑古老，客房内饰也都古色古香。酒店内有 SPA、餐厅和酒吧。

住 Stortorget 8-12 电（042）38-0400
FAX（042）38-0404
URL www.nordicchoicehotels.se
费 Ⓢ 1320SEK~ Ⓓ 1380SEK~
CC ADJMV

林奈酒店

Hotell Linnéa

Map p.383

◆建于 1887 年的精致酒店，共 37 间客房。房间内有最新设备，装饰经典。

住 Prästgatan 4
电（042）37-2400 FAX（042）37-2429
URL www.hotell-linnea.se
费 Ⓢ 1295（1095）SEK~
Ⓓ 1495（1295）SEK~ CC ADMV

浴缸　部分客房提供　电视　部分客房提供　吹风机　出租　迷你吧台及冰箱　部分客房提供　残障人士房间　无线 LAN　无线 LAN 收费　部分客房提供　无线 LAN 部分收费

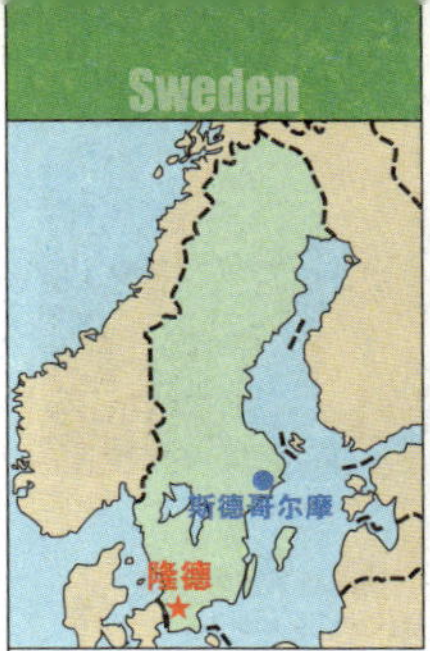

隆德 *Lund*

透露出深厚历史韵味的石结构大教堂

与“西都”伦敦相对应的是“东都”隆德。在瑞典语中，隆德的意思是“森林”。990年维京国王在这里兴建教堂后，这座城市才开始繁荣起来。隆德曾是地跨北海沿岸的丹麦、瑞典和英国三国的大帝国的核心城市，1103年，它的重要性进一步凸显。当时这里不仅建立了丹麦最大的钱币制造厂，大教堂更是从这一年开始成为北欧第一所罗马教会直属的主教会，管辖北欧所有的教会。在12~13世纪，隆德走向鼎盛，成为了北欧文化和经济中心。

今天的隆德堪称一座大学城，这里有北欧最大的高校隆德大学。城中各处都可看到大学的建筑，整个城市仿佛就是一所大学。隆德只有11万居民，但是他们来自130个国家。这里是北欧和西欧的交异处，文化兼容并包，传承至今。

Map p.294-A4
人口：116834
长途区号：046
隆德信息网站
URL www.visitlund.se

前往隆德的方法

🚌 搭乘由斯德哥尔摩开往马尔默、哥本哈根的Snabbtåg，约需4小时20分钟，1小时1~2班。从哥德堡乘坐Snabbtåg约需2小时20分钟，城际列车则要3小时，1小时1~2趟。从哥本哈根出发需要50分钟，列车则每10~20分钟一趟。列车途经马尔默。

市内学生随处可见

位于大公园内的隆德大学本部

老城弥漫着怀旧的气息

隆德的旅游咨询处 ⓘ
住 Botulfsgatan 1A
电 (046) 35-5040
URL www.visitlund.se
开 6~8 月
周一～周五 10:00~18:00
周六 10:00~15:00
周日 11:00~15:00
9 月～次年 5 月
周一～周五 10:00~18:00
周六 10:00~14:00
休 9 月～次年 5 月的周日
免费介绍住处。要说明需求时，尽量说得详细点，比如“距离火车站 10 分钟步行路程”等。

隆德大教堂
住 Kyrkogatan 4
电 (046) 35-8700
URL www.lundsdomkyrka.se
开 周一～周五 8:00~18:00
周六 9:30~17:00
周日 9:30~18:00
休 无休 费 免费

天文钟
开 周一～周六 12:00、15:00
周日 13:00、15:00
休 无休

还设置了菲恩的妻子戈尔达（Gerda）和儿子的石像

露天民俗博物馆
电 (046) 35-0400
FAX (046) 30-4260
URL www.kulturen.com
开 5~8 月
每天 10:00~17:00
9 月～次年 4 月
周二～周日 12:00~16:00
休 9 月～次年 4 月的周日
费 120SEK（9 月～次年 4 月为 90SEK）

隆德 漫 步

要游逛隆德，得先从隆德火车站开始走。穿过马尔默一侧的地下通道，就来到了火车站大楼；跨过赫尔辛堡一侧的跨海大桥，就可以看到市内巴士站台。沿站前的大道向南步行，很快就到了一座小公园。从这里向东延伸的是修道院街（Klostergatan）。这是一条商业街，集中了不少时装店、咖啡馆和手工艺品店等。顺着街道一直往前，尽头是宽阔的教堂大街（Kyrkogatan）。顾名思义，迎面而来的就是一座气势恢宏的大教堂。这一带也叫隆德公园（Lundagård），是隆德大学花园的一部分。优美的公园内座椅遍布，供市民小憩。

沿教堂大街向北走约 50 米，右边的建筑前有大型喷泉，还有美丽的花园点缀，这就是隆德大学本部。本部的东侧是大学图书馆（Univelsitet Bibliotek）和学生书店，隆德大学的学生们在此信步而行。此外，露天民俗博物馆南侧的老城占地面积大，有 10 世纪左右的古老建筑，适合悠闲散步。沿教堂大街继续北进，街道的名称变成了布雷德大街（Bredgatan），街道尽头的红砖瓦哥特式建筑是阿尔海尔戈纳教堂（Allhelgona Kyrkan）。

隆德 主要景点

隆德大教堂 Map p.385

Lunds Domkyrkan

这座全石造的罗马风格教堂可谓隆德的名片。它建于 1145 年，通体乌黑，威严的雄姿中散发着历史的沧桑。传说在基督教进入北欧时，巨人“菲因（Fim）”因为惧怕基督教而试图将教堂摇倒，不过最后还是失败了。精疲力竭的菲因紧紧盘在柱子上，化成石头。至今菲因的雕像还保存在地下礼拜入口处右侧的柱子底部。由于被游客频繁抚摸，他的面庞已经乌黑发亮。

很有历史感的天文钟

教堂大厅的左侧是一座天文钟，从 14 世纪开始运转至今。在每天固定的时间段内它都会敲响，同时耶稣、圣母玛利亚以及三位圣者的人偶也会出来报时。

露天民俗博物馆 Map p.385

Kulturen

这座露天民俗博物馆建于 1882 年，游客可以在这里亲身感受 11 世纪以来隆德的民俗、文化。一进门就可以看到一个小花园，里面有一块刻着鲁纳文字的岩石。抬头就能看到在一栋 1854 年的建筑的基础上改造成的博物馆。馆内展出了出土的土器和民族服饰等有关隆德历史的资料。

感知 17~18 世纪民众的生活

穿过博物馆进入后院，通过一段小隧道后就到了露天博物馆，这里集中了 30 余栋 17~19 世纪的民宅和教堂。看到质朴但做工考究的民居和作坊后，你就会想象到当年瑞典还是以农业为主的时期的朴素风貌与瑞典人合理性思想的萌芽。

隆德大学本部

Map p.385

Unifersitetshuset

隆德大学的前身是 1438 年在大教堂内成立的神学院。算上丹麦统治时期，隆德大学堪称瑞典最古老的大学。现在隆德大学共有 4 万在校生，是北欧规模最大的高校。大教堂附近的隆德大学本部洁白的外墙烘托出历史的厚重。前面的喷泉和鲜花争艳的花园给人四季不同的情趣，清爽怡人。

隆德大学本部

内部不可参观。

露天民俗博物馆内有展示隆德大学资料的大学博物馆（Universitetsmuseet）。

隆德的酒店

Hotel

大酒店

Grand Hotel

◆这家高档酒店位于隆德火车站的正南侧，小公园的对面 外观形如城堡。

Map p.385

住 Bantorget 1 电（046）280-6100

FAX（046）280-6150 URL grandilund.se

费 Ⓢ1095 SEK~ Ⓓ1595SEK~

CC ADMV

隆迪亚酒店

Hotel Lundia

◆客房融合了北欧的多功能性及亚洲的造型。木质内饰营造出祥和的气氛。

Map p.385

住 Knut den Stores torg 2

电（046）280-6500 FAX（046）280-6510

URL www.lundia.se

费 Ⓢ1495（795）SEK~

Ⓓ1895（1195）SEK~ CC ADMV

奥斯卡酒店

Hotell Oskar

◆隆德火车站附近的酒店，由 19 世纪的建筑改建而成，共 8 间客房。客房配备了雅各布森灯具和现代北欧风格家具，适于居住。

Map p.385

住 Bytaregatan 3 电（046）18-8085

URL www.hotelloskar.se

费 Ⓢ1295（895）SEK~

Ⓓ1495（1095）SEK~ CC AMV

康科迪亚酒店

Hotel Concordia

◆白色的墙壁营造出时尚的环境。62 间客房中，装饰简朴和装修高档的户型都有。

Map p.385

住 St ålbrogatan 1 电（046）13-5050

URL www.concordia.se

费 Ⓢ1195SEK~ Ⓓ1395SEK~

CC ADJMV

隆德的餐厅

Restaurant

修道院加塔餐厅

Klostergatans

◆融合了法国菜和瑞典菜的特色料理最受欢迎，食材采用当季的鲜鱼和蔬菜。

Map p.385

住 Klostergatan 3 电（046）14-1483

URL klostergatan.se

营 周一～周四 11:00~23:00

周五 11:00~ 次日 1:00

周六 12:00~ 次日 1:00 休 周日

预算 200SEK~ CC AMV

克罗格·克莱门斯餐厅

Krog Clemens

◆传统瑞典菜餐厅，令人有宾至如归之感。每天变化的菜单还奉送饮品，价格实惠。在柜台点餐、取餐。学生有优惠。

Map p.385

住 S:t Petri Kyrkogata 电（046）25-8258

URL restaurangclemens.se/index.html

营 周一～周三 11:30~15:00

周四～周六 11:30~15:00/17:00~22:00

周日 10:00~15:00

休 无休 预算 90SEK~ CC 不可

浴缸 部分客房提供 电视 部分客房提供 吹风机 出租 迷你吧台及冰箱 部分客房提供 残障人士房间 无线 LAN 无线 LAN 收费 部分客房提供 无线 LAN 部分收费

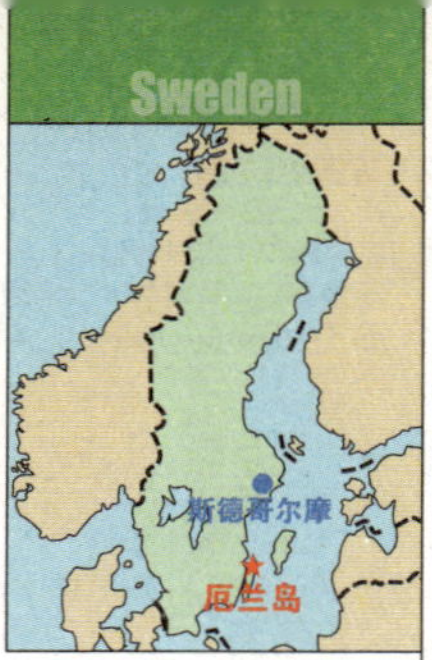

厄兰岛 *Öland*

Map p.294-A4
人口：10681（博里霍尔姆）
长途区号：0485
厄兰岛信息网站
URL www.oland.se

前往厄兰岛的方法

🚌 从卡尔马乘坐 101 路巴士到达博里霍尔姆（Borgholm），1 小时 1~2 班（周末减少），约需 50 分钟。

卡尔马～厄兰岛间，有一座全长 6070 米的大桥，从桥上远眺岛的雄姿和卡尔马城堡，美得让人窒息。

平缓的岛内，连空气都仿佛变得安详

厄兰岛的交通

在岛内巡游时，最方便的交通工具是巴士。有些巴士线路将这座狭长的岛上的各个小镇串联了起来。线路以博里霍尔姆为中心，向南北散发开来。只是每条线路大约 1 小时只有 1 班，车次较少，适合那些时间上比较宽裕的人。如果想花一天把岛游个遍，最好租一辆车。卡尔马就可以租到。

从卡尔马过桥，前往厄兰岛

随处可见的海盗墓地和大大小小 400 多个古老的风车。到了夏天，五彩的鲜花竞相绽放，这便是大美厄兰岛。塞尔马·拉格勒夫的小说《尼克斯历险记》中记载了关于厄兰岛起源的传说：一只巨型美丽蝴蝶触礁身亡，化作厄兰岛。

此外，在岛的南部有一条石灰石铺成的道路，据称它的周围散布着 5000 余年前史前时代的村落群。这一独特的景观已被联合国教科文组织列入《世界遗产名录》。

厄兰岛 漫 步

位于岛中心西岸的博里霍尔姆是周游全岛的大本营。从卡尔马有前往博里霍尔姆的巴士。到达以后，可以先去市内的旅游咨询处领取岛内交通等的信息图册。这座大岛南北纵贯 140 公里，但是地形平坦，骑自行车游览也不失为一种乐趣。

厄兰岛 主要景点

博里霍尔姆城堡遗址

Map p.388

Borgholm Slottsruiner

厄兰岛是一座动植物的宝库，岛上以橡树为主，辅以常春藤等各类树木。在这样的林中，沿着天然散步道，按照路标指示，大约前行 1 公里就到了博里霍尔姆城堡遗址。遗址坐落于小山丘上，从博里霍尔姆市内也能远远望见。遗址的原型建成于 1281 年，到 12 世纪时已完成了包括全部城垣和高塔在内的部分。可供个人参观，还有介绍遗址历史的旅行团。从博里霍尔姆市出发，可从南侧的天然散步道入口进入，约走 20 分钟。中途可看到狩猎石。

石头建造的厚实城墙

狩猎石

Map p.388

Jakstenen (The Hunting Stone)

1801 年开始，厄兰岛便成为王室的狩猎场。这座纪念碑便是为了纪念 1864、1866、1868 年三度前来狩猎的卡尔十五世（1826~1872 年），由狩猎俱乐部及厄兰岛居民建造而成。

博里霍尔姆的旅游咨询处

住 Storgatan 1
电（0485）89-000
URL www.oland.se
开 1/7~5/8、10/3~12/22
周一～周五 10:00~16:00
5/9~29、8/8~10/2
周一～周五 9:00~17:00
5/30~6/26
周一～周五 9:00~17:00
周六 10:00~16:00
6/27~8/7
周一～周五 9:00~18:00
周六 10:00~18:00
周日 10:00~16:00
（8/8~次年 5/29 的 12:00~13:00 关门）
休 5/30~6/26 的周日、8/8~5/29 的周六·周日、12/23~次年 1/6

博里霍尔姆城堡遗址

电（0485）12-333
URL www. borgholmsslott.se
开 4、9 月
每天 10:00~16:00
5~8 月
每天 10:00~18:00
休 10 月～次年 3 月
费 95SEK

旅行团

举办 6/15~28、8/10~23
每天 12:00
6/29~8/9
每天 12:00、15:00
费 免费

如何前往世界遗产

厄兰岛南部被石灰岩覆盖的广大地形区被称为 Stora Alvaret，已列为世界自然遗产。如果想乘坐巴士游览该地，可以从卡尔马乘坐 105 路巴士前往南部的勒斯默（Resmo）等村庄。从博里霍尔姆前往南部，需要在连接卡尔马的大桥桥下的巴士站台 Färjestaden 换乘一次。

厄兰岛的酒店 Hotel

博里霍尔姆斯特兰德酒店

Strand Hotell Borgholm

◆建在博里霍尔姆港对面的高档酒店。餐厅、桑拿房和泳池等设施一应俱全，此外还有专享沙滩。

Map p.388

住 Villagatan 4 电（0485）88-888
FAX（0485）88-899
URL www.strandborgholm.se
费 ⓈⒹ1095SEK~ CC ADMV

博里霍尔姆酒店

Hotell Borgholm

◆所有 41 间客房都配备了现代家具。还有朝向花园的房型。酒店餐厅受到美食家的推崇。

Map p.388

住 Trädgårdsgatan 15-19
电（0485）77-060 FAX（0485）12-466
URL www.hotellborgholm.com
费 ⓈⒹ1395SEK~ CC ADMV

浴缸 部分客房提供 电视 部分客房提供 吹风机 出租 迷你吧台及冰箱 部分客房提供 残障人士房间 无线 LAN 无线 LAN 收费 部分客房提供 无线 LAN 部分收费

哥得兰岛 *Gotland*

洋溢着中世纪风情的维斯比城

Map p.294-B4
人口：57255
长途区号：0498
哥得兰岛信息网站
URL www.gotland.com

前往哥得兰岛的方法

✈ 从斯德哥尔摩到维斯比每天有 2~6 个航班，约需飞行 45 分钟。从机场到维斯比市区乘坐出租车约需 10 分钟。

⛴ Destination Gotland 公司的轮渡从斯德哥尔摩近郊的尼奈斯港到维斯比夏季每天 2~4 班，其他季节每天 1~2 班，大约 3 小时 15 分钟。

发船前 1 小时 45 分钟之前，有市内巴士从斯德哥尔摩开往尼奈斯港。

面积 3140 平方公里的哥得兰岛是一座漂浮在波罗的海上的岛屿，同时也是瑞典最大的岛，它位于斯德哥尔摩的南面。这里是北欧知名的度假胜地，一到夏天就有不少游客前来。

哥得兰岛的核心城市维斯比城的发展始于维京时代。到了 12~15 世纪，这里作为汉萨同盟的贸易港，成为连接欧洲各地的重要枢纽。14 世纪中期，哥得兰岛被丹麦占有，而当 17 世纪再度回到瑞典的怀抱时，汉萨同盟已经风光不再，哥得兰岛也陷入衰败。岛上保留下来的 92 座教堂以及随处可见的遗址、废墟，向人们诉说着往昔的风华。尤其被周长约 3.5 公里的城墙包围的维斯比城更是作为汉萨同盟的有力见证者，被联合国教科文组织列为文化遗产。

哥得兰岛 漫 步

主要观光区是维斯比城（Visby）。渡轮停靠在市区南面的港口。从这里到市中心的大广场（Stora Torget），步行还不到 15 分钟。中途有旅游咨询处，可以打听旅行信息。

大广场周边餐厅密布，还有民间工艺品店。广场南侧的巨大废墟是圣卡特琳娜教堂遗址。从大广场向城墙南门延伸的阿德尔斯街（Adelsgatan）上商铺林立。从广场向西走下坡道后就到了海边，那里是面积广阔的阿尔梅达公园（Almedalen）。夏天这里时常有音乐会和

橙色屋顶鳞次栉比的旧城景致

露天戏剧上演。公园北门有一座火药塔，那里的渔夫小道（Fiskargränd）是摄影师的最爱。狭窄的小道两边满是玫瑰斗艳的房屋，故而维斯比又有了“玫瑰之都”的美誉。穿过这条小路向东行进，路的尽头可以看到城市的象征——圣玛利亚大教堂。大教堂一旁有台阶，台阶之上是高台。站在高台上放眼望去，红瓦民居间教堂的废墟点缀其间。

城墙内从这一头到另一头最长距离不过1.3公里，因此徒步游览也未尝不可。开往郊外的巴士由城墙东侧的巴士总站发车。

走在沿海的散步道上，无比惬意

Destination Gotland公司

☎（0771）22-3300

URL www.destinationgotland.se

哥得兰岛的专业旅行社，运营通往岛上的轮渡。公司主页上可查询船票，还能看到酒店、活动等打包服务信息。可在网页上在线预订。

从哥得兰岛到卡尔马、厄兰岛

除了斯德哥尔摩，从维斯比还可搭乘轮渡前往卡尔马近郊的小城奥斯卡港（Oskarshamn）。维斯比～奥斯卡港间每天有1~3班船，约需3小时。从奥斯卡港返回卡尔马则可乘坐161路巴士，约需1小时30分钟。

维斯比的旅游咨询处 ⓘ

住 Donners Plats 1

☎（0498）20-1700

URL www.gotland.com

开 5、9月

每天	9:00~17:00
6~8月	
每天	9:00~18:00
10月～次年4月	
周一～周五	9:00~17:00
周六	10:00~16:00

休 10月～次年4月的周日

哥得兰岛的交通

岛内有巴士通行，不过班次不多，乘坐巴士很难周游全岛，因此推荐租车。如果目的地不远，也可以租自行车（→p.393）。岛内的巴士从维斯比城堡外的巴士总站发车。

圣玛利亚大教堂
住 Västra Kyrkogatan 5
电 (0498) 20-6800
开 每天 10:00~17:00
休 无休 费 免费

圣克莱门斯教堂遗址
电 (0498) 21-9000
URL www.clemensruin.se
开 5~9 月
每天 11:00~17:00
费 免费
开放日以外的日子，如果能从圣克莱门斯酒店（→ p.393）借到钥匙也可以参观（6:00~21:00）。

由石块堆积而成的教堂

圣尼古拉教堂遗址
开 5~9 月
每天 12:00~16:00
休 10 月 ~ 次年 4 月
费 免费

炫丽的圆形花窗是其标志

圣卡特琳娜教堂遗址
开 每天 10:00~18:00
费 免费

哥得兰博物馆办公室
住 Strandgatan 14
电 (0498) 29-2700
办公时间与历史博物馆开馆时间相同。

火药塔
住 Fiskarplan
开 仅外部可自由参观

哥得兰岛 主要景点

圣玛利亚大教堂 Map p.391-B1
S:t Maria Domkyrka

这座建造于 1225 年的教堂创建时正值汉萨同盟的鼎盛时期。城堡内的 17 座教堂中，这是唯一一座至今仍在使用的教堂。白色的塔身与黑色的塔顶是它的显著特征，也凭此成为维斯比的地标建筑。

威严的大教堂

进入 16 世纪，汉萨同盟式微，哥得兰岛也遭到了吕贝克的攻击。彼时，城中大部分均被破坏，只有这座德国商人建造的教堂幸免于难，其他教堂则没那么幸运了，悉数被毁。现在圣玛利亚大教堂是重要的文化遗产。

圣克莱门斯教堂遗址 Map p.391-B1
S:t Klemens ruin

这座 12 世纪的教堂的废墟，位于圣克莱门斯街（S:t Klemensgatan），是维斯比最古老的废墟之一。

圣尼古拉教堂遗址 Map p.391-B1
S:t Nicolai ruin

建于 1230 年，是多米尼克会修道院，堪称维斯比最具魅力的废墟。1525 年修道院遭到破坏，19 世纪至 20 世纪开始全面翻修。哥特式唱诗班舞台与圆形花窗（Rosettfönster）很有价值。直径 3 米的窗户是用一整块石头雕刻的鲜花造型，被誉为“玫瑰之窗”。

据传，著名的 St.Nicolai 修道士 Petrus de Dacia 的墓就在唱诗班舞台的下面。夏季这里会举行音乐会等音乐活动，众多游人的到来为这里增添了活力。在这片遗址上演奏音乐有一种神秘、庄严的气氛，给人莫名的震撼。

圣卡特琳娜教堂遗址 Map p.391-B1
S:ta Katarina ruin

位于大广场对面。始建于 1233 年，大家看到的是 14 世纪至 15 世纪修建的建筑，不过现在只剩下罗马式的精美柱子与拱顶。据说这是维斯比最美的废墟。曾是方济各会的修道院。

教堂前有餐厅和集市，十分热闹

火药塔 Map p.391-A1
Kruttornet

哥得兰岛最古老的建筑

建于 12 世纪，是哥得兰岛最古老的建筑，坐落于城墙的西面，与海边的渔夫之门（Fiskarporten）相邻。白塔与橙色屋顶的搭配给人深刻印象。过去是弹药库。

历史博物馆

Map p.391-A2

Gotland Fornsalen

各类展品令人流连忘返

以中世纪的教堂雕刻最为著名。另外，汉萨同盟历史展也很精彩。还展示了5～6世纪的雕刻石碑、维京时期遗物及罗马、阿拉伯的钱币等。

劳克

Map p.390

Rauk

散布在哥得兰岛沿海的奇石群。岩礁的石灰岩经过海水数千年的侵蚀，形成了千奇百怪的形状。有的像有脸，有的像动物，造型各异。最大的岩石高达近15米。最具特色的劳克位于岛屿北部的福勒岛（Fårö），小规模的劳克在维斯比以北25公里的利克什港（Lickershamn）等地也可以看到。

福勒岛的奇石群。让人感受到自然的威力

历史博物馆

住 Strandgatan 14
电（0498）29-2700
FAX（0498）29-2729
URL www.gotlandsmuseum.se
开 周二～周日 11:00~16:00
休 周一 费 120SEK

租赁自行车更方便

从维斯比去郊外也可以骑自行车。旅游咨询处附近有几家自行车租赁处，费用大概一天110SEK。城墙上坡道多，不易骑行，但是维斯比附近的海边可以畅享骑行的乐趣。

劳克

交通→→→

可以选择从维斯比的巴士总站乘坐20路巴士前往福勒岛，在Fårösund Färjeläge下车，再从那里租自行车往前骑。搭乘一段免费的轮渡，下船后还要骑10公里左右。夏季有巴士前往。如果要去利克什港，可以从维斯比乘坐61路巴士，在Lickershamn下车，从那里往前还有近3公里。也可以租自行车骑过去。

哥得兰岛的酒店

Hotel

由于是度假区，6月中旬~8月中旬非常拥挤。岛内有几家青年旅舍，一人一晚300SEK~。可在各旅舍直接预约。不过有些店只在5~8月营业，要留意。还可以从瑞典观光协会的网站www.svenskaturistforeningen.se上预约。

克拉丽奥维斯比酒店

Clarion Hotel Wisby

◆ 哥得兰岛规模最大的酒店。前身是建于14世纪的建筑。客房内饰优雅。内设餐厅、SPA和泳池等，设施完善。

Map p.391-A2

住 Strandgatan 6 电（0498）25-7500
FAX（0498）25-7550
URL www.nordicchoicehotels.se
费 Ⓢ1180（1088）SEK~
Ⓓ1340（1224）SEK CC AMV

圣克莱门斯酒店

Hotell S:t Clemens

◆ 靠近圣克莱门斯教堂遗址。共32间客房，装修各异。带花园，可在园内用早餐、休闲散步。

Map p.391-B1

住 Smedjegatan 3 电（0498）21-9000
FAX（0498）27-9443
URL www.clemenshotell.se
费 Ⓢ895（1195）SEK~
Ⓓ995（1695）SEK~ CC MV

固特酒店

Hotell Gute

◆ 大广场附近的家族经营酒店。在固特酒店徒步约7分钟的地方，还有他们经营的另一所布雷达布利克酒店Breda Blick（住 Trahusgatan 33）。

Map p.391-A1

住 Mellangatan 29 电（0498）20-2260
FAX（0498）20-2262 URL hotellgute.se
费 Ⓢ995（1290）SEK~
Ⓓ1195（1490）SEK~ CC ADJMV

斯堪迪克维斯比酒店

Scandic Visby

◆ 位于轮渡码头对面的大型酒店。内设餐厅，还有自行车租赁处。

Map p.391-A2 外

住 Färjeleden 3 电（0498）20-1250
FAX（0498）20-1270
URL www.scandichotels.com
费 Ⓢ1210（1010）SEK~
Ⓓ1210（1110）SEK~ CC ADMV

浴缸 部分客房提供 电视 部分客房提供 吹风机 出租 迷你吧台及冰箱 部分客房提供 残障人士房间 无线LAN 无线LAN收费 部分客房提供 无线LAN部分收费

基律纳 *Kiruna*

基律纳隶属瑞典的拉普兰地区。这里在北极圈内，夏季有极昼，冬季可观赏极光。在古代，这里是萨米人放养驯鹿的游牧区，现在郊外还有萨米人生活。1900年，人们开始在基律纳挖掘铁矿，这里因此才逐渐发展成一座城市。高品质铁矿成了瑞典重要的资源，推动了今天钢铁产业的发展。

分布在城市南部的巨大矿山

Map p.294-B1
人口：23178
长途区号：0980
基律纳信息网站
URL www.kirunalapland.se

前往基律纳的方法

✈ 从斯德哥尔摩每天有1~2架航班，约需1小时30分钟。
🚌 从斯德哥尔摩出发1天2班（卧铺）。其中有一班直达，斯德哥尔摩15:59发车，次日上午9:31抵达基律纳。从耶利瓦勒出发1天3~4班，约需1小时20分钟。从纳尔维克出发1天2班左右，约需3小时。

基律纳的旅游咨询处 i
电（0980）18-880
URL www.kirunalapland.se
开 周一～周五 8:30~17:00
周六 8:30~15:00
（各季节时间不同）
休 周日（6~8月的周日8:30~16:00开门）

基律纳火车站搬迁

2013年迁至距离市中心约2公里的地方。从市中心有免费接送巴士开往车站以保证游客准点乘车。

基律纳市政厅
电（0980）70-000
URL www.kiruna.se/kommun
费 免费

基律纳 漫 步

采矿作业雕像

市中心即旅游咨询处附近。沃诺尔兹堪塔大街（Vänortsgatan）和拉斯·杨松斯加塔大街（Lars Janssonsgatan）周边，美食店、礼品店和商店林立。小城的西南面是基律纳引以为豪的全球规模最大的地下矿山。旅游咨询处会组织旅行团，不妨参加试试。景点距离中心街道虽然有些距离，不过步行5~10分钟基本都能抵达。有1天时间游览这里足矣。

基律纳 主要景点

基律纳市政厅 Map p.394

Kiruna Stadshuset

红砖修建、外形美丽的市政厅是基律纳的地标性建筑。建于1964年，是建筑师Antur Von Ferrum的作品，他还设计了斯堪迪克福莱姆酒店（Scandic Ferrum）。钟楼由23座组钟组成，每个整点都会发出沁心的钟声。

基律纳教堂 Map p.394

Kiruna Kyrka

1912年之前，基律纳都没有教堂。直到矿山公司LKAB于该年向教区捐建了这座教堂。仿照“拉普科塔（Lappkåta）”的萨米小屋建造的教堂是一座红色的木质建筑，与周边的环境完美融合。

屋顶高耸的教堂

亚尔马·伦德布姆宅邸 Map p.394

Hjalmar Lundohmsgården

基律纳之父、矿山公司LKAB的创始人亚尔马·伦德布姆的个人宅邸，建于1895年。如今对外开放。他的办公室保留了当年的原样，并通过图片和矿山上使用过的工具，向人们讲述这座矿山和基律纳的历史。有英语导游。

亚尔马·伦德布姆的办公室

基律纳教堂

住 Kyrkogatan 8
电 （0980）67-800
开 夏季　每天 9:00~17:45
　冬季　每天 10:00~15:30
休 无休　费 免费

极昼通道

从城北的卢奥萨山（Luossavaara）山顶可以观赏基律纳的街景，还能在夏季看到午夜的太阳。有上山车道，还有一种被称为极昼通道的徒步登山路。单程需要1小时30分钟~2小时。入口位于瑞潘露营酒店（Camp Ripan）旁边。

亚尔马·伦德布姆宅邸

住 Ingenjörsgatan 2
电 （0980）70-110
URL www.kirunalapland.se
开 夏季
　周一～周五　10:00~17:00
　冬季
　周一～周五　10:00~16:00
休 周六、周日
费 30SEK（带导游的价格需要提前确认）

COLUMN　　SWEDEN

铁矿之城——基律纳

基律纳山（Kiirunavaara）与卢奥萨山（Luossavaara）是全球最大的铁矿山。基律纳最早发现铁矿是在1660年，而正式挖掘是从1890年开始。现在是由经营矿山的LKAB公司负责开采。开采之初，铁矿石均可露天挖掘，如今的挖掘工作深入到了地下1000米以下，作业也由电脑操控完成。可以确认的是，矿脉一直延续到地下2000米，今后LKAB公司也会持续推进开采作业。现在，地下的开采工作已经迫进城区的地下。

为此，市政厅决定将铁路线迁移到城市西南部位于矿山背面的位置，并计划于2050年将整个城区搬迁至矿山北部。整体搬迁包括火车站、市政厅和民房在内的市区，实在令人惊异。

旅游咨询处组织参观矿山的带导游旅行团（LKAB:s Visitor Centre）。旅行团可参观地下540米部分，游客可以一边观赏展品，一边了解矿山运营及LKAB公司的发展史。

DATA

■铁矿山旅行团

举办 每天 15:00~（英语）
夏季组团次数增加。详细信息需要前往旅游咨询处确认。旅行团至少需要12人报名，约需2小时45分钟。
费 345SEK
※ 集合与解散的地点都在旅游咨询处。
6岁以上可参加。

可了解到城市的历史和发展蓝图

尤卡斯耶尔维

交通➡➡➡

从基律纳的长途巴士总站乘坐 501 路巴士，需要 25~45 分钟。住店游客可以从机场搭乘出租车前往。

冰雪酒店

Map p.294-B1

住 Marknadsvägen 63

☎（0980）66-800

URL www.icehotel.com

费 酒店客房

Ⓢ1725SEK~

Ⓓ2160（990）SEK~

冰雪客房

Ⓢ2500SEK~

Ⓓ4000（290）SEK~

CC A D M V

所有房间免费使用无线网。带导游旅行团（英语）出发时间为 12:00 和 16:00。票价 325SEK。

基律纳 短途旅行

尤卡斯耶尔维 Map p.294-B1

Jukkasjärvi

位于基律纳以东约 17 公里的小村，人口只有大概 500 人。不过整个冬天会有近 3 万游客造访。游客们的目的地是世界首家冰雪酒店（ICEHOTEL）。这家采用从流经村子的托尔尼河（Torni Älv）取来的冰建造的酒店完全是冰雪打造。房间包括世界各国的艺术家们设计的艺术套房（ICEHOTEL Art Suite）、冰房间（Ice Room）、雪房间（Snow Room）等。游客可以钻进铺在冰床上的驯鹿皮睡袋内睡觉。除冰雪房间外，还有别墅及标准间。

全冰建造的酒店
©ICEHOTEL

基律纳的酒店

Hotel

斯堪迪克福莱姆酒店

Scandic Ferrum

◆共 171 间房，是基律纳最高档的酒店。

Map p.394

住 Lars Janssonsgatan 15

☎（0980）39-8600 FAX（0980）39-8611

URL www.scandichotels.com

费 Ⓢ1645SEK~ Ⓓ1730SEK~

CC A D M V

北极伊甸园酒店

Hotel Arctic Eden

◆原本是所学校。客房整洁。

Map p.394

住 Föraregatan 18 ☎（0980）61-186

FAX（0980）61-181

URL www.hotelarcticeden.se

费 Ⓢ1500（900）SEK~

Ⓓ2000（1200）SEK~ CC A M V

韦恩特帕拉特塞特酒店

Hotell Vinterpalatset

◆所有客房都带沐浴设备，内饰可爱。内设温馨的酒吧和桑拿房。

Map p.394

住 Järnvägsgatan 18 ☎（0980）67-770

URL www.vinterpalatset.se

费 Ⓢ1290（890）SEK~

Ⓓ1590（1090）SEK~ CC A D M V

黄屋酒店

Yellow House

◆冬季游客众多，建议提前预约。

Map p.394

住 Hantverkaregatan 25 ☎（0980）13-750

URL www.yellowhouse.nu

费 多人间 170 SEK~

Ⓢ350SEK~ Ⓓ440SEK~ CC M V

瑞潘露营酒店

Camp Ripan

◆坐落于最适合观赏极光的位置，配备最多可容纳 4 人的家庭帐篷。活动丰富，如参观冰雪酒店、乘坐狗拉雪橇等。2015 年，添加了高等级的极光 SPA 设施。

Map p.394 外

住 Campingvägen 5

☎（0980）63-000

FAX（0980）63-040

URL ripan.se

费 Ⓢ1700SEK~ Ⓓ2100SEK~

CC A D M V

浴缸 部分客房提供 电视 部分客房提供 吹风机 出租 迷你吧台及冰箱 部分客房提供 残障人士房间 无线 LAN 无线 LAN 收费 部分客房提供 无线 LAN 部分收费

北欧最北侧的铁道

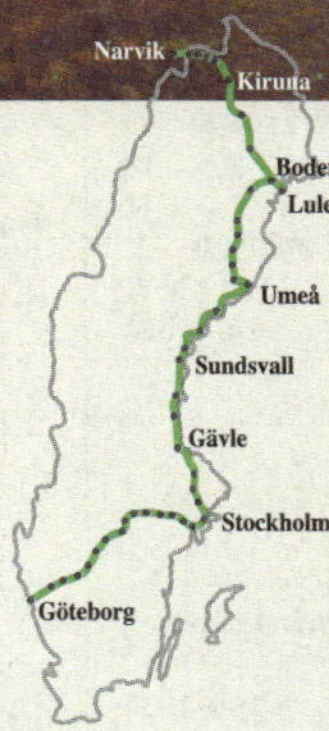

1 穿行在大自然的怀抱
2 在开往纳尔维克的列车内，可在车厢的右侧欣赏峡湾的美景
3 车厢的左侧则可眺望阿比斯库的拉普兰之门
4 带坐席的列车，远足的人比较多
5 有两个床的一等卧铺车厢。洗浴设备、洗手间、吹风机等一应俱全
6 带餐车

这是一条从瑞典哥德堡始发，开往挪威纳尔维克的国际铁路 Norrlandståget，也是由瑞典铁路公司运营的线路中难得一见的穿越北极圈的铁路。在欧洲的铁路网中，也以风景绝美闻名，尤其是夏季的极昼时节，大量游客云集于此。线路铺设最初的目的是将耶利瓦勒和基律纳开采的铁矿运到纳尔维克港。直到几年前，这条线路还被亲切地称为“极光列车”，瑞典语名称取自沿线的一个地名“Ofot”。

最美的一段是进入北极圈后，从基律纳附近至拉普兰路段，可以欣赏到绝美自然风景。一路上可以欣赏到变幻莫测的风景：阿比斯库国家公园险峻、壮美的山脉，澄澈深绿的湖泊及穿过挪威国境后才出现的 Rombaksfjorden 峡湾。车窗外的壮观景色一定让你大呼过瘾。

如果想随便看看，推荐基律纳或阿比斯库到纳尔维克的这一段线路，需 1 小时 40 分钟 ~3 小时。如果要乘坐斯德哥尔摩 15:59 出发、次日 12:36 抵达纳尔维克的卧铺列车，需要提前预约。列车在中途站布登（Boden）与吕勒奥驶来的列车合二为一。

DATA

Norrlandståget
☎ 0771-757575
URL www.sj.se
费 斯德哥尔摩 ~ 纳尔维克 846SEK~
（卧铺价格。各季票价不同）

瑞典 ● 基律纳

耶利瓦勒 *Gällivare*

Map p.294-B1
人口：18123
长途区号：0970
耶利瓦勒信息网站
URL www.gellivarelapland.se

位于北极圈内，在6月~7月中旬期间可以看到极昼现象。9月上旬~次年4月上旬昼短夜长，是观赏极光的极佳处。城市地下蕴藏着丰富的铁、铜等矿产，现在还在进行大规模的地下开采。游客可以参加深入采掘现场的矿山之旅。此外，郊外还有1996年被列为世界遗产的拉普兰保护区。这片壮美的大地至今依然是萨米人的生活场所。

木质的精美老教堂

前往耶利瓦勒的方法

✈ Next Jet 航空公司运营从斯德哥尔摩起飞的航班。除周六外，每天两个班次。约需2小时30分钟。

🚌 从斯德哥尔摩出发一天一班（卧铺）。从纳尔维克出发一天两班，约需4小时20分钟。

Next Jet 航空公司
URL ww.netjet.se

耶利瓦勒的旅游咨询处 ⓘ
住 Centralplan 4
☎（0970）16-660
URL www.gellivarelapland.se
开 6/20~8/28
每天 7:30~21:30
8/29~次年6/19
周一～周五 9:00~17:00
休 8/29~次年6/19的周六、周日

位于火车站大楼内。二层有关于世界遗产拉普人居住区的展览。

从耶利瓦勒出发的旅行

LKAB 矿山之旅

乘坐大面包车参观采矿现场，可近距离观察现场的开采作业。参加者须年满12周岁。详情请咨询旅游咨询处。
举办 6/13~8/19的周一～周五 8:30（英语）、7月增加了一趟13:00，约需2小时30分钟。
费 300SEK

详细了解现场的情况

耶利瓦勒 漫 步

耶利瓦勒以南北走向的铁路为界，分为东、西两个部分，景象迥异。车站出口位于东侧。沿着 Lasarettsgatan 大街向右行进，可以在右手边看到一座精致的白壁教堂（Kyrka）。从萨米雕像前的道路转弯，走过约摸一个街区就到了城中心。旅游咨询处位于火车站旁边。火车站西边是18世纪建造的木质精美老教堂（Gamla Kyrkan）。城内有近2公里长的散步小路（Kurturstig），游客可以在优美的景色中徜徉。在旅游咨询处可以领到城市地图。

坐落于市中心的萨米像

位于城南的邓德勒山山腰处有一家观赏极光的知名酒店 Dundret Björnfällan。

耶利瓦勒 主要景点

邓德勒山
Map p 398 外

Dundret

冬天是滑雪场

观赏极光的著名山峰，海拔 823 米。“邓德勒”在萨米语中是‘低矮的山’的意思。从平坦开阔的山顶既能看到被广袤的自然围绕着的耶利瓦勒城，还能欣赏到马尔姆贝里耶（Malmberget）的矿山带和铜矿山。2015 年 10 月，通往山顶的升降机线路 Dundretexpress 开通运营，可轻松抵达山顶。

喀克斯塔
Map p.398 外

Kåkstan

一家位于耶利瓦勒北部马尔姆贝里耶的露天博物馆，还原了 19 世纪后半期以矿山工人为主要客源的闹市景象。馆内有当年残留下来的古老建筑，在怀旧的氛围中，我们可以感受恍如昨日的繁荣。在古老的建筑内开设的咖啡厅和销售纯手工艺品的小店值得进去一探究竟。

犹如电影画面中的街道

观光列车 Inlandsbanan

☎ (0771) 53-5353

URL inlandsbanan.se

运行 6 月上旬 ~8 月上旬（各条线路有所不同）

这趟带导游的观光列车从瑞典南部的克里斯蒂娜港（Kristinehamn）穿越内陆地区到耶利瓦勒最短只需要 2 天。列车上不带餐车和卧铺车厢，所以最好是在中途经停的各站稍作休整，一边玩一边前进。

邓德勒山

URL www.dundret.se

交通→→→

从城中心乘车约 20 分钟。积雪期内只允许专用车通行。

喀克斯塔

开 6/22~8/5

每天 11:00~15:00

（圣诞节期间有集市）

休 8/6~ 次年 6/21（圣诞节期间除外）

费 免费

交通→→→

从耶利瓦勒火车站前的长途巴士总站搭乘 10 路巴士在 Malmb Bstn Avg 下车，然后步行 5 分钟。

耶利瓦勒的酒店
Hotel

杜瑞特波阳恩酒店
Dundret Björnfällan

Map p.398 外

◆位于邓德勒山山腰处。冬季，酒店前就是滑雪场，夏季可以登山。酒店内有桑拿、酒吧等，设施齐备。还有公寓式客房（一间房最多住 5 人。1950 SEK~）。

住 Dundret vägen 1

☎ (0970) 14-560

URL www.dundret.se

费 Ⓢ1240（790）SEK~

Ⓓ1390（990）SEK~

CC M V

拉普兰品质酒店
Quality Hotel Lapland

Map p.398

◆建在市中心，位于耶利瓦勒火车站前。内设餐厅、小酒吧、桑拿房和健身房等。面向邓德勒山的客房雅致、时尚。

住 Lasarettsgatan 1 ☎ (0970) 77-2290

FAX (0970) 77-2296

URL www.nordicchoicehotels.se

费 Ⓢ850SEK~ Ⓓ1200SEK~

CC A D J M V

耶利瓦勒住宿加早餐酒店
Bed & Breakfast Gällivare

Map p.398 外

◆建在距离市中心 15 分钟步行路程的居民区。所有 10 间客房均精心装修，白色和米色的色调优雅可爱，令人倍感舒适。店主 Marita 也很热情。

住 Leastadiusvägen 18

☎ (0970) 15-656

URL www.bbgaellivare.se

费 Ⓢ540SEK~ Ⓓ680SEK~

CC M V

耶利瓦勒露营酒店
Gällivare Camping

Map p.398

◆酒店面积大，有三种房型：只提供多人间的旅舍、小木屋、大篷车（可住在自带帐篷或露营车内）。大篷车只在 5 月上旬 ~9 月下旬提供。

住 Kvambacksvägen 2 ☎ (0970) 10-010

URL www.gellivarecamping.com

费 多人间 230SEK~ 床上用品 90SEK

小木屋 700SEK~ CC M V

浴缸 部分客房提供 TV 电视 TV 部分客房提供 吹风机 出租 迷你吧台及冰箱 部分客房提供 残障人士房间 无线 LAN 无线 LAN 收费 部分客房提供 无线 LAN 部分收费

吕勒奥 *Luleå*

Map p.294-B2
人口：76088 人
长途区号：0920
吕勒奥信息网站
URL www.lulea.nu

前往吕勒奥的方法

✈ 从斯德哥尔摩每天有3~9个航班，约需1小时20分钟。从机场到市区可乘坐机场巴士。

🚌 从斯德哥尔摩出发1天1~2班（卧铺），约需13小时50分钟。从基律纳出发1天5班左右，需3小时30分钟~5小时。从纳尔维克出发1天2班，约需7小时。

吕勒奥的旅游咨询处 ⓘ

住 Skeppsbrogatan 17
☎（0920）45-7000
URL www.lulea.nu
开 6/8~8/16
周一～周五 9:00~18:00
周六、周日 10:00~16:00
8/17~6/9
周一～周五 10:00~17:00
休 8/17~6/9 的周六、周日

被列为世界文化遗产的加默尔斯塔德教堂村

面朝波的尼亚湾而建的吕勒奥自古以来就是交通要道，并因此而发展起来。自从15世纪初这里建造了圣堂后，远近的信徒都开始向这里聚集，带动了住宿业的繁荣。如今这里还保留着当年的教堂村（加默尔斯塔德）。1649年，吕勒奥迁址至现在的地方。第二年，这里就成了基律纳向外运输铁矿石的交通枢纽，经济也得到进一步发展。近来，这里又被誉为拉普兰地区的门户。

吕勒奥 漫 步

漫步吕勒奥，起点就是吕勒奥火车站。从车站到巴士总站的方向，偏西的地方有一条商铺和餐厅集中的主干道斯托尔大街（Storgatan）。街道中段南侧矗立着这座小城的象征——吕勒奥大教堂。沿着街道直行，尽头处是展示城市和民众生活的北博滕博物馆（Norrbottens Museum）。旅游咨询处位于北港湾（Norra Hamn）对面的文化中心（Kulturens Hus）内。沿港湾沿岸整饬的散步线路悠闲漫步，让人心旷神怡。

吕勒奥大教堂

Map p.400

Luleå Domkyrka

吕勒奥大教堂是小城的地标建筑

砖瓦结构的大气外观是新哥特式风格。这座精美的教堂是小城的象征。初建于1893年，1904年建成，这座名为奥斯卡弗雷瑞克（Oscar Fredrikskyrka）的教堂，名称取自瑞典国王奥斯卡尔二世。教堂内部正面的管风琴值得看一看。由4585根管弹奏出的音乐悦耳动听。

加默尔斯塔德教堂村

Map p.400 外

Gammelstads Kyrkstad

建于1492年的以Nederluleå Kyrka教堂为中心的教堂街。在充满中世纪风情的石质教堂周围，有超过400间为朝拜者准备的教堂木屋。绚丽的朱红色木屋内没有洗手间和饮水处，不能住人。这些木屋是给那些周末远道而来的朝拜者及祭祀者准备的住处。现在，一到周末仍有大量朝拜者前来。

有针对教堂村组织的旅行团

吕勒奥大教堂

住 Kyrkogatan 7c

☎（0920）26-4800

URL www.svenskakyrkan.se/lulea

开 6/20~8/19

周一～周五　10:00~18:00

8/20~次年6/19

周一～周五　10:00~15:00

休 周六、周日　费 免费

加默尔斯塔德教堂村

交通

从市中心坐9路市区巴士，约30分钟后在Kyrktorget，Kyrkbyn下车。只能使用信用卡购票。

加默尔斯塔德的旅游咨询处

住 Kyrktorget 1

☎（0920）45-7010

URL www.lulea.se/gammelstad

开 4、9月

周一～周四　12:00~16:00

周六、周日　12:00~15:00

5月

周一～周四　12:00~16:00

周六、周日　12:00~15:00

6~8月每天　9:00~18:00

10月～次年3月

周一～周四　12:00~16:00

周日　12:00~15:00

休 4月和9月的周五、10月～次年3月的周五、周六

Nederluleå Kyrka 教堂

☎（0920）27-7000

费 免费

吕勒奥的酒店

Hotel

吕勒奥瑞典精英酒店

Elite Stadshotellet

◆位于市中心街道斯托尔大街上的高级酒店。时尚的配色与高档装修营造出优雅的氛围。

Map p.400

住 Storgatan 15　☎（0920）27-4000

FAX（0920）67-092

URL www.elite.se

费 Ⓢ840SEK~　Ⓓ1090SEK~

CC A D M V

最佳西方萨沃伊酒店

Best Western Hotell Savoy

◆这家建于2014年7月的时尚酒店到长途巴士总站只有2分钟步行距离。配备SPA、餐厅和酒吧。

Map p.400

住 Storgatan 59　☎（0920）19-500

URL www.hotellsavoy.se

费 Ⓢ1295（995）SEK~

Ⓓ1595（1295）SEK~　CC A D M V

花园酒店

Park Hotell

◆位于僻静之处的一家经济型旅馆。共14间客房，小而精致、整洁。还有可供三人住宿的家庭房（1晚1400SEK~）。

Map p.400

住 Kungsgatan 10　☎（0920）21-1149

FAX（0920）21-1349

URL www.parkhotell.se

费 Ⓢ750（640）SEK~

Ⓓ950（750）SEK~　CC A M V

琥珀酒店

Amber Hotell

◆从火车站步行1分钟即到。所有16间客房均采用不同内饰，气氛温馨，适于住宿。所有房间配备洗手间和浴室。

Map p.400

住 Stationsgatan 67　☎（0920）10-200

FAX（0920）87-906　URL www.amber-hotell.se

费 Ⓢ850（710）SEK~

Ⓓ1130（980）SEK~　CC A M V

浴缸　部分客房提供　电视　部分客房提供　吹风机　出租　迷你吧台及冰箱　部分客房提供　残障人士房间　无线LAN　无线LAN收费　部分客房提供　无线LAN部分收费

这地方也能住人!?

亲近大自然的树屋酒店

有没有想过在被大自然拥抱的休闲酒店内住上一晚?
接下来我们就为你介绍这样一些建于森林之中的瑞典酒店。

The Mirrorcube
瑞典隐形树屋酒店

从外部看，全玻璃打造的客房仿佛与自然融为一体。树木映在玻璃上，格外清新恬静。从房间内可一览瑞典绝美的森林。

The Cabin
林中小屋酒店

在山林之中，一个水平放置的长方形建筑即林中小屋。从房间内可以看到吕勒河以及生机勃勃的美景。

▲带阳台的林中小屋酒店

Treehotel 树屋酒店

◀装修带有北欧特有的高级风范
3 张照片全来自 ©Peter Lundstrom，WDO-www.treehotel.se

Map p.294-B1 住 Edeforsväg 2A
电 (0928) 10-300 URL www.treehotel.se
费 Ⓢ4000SEK~ Ⓓ4700SEK~ CC AMV
房间数 6 间

还有特色房型

- 鸟巢房 The Bird's nest
- UFO 房 UFO
- 蜻蜓房 Dragonfly

在瑞典北部，距离吕勒奥近 1 小时 10 分钟车程的哈瑞德斯有一家树屋酒店，在这里你可以体验到北欧式的休闲时光。客房所在之处，小溪潺潺流动，伸手可及森林。各个房间都有不同的设计理念，但是都遵循了“与自然融为一体”的思路。在此小住一晚，便可体验什么是亲近大自然，这本身就是一种奢侈。

浴缸 部分客房提供 电视 部分客房提供 吹风机 出租 迷你吧台及冰箱 部分客房提供 残障人士房间 无线 LAN 无线 LAN 收费 部分客房提供 无线 LAN 部分收费

在阿比斯库感受国王散步道

Abisko Kungsleden

在瑞典的拉普兰地区，即瑞典与挪威的国境附近，有一座连绵不绝的阿比斯库国家公园（Abisko National Park）。周边还有数处国家公园彼此相接，山脉纵贯南北，广受欢迎的散步线路是国王散步道（Kungsleden）。这条全长 440 公里的散步道的起点就在阿比斯库。夏季适合远足，冬季则是游客滑雪和观赏极光的佳所。无论如何，还是先从可享受食宿服务的 STF 阿比斯库旅游驿站（STF Turiststation Abisko）收集信息吧。

DATA

■前往阿比斯库的方法

✈ 从斯德哥尔摩起飞到基律纳机场每天有 1~2 个航班，约需 1 小时 30 分钟。再从基律纳机场乘坐巴士前往目的地。

🚆 从斯德哥尔摩乘坐开往纳尔维克的卧铺列车即可抵达。从斯德哥尔摩 15:59 发车，到达阿比斯库是次日上午 10:58。从基律纳出发每天 2~3 趟，约需 1 小时 10 分钟。从纳尔维克出发每天 2 趟，约需 1 小时 30 分钟。要注意，一共有两个“阿比斯库”站。如果要去阿比斯库旅游驿站（Abisko Turiststation）或国王散步道，需要在 Abisko turiststation 下车。

■STF 阿比斯库旅游驿站　Map p.404

Map p.404

电（0980）40-200
URL www.abisko.nu
费 Ⓢ885SEK~
多人间 费 295SEK~
小木屋 费 1580SEK~
CC A M V
※ 非 YH 会员加收 100SEK
※ 床上用品、毛巾为 175SEK，房间清洁 195SEK。

图片 2、3 是 ©Jens K.Jensen

1 能给你提供帮助的阿比斯库旅游驿站　2 内设供应早、午、晚餐的餐厅　3 主楼的客房面积大，温馨舒适。所有房间可免费无线上网

阿比斯库最著名的拉普兰之门 Lapporten 景观

Let's Enjoy 1 在国王散步道远足

全长约 440 公里的国王散步道作为一条徒步道路，也实在太长了。一般而言，游客会在每隔 15~20 公里设置的山中小屋稍作休整再前行。最受欢迎的线路是从阿比斯库攀登瑞典最高峰、海拔 2117 米的克伯内卡色山（Kebnekaise）这条登山线。如果每天平均步行 20~25 公里，步行到终点需要 1 周时间，不过如果从尼卡劳库塔（Nikkaluokta）出发，到基律纳的这段线路可以乘坐巴士。

建议先在阿比斯库旅游驿站领取地图。这里还出售食品、租赁登山用具，所以即使没有提前准备也不用担心。旁边的蓝色建筑是旅游咨询处，里面展示了国家公园内的动植物和观光指南。

1 国王散步道也深受瑞典人的追捧
2 销售、租赁登山鞋和水壶等
3 国王散步道的入口。从这里开始步行
4 阿比斯库旅游驿站旁边的游客中心

Let's Enjoy 2 周边自然散步

如果你觉得走几天的路太累，我们推荐你试试几小时即可完成的远足线路。驿站周边就有不少这样的线路，很多游客会在这里住上几天，尝试多条线路。周边地图在旅游驿站有售。

逗留时间短的游客可以乘坐近 20 分钟的登山电梯，上到海拔 1169 米的努拉山（Nuolja）山顶。登山电梯单程 2 公里，是瑞典之最。从旅游驿站步行 15 分钟即到登山电梯乘坐处。山顶上有咖啡厅，也有简餐供应。山顶的风景极佳，可以欣赏到被誉为“阿比斯库的阿尔卑斯”的万年冰雪群山。

DATA **登山电梯** 运行 6/11~9/25 和 11 月 ~ 次年 4 月的 9:30~16:00、11 月的周四 ~ 周六和 12 月 ~ 次年 3 月每天 21:00~ 次日 1:00（6/11~7/23 的极昼期间的周二、周四、周六的 22:00~ 次日 1:00 也营业） 费 单程 180SEK~、往返 220 SEK~（6/11~7/23 的深夜班次为单程 235SEK~、往返 285 SEK~）

1 一到夏季，漫山遍野都是高山植物
2 秋季，成片的红叶美不胜收

Let's Enjoy 3 参加徒步旅行团

夏季旅游驿站一年四季都会举办带导游的旅行团（收费）。夏季除了登山，还有洞穴探险及参观萨米人村落等特色项目。每年夏天组织的旅行团中，最推荐穿过 Kärkevagge，在满是岩石的溪谷中感受玄妙的美景，然后前往瑞典最美的 Rissajaure 湖。这条线路被称为 Dagstur till Kärkevagge och Rissajaure。另外，要是参加出了旅游驿站后即可报名的山毛榉林漫步之旅（Upplev Abisko），还能了解到这一带的历史和自然。导游说英语和瑞典语，如果有不明白的地方，可以向导游咨询。

Tour 1 Dagstur till Käkevagge och Rissajaure

Kärkevagge和Rissajaure湖的当日往返旅行（约需7小时，适合中级以上的善走者）

1 约 4 小时的步行后，抵达终点——美丽的 Rissajaure 湖。这是瑞典最清澈的湖泊。可在这里享用午餐
2 溪谷中巨石错落，景象奇异
3 中途休息 2~3 次
4 可以从旅游驿站提供的自助早餐中随意携带一些当作午餐

Tour 2 Upplev Abisko

在阿比斯库的1小时（约需1小时，适于初学者）

100 多年前，阿比斯库曾是原极光列车（→p.397）建设的大本营，并因此得到开发。游客在了解这段历史后，可以在流经区域中心的阿比斯库河边漫步，或去参观博物馆。

瑞典简史

从人类定居到维京海盗时期

据推测，冰河消退后不久的公元前10000年~前8000年左右，瑞典即有人类开始定居。瑞典境内，尤其是南部地区发现的史前墓葬群就是有力的证据。公元前7500年左右，在这片土地上人类活动开始增多。新石器时代（公元前3000年左右~前1500年左右）农耕文化盛行，西南欧洲的巨石文化开始传入瑞典。进入青铜器时代（公元前1500年左右~前500年左右），瑞典与英格兰及欧洲大陆的交流逐渐频繁起来。

罗马时代，瑞典与欧洲大陆的贸易繁荣发展，主要出口琥珀、毛皮等商品。5~6世纪，这里开始组建起数量众多的部落国家，其中尤以乌普兰地区的斯韦尔民族最为强盛。他们掌握着同东、西欧之间的贸易，并在现在的拉脱维亚附近实施殖民扩张，为扩大贸易通道奠定了基础。

9世纪起，北欧人的海外扩张，即维京海盗活动日益猖獗。他们在欧洲历史上扮演了重要角色，封建制度的演进、商业通路的拓展中都有他们的身影。海盗活动主要分为英格兰、法国方向的西线和远征俄罗斯、拜占庭帝国和阿拉伯世界的东线。维京海盗在这两条线上大肆掠夺、建立国家，并开展商业活动。他们用掳来的木材、毛皮和斯拉夫奴隶等主要交换了阿拉伯、拜占庭银币。背井离乡的海盗们，一部分在通商沿线定居下来，并逐渐被斯拉夫人同化。还有部分海盗与瑞典人一同西进。11世纪后，随着斯拉夫人的复兴及欧洲通商形势的改变，海盗活动才逐渐偃旗息鼓。

埋葬着古代王族的老乌普萨拉

从统一王国到自由时期

11世纪初，基督教扎根瑞典。在此过程中，部落统一的进程加速，开始出现实力强大的地区统治者，并确立了身份制度。14世纪中叶开始，贵族与国王之间的争斗此起彼伏，反国王派的贵族向丹麦摄政王玛格丽特求援，于是丹麦卷入瑞典内乱。1389年，摄政王击败瑞典国王阿尔布雷克特，废黜了他的王位，并巧妙地抑制了贵族的势力，扶持自己姐姐的孙子埃里克顺利继任，成为三国联盟的国王，与此同时，瑞典事实上沦为了丹麦的附庸。1434年，为反抗丹麦统治者的高压政治，平民领袖恩格尔·布雷克特率领矿工和农民起义，公开抵抗埃里克的统治。起义的风潮席卷全国。恩格尔于次年召集贵族、神职人员、市民和农民代表在阿尔博加召开全国大会。这一形式成为日后议会的雏形，并一直延续到19世纪。

16世纪初，贵族古斯塔夫·瓦萨领导的反丹麦斗争得到了广大农民的响应，最终在1523年解放了瑞典。随后，古斯塔夫登基（史称古斯塔夫一世，1523~1560年在位），推行新教（信义宗），致力于军队改革和经济振兴，同时确立了国王世袭制，为重振瑞典打下坚实基础。此外，他果断镇压频繁爆发的农民起义，虽然到1540年为止，国内的不稳定形势一直未得到缓解，但是随着财政状况逐渐稳定，政局也慢慢平稳下来。其间，中央集权制成型。古斯塔夫·阿道夫去世后，他的继承人在对内加强控制的同时，不断向波罗的海扩张，并因此频繁与沙俄和丹麦兵戎相向。

1630年，古斯塔夫二世（1611~1623年在位）亲自率军参加欧洲三十年战争。被称为新教徒英雄的他四处征战，虽最终马革裹尸，不过也巩固了瑞典对波罗的海沿岸的控制（史称波罗的帝国）。

17世纪末，瑞典对波罗的海的控制受到了来自周边多国的强烈抵抗。1700年爆发了与沙俄、丹麦和波兰等国的战争（北方战争）。起初，瑞典占据优势，但是由于远征沙俄的失败导致情势急转直下。1718年，国王卡尔十二世（1679~1718年在位）战死沙场，瑞典也丧失了波罗的海东、南岸的大片领土，并失去了对波罗的海的支配权。战争末期，该国大修宪法，王权被大幅削弱，议会的权力相应加强。之后的约半个世纪，瑞典进入“自由时期”。

“血浴之地”——斯德哥尔摩老城大广场

从瑞典复兴到现代

1805年，瑞典参加拿破仑战争，可是节节败退，导致丧失了大片国土，芬兰也被沙俄占领，引发了国民的强烈不满。国王古斯塔夫四世（1792~1809年在位）于1809年被流放。次年，《议会法》《出版自由法》和《王位继承法》等律典相继被修订，一个全新的瑞典诞生了！1814年，瑞典以同君联盟的形式兼并挪威后，对外采取怀柔政策，国力逐渐强盛，但是在国内依然采取保守的独裁政治。随着自由主义改革的呼声不断高涨，内阁制度进行了革新（1840年），确立了地方自治制（1862年）和两院制议会制度。

随着1905年挪威独立，瑞典政府开始专注于解决国内问题。1908年，议会通过了讨论多年的《男子普选法》，并于1918年确定了女性的参政权。第一次世界大战爆发后，瑞典旋即发表中立宣言。战乱之中，进出口贸易一度萧条，国民不得不过着物资极度贫乏的日子，所幸瑞典没有被卷入战争。为解决失业问题，古斯塔夫五世（1907~1950年在位）于1920年首次将政权转移给社会民主党，随后该党在城市工人的支持下势力迅速扩大。1932年的下议院选举中，社会民主党以绝对优势获得执政权，直至1976年，一直以单独间或联盟的形式把控着瑞典的命脉。在第二次世界大战中，瑞典采取了摇摆不定的中立政策，一方面拒绝给邻国任何形式的援助，另一方面允许德军将士兵运输到芬兰、挪威等国。战后，在社民党的领导下，瑞典推出了强有力的经济振兴和社会福利政策，并于20世纪50年代发展成享誉全球的社会福利国家。不过高额税费负担日益引发国民的不满，再加上经济不景气，1976年，瑞典成立了保守联合政府。可是经济并未因此好转，于是1982年，社会民主党再次执政。1995年，瑞典加入欧盟。

在瑞典的发展史上占据重要地位的哥德堡

学说瑞典话

会话集与实用单词集

实用单词 1

入口	ingång
出口	utgång
右	höger
左	vänster
前	framför
后	bakom
热	varmt
冷	kallt
许多	mycket
少许	lite
好	bra
（价格）高	dyr
大	stor
小	liten
洗手间	toalett
空	ledig
使用中	upptagen
男性	man
女性	kvinna
大人	vuxna
小孩	barn
学生	student
危险	farlig
小心	Akta
警察	polis
医院	sjukhus
开馆	öppet
闭馆	stängt
按下	tryck
拉	drag
收据	kvitto
机场	flygplats
巴士总站	busshållplats
港口	hamn
有轨电车	spårvagn
地铁	tunnelbana
列车	tåg
船	båt
车票	biljett
售票处	biljettlucka
站台	perrong
从哪儿来	från
到哪儿去	till
出发	avresa
抵达	ankomst
单程	enkel resa
往返	tur och retur
一等座	första klass
二等座	andra klass
时刻表	tidtabell
禁烟	rökning förbjuden
吸烟	rökning
国内线	inrikes flyg
国际线	internationell flyg
青年旅舍	vandrarhem
旅游咨询处	turistinformation
美术馆、博物馆	(konst)museum
教堂	kyrka

实用单词 2

（月）	
1月	januari
2月	februari
3月	mars
4月	april
5月	maj
6月	juni
7月	juli
8月	augusti
9月	september
10月	oktober
11月	november
12月	december
（周）	
周一	måndag
周二	tisdag

周三	onsdag
周四	torsdag
周五	fredag
周六	lördag
周日	söndag
（时间）	
今天	idag
昨天	igår
明天	imorgon
早晨	morgon
中午	middag
夜晚	natt
上午	förmiddag
下午	eftermiddag
（数字）	
0	noll
1	en(ett)
2	två
3	tre
4	fyra
5	fem
6	sex
7	sju
8	åtta
9	nio
10	tio

实用单词 3

面包	bröd
火腿	skinka
奶酪	ost
鸡蛋	ägg
黄油	smör
鲱鱼	sill
沙丁鱼	sardin
大虾	hummer
比目鱼	plattfisk
驯鹿肉	renkött
鹿肉	älgkött
猪肉	flask
牛排	biffstek
羊排	lammstek
香肠	korv
水果	frukt
橙子	apelsin
苹果	äpple
饮品	drycker
咖啡	kaffe
红茶	te
牛奶	mjölk
啤酒	öl
生啤	fåtöl
白葡萄酒	vittvin
红葡萄酒	rödlvin

实用会话

（寒暄）	
嗨/你好	Hej.
你好	God dag.
早上好	God morgon.
晚上好	God kväll.
晚安	God natt.
再见	Hej då.
（答复）	
是	Ja.
不是	Nej.
谢谢	Tack.
对不起	Ursäkta mig.
抱歉、对不起（口头语）	Förlåt mig.
不客气	Var så god.
明白了	Jag förstår.
不明白	Jag förstår inte.
（提问）	
~在哪里?	Var ligger~?
多少钱?	Vad kostar det?
结账	Notan, Tack.
什么时候?	När?
几点了?	Hur mycket är klockan nu?
多少个?	Hur många?
要花多少时间?	Hur länge tar det?
你叫什么名字?	Vad heter du?
我叫~。	Jag heter~.
当地人怎么叫这个?	Vad heter det på svenska?
想要~。	Kan jag få~.
想去~。	Jag vill åka till~.

读者来信

~瑞典篇~

▶当地特色食品市场

斯德哥尔摩的东马尔姆地区有一个大型室内市场叫 Saluhall（Map p.307-C2），销售鱼贝类（鲑鱼刺身、小龙虾等）、奶酪、面包、驯鹿肉等。还有外卖食品，游客可尽情挑选。即使不买，在市场逛逛也是一种乐趣。

▶冬季的斯德哥尔摩

2 月去了一趟斯德哥尔摩。我原以为夏季去北欧比较合适，但是后来才知道，原来大雪纷飞的斯德哥尔摩如此美艳！白雪覆盖的建筑及渡船上（渡轮上气温极低）看到的景色实在是美不可言。由于我去的时候不是旺季，酒店住的人也不多。当地人穿得不多，冰雪融化时容易摔跤导致受伤，要穿防滑的鞋子。

▶北欧风格的杂货铺

位于斯德哥尔摩老城的“HAPPY sthlm”经营清新系列的日用品。3 位经营者全是设计师，其中 1 人还在 IKEA 任职。他们将自己打造的北欧系列作品放在店内销售。

DATA

■ HAPPY sthlm
住 Stora Nygatan 36
☎（08）642-1505
URL www.happysthlm.se
营 周一～周五 11:00~18:00　周六 11:00~16:00
休 周日

▶五彩斑斓的袜子店

在全球多地均设有分店的袜子店 Happy Socks，斯德哥尔摩设有概念店。店内全是俏皮的袜子，整个店弥漫着可爱的气氛。还有钱包和笔记本等自制物件。

DATA

■ Happy Socks
住 Mäster Samuelsgatan 9
☎（08）611-8702
URL www.happysocks.com
营 周一～周五 11:00~19:00　周六 11:00~17:00
休 周日

▶推荐艺术发烧友参观的美术馆

位于南马尔姆岛的写真美术馆（Fotografiska）内有图片展，这个时尚空间是美术爱好者的天堂。有 3 场展览，不过都在周六举办，游客密集。展览室内可拍照。店铺也值得一看。

DATA

■ Fotografiska
住 Stadsgårdshamnen 22
☎（08）5090-0500
URL fotografiska.eu
开 周日～下周三 9:00~23:00
周四～周六 9:00~次日 1:00
休 无休
费 120SEK
URL fotografiska.eu
交通➡➡➡
地铁斯尔森站下车，步行 10 分钟。

▶ Norrlandståget 铁道之旅

从斯德哥尔摩出发前往吕勒奥，先乘坐 Norrlandståget（→ p.397），再在布登换乘。列车班次少，如果要去瑞典北部旅行最好提前确认列车发车的时间。

芬兰

Finland

国家剧院前的溜冰场（赫尔辛基）

概 览
Introduction

姆明和圣诞老人居住的、被森林和湖泊覆盖的自然资源丰饶之国

芬兰位于斯堪的纳维亚半岛的内侧、波罗的海的最里端。这里是童话形象姆明及圣诞老人的故乡。芬兰人把自己的国家和民族叫作“苏奥米”（Suomi），语源来自表示“湖泊”和“水池”之意的“Suo”一词。国如其名，芬兰国土的约 80% 都被森林和多达 18 万个湖泊覆盖。地处北极圈内的北部地区有不少旅游胜地，冬季时可以看到极光。

1 自然资源丰富的芬兰被称为“森林和湖泊之国”。努克西奥国家公园
2 赫尔辛基大教堂与亚历山大二世雕像
3 芬兰知名品牌玛丽马克（赫尔辛基）
4 在罗瓦涅米郊外的圣诞老人村可以见到圣诞老人
5 在伊塔拉玻璃中心现场观摩玻璃制作（海门林纳）
6 劳马老城有很多精美建筑
7 罗瓦涅米和萨里塞尔凯是著名的极光度假区
8 芬兰三大古城之一——萨翁林纳奥拉维城堡

芬 兰
0
100km
N
挪 威
NORWAY
特罗姆瑟
Tromsø
阿尔塔
Alta
拉克塞尔夫
Lakselv
乌茨约基
Utsjoki
希尔克内斯
Kirkenes
卡拉绍克
Karasjok
Kaamanen
伊纳里湖
Inarijärvi
伊纳里
Inari
伊瓦洛
Ivalo
凯于托凯诺
Kautokeino
Kilpisjärvi
萨里塞尔凯
Saariselkä
坦卡瓦拉
Tankavaara
Kaaresuvanto
埃农泰基厄
Enontekiö
穆奥尼奥
Muonio
阿比斯库
Abisko
莱维山
Levi
基蒂莱
Kittilä
拉普兰地区
俄罗斯
RUSSIA
基律纳
Kiruna
Vittangi
于莱
Ylläs
索丹屈莱
Sodankylä
耶利瓦勒
Gällivare
凯米耶尔维
Kemijärvi
Joutsijärvi
Vikajärvi
罗瓦涅米
Rovaniemi
约克莫克
Jokkmokk
Övertornio
托尔尼奥
Tornio
拉努阿
Ranua
（拉努阿动物园）
库萨莫
Kuusamo
Poussu
凯米
Kemi
布登
Boden
哈帕兰达
Haparanda
Pudasjärvi
吕勒奥
Luleå
Arvidsjaur
瑞 典
SWEDEN
奥卢
Oulu
Raahe
Skellefteå
Kajaani
Pulkkila
Lycksele
Karsämäki
科科拉
Kokkola
努尔梅斯
Nurmes
于默奥
Umeå
Iisalmi
Juuka
科里国家公园
Koli National Park
Holmsund
芬 兰
FINLAND
北卡累利阿地区
North Karelia
库奥皮奥
Kuopio
Moksy
约恩苏
Joensuu
Örnsköldsvik
瓦萨
Vaasa
塞伊奈约基
Seinäjoki
Äänekoski
瓦尔考斯
Varkaus
Kurikka
萨翁林纳
Savonlinna
Härnösand
维拉特
Virrat
于韦斯屈莱
Jyväskylä
Kaskinen
波的尼亚湾
Gulf of Bothnia
诗人航线
蓬卡哈尔尤
Punkaharju
卡累利阿地区
帕里卡拉
Parikkala
派延奈湖
Päijäne
大塞马湖
Saimaa
坦佩雷
Tampere
伊马特拉
Imatra
银色航线
波里
Pori
伊塔拉
Iittala
奥兰科
Aulanko
拉彭兰塔
Lappeenranta
（伊塔拉玻璃中心）
Kouvola
维堡
Vyborg
海门林纳
Hämeenlinna
劳马
Rauma
（劳马老城）
拉赫蒂
Lahti
努克西奥国家公园
Nuuksio National Park
耶尔文佩
Järvenpää
帕伊米奥
Paimio
阿依诺拉
Ainola
波尔沃
Porvoo
圣彼得堡
St. Petersbur
奥兰群岛
Åland Islands
楠塔利
Naantali
图尔库
Turku
Salo
埃斯波
Espoo
赫尔辛基
Helsinki
芬兰湾
Gulf of Finland
俄罗斯
RUSSIA
奥塔涅米
Otaniemi
Ekenäs
费斯卡
Fiskars
玛丽港
Mariehamn
爱沙尼亚
ESTONIA

国旗

白底蓝十字。蓝色代表天空和湖泊，白色代表雪花，十字则象征着基督教的十字架。

正式国名

芬兰共和国 Suomen Tasavalta
（英文名称 The Republic of Finland）
（瑞典语名称 Republiken Finland）

国歌

《我的祖国》（*Maamme*）

面积

338435 平方公里

人口

约 548 万（2016 年 1 月）

首都

赫尔辛基（Helsinki）

国家元首

总统绍利 · 尼尼斯托（Sauli Niinistö）
（2012 年 3 月上任，任期 6 年）

国家政体

民主议会制

民族构成

芬兰人、瑞典人和萨米人

语言

芬兰语、瑞典语、萨米语。多数国民会说英语。

宗教

新教（路德宗）

货币和汇率

货币通用欧元，符号为€（也缩写成 EURO、EUR）。辅助货币有为 CENT。€ 1=100CENT。纸币分€ 5、10、20、50、100、200、500 七种面额。硬币有 1、2、5、10、20、50CENT 和€ 1、2 共八种面额。

2017 年 1 月汇率 € 1=7.69 元人民币

→旅行预算和货币兑换 p.546

纸币的背面是芬兰特色图案

小费

大多数情况下，费用中都包含了服务费，因此没有另外支付小费的习惯。不过在寄存物品时一般会支付€ 2 作为小费。

节日

节日名称	2018 年
新年	1 月 1 日
主显节	1 月 6 日
圣周五 ※	3 月 30 日
复活节 ※	4 月 1 日
复活节后的周一 ※	4 月 2 日
五一劳动节	5 月 1 日
耶稣升天节 ※	5 月 10 日
圣灵降临节 ※	5 月 20 日
夏至节前夜 ※	6 月 22 日
夏至节 ※	6 月 23 日
万圣节 ※	11 月 3 日
独立日	12 月 6 日
平安夜	12 月 24 日
圣诞节	12 月 25 日
节礼日	12 月 26 日
新年前夜	12 月 31 日

※ 标记的节日每年日期不固定。

营业时间

【银行】

营 周一～周五 9:15~16:15
（不同地区时间有所不同）

休 周六、周日（赫尔辛基市内的汇兑处周六、周日也营业，9:00~19:00）

【一般商店】

营 周一～周五　　10:00~18:00
周六　　11:00~16:00

休 周日（部分商店周日也营业。12:00~18:00，夏季周日正常营业）

【商场】

营 周一～周五　　9:00~21:00
周六　　9:00~18:00

休 周日（6~8 月及 12 月有时周日也营业）

电压和插座

220/230V、50Hz，与中国相同。但是插座为两相圆形的 C 型。

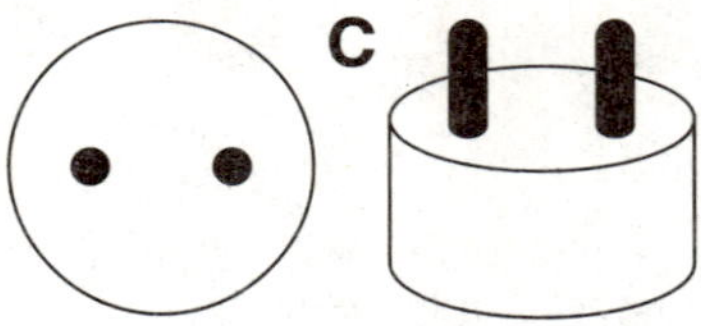

视频和 DVD 制式

与中国一样，采用 PAL 制式。

从中国飞往芬兰

芬兰航空（Finnair）（AY）有从北京、上海直飞赫尔辛基的航班，约需 8.5 小时。

→前往北欧的方法 p.528

时差和夏令时

与北京的时差为 6 小时。比格林尼治标准时间早 2 小时，比中部欧洲时间（CET）早 1 小时。夏令时从 3 月的最后一个周日到 10 月的最后一个周日。此时提前一个小时，与北京的时差变为 5 小时。与其他北欧三国间也有 1 小时的时差，从芬兰出发时一定要留意时间问题。

气候和自然

芬兰位于斯堪的纳维亚半岛的内侧、波罗的海的最里端。东临俄罗斯，西接瑞典，北抵挪威，南面隔着芬兰湾与爱沙尼亚遥遥相望。

芬兰国土呈南北走向的狭长状，纵贯北纬 60° 到北纬 70° 。国土的 1/3 位于北极圈内，是仅次于冰岛的全球位置最北的国家。面积的 68% 是森林，10% 为湖沼和河川，还有 8% 的耕地，堪称大自然的宝库。这里山脉稀少，地势较平，最高峰的海拔也只有 1300 米左右。

与其他北欧各国相同，流经挪威沿岸的墨西哥暖流为芬兰带来了与高纬度不相称的平稳气候。四季分明。

北极圈以北的拉普兰地区夏季能看到日不落的极昼现象，冬季则有极夜景观。

→旅行季节和气候 p.524
→旅行必备品 p.548

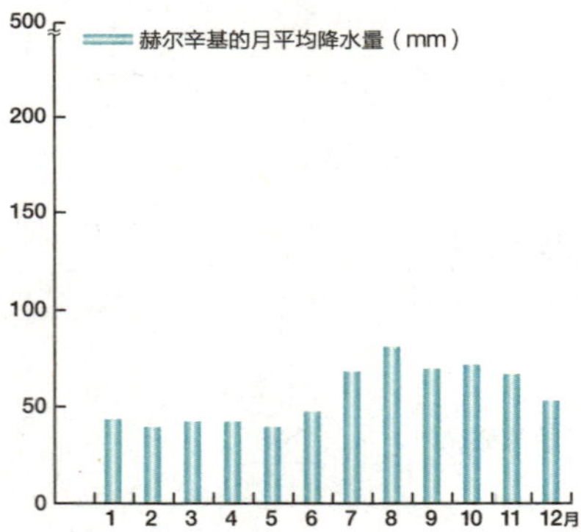

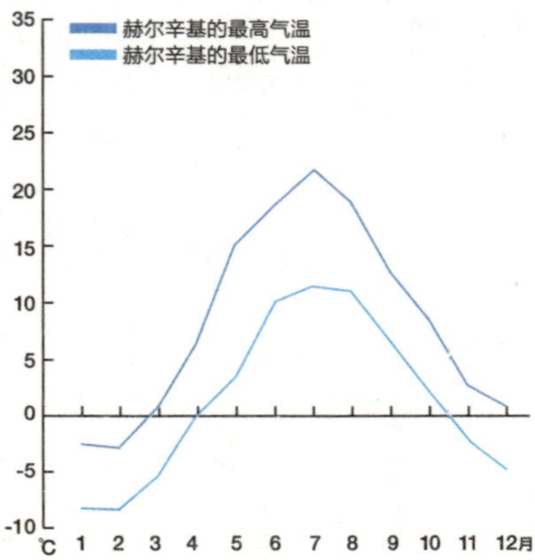

邮政

邮局被称作 Posti。邮筒是醒目的黄色。国际邮件的邮费为 20 克以下€ 1.2~，20~50 克€ 2~。

颜色鲜艳的邮筒很醒目

【邮局的营业时间】

营 周一～周五 9:00~18:00

休 周六、周日（赫尔辛基中央邮局等大型邮局周六、周日也营业）

税收

在芬兰，几乎所有的商品都会加收 24%（食品为 14%）的增值税（VAT）。居住在欧盟以外国家的游客在带有“TAX FREE”标记的商店购物时，1 天内在同一家商店购买超过€40 的商品的话，办理完规定的手续后可以退还 16% 的增值税。

【购物时】

在带有“TAX FREE”标记的商店购物时，需要表明自己的游客身份，然后请店方填写退税资料。此时，原则上要求游客出示身份证件和护照号码，所以护照务必随身携带。另外，办理免税手续的商品在离开芬兰或其他 EU 国之前不得开封。

【出境时】

如果从芬兰直接回国或从芬兰去欧盟之外的国家，在离境时需要办理退税手续。手续办理流程如下：

①在赫尔辛基的万塔国际机场办理登机手续时，需要登机前在 2 号航站楼的第 29 号登机口或抵达大厅的柜台，请工作人员在退税票据上盖章。如果是北欧四国之外的票据，需要盖正规的海关公章，在环球蓝联柜台办手续。此时需要在免税材料上粘贴购物小票。另外，原则上还需要出示护照、机票和未开封的所购商品。手提商品则需要在办理完出境手续后加盖海关公章。盖章期限是从商品购买当月的最后一天开始算 3 个月内。

②盖章后办理出境手续。回国后，可在位于北京首都国际机场的退税专柜领取退回的人民币。但是，在国内能办理手续的，仅限在环球蓝联公司的“TAX FREE”加盟店购物。

在万塔国际机场领取退税时，须在 2 号航站楼的环球蓝联柜台出示退税材料。除了支付人民币或欧元现金外，还可通过信用卡转账。退税材料（已加盖海关公章）的申请期限是从退税材料发行日开始计算一年之内。

【注意事项】

从芬兰出境后，如果还要去别的欧盟国家旅行后再回国，需要在最后离开的欧盟国家办理退税手续，而无须在芬兰办理。几个国家的票据可以一起盖章。

【退税地点】

可通过环球蓝联加盟退税点办理。

→环球蓝联中国现金退税点 p.297

环球蓝联加盟商的标识

环球蓝联（原环球退款公司）

☎（03）4530-3623

E-mail taxfree@globalblue.com

URL www.globalblue.com

出入境

中国公民去往芬兰需申请签证。一般来说，所申请的签证为统一的申根签证（C 类），有效期最长为 90 天。如果计划前往不同申根成员国，则应向首次入境或停留时间最长的成员国使领馆申请统一申根签证。

→旅行的准备 p.538

安全和纠纷

与其他的欧洲国家相比，芬兰的治安状况良好。但是调包和盗窃事件等犯罪现象也在逐年增多，请注意不要让行李远离视线，避免深夜单独外出。

→旅行安全和纠纷对策 p.552

水

几乎所有场所的自来水都可以直接饮用。如果担心，也可以在车站售货亭或便利店购买矿泉水。矿泉水几乎都添加了碳酸，不适应的人还是事先咨询后再决定是否购买比较好。

度量衡

与中国相同，采用米进制。

拨打电话的方法

普通电话和公用电话都可以拨打国际电话。酒店客房内的电话价格略高，要留意。

与中国相同，芬兰的手机普及率也相当高，城区的公用电话数量正在慢慢减少。只有在机场等地能零星见到一些，所以尽量使用酒店的电话或随身携带可拨打国际长途的手机出去旅游吧。

互联网

无线 LAN 普及率高，几乎所有酒店都能使用。另外，大多数机场和餐馆等公共场所也能使用无线 LAN。

年龄限制

不满 18 岁的未成年人禁止饮酒和吸烟。此外，有些出租汽车公司只将车租给 21 岁或 25 岁以上者。

饮酒和吸烟

酒精度数低的低度酒之外的酒类只能在国营 Liquor Shop、Alko 买到。一瓶 333mL 的啤酒售价€ 1~2，不算贵。

香烟有很重的税，与中国相比要贵得多。一盒 20 支装的万宝路相当于 44 元人民币。芬兰的法律禁止在机场等交通设施及办公区等公共场所吸烟。餐厅和酒吧虽然不在此列，但大部分餐厅仍然是禁烟的，酒吧则有禁烟区和非禁烟区。酒店分为禁烟房间和非禁烟房间。

【Liquor Shop】

营 周一 ~ 周四 9:00~18:00/20:00
周五 9:00~20:00
周六 9:00~16:00/18:00
休 周日

餐饮

芬兰有很多美味的食材，但独具芬兰特色的烹饪方法却不多。餐厅多为法国或俄罗斯风格。其中快餐店内经常见到的“乡土美食”有以下三种：第一种是卡累利阿牛排（Karjalan Paisti）。把肉末和洋葱一起煮透，以胡椒调味，然后趁热撒在煮熟的马铃薯上食用。第二种是卡累利阿派（Karjalanpiirakka）。把摊薄的黑麦

在肉菜上淋上浆果汁是芬兰特色

从中国往芬兰拨打电话的方法

国际电话识别号码		芬兰的国家代码		区号（去掉前面第一个 0）		对方的电话号码
00	+	358	+	××	+	××××××

从芬兰往中国拨打电话的方法

国际电话识别号码		中国的国家代码		区号（去掉前面第一个 0）		对方的电话号码
00	+	86	+	××	+	××××××

→关于国际电话 p.544

粉饼周围捏起褶皱，盛上马铃薯泥和米饭，用大火烹饪。有时也配上鸡蛋，或者在上面放块黄油。这是健康的营养食品，最适合作为早餐和午餐。最后一种是卡拉库克（Kalakukko）。它看上去像大馒头，是将揉好的黑麦粉团包上肉、鱼、肥猪肉烤制而成。食用时先切开顶部，然后再用调羹舀着吃。不用说，你可以全部吃完。

另外，独具芬兰风情的是主要用来制作荤菜的浆果汁。浓香的荤菜上浇一层酸甜可口的浆果汁，出人意料的美味。不妨试试吧。

被称为“芬兰一景”的是每年7月21日解禁小龙虾。在解禁日，芬兰家庭还会举办小龙虾派对。菜市场和餐厅的货架上也有小龙虾登场，放下戒备大胆地品尝吧。

特产

伊塔拉玻璃制品、瓷器以及在用料上极具新锐意识的玛丽马克堪称北欧设计的典范，无论自用还是馈赠亲友都是上佳商品。价格也比中国便宜，还有很多款式和颜色只能在芬兰买到。北欧品牌的家具也很便宜，不过最好去提供国际寄送服务的店里购买。

木雕、毛毡和针织品等体现温情的手工艺品也适合当作礼物。也有很多如圣诞老人和驯鹿等只要一看到就忍不住会心微笑的可爱玩具。还有用白桦树皮做成的 kuksa 等萨米民族工艺品中的代表。更有国民偶像姆明的周边产品。你可以选择玩具以及伊塔拉的马克杯等。

深受外国人欢迎的伊塔拉 Oligo 系列

芬兰出生的名人

《芬兰颂》的作曲者西贝柳斯（Jean Sibelius）、姆明形象的创作者托韦·扬松（Tove Jansson）、建筑师阿尔瓦·阿尔托（Alvar Aalto）等都是出生在芬兰的知名人士。芬兰的赛车运动很盛行，F1 赛车手哈基宁（Mika Häkkinen）和莱科宁（Kimi Räikkönen）也都出生在芬兰。

节庆活动

芬兰每年都会举办大量的音乐活动，古典音乐、摇滚、爵士和探戈等，每个领域都有知名的音乐家。节日活动也有不少跟音乐有关。

芬兰有很多特色活动。空气吉他世锦赛、趣味背老婆比赛、扔手机世界大赛等最为出名。如果日程合适，一定要亲身体验一下。

另外，每年还有很多体育赛事，如在于韦斯屈莱举办的 WRC 芬兰拉力赛、越野滑雪世锦赛和世界杯揭幕战等。

阿尔托精致的住处

活动日历

1月下旬　罗瓦涅米
北极拉普兰拉力赛
URL www.arcticrally.fi

1月下旬　禺拉斯
禺拉斯爵士布鲁士音乐节
URL yllassoikoon.fi

1月下旬~4月上旬　凯米
冰雪城堡（鲁米琳娜）
URL www.visitkemi.fi

2月　拉赫蒂
拉赫蒂芬兰马拉松滑雪赛
URL www.finlandiahiihto.fi

3月上旬~中旬　坦佩雷
坦佩雷国际短篇电影节
URL www.tamperefilmfestival.fi

3月　萨翁林纳
扔手机世界大赛
URL www.mobilephonethrowing.fi

4月下旬　埃斯波
四月爵士音乐节
URL apriljazz.fi

6月中下旬　楠塔利
楠塔利音乐节
URL www.naantalinmusiikkijuhlat.fi

6月中旬　索丹屈莱
芬兰午夜太阳电影节
URL www.msfilmfestival.fi

6/23~24　芬兰各地
夏至节、夏至节前夜

7月初　苏卡湖
趣味背老婆比赛
URL www.eukonkanto.fi

6月或7月　图尔库
Ruis 摇滚节
URL www.ruisrock.fi

7月~8月　萨翁林纳
萨翁林纳歌剧节
URL www.operafestival.fi

7月下旬　奥兰群岛
摇滚音乐节
URL www.rockoff.nu

7月下旬　于韦斯屈莱
WRC 芬兰拉力赛
URL www.nesteoilrallyfinland.fi

8月上旬　坦佩雷
坦佩雷剧场节
URL www.teatterikesa.fi

8月中旬　图尔库
图尔库音乐节
URL www.tmj.fi

8月中旬~9月中旬　赫尔辛基
赫尔辛基节庆周
URL www.helsinginjuhlaviikot.fi

8月中旬　赫尔辛基
赫尔辛基城市马拉松
URL www.helsinkicitymarathon.fi

8月下旬　奥卢
空气吉他世锦赛
URL www.airguitarworldchampionships.com

9月中旬　于韦斯屈莱
芬兰马拉松大赛
URL www.finlandiamarathon.fi

10月中旬　赫尔辛基
赫尔辛基鲱鱼集市
URL satadinsilakkamarkkinat

12月上旬　卢卡
国际滑雪联合会（FIS）世界杯系列赛揭幕战
URL www.rukanordic.com

※ 日期每年可能会有不同。参加时请提前咨询确认。

COLUMN　FINLAND

芬兰的圣诞节

赫尔辛基
Helsinki

白色的灯光映照着古色古香的城镇——这就是赫尔辛基的圣诞节。埃斯蒂公园年复一年地举办圣诞集市，节日期间道路两旁经营圣诞商品的摊位紧密排布，圣诞老人不时也来凑热闹，引得人潮一阵欢呼。另外，与瑞典的斯德哥尔摩相同，在12月13日圣路济亚日这一天也会举办庆祝活动。

1 圣路济亚日时会在赫尔辛基大教堂举行加冕仪式，同时在亚历山大大街有游街活动　2 被白色灯光包围的埃斯蒂公园

国内交通

南部有铁路、长途巴士等众多线路运营。游客可以根据时间和线路来选择合适的出行方式。但是越往北走，铁路线越少，需要乘坐长途巴士的时候越多。赫尔辛基几乎和所有的主要城市都有直达航班，乘坐飞机也是不错的选择。

■查询芬兰交通方式的网址

URL www.matka.fi/en

飞机

芬兰航空（Finnair）（AY）和 SAS（SK）等航空公司运营芬兰的国内航线。几乎所有的航空线路都以赫尔辛基作为起点或终点，如连接赫尔辛基和萨翁林纳的 Airlink Åland 等。地方城市之间基本没有直达航班，一般都会经过赫尔辛基。另外请注意，本书所刊载的前往各城市的航班数和所需时间都采用芬兰航空的数据。

芬兰航空

☎（09）818-0800 URL www.finnair.com

Airlink Åland

☎ 040-0899999 URL www.airlink.fi

SAS

☎ 0600-025831 URL www.flysas.com

铁路

由芬兰国铁（Valtionrautatiet）（VR）运营。芬兰南、北部都有大面积的铁路网。赫尔辛基~罗瓦涅米间还有经过坦佩雷的夜间列车。

关于预约

所有 Pendolino（高速铁路摆式列车）和 Inter City（城际列车）均为指定座席，必须预订。快速列车（P）有时也需要预订。可以提前半年订票。另外，预约的车票必须在开车前（不同车次时间不同）取票，否则将会被退票，要注意。

查询列车时刻

可以在车站的电子显示屏、免费列车时刻表（只提供芬兰语、瑞典语版本）上确认时间。小站也可能不提供这些，所幸芬兰通用英语，订票和购票时都可以直接用英语交流。

购票

在中国购买

可以登录欧洲火车旅行网（www.europerail.cn）购买，或者通过旅行社购买。

在当地购买

可以在车站的售票窗口或自动售票机上购买。如果通过售票窗口购票，须事先在柜台一旁的专用设备上取号、排队。待电子显示屏上显示自己的号码时方可去指定窗口办理购票。购买时，将自己的目的地、时间和列车编号告诉工作人员即可。

折扣优惠

65 岁以上人员可享受老年人 8 折优惠。10 人以上的旅行团也可享受优惠价。学生票只适用于在芬兰国内就读的学生，仅有国际学生证是不行的。

各趟列车有数量有限的提前 60 天购票的优惠票（Saver Ticket），一般都会打 7.5 折。如果支付€ 5 手续费还能改签，取票时再付€ 10 能退票。

■教你看懂指定座席的火车票

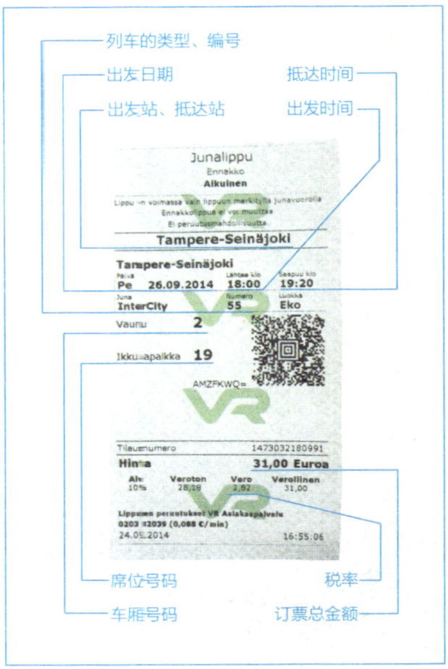

所有的长途列车都从赫尔辛基中央火车站始发

主要的列车类型

■高速铁路摆式列车（S）
Pendolino（S）

一种摆式列车。有赫尔辛基～约恩苏等4条线路在运营。需要预订。

■城际列车 Inter City（IC）、
城际列车2 Inter City2（IC2）

在赫尔辛基～图尔库等主要城市间运营的特快列车。需要预订。

■快速列车 Express（P）

无须预订，但是如果要确保有座，最好预订。周五傍晚发车的班次一般都比较拥挤。

■地方列车 Regional（H）

沿途各站均停靠的普通列车。无须预订。

芬兰国铁

☎ 0600-41902

URL www.vr.fi

预订手续费

提前购买摆式列车、城际列车、城际列车2和快速列车时，需要确定座位。

赫尔辛基出发的区间列车预估票价（二等座）

赫尔辛基～坦佩雷	€21~
赫尔辛基～罗瓦涅米	€80~
赫尔辛基～约恩苏	€44~

抵达罗瓦涅米站的夜间列车

巴士

芬兰是一个巴士交通网十分发达的国家。南部和中部就不用说了，连拉普兰地区也有很多巴士线路。有数家巴士运营商，规模最大的当数马特卡胡奥尔托公司（Matkahuolto），不过所有巴士公司都从同一个巴士总站发车。除了普通线路外，还有从赫尔辛基发往北部罗瓦涅米和萨里塞尔凯的夜间巴士。

拉普兰地区的主要巴士运营商有 Eskelisen Lapinlinjat 公司和 Gold Line 公司等数家。另外，还有些巴士线路穿过罗瓦涅米～萨里塞尔凯～伊纳里后，终抵挪威。冬季，拉普兰地区有些线路会减少班次，或者因天气因素出现大面积晚点甚至取消的情况，要多加留意。

确认时刻与购票

车票可直接在巴士总站的售票窗口购买。那里有巴士时刻表，最好先确认时刻后再买票。小城镇有可能没有售票点，此时可以直接上车将目的地告诉司机后，直接从司机那里买票。这种情况，时刻表一般会张贴在巴士总站，也可以在酒店或观光导游处领取。

赫尔辛基的中央巴士总站

马特卡胡奥尔托公司

☎ 0200-4000

URL www.matkahuolto.fi

Eskelisen Lapinlinjat 公司

☎（016）342-2160

FAX（016）34-4152

URL www.eskelisen.fi

Gold Line 公司

☎（016）334-5500

FAX（016）319-508

URL www.goldline.fi

赫尔辛基 *Helsinki*

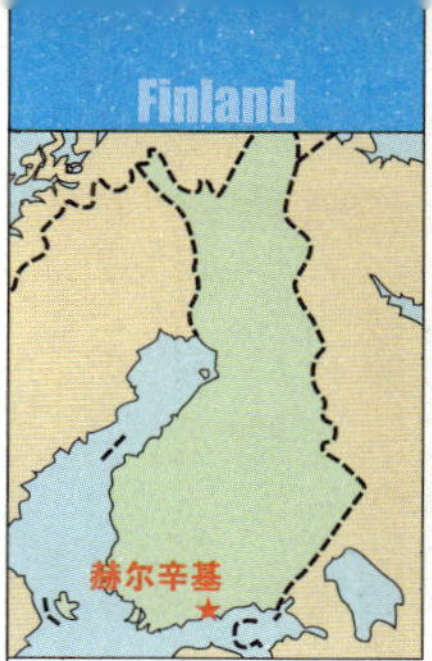

赫尔辛基的象征赫尔辛基大教堂

Map p.414-B4
人口：628208 人
长途区号：09
芬兰信息网站
URL www.visitfinland.com
赫尔辛基信息网站
URL www. visithelsinki.fi

赫尔辛基的叫法

由于赫尔辛基曾被瑞典统治，在瑞典语中赫尔辛基被称为 Helsingfors。从瑞典前往赫尔辛基时，有时会遇到这种叫法，要留意。

在沙俄帝国时代，沙皇亚历山大一世于 1812 年将芬兰的首都自邻近瑞典边界的图尔库搬迁到皮耶塔利（圣彼得堡，旧称列宁格勒）附近的赫尔辛基。此后，这座城市开始作为芬兰的首都和贸易港口，并因此飞速发展。

从飞机上往下看赫尔辛基，越是靠近赫尔辛基机场，你就越能感觉到这个“森林和湖泊之国”确实名不虚传。葱翠的群岛在眼底无边地铺展开来，让人不禁心生错觉：在茂密的丛林中，是否真的隐居着童话王国里的主人公？映入眼帘的，确实是一派宛如梦境的美景。

走水路的话，客轮穿越奥兰群岛进入赫尔辛基港后，可以看到市政厅和大市场呈左拥右护之势，而眼前的白色大教堂则端坐中央。广场西侧的埃斯蒂公园内，“波罗的海之女”哈维斯·阿曼达的雕像楚楚可怜，东侧是知名建筑师阿尔瓦·阿尔托亲自打造的大理石白色建筑。

2015 年翻新后重新开业的玛丽马克总店

然而，当你置身这座城市时，你会惊讶地发现，这里竟然没有传统欧式风格的影子！南欧常见的白色外墙、砖瓦房屋以及德式尖塔几乎毫无踪迹，取而代之的是沙俄时期新古典主义风格的建筑、瑞典统治时期留下的历史遗迹以及高质量的现代建筑，它们在赫尔辛基保持着某种微妙的平衡。

芬兰被瑞典统治了约 650 年，被沙俄占领了 100 年。战火不断，国境线几度变迁。即便如此，芬兰人的民族情感丝毫没有丧失。当时，沙俄国内斯拉夫主义情绪高涨，借此契机，芬兰也掀起了独立运动的高潮，并于 1917 年在俄国革命的同时最终取得了独立。这些建筑和街景见证了不屈的芬兰人与时代抗争、自强不息的光辉历史。

在冬季，只要天气稍微放晴一点，芬兰人就喜欢去户外运动

赫尔辛基
Helsinki
有轨电车示意图
1,1A
2,3
4,4T
6,6T
7A,7B
8
9
10
至卡伦—卡里拉美术馆
Gallen-Kallelan Museo
阿尔托工作室
Studio Aalto
阿尔托宅邸
The Aalto House
至赫尔辛基万塔国际机场
Helsinki Vantaa International Airport
帕斯拉火车站
Pasila
赫尔辛基冰球馆
Helsingin Jäähalli
奥林匹克体育场
Olympiastadion
（预计2019年完工）
24路公交终点站
伴侣岛露天博物馆
Seurasaaren ulkomuseo
伴侣岛
Seurasaari
西贝柳斯纪念碑
Sibeliusmonumentti
西贝柳斯公园
Sibeliuksen puisto
瑞卡塔咖啡馆
Cafe Regatta
国家歌剧院
Suomen Kansallisooppera
马来亚
Mereija
阿斯蒂亚里莎
Astialiisa
赫尔辛基皇冠假日酒店
Crowne Plaza Helsinki
赫尔辛基斯堪迪克公园酒店
Scandic Park Helsinki
芬兰大厦
Finlandiatalo
坦佩利奥基奥教堂
Tempeliaukion kirkko
中央巴士总站
Kamppi
Ruoholahti
卡佩雷
Kaapeli
赫尔辛基中心城区
参照p.426～427
劳塔岛
Lauttasaari
雅卡萨里
Jätkäsaari
西港轮渡码头
（塔林克·诗丽雅航线码头）
Länsiterminaali
Länsiväylä
Västerleden
Mannerheimintie
Paciuksenkatu
Tukholmankatu
Meilahdentie
Huopalahdentie
Lauttasaarentie
Itämerenkatu
Ruoholahdenkatu
Hietaniemenkatu
Arkadiankatu
Malminkatu
N
0
1km
A
B
1
2
3
4

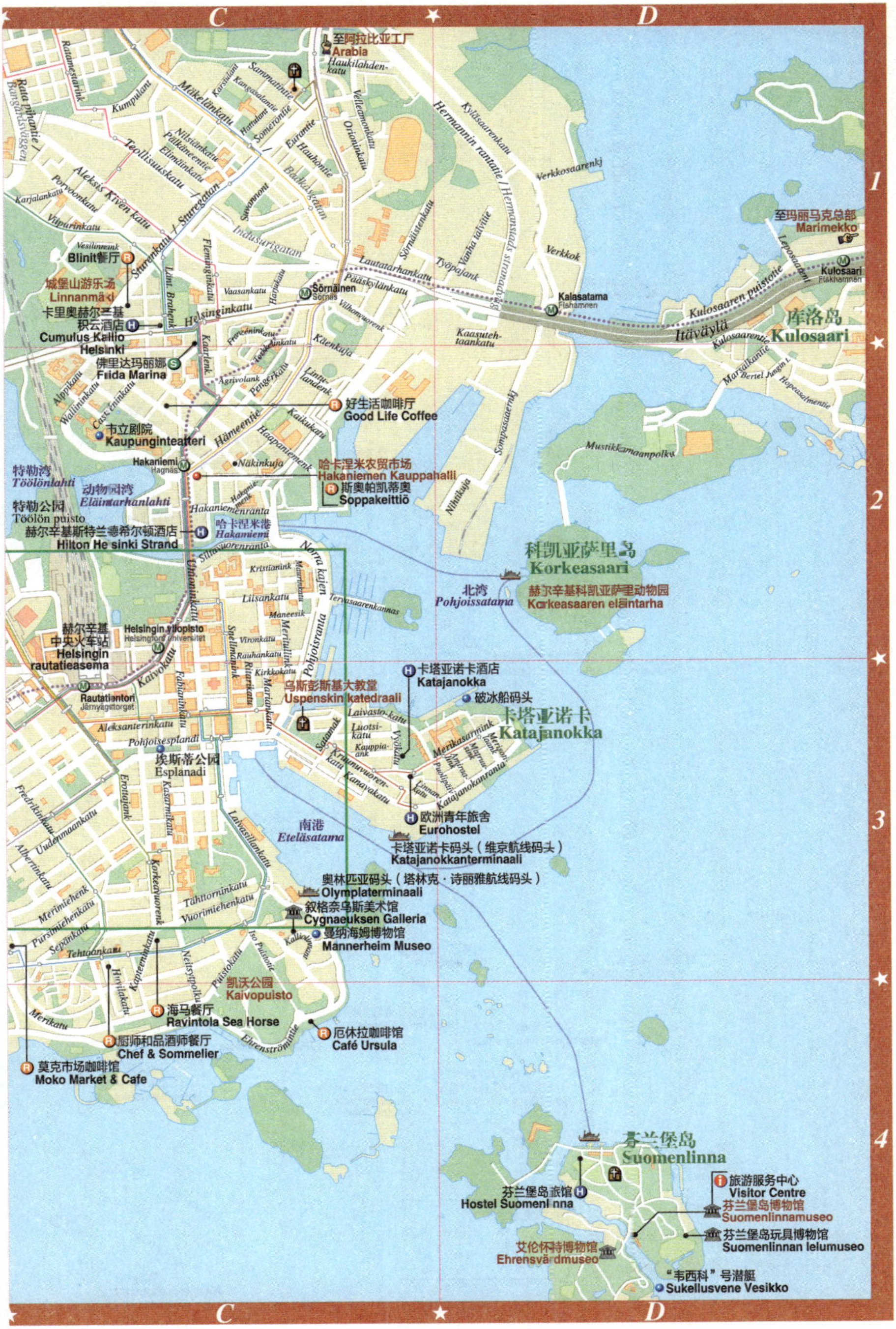
至阿拉比亚工厂 Arabia
至玛丽马克总部 Marimekko
Blinit餐厅
城堡山游乐场 Linnanmäki
卡里奥赫尔辛基积云酒店 Cumulus Kallio Helsinki
佛里达玛丽娜 Frida Marina
好生活咖啡厅 Good Life Coffee
市立剧院 Kaupunginteatteri
哈卡涅米农贸市场 Hakaniemen Kauppahalli
斯奥帕凯蒂奥 Soppakeittiö
特勒湾 Töölönlahti
动物园湾 Eläintarhanlahti
特勒公园 Töölön puisto
赫尔辛基斯特兰德希尔顿酒店 Hilton Helsinki Strand
哈卡涅米港 Hakaniemi
科凯亚萨里岛 Korkeasaari
赫尔辛基科凯亚萨里动物园 Korkeasaaren eläintarha
北湾 Pohjoissatama
库洛岛 Kulosaari
赫尔辛基中央火车站 Helsingin rautatieasema
卡塔亚诺卡酒店 Katajanokka
乌斯彭斯基大教堂 Uspenskin katedraali
破冰船码头
卡塔亚诺卡 Katajanokka
埃斯普拉纳迪公园 Esplanadi
欧洲青年旅舍 Eurohostel
南港 Eteläsatama
卡塔亚诺卡码头（维京航线码头） Katajanokkanterminaali
奥林匹亚码头（塔林克·诗丽雅航线码头） Olymplaterminaali
叙格奈乌斯美术馆 Cygnaeuksen Galleria
曼纳海姆博物馆 Mannerheim Museo
凯沃公园 Kaivopuisto
海马餐厅 Ravintola Sea Horse
厄休拉咖啡馆 Café Ursula
厨师和品酒师餐厅 Chef & Sommelier
莫克市场咖啡馆 Moko Market & Cafe
芬兰堡岛 Suomenlinna
芬兰堡岛旅馆 Hostel Suomenlinna
旅游服务中心 Visitor Centre
芬兰堡岛博物馆 Suomenlinnamuseo
芬兰堡岛玩具博物馆 Suomenlinnan lelumuseo
艾伦怀特博物馆 Ehrensvärdmuseo
"韦西科"号潜艇 Sukellusvene Vesikko
Sörnäinen
Kalasatama
Kulosaari
Hakaniemi
Helsingin yliopisto
Rautatientori
C
D
1
2
3
4

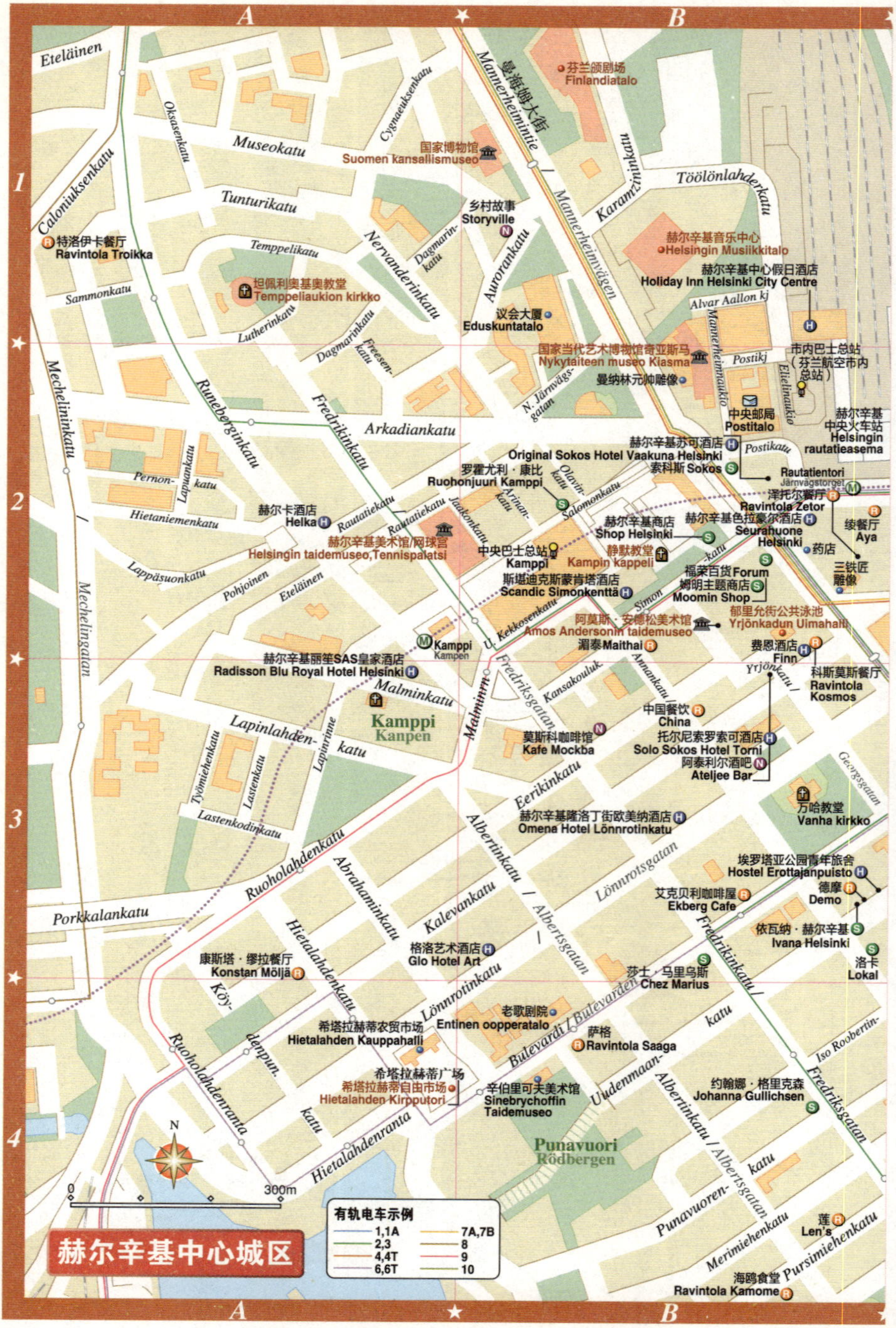
赫尔辛基中心城区
芬兰颂剧场
Finlandiatalo
国家博物馆
Suomen kansallismuseo
乡村故事
Storyville
特洛伊卡餐厅
Ravintola Troikka
坦佩利奥基奥教堂
Temppeliaukion kirkko
赫尔辛基音乐中心
Helsingin Musiikkitalo
赫尔辛基中心假日酒店
Holiday Inn Helsinki City Centre
议会大厦
Eduskuntatalo
国家当代艺术博物馆奇亚斯马
Nykytaiteen museo Kiasma
曼纳林元帅雕像
市内巴士总站
（芬兰航空市内总站）
中央邮局
Postitalo
赫尔辛基中央火车站
Helsingin rautatieasema
赫尔辛基苏可酒店
Original Sokos Hotel Vaakuna Helsinki
索科斯 Sokos
罗霍尤利·康比
Ruohonjuuri Kamppi
Rautatientori
Järnvägstorget
泽托尔餐厅
Ravintola Zetor
绫餐厅
Aya
赫尔卡酒店
Helka
赫尔辛基美术馆/网球宫
Helsingin taidemuseo,Tennispalatsi
赫尔辛基商店
Shop Helsinki
赫尔辛基色拉豪尔酒店
Seurahuone Helsinki
药店
中央巴士总站
Kamppi
静默教堂
Kampin kappeli
三铁匠雕像
福菜百货
Forum
姆明主题商店
Moomin Shop
斯堪迪克斯蒙肯塔酒店
Scandic Simonkenttä
阿莫斯·安德松美术馆
Amos Andersonin taidemuseo
耶里允街公共泳池
Yrjönkadun Uimahalli
湄泰
Maithai
费恩酒店
Finn
科斯莫斯餐厅
Ravintola Kosmos
Kamppi
Kampen
赫尔辛基丽笙SAS皇家酒店
Radisson Blu Royal Hotel Helsinki
Kamppi
Kanpen
中国餐饮
China
莫斯科咖啡馆
Kafe Mockba
托尔尼索罗索可酒店
Solo Sokos Hotel Torni
阿泰利尔酒吧
Ateljee Bar
万哈教堂
Vanha kirkko
赫尔辛基隆洛丁街欧美纳酒店
Omena Hotel Lönnrotinkatu
埃罗塔亚公园青年旅舍
Hostel Erottajanpuisto
艾克贝利咖啡屋
Ekberg Cafe
德摩
Demo
依瓦纳·赫尔辛基
Ivana Helsinki
洛卡
Lokal
格洛艺术酒店
Glo Hotel Art
康斯塔·缪拉餐厅
Konstan Möljä
莎士·马里乌斯
Chez Marius
老歌剧院
Entinen oopperatalo
希塔拉赫蒂农贸市场
Hietalahden Kauppahalli
萨格
Ravintola Saaga
希塔拉赫蒂广场
希塔拉赫蒂自由市场
Hietalahden Kirpputori
辛伯里可夫美术馆
Sinebrychoffin Taidemuseo
约翰娜·格里克森
Johanna Gullichsen
Punavuori
Rödbergen
莲
Len's
海鸥食堂
Ravintola Kamome
有轨电车示例
1,1A
2,3
4,4T
6,6T
7A,7B
8
9
10
Eteläinen
Mannerheimintie
曼海姆大街
Museokatu
Oksasenkatu
Cygnaeuksenkatu
Caloniuksenkatu
Tunturikatu
Temppelikatu
Sammonkatu
Lutherinkatu
Nervanderinkatu
Aurorankatu
Karamzininkatu
Töölönlahdenkatu
Mannerheimvägen
Alvar Aallon kj
Mechelininkatu
Runebergínkatu
Fredrikinkatu
Arkadiankatu
Pernon-katu
Lapuankatu
Hietaniemenkatu
Lappäsuonkatu
Pohjoinen
Rautatiekatu
Salomonkatu
Simonkatu
Mechelingatan
Malminkatu
Lapinlahdenkatu
Lapinrinne
Eerikinkatu
Albertinkatu
Albertsgatan
Lönnrotsgatan
Lönnrotinkatu
Kalevankatu
Abrahaminkatu
Ruoholahdenkatu
Porkkalankatu
Hietalahdenkatu
Bulevardi / Bulevarden
Uudenmaankatu
Fredriksgatan
Georgsgatan
Punavuorenkatu
Merimiehenkatu
Pursimiehenkatu
Hietalahdenranta
Ruoholahdenranta
Köydenpunojankatu
Iso Roobertinkatu
Lastenkodinkatu
Työmiehenkatu
Lastenkatu
Kansakoulukatu
Annankatu
Yrjönkatu
N
0
300m
A
B
1
2
3
4

C
D
1
2
3
4
凯撒涅米植物园
Kaisaniemen kasvitieteellinen puutarha
Unioninkatu / Unionsgatan
Snellmaninkatu
Kirjatyönt. k
Kristianinzatu
Norra kajen
Siltav. penger
Olikokatu
Kulmakatu
Kruun
Liisankatu
Maurinkatu
Tervasaaren-kannas
Kruununhaka
Kronohagen
Maneesikatu
Mariankatu
Meritullinkatu
国家剧院
Suomen Kansallisteatteri
Kaisanki
Puut.
L. Teatt.
It. Teatt
亚瑟酒店
Arthur
Kaisaniemenkatu
Unioninkatu
赫尔辛基大学
Helsingin yliopisto
赫尔辛基丽笙广场酒店
Radisson Blu Plaza Hotel Helsinki
Vironkatu
Pohjoisranta
Vilhonkatu
Helsingin yliopisto
Helsingfors universitet
康乐斯科第酒店
Kongressikoti
市内巴士总站
赫尔辛基赌场
Casino Helsinki
凯撒涅米积云酒店
Cumulus Kaisaniemi
站前广场
Rautatientori
Rauhankatu
库尔玛餐厅
Qulma
斯托克曼 Stockmann
Mikonkatu
Vuorikatu
Fabianinkatu
阿尔托咖啡屋 Café Aalto
艾克泰米奈·基尔亚考帕（学院书店）
Akateeminen Kirjakauppa
Kirkkokatu / kyrkogatan
大学图书馆
Yliopiston kirjasto
赫尔辛基大教堂
Tuomiokirkko
赫尔辛基大学
Helsingin yliopisto
Kaivokatu
玛丽马克
Marimekko
Yliopistonkatu
Hallituskatu
Ritarikatu
Ateneuminkj
Keskuskatu / Centralgatan
雅典娜美术馆
Ateneumin taidemuseo
赫尔辛基索科斯经典酒店
Original Sokos Hotel Helsinki
赫尔辛基格洛科鲁夫酒店
Glo Hotel Kluuvi Helsinki
参议院广场
Senaatintori
亚历山大二世雕像
诺卡餐厅
Ravintola Nokka
Kanavaranta
Aleksanterinkatu
卡鲁·法泽咖啡屋
Karl Fazer Café
恩格尔咖啡屋
Café Engel
阿泰克
Artek
坎普酒店
Kämp
Kluuvikatu
Mikaelsgatan
卡勒瓦拉列鲁
Kalevala Koru
市政厅
Kaupungintalo
Sofiankatu
Helenankatu
总统府
Presidentin linna
Pormest.
乌斯彭斯基大教堂
Uspenskin katedraali
南索
Nanso
地球希望
Globe Hope
Katariinankatu
Raha.
托韦·扬松公园
Tove Janssonin puisto
Satamak
Luotsikatu
阿里卡
Aarikka
旅游咨询处
埃斯普拉那长廊
Galleria Esplanad
伊塔拉滨海大道专卖店
Iittala Store Esplanadi
波罗的海之女雕像
Havis Amanda
Katajanokanlaituri
Pohjoisesplanadi
北花园大街
埃斯蒂公园 Esplanadi
南花园大街
Eteläesplanadi
康比餐厅
Ravintola Kappeli
市场广场
Kauppatori
前往赫尔辛基博物馆（科凯亚萨里）方向轮渡码头
Kruunuvuorenkatu
Kanavakatu
瑞典剧院
Ruotsalainen Teatteri
皇家邮轮码头
前往芬兰堡岛方向轮渡码头
Kanava轮渡码头
Kanavaterminaali
前往赛乌拉岛露天博物馆的巴士乘坐处
萨穆拉特
Samrat
芬雷森
Finlayson
萨沃伊餐厅
Ravintola Savoy
避风港酒店
Haven
赫尔辛基塔伊特商店
Taito Shop Helsky
Katajanokanlaituri
茗林克·诗丽雅航线
爱罗塔亚酒吧
Erottaja Bar
Rikh.
邦克 Bank
老农贸市场
Vanha Kauppahalli
克劳斯K酒店
Klaus K
Kaartinkaupunki
Ludv.
Erottajankatu
Pohj. Makasiinikatu
花园趣伏里酒店
Next Hotel & Apartment Rivoli Jardin
伊罗曼加
Eromanga
Samuji
Eteläranta
Nounou设计室
Nounou Design Showroom
Etel. Makasiinikatu
Unionsgatan
P. Roobertinkatu
Kasarmikatu
Fabiansgatan
法比安酒店
Fabian
Korkeavuorenkatu
朱莉餐厅
Ravintola Juuri
Bernhardinkatu
马卡西尼码头
Makasiiniterminaali
南港
Eteläsatama
Södra hamnen
托韦·扬松工作室
Ullanl. k.
Kop.t
德意志教堂
安娜酒店
Anna
Annegatan
Ratakatu
应用艺术博物馆
Designmuseo
Punanotkonk.
Kaartinkj
芬兰建筑博物馆
Arkkitehtuuri museo
Laivasillonkatu
Argelanderint
/Högbergsgatan
Kaserngatan
Laivurink
Johanneks t
Tarkkampujankatu
Tähtitorninkatu
奥林匹亚码头（塔林克·诗丽雅航线码头）
Olympiaterminaali
Skepparegatan
Vuorimiehenkatu
Ehrenströmsvägen
Muukat
Ullankatu
Fasaani赫尔辛基二手市场
Fasaani & Helsinki Secondhand
Jääkärinkatu

北欧各国飞来的航班
（→ p.531）

赫尔辛基万塔国际机场
Map p.424-B1 外
电 0200-14636
URL www.finavia.fi/fi/helsinki.vantaa

机场内的旅游咨询处 ⓘ
2 号航站楼抵达大厅
开 周一～周六 10:00~18:00
周日 12:00~18:00
（夏季是每天 10:00~20:00）
休 无休
24 小时提供宣传册。

机场内的汇兑处
抵达大厅
营 每天 6:00~21:00
休 无休
出发大厅
营 每天 5:00~21:00
休 无休

芬兰航空市内巴士
URL www.finnair.com
机场→中央火车站
运行 5:45~ 次日 1:10、约隔 20 分钟发一班车
中央火车站→机场
运行 5:00~ 次日 0:00、约隔 20 分钟发一班车
费 € 6.3
约需 30 分钟。可使用现金或银行卡在司机那里购票。

芬兰航空市内总站
Map p.426-B2

抵达赫尔辛基

乘飞机抵达

国际、国内的航班均抵达位于市中心以北约 20 公里处的赫尔辛基万塔国际机场（Helsinki Vantaa International Airport）。这是一座现代化的机场。

赫尔辛基万塔国际机场
Helsinki Vantaa International Airport

机场有两座航站楼，分别是起降飞往其他北欧国家的 SAS 航班的 1 号航站楼和运营亚洲航班及国内航班的 2 号航站楼。

从机场前往市区的交通

■铁路

航站楼的地下有郊外电车——环形轨道线（Ring Rail Line），连接机场站 Lentoasema 和赫尔辛基中央火车站。这条轨道线有两个系统，分别为顺时针运行的 P 线和逆时针运行的 I 线。两条线均发往赫尔辛基中央火车站，不过 P 线要快 5 分钟。乘坐 2 号航站楼与 1 号航站楼之间的电梯或扶梯可抵达机场站站台。

■机场巴士

出 2 号航站楼后马上就能看到机场大巴 Finnair City Bus 的站台。从机场到赫尔辛基中央火车站西侧的芬兰航空市内总站（Finnair City Terminal）约需 30 分钟。

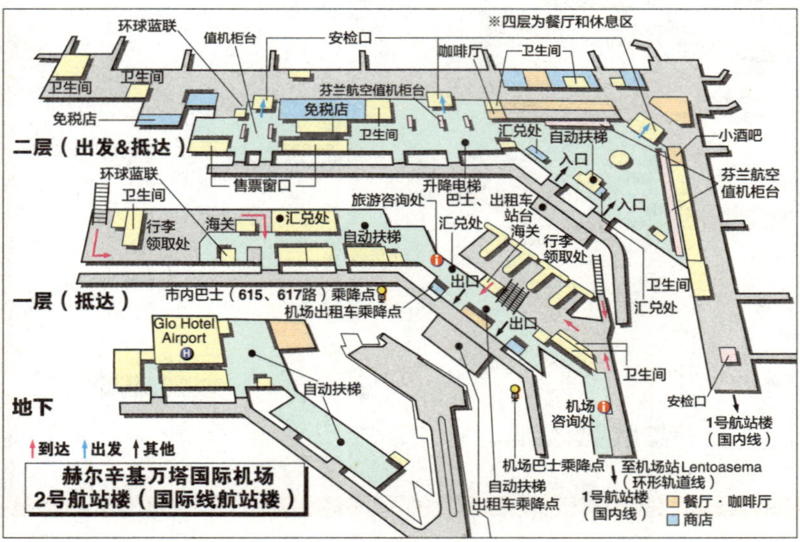

赫尔辛基万塔国际机场
2号航站楼（国际线航站楼）

■市内巴士

615 路市内巴士从机场开往位于赫尔辛基中央火车站站前广场（Rautatientori）旁边的市内巴士总站。另外，617 路市内巴士开往哈卡涅米农贸市场，但是班次不多。

■出租车

从机场出发的出租车，除了打表计费外，还有定额制的机场出租车（Airport Taxi）。Airport Taxi 是 Minivan 公司运营的公共出租车，如果要从市内去机场，需要预约接送。

乘坐火车抵达

所有长途火车都最终抵达位于市中心的赫尔辛基中央火车站（Helsingin rautatieasema）。

赫尔辛基中央火车站
Helsingin rautatieasema

芬兰天才设计师埃利尔·沙里宁（Eliel Saarinen）设计的火车站气氛庄重。芬兰国铁（Valtionrautatiet）（VR）的火车站、售票处位于一楼，地下一层有自动存放柜和商业街，地下二层可直达地铁火车站广场站（Rautatientori）。

赫尔辛基中央火车站大厅

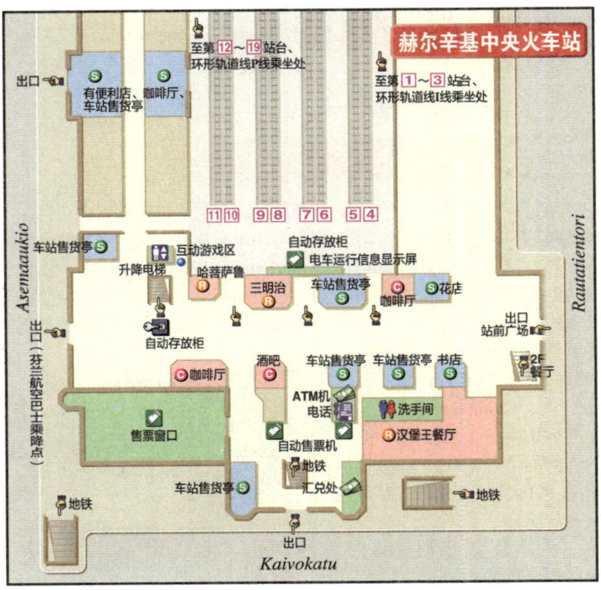

环形轨道线
机场→中央火车站
运行 I 线 4:27~23:27
（周六、周日为 5:27~）
P 线 5:46~ 次日 1:16
（周六、周日为 6:16~）
中央火车站→机场
运行 I 线 3:59~22:59
（周六、周日为 4:59~）
P 线 5:14~ 次日 0:44
（周六、周日为 5:44~）
I 线、P 线均为每 10~30 分钟一班车（白天每 10 分钟发一班）。从机场到中央火车站，I 线约需 32 分钟，P 线约需 27 分钟。从中央火车站到机场，I 线约需 27 分钟，P 线约需 32 分钟。
费 € 5.5
车票需要在站台的自动售票机（只接受 IC 芯片式信用卡支付）购买。或者也可以上车后从乘务员处购买。

市内巴士（615 路）
（→ p.431）
机场→中央火车站
运行 周一～周五
5:00~ 次日 3:58
周六、周日
5:10~ 次日 3:58
每小时 2~5 趟。
中央火车站→机场
运行 周一～周五
4:10~ 次日 3:40
周六、周日
4:10~ 次日 3:40
每小时 2~4 趟。
费 € 5.5
需要 30~40 分钟。
市内巴士总站
Map p.427-C2
机场出租
URL www.airporttaxi.fi
费 1~2 人 € 29.5
3~4 人 € 39.5
5~6 人 € 49.5

来自欧洲各国始发的火车
（→ p.529）
来自北欧各国始发的火车
（→ p.532）

赫尔辛基中央火车站
Map p.426-B2
中央火车站内的售票处
营 周一～周五 7:30~19:00
周六 10:00~17:00
周日 12:00~18:00
休 无休

中央火车站内的汇兑处
Forex
营 周一～周五 8:00~20:00
周六 9:00~19:00
周日 9:30~17:00
休 无休

卡塔亚诺卡码头
Map p.425-C3
奥林匹亚码头
Map p.427-D4

塔林克·诗丽雅航线的起点和终点站——奥林匹亚码头

重点航线
从斯德哥尔摩出发
维京航线
☎ 0600-41577
URL www.vikingline.fi
1 天 1 班，约需 16 小时 40 分钟。
塔林克·诗丽雅航线
☎ 0600-15700
URL www.tallinksilja.com
详情请参照（→ p.536）。
从塔林（爱沙尼亚）出发
详情请参照（→ p.459）。

中央巴士总站
Map p.426-B2
开 周一～周四
5:00~次日 2:30
周五、周六
5:30~次日 1:30
周日 5:30~次日 2:00
休 无休
中央巴士总站位于与地铁康比站相连的康比购物中心（Kamppi）的地下。这里有商店、餐厅和咖啡屋等，候车时间也不会让你感到无事可做。还设有汇兑处（营 周一～周五 9:00~21:00，周六 9:00~18:00，周日 10:00~18:00。休 无休）。

马特卡胡奥尔托公司
☎ 0200-4000
URL www.matkahuolto.fi

先领取交通地图
要弄清楚赫尔辛基的市内交通，推荐阅读赫尔辛基交通局印发的 Helsinki Route Map。除了有轨电车和市内巴士线路，还详细记载了路名，旅游时带上这本地图便可高枕无忧了。地图可在位于赫尔辛基中央火车站地下的赫尔辛基交通局的问询中心和旅游咨询处免费领取。

乘船抵达

国际航线的班轮停靠在市场广场对面的埃特拉港（Eteläsatama），维京航线（Viking Line）的船只在卡塔亚诺卡码头（Katajanokkanterminaali）靠岸。塔林克·诗丽雅航线（Tallink Silja Line）上从斯德哥尔摩开来的船在对岸的奥林匹亚码头（Olympiaterminaali）靠岸，从塔林（爱沙尼亚）开来的船则停靠在各家公司的码头（→ p.459）。

数艘大型邮轮在港口穿梭

从港口前往市中心

上述码头附近有有轨电车站。从维京航线抵达的卡塔亚诺卡码头出发可乘坐 4T 路电车，从塔林克·诗丽雅航线所在的奥林匹亚码头可乘坐 1A、2、3 路电车到达市中心。

乘坐巴士抵达

中央巴士总站 Kamppi

巴士运营商马特卡胡奥尔托公司（Matkahuolto）也运营国际巴士。所有巴士都将起点或终点设在与地铁康比站（Kamppi）相连的中央巴士总站 Kamppi。从这里到赫尔辛基中央火车站步行只需约 8 分钟。

赫尔辛基 市内交通

赫尔辛基市内面积并不大，徒步即能游遍所有的主要景点。想深入体验赫尔辛基魅力的游客，不妨坐上有轨电车或巴士等，到较偏远的地方转转。赫尔辛基交通局（Helsingin Seudun liikenne）（HSL）经营着有轨电车、市内巴士、地铁和轮渡，车票通用。对游客而言，乘坐机会最多的应该是电车，有多条线路，也最方便。如果是在赫尔辛基及周边地区都有效的车票，可以乘坐芬兰国铁（VR）运营的近郊列车（Commuter Train）。近郊列车共有 4 条线路，根据停靠的站点不同，又进一步分为 14 条子线路，以字母进行区分。利用它们可方便地抵达埃斯波（Espoo）和努克西奥国家公园。

赫尔辛基的市内巴士

车票和票价

游客可购买的车票分为单次票（Kertaliput）与一定时间内全线有效的通票（Vuorokausiliput）两种。单次票和通票（1 日票）可以从地铁入口处及主要电车车站的自动售票机、巴士司机处购买。2~7 天的通票不可从司机那里直接购买，需要事先在自动售票机、HSL 的问询处、旅游咨询处或车站售货亭等地购买。售票机有新式触屏机和老式按钮机两种。老机器上只能用硬币购票，屏幕只显示芬兰语和瑞典语。新机器除此之外还能显示英语，可使用面额€ 2~10 的硬币与€ 5~100 的纸币，也可以使用 IC 芯片式信用卡。

自动售票机有粉红和蓝色两种。能使用信用卡的是蓝色自动售票机

单次票从出票时间算起，1 小时（部分线路为 80 分钟）内有效，在有效时间内可自由换乘。有轨电车专用票（Raitiovaunulippu）只能在自动售票机购买，可凭票换乘。相对较为便宜，因此在不方便乘坐其他交通工具时，可选择电车。

通票有 1~7 日票，共 7 种，也是从出票时间算起一定时间内有效。在车站售货亭等地购买的 IC 卡式车票从插入巴士和电车车内、地铁站等的读卡器，刷卡后绿色显示灯亮点时开始生效。每次乘坐巴士都必须刷卡，其他交通工具仅首次乘坐时刷卡即可。

市区巴士 Linjaauto

市区巴士要么通体蓝色，要么蓝白相间。市区巴士内部通常不会张贴车站名称，也没车内报站系统，所以最好事先查看地图，确认过几站能到目的地。也可以告诉司机你要在哪站下。乘降的方式与有轨电车相同（只是巴士只能从前门上车）。

地铁 Metro

赫尔辛基的地铁主要是居住在近郊居民区的市民乘坐。如果从检票口前的自动售票机上购票，可直接通过闸机进站。通过长长的扶梯下到站台。市中心共有 4 站，分别为通往中央火车站的火车站广场站（Rautatientori）、康比站、赫尔辛基大学站（Helsingin yliopisto）和哈卡涅米站（Hakaniemi），4 站过后便驶向郊区。车厢的设计者是芬兰著名的设计师昂蒂·诺米斯耐米（Antti Nurmesniemi）。

地铁车厢大红的色调与别致的设计引人注目

赫尔辛基交通局（HSL）

URL www.hsl.fi

问询处

☎（09）4766-4000

营 周一～周四 7:30~19:00
周五 7:30~17:00
周六 10:00~15:00

休 周日

位于地铁火车站广场站（赫尔辛基中央火车站的地下）内。

票价

单次票

仅赫尔辛基市内有效

费 € 3.2（从司机处购买）
€ 2.7（从售票机上购买）
有轨电车专用票
€ 2.5（从售票机上购买）

赫尔辛基及周边区域有效

费 € 5.5

通票

仅赫尔辛基市内有效

费 1 日票（24 小时有效）
€ 8
3 日票（72 小时有效）
€ 16
7 日票（168 小时有效）
€ 32

赫尔辛基及周边区域有效

费 1 日票（24 小时有效）
€ 12
3 日票（72 小时有效）
€ 24
7 日票（168 小时有效）
€ 48

切勿逃票

有轨电车和巴士上随时有检票员验票。这是一个 4 人验票组，分别从车辆前后门向中间查验车票，如果没有有效票据，想逃都逃不掉。一旦被发现无票，将面临处罚（罚款€ 80+ 补票）。游客也不会例外，所以切勿逃票。

市内巴士

如果要去市内周边区域或郊外，根据方向的不同，乘车地点也不同，所以请事先在旅游咨询处或赫尔辛基交通局网站、交通局印发的交通地图册上查询交通信息。

有轨电车

有轨电车内，下一站的站名显示在车厢连接处的上部。下车前，按一下车门旁边柱子上的红色按钮。如果门没开，再按一下这个按钮就会打开。

大约 50 分钟可绕城一周的酒吧电车

有轨电车 Raitiovaunu

如果是市内旅游，乘坐电车较为方便。车体颜色为绿黄相间，车头上部标有线路编号。车体由两节车厢连接而成，从哪个门都可以上车。电车专用票无法在车内购买，需要提前购票。

由于同一编号的电车在同一线路上往返运行，要注意不要坐错方向。2 路车和 3 路车共同组成环形线路，观光前坐上一圈即可了解大致的地理信息。全程不到 1 小时，一张票就能转一圈。夏季有车厢内部被改造成酒吧的红色酒吧电车（Pubiratikka）。

有轨电车是赫尔辛基的便捷交通工具

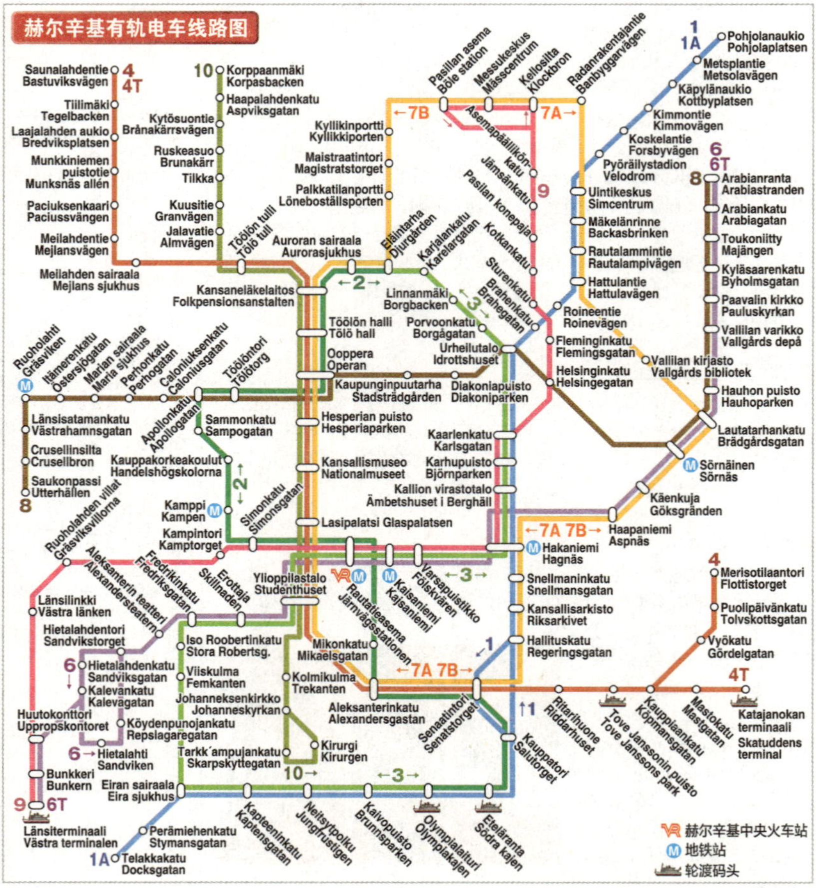

轮渡 Moottorivene

开往芬兰堡岛的渡船

国营渡船在市场广场与芬兰堡岛之间长年通航（→ p.450）。而私营渡船仅在5月~9月下旬的夏季通航。JT-Line运营的线路除市场广场~芬兰堡岛外，还有市场广场~科凯亚萨里岛（Korkeasaari）、哈卡涅米港（Hakaniemi）~科凯亚萨里岛等（→ p.452）。

主要的出租车公司
Taxi Helsinki
☎0100-0700

出租车 Taksi

赫尔辛基没有流动出租车，需要在市内各处的出租车乘降点或者电话预约乘坐。出租车乘降点带“Taxi”标识。如果那里没有待客的出租，也可以用电话叫车。不过电话约车需要加收预约费。

出租车打车费
打表计费。起步价周一～周五6:00~20:00与周六6:00~16:00为€ 5.9。其他时段为€ 9。乘车人数增加时会增加费用。预约费€ 7.1。另外，从机场出发或前往机场的出租车都会加收€ 2.3。无须小费。

赫尔辛基 漫 步

赫尔辛基位于拥有曲折海岸线的较小半岛的前部，虽然贵为一国首都，却算不上一座大城市。市中心是从赫尔辛基中央火车站周边到港口的区域。这里集中了主要景点、酒店、商场和餐厅，都在步行可达的范围内，道路也没有想象中弯绕，很容易走到。

赫尔辛基中央火车站是国内、国际列车的总站，也是有轨电车、地铁和巴士等市内交通的枢纽，很适合作为周游城市的起点。以火车站为中心，东西方向有平行延伸的两条大道：亚历山大街（Aleksanterinkatu）和花园大街（Esplanadi）。这两条大道的西端是南北走向的曼纳林大街（Mannerheimintie）。如果记住这三条路，赫尔辛基的布局也就容易理解了。

出租车几乎都是豪华车型

COLUMN FINLAND

姆明形象的创作者

很多人都误以为姆明是头河马，事实并非如此。姆明是一种叫“特洛尔”的生物。“特洛尔”是瑞典语，很难找到一个中文译名来表达，它既不是“怪物”，也不是“妖精”或“小矮人”，而是一种生活在森林深处的奇妙生物。这种类似于外星人一样的生物，与北欧的大自然却如此完美地融合在了一起。

创造出姆明·特洛尔及其伙伴的女作家托韦·扬松（Tove Jansson）（1914~2001年）于1914年出生在一个瑞典人和芬兰人的跨国家庭里。她的父亲是说瑞典语的芬兰雕刻家，母亲是瑞典插图画家。当时的芬兰，瑞典人作为少数民族自成一派，托韦·扬松便是在这样的瑞典语环境中长大的芬兰人。当然，她的作品也是用瑞典语创作的。透过其作品，我们可以看到这种特殊的成长环境对她内心造成的冲击。

作为姆明系列作品的创作者，托韦·扬松一般被视为一名童话作家。但是其实她还创作了很多适合成人阅读的作品，是北欧范围内颇受欢迎的现代作家。在第二次世界大战前夕，全世界都笼罩在法西斯的阴霾中。在此期间，她曾持续为著名的政治讽刺杂志《加尔姆》设计封面，表现出超人的风骨。从姆明系列作品寓意深刻的人物刻画来看，这部巨著其实不应被片面地理解成“写给孩子们的童话”。如果你有机会到访芬兰，一定要好好拜读一番这位作家的作品。

HELSINKI THIS WEEK

旅游咨询处和酒店等地免费提供的观光指南。里面有大量观光、戏剧和歌剧信息。

赫尔辛基通卡
Helsinki Card

共分为有效期 24 小时、48 小时和 72 小时 3 种。有效时间内，可以任意乘坐有轨电车、市内巴士、地铁和市营轮渡，而游艇和旅游巴士、机场巴士中的芬兰航空巴士可打折乘坐。另外，持此票可免费参观超过 50 家博物馆、美术馆，免费参加 Helsinki Expert 公司组织的观光巴士游，并享受音乐会、歌剧和餐厅打折等。在旅游咨询处、机场、车站售货亭、部分酒店及奥林匹亚、卡塔亚诺卡两座码头等地均可买到。

URL www.helsinkicard.com
费 24 小时有效 € 44
48 小时有效 € 54
72 小时有效 € 64

街道和车站的名称

赫尔辛基的街道和地铁、有轨电车的车站会用芬兰语和瑞典语双语标记。当地的地图和路标、招牌也会用双语书写。本书的地图用双语标记，但是在正文描述中采用芬兰语标记。

道路名称中上面是芬兰语，下面是瑞典语

东西向贯穿市中心的埃斯蒂公园是市民休憩的场所

首先，从赫尔辛基中央火车站到知名购物区花园大街的入口徒步只需 5 分钟左右。从那里沿着花园大街向东行进，10 分钟后可到港口对面的市场广场（Kauppatori）。广场北面相隔一个街区的距离有一座参议院广场，广场的正北面巍然矗立着赫尔辛基大教堂。返回时沿着有轨电车行驶的亚历山大街向西走，这样就可以绕行中心城区一周了。主要的美术馆都在这个矩形区域附近，快的话 1 天，慢慢游玩 2 天也足以游遍主要景点。

市场广场的尽头是去往芬兰堡岛的市营轮渡码头。芬兰堡岛漂浮在赫尔辛基海面之上，目前已被列为世界遗产。广场的西面是砖瓦结构的仓库等建筑，弥漫着这座港口城市特有的气息。此外，亚历山大街南侧到曼纳林大街东侧的区域，还有不少北欧艺术品商店。市内公园多，环境优美，可悠闲漫步。

从赫尔辛基大教堂的台阶上眺望参议院广场

赫尔辛基的旅游咨询处 ℹ

赫尔辛基的旅游咨询处位于北花园大街（Pohjoisesplanadi）上，在“波罗的海之女”的斜对面。市内有几处旅游咨询处，这里是信息和服务最完善的地方。可以免费领取手册和观光指南等资料，还设有

工作人员也很热情

搜索芬兰观光信息的终端设备。咨询处前面是一家 Helsinki Expert 旅行社，介绍、预约赫尔辛基周边的旅行，也可办理赴斯德哥尔摩和塔林的船票（收费）。

从赫尔辛基出发的旅行

■观光巴士之旅

由 Stromma Tourism 公司组织的赫尔辛基市内巴士旅游颇受欢迎。需要在旅游咨询处内的 Helsinki Expert 预约。旅行分为 Helsinki Panorama Sightseeing Audio Tour 和 Hop on Hop off 两种形式，线路基本相同。Helsinki Panorama Sightseeing Audio Tour 是游览外部参观芬兰大厦等景点，在坦佩利奥基奥教堂或西贝柳斯公园都可以下车开始参观。全程约需 1 小时 30 分钟，费用€ 31（持赫尔辛基通卡免费）。Hop on Hop off 是可在参议院广场等 13 个主要景点任意一个下车参观的循环巴士。这种线路可一边前进一边旅游，很方便。车票 24 小时有效，费用€ 27（持赫尔辛基通卡€ 12）。关于出发地，Helsinki Panorama Sightseeing Audio Tour 是在埃斯蒂公园（北花园大街与法比阿宁大街 Fabianinkatu 的交叉口）或卡塔亚诺卡码头，Hop on Hop off 是在参议院广场。

Stromma Tourism 公司组织的 Hop on Hop off 中使用的巴士车身为绿色

赫尔辛基的旅游咨询处 i
Map p.427-C2
住 Pohjoisesplanadi 19
电 (09) 3101-3300
URL www.visithelsinki.fi
开 5/15~9/14
周一～周六 9:00~18:00
周日 9:00~16:00
9/15~次年 5/14
周一～周六 9:00~18:00
周日 10:00~16:00
休 无休

动态信息提供

6~8 月，一群被称为赫尔辛基助手（Helsinki Helpers）的工作人员会在市中心巡回。他们不但会提供观光信息，还会提供地图和各景点的打折票，如果看到他们，不妨上前探听一下吧。他们身穿带 i 标记的绿色马甲。

Stromma Tourism 公司
电 (09) 2288-1600
URL www.stromma.fi

Helsinki Panorama Sightseeing Audio Tour
举办 埃斯蒂公园出发
5/2~9/3
每天 11:00、13:00
9/4~次年 5/1
周日～下周四 11:00
周五、周六
11:00、13:00
卡塔亚诺卡码头出发
8/15~次年 6/17
每天 10:30

Hop on Hop off
举办 参议院广场出发
5/9~9/21
每天 10:00~16:00 间每 30~45 分钟一次

赫尔辛基实用网址		
中国驻芬兰大使馆	电 (09) 2289-0110 FAX (09) 2289-0149	住 Vanha kelkkamäki 11
SAS	电 0600-025831	
芬兰航空	电 (09) 818-0800	营 24 小时 休 无休
塔林克·诗丽雅航线	电 (09) 180-41	住 Erottajankatu 19 Map p.427-C3
维京航线	电 (09) 123-5300	
警察、急救、消防（紧急）	电 112	
赫尔辛基警察	电 0295-417912	住 Pasilanraitio 13
遗失物品招领	电 0600-41006	住 Mäkelänkatu 56
电话医疗服务（24 小时）	电 (09) 310-10023	

赫尔辛基分区信息

A 赫尔辛基中央火车站周边（→ p.440）

作为国内、国际列车的总站，赫尔辛基中央火车站位于赫尔辛基所在半岛的中央位置。这里也是机场大巴和市内巴士的总站。火车站周边，酒店、餐馆、博物馆和美术馆等林立。东侧的站前广场是一座公园，内有《七兄弟》的作者阿列克西沉思的坐像（W. 阿尔特南设计）。雕像背后的威武建筑是国家剧院（→ p.482），这是上演芬兰语剧目的最古老的剧场（建于 1902 年）、也是规模最大的剧院，还可以看到戏剧。

B 参议院广场、埃斯蒂公园周边（→ p.442）

埃斯蒂公园（Esplanadi）是市民休憩佳处，经常人满为患。公园内随处点缀着诗人艾农列农、被亲切地称为"童话叔叔"的萨卡利托佩里乌斯、芬兰国歌的词作者 & 诗人 J.L. 鲁内贝格（J.L.Runeberg）的雕像。鲁内贝格的雕像由他的儿子设计。

公园两侧的北花园大街和南花园大街呈平行走向，道路两边汇集了众多高档店铺，是赫尔辛基著名的购物区。尤其北花园大街，更是名店荟萃。埃斯蒂公园西侧的白马蹄造型的建筑是瑞典剧院（Ruotsalainen Teatteri）。剧院北边是艾克泰米奈 · 基尔亚考帕（学院书店）（Akateeminen Kirjakauppa）（→ p.480），书店是阿尔瓦 · 阿尔托的作品。书店旁边通称 Rautatalo 大厦的大楼同样出自阿尔托之手。公园东边是热闹的市场广场，北边是赫尔辛基大教堂。

埃斯蒂公园内的 J.L. 鲁内贝格雕像

蓝天映照下的白色建筑异常醒目，这是赫尔辛基大教堂，它的前面是参议院广场

C 中心街南部（→ p.443）

在市民休闲地埃斯蒂公园的南边，有一片北欧设计迷的天堂。堪称芬兰设计集大成之作的应用艺术博物馆和集中了 20 世纪芬兰建筑信息的芬兰建筑博物馆比邻而居，周边有艺术品商店和家居设计店以及休闲咖啡馆等。

D 中心街西部（→ p.444）

赫尔辛基中央火车站的西侧是国际巴士和长途巴士的起点站中央巴士总站，它的周边有多家高档酒店和多个景点。北边是壮观的议会大厦（Eduskuntatalo）（由锡朗在 1930 年设计），其标志是 14 根高达 17 米的巨大圆柱。再往北是芬兰大厦和国家博物馆等景点。蜿蜒的道路尽头矗立着坦佩利奥基奥教堂。

E 中心街北部（→ p.445）

赫尔辛基的北部绿意盎然，大部分面积被特勒湾（Töölönlahti）占据。特勒公园（Töölön puisto）的西侧有奥林匹克体育场和现代化的国家歌剧院（→ p.482）等，东侧是卡里奥地区（→ p.480）。

郊外（→ p.450）

郊区有众多值得一看的景点，包括被联合国教科文组织列为世界遗产的芬兰堡岛等。在这个大岛上，景点较为分散，因此要游完所有景点需要花费一定的时间。建议精选景点，乘坐有轨电车、市内巴士或渡轮进行参观。

即使冬季，芬兰人也喜欢在户外运动。这是凯沃公园内的一景

One Day Sightseeing

赫尔辛基 1日游精选线路

小巧精致的赫尔辛基，景点都集中在中心城区。乘坐电车游览更加方便。去芬兰堡岛建议选择轮渡。

现在隶属于福音路德教会的芬兰堡岛教堂

① 被列为世界遗产的军事要塞遗址 芬兰堡岛

游览60分钟

（→p.450）

岛内还分布着炮台，“韦西科”号潜艇也对外开放。中午时分游客最多，推荐尽早出行。

讲述战争历史的大炮如今已融入城市风景

② 了解市民生活 市场广场

游览40分钟

（→p.443）

市场广场上，经营食品和民间工艺品的摊位错落排布。其中不乏实惠、精美的商品，适合在这里选购礼品。

小吃可在餐桌上即买即食

市场上新鲜的果蔬让人感觉到勃勃生机

③ 北欧最大的俄罗斯东正教教堂 乌斯彭斯基大教堂

游览30分钟

（→p.442）

内部祭坛的周围是描绘了耶稣基督与十二使徒的壁画，豪华的枝形吊灯等散发出庄严的气息。

位于山坡之上，从哪个方向看都很醒目

Start!

① 芬兰堡岛 Map p.425-D4

轮渡 15 分钟

② 市场广场 Map p.427-D3

徒步 5 分钟

③ 乌斯彭斯基大教堂 Map p.427-D2

徒步 5 分钟

④ 赫尔辛基大教堂 Map p.427-C2

徒步 7 分钟

⑤ 雅典娜美术馆 Map p.427-C2

徒步 10 分钟

⑥ 国家当代艺术博物馆奇亚斯马 Map p.426-B2

徒步 10 分钟

⑦ 坦佩利奥基奥教堂 Map p.426-A1

有轨电车 5 分钟、市内巴士 10 分钟

⑧ 西贝柳斯公园 Map p.424-B2

Goal!

4

代表赫尔辛基的
雄壮建筑

游览
20分钟

赫尔辛基大教堂

（→ p.442）

屹立在参议院广场高台之上的白色大教堂绝对让你流连忘返。直冲天际的 3 座穹顶呈左右对称状，十分壮观。

在以穹顶著称的赫尔辛基，大教堂堪称代表建筑

POINT

赫尔辛基大教堂的下面是供市民休闲的参议院广场

5

被誉为珍宝的
芬兰美术藏品

游览
60分钟

雅典娜美术馆

（→ p.440）

以芬兰传统的民族叙事诗《卡勒瓦拉》（→ p.441）为题材创作的卡伦 - 卡里拉的作品是镇馆之宝。

汇聚了国内外优秀作品的美术馆

6

代表芬兰的
现代美术馆

游览
60分钟

国家当代艺术博物馆奇亚斯马

（→ p.440）

这幢巧妙地运用了曲线效果的建筑是现代建筑史上的杰作。新颖的设计展不定期举办。馆内的咖啡馆人气爆满。

内设采用自然光的展览室

7

被岩石包围的
“岩石教堂”

游览
20分钟

坦佩利奥基奥教堂

（→ p.444）

一座完全被岩石包裹的独特教堂。教堂内岩石裸露，多达 180 块窗玻璃投进温暖阳光。

音响效果极佳，时常举行音乐会等

8

坐落于湖畔的
宁静公园

游览
30分钟

西贝柳斯公园

（→ p.445）

为交响乐《芬兰颂》等知名乐曲的作曲家西贝柳斯而建的公园。园内有他的纪念碑。

悠闲散步的市民三三两两地走过

One Day Sightseeing

赫尔辛基 主要景点

赫尔辛基中央火车站周边

雅典娜美术馆

Map p.427-C2

Ateneumin taidemuseo

收藏品类丰富，为芬兰国内最大规模

展示了18世纪50年代到20世纪60年代的芬兰美术品及19世纪至20世纪的国外美术品，也是芬兰国内规模最大的美术馆。19世纪中叶，伴随着民族意识的觉醒，芬兰的民族独立运动如火如荼地开展起来，这座1887年创立的博物馆便是运动的成果之一。博物馆建筑由T. 霍亚设计。在那之前，芬兰艺术协会收藏了大量美术品，不过由于没有博物馆，只有分散在市内各地。美术馆落成后，亚历山大一世和广大市民也都纷纷捐赠了不少作品，于是便形成了芬兰最大、在全球美术史上也具有重要地位的收藏地。美术馆的名称取自希腊女神雅典娜的名字“Athena”。

绘画方面，除了以叙事诗《卡勒瓦拉》为题材进行创作的芬兰著名画家阿克瑟·卡伦-卡里拉、芬兰洛可可主义的代表画家艾尔扎克等芬兰籍画家的作品外，还展示了凡·高、夏加尔等国外绘画大师的作品。雕刻方面，收藏有瓦伊诺·阿尔特南以及鲁内贝格的作品。

国家当代艺术博物馆奇亚斯马

Map p.426-B2

Nykytaiteen museo Kiasma

曼纳林元帅雕像旁边的现代化建筑是1998年建成的国家当代艺术博物馆奇亚斯马。步入由美国建筑师斯蒂文·霍尔打造的博物馆的内部，由柔和的曲线和直线构成的5层开放式空间首先就会让你震惊不已。这里时常举办各类主题展览，永远充满着新鲜感。热衷于数码艺术等现代美术的人也可以去看看。艺术品商店内商品种类多，精美的芬兰式文具和电脑周边产品让你爱不释手。咖啡厅也不错。

建筑设计也很有名

雅典娜美术馆
住 Kaivokatu 2
☎ 0294-500-401
FAX (09) 1733-6403
URL www.ateneum.fi
开 周二、周五 10:00~18:00
周三、周四 10:00~20:00
周六、周日 10:00~17:00
休 周一
费 €15
(可凭赫尔辛基通票入内)

无须密码的无线LAN接入点

赫尔辛基市内近来无须密码即可接入无线LAN站台迅速增加，其中就包括手机游戏供应商“愤怒的小鸟”提供的Angry Birds Wi-Fi。除了中央火车站和埃斯蒂公园周边，Robert's Coffee和Aschan这类咖啡连锁店等公共设施内都能免费连无线网。

国家当代艺术博物馆奇亚斯马
住 Mannerheiminaukio 2
☎ 0294-500-501
FAX 0294-500-575
URL www.kiasma.fi
开 周日、周二 10:00~17:00
周三~周五 10:00~20:30
周六 10:00~18:00
休 周一
费 €12
(每月第一个周五免费)
(可凭赫尔辛基通票入内)

一进美术馆就是一个斜坡

阿莫斯·安德松美术馆 Map p.426-B2

Amos Andersonin taidemuseo

馆内的古董不可不看

1955年开馆，收藏了在20世纪因投身出版和广告业，而积累了大量财富的阿莫斯·安德松的个人藏品。馆内有多达6000多件藏品，在个人藏品美术馆中，是芬兰规模最大的了。美术馆的前身是建于1913年的阿莫斯·安德松宅邸，所收集的作品也大多是20世纪的芬兰绘画，此外还有雕刻、玻璃艺术品和针织品等，门类繁多。除了举办常设展，还有特别展览，主要展示现代美术品。内设艺术品商店和怡人的咖啡厅。

阿莫斯·安德松美术馆

住 Yrjönkatu 27

☎ (09) 684-4460

FAX (09) 6844-4622

URL www.amosanderson.fi

开 周一、周四、周五 10:00~18:00

周三 10:00~20:00

周六、周日 11:00~17:00

休 周二

费 €12

（可凭赫尔辛基通票入内）

凯撒涅米植物园 Map p.427-C1

Kaisaniemen kasvitieteellinen puutarha

隶属赫尔辛基大学的植物园，于1829年开园。位于中央火车站的北面，全年都有各种植物可供欣赏。园内的玻璃温室培育着从全球移植过来的热带植物，数量多达900余种。参观温室是收费的，不过室外的花园是市民的休闲好去处，可自由游览。

凯撒涅米植物园

住 Unioninkatu 44

☎ 0294-124-455

URL www.luomus.fi/fi/kaisaniemen-kasvitieteellinen-puutarha

温室

开 6~8月

周二～周日 10:00~17:00

9月～次年5月

周二～周日 10:00~16:00

休 周一

费 €9

（夏季每月第一个周五的14:00~和冬季每月第一个周五的13:00~免费）

花园

开 每天 9:00~20:00

休 无休

费 免费

COLUMN　FINLAND

不了解《卡勒瓦拉》，芬兰文化便无从谈起

宇宙是如何形成的？传说在很久很久以前，在原始海洋的黑暗中，有一位纯洁的女子摸索着、漂流着。突然，不知从哪儿飞来一只小鸟，停在她的膝盖上，还在那里筑了一个鸟窝。不久，小鸟就产下了一枚鸟蛋，但不幸的是，鸟蛋摔碎了。就这样，蛋壳变成了天和地，蛋黄变成了太阳，而蛋清则化作月亮。这就是芬兰神话中对宇宙起源的描述。

在创造宇宙的那位圣女的腹中孕育了9年之久、一出生就已白发苍苍的维纳莫伊宁是一位伟大的诗人，他用智慧、魔法以及诗歌的力量为人间创造了所有的必需品。

对这样的充满浪漫色彩的梦幻和人间温暖充满向往的人都要读一读芬兰的民族史诗《卡勒瓦拉》(*Kalevala*)。这部以老人维纳莫伊宁作为主人公的鸿篇巨制一共有22795行，生动地刻画了宇宙的起源、诗人的诞生，还有他艰辛的冒险历程以及基督教的引入迫使他离开芬兰的过程。

《卡勒瓦拉》是出身农民的民俗学者埃利亚斯·伦洛特（1802~1884年）经过多年的收集编纂，于1835年2月28日发表（现在2月28日这一天被定为“卡勒瓦拉节”）。原本是农民们歌唱的民谣，是芬兰人内心的精神源泉。它为西贝柳斯的音乐及卡伦-卡里拉的绘画等众多艺术家的创作提供了无穷的灵感。

赫尔辛基大教堂
住 Unioninkatu 29
☎ (09) 2340-6120
URL www.helsinginkirkot.fi
开 6~8 月
每天 9:00~次日 0:00
9 月 ~ 次年 5 月
每天 9:00~18:00
休 无休
费 免费

内部装饰简洁

屹立在参议院广场上的亚历山大二世雕像

很多人坐在大教堂前的台阶上休息

乌斯彭斯基大教堂
住 Kanavakatu 1
☎ (09) 8564-6200
URL www.hos.fi
开 周二 ~ 周五 9:30~16:00
周六 10:00~15:00
周日 12:00~15:00
休 周一
费 免费

参议院广场、埃斯蒂公园周边

赫尔辛基大教堂

Map p.427-C2

Tuomiokirkko

赫尔辛基的代表性建筑

由 K. 恩格尔设计的赫尔辛基大教堂以居高临下的姿势矗立在石板铺成的参议院广场上。教堂以穹顶为中轴，左右对称，这种设计给人强烈的视觉冲击力。作为路德派的总教堂，赫尔辛基大教堂在历时 30 年后，终于在 1852 年竣工。当时，只在建筑的中央位置有一座穹顶。恩格尔死后，其他建筑师又在四个角添加了小圆顶。参议院广场对面的台阶不久也建造完成。正门位于西侧（联合街 Unioninkatu 一侧），这点与芬兰其他教堂一致。逛累了的游客，也会像赫尔辛基人一样，坐在大台阶上歇歇脚，还能顺便从高处看看街景。

参议院广场

Map p.427-C2

Senaatintori

赫尔辛基大教堂是这座城市的地标性建筑，在它的下面就是用石板铺成的占地约 3000 平方米的参议院广场。广场中央是 W. 鲁内贝格创作的俄罗斯沙皇亚历山大二世的雕像。广场周围有市政厅（Kaupungintalo）、赫尔辛基大学（Helsingin ylipisto）主楼和图书馆等建筑，空气中弥漫着浓郁的古典气息。这里也是赫尔辛基历史最悠久的地区。

乌斯彭斯基大教堂

Map p.427-D2

Uspenskin katedraali

从市场广场眺望到的红砖建造的教堂就是乌斯彭斯基大教堂。这座北欧最大的俄罗斯东正教教堂于 1868 年由俄国建筑师所建。教堂的墙壁上画有描绘基督与十二使徒的壁画，此外还有一些优秀的宗教题材艺术品。

眼前的精美装饰令人震撼

市场广场 Map p.427-D3

Kauppatori

光是五颜六色的水果、蔬菜和露天摊点就让我们眼前一亮的市场广场内，樱桃和草莓是必不可少的水果，还可以看到有些人手拿着生豌豆和胡萝卜边走边吃。这里经营芬兰工艺品、各式各样的手织毛衣和围巾等适合作为礼品的商品，另外还有出售鲱鱼等鱼类烧烤的小吃店，可以就地食用。免费入场，夏季的周日还有周日集市。

小摊上可以品尝到应季的美味

从市场广场沿着港口走一段路后，可以看到一栋名为老农贸市场（Vanha Kauppahalli）（→p.480）的细长建筑。里面有很多经营肉、蔬菜等生鲜食品的店铺和冰沙专卖店、咖啡馆等，全年不休。

市场广场

开 周一～周五 6:30~18:00
周六 6:30~16:00

休 周日

周日集市

开 5月上旬~9月下旬
周日 10:00~17:00

甘甜的豌豆经常被当作零食

购物的同时还能与店主交谈

中心街南部

应用艺术博物馆 Map p.427-C4

Designmuseo

一家全球知名的以芬兰设计为主题的博物馆。要想了解芬兰的设计师如何在家电产品和餐具等日用品以及手机、家具等工业产品设计领域大展身手，来这里就可一探究竟。一层举办设计展，讲述芬兰设计史。二层与地下一层举办规划展览，展示古代陶瓷餐具藏品及20世纪50年代的家电产品，吸引了不少游客。内设的博物馆商店中销售芬兰设计师的作品。还有咖啡馆。

可以看到大名鼎鼎的设计师的家具作品

应用艺术博物馆

住 Korkeavuorenkatu 23

☎（09）622-0540

FAX（09）6220-5455

URL www.designmuseum.fi

开 6~8月
每天 11:00~18:00
9月～次年5月
周二 11:00~20:00
周三～周日 11:00~18:00

休 9月～次年5月的周一

费 €10
（每月的最后一个周二的17:00~免费）
（可凭赫尔辛基通票入内）

使用与芬兰建筑博物馆共用的通票。

费 €12

芬兰建筑博物馆 Map p.427-C4

Arkkitehtuuri museo

在这幢充满情调的建筑内，展示了20世纪芬兰建筑师的相关资料，包括设计图纸、草图和建筑图片等，喜欢建筑的人一定要看看。还会举办规划展。在博物馆商店内，还有大量的与建筑相关的图册等书籍出售。

可以了解芬兰建筑

芬兰建筑博物馆

住 Kasarmikatu 24

☎（09）8567-5100

FAX（09）8567-5101

URL www.mfa.fi

开 周二、周四～周日
11:00~18:00
周三 11:00~20:00

休 周一

费 €8（每月的第一个周五免费）
（可凭赫尔辛基通票入内）

使用与应用艺术博物馆共用的通票。

费 €12

国家博物馆

住 Mannerheimintie 34

电 0295-336-000

URL www.kansallismuseo.fi

开 周二～周日 11:00~18:00

休 周一

费 € 10

（可凭赫尔辛基通票入内）

17 世纪的教堂的说教台

坦佩利奥基奥教堂

住 Lutherinkatu 3

电（09）2340-6320

开 6~8 月

周一～周六 10:00~17:45

周日 11:45~17:45

9 月～次年 5 月

周一～周六 10:00~17:00

周日 11:45~17:00

（周六、周日经常举办活动，届时对外开放的时间会变动，需要打电话事先确认。电（09）2340-5940）

休 教会活动时

费 免费

交通→→→

2 路有轨电车在 Kauppakorkeakoulut 下车，然后步行约 5 分钟。

赫尔辛基美术馆 / 网球宫

住 Etelainen Rautatiekatu 8

电（09）310-1051

URL www.hamhelsinki.fi

开 周二～周日 11:00~19:00

休 周一

费 € 10

（可凭赫尔辛基通票入内）

中心街西部

国家博物馆

Suomen kansallismuseo

Map p.426-B1

带石质尖塔的建筑

曼纳林路对面的国家博物馆于 1902 年由沙里宁、林德格伦和盖赛柳斯 3 名设计师共同设计建造。教堂一般的外观给人深刻印象。

里面收藏了从石器时代到现代的芬兰历史资料。进入馆内你立即就会被一幅《卡勒瓦拉》的壁画所吸引。馆内根据时代划分为 7 个区，分别展示了生活用品、狩猎工具、玻璃制品和民族服饰等。

坦佩利奥基奥教堂

Temppeliaukion kirkko

Map p.426-A1

岩石垒成的教堂

沿着中央巴士总站北侧的阿尔卡迪安街（Arkadiankatu）走 15 分钟左右（可乘坐 2 路有轨电车），可以在右手边看到一座路德派教堂。正如它的别称“岩石教堂”所描述的那样，这座教堂完全隐没在石缝中，要是不注意，你就会与它擦肩而过。教堂建造的初衷就是要保持岩石天然的造型，以设计大赛中脱颖而出的斯欧马拉涅兄弟的作品为蓝本，于 1969 年落成。透过圆形天井玻璃窗射进来的阳光柔和地照在裸露在外的粗糙岩石表面，置身于此，宛若身在自然，令人内心澄净。音响效果极佳，时常有小型音乐会在此上演。

赫尔辛基美术馆 / 网球宫

Helsingin taidemuseo, Tennispalatsi

Map p.426-A-B2

是当地年轻人聚集的场所

这幢白色建筑运用了大量玻璃。是由展示当代艺术品的赫尔辛基美术馆（HAM）和 14 家电影院等组合的综合休闲娱乐设施。还有咖啡馆和快餐店等，深受年轻人喜爱。

静默教堂 Map p.426-B2

Kampin kappeli

中央巴士总站所在的康比购物中心前的广场上赫然屹立着一栋宇宙飞船模样的建筑，这就是静默教堂。自 2012 年赫尔辛基被评为世界设计之都后，由建筑师米高 · 苏马宁、金莫 · 林多拉、尼科 · 希尔拉设计建造。略带曲面的冷杉木结构和支撑内部高达 11.5 米的大厅的赤杨以及从顶部的天窗投射进来的柔和光线都让人内心温暖。另外，简朴的祭坛上摆放着雕刻家 Antti Nieminen 创作的十字架。与普通的教堂不同，这里不举办弥撒和婚礼等教会活动。诚如它的名称“静默教堂”所体现的那样，这里只供人们祈祷。虽然位居市中心，但是内部却静谧而安详，能够让人忘却都市的喧嚣。

沉浸在静默氛围中的教堂

空间开阔的大厅

静默教堂

住 Simonkatu 7

☎ （09）2340-2018

URL www.helsinginkirkot.fi

开 周一～周五　8:00~20:00

　周六、周日　10:00~18:00

休 无休

费 免费

交通→→→

乘坐 2 路或 9 路有轨电车在 Simonkatu 站下车后徒步 1 分钟。

中心街北部

奥林匹克体育场 Map p.424-B1

Olympiastadion

为举办 1952 年赫尔辛基奥运会兴建的体育场。入口处放置了在那届奥运会上共获得 9 枚金牌的马拉松运动员帕沃 - 努米的铜像（W. 阿尔特南创作）。体育场旁边是高达 72 米的瞭望塔——体育场塔（Stadion Torni），此外还有芬兰体育博物馆（Suomen Urheilumuseo）。

奥林匹克体育场

☎ （09）436-6010

URL www.stadion.fi

由于奥林匹克体育场的改装工程到 2019 年才会完工，在那之前，体育场塔和芬兰体育博物馆处于关闭状态。

交通→→→

乘坐 2、4、4T、7A、7B、8、10 路有轨电车在 Ooppera 站下车后步行 3 分钟。

展出了芬兰历史上的制服

西贝柳斯公园 Map p.424-B2

Sibeliuksen puisto

为纪念出生于海门林纳的芬兰著名作曲家让 · 西贝柳斯（1865~1957 年）而建的公园。公园的中心位置是艾伊拉 · 希尔图宁于 1967 年创作的巨型管风琴纪念碑和坐落在花岗岩上的西贝柳斯肖像雕塑。拍完照后，可以去西侧的滨海大道上散步。还有一些靠海的酒吧。

纪念碑和西贝柳斯雕像引得游人纷纷驻足观看

西贝柳斯公园

住 Mechelininkatu

交通→→→

从瑞典剧院前乘坐 24 路巴士，约 10 分钟后抵达。标志是纪念碑。从赫尔辛基中央火车站出发步行约需 40 分钟。

城堡山游乐场
住 Tivolikuja 1
电 010-5722200
URL www.linnanmaki.fi
开 4/18~5/8、10/3~9
周六 13:00~21:00
周日 13:00~20:00
5/9~6/26
周一～周五 11:00~21:00
周六 13:00~21:00
周日 13:00~20:00
6/27~7/31
每天 11:00~22:00
8/1~14
周一～周五 11:00~22:00
周六、周日 13:00~22:00
8/15~28
周一～周六 13:00~21:00
周日 13:00~20:00
8/29~9/11、10/17~23
周一～周五 16:00~21:00
周六 13:00~21:00
9/12~10/2
周六 13:00~21:00
10/10~16
周三～周五 16:00~22:00
周六、周日 13:00~22:00
（需要提前确认）
休 上述时间以外
费 免费入场（单人票€10、自由通票€37~、夜场自由通票€30）
交通→→→
乘坐 3 路有轨电车后在 Linnanmäki 站下车后步行 1 分钟。

城堡山游乐场

Map p.425-C1

Linnanmäki

1950 年开业的老牌游乐场，是赫尔辛基人气很旺的地方，一到周末就会有大量家庭和情侣前往游玩。场内的超过 40 处游乐设施，包括经历 60 年风雨到现在还在使用的木质云霄飞车 Vuoristorata，以及 2014 年建成的从 75 米高空垂直落下的自由落体机 Kingi 等惊险刺激项目，还有摩天轮 Rinkeli 等老少皆宜的娱乐项目，种类丰富。另外，园内还建有依照芬兰实际建筑或人物建成的搞怪纪念雕像。入园是免费的，即使仅去体验一下热闹的气氛也能让你心情大好。

赫尔辛基中央火车站前的雕像在这里也能见到

带怀旧风格装饰的空中秋千

COLUMN FINLAND

诺基亚工厂旧址卡佩雷

大型艺术中心卡佩雷是在芬兰最大的通信设备制造商诺基亚 Nokia 原厂的基础上改建而成。现归赫尔辛基市第三部门运营，里面除了有芬兰图片博物馆（Finlands Fotografiska Museum）等 3 座博物馆外，还有画廊和舞蹈剧院，不定期举办展览会和其他活动。空余的空间供艺术家们租来当工作室用，租金不高。从这里也可看出芬兰举国振兴文化事业的决心。

参观结束后，建议去人气咖啡馆 Hima & Sali 小憩片刻。在那里经常可以看到艺术家们攀谈的身影。

从地铁站步行过来的路边即可看到的重点建筑。问询处位于建筑与建筑间较内侧位置

DATA

■卡佩雷
Map p.424-B3
住 Tallberginkatu 1C15
电 (09) 4763-8300
URL www.kaapelitehdas.fi
开 周一～周五 8:30~19:30 周六 12:00~16:00
休 周日
交通→→→
乘坐 8 路有轨电车在 Länsisatamankatu 下车后步行 1 分钟。或者在地铁 Ruoholahti 站下车后步行 5 分钟。

芬兰的代表性建筑师阿尔瓦·阿尔托

说起20世纪芬兰的建筑和设计，就不得不提及阿尔瓦·阿尔托（Alvar Aalto）（1898~1976年）。接下来就让我们感受一下受人爱戴的、只有芬兰才能养育出来的阿尔托的魅力吧。

经历了从俄罗斯统治下的独立战争及第二次世界大战之后，开始向现代国家迈进的芬兰，诞生了一位活动于动荡的20世纪的伟大建筑师阿尔瓦·阿尔托。他是为芬兰的建筑和设计打下坚实基础并将其推广至全世界的开拓性人物。实际上，芬兰在那之前并没有留下什么名垂青史的建筑。

阿尔托首次创办工作室，是在绿树掩映的于韦斯屈莱（→p.496）。当时，那里保留着装饰华美的经典的新古典主义作品。之后，随着功能主义、合理主义在全球风靡，其作品转变为时尚风格，通过图尔库新闻社（1929年）和图尔库郊外的小镇帕伊米奥（Paimio）的结核病疗养院Sanatorium（1933）等作品，确立了他作为全世界著名建筑师的地位。阿尔托设计的椅子中的杰作——扶手椅，就是专为帕伊米奥结核病疗养院精心打造的。之后，他并没有为声名所累，而是把钟爱的芬兰的自然环境和传统融入作品中，给现代建筑世界里吹进了一股清新之风。除了建筑，他还在家具创作领域大显身手，设计的“萨沃伊瓶Savoy Vase”就是很好的例子。这种带有据说描绘了湖泊形状的奇妙曲线的花瓶，在1937年的巴黎世博会上吸引了全世界的关注。芬兰的建筑和设计一贯重视实用性，但是将自然的元素纳入其中，或许正是始自阿尔托。

在赫尔辛基，阿尔托设计的作品不计其数。高级住宅街上有他的宅邸和办公室兼工作室（→p.451）。此外，阿尔托制订了将文化设施集中于一处的城市规划方案，并自行修建了芬兰颂剧场（→p.482/1967~1971年），这也是很值得一看的精品。直线和曲线完美融合形成的白色墙壁可谓他的集大成作品。如果你有时间，还可以去看看其红砖结构的代表作、坐落于阿尔托大学校内的奥塔涅米（→p.454）。另外，Artek商场（→p.476）、由他担任内部设计的高级餐厅Ravintola Savoy（→p.469）也很有名。Artek商场内可以买到阿尔托设计的家具，例如将白木弯曲后制作的桌椅等。当然，于韦斯屈莱的Saynatsalo以及根据他提出的城市规划建设的罗瓦涅米（→p.505）等，也是粉丝们十分想一睹风采的场所。

※照片提供Copyright: 阿尔瓦·阿尔托博物馆（Alvar Aalto Museo）

芬兰的人气拍摄地

参观《海鸥食堂》拍摄地

电影《海鸥食堂》以赫尔辛基为背景拍摄。为了一睹电影中出现的场景，不妨去赫尔辛基实地体验一番。

海鸥食堂

幸惠（小林聪美饰）在赫尔辛基独自经营一家叫作“海鸥食堂”的日式餐厅，后来，小绿（片桐入饰）与正子（樽真佐子饰）因为偶然的契机，先后来到这里帮忙。温暖感人的故事情节，向人们描述了芬兰平静的日常生活与绝美的风景。

1 海鸥食堂 ruokala lokki

一家幸惠经营的日式餐厅。故事就在这家精致的餐厅缓缓展开。现实中的海鸥食堂（Ravintola Kamome）（→p.470）可以品尝到传统的芬兰美食。2016年春季重新装修后，店内更接近电影中的气氛。菜单也重新制作，增加了自制日式美食和饭团等菜品。

2 有轨电车 Raitiovaunu

小绿登场时，正在乘坐有轨电车周游赫尔辛基。电车穿梭在赫尔辛基城区，是游客和市民的重要出行方式。（→p.432）

3 学院书店＆阿尔托咖啡屋 Akateeminen Kirjakauppa & Café Aalto

电影开场不久，幸惠和小绿就是在这里邂逅。店内流淌着“科学小飞侠之歌”，回味无穷。拍摄地是学院书店（→p.480）的总店，而播放“科学小飞侠之歌”的是位于二层的阿尔托咖啡屋（→p.471）。整幢建筑由阿尔托亲自设计，开放式的空间令人拍案叫绝。

4 花园大街 Esplanadi

（阿卡、玛丽马克、伊塔拉）

这里商铺云集，是赫尔辛基的购物街。幸惠在这里一边念叨着“谁、谁、谁”，一边轻声哼着“科学小飞侠之歌”漫步。埃斯蒂公园两侧位于北花园大街上的玛丽马克（→p.475）是正子购物的场所。

5 厄休拉咖啡屋

Café Ursula

幸惠、小绿、正子及芬兰女人 Liisa 休息日光顾的地方。位于赫尔辛基的南部和卡伊沃公园旁边，店前即大海。夏季可以坐在露天座椅上，喝着啤酒看电影。（→p.472）

去郊外远足

努克西奥国家公园

Nuuksio National Park

经常被搬上宣传册和海报的封面，想必很多人对它并不陌生。《海鸥食堂》剧中正子冷不丁说了一句“去一趟林中”，后来去采蘑菇的地方就是这里。

风景秀丽的国家公园内有修整好的散步道。芬兰的国家公园内，允许采摘蘑菇和浆果，游客也可以尝试一下。（→p.454）

郊 外

芬兰堡岛

Suomenlinna

Map p.425-D4

芬兰堡岛是守护芬兰南部海岸的军事要塞，周围以城墙拱卫。芬兰堡由4个岛屿组成，岛屿之间由桥梁连接。在瑞典沙俄战争、克里米亚战争以及芬兰内战时期，这里都曾经扮演重要角色，而今已经变成一座美丽的公园。当年的大炮和炮台面海而立，博物馆、教堂和餐厅点缀其间。这里已被联合

还保留着历史上的城墙

芬兰堡岛

URL www.suomenlinna.fi

旅游服务中心

☎ 0295-338-410

开 5~9月
每天 10:00~18:00
10月～次年4月
每天 10:30~16:30

休 无休

旅游团（英语）

举办 6~8月
每天
11:00、12:30、14:30
9月～次年5月
周六、周日 13:30

费 €11
（持赫尔辛基通票免费）

交通

从市场广场前开往芬兰堡岛方向的轮渡码头换乘赫尔辛基交通局运营的国营轮渡或JT-Line公司的私营轮渡可以前往芬兰堡岛。前者在芬兰堡岛北部的主码头靠岸，6:20~次日2:20间每小时有1~2班。约需15分钟，全年通航。后者只在5~9月通航，抵达芬兰堡岛中部的旅游服务中心码头（Visitor Center's Quay），然后停靠在芬兰堡岛南部附近的帝皇门码头（King's Gate Quay），最后返回市场广场。周一～周五的8:00~23:00、周六 9:00~23:00、周日9:00~19:30（有时缩短时间）。另外，从市场广场的栈桥出发还有Sunlines等公司经营的游艇。游艇前有通航时刻表和售票处。

国营轮渡

费 往返€5（乘船前在自动售票机旁的检票口打印时间后方可使用。须从该时刻起90分钟以内登船。有效时间为12小时。）
（可凭赫尔辛基通票登船）

JT-Line公司

费 往返€7

芬兰堡岛博物馆

开/休 与旅游服务中心相同

费 €7
（持赫尔辛基通票参观芬兰堡岛玩具博物馆可打折。也可凭此票进入芬兰堡岛内的其他博物馆）

国教科文组织列入世界遗产名录。

如果要去芬兰堡岛，可乘坐由市场广场始发的轮渡。从码头出发，按照路标沿着建筑往前走，向右拐后再向岛屿中央步行 10 分钟左右，就来到了芬兰堡岛的旅游服务中心兼芬兰堡岛博物馆（Suomenlinnamuseo）。博物馆内以沙盘和图片等形式展示了芬兰堡岛的历史。

岛内除了艾伦怀特博物馆（Ehrensvärdmuseo）外，还有展示 1830~1960 年间玩具（共花费了 25 年收集）的芬兰堡岛玩具博物馆（Suomenlinna lelumuseo）（☎ 040-5006607 费 €6 在休闲室内还能品尝自制的蛋糕和点心。还有俄式茶具展）、第二次世界大战中实际参战的"韦西科号"潜艇（Sukellusvene Vesikko）（☎ 0299-530-260 费 €5）等景点。建议在参观这些博物馆的同时，也去岛内散布的咖啡厅或餐厅、手工艺品商店转转。岛上有芬兰堡岛青年旅舍（Hostel Suomenlinna）[☎（09）684-7471 费 多人间 €24~ Ⓢ €54~]，可以在这里住上一晚悠闲观光。此外，夏季岛内还会举办音乐会和歌剧等各类音乐活动。详细日程需要在网站上确认。

岛内有很平整的散步道

阿尔托宅邸和阿尔托工作室 Map p.424-A1

The Aalot House & Studio Aalto

要找出一个代表芬兰的设计师，那只能是阿尔瓦·阿尔托。赫尔辛基市区的高档住宅区内坐落着阿尔托宅邸和工作室。这栋阿尔托声名鹊起之初建造的宅邸极其简朴，进入内部后，可以看到为采自然光而打通的天棚，大量使用了木料，营造出一片舒适空间。工作室则气氛迥异，造型融合了现代建筑与自然之美环绕小花园而建，步入其中，其明亮程度会让你惊讶不已。可以想见，在整个冬季太阳几乎都慵懒得不愿露面的芬兰，阳光对当地人来说是多么可贵。这些景点都可以通过参加旅游团参观。

参观完阿尔托宅邸后，你是否萌生了室内装饰的灵感？

戈伦怀特博物馆
☎（09）684-1850
开 5/9~31
每天 10:30~16:00
6~8 月
每天 11:00~18:00
9/1~18
每天 11:00~16:00
休 9/19~次年 5/8
费 €5

岛内咖啡厅

Café Vanille
☎ 040-5561169
营 6 月上旬～中旬
每天 10:00~18:00
6 月中旬～8 月中旬
每天 9:30~19:00
8 月中旬～9 月底
每天 11:00~17:00

Café Piper
☎（09）668-447
5/9~31 每天 10:00~17:00
6/1~8/31 每天 10:00~19:00
9 月每天 10:00~17:00

岛内熟食店

Viaporin Deli & Café
☎（09）698-0083
营 每天 11:00~18:00

B 34
☎ 050-4082902
营 6/1~8/28 每天 11:00~17:00

阿尔托宅邸
住 Riihitie 20
☎（09）481-350
URL www.alvaraalto.fi
旅游团
举办 5~7 月、9 月
周二～周日 13:00~16:00
8 月
每天 13:00~17:00
2~4 月、10 月、11 月
周二～周日 13:00~15:00
12 月、1 月
周六 13:00~15:00
每个整点出发。
费 €17
（持赫尔辛基通票€15）

阿尔托工作室
住 Tiilimäki 20
☎（09）481-350
URL www.alvaraalto.fi
旅游团
举办 5~7 月、9 月
周二～周六 11:30、12:30
8 月
每天 11:30、12:30
10 月～次年 4 月
周二～周六 11:30
费 €17
（持赫尔辛基通票€15）

交通→→→
乘坐 4、4T 路有轨电车在 Laajalahden aukio 下车后步行约 10 分钟。

凯沃公园

曼纳林博物馆

☎（09）635-443

URL www.mannerheim-museo.fi

开 周五～周日 11:00~16:00

休 周一～周四

费 €10

（可凭赫尔辛基通票入馆）

叙格奈乌斯美术馆

URL www.nba.fi

本书调查时闭馆。

交通→→→

乘坐1A、3路有轨电车在Kaivopuisto下车，步行1分钟。

伴侣岛露天博物馆

住 Seurasaari

☎ 0295-336-912

URL www.kansallismuseo.fi/fi/seurasaari

开 5/15~31、9/1~15

周一～周五 9:00~15:00

周六、周日 11:00~17:00

6~8月

每天 11:00~17:00

休 9/16~次年5/14

（可在外部参观）

费 €9（5/15~31、9/1~15为€6）

（可凭赫尔辛基通票入馆）

交通→→→

从瑞典剧院前乘坐24路市内巴士，约20分钟后在终点下车，然后穿过长长的木桥。

赫尔辛基科凯亚萨里动物园

☎（09）3103-7900

URL www.korkeasaari.fi

开 4、9月

每天 10:00~18:00

5~8月

每天 10:00~20:00

10月～次年3月

每天 10:00~16:00

休 无休

费 €12

（持凭赫尔辛基通票为€10）

交通→→→

从市场广场乘坐轮渡约20分钟（仅5~9月）。轮渡在10:00~19:20间每40分钟一班。哈卡涅米港也有轮渡出发，5月的周六、周日及6~8月的每天10:00~19:00每30分钟一班。包括动物园门票的船票价格€18。

如果乘坐巴士，要在赫尔辛基中央火车站东侧的市区巴士总站乘坐16路约25分钟。

凯沃公园

Kaivopuisto

Map p.425-C3-C4

凯沃公园地区环境清幽，是使馆区和高档住宅区。19世纪30年代矿泉公司在此创立，从而带动了该地的发展。温泉大厦由恩格尔在1838年设计完成，现在是“Kaivohuone餐厅”，深受游客欢迎。此外，还有利用曼纳林元帅故居改建而成的曼纳林博物馆（Mannerheim Museo）和集中了19世纪芬兰美术作品的叙格奈乌斯美术馆（Cygnaeuksen Galleria）。

伴侣岛露天博物馆

Seurasaaren ulkomuseo

Map p.424-A2

伴侣岛是位于赫尔辛基半岛西侧尽头处的一座小岛，整座岛就是一个国家公园。在岛北部的博物馆区域，展示了从芬兰各地搬迁来的87栋18~19世纪的民居，包括被阿尔瓦·阿尔托誉为“建筑领域典范”的Niemelä农居（No.7）、中世纪至19世纪典型的西南芬兰风格建筑Antti之家（No.25）以及以大屋顶著称的Karuna教堂（No.8）。在清新空气包裹的绿荫下，既可以在海边享受日光浴，也可以与林中的小动物们嬉戏，何其乐哉。

古建筑被搬迁到这片优美的环境中来

赫尔辛基科凯亚萨里动物园

Korkeasaaren eläintarha

Map p.425-D2

赫尔辛基以东海面上的科凯亚萨里岛全岛都是一座动物园。设置在高低起伏的岛面上的动物圈舍空间都比较大，动物们有足够大的活动范围。每个圈舍的护栏前都有英语简介，可了解动物相关知识。除了驯鹿和雪豹等栖息在寒带的动物外，还能看到非洲和南美的动物。如果是刚刚开园就进入园内，还能看到刚刚饱餐过后的动物们活蹦乱跳的模样。

有多头狮子

卡伦 - 卡里拉美术馆

Map p.424-A1 外

Gallen-Kallelan Museo

博物馆距离市中心较远，但是值得一去

阿克瑟·卡伦-卡里拉（1865~1931 年）是芬兰插图和工艺美术的先驱。他的工作室如今被改建成了美术馆。美术馆于 1913 年由卡伦-卡里拉本人自行设计，从 1961 年开始作为美术馆对外开放。卡伦-卡里拉在赫尔辛基美术学院度过了 4 年的求学生涯后，远赴巴黎学习美术。他一生留下了大量的风景画和肖像画，其中《卡勒瓦拉》系列作品令他一举成名。美术馆内珍藏了版画、绘画和雕刻作品，还有他曾经使用过的创作工具、家具和其他用品。J. 西贝柳斯的部分作品以及 R. 卡亚努斯的《专题讨论》也不得不看。这里视野开阔，是理想的远足线路。花园里有咖啡厅。

卡伦－卡里拉美术馆

住 Gallen-Kallelan tie 27

☎（09）849-2340

URL www.gallen-kallela.fi

开 5/15~8/31
每天 11:00~18:00
9/1~ 次年 5/14
周二～周六 11:00~16:00
周日 11:00~17:00

休 9/1~ 次年 5/14 的周一

费 € 8
（可凭赫尔辛基通票入馆）

交通

乘坐 4、4T 路有轨电车在 Laajalahden aukio 下车后步行 30 分钟。

阿拉比亚工厂

Map p.425-C1 外

Arabia

阿拉比亚是芬兰的陶瓷品牌，始于 1873 年，至今已拥有超过 130 年历史。阿拉比亚的产品质量可靠，同时注重功能性，不仅畅销芬兰，还受到全世界人民的追捧。此外，还有姆明系列陶瓷享誉全球。带有姆明图案的马克杯和画盘等非常适合当作纪念品。

一层的工厂店除了销售阿拉比亚的产品，还有隶属于同一家集团的玻璃产品制造商伊塔拉（iittala）品牌的玻璃杯及拥有 200 多年历史的哈克曼（Hackman）的餐厨具、费斯卡（Fiskars）的产品等。值得一提的是，这里可以买到直销商品（B 级品）。在中国售价 200~300 元的商品，如果运气好，在这里€ 10 就能搞定。买多了也不用担心，因为阿拉比亚提供配送至中国国内的快递服务。

九层是阿拉比亚博物馆（Designmuseo Arabia），品牌自创立以来大受欢迎的名牌陶瓷及新产品在这里华丽展出。还能看到各件产品设计方面的说明。另外，内设咖啡馆和图书馆。

阿拉比亚工厂

住 Hämeentie 135

URL www.arabia.fi

问询处

开 周一～周五 10:00~15:00

休 周六、周日

阿拉比亚博物馆

☎ 020-4395357

URL www.designmuseum.fi

开 周三～周五 12:00~18:00
周六、周日 10:00~16:00
（各季节有所不同）

休 周一、周二

费 € 4
（可凭赫尔辛基通票入馆）

工厂店

☎ 020-43933507

开 周一～周五 10:00~20:00
周六、周日 10:00~16:00

休 无休

交通

乘坐 6、6T、8 路有轨电车在终点 Arabianranta 前的 Arabiankatu 下车，然后步行 3 分钟。

工厂可能不接待游客参观，出行前需确认。

这里有市图书馆

买一些实惠的直销商品吧

阿拉比亚工厂内设咖啡馆、博物馆和商店等

赫尔辛基 短途旅行

努克西奥国家公园

Map p.414-B4

Nuuksio National Park

在赫尔辛基以西约35公里处，有一座面积达45平方公里的国家公园。公里内绿意葱葱，宽广的湖面上睡莲丛生。这里一共有3条远足线路，全都非常平坦，适合各类人群。如果时间和体力允许的话，建议来享受这个森林与湖泊之国特有的美景。采摘浆果等芬兰特有的娱乐活动同样妙趣横生。

可以亲近美丽的森林和湖泊

奥塔涅米

Map p.414-B4

Otaniemi

奥塔涅米位于赫尔辛基近郊的埃斯波（Espoo），对于建筑迷而言这里是必看的地方。阿尔托大学理工学院校区坐落于此，阿尔瓦·阿尔托设计的建筑群的整体红砖风格格外醒目。其中，以呈仰望天空之势的扇形结构著称的欧蒂特姆图书馆最引人注目。学生宿舍后的教堂（1957年由海基和卡娅锡朗夫妇设计）也值得一去。另外，学生会馆Dipoli（1966年由R. 皮耶蒂莱和R. 帕泰莱宁设计）的设计也是绝无仅有的。

校区内有不少阿尔瓦·阿尔托设计的建筑

阿依诺拉

Map p.414-B4

Ainola

阿依诺拉是一个距赫尔辛基约40公里的小山村，伟大的作曲家西贝柳斯的墓地和故居都在这里。这个西贝柳斯度过半生的村子，被森林、草场和湖泊围绕，风景与当年他生活时别无二致，淳朴至极。游客可以在诞生名曲的环境中感受悠闲时光。这里也有旅行团光顾，详情要向阿依诺拉的旅游咨询处确认。

西贝柳斯度过半生的村子

努克西奥国家公园

URL www.luontoon.fi

交通→→→

在赫尔辛基搭乘E、L、S、U任意一路郊区列车，约30分钟后在埃斯波（Espoo）下车。在站前的Espoo Keskus巴士站乘坐85、85K路巴士，约30分钟后在Haukkalammentie下车。然后沿车站对面的小道走20分钟就到了公园的入口（停车场）。穿过第一个停车场，第二个停车场才是远足线路的起点。从埃斯波发往这里的巴士班次不多，最好事先在旅游咨询处确认好时间。

在努克西奥国家公园采蘑菇&摘浆果

URL feelthenature.fi

奥塔涅米

开 免费入场（5月下旬~9月上旬的大学暑假期间，有时无法进入建筑内部）

交通→→→

从中央巴士总站搭乘102、102T、103路巴士约30分钟。下车时间比较难预测，建议上车时告诉司机自己要去阿尔托大学。

阿尔托大学

URL www.aalto.fi

阿依诺拉

交通→→→

从赫尔辛基中央火车站乘坐H、R、T郊区列车约30分钟后在Järvenpää站下车，随后步行约30分钟。从中央巴士总站发往阿依诺拉（Järvenpää）方面的巴士很多，途中约需1小时。

西贝柳斯与妻子阿依诺拉故居

电（09）287-322

URL www.ainola.fi

开 5/3~10/2
周二~周日 10:00~17:00

休 周一、10/3~5/2

费 €8

波尔沃

Map p.414-B4

Porvoo

戈色的民居

瑞典国王埃里克松在 1346 年建立了波尔沃，这是芬兰历史第二悠久的古城。它的名字来源于瑞典语 Borgä，是“河上要塞”的意思。事实上，它最初作为木结构要塞建于11世纪前后，在 16 世纪初遭到破坏。房屋均是木结构，曾多次遭遇战火侵袭，尽管如此，昔日面貌依稀可见。

这里不仅是诗人 J.L. 鲁内贝格及其儿子——雕刻家瓦尔特的家乡，画家 A. 埃德费尔特、雕刻家 V. 瓦尔格伦也都曾在这里生活过。主要景点包括大教堂（Porvoontuomiokirkko）和 J.L. 鲁内贝格故居（Runebergin Koti）、波尔沃博物馆（Porvoon museo）、霍尔姆之家（Holmin Kauppiastalo）等。

沿河而建的木结构房屋

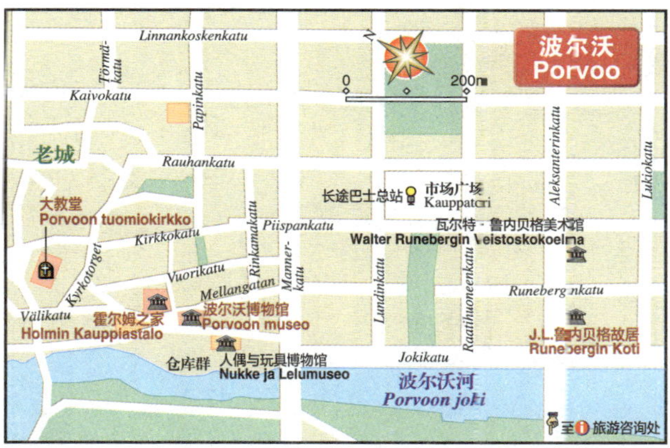

建于 15 世纪初的波尔沃大教堂

波尔沃

交通

从赫尔辛基的中央巴士总站乘坐约 1 小时的巴士。巴士每小时 1~7 班。巴士抵达波尔沃市中心的市场广场。

如果是夏季，还可在赫尔辛基的市场广场旁搭乘轮渡。Royal Line 公司的班船与鲁内贝格号（MS J.L.Runeberg）等轮渡也会通航。全程需要 3 小时 10 分钟 ~3 小时 20 分钟。

Royal Line 公司

电 020-7118333
URL www.royalline.fi
费 往返€ 38

鲁内贝格号

电（019）524-3331
URL www.msjlruneberg.fi
费 单程€ 29、往返€ 39

波尔沃的旅游咨询处

住 Aleksanterinkatu 1
电 040-4899801
URL www.visitporvoo.fi
开 周一 ~ 周五 9:00~18:00
周六 11:00~16:00
休 周日

J.L. 鲁内贝格的故居

电 040-4899900
开 5~9 月
每天 10:00~16:00
10 月 ~ 次年 4 月
周三 ~ 周日 10:00~16:00
休 10 月 ~ 次年 4 月的周一、周二
费 € 6

波尔沃博物馆、霍尔姆之家

住 Välikatu 11
电（019）574-7500
URL www.porvoonmuseo.fi
开 5~8 月
周一 ~ 周六 10:00~16:00
周日 11:00~16:00
9 月 ~ 次年 4 月
周三 ~ 周日 12:00~16:00
休 9 月 ~ 次年 4 月的周一、周二
费 € 8

费斯卡

URL www.fiskarsvillage.fi

交通→→→

赫尔辛基没有到费斯卡的直达巴士或列车。到费斯卡方向的巴士只停靠在卡尔亚（Karjaa）。从赫尔辛基坐火车约需 1 小时，1~2 小时一趟。从赫尔辛基的中央巴士总站到卡尔亚的巴士每小时有 1~2 班（周六、周日班次减少）。从卡尔亚再到费斯卡村，可以坐巴士或出租车。两地间的巴士周一～周五是 1~2 小时一班。周六、周日没有班次。全程需要 25~40 分钟。

奥诺曼商店

住 Tornikellorakennus

☎（019）277-7500

URL www.onoma.org

开 5 月中旬 ~9 月中旬

每天 11:00~18:00

9 月中旬～次年 5 月中旬

周三～周日 12:00~17:00

休 9 月中旬～次年 5 月中旬的周一、周二

费斯卡不设旅游咨询处，但是这里分发村内地图，也可以叫出租车。

费斯卡 1649

住 Tornikellorakennus

☎（019）277-432

开 5/9~9/4

每天 10:00~18:00

9/5~ 次年 5/8

每天 11:00~17:00

休 无休

费 免费

费斯卡博物馆
Fiskarsin Museo

☎（019）237-013

URL www.fiskarsmuseum.fi

开 4~5 月、9~12 月

周二～周日 11:00~16:00

6~8 月

每天 11:00~17:00

休 4~5 月和 9~12 月的周一、周二及 1~3 月

费 €5

费斯卡

Map p.414-A4

Fiskars

费斯卡村的标志——钟塔

位于赫尔辛基西南约 85 公里的一个小村落。在 17 世纪依靠铁矿产业发展起来，1822 年被剪刀生产商费斯卡收购。之后的 20 世纪 70 年代，随着业务的扩大，这里的工厂已满足不了要求，于是费斯卡公司外迁。

费斯卡公司迁走后，这里成了一个空村。不过 1980 年在费斯卡公司董事长的提议下，很多艺术家又搬回了这里。艺术家们把旧房子和仓库改造成工坊，办起了画廊和商店。现在，这里是全球知名的优美的艺术之村，受到芬兰国内外的广泛关注。

费斯卡村的魅力在于，漫步村子就能感受到什么是芬兰最前卫的设计。村中央的钟塔下是可回顾费斯卡历史的博物馆——费斯卡 1649（Fiskars1649），旁边就是艺术家们展示作品的精品商店奥诺曼商店（Onoma Shop）。村里还有很多其他工坊，不妨在散步之余去看看吧。还有由古建筑改建而来的餐厅和酒店，适合静品生活。

绿意葱翠的小村充满了恬静的氛围

可以现场观看艺术家在工坊内作业

在桑拿发源地芬兰尽情享受吧

如何洗桑拿！

芬兰是桑拿的起源地。“桑拿（Sauna）”是芬兰语，从古时开始就被芬兰人视为不可缺少之物，备受珍视，在过去曾是女性分娩的神圣场所。现在，三分之一的芬兰国民拥有私人桑拿浴室，足见桑拿在芬兰人日常生活中的重要性。芬兰几乎所有酒店和泳池都带桑拿房，你在旅行时也来体验一番吧。

1

芬兰的桑拿男女分浴。顾客带着装水的木桶和长勺入内。通常屁股下要垫着毛巾或坐垫。

2

把桶里的水浇在桑拿石上，调好温度。浇上水后，蒸汽（löyly）就会四散开来，浴室内的温度随之上升。浇水的时候要跟周围的人打个招呼。

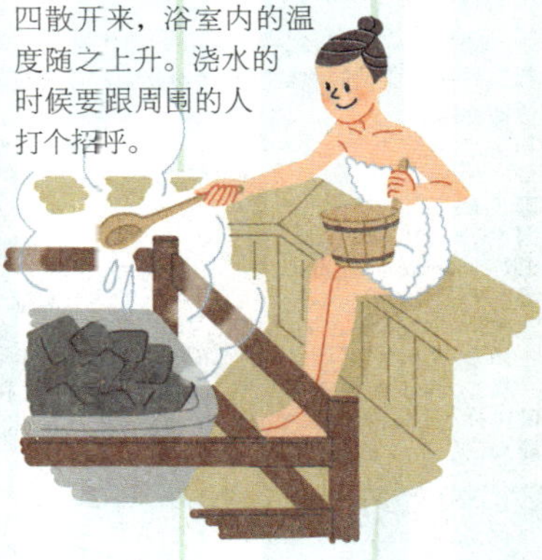

3

对芬兰人而言，没有比桑拿房更适合交谈的场所了。此时被怡人的蒸汽包裹，身心都处于放松状态。

4

洗浴时，用一种将白桦枝捆起来制成的 Vhita 轻拍身体，这样可加快体内新陈代谢，使身体得到彻底放松。

5

身体足够暖和后，从桑拿房出来休息一下。如果想喝酒，也要按照芬兰习惯用 Long Gin 先补充水分。如果是室外桑拿，也别直接跳入池内。

按照自己的节奏重复②～⑤。如果是带游泳池的桑拿房，要穿泳衣走进泳池降温。

残留着中世纪余味的港口城市

速游塔林老城

爱沙尼亚是波罗的海三国中纬度最高的国家。首都塔林隔着芬兰湾与赫尔辛基相望，塔林老城则是个被列为世界文化遗产的优雅古都。

必看六景

城墙包围的古老城镇处处都透露出美丽。除了迷人的中世纪风景，我们还推荐以下必看景点。

① 胖玛格丽特堡垒

Paks Margareeta

建于 1529 年的炮塔。曾经有一位胖乎乎的老板娘承包了监狱的伙食，从而得此名称。现在是海洋博物馆。

海洋博物馆
Meremuuseum

住 Pikk 70
☎ （372）641-1408
URL www.meremuuseum.ee
开 5~9月
每天 9:00~19:00
10 月 ~ 次年 4 月
周二 ~ 周日 10:00~18:00
休 10 月 ~ 次年 4 月的周一
费 €6

▲夏季，屋顶有露天咖啡馆

② 圣奥拉夫教堂

Oleviste Kirik

这座拥有 124 米高塔的教堂是老城最高的建筑。传说奥拉夫是建造这个教堂的巨人，教堂的后面有他的石雕。

► 高塔共有 258 级台阶

住 Lai 50
☎ （372）641-2241
URL www.oleviste.ee
开 4~6 月、9 月、10 月
每天 10:00~18:00
7、8 月
每天 10:00~20:00
休 11 月 ~ 次年 3 月　费 €2

③ 老市政厅＆拉科雅广场

Raekoda & Raekoja Plats

参观老市政厅时，可登上塔顶，或观赏见证汉萨同盟荣耀的“议会室”。

老市政厅

住 Raekoja plats 1
☎ （372）645-7900
URL raekoda.tallinn.ee
开 6/27~8/31
每天 10:00~16:00
（9/1~ 次年 6/26 需要预约）
休 时有变动，需要提前确认
费 €5（1/16~4/30、10~11 月为€3~）

塔

开 5/1~9/15
每天 11:00~18:00
休 9/16~ 次年 4/30
费 €3

► 哥特式风格的老市政厅

这是最佳路线！

① 胖玛格丽特堡垒 …… 徒步 2 分钟 …… ② 圣奥拉夫教堂 …… 徒步 7 分钟 …… ③ 老市政厅＆拉科雅广场 …… 徒步 8 分钟 …… ④ Kohtuotsa 大街观景台＆帕特库利观景台 …… 徒步 4 分钟 …… ⑤ 亚历山大·聂夫斯基教堂 …… 徒步 1 分钟 …… ⑥ 座堂山城堡

4 Kohtuotsa 大街观景台＆帕特库利观景台

Kohtuotsa Vaateplats & Patkuli Vaateplats

两座位于老城南部的观景台。从 Kohtuotsa 大街观景台可以看到圣尼古拉斯教堂等老城街景以及远处的新城景色。从帕特库利观景台可以看到海对面的圣奥拉夫教堂。

▲能欣赏到新旧两重景色的 Kohtuotsa 大街观景台

▲可以观赏中世纪风景的帕特库利观景台

5 亚历山大·聂夫斯基教堂

Aleksander Nevski katedraal

沙俄帝国修建的东正教教堂。教堂内展示了在日俄战争中沉没的俄国战舰的舢板。

住 Lossi plats 10
电 （372）644-3484
URL tallinnanevskikatedraal.eu
开 每天 8:00~18:00
休 无休
费 捐赠

►内部禁止拍照

6 座堂山城堡

Toompea Loss

这座城堡见证了不同时代塔林的统治者的改建痕迹。南边的“高赫尔曼塔（Pikk Hermann）”是塔林的象征。可参加带导游的旅游团。

住 Lossi plats 1a
电 （372）631-6331/（372）631-6345（可预约带导游的旅游团）
URL www.riigikogu.ee

►粉红色外观

漫步指南

老城的景点相对集中，包括购物在内，1 天时间也足够了，不过建议住一晚，细细观赏。从塔林港到老城步行只需 10~20 分钟。如果从 Linnahalli Sadam 港口出发，可以沿着市民大厦向港口的反方向步行 7 分钟左右，然后右拐，此时可以看到老城的教堂。

乘坐快艇或轮渡抵达塔林

从赫尔辛基到塔林有快艇和全年通航的轮渡。运行时间上，快艇为 1 小时 40 分钟 ~2 小时，轮渡约需 2 小时 30 分钟。另外，从 2016 年 3 月 13 日开始，赫尔辛基～塔林间开通了观光邮轮，全程需 3 小时 30 分钟。快艇在西港轮渡码头（Länsiterminaali）和马卡西尼码头（Makasiiniterminaali）发抵。各家航运公司的票价不尽相同，往返船票和带塔林住宿券的打折票，可提前在旅游咨询处或轮渡公司的主页上确认。

塔林有两个码头，大部分船舶停靠塔林港（Tallinna Sadam），Linda Line 航线的快艇停靠 Linnahalli Sadam 港口。由于爱沙尼亚是申根成员国，因此无须办理出入境手续，但是护照一定要随身携带。

主要的船舶公司

塔林克·诗丽雅航线 Tallink Silja Line（快艇、邮轮、全年通航）

赫尔辛基（西港轮渡码头出发）
电 0600-15700
URL www.tallinksilja.com
费 快艇单程€ 32~、轮渡单程€ 14~

Linda Line 航线（快艇、3 月下旬 ~9 月下旬通航）

赫尔辛基（马卡西尼码头出发）
电 0600-0668970
URL www.lindaline.fi
费 单程€ 34~

维京航线 Viking Line（轮渡、全年通航）

赫尔辛基（卡塔亚诺卡码头出发）
电 0600-41577
URL www.vikingline.fi
费 单程€ 26~

主要的塔林的旅游咨询处

住 Niguliste 2/Kullassepa 4
电 （372）645-7777
URL www.tourism.tallinn.ee
营 4、5、9 月
周一～周六 9:00~18:00　周日 9:00~16:00
6~8 月
周一～周六 9:00~19:00　周日 9:00~18:00
10 月～次年 3 月
周一～周六 9:00~17:00　周日 10:00~15:00
休 无休

塔林通票

一种可享受多种优惠的实惠通票。
24 小时票€ 32、48 小时票€ 42、72 小时票€ 52

汇兑

爱沙尼亚的货币单位是欧元（€）。轮渡码头、机场和城区等地都有汇兑处。

时差

与中国相差 6 小时，实行夏令时则相差 5 小时。

塔林的物价水平

塔林老城区是旅游区，卖给游客的商品偏贵，但是比芬兰便宜。

三家精选商店

塔林的商店里有爱沙尼亚传统图案的工艺品、手工制品和艺术家设计的小物件，种类繁多，快去逛逛吧！

杂货 奥玛阿西
Oma Asi

经营近 60 位爱沙尼亚艺术家设计的产品。除了镶着爱沙尼亚传统图案的拖鞋和陶瓷容器外，还有饰品、绘画等众多商品。这家店的特征是拥有三角形的红色屋顶。

▲带穆胡岛传统刺绣的拖鞋售价 €40

▲陶瓷胸针每个 € 15，有兔子和猫等多种造型

住 Saiakang 4
☎ （372）5650-0792
营 每天 10:00~19:00
（夏季每天 ~20:00）
休 无休
CC M V
URL www.omaasi.com

◀富含美容因子的有机汤料每包€ 5

▲店内商品免税

传统工艺 阿利卡玛亚・卡西图
Allikamajä Kasitöö

爱沙尼亚的民族工艺品商店。主要经营正宗的传统工艺品和现代风格的手工制品，其次还有毛毡制品、毛毯和蜜蜡等多种商品。大部分商品品质优良，适合买来当特产。

住 Lühike Jalg 6A
☎ （372）641-1708
营 周一～周六 10:00~18:00
周日 10:00~17:00
（各季节有所不同）
休 不定休
CC M V
URL www.crafts.ee

▲带传统花纹的时尚蝴蝶结€ 10

▶以传统图案的刺绣见长的可爱围裙售价 € 38.45

▶带勺的杜松木盐盒€ 27.8，手感润滑

▲商店位于坡道的中段

餐具 海丽娜・蒂尔克
Helina Tilk

一家经营餐厅和容器的商店，商品上画有 Helina 设计的可爱插图。光是看看这些五彩缤纷的插图就能让人精神焕发。

住 Pikk 41
☎ （372）641-4515
营 周一～周五 10:00~18:00
周六 10:00~17:00
周日 10:00~16:00
（各季节有所不同）
休 无休
CC A D M V
URL www.helinatilk.com

▲画有铃兰图案的葡萄酒杯€ 7

▲带鲜艳图案的菜碟€ 18.5

▲从位于地上的入口进入地下的商店

塔林的日用杂货

传统工艺与现代设计完美交融是塔林的特色。与北欧的其他国家相比，实惠的价格也是其颇具吸引力的原因之一。

购物小知识

在塔林购物可以使用英语，所以不会有太多障碍。另外，有不少店全年无休。

四家精选餐厅 & 咖啡厅

推荐物美价廉的餐厅和时尚精致的咖啡屋。要寻找那些实惠又美味的美食就来这里吧！

餐厅 鬼街 16 号

Rataskaevu 16

主打质朴的家庭风味料理，用本国的食材制作国际美食，别有一番风味。还能品尝到欧洲的优质啤酒和威士忌。

住 Rataskaevu 16
电 （372）642-4025
营 周日～周四 12:00~23:00
周五、周六 12:00~24:00
（各季节有所不同）
休 无休
费 € 12~
CC ADJMV
URL rataskaevu16.ee

▶炸鸡肝€ 5.5 和烤驼鹿肉€ 15.9 都是实惠的美食

▲来一份香脆的布丁甜点怎么样？

◀这家餐厅的前身是一栋建于 14 世纪的古建筑

吃在爱沙尼亚

爱沙尼亚人习惯用啤酒烹饪，也经常吃肉和鱼。主食是黑面包，由带酸味的黑麦制作而成。

浇了苹果酱的烤猪排

餐厅 龙三世餐厅

III draakon

这是一家供应水果饼、香肠和靓汤的店，女服务员都穿着中世纪的传统服装。不过上汤的时候是没有勺的，那就大快朵颐地品尝吧。

住 Raekoja plats 1
营 每天 9:00~ 次日 0:00
休 无休
费 € 3~
CC MV
URL www.kolmasdraakon.ee

▲酒曲汤卖€ 2，水果饼€ ，非常便宜

▲位于老市政厅的一楼

咖啡厅 皮埃尔巧克力

Pierre Chocolaterie

▲人气爆棚的杜塞尔多夫巧克力

位于工匠之园（Meistrite hoov）的一角，供应甜点和巧克力饮品的巧克力咖啡馆。还有法国杂菜派等适宜当作午餐的主食。

住 Vene 6
电 （372）641-8061
营 周一～周四 8:00~23:00
周五 8:00~ 次日 1:00
周六 10:00~ 次日 1:00
周日 10:00~22:00
休 无休
费 € 4~
CC MV
URL www.pierre.ee

咖啡厅 甜蜜牙齿

Maiasmokk

▲店内充满了古典、安谧的气氛

塔林最古老的咖啡屋，创立于 1806 年。可以在装饰古典的店内品尝咖啡和蛋糕。旁边的杏仁糖奶油巧克力博物馆内销售精美的杏仁糖奶油巧克力。

住 Pikk 16
电 （372）646-4079
营 周一～周五 8:00~21:00
周六、周日 9:00~21:00
休 无休
费 € 2~
CC AMV
URL www.kalev.eu

赫尔辛基的酒店

Hotel

赫尔辛基的酒店长年人满为患，尤其是 5~8 月的旅游旺季，满房状态会持续不断，所以夏季最好不要不预约就直接去找住处。

市区基本上是中高档酒店，一晚的房费在€ 100 以上。如果旅行预算有限的话，在确定了日程后应尽早预订。可以通过专业预订网站，也可以通过酒店的主页预订。有些酒店会提供一些在专业预订网站上无法看到的特价房。高档酒店大多集中在中央火车站和埃斯蒂公园周围等便于出门旅游的地方以及北部特勒湾等风景名胜区。即使是经济型酒店也不会距离有轨电车站太远。为了节约费用，租住公寓也是不错的选择。公寓房间基本都带厨房，自己做饭能省下不少“银子”哦。可在旅游咨询处的官方主页上搜索赫尔辛基周边的公寓。

坎普酒店

Kämp

参议院广场、埃斯蒂公园周边

◆一家五星级豪华酒店，多国政要及世界知名艺术家都曾下榻于此。位于花园大街对面，交通极其便利。这家历史悠久的酒店始建于 1887 年，在 20 世纪 60 年代曾一度关停，酒店建筑也变成了银行。1999 年经过装修后重新开门迎客。酒店大堂和客房都带有浓浓的优雅气息。内设 2 间餐厅，推荐尝尝现代欧式餐厅 Brasserie Kämp。融合了日式料理和斯堪的纳维亚风味的“梦”（Yume）餐厅也大受欢迎。

尽显华贵气氛的总统套间

最高档酒店　Map p.427-C2

住 Pohjoisesplanadi 29

电 （09）57-6111/（09）5840-9520（预约）

FAX （09）57-61122

费 ⓈⒹ € 179~ 早餐€ 29

CC ADMV

房间数 179 间

URL www.hotelkamp.com

位于中央火车站与埃斯蒂公园之间

赫尔辛基丽笙广场酒店

Rudisson Blu Plaza Hotel Helsinki

赫尔辛基中央火车站周边

◆这家高档酒店距离赫尔辛基中央火车站步行只需约 3 分钟。2012 年经过翻修后，客房被分成斯堪的纳维亚风格、古典优雅风格和现代时尚风格三种类型。所有房间都宽敞明亮，不过还是建议游客试试配备了北欧风格家具的斯堪的纳维亚房型，在那里你可以接触到真正重视功能性的、简单的北欧设计理念。另外，253 号房间是阿尔托套间，内有阿尔托的家具，房价 ⓈⒹ € 350~590。桑拿房和健身中心等设备一应俱全，是旅行的满意之选。

内有阿尔托的家具的阿尔托套间

高档酒店　Map p.427-C1

住 Mikonkatu 23

电 020-1234703

FAX 020-1234704

费 ⓈⒹ € 119~280

CC ADMV

房间数 302 间

URL www.radissonblu.com

设计现代的奢华酒店

凯撒涅米积云酒店
Cumulus Kaisaniemi

赫尔辛基中央火车站周边

◆从赫尔辛基中央火车站向东走 5 分钟即到，交通便利，适合观光和购物。靠近地铁赫尔辛基大学站和超市。客房天花板采用挑空样式的设计，内饰风格时尚，极具特色。还有免费的桑拿服务。

高档酒店 Map p.427-C2

住 Kaisaniemenkatu 7
电 020-048107
FAX （09）60-5379
费 Ⓢ € 117（93）~ Ⓓ € 132（103）~
CC ADMV
房间数 123 间
URL www.cumulus.fi

赫尔辛基苏可酒店
Original Sokos Hotel Vaakuna Helsinki

赫尔辛基中央火车站周边

◆位于赫尔辛基中央火车站旁，深受外国游客的欢迎。大堂天花板高悬，富有现代感。客房内配备芬兰式家具，时尚精致。位于十层的早餐餐厅视野开阔。与百货大楼索科斯 Sokos （→ p.474）在同一栋大厦内。

高档酒店 Map p.426-B2

住 Asema-aukio 2
电 020-1234610
FAX （09）4337-7100
费 Ⓢ € 100~ Ⓓ € 120~
CC ADJMV
房间数 270 间
URL www.sokoshotels.fi

赫尔辛基色拉豪尔酒店
Hotelli Seurahuone Helsinki

赫尔辛基中央火车站周边

◆建于 1914 年的赫尔辛基著名酒店。新艺术派风格的外观与透露出古典气息的大堂给人留下深刻印象。客房墙壁以白色为基调，家具则主打古韵风情。也有带浴缸的房间。酒店内设精雅的餐厅和酒吧。

高档酒店 Map p.426-B2

住 Kaivokatu 12
电 020-048106
FAX （09）691-4010
费 Ⓢ € 175（105）~ Ⓓ € 199（115）~
CC ADMV
房间数 118 间
URL www.hotelliseurahuone.fi

赫尔辛基索科斯经典酒店
Original Sokos Hotel Helsinki

赫尔辛基中央火车站周边

◆从赫尔辛基中央火车站向东走 5 分钟即到，地处餐馆和商店集中的市中心，适合游客和商务人士居住。大堂和客房体现时尚风格，内饰也都雅致大方。内设法国田园风味的餐厅。

高档酒店 Map p.427-C2

住 Kluuvikatu 8
电 020-1234601
FAX （09）176-014
费 Ⓢ € 91~ Ⓓ € 106~
CC ADJMV
房间数 203 间
URL www.sokoshotels.fi

赫尔辛基斯特兰德希尔顿酒店
Hilton Helsinki Strand

赫尔辛基中央火车站周边

◆位于运河沿岸，可俯瞰哈卡涅米港。装修多用拉普兰地区的石头，极尽奢华。古色古香的家具给客房营造出静谧的氛围。供应北欧美食的餐厅也是有口皆碑。酒店大堂可免费连接无线 LAN。2015 年所有客房装修完毕。

高档酒店 Map p.425-C2

住 John Stenbergin ranta 4
电 （09）39-351
FAX （09）3935-3255
费 ⓈⒹ € 200（100）~
CC ADMV
房间数 190 间
URL www3.hilton.com

赫尔辛基中心假日酒店
Holiday Inn Helsinki City Centre

赫尔辛基中央火车站周边

◆这家高档酒店紧挨着赫尔辛基中央火车站。客房的木结构装潢清新怡人，适于居住。商务中心内设有可免费上网的电脑，健身中心和桑拿房也是免费的。芬兰航空城区巴士总站就在附近。

高档酒店 Map p.426-B1

住 Elielinaukio 5
电 020-048103
FAX （09）5425-5299
费 ⓈⒹ € 170（140）~
CC ADJMV
房间数 174 间
URL www.ihg.com

浴缸　部分客房提供　电视　部分客房提供　吹风机　出租　迷你吧台及冰箱　部分客房提供　残障人士房间　无线 LAN　无线 LAN 收费　部分客房提供　无线 LAN 部分收费

避风港酒店
Hotel Haven

参议院广场、埃斯蒂公园周边

◆2009 年开业的酒店。酒店内设酒吧和健身中心等。浴室内有液晶电视，客房内全是最先进的设备。还有海景房。

高档酒店 Map p.427-C3

住 Unioninkatu 17
电 (09) 68-1930
FAX (09) 6819-3110
费 Ⓢ € 199 (144)~ Ⓓ € 227 (174)~
CC ADMV
房间数 77 间
URL www.hotelhaven.fi

赫尔辛基格洛科鲁夫酒店
Glo Hotel Kluuvi Helsinki

参议院广场、埃斯蒂公园周边

◆2007 年开业的设计型酒店。设计新潮的客房宽敞明亮，可享受悠闲时光。这种设计理念满足了客人的各种需求，例如房间准备的 SPA 和绘画工具等，为客人提供周到的服务。

高档酒店 Map p.427-C2

住 Kluuvikatu 4
电 010-3444400
FAX 010-3444401
费 ⓈⒹ € 122~
CC ADMV
房间数 184 间
URL glohotels.fi

托尔尼索罗索可酒店
Solo Sokos Hotel Torni

参议院广场、埃斯蒂公园周边

◆建于 1930 年的老牌酒店。虽然靠近闹市区，但离主干道还有些距离，环境幽静。新艺术派风格和极具艺术感的客房内配有烧水壶和咖啡机、红茶套装。还有颇受欢迎的 Ateljee Bar (→ p.481) 和芬兰美食餐厅。

高档酒店 Map p.426-B3

住 Yrjönkatu 26
电 020-1234604
FAX (09) 698-0638
费 Ⓢ € 100 (90)~ Ⓓ € 120 (110)~
CC ADJMV
房间数 152 间
URL www.sokoshotels.fi

克劳斯 K 酒店
Klaus K

参议院广场、埃斯蒂公园周边

◆原本是家传统酒店，后来改造成设计型酒店。经营理念是“将芬兰的传统与现代完美融合”。以《卡勒瓦拉》(→ p.441) 为主题的内饰透露着异国风情。采用有机食材制作的养生早餐大受好评。还设有意大利风味餐厅。

高档酒店 Map p.427-C3

住 Bulevardi 2-4
电 020-7704700
FAX 020-7704730
费 Ⓢ € 170 (115)~ Ⓓ € 190 (150)~
CC ADMV
房间数 171 间
URL www.klauskhotel.com

COLUMN FINLAND

在赫尔辛基的知名公共泳池体验桑拿

郁里允街公共泳池 (Yrjönkadun Uimahalli) 曾登上电影《海鸥食堂》大结局的舞台，是一家知名的泳池。自 1928 年开办以来，接待过的市民无可计数。进入泳池区后，先要在前台付费，在换衣间或小隔间内换上泳衣。接下来就可以游泳了。最后是蒸桑拿。二层是包厢。

男女洗浴的时间错开

DATA

郁里允街公共泳池 Map p.426-B2

住 Yrjönkatu 21b
电 (09) 3108-7401
营 女性 一层 周日、周一 12:00~20:00
周三、周五 6:30~20:00
二层 周三、周五、周日 14:00~20:00
男性 一层 周二、周四 6:30~20:00
周六 8:00~20:00
二层 周二、周四、周六 13:00~20:00
(各季节时间有所不同)
休 上述时间以外、5/1~8/30
费 一层 换衣间€ 5 (带毛巾、浴衣)，小隔间€ 6.5
二层€ 14 (持赫尔辛基通卡可打折)

花园趣伏里酒店

Next Hotel & Apartment Rivoli Jardin

中心街南部

◆距离中心城区有些距离，古城堡似的外观很有特色。酒店入口在花园内。所有客房都有不同的设计风格，这家精品酒店很适合女性游客。长期住宿者住公寓房型比较划算。桑拿、健身房和酒吧等设施完善。

高档酒店 Map p.427-C3

住 Kasarmikatu 40
电 (09) 681-500
FAX (09) 656-988
费 Ⓢ €140 (100)~ Ⓓ €160 (120)~ 公寓 1 周€ 595~
CC ADMV
房间数 55 间，其中公寓 13 间
URL www.rivoli.fi

法比安酒店

Hotel Fabian

中心街南部

◆2010 年开业的精品酒店。虽然地处市中心，不过环境却十分静谧。客房装饰时尚，大型液晶电视等现代化设备齐全。前台的服务人员也热情周到，洋溢着温馨的气氛。

高档酒店 Map p.427-C3

住 Fabianinkatu 7
电 (09) 6128-2000
费 Ⓢ €159 (129)~ Ⓓ €189 (159)~ 公寓 1 周€ 595~
CC ADMV
房间数 58 间
URL www.hotelfabian.com

格洛艺术酒店

Glo Hotel Art

中心街西部

◆从酒店步行约 10 分钟即达赫尔辛基中央火车站。石质外观与中世纪城堡一般的大堂装饰独具特色，客房的设施和装修也体现了时尚感。2012 年整体装修后，新旧楼一共有 171 间房间。酒店内设置了 9 处暖炉。

高档酒店 Map p.426-B3

住 Lönnrotinkatu 29
电 010-3444100
FAX 010-3444101
费 Ⓢ €145 (100)~ Ⓓ €165 (120)~
CC ADMV
房间数 171 间
URL glohotels.fi

斯堪迪克斯蒙肯塔酒店

Scandic Simonkenttä

中心街西部

◆位于靠近赫尔辛基中央火车站的繁华区。玻璃外墙令人印象深刻。酒店内随处摆放着北欧风格的饰品，客房内原木家具给人温馨感。还设有带拱廊的商店街。

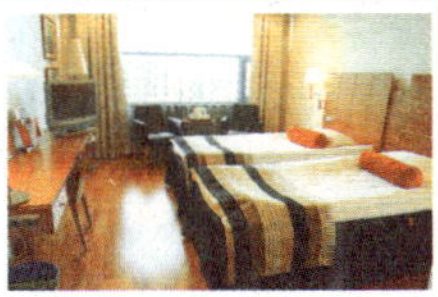

高档酒店 Map p.426-B2

住 Simonkatu 9
电 (09) 68-380
FAX (09) 6838-111
费 Ⓢ €160 (97)~ Ⓓ €180 (117)~
CC ADJMV
房间数 360 间
URL www.scandichotels.com

赫尔卡酒店

Hotelli Helka

中心街西部

◆与经营阿尔瓦·阿尔托设计的家具的 ARTEK 公司共同运营的酒店。酒店内是统一的阿尔托风格，木质与曲线共同营造出现代气氛。在购买阿尔托家具前，先来这里感受一下吧。

高档酒店 Map p.426-A2

住 Pohjoinen Rautatiekatu 23
电 (09) 61-3580
FAX (09) 44-1087
费 Ⓢ €109 (79)~ Ⓓ €135 (89)~
CC ADMV
房间数 150 间
URL hotelhelka.com

赫尔辛基丽笙 SAS 皇家酒店

Radisson Blu Royal Hotel Helsinki

中心街西部

◆位于地铁康比站正对面。这栋玻璃外观的现代化高层建筑远远看去就很吸引行人目光。宽敞的大堂旁边就是开阔的餐厅酒吧，房间也都透露出时尚气息。配备了大床，令人心情舒畅。

高档酒店 Map p.426-A3

住 Runeberginkatu 2
电 020-1234701
FAX 020-1234702
费 ⓈⒹ €115 (105)~
CC ADMV
房间数 262 间
URL www.radissonblu.com

赫尔辛基皇冠假日酒店
Crowne Plaza Helsinki

中心街北部

◆位于国家歌剧院对面的高档酒店。气氛温馨，精致的客房带有北欧风情。桑拿、泳池和SPA等休闲设施完善。附近有面湖而建的特勒公园，可以在其中散步。

高档酒店 Map p.424-B2

住 Mannerheimintie 50
☎ 020-048101
FAX（09）2521-3999
费 Ⓢ €199（130）~ Ⓓ €218（165）~
CC ADJMV
房间数 349 间
URL www.ihg.com

赫尔辛基斯堪迪克公园酒店
Scandic Park Helsinki

中心街北部

◆面朝特勒湾而建的酒店，环境清幽，距离国家歌剧院和国家博物馆等都很近。这是芬兰房间数最多的高档酒店，室内以白色为主色调。配备了泳池和桑拿房，提供免费服务。酒店前有机场巴士车站。

高档酒店 Map p.424-B2

住 Mannerheimintie 46
☎（09）47-371
FAX（09）4737-2211
费 Ⓢ €143（102）~ Ⓓ €166（122）~
CC ADMV
房间数 524 间
URL www.scandichotels.com

卡塔亚诺卡酒店
Hotel Katajanokka

中心街东部

◆这家酒店在1837~2002年间还是监狱。酒店建筑已被芬兰列入国家历史纪念物名录。牢房经过改装后，气氛时尚。不少房间窗户都很小，不过天花板高，不会有局促感。泡咖啡、红茶的器具和保险柜、熨衣器等设施一应俱全。酒店内还有健身房和桑拿房。地下是监狱主题餐厅。早餐品种丰富，会让你心满意足。酒店距离市中心较远，可乘坐4、4T路有轨电车在Vyökatu下，也不会感觉到特别不方便。

宽敞的大床房

高档酒店 Map p.425-C3

住 Merikasarminkatu 1a
☎（09）68-6450
费 Ⓢ €110（95）~ Ⓓ €120（110）~
CC ADMV
房间数 106 间
URL www.hotelkatajanokka.fi

红砖结构的建筑

亚瑟酒店
Hotel Arthur

赫尔辛基中央火车站周边

◆从赫尔辛基中央火车站向东北方向步行约5分钟即到。这里环境清静。2012年完成对所有客房的装修。费用也不高，回头客多。私享桑拿需要预约（€6~）。大堂的公共电脑可上网（30分钟€2）。

中档酒店 Map p.427-C1

住 Vuorikatu 19
☎（09）17-3441
FAX（09）62-6880
费 Ⓢ €65~170 Ⓓ €80~170
CC ADMV
房间数 182 间
URL www.hotelarthur.fi

安娜酒店
Hotel Anna

中心街南部

◆从酒店步行约10分钟即达赫尔辛基中央火车站，深受亚洲游客欢迎。客房宽敞明亮。所有房间都有伞和保险柜，有些房间还带热水壶。私享桑拿需要预约（€10）。主页上有打折优惠信息。

中档酒店 Map p.427-C4

住 Annankatu 1
☎（09）616-621
FAX（09）602-664
费 Ⓢ €104（74）~ Ⓓ €124（99）~
CC ADMV
房间数 64 间
URL www.hotelanna.fi

赫尔辛基隆洛丁街欧美纳酒店

Omena Hotel Lönnrotinkatu 中心街西部

◆近年来在芬兰业务不断扩大的连锁酒店。预约只能通过网络。酒店没有前台，需要凭借预订时的编号（房间密码），在酒店和房间的入口处输入密码才能进入。房费也是在预订时由信用卡支付。

中档酒店 Map p.426-B3

住 Lönnrotinkatu 13
电 0600-555222
费 ⓈⒹ € 64（69.9）~ 早餐€ 7.9
CC A M V
房间数 147 间
URL www.omenahotels.com

卡里奥赫尔辛基积云酒店

Cumulus Kallio Helsinki 中心街北部

◆靠近奥林匹克体育场。乘坐 1、1A、3、8 路电车在 Urheilutalo 下车即到。房间面积都不大。有可吸烟房间。有些房间带熨衣机，适合商务人士居住。提供免费桑拿。

中档酒店 Map p.425-C1

住 Lāntinen Brahenkatu 2
电 020-048109
FAX（09）691-5219
费 Ⓢ € 135（85）~ Ⓓ € 155（95）~
CC A D M V
房间数 121 间
URL www.cumulus.fi

费恩酒店

Hotel Finn 参议院广场、埃斯蒂公园周边

◆从中央火车站向南步行 5 分钟可到。距离亚历山大街较近，方便购物。前台位于六层，客房在五层和六层，明亮整洁。原先这里是租住公寓，所以每间客房都有不同的造型。2013 年经过重新装修后，内部更显时尚。

经济型酒店 Map p.426-B2

住 Kalevankatu 3B
电（09）6844-360
FAX（09）6844-3610
费 Ⓢ € 89（79）~ Ⓓ € 99~ 无早餐
CC A D M V
房间数 35 间
URL www.hotellifinn.fi

康乐斯科第酒店

Kongressikoti Hotel 参议院广场、埃斯蒂公园周边

◆距离赫尔辛基大教堂较近，酒店前就是 1、1A、7A、7B 路有轨电车站。酒店位于建筑的五层。共用浴室和洗手间，不过各间客房有独立的洗漱台。厨房免费使用，洗衣机有偿使用，所有房间标配冰箱。还有公共 PC。

经济型酒店 Map p.427-D2

住 Snellmaninkatu 15A
电 040-7704400
费 Ⓢ € 55~Ⓓ € 68~
CC A M V
房间数 9 间
URL www.kongressikoti.fi

埃罗塔亚公园青年旅舍

Hostel Erottajanpuisto 参议院广场、埃斯蒂公园周边

◆位于市中心的青年旅舍，交通便利。建筑的三层是前台，在入口处按铃后方可进入。共用浴室和洗手间，所有房间都配有洗脸台和镜子，受到女性顾客的欢迎。有公共厨房。7、8 月房费涨€ 2-6。

经济型酒店 Map p.426-B3

住 Uudenmaankatu 9
电（09）64-2169
FAX（09）680-2757
费 多人间€ 28~ Ⓢ € 55~ Ⓓ € 68~ 早餐€ 7
CC M V 房间数 15 间、56 张床
URL www.erottajanpuisto.com

欧洲青年旅舍

Eurohostel 中心街东部

◆靠近维京航线码头，环境安静。基本是单人间和双人间，客房整洁。男女分别有公共浴室和洗手间。桑拿房为€ 7.5（早上免费）。从 4 路电车 Vyökatu 站或 4T 路的 Mastokatu 站步行即到。

经济型酒店 Map p.425-C3

住 Linnankatu 9
电（09）6220-470
费 多人间€ 28.9~ Ⓢ € 48.2~ Ⓓ € 57.8~
（YH 会员享受 9 折优惠）早餐€ 9.5
CC A D M V 房间数 135 间、255 张床
URL www.eurohostel.eu/fi

赫尔辛基的餐厅

Restaurant

市内遍布着各种时尚餐厅和特色咖啡馆，各种档次和风格的餐厅鳞次栉比。其中，赫尔辛基中央火车站南侧的城市走廊（City Passage）和埃斯蒂公园南边的花园大街再往南 2~3 个街区也有很多备受推崇的餐厅。

在快餐店以外的餐厅就餐，一定要提前预约。虽然不同季节的费用不同，但是赫尔辛基的确称得上欧洲餐饮费用最为昂贵的城市之一。午餐人均€ 7~20，晚餐人均在€ 15~80 左右。如果没有多少预算去享受美食，建议选择自助餐厅和汉堡等快餐，这样可以节约不少费用。菜肴中，以芬兰菜为主，兼顾法国菜等欧洲各国的美食。此外，因为芬兰曾经是沙俄的领地，俄罗斯菜也不少。要注意的是，有些餐厅在 6~8 月进入暑期休假时间，关门歇业。

泽托尔餐厅

Ravintola Zetor

赫尔辛基中央火车站周边

◆电影《列宁格勒牛仔征美记》中的知名角色萨凯亚尔万帕是店内的内装担当。餐厅内写意摆放的拖拉机和农用机械打造出不一样的特色。人气美食是炖驯鹿肉€ 24 和卡累利阿风味炖菜€ 18.7 等。也可以只去酒吧。

芬兰菜 Map p.426-B2

住 Mannerheimintie 3，Kaivopiha

电 010-7664450

营 周日、周一 12:00~ 次日 0:00
周二 12:00~ 次日 3:00
周三～周六 12:00~ 次日 4:00

休 无休

预算 € 20~ CC ADMV

URL www.zetor.net

科斯莫斯餐厅

Ravintola Kosmos

参议院广场、埃斯蒂公园周边

◆创立于 1924 年，是一家长盛不衰的老字号餐厅。主要经营芬兰菜，还有欧洲各国美食。在当地的美食杂志的评选中，这家店获得“最佳餐厅”的称号。不少芬兰著名的设计师时常光顾该店，其中的等候区就是斯泰芬·林德弗斯的作品。周末的晚餐通常座无虚席，需要提早预订。推荐尝尝炸鲱鱼€ 19 和奶汁烤梭鲈小龙虾“阿基·考里斯马基”€ 28、菲力驯鹿肉€ 34 等。6 月中旬到 7 月末暂停营业。

时尚的餐厅内透露出古色古香的氛围

芬兰菜 Map p.426-B2

住 Kalevankatu 3

电（09）647-255

FAX（09）607-603

营 周一～周五 11:30~ 次日 1:00

休 周六、周日

预算 午餐€ 11~ 晚餐€ 35~

CC ADMV URL www.kosmos.fi

人气美食阿基·考里斯马基

诺卡餐厅

Ravintola Nokka

参议院广场、埃斯蒂公园周边

◆可以品尝到在全球著名餐厅积累下经验的主厨制作的异国美食。利用芬兰食材烹饪的时尚拼盘“赫尔辛基 4 菜”€ 64、“赫尔辛基 6 菜”€ 79 备受欢迎。以当季食材为原料制作的单点菜系€ 18~ 也不错。建议提前预订。

芬兰菜 Map p.427-D2

住 Kanavaranta 7F

电（09）6128-5600

营 周一、周二 11:30~22:00
周三～周五 11:30~23:00
周六 18:00~ 次日 0:00
（7 月 ~8 月上旬只在夜间营业）

休 周日 预算 午餐€ 20~ 晚餐€ 40~

CC ADMV

URL www.ravintolanokka.fi

无线 LAN

萨沃伊餐厅

Ravintola Savoy 参议院广场、埃斯蒂公园周边

◆创立于 1937 年。阿尔瓦·阿尔托也时常来这里就餐。他为这家餐厅设计的花瓶——萨沃伊花瓶是知名品牌。椅子和灯饰也是阿尔托的原创作品。菜单上全是芬兰当季的时鲜美食。靠窗的座位视野很好。

芬兰菜 Map p.427-C3

住 Eteläesplanadi 14（8F）

电 （09）6128-5300 FAX （09）628-715

营 周一～周五 11:30~14:30/18:00~24:00

周六 18:00~24:00

休 周日

预算 午餐€ 63~ 晚餐€ 110~

CC A D M V

URL www.ravintolasavoy.fi

康比餐厅

Ravintola Kappeli 参议院广场、埃斯蒂公园周边

◆这家玻璃幕墙餐厅位于埃斯蒂公园内，气氛柔和。餐厅、酒吧和咖啡吧在不同区域，可根据需要自行选择。餐厅内可享用芬兰菜等斯堪的纳维亚菜品。前菜€ 15.5~，主菜€ 25~。

芬兰菜 Map p.427-C3

住 Eteläesplanadi 1

电 010-7663880

营 每天 10:00~23:00LO

休 无休

预算 € 30~

CC A D M V

URL www.kappeli.fi

库尔玛餐厅

Qulma 参议院广场、埃斯蒂公园周边

◆餐厅主厨的创意靓汤备受欢迎。自助形式的汤每天变换，每天有 3 种。同时奉送自制面包、沙拉和咖啡、红茶，售价€ 10.5。酸味奶油、坚果和炸洋葱等美食不容错过。

芬兰菜 Map p.427-D2

住 Mariankatu 13B

电 045-3215959

营 周一～周五 10:45~14:20

周六 10:45~15:00

休 周日

预算 € 10.5~

CC D M V

URL qulma.fi

海马餐厅

Ravintola Sea Horse 中心街南部

◆这是一家 1934 年创立的老字号餐馆。在这里可以用适中的价位尝到传统的芬兰菜，而且这家餐馆有不少当地人光顾。前菜可以选择鲑鱼奶油汤€ 11.5~18.8。主菜中的肉菜可以选择肉丸子€ 16.9 和卷心菜卷€ 18.9。鱼类美食有烤鲑鱼€ 25.5 等。名菜波罗的海鲱鱼€ 17.9 从开业以来，风味始终如一。每道菜量都很大，要是想多尝几道菜，可以多人一起聚餐。平日的 10:30~15:00 有€ 10~16 的实惠午餐。

紧紧包裹的卷心菜卷

芬兰菜 Map p.425-C3

住 Kapteeninkatu 11 电 （09）628-169

营 周一 10:30~21:45LO

周二～周四 10:30~22:15LO

周五 10:30~23:15LO

周六 12:00~23:15LO

周日 12:00~22:15LO

休 无休 预算 午餐€ 10~ 晚餐€ 20~

CC A D M V URL www.seahorse.fi

有外语菜单

朱莉餐厅

Ravintola Juuri 中心街南部

◆这家餐厅用现代的烹饪方法制作芬兰传统美食。小盘菜都是€ 5.2，包括苹果草莓汁鲑鱼、熏鲱鱼法式馅饼等 15 种。主菜€ 25~。晚餐的主菜€ 16 左右就能买到。

芬兰菜 Map p.427-C3

住 Korkeavuorenkatu 27

电 FAX （09）63-5732

营 周一～周五 11:30~22:00LO

周六 12:00~22:00LO

周日 16:00~22:00LO

休 无休 预算 午餐€ 26~ 晚餐€ 30~

CC A D M V

URL juuri.fi

萨格
Ravintola Saaga　　中心街南部

◆如果想品尝拉普兰菜就来这家餐厅吧。人气美食是盛放在传统手工木质水杯库库萨（KUKSA）内的奶油牛肝菌汤€ 12.3 和煎驯鹿肉€ 26.4 等。驯鹿角灯和木桌等内饰营造出怡人的气氛。

芬兰菜　Map p.426-B4

住 Bulevardi 34
☎（09）7425-5544
FAX（09）7425-5545
营 周一～周六 18:00~23:00
休 周日
预算 € 30~　CC ADMV
URL www.ravintolasaaga.fi

海鸥食堂
Ravintola Kamome　　中心街南部

◆电影《海鸥食堂》的拍摄地。2016 年装饰一新后，淡蓝色与白色内饰与电影中保持了一致。米其林餐厅主厨监制的菜谱中，尤以可以品尝到肉丸、鲑鱼和肉桂卷等 9 种美味的 Oishii Finland € 35 最受推崇。每天变换的午餐售价€ 15。

芬兰菜　Map p.426-B4

住 Pursimiehenkatu 12
☎（09）65-7422
营 周一～周四 11:00~14:30、17:00~22:00
　周五 11:00~14:30、17:00~22:30
　周六 17:00~22:30
休 周日　预算 € 20~　CC ADMV
URL www.kamome.fi

德摩
Demo　　中心街南部

◆由出身于 Savoy（→ p.469）的主厨开办，是一家具有法式时尚风格的芬兰菜餐厅。虽然面积不大，但是芬兰的设计元素随处可见。包含前菜和甜品的 4 菜套餐€ 62~ 每天变换。需要预约。

芬兰菜　Map p.426-B3

住 Uudenmaankatu 9-11
☎（09）2289-0840
FAX（09）2289-0481
营 周二～周六 16:00~23:00
休 周日、周一
预算 € 62~　CC ADMV
URL www.restaurantdemo.fi

厨师和品酒师餐厅
Restaurant Chef & Sommelier　　中心街南部

◆获得米其林一星的精品餐厅，有宾至如归的氛围。供应使用有机蔬菜制作的套餐，有 3、4、5、7、9 菜制可选。夏季和冬季及圣诞节期间有时会休假，需要提前确认营业时间。

芬兰菜　Map p.425-C3

住 Huvilakatu 28
☎ 040-0959440
营 周二～周六 18:00~21:30LO
休 周日、周一
预算 € 44~　CC ADMV
URL chefetsommelier.fi

康斯坦·缪拉餐厅
Konstan Möljä　　中心街西部

◆可以品尝传统芬兰美食的自助餐厅。自助晚餐€ 19，前菜包括熏鲑鱼和醋腌鲱鱼等 10 余种。肉丸和驯鹿肉等肉菜和鱼各有两种可选。7 月和 12 月下旬开始的 3 周歇业。

芬兰菜　Map p.426-A3

住 Hietalahdenkatu 14
☎（09）694-7504
营 周二～周五 17:00~22:00
　周六 16:00~23:00
休 周日、周一　预算 晚餐€ 19~
CC MV
URL www.kolumbus.fi/konstanmolja

斯奥帕凯蒂奥
Soppakeittiö　　中心街北部

◆位于哈卡涅米农贸市场（→ p.476）一层的汤类专卖店。这家人气餐厅每天要销售 200 份汤，开门前就会排起长长的队伍。汤共有 3 种，除有鲑鱼、贻贝等的比€ 10 的海鲜汤（法式马赛鱼汤）外，其他汤类每天更替。

芬兰菜　Map p.425-C2

住 Hämeentie 1A
Hakaniemen Kauppahalli
☎（09）323-2070
营 7 月周一～周五 11:00~15:45
　8 月～次年 6 月周一～周五 11:00~15:45
　周六　　11:00~15:00
休 周日、7 月的周六
预算 晚餐€ 10~　CC MV

邦克
Bank　参议院广场、埃斯蒂公园周边

◆曾经的银行如今被改造成一家大型餐厅。只在午餐时间营业，不过只需€ 10.2~ 就能享用套餐。主菜每天变化，有 4 种可供选择。此外还有自助沙拉，带饮品或甜点。

国际菜肴　Map p.427-C3
- 住 Unioninkatu 20
- 电 （09）6128-5650
- 营 周一～周五 11:00~14:00
- 休 周六、周日
- 预算 € 10.1~
- CC ADMV
- URL www.ravintolabank.fi

特洛伊卡餐厅
Ravintola Troikka　中心街西部

◆一家位于坦佩利奥基奥教堂旁边的俄罗斯餐馆。营业 40 多年来，积累了不少老顾客。俄式炒牛肉等主菜€ 23 起，俄式前菜拼盘 Zakuski € 25 也很受欢迎。还有外语菜单。7 月关门歇业。

俄罗斯菜肴　Map p.426-A1
- 住 Caloniuksenkatu 3
- 电 （09）445-229
- 营 周二～周五 17:00~22:30
周六 14:00~22:30
- 休 周日、周一
- 预算 € 30~
- CC ADMV
- URL www.troikka.fi

Blinit 餐厅
Blinit　中心街西部

◆可尽享俄罗斯美味。招牌菜是俄罗斯烤饼，这是一种用荞麦粉制作的俄式奶味薄饼。有加三文鱼子或火腿等的正餐主菜€ 6.9~ 和加冰沙或果酱的甜点€ 4.5~。俄罗斯甜汤和俄罗斯饺子也是人气美食。

俄罗斯菜肴　Map p.425-C1
- 住 Sturenkatu 9
- 电 040-0909603
- 营 周二～周日 11:00~22:00
- 休 周一
- 预算 € 7~
- CC MV
- URL blinit.fi

阿尔托咖啡屋
Café Aalto　参议院广场、埃斯蒂公园周边

◆这是芬兰国内唯一一家以阿尔托的名字命名的咖啡厅。原本在邻近的大楼里开设了一家阿尔托设计的咖啡厅，可是后来运营公司倒闭了。于是，这家店保留了原先那家咖啡厅的阿尔托家具，并在阿尔托财团的允许下，在 Akateeminen Kirjakauppa（→ p.480）的二层重新开业。店内的大理石餐桌和吊灯、黑色皮套的座椅都是阿尔托的原装设计。饮品推荐卡布奇诺€ 4.4。橱窗中陈列着自制蛋糕等甜点，强烈推荐其中的芝士蛋糕€ 7.9。这里永远都会挤满购物之后在此休憩的人。

在阿尔托设计的空间内休息片刻

咖啡馆　Map p.427-C2
- 住 Pohjoisesplanadi 39
- 电 （09）121-4446
- 营 周一～周五 9:00~21:00
周六 9:00~19:00
周日 11:00~18:00
- 休 无休
- 预算 € 4~
- CC ADJMV
- URL cafeaalto.fi

分量很足的苹果派和咖啡

卡鲁 · 法泽咖啡屋
Karl Fazer Café　参议院广场、埃斯蒂公园周边

◆老牌巧克力生产商法泽公司经营的咖啡厅。采用本公司的巧克力制作的蛋糕很受欢迎，招牌美味扎赫特鲁泰 Sacher 售价€ 6.6。提供自助早餐和午餐。还经营着一家巧克力商店。

咖啡馆　Map p.427-C2
- 住 Kuuvikatu 3
- 电 020-7296702
- 营 周一～周五 7:30~22:00
周六 9:00~22:00
周日 10:00~18:00
- 休 无休
- 预算 € 10~　CC ADMV
- URL www.fazer.fi

艾克贝利咖啡馆

Ekberg Cafe　　参议院广场、埃斯蒂公园周边

◆开设于1852年，是赫尔辛基最古老的咖啡馆。主营芬兰的传统糕点，同时经营其他多种自制甜点。11:00~15:00有沙拉&自助靓汤€ 9.5以及自助午餐€ 10。旁边的面包房也可以去尝尝。

咖啡馆　　Map p.426-B3

住 Bulevardi 9
电 (09) 6811-8660
FAX (09) 6811-8620
营 周一～周五 7:30~19:00
周六 8:30~17:00
周日 9:00~17:00
休 无休　预算 € 5~　CC ADMV
URL www.cafeekberg.fi

伊罗曼加

Eromanga　　参议院广场、埃斯蒂公园周边

◆当地人经常光顾的面包房。既可在透露着古典气息的店内用餐，也可以外带。分量很足的俄式油炸包子€ 2.8、肉桂卷€ 1.7是畅销美味。店名来自转动地球仪时，停下来的地方正好是伊罗曼加岛。

咖啡馆　　Map p.427-C3

住 Pohjoinen Makasiininkatu 6
电 (09) 639-978
营 周一～周五 6:30~15:00
休 周六、周日
预算 € 5~
CC ADMV
URL www.eromanga.fi

恩格尔咖啡馆

Café Engel　　参议院广场、埃斯蒂公园周边

◆从这家咖啡馆可以看到赫尔辛基大教堂，地理位置优越。店名取自赫尔辛基大教堂的设计者、同时也是本店外观的设计者恩格尔。还有甜菜米汉堡€ 13.9等主食。甜品€ 7.4~和咖啡€ 3.4~不容错过。

咖啡馆　　Map p.427-C2

住 Aleksanterinkatu 26
电 (09) 652-776
营 周一～周五 8:00~21:00
周六 9:00~21:00
周日 10:00~19:00
休 无休
预算 € 10~　CC MV
URL cafeengel.fi

厄休拉咖啡屋

Café Ursula　　中心街南部

◆一家位于海滨的开放式咖啡厅。工作日的中午有午餐，周日有早午餐供应。另外，酒吧也能就餐。除了咖啡和甜品，还有鲑鱼火腿蔬菜三明治及肉桂卷。卡布奇诺€ 4。

咖啡馆　　Map p.425-C4

住 Ehrenströmintie 3
电 (09) 652-817
营 周一、周二 9:00~21:00
周三～周六 9:00~22:00
周日 9:00~18:00
休 无休
预算 € 3~　CC ADMV
URL www.ursula.fi

莫克市场咖啡馆

Moko Market & Cafe　　中心街南部

◆与杂货店同时开设的咖啡馆，深受艺术家和时尚青年的欢迎。天花板很高，空间敞亮，以手工制作美食及有机食材为招牌。平时的11:00~14:00供应每天变换种类的午餐，€ 8.9~。

咖啡馆　　Map p.425-C3

住 Perämiehenkatu 10
电 010-3156156
营 周一～周五 9:00~18:00
周六 10:00~17:00
休 周日
预算 午餐€ 8.5~
CC ADMV
URL www.moko.fi

瑞卡塔咖啡馆

Cafe Regatta　　中心街北部

◆位于西贝柳斯公园对面的一间红色咖啡座，露天座椅是它的特色。原来是间渔民小屋，装修后成了现在的模样。咖啡价格便宜，仅售€ 2~。还有黑麦三明治和带干果的肉桂卷等小吃。

咖啡馆　　Map p.424-B2

住 Merikannontie 8
电 040-4149167
营 4~8月
每天 8:00~次日 0:00左右
9月～次年3月
每天 9:00~21:00左右
休 无休　预算 € 2~
CC 不可用

绫餐厅
Aya 赫尔辛基中央火车站周边

◆店主在芬兰生活了 30 多年。原本只是因为喜爱美食，才开了这家店。主要供应采用当地食材制作的日本美食。还有很多种类，如热销的寿司套餐 SAKURA € 10.9、狐狸乌冬面 € 11.5、和猪肉盖浇饭€ 12.95 等。

日本料理 Map p.426-B2
住 Kaivokatu 8（City Centre 2 层）
电（09）67-2346
营 周一～周五 11:00~21:00
周六 12:00~18:00
（夏季时间缩短）
休 周日
预算 午餐€ 12~、晚餐€ 15~
CC M V URL www.ravintola-aya.fi

莲
Len's 中心街南部

◆这是一家日本人经营的小巧舒适、精致优雅的日本料理店。店内摆放着阿尔瓦·阿尔托设计的凳子、原木餐桌等。菜单以套餐为主，日式风味姜汁猪肉套餐及照烧鲑鱼套餐€ 17.5 是人气美食。晚上只能周五营业，除寿司拼盘€ 22 外，油炸豆腐€ 6.5 和炸鸡€ 6 等也是精品美味。11:00~15:00 供应每天变换种类的午餐€ 9~，非常实惠。从市中心乘坐 3 路有轨电车在 Viiskulma 下车即到。

店内的芬兰家具装点出优雅气氛

日本料理 Map p.426-B4
住 Pursimiehenkatu 5
电（09）66-6797
营 周一～周四 11:00~15:00
周五 11:00~15:00/17:00~22:00
休 周六、周日
预算 € 10~
CC D M V
URL www.lens.fi

可以品尝到风味姜汁猪肉等正宗的日本味道

中国餐饮
China 参议院广场、埃斯蒂公园周边

◆1973 年开业，是赫尔辛基第一家中餐厅。主要供应广东菜。在这里，用比较合适的价格就能品尝到真正的中国菜，所以在当地人气很高。炒鸡肉€ 14、各种面类€ 12~15 都是畅销的美味。

中国菜 Map p.426-B3
住 Annankatu 25
电（09）64-0258
营 周一～周五 11:00~22:30LO
周六、周日 12:00~22:30LO
休 无休
预算 € 10~
CC A D M V
URL www.ravintolachina.fi

湄泰
Maithai 中心街西部

◆口碑很好的泰国餐厅，芬兰人和外国游客经常会把这家店挤得水泄不通。主厨出身泰国，食材也是由泰国进口。做菜用的椰奶和咖喱酱等都是餐厅自制。推荐品尝泰式咖喱€ 13.5 和冬荫功汤€ 6。

泰国菜 Map p.426-B2
住 Annankatu 31-33
电（09）685-6850
营 周一～周五 11:00~23:00
周六 12:00~23:00
周日 12:00~21:00
休 无休
预算 午餐€ 10~、晚餐€ 30~
CC A D M V

萨穆拉特
Samrat 参议院广场、埃斯蒂公园周边

◆沿着花园大道走进高楼环绕的广场，步入广场深处就可以看到这家餐馆了。以正宗的印度风味见长，一到周末就人满为患。种类丰富的咖喱售价€ 16.2~。印度烤鸡€ 17.2 也可一试。平时的午餐是€ 8.5~11。

印度菜 Map p.427-C3
住 Eteläesplanadi 22c
电（09）61-1001 FAX（09）61-1509
营 周一～周四 11:00~23:00
周五 11:00~23:30
周六 12:00~23:30
周日 13:00~22:00（冬季 14:00~）
休 无休 预算 € 17~ CC A D M V
URL www.samrat.fi

赫尔辛基的购物场所
Shopping

百货商场和店铺大多集中在亚历山大街、花园大街以及曼林纳路一带。有不少欧美品牌店，芬兰特产有阿拉比亚公司的姆明人偶（陶瓷）、玛丽马克日用品、哈克曼餐具、伊塔拉玻璃制品及阿里卡的松木小物件等。这里比在中国国内买要便宜得多。费恩酒店 Hotel Finn（→ p.467）西侧和花园大街南侧区域被称为“设计区”，有很多饰品、宝石、服饰及古董等北欧风格的商店。

除北欧风格外，还有拉普兰地区萨米人用白桦树皮上的积瘤做的杯子“库库萨”和驯鹿皮包等，也都是畅销商品。在市场广场（→ p.443）讨价还价购买这些商品乐趣无穷。此外，用北极圈内采摘的浆果做成的甜酒也弥足珍贵。

索科斯
Sokos

赫尔辛基中央火车站周边

◆总面积 4000 平方米的大型百货商场。几乎所有的生活必需品都可以在这里买到。地下一层的超市 S-Market 周六、周日照常上班，1 天 24 小时营业。通过地下通道与赫尔辛基中央火车站相连。

百货商场 Map p.426-B2

住 Mannerheimintie 9
电 010-7665100
营 周一～周五 9:00~21:00
周六 9:00~18:00
周日 12:00~18:00
休 无休
CC 各店铺有所不同
URL www.sokos.fi

福荣百货
Forum

赫尔辛基中央火车站周边

◆包括服饰、日用品、餐厅和书店等 120 家店进驻的购物中心，是游客的理解选择。商品种类从时尚商品到贵金属，甚至日常生活用品也一应俱全。地下有美食城，方便就餐。

百货商场 Map p.426-B2

住 Mannerheimintie 14-20
电 （09）565-74523
营 周一～周五 9:00~21:00
周六 9:00~18:00
周日 12:00~18:00
休 无休
CC 各店铺有所不同
URL www.forum.fi

斯托克曼
Stockmann

参议院广场、埃斯蒂公园周边

◆芬兰最大的百货商场。这家历史悠久的高档商超内几乎集中了芬兰所有的知名品牌和高档日用品，去看看也不错。除了适合购买礼物的厨房用品和餐具专区外，食品区的商品也很丰富。

百货商场 Map p.427-C2

住 Aleksanterinkatu 52
电 （09）12-11
FAX （09）121-3632
营 周一～周五 9:00~21:00
周六 9:00~19:00
周日 11:00~18:00
休 无休 CC A D M V
URL stockmann.com

埃斯普拉那长廊
Galleria Esplanad

参议院广场、埃斯蒂公园周边

◆与赫尔辛基最高档的酒店配套设立的购物中心。除玛丽马克（→ p.475）和菲莉帕等知名品牌外，还有北欧时尚品牌店，共 50 余家店铺。内设餐厅。

百货商场 Map p.427-C2

住 Pohjoisesplanadi 33
电 各店铺有所不同
营 周一～周五 10:00~20:00
周六 10:00~17:00
休 周日（各店铺有所不同）
CC A D M V
URL www.galleriaesplanad.fi

玛丽马克
Marimekko

参议院广场、埃斯蒂公园周边

◆芬兰著名品牌玛丽马克的旗舰店。2015年秋季重新装修后，规模有所缩小，不过商品种类仍然是芬兰最全的。主要楼层经营礼服和T恤等最新款式的服饰，往里去是带罂粟花纹（Unikko）的小物件。精美的厨房用品、床上用品所在的楼层摆放着设计型家具，可以想象实际生活中的场景。还有罂粟花纹等各种原创设计的面料的专卖区。

商品种类丰富

时尚店铺 Map p.427-C2

住 Mikonkatu 1

☎ 050-5725632

营 周一～周五 10:00~20:00
周六 10:00~17:00
周日 12:00~16:00

休 无休

CC ADJMV

URL www.marimekko.com

世界闻名的品牌

依瓦纳·赫尔辛基
Ivana Helsinki

中心街南部

◆芬兰时尚品牌集大成者，参加过巴黎时装周，受到全球范围的关注。由女性设计师帕拉·苏赫奈创造的品牌，产品多数富有个性。普通的面料上施以华丽图案的连衣裙等大受欢迎，而且所有商品都讲究手工生产。商场由地上一层和地下一层组成，新品发布仅针对女性客户。边角料制作的钱包和化妆包等小物件也精致考究。

不少商品风格独特

时尚店铺 Map p.426-B3

住 Uudenmaankatu 15

☎ 050-5051624

营 周一～周五 11:00~19:00
周六 11:00~16:00

休 周日 CC ADMV

URL www.ivanahelsinki.com

自制面料制成的化妆包等物品种类繁多

佛里达玛丽娜
Frida Marina

中心街北部

◆卡里奥地区（→p.480）的一家特色旧货商店，主营20世纪50~80年代芬兰产的商品。80年代后由于大量国外物美价廉的服饰涌入芬兰而逐渐销声匿迹的芬兰高档连衣裙、鞋子和皮包等在这里都可以找到。还有店主玛丽亚亲手用领带制成的我式发圈等物品，受到芬兰国内的时尚人群的追捧。店内还设置了一小块小物品专区 Moonk Vintage 及咖啡吧。

这里有条无形的规矩，看中后立即购买

时尚店铺 Map p.425-C1

住 Kaarlenkatu 10

☎ 050-3810418

营 周二～周五 11:00~19:00
周六 11:00~17:00

休 周日、周一

CC MV

20世纪50年代的连衣裙

南索
Nanso

参议院广场、埃斯蒂公园周边

时尚店铺 Map p.427-C2

◆1921年创立的时尚品牌店。略带怀旧风格的北欧面料连衣裙和针织品服饰要是穿上街，一定会吸引足够多的目光！T恤€29.9~、连衣裙€52~130，价格实惠。

住 Mikonkatu 2
电 040-5513938
营 周一～周五 10:00~19:00
周六 10:00~17:00
休 周日
CC ADMV
URL www.nansogroup.com

阿泰克
Artek

参议院广场、埃斯蒂公园周边

家具·室内装饰 Map p.427-C2

◆这是一家经营芬兰建筑业鼻祖阿尔瓦·阿尔托设计的家具的高档商店。2016年3月迁到新址后修茸一新。白桦等原木制成的曲线风格家具造型独特、优雅美观。比在中国买要便宜30%~50%。还有不少用自制面料制成的物品。除大件家具外，还经营以阿尔托风格面料制作的隔热锅把手等日用品。商品可以寄送到海外，邮费根据商品来定。

图书专区面积扩大了不少

住 Keskuskatu 1B
电 010-6173480
营 周一～周五 10:00~19:00
周六 10:00~16:00
周日 12:00~18:00（只是12月）
休 12月以外的周日
CC ADMV
URL www.artek.fi

可以买到这家店独有的商品

COLUMN FINLAND

探访赫尔辛基的市场

赫尔辛基有老农贸市场（→p.480）和哈卡涅米农贸市场两家知名的室内市场。

哈卡涅米农贸市场位于中心街北部、地铁哈卡涅米站前。这栋红砖建筑一共两层，一层是肉、鱼等生鲜食品和副食品专卖区，二层主要经营服饰和日用品，其中就包括畅销品牌玛丽马克。

另外，夏季还会在市内的广场上举办露天市场。届时，市场广场（→p.443）和哈卡涅米农贸市场前的广场上副食品店和土特产店等露天摊点摆得密密麻麻。如果你是北欧设计的粉丝，推荐去希塔拉赫蒂广场（Map p.426-A4）看看面向普通市民的自由市场。那里又被称为“古董市场”，可以找到北欧风格的物件和一些古旧衣物等。还有不少出土文物，一定要去看看哦。周日自由市场规模最大。

当地人时常光顾的哈卡涅米农贸市场

可以淘到旧货和古董的古董市场

DATA

■哈卡涅米农贸市场 Map p.425-C2
住 Hakaniemi 电（09）3102-3560
URL www.hakaniemenkauppahalli.fi
营 周一～周五 8:00~18:00 周六 8:00~16:00
休 周日
交通
在地铁哈卡涅米站或乘坐1、1A、3、6、7A、7B、9路有轨电车在Hakaniemi站下，步行1分钟。

洛卡
Lokal

中心街南部

◆摄影家卡德亚为展示当地艺术家的作品创办的商店。店内全是设计精巧的物品，包括陶瓷、家具和厨房用品等。使用白桦树做成的盒子等芬兰特产，最适合馈赠。

家具 · 室内装饰 Map p.426-B3

住 Annankatu 9
☎（09）684-9818
营 周二～周五 11:00~18:00
周六 11:00~16:00
周日 12:00~16:00
休 周一 CC AMV
URL lokalhelsinki.com

卡勒瓦拉列鲁
Kalevala Koru

参议院广场、埃斯蒂公园周边

◆主要经营以芬兰史诗《卡勒瓦拉》（→p.441）为主题的装饰品。还有采用芬兰玉石制作的装饰品。胸针和吊坠等产品是纯手工打造。这里还经营“手掌上的艺术品”Lapponia 珠宝。

家具 · 室内装饰 Map p.427-C2

住 Pohjoisesplanadi 25-27
☎ 020-7611390
营 周一～周五 10:00~19:00
周六 10:00~17:00
周日 12:00~17:00
（只是 6~8 月和 12 月）
休 6~8 月和 12 月之外的周日 CC ADMV
URL www.kalevalajewelry.com

伊塔拉海滨大道专卖店
Iittala Store Esplanadi

参议院广场、埃斯蒂公园周边

◆经营伊塔拉玻璃制品、阿拉比亚陶瓷和哈克曼厨房用品、费斯卡刀具等品牌的伊塔拉集团旗舰店。市内有几家店，这家是品类最齐全的。店内集中了伊塔拉几乎所有的产品，价格也比国外便宜30%~40%。购买量大还能邮寄回国（邮费和保险费自付）。很多游客买阿拉比亚知名产品——画有姆明造型的马克杯€ 19.7 作为礼物。再往里走是国内外享有盛誉的设计师们打造的伊塔拉品牌玻璃制品展区，也可以购买。

一定要来这里选礼物

陶瓷 · 玻璃制品 Map p.427-C2

住 Pohjoisesplanadi 25 ☎ 020-4393501
营 周一～周五 10:00~19:00
周六 10:00~17:00
周日 12:00~17:00（只是 5~12 月）
休 5~12 月之外的周日
CC ADMV URL www.iittala.com

囊括了所有热销商品系列

Nounou 设计室
Nounou Design Showroom

中心街南部

◆兼职伊塔拉及玛丽马克设计师的阿努经营的商店。有质感柔和的马克玻璃杯€ 12~ 和玻璃 × 木头的盒子€ 60 等不少设计新颖、富有童趣的商品。

家具 · 室内装饰 Map p.427-C3

住 Uudenmaankatu 2 ☎ 050-60081
营 6~8 月 周二～周五 11:00~17:00
周六 12:00~16:00
9 月～次年 5 月
周二、周四 12:00~17:00
周六 12:00~16:00
休 周日、周一及 9 月～次年 5 月的周三、周五
CC AMV URL www.nounoudesign.fi

芬雷森
Finlayson

参议院广场、埃斯蒂公园周边

◆1820 年创立的老店。除了上等布料，还有毛巾€ 5.9~ 和锅把手€ 9.9~ 以及床上用品、床垫等生活日用品。这里还经营姆明系列的纺织品，更有绘着独特图案的面料和姆明图案的物品。

纺织品 Map p.427-C3

住 Eteläesplanadi 14
☎ 040-5716068
营 周一～周五 10:00~18:00
周六 10:00~16:00
周日 12:00~16:00（只是 12 月）
休 12 月之外的周日
CC ADMV URL www.finlayson.fi

约翰娜·格里克森
Johanna Gullichsen 中心街南部

◆这家店由芬兰著名的纺织品设计师约翰娜·格里克森创立。以芬兰的大自然和传统图案为主题的布匹每米€ 70~215。另外还有化妆包€ 22~和皮包€ 85~、连衣裙等时尚商品。

纺织品 Map p.426-B4

住 Fredrikinkatu 18
(09) 63-7917
营 周一～周五 11:00~18:00
周六 11:00~15:00
休 周日
CC ADMV
URL www.johannagullichsen.com

姆明主题商店
Moomin Shop 赫尔辛基中央火车站周边

◆一家位于赫尔辛基的姆明商店，在 Forum（→ p.474）的二层。2013 年进行了重新装修。探寻姆明的人，一定不要错过这里。店内有人偶、马克杯、文具、明信片和绘本等令粉丝们惊叫连连的商品，种类也很多。姆明是芬兰的国民偶像，最适合作为礼品赠送亲友。有时还能看到这家店独有的物品和当季限量版商品。在赫尔辛基国际机场的 2 号航站楼也有分店。

店内的灯光也富有梦幻色彩 ©Moomin CharactersTM

生活日用品 Map p.426-B2

住 Mannerheimintie 20 040-1920720
营 周一～周五 9:00~21:00
周六 9:00~18:00
周日 12:00~18:00
休 无休 CC ADJMV
URL www.moominshop.com

有大量的姆明周边产品

阿里卡
Aarikka 参议院广场、埃斯蒂公园周边

◆芬兰设计界的巨头阿里卡公司的直营店。以鹅、驯鹿和羊为设计原型的木质饰品及容器、厨房小用品等都透露出满满的木质原香。原料 90% 采用芬兰白桦和松树。

生活杂货 Map p.427-C2

住 Pohjoisesplanadi 27 044-4220204
营 周一～周五 10:00~19:00
周六 10:00~17:00
周日 12:00~17:00
（只是 6~8 月和 12 月）
休 6~8 月和 12 月之外的周日
CC ADMV URL www.aarikka.com

地球希望
Globe Hope 参议院广场、埃斯蒂公园周边

◆一家人气再循环品牌店，其设计理念是“环保”，使用可再生原料制作商品。商品包括使用电脑键盘做成的耳坠€ 19.5~ 和使用安全带制作的椅子靠背€ 130 等，从小物件到西服，应有尽有。

生活杂货 Map p.427-C2

住 Aleksanterinkatu 28 050-3051115
营 周一～周五 10:00~19:00
周六 10:00~17:00
（冬季时间缩短）
周日 12:00~17:00（只是夏季）
休 冬季的周日
CC AMV URL www.globehope.com

马来亚
Mereija 中心区北部

◆经营芬兰国内生产的可再生品牌产品。有五彩的按键和乐高积木制作的饰品€ 10~，此外还有西服和椅子靠背等各类商品。不用的东西放到这里，过 2~3 天就能够为你改造一新。

生活杂货 Map p.424-B2

住 Mannerheimintie 56
050-4360545
营 周二～周五 10:30~17:30
周六 10:00~15:00
休 周日、周一
CC ADMV
URL www.mereija.fi

Fasaani 赫尔辛基二手市场

Fasaani & Helsinki Secondhand

中心街南部

◆经营 20 世纪 60~70 年代北欧风格物品的古董店。在 1000 平方米的店内，集中了阿拉比亚和伊塔拉等芬兰知名品牌，另外还有丹麦、瑞典的陶瓷、玻璃及家具品牌。

古董店 Map p.427-C4

住 Korkeavuorenkatu 5 电（09）260-9970

开 6~8 月
周一～周四 11:00~18:00
周五 11:00~17:00
周六 11:00~15:00
9 月～次年 5 月
周一～周五 11:00~18:00
周六 11:00~16:00

休 周日 CC AMV URL www.fasaani.fi

阿斯蒂亚里莎

Astialiisa

中心街北部

◆销售杯子&茶托、金属板、搪瓷锅、动漫人物手信等时尚流行物品和旧货。摆满货架的商品都是从居民家中回收上来的，很多看上去非常可爱，还有些价值不菲。尤其是阿拉比亚工厂的商品（→p.453）种类丰富。提供标明生产年份的目录表等丰富的商品资料，适合那些对古旧货物不太懂的顾客。店员都很热情，如果有什么不懂的，可放心询问。

在里面挑选一件满意的商品吧

生活杂货 Map p.424-B2

住 Runeberginkatu 59 电（09）241-0490

开 周一 12:00~17:00
周二～周四 10:00~18:00
周五 10:00~17:00
周六 10:00~14:00（7 月除外）

休 周日、7 月的周六

CC ADMV URL www.astialiisa.fi

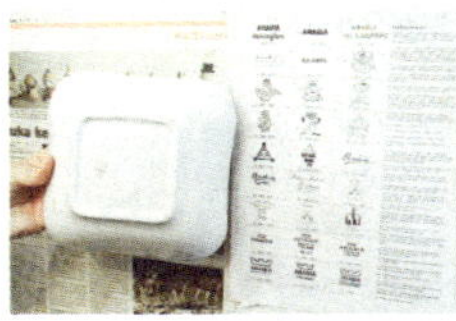

标明生产年份的目录表上可确认时间

赫尔辛基塔伊特商店

Taito Shop Helsky

参议院广场、埃斯蒂公园周边

◆经营芬兰手工产品的商店。毛毡茶杯垫€ 69~ 和木质刀具 Puutalli € 19.5~ 等商品都带有设计者浓浓的温情，很精美，适合做礼物。自制肥皂€ 7.9 也很受欢迎。

工艺品 Map p.427-C3

住 Eteläesplanadi 4

电 050-3508470

营 周一～周五 10:00~18:00
周六 10:00~16:00
周日 12:00~16:00（只是 7、8 月和 12 月）

休 7、8 月和 12 月之外的周日

CC ADMV URL www.helsky.net

莎士 · 马里乌斯

Chez Marius

中心区西部

◆大约 15 年前，一对夫妻创办了这家厨房用品专卖店。经营芬兰、意大利、德国和日本等世界各地的优质商品。还有芬兰畅销木质刀具品牌 Puutalli 的产品€ 4.7~。

厨房用品 Map p.426-B3

住 Fredrikinkatu 26

电（09）61-23638

营 周一～周五 10:00~18:00
周六 11:00~15:00

休 周日 CC MV

URL www.chezmarius.fi

赫尔辛基商店

Shop Helsinki

中心街西部

◆位于 Scandic Simonkenttä（→p.465）的地下二层。经营标有地名的钥匙圈和马克杯等人气商品和画有电车路线图的 T 恤、大手提包等，全是能让人回味起这段赫尔辛基之旅的特色商品，适合当作特产。

礼品店 Map p.426-B2

住 Simonkatu 9

电 040-0724633

营 周一～周五 11:00~19:00

休 周六、周日

CC MV

艾克泰米奈·基尔亚考帕（学院书店）
Akateeminen Kirjakauppa

参议院广场、埃斯蒂公园周边

◆店内汇聚了芬兰写真集、童话、绘本和实用常识书等各种各样的书籍。姆明的绘本系列尤其丰富，可当礼物。地下是文具专场，销售笔记本和色彩缤纷的包装材料等。二层是阿尔托咖啡馆 Café Aalto（→ p.471）。

书店　Map p.427-C2

住 Pohjoisesplanadi 39
☎ 020-7608999
营 周一～周五 9:00~21:00
周六 9:00~19:00
周日 11:00~18:00
休 无休　CC ADMV
URL www.akateeminen.com

老农贸市场
Vanha Kauppahalli

参议院广场、埃斯蒂公园周边

◆从市场广场出发，步行即到的老牌食品市场。经营特产鲑鱼和芬兰产鱼子酱、咖啡、红茶等。有些商店还卖火腿蔬菜三明治等副食。2014 年夏天重新开业。

副食品店　Map p.427-D3

住 Etelāranta
☎（09）3102-3565
营 周一～周六 8:00~18:00
休 周日
CC 各店铺有所不同
URL www.vanhakauppahalli.fi

罗霍尤利·康比
Ruohonjuuri Kamppi

中心街西部

◆位于康比购物中心的旁边。经营有机食品和牛奶巧克力等有益于身体和环境的食品、化妆品和生活日用品。粉末状干浆果€ 3.99~ 和纯手工肥皂€ 7.95 等商品琳琅满目，新商品随时上架。

副食品店　Map p.426-B2

住 Salomonkatu 5
☎（09）445-465
营 周一～周五 9:00~21:00
周六 9:00~19:00
周日 12:00~18:00
休 无休　CC ADMV
URL kauppa.ruohonjuuri.fi

COLUMN　FINLAND

自由的卡里奥地区

位于哈卡涅米市场北部的卡里奥地区面积广大，曾是工人阶级的居住区。由于这里的公寓租金便宜，所以现在有不少艺术家和学生开始租住在这里，因此也成了各种流行时尚萌芽的区域。在这里，你可以在自由的空气中领略迷人的沉静。

街上有佛里达玛丽娜（→ p.475）等各种旧货商店、咖啡馆、酒吧和餐厅等精致的店铺。“美好生活咖啡”就是这样一家令创意人群和赫尔辛基的咖啡爱好者如痴如醉的著名咖啡屋。该公司的工厂用心烹制的咖啡香醇扑鼻，味道醇厚。强烈推荐给简单咖啡的忠实粉丝们。店内还销售自制咖啡豆和马克杯。

每一杯都精心调制

店内时尚优雅

DATA

■好生活咖啡厅 Good Life Coffee
Map p.425-C2

住 Kolmas Linja 17
URL goodlifecoffee.fi
营 周一～周五 8:30~18:00
周六 10:00~17:00
休 周日　CC MV

交通
乘坐 1、1A、3、9 路有轨电车在 Kallion virastotalo 下车，步行 3 分钟。

赫尔辛基的夜店
Night Spot

赫尔辛基的夜店遍布在市区的各个区域。从高档酒吧到青年俱乐部、爵士吧、赌场等，无所不包。有些娱乐场所对年龄有严格的限制，有时候会要求出示证件。法律规定年满 18 周岁才能进入娱乐场所。为了保险起见，最好随身携带护照。

赫尔辛基赌场
Casino Helsinki

赫尔辛基中央火车站周边

◆赫尔辛基唯一的一家赌场，紧靠赫尔辛基中央火车站。年满 18 周岁者方可入内，须出示护照或其他身份证件。破旧的牛仔裤或 T 恤等随意着装者不得入内。赌场内有可观看表演的餐厅和酒吧，有些人是来这里就餐的，顺便玩乐。

Map p.427-C2

住 Mikonkatu 19
电（09）680-800
营 每天 12:00~ 次日 4:00
休 无休
CC ADMV
URL www.casinohelsinki.fi

爱罗塔亚酒吧
Erottaja Bar

参议院广场、埃斯蒂公园周边

◆这家酒吧位于赫尔辛基中心街上，店内装潢时尚，深受年轻族群的喜爱，学生和设计师等走在潮流前台的人们经常在这里聚会。啤酒售价€ 5.3~、鸡尾酒等酒水类为€ 8.5~。顾客必须年满 22 岁，还须随身携带身份证件。入场费€ 2.5。

Map p.427-C3

住 Erottajankatu 15-17
电（09）61-1196
营 每天 20:00~ 次日 4:00
休 无休 CC ADMV
URL www.karaokebar.net/erottaja

阿泰利尔酒吧
Ateljee Bar

参议院广场、埃斯蒂公园周边

◆位于 Solo Sokos Hotel Torni（→ p.464）14 层的咖啡馆兼酒吧。从窗户可以眺望赫尔辛基的街景，夜景尤其美艳。最受欢迎的是自制鸡尾酒“阿尔托”€ 13.8。色泽鲜艳的鸡尾酒装在阿尔托花瓶中递给顾客。如果连同酒和花瓶都要，需要支付€ 57。

Map p.426-B3

住 Yrjönkatu 26
电 010-7842080
营 周一～周四 14:00~ 次日 1:00
周五 14:00~ 次日 2:00
周六 12:00~ 次日 2:00
周日 14:00~ 次日 0:00
休 无休 CC ADJMV
URL www.raflaamo.fi

莫斯科咖啡屋
Kafe Mockba

参议院广场、埃斯蒂公园周边

◆酒吧内弥漫着古典的俄罗斯风情，再现了苏联时期的氛围。播放的音乐都是俄罗斯著名歌手的曲子。伏特加 1 杯€ 6.6~12.5。店主之一是全球知名的电影导演阿基·考里斯马基。

Map p.426-B3

住 Eerikinkatu 11
营 周二～周四 18:00~ 次日 2:00
周五、周六 18:00~ 次日 3:00
休 周日、周一
CC ADMV
URL andorra.fi

乡村故事
Storyville

中心街西部

◆一家可以欣赏到爵士乐和蓝调的酒吧。周三、周四的 21:00~ 和周五、周六的 20:30~ 有国内外的乐队演奏，入场费为€ 8~10。一层是钢琴吧。啤酒€ 7.3~。夏季的每天 14:00 和 19:00 有露天免费演出。

Map p.426-B1

住 Museokatu 8 电 050-3632664
营 爵士俱乐部
周三、周四 19:00~ 次日 3:00
周五、周六 19:00~ 次日 4:00
酒吧
周二 18:00~ 次日 2:00
周三、周四 18:00~ 次日 3:00
周五、周六 18:00~ 次日 4:00
休 周日～下周二（周二只有爵士俱乐部）
CC ADJMV URL storyville.fi

赫尔辛基的娱乐场所

赫尔辛基几乎每晚都会有歌剧、芭蕾舞或戏剧等曲目上演。门票由票务公司 Ticketmaster 和 Lippupiste 全权负责销售，可在这两家公司预订、购买包括歌剧、冰球赛在内的各类活动门票。可通过电话预订、购买，也可在其官方网站上操作。主要的办公室位于斯托克曼 Stockmann（→ p.474）的八层，也可以在这里买票。办公室内常驻会英语的工作人员。想提前了解演出时间的人，可通过 Lippupiste 网站，或在旅游咨询处领取的旅游指南“Helsinki this week”（→ p.434）上查找。赫尔辛基的主要剧院、体育场如下。

国家歌剧院

Suomen Kansallisooppera

传统与现代化设计风格融为一体的剧院，上演歌剧、芭蕾舞和管弦乐队演奏等多种演出活动。乘坐 2、4、4T、7A、7B、8、10 路有轨电车在 Ooppera 下车即到。

芬兰颂剧场

Finlandiatalo

阿尔瓦·阿尔托设计的音乐会演奏厅兼会议场馆。主要举办老牌的赫尔辛基交响乐团及其他国内外管弦乐队的演奏。乘坐 4、4T、7A、7B、10 路有轨电车能方便地抵达，从赫尔辛基中央火车站步行过来也不会太远。

赫尔辛基音乐中心

Helsingin Musiikkitalo

作为赫尔辛基爱乐乐团、赫尔辛基广播交响乐团和西贝柳斯音乐学院的主要演出大厅，承办各类演出剧目。

国家剧院

Suomen Kansallisteatteri

主要承接芬兰国内剧团的演出。没有英语解说，但是仅仅观赏表演也是一种享受。剧院位于中央火车站站前广场的对面。

赫尔辛基冰球馆

Helsingin Jäähalli

这是赫尔辛基的职业冰球队“HIFK”的主场。芬兰的冰球联赛时间为 9 月 ~ 次年 3 月。联赛期间，每周有 1~2 场比赛。乘坐 2、4、4T、7A、7B、10 路有轨电车在 Kansaneläkelaitos 站下车，然后步行 3 分钟。另一支职业冰球队尧可利 Jokerit 的主场在帕西拉的哈特沃尔阿里纳 Hartwall Arena。乘坐 7A、7B 路有轨电车可达。

DATA

Ticketmaster
住 Stockmann 百货商场八层
电 0600-10800 URL www.ticketmaster.fi

Lippupiste
住 Stockmann 百货商场八层
电 0600-900900 URL www.lippu.fi

国家歌剧院
Map p.424-B2
住 Helsinginkatu 58
电（09）4030-2211 URL www.ooppera.fi

芬兰颂剧场
Map p.426-B1
住 Mannerheimintie 13E 电（09）40-241
FAX（09）446-259 URL www.finlandiatalo.fi

赫尔辛基音乐中心
Map p.426-B1
住 Mannerheimintie 13 A
电 020-7070400 URL www.musiikkitalo.fi

国家剧院
Map p.427-C1・2
住 Läntinen Teatterikuja 1
电 010-73311 URL www.kansallisteatteri.fi

赫尔辛基冰球馆
Map p.424-B1
住 Nordenskiöldinkatu 11-13
电（09）477-7110 FAX（09）4777-1111
URL www.helsinginjaahalli.fi

坦佩雷 *Tampere*

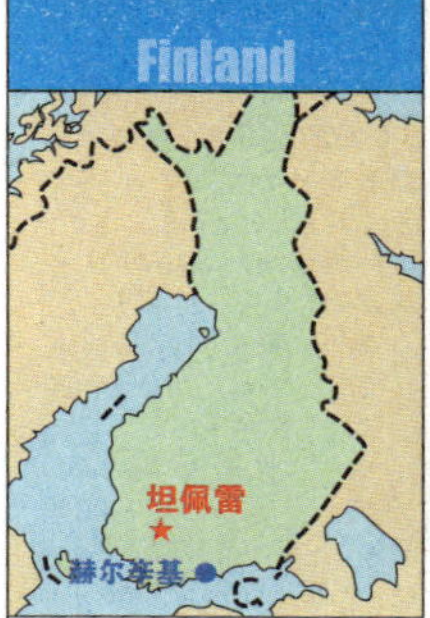

坦佩雷是一个被湖环绕的城市，北部有奈西湖，南部则是皮海湖。与有着“森林和湖泊之国”之称的芬兰的形象十分吻合，这也是一个异常宁静的城市。利用两个湖之间有 18 米的海拔差的特点，开发了水电业，这也使坦佩雷发展成为芬兰遥遥领先的工业城市。不过，当你漫步街头的时候，你并不会察觉这里有多少忙碌的气息。作为芬兰第二大工业城市，这里的安静令人惊讶。这里还是前往海门林纳的湖泊游艇“银色航线”及连接维拉特的“诗人航线”的始发站。

坦佩雷街上到处都是红砖建筑

Map p.414-A4
人口：225118
长途区号：03
坦佩雷信息网站
URL www.visittampere.fi

前往坦佩雷的方法

✈ 从赫尔辛基出发每天有 3~4 个航班，约需 40 分钟。从斯德哥尔摩出发 SAS 公司每天有 2~5 个航班，约需 1 小时。

🚆 从赫尔辛基出发每小时有 1~4 趟列车，需要 1 小时 30 分钟 ~2 小时。从图尔库每天有 5~8 趟，约需 1 小时 25 分钟。从罗瓦涅米每天有 5~6 趟（有时中途需要在奥卢 Oulu 换乘），约需 7~9 小时。

🚌 从赫尔辛基出发每小时有 1~3 班，需 2 小时 20 分钟 ~2 小时 40 分钟。

坦佩雷 漫步

坦佩雷火车站位于城市的东侧，景点和酒店、商店等主要集中在西侧的市区。旅游咨询处在中央广场附近。主干道是从火车站向西延伸的海梅街（Hämeenkatu）。中途还要穿过架在塔莫科斯基河（Tammerkoski）上的桥。分布在河两岸的 19 世纪红砖工厂遗址包括老芬雷森厂房和瓦普利基中心博物馆等。近些年，这些建筑陆续被改建成包含餐厅、商店和

坦佩雷的旅游咨询处 ⓘ

住 Hämeenkatu 14 B
电（03）5656-6800
URL www.visittampere.fi
开 6~8 月
周一～周五　10:00~18:00
周六、周日　10:00~15:00
9 月～次年 5 月
周一～周五　10:00~17:00
周六　　　　10:00~15:00
休 9 月～次年 5 月的周日

工作人员都很热情，还会介绍银色航线和诗人航线。

有大量关于这座城市的资料

市内巴士

费 单人票€ 3
一日票€ 6.5（每延长 1 天加收€ 4）

从巴士的前门上车后，向司机支付车票。1 日票不能从司机处购买。车票在旅游咨询处和车站售货亭有售。乘坐巴士时，如果不在车站招手示意，可能巴士会甩站通过。中央广场（Keskustori）前是市内巴士总站。

姆明谷博物馆

住 Yliopistonkatu 55
电（03）243-4111
URL muumilaakso.tampere.fi
开 周二～周五　9:00~17:00
周六、周日　10:00~18:00
休 周一
费 € 7

姆明谷博物馆自 2017 年 5 月 9 日开始，迁移至坦佩雷火车站东侧的坦佩雷大厅（Tampere-talo）内重新开馆。

列宁博物馆

住 Hämeenpuisto 28
电 010-4209222
URL www.lenin.fi
开 6~8 月
每天　11:00~18:00
9 月～次年 5 月
每天　11:00~17:00
休 无休
费 € 8

东正教教堂

住 Tuomiokirkonkatu 27A
电 020-6100365
URL www.ort.fi/tampere
开 6~8 月
周一～周六　10:00~16:00
周日　　　　12:00~16:00
休 9 月～次年 5 月
费 免费

博物馆等设施的综合娱乐场所，同时也是一处新兴的观光景点。海梅街的尽头是亚历山大教堂（Aleksanterin Kirkko）。从这里左拐可以看到列宁博物馆，往右走是市立图书馆，外观设计新颖，酷似银杏。从火车站悠闲步行到这里也只需要 30 分钟左右。

塔莫科斯基河沿岸有供市民休憩的场所

城北的大湖是奈西湖。伸向湖中的半岛上建有沙洲角冒险乐园，不少家庭在这里尽享天伦之乐。

坦佩雷 主要景点

姆明谷博物馆 Map p.483-B2

Muumilaakso

原来在坦佩雷市立美术馆（Tampereen taidemuseo）内、现已迁往坦佩雷大厅的姆明谷是姆明迷们必看的地方。用一些小型模型复原了童话中的情节，五层的姆明屋也不能不看。高 2 米的大型沙盘每一个细节都经过了精雕细琢，不知不觉将我们带进童话的世界里。博物馆墙壁上的饰品用的是姆明原作者托韦·扬松（Tove Jansson）亲手画的封面和插画的原画等。博物馆直营商店内销售各种姆明周边产品。

列宁博物馆 Map p.483-A2

Lenin-museo

这家小型博物馆位于原工人会馆大楼的三层。展示了曾在革命时代访问过坦佩雷的列宁和俄罗斯革命的相关资料。还有一间小型博物馆商店，里面有海报和 T 恤等有关列宁的商品。

展示了关于列宁的翔实资料

东正教教堂 Map p.483-B2

Ortodoksinen Kirkko

1896~1899 年建造的教堂。整个教堂更像是一座公园，高高耸立的新拜占庭风格尖塔是它的特征。

尖塔属于新拜占庭风格

老芬雷森厂房 Map p.483-B1

Finlayson

这栋建在塔莫科斯基河上游的大型砖瓦建筑最早是 1820 年苏格兰商人詹姆斯·芬雷森创建的老缫丝工厂。从 19 世纪中期到 19 世纪末的快速发展期，工厂建了住宅区、学校、医院和教堂等配套设施，俨然发展成了一座小镇。到 20 世纪 90 年代初，工厂结束了它的使命，转而由市政厅重新开发利用，建成了包括间谍博物馆和劳工博物馆（Työväenmuseo Werstas）等博物馆和餐厅、影院、自酿酒吧和新闻社等在内的综合性文体设施。

沿河建造的砖瓦建筑

老芬雷森厂房
住 Satakunnankatu 18
劳工博物馆 Werstas
住 Väinö Linnan aukio 8
☎ 010-4209220
URL www.werstas.fi
开 周二～周日 11:00~18:00
休 周一 费 免费
还可同时参观蒸汽机博物馆（Höyrykonemuseo）和纺织品工业博物馆（Tekstiiliteollisuusmuseo）。

阿穆里劳动人民住宅博物馆 Map p.483-A2

Amurin työläismuseokortteli

坦佩雷的阿穆里地区是工人阶级的住宅区，正是这些工人用他们的汗水铸就了坦佩雷工业的发展。这家博物馆原样展示了 19 世纪 80 年代

阿穆里劳动人民住宅博物馆
住 Satakunnankatu 49
☎（03）5656-6690
URL www.museokortteli.fi
开 5/12~9/13
周二～周日 10:00~18:00
休 周一、9/14~次年 5/11
费 € 7

COLUMN FINLAND

乘坐湖泊游艇体验森林和湖泊之国

坦佩雷一带被称为芬兰的湖水区。芬兰是湖泊众多、自然丰茂的国度。墨绿的森林与湛蓝的湖水遥相呼应，美不胜收。望此美景，心情畅快。游览湖水区域，自然少不了穿梭于河面、往来于两湖之间的湖泊游艇。从坦佩雷出发有两条著名的湖泊游览线路。参加者请在旅游咨询处报名。

银色航线

Suomen Hopealinja

一听到“银色航线”，就会立刻萌发出旅游的热情，不禁想尝试一下。

所谓的银色航线指的是坦佩雷至海门林纳的湖泊旅游航线。由于沿湖及水路有蜿蜒曲折的银柳小道，故而得名。所需时间约为 8 小时。可以在芬兰优美的自然中徜徉享受。

DATA
银色航线 Map p.483-B2
运行 6/7~8/13 的周二、周三
周三 9:15 从坦佩雷出发，18:00 抵达海门林纳
周二 11:00 从海门林纳出发，19:50 抵达坦佩雷
费 单程€ 50
详情请咨询：
☎（010）422-5600 URL www.hopealinja.fi

诗人航线

Runoilijan Tie(Poet's Way)

这是一条从坦佩雷北上，前往维拉特（Virrat）的线路。所需时间与银色航线大致相同。两条航线在夏季都比较拥挤，不过船体较大，不预约也能顺利登船。

DATA
诗人航线 Map p.483-A1
运行 6/8~8/13
从坦佩雷出发 周三、周五 10:15
抵达维拉特 18:30
从维拉特出发 周四、周六 10:15
抵达坦佩雷 18:30
费 单程€ 50、往返€ 75
详情请咨询：
☎（010）422-5600
URL www.hopealinja.fi

间谍博物馆

住 Satakunnankatu 18

电 （03）212-3007

URL www.vakoilumuseo.fi

开 6~8 月

　周一～周六　10:00~18:00

　周日　11:00~17:00

　9 月～次年 5 月

　周一～周六　12:00~18:00

　周日　11:00~17:00

休 无休　费 € 8

塔里匹哈马棚园

住 Kuninkaankatu 4

电 045-3267004

URL www.tallipiha.fi

咖啡厅

开 6 月、11/21~12/23

　周一～周六　9:00~20:00

　周日　10:00~20:00

　7.8 月、9/1~11/20、12/24~ 次年 5/31

　周一～周六　9:00~18:00

　周日　10:00~18:00

休 无休

商店

开 6~8 月

　周一～周五　11:00~18:00

　周六、周日　11:00~17:00

　2~5 月、9/1~11/20

　周一～周五　11:00~18:00

　周六、周日　11:00~16:00

　11/21~12/23

　每天　10:00~19:00

　12/24~ 次年 1/31

　周六、周日　11:00~16:00

休 12/24~ 次年 1/31 的周一～周五

到处都是精致的店铺

瓦普利基中心博物馆

住 Alaverstaanraitti 5

电 （03）5656-6966

FAX （03）5656-6808

URL www.vapriikki.fi

开 周二～周日　10:00~18:00

休 周一　费 € 10

沙洲角冒险乐园

住 Laiturikatu 1

电 020-7130200

URL www.sarkanniemi.fi

水族馆

开 每天 11:00~21:00（各季节有所不同）

休 无休　费 € 10~15

观景台

开 每天 11:00~23:30（各季节有所不同）

休 无休　费 € 5

交通→→→

坦佩雷火车站前、中央广场前乘坐 3 路巴士在 Särkänniemi 下车。

可以了解工人们的生活状况

至 20 世纪 70 年代工人们的典型住宅。一般每间屋子住 4 个家庭，所以 1 个公共厨房内会有 4 个灶台。还可以看到桑拿房和商店等当时人们社会活动的场所。看到这些就能想象当时阿穆里地区工人的生活场景，因而吸引了不少游客前来参观。另外还设有环境幽雅的咖啡馆 Kahvila Amurin Helmi。

间谍博物馆

Map p.483-B1

Vakoilumuseo

这家世界上最早的关于间谍的博物馆位于老芬雷森厂房的地下一层。展示了间谍曾经使用过的武器、相机等大量物品，其中一些还可现场实际操作。

博物馆面积小，但是展品丰富

塔里匹哈马棚园

Map p.483-A1

Tallipiha Stable Yards

位于老芬雷森厂房内，历史上曾被用作马厩。如今，这些 19 世纪的马厩、马夫宿舍都照原貌做了修复，建成了咖啡馆和民间艺术品商店等。夏季园内还举行工艺品展示、露天市场、园内马车巡游等丰富多彩的活动，吸引了众多游客。

瓦普利基中心博物馆

Map p.483-B1

Museokeskus Vapriikki

展示了冰河时期的动物

与老芬雷森厂房隔塔莫科斯基河相望的是坦佩雷公司所属的纺织品及钢铁工厂。如今通过对老工厂的改造，已建成文化设施。主体部分的常设展介绍了冰河时代的历史以及坦佩雷的工业发展史。此外，还可参观介绍媒体简史的鲁普里基媒体博物馆（Mediamuseo Rupriikki）、冰球迷必看的芬兰冰球殿堂（Suomen Jääkiekkomuseo）、自然史博物馆（Luonnontie teellinen Museo）、矿产博物馆（Kivimuseo）等 10 家博物馆。

博物馆由工厂改建而成

沙洲角冒险乐园

Map p.483-A1

Särkänniemi Elämyspuisto

内设水族馆（Aquarium）和游乐园（Huvipuisto）的度假胜地。水族馆每隔 30 分钟举行一次雷雨模拟表演，其间馆内灯光昏暗，雷电交加，感觉雷雨即将来临。场景模拟形象逼真，扣人心弦。建议去高 168 米的北欧最高观景台 Näsinneula 看看。顶层设有 45 分钟旋转一周的旋转餐厅。可以在里面一边用餐一边欣赏坦佩雷的城市美景。海豚馆（Dolphinarium）内可以观赏海豚表演。

节假日这里会挤满当地游客

坦佩雷的酒店
Hotel

坦佩雷几乎没便宜的酒店，所以从赫尔辛基当日来回也是一种选择。

斯堪迪克坦佩雷城市酒店
Scandic Tampere City

◆坦佩雷火车站前的高档酒店。酒店是玻璃外墙，内部光线明亮，极具开阔感。内饰为白色系的配色搭配现代化的设计。房间内有热水壶。

Map p.483-B2
住 Hämeenkatu 1　电 （03）244-6111
FAX （03）2446-2211
URL www.scandichotels.com
费 ⓈⒹ €110~　CC ADMV

坦佩雷欧美纳酒店 Ⅱ
Omena Hotel Tampere Ⅱ

◆与赫尔辛基的同名酒店（→p.467）隶属于同一集团。预订和支付都使用同一套系统。地理位置好，距离火车站和购物中心近。早餐€8.8。各个房间都配有微波炉和冰箱。

Map p.483-B2
住 Hämeenkatu 7
电 0600-555222
URL www.omenahotels.com
费 ⓈⒹ €45~　CC ADMV

考斯奇卡图积云酒店
Cumulus Koskikatu

◆位于市中心，便于出门旅游。客房装修精致，使人心情愉悦。所有房间配备保险柜。酒店内设泳池和桑拿房。

Map p.483-B2
住 Koskikatu 5　电 020-048139
FAX （03）242-4399　URL www.cumulus.fi
费 Ⓢ €125（70）~ Ⓓ €142（103）~
CC ADMV

梦想旅馆
Dream Hostel

◆曾获得芬兰旅馆之首的称号，很受欢迎。房间虽小，隔音效果超好。免费提供咖啡、红茶。从坦佩雷火车站东口步行 5 分钟可到。

Map p.483-B2
住 Åkerlundinkatu 2　电 045-2360517
URL www.dreamhostel.fi
费 ⓈⒹ €70~ 多人间€20~（YH 会员打 9 折）　CC AMV

坦佩雷的餐厅
Restaurant

哈莱德餐厅
Harald

◆以维京海盗为主题建立的餐厅。可以品尝到熊肉酱和鹿肉。主菜搭配沙拉和甜点的套餐€35.8~是热销美食。还供应各类红酒。

Map p.483-A2
住 Hämeenkatu 23　电 044-7668203
URL www.ravintolaharald.fi
营 周一～周四 11:00~23:00　周五 11:00~24:00
周六 12:00~24:00　周日 15:00~22:00
休 无休　预算 €35~　CC ADJMV

普列文餐厅
Plevna

◆老芬雷森工厂内的啤酒餐厅。有 12 款自制啤酒，每 0.25L 售价€3.4～。4 种红肠拼盘€18.6 等也是人气美食。

Map p.483-B1
住 Itäinenkatu 8　电 （03）2601-200　URL www.plevna.fi
营 周一 11:00~22:00　周二～周四 11:00~次日 1:00
周五、周六 11:00~次日 2:00　周日 12:00~24:00
休 无休　预算 €15~　CC ADJMV

坦佩雷的购物场所
Shopping

芬雷森
Finlayson

◆坦佩雷当地的知名纺织品制造商芬雷森经营的购物中心。适合在这里选购礼品。

Map p.483-A1
住 Kuninkaankatu 3　电 040-0193133　URL www.finlayson.fi
营 周一～周五 10:00~17:30　周六 12:00~16:00
休 周日（夏季周日也营业，12:00~16:00）　CC ADMV

皮克 · 布提克
Pikku Putiikit

◆店内的毛线上衣和对襟毛衣全是店内的工坊生产。还有大量的工艺品出售。

Map p.483-B2
住 Kehräsaari　电 050-3774500　URL www.pikkuputiikit.fi
营 周一～周五 10:00~18:00　周六 10:00~16:00
休 周日（7、8 月也营业，每天 12:00~16:00）　CC MV

浴缸　部分客房提供　TV 电视　TV 部分客房提供　吹风机　出租　迷你吧台及冰箱　部分客房提供　残障人士房间　无线 LAN　无线 LAN 收费　部分客房提供　无线 LAN 部分收费

海门林纳 *Hämeenlinna*

正如名称中所描述的那样，海门（海梅）林纳（城堡）是苏奥米（芬兰）民族，海梅部落的大本营，这里氤氲着古老的文化氛围。海门林纳是银色航线的总码头，也是大作曲家西贝柳斯的故乡，景点众多。夏天还会举办丰富多彩的露天剧院及民族舞蹈等活动。

湖光山色在眼前静静舒展

Map p.414-A4
人口：68011
长途区号：03
海门林纳的信息网站
URL www.hameenlinna.fi

前往海门林纳的方法

🚃 从赫尔辛基出发每小时有 1~2 趟，约需 1 小时。
🚌 从赫尔辛基出发每小时有 1~3 班，约需 1 小时 30 分钟。
⛴ 从坦佩雷出发搭乘银色航线（→ p.485）可抵达海门林纳。

海门林纳的旅游咨询处
住 Wetterhoffinkatu 2
电 （03）621-3373
URL visithameenlinna.fi
开 周一～周五 9:00~16:00
休 周六、周日

市内巴士
费 单票 $3.3

西贝柳斯故居
住 Hallituskatu 11
电 （03）621-2755
URL www.hameenlinna.fi/historiallinenmuseo
开 5~8 月
每天 10:00~16:00
9 月～次年 4 月
每天 12:00~16:00
休 无休
费 €5（9 月～次年 4 月为€4）

海梅城堡
电 （029）533-6931
URL www.kansallismuseo.fi/fi/hameen-linna
开 1/2~4/30、8/15~12/18
周二～周五 10:00~16:00
周六、周日 11:00~16:00
5 月
周一～周五 10:00~16:00
周六、周日 11:00~16:00
6/1~8/14
每天 10:00~17:00
休 1/2~4/30 与 8/15~12/18 的周一、12/19~ 次年 1/1
费 €9

海门林纳 漫 步

海门林纳面积不大，步行也能轻松地把它逛个遍。从火车站到位于城中心的市场广场（Kauppatori）徒步只需 15 分钟，旅游咨询处位于广场的东面。西贝柳斯故居（Sibeliuksen Syntymäkoti）位于广场以

西1个街区的地方，那里集中了很多酒店和商店。除此以外的景点大多分布在海梅城堡（Hämeenlinna）周边，可以再加上监狱博物馆（Vankilamuseo）和军事博物馆（Museo Militaria），3个旅游景点一起游览。另外，新建的海门林纳市博物馆（Hämeenlinna Kaupunginmuseo）已于2016年6月开始对外开放。

建在瓦纳亚湖畔的海梅城堡。周边是绿树成荫的公园

监狱博物馆
电 （03）621-2977

历史博物馆
电 （03）621-2528
开 周二～周日 11:00~17:00
休 周一 费 免费

军事博物馆
电 （03）682-4600
URL www.museomilitaria.fi
开 5~8月每天 10:00~17:00
9月～次年4月
周二～周日 11:00~17:00
休 9月～次年4月的周一
费 €8

海梅城堡与军事博物馆通票
费 €11

海门林纳 短途旅行

奥兰科 Map p.414-A4
Aulanko

银色航线（→p.485）的停靠地Spa Hotel Rantasipi Aulanko的周边分布着一大片森林。这其中有一个值得一去的景点是森林内的高塔。从高33米的塔上可以眺望独具芬兰特色的森林与湖泊美景。森林内随处都设置了湖泊和高塔的图片路标，可以按照提示行走。这附近有几处露营地，每逢周末，有些家庭会特意从赫尔辛基赶来这里度假。

奥兰科森林公园
交通→→→
乘坐2、13、17路巴士约15分钟。1小时1~3班。

奥兰科森林公园的酒店

兰塔斯皮奥兰科温泉酒店
Spa Hotel Rantasipi Aulanko
住 Aulangontie 93
电 020-048116
FAX （03）682-1922
URL www.rantasipi.fi
费 Ⓢ €124~ Ⓓ €164~
CC ADMV
位于银色航线码头的后面。

伊塔拉玻璃中心 Map p.414-A4
Iittala Glass Center

距海门林纳25公里的小城伊塔拉（Iittala）诞生了芬兰著名的玻璃制品品牌。游客可以在伊塔拉工厂参观工匠们将烧得通红的玻璃坯捏合成各种造型的过程，十分有趣。工厂的玻璃博物馆内展示了形形色色的玻璃艺术品。还有销售花瓶和玻璃杯的伊塔拉直销店，绝对不要错过。

工厂内还有巧克力工坊和民间工艺品店

伊塔拉玻璃中心
电 （0204）39-6230
URL www.iittalalasimaki.fi
交通→→→
如果从海门林纳出发，乘坐巴士最方便。在长途巴士总站5号站台搭乘前往坦佩雷方向的车。全程约需30分钟。如果乘坐列车，从海门林纳到最近的伊塔拉约需13分钟。
如果从赫尔辛基出发搭乘前往坦佩雷方向的普通列车，在伊塔拉下车，约需1小时30分钟。从坦佩雷搭乘前往赫尔辛基的普通列车，在伊塔拉下车，约需35分钟。下车后需再步行约15分钟。

海门林纳的酒店
Hotel

海门林纳积云酒店
Cumulus Hämeenlinna

◆距离市场广场一个街区，交通方便。附近有超市和商场。

Map p.488
住 Raatihuoneenkatu 16
电 020-048115 FAX （03）648-8299
URL www.cumulus.fi
费 Ⓢ €85（69）~ Ⓓ €100（84）~
CC ADMV

艾米利亚酒店
Hotelli Emilia

◆Cumulus Hämeenlinna斜对面的一家经济型酒店。自营餐厅有良好的口碑。

Map p.488
住 Raatihuoneenkatu 23
电 （03）612-2106 FAX （03）616-5289
URL www.hotelliemilia.fi
费 Ⓢ €102（88）~ Ⓓ €122（98）~
CC ADMV

浴缸 部分客房提供 TV电视 TV部分客房提供 吹风机 出租 迷你吧台及冰箱 部分客房提供 残障人士房间 无线LAN 无线LAN收费 部分客房提供 无线LAN部分收费

图尔库 *Turku*

Map p.414-A4
人口：185908
长途区号：02
图尔库信息网站
URL www.visitturku.fi

前往图尔库的方法

✈ 从赫尔辛基出发每天有1~5个航班，约需35分钟。从斯德哥尔摩出发，除周六外SAS公司每天有1~3个航班，约需50分钟。从机场乘坐1路巴士（图尔库港方向），约20分钟后可到市场广场。单程€3（深夜班次为€4）。

🚆 从赫尔辛基出发可乘坐特快列车或城际列车。约需2小时，每小时有1趟左右。

🚌 从赫尔辛基出发需2小时10分钟~2小时50分钟。每30分钟~1小时有一班。

⛴ 从斯德哥尔摩出发，塔林克·诗丽雅航线和维京航线（Viking Line）的轮渡每天2班，分白班和晚班。需要10小时~11小时35分钟（→p.535）。

奥拉河沿岸是市民休憩的好去处

图尔库是仅次于赫尔辛基、坦佩雷的芬兰第三大城市。位于芬兰的最西端，是这个国家最靠近瑞典的城市。中世纪初期，瑞典入侵芬兰。为了更好地控制芬兰，瑞典在图尔库建立了城市和教会。1812年，沙俄皇帝亚历山大一世将首都迁往赫尔辛基。在那之前，图尔库一直是芬兰的首都。迁都后，这里依然是西海岸瑞典文化圈的中心地带。这里曾经的瑞典语奥伯（Åbo）命名。站在这里，游客可以在瑞典国土之外感受瑞典的古老气息。

图尔库 漫步

位于火车站以南5个街区的市场广场（Kauppatori）周边就是图尔库市中心。附近集中了购物中心、酒店和餐厅，旅游咨询处也位于市场广场以南1个街区的地方。广场北边有东正教教堂。穿行于市区的巴士也从市场广场旁的道路上发车。长途巴士总站位于市区的西北部。

图尔库的西郊建有图尔库的地标建筑——图尔库城堡。城堡的旁边就是奥拉河（Aurajoki），河口处有轮渡码头。如果你乘坐轮渡进入图尔库，不妨将图尔库城堡作为你此行的第一站。另外，奥拉河南岸也分布着几个美术馆，花半天时间参观就够了。

小城的中心——市场广场

图尔库不大，但是景点分布相对分散，因此乘坐市内巴士参观是最理想的选择。尤其往返于市场广场和图尔库港之间的1路巴士最为便捷。市内巴士1日票的价格较低。

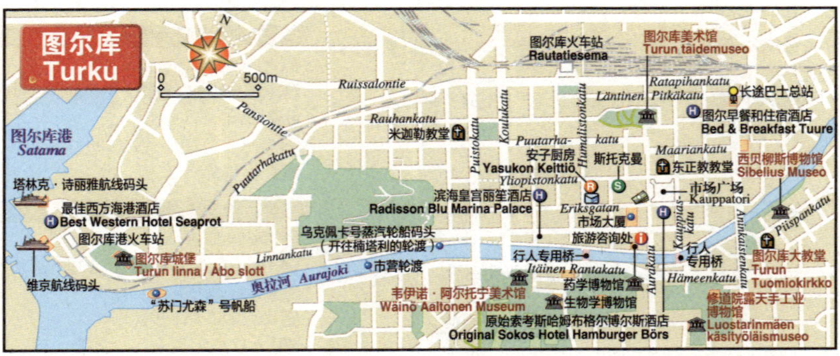

图尔库大教堂

Map p.490

Turun Tuomiokirkko

位于奥拉河南岸的大教堂是一幢建于1300年的古老建筑，也被称为芬兰历史最悠久的教堂。还设有展示教堂历史的教堂博物馆（Tuomiokirkkomuseo），可以了解到图尔库的历史。虽然距建立已过去715年，但这座教堂依然发挥着它的作用。高101米的石塔远远望去非常醒目，是小城的标志。

祭坛周围有描绘耶稣的壁画

西贝柳斯博物馆

Map p.490

Sibelius Museo

大教堂后面的现代化混凝土建筑是西贝柳斯博物馆。展示了芬兰最著名的大作曲家西贝柳斯的遗稿、资料以及从世界各地收集来的大量民族乐器。2月上旬~4月下旬、9月上旬~11月下旬的周三晚上19:00开始举办音乐会。

无论是不是西贝柳斯的粉丝，都可以在这里找到乐趣

散发着浓浓的中世纪风情的大教堂

图尔库美术馆

Map p.490

Turun taidemuseo

1904年创立的历史悠久的博物馆。在2004年，为纪念开馆100周年，特意复原了100年前的风貌，重新开放。馆内主要收藏了芬兰艺术家的作品，按照时间顺序，展示不同的作品。馆内还有咖啡厅。

美术馆的周边是花园

修道院露天手工业博物馆

Map p.490

Luostarinmäen käsityöläismuseo

博物馆侥幸躲过了1827年的那场大火。现在看到的是迁移了18~19世纪间的建筑而形成的露天博物馆。身着当时的服装的工作人员向游客展示了古时候人们劳作的情景。有些建筑内设有销售手工艺品的商店。

博物馆内的建筑宛如一个小村落

图尔库的旅游咨询处 i

住 Aurakatu 2
电 （02）262-7444
URL www.visitturku.fi
开 4~9月
周一~周五 8:30~18:00
周六、周日 9:00~16:00
10月~次年3月
周一~周五 8:30~18:00
周六、周日 10:00~15:00
休 无休
夏季可以租借自行车（每天€20、1~4小时€15）。

图尔库通卡

Turku Card

持此卡可免费乘坐图尔库的公共交通工具、参观博物馆和美术馆等。
费 24小时票€28
48小时票€36

市内巴士

费 单价票€3
1日票（24小时有效）€7

图尔库大教堂

电 040-3417100
URL www.turunseurakunnat.fi
开 每天 9:00~18:00
休 无休
费 免费（进入博物馆时收€2）

西贝柳斯博物馆

住 Piispankatu 17
电 （02）215-4494
URL www.sibeliusmuseum.abo.fi
开 2~4月、9/1~1/6
周二~周日 11:00~16:00
5~8月
周二、周四~周五 11:00~16:00
周三 10:00~18:00
休 周一、1/7~1/31 费 €4

图尔库美术馆

住 Aurakatu 26
电 （02）262-7100
URL www.turuntaidemuseo.fi
开 周二~周五 11:00~19:00
周六、周日 11:00~17:00
休 周一
费 €9（周五的16:00~免费）

修道院露天手工业博物馆

住 Vartiovuorenkatu 2
电 （02）262-0350
开 5/2~6/5、9/5~18
周二~周日 10:00~18:00
6/6~9/4
每天 10:00~18:00
11/26~次年1/6
周二~周日 10:00~16:00
休 5/2~6/5和9/5~18及11/26~次年1/6的周一、1/7~5/1、9/19~11/25
费 €6

韦伊诺·阿尔托宁美术馆 Map p.490

Wäinö Aaltonen Museum

主要展示雕刻家韦伊诺·阿尔托宁的作品，此外还有芬兰当代美术等多个门类的艺术品。除常设展览外，还举办音乐会和演讲等多领域的文化活动。馆内设有咖啡厅。

图尔库城堡 Map p.490

Turun linna/ Åbo slott

这座固若金汤的石头城堡位于城西，镇守着奥拉河河口。城堡是13世纪后半叶，当时芬兰的统治国瑞典为加强对芬兰的控制而建。之后的几个世纪中，这里都是军事要塞，在16世纪迎来了它的鼎盛时期，正值瑞典国王古斯塔夫一世开疆拓土的时期。如今，城堡内已改造成了历史博物馆。最晚入馆时间是闭馆前30分钟。

芬兰最大的城堡

图尔库 短途旅行

劳马老城 Map p.414-A4

Old Rauma

颜色可爱的房屋整齐排布

位于图尔库西北约90公里处的劳马，是以1400年方济各会修道院为中心发展起来的城市。这里被认为是斯堪的纳维亚现存最大的木结构房屋集中地，收录在联合国教科文组织的《世界遗产名录》中。最初的房屋在1682年的大火中损毁殆尽，但是在18~19世纪得以重建。劳马作为一个港口城市，家人为了让长时间出海的丈夫能一眼辨认出自家家门，而特意将房屋的外观涂上蓝色、黄色或绿色等鲜艳的色彩。房屋的窗户也是双层结构，还装有不开窗就能看到外面的瞭望镜，这也可

韦伊诺·阿尔托宁美术馆
住 Itäinen Rantakatu 38
☎ (02) 262-0850
URL www.wam.fi
开 周二~周日 10:00~18:00
休 周一 费 €7

图尔库城堡
住 Linnankatu 80
☎ (02) 262-0300
开 1/6~9/4
每天 10:00~18:00
9/5~次年1/5
周二~周日 10:00~18:00
休 9/5~次年1/5的周一
费 €9

图尔库的餐厅

安子厨房 Yasukon Keittiö
住 Yliopistonkatu 26C 2F
☎ 044-0335507
URL www.yasukonkeittio.com
开 周二~周五 12:00~18:00
周六、周日 12:00~17:00
休 周日 CC MV

供应寿司套餐€10和生姜烤猪肉€13等。乌冬面€12以外的菜单都带酱料和茶水。店铺位于二层。

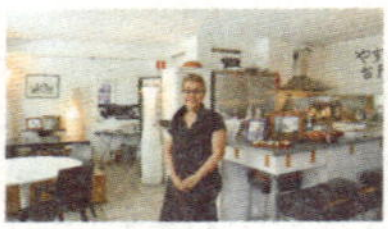

劳马老城
交通→→→

从图尔库的长途巴士总站出发，6:20~20:30（周六、周日为8:00~）间，每30分钟~1小时有一趟车。约需1小时30分钟。票价€18.7~22。

劳马老城的旅游咨询处 ⓘ
住 Valtakatu 2
☎ (028) 34-3512
URL www.rauma.fi/visitrauma
开 6~8月
周一~周五 9:00~18:00
周六、周日 10:00~18:00

COLUMN FINLAND

芬兰规模最大的图尔库音乐节

每年8月举办的图尔库音乐节是芬兰规模最大的文化盛事之一。音乐节上会上演芬兰的传统音乐、古典管弦乐、室内音乐和露天音乐会等。门票价格根据演出曲目和座位而定，基本在€10~200。详细信息需在活动主页上查询。

DATA
图尔库音乐节
☎ (02) 262-0812
FAX (02) 262-0830
URL www.tmj.fi

传统的梭结花边闻名遐迩

以看出当地人们为御寒可谓绞尽脑汁。镇上依然保留着建于 18 世纪的市政厅，现在它被改建成展示劳马的古典艺术品的劳马博物馆（Rauman museo）。另外镇上还有以精美壁画吸引游客的圣十字教堂（Pyhän Ristin kirkko）等景点。

劳马博物馆历史上曾是市政厅

9 月 ~ 次年 5 月
周一、周三、周四 9:00~16:00
周二 9:00~17:00
周五 9:00~15:00
休 9 月 ~ 次年 5 月的周六、周日

劳马博物馆
住 Kauppakatu 13
电 （044）793-3532
URL www.rauma.fi/koe-kaupunki
开 5/16~6/30、8 月
周二 ~ 周日 10:00~17:00
7 月
每天 10:00~17:00
9/1~ 次年 5/5
周二 ~ 周五 12:00~17:00
周六 10:00~14:00
周日 11:00~17:00
休 8 月 ~ 次年 6 月的周一
费 €4

圣十字教堂
住 Luostarinkatu 1
电 （02）8377-5300
开 周一 ~ 周五 10:00~16:00
周六 11:00~15:00
周日 10:00~15:00
休 无休

图尔库的酒店
Hotel

图尔库以中档酒店居多。

滨海皇宫丽笙酒店
Radisson Blu Marina Palace Hotel

Map p.490

◆位于奥拉河沿岸，视野极佳。酒店配备健身房、桑拿房和餐厅等。

住 Linnankatu 32 电 020-1234710
FAX 020-1234711
URL www.radissonblu.com
费 Ⓢ €144（114）~ Ⓓ €159（129）~
CC ADMV

原始索考斯哈姆布格尔博尔斯酒店
Original Sokos Hotel Hamburger Börs

Map p.490

◆市场广场对面的高档酒店。

住 Kauppiaskatu 6 电 （02）337-381
URL www.sokoshotels.fi
费 Ⓢ €133（102）~
Ⓓ €153（122）~
CC ADJMV

最佳西方海港酒店
Best Western Hotel Seaport

Map p.490

◆由仓库改建而来的优雅酒店。红砖外墙别具风格。

住 Toinen Poikkikatu 2
电 （02）283-3000
FAX （02）283-3100
URL www.hotelseaport.fi
费 Ⓢ €109~ Ⓓ €119~ CC AMV

图尔早餐和住宿酒店
Bed & Breakfast Tuure

Map p.490

◆含早餐的经济型酒店。距离火车站和中心街近，位置佳。可免费使用公共电脑。需提前预约。

住 Tuureporinkatu 17C
电 （02）233-0230
URL www.netti.fi/-tuure2
费 Ⓢ €39~ Ⓓ €58~
CC MV

浴缸　部分客房提供　TV 电视　TV 部分客房提供　吹风机　出租　迷你吧台及冰箱　部分客房提供　残障人士房间　无线 LAN　无线 LAN 收费　部分客房提供　无线 LAN 部分收费

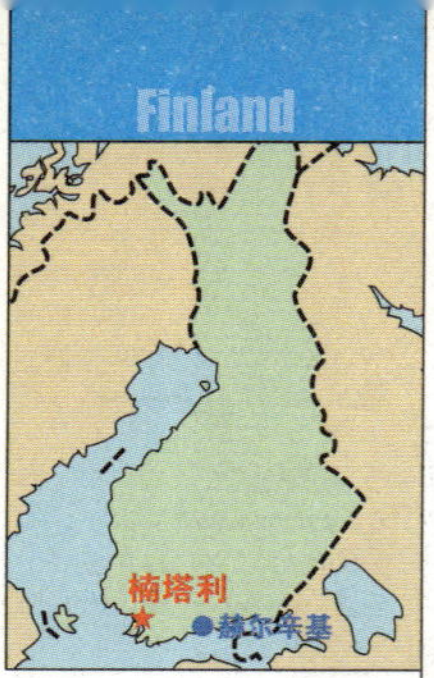

Map p.414-A4
人口：18943
长途区号：02
楠塔利信息网站
URL naantalinmatkailu.fi

前往楠塔利的方法

🚌 从赫尔辛基没有直达的交通工具，游客可以选择乘坐飞机、列车或巴士先到图尔库，再换乘巴士。在图尔库的市场广场乘坐前往楠塔利的6、7、7A路巴士，约35分钟后抵达。早上5:15至次日1:45间每10~20分钟一班。周日和22:00以后班次减少。

搭乘奥拉河游船前往楠塔利

搭乘行驶于图尔库的奥拉河上的“乌克佩卡”号蒸汽轮船（Ukkopekka）也可以到达楠塔利，还能欣赏河岸风景。约需1小时45分钟。

“乌克佩卡”号

电（02）515-3300
URL www.ukkopekka.fi
运行 6/6~8/15
从图尔库出发
周二～周六 10:00、14:00
从楠塔利出发
周二～周六 12:00、16:00
费 单程€24、往返€29

楠塔利的旅游咨询处 ℹ

住 Kaivotori 2
电（02）435-9800
URL visitnaantalifinland.com
运行 5/27~8/21
周一～周五 9:00~18:00

楠塔利 *Naantali*

风景优美的港湾

楠塔利是一座小城，位于古都图尔库以西约13公里处。楠塔利的名称来源于中世纪的瑞典语“Nadendal”，意为“美丽的山谷”。这里地处海滨，风景秀美。最知名的景点是利用入海口处的小岛建设的姆明世界。对中国人而言，这也是一个声名远播的景区。

楠塔利 漫步

港口沿岸有木板小道，适合散步

在这家博物馆可学习小城的历史

游客可当天往返于风景胜地楠塔利和图尔库之间。如果从赫尔辛基出发，想在姆明世界尽情玩一玩，再去悠闲的街道上逛逛，那么建议住上一晚。城中心位于停泊着各种游艇的码头附近。周边集中了不少咖啡馆和餐厅，可以一边眺望港口的美景，一边享用美食。这里终日都会有很多漫步的人群，热闹非凡。旅游咨询处位于从长途巴士总站前往港口的途中，最好先去那里领取地图，确认好返程的巴士时刻等。最知名的景点是姆明世界。姆明世界建在漂浮在城区西北方面的海面上的小岛开罗岛上。整个小岛就是一座巨大的姆明世界主题乐园，无论是孩子还是大人，都能在这里找到乐趣。在这里游览需要半天时间。

港口东南面的老城里建有大量18~19世纪的浅色系木结构房屋。不少屋子已

被改建成时装店和艺术长廊，很适合在这里悠闲地散步。老城的中心有一座介绍历史上的楠塔利街景及人们生活的楠塔利博物馆（Naantalin Museo）。如果时间充裕，建议去姆明商店淘宝。

另外，楠塔利是一个久负盛名的温泉胜地，是芬兰著名的度假区。小城的最北面有SPA设施和服务项目众多的Naantali Spa Hotel，游客可在那里放松身心。

以疗效好著称的楠塔利温泉

周六、周日 10:00~14:00
8/22~次年5/26
周一～周五 9:00~16:30
休 8/22~次年5/26的周六、周日

楠塔利博物馆
住 Mannerheiminkatu 21 费 €4
☎（02）435-2727
运行 5/15~8/30
周二～周日 11:00~18:00
休 周一、8/31~次年5/14

姆明商店
☎（02）511-1111
营 6/11~8/14 每天 10:00~18:00
8/15~28 每天 12:00~18:00
休 8/29~次年6/10

楠塔利的酒店
Hotel

楠塔利温泉酒店
Naantali Spa Hotel

◆位于海岸的五星级度假酒店。配备按摩房、健身式养生房等男女均可用的SPA设施和服务。

Map p.494 外
住 Matkailijantie 2 ☎（02）445-5100
FAX（02）445-5621
URL www.naantalispa.fi
费 Ⓢ €135（151）~ Ⓓ €160（192）~
CC ADJMV

安东尼别墅酒店
Hotel Villa Antonius

◆位于老城的精品小型酒店。早餐在一层享用，餐厅内有石质暖炉和华丽的装饰。店主的手工蛋糕很出名。

Map p.494
住 Mannerheiminkatu 9
☎（02）435-1938
URL www.cafeantonius.fi
费 ⓈⒹ €75~120 CC MV

阿玛迪斯酒店
Hotel Amandis

◆面向港口，氛围明亮，并设咖啡馆的酒店。全部房间均设有厨房、淋浴，设备保养良好，舒适方便。工作人员很亲切。

Map p.494
住 Nunnakatu 5
☎（02）430-8774
URL www.amandis.fi
费 ⓈⒹ €80（120）~ CC MV

普萨酒店
Hotel Pusa

◆楠塔利博物馆隔壁的一家小型酒店，带有精巧的花园。所有房间带沐浴室。内设咖啡厅。

Map p.494
住 Mannerheiminkatu 16
☎ 040-0298808
URL cafepusa.fi
费 ⓈⒹ €90（130）~ CC MV

楠塔利的餐厅
Restaurant

梅利萨利
Merisali

◆店内空间开阔。可以品尝到使用当地的新鲜鱼贝类和蔬菜制作的自助美食。午餐€15.5~、晚餐€19.8~。

Map p.494
住 Nunnakatu 1 ☎（02）435-2451 URL www.visitnaantali.fi/merisali 营 3月下旬~10月上旬 周日~周四 9:00~次日1:00左右 周五、周六 9:00~次日2:30左右 休 10月上旬~次年3月下旬 预算 午餐€15.5~、晚餐€19.8~ CC DMV

阿玛迪斯咖啡馆和餐厅
Cafe Amandis

◆与Hotel Amandis并设，位于港口沿岸。苹果派和巧克力蛋糕等自制蛋糕点很受欢迎。

Map p.494
住 Nunnakatu 5 ☎（02）430-8774 URL www.amandis.com 营 夏季每天 9:00~20:00 冬季周六、周日 11:00~16:00 休 冬季的周一～周五 预算 €5~ CC MV

浴缸 部分客房提供 电视 部分客房提供 吹风机 出租 迷你吧台及冰箱 部分客房提供 残障人士房间 无线LAN 无线LAN收费 部分客房提供 无线LAN部分收费

于韦斯屈莱 *Jyväskylä*

于韦斯屈莱建于 1837 年。大部分建筑都是“二战”后建成的，不过也有少量历史悠久的木结构古建筑。另外，一提起于韦斯屈莱就不得不说到现代建筑大师阿尔瓦·阿尔托设计的建筑群。于韦斯屈莱大学和位于郊外的赛于奈察洛的市政厅都是阿尔托的代表作品。

从观景台能将一直延伸到于韦斯湖湖畔的大学城尽收眼底

离开繁华热闹的商业街，来到郊外，眼前会呈现一大片郁郁葱葱的森林。这片绿色缓缓地伸向远方，中间交织着大大小小的湖泊和岛屿，让游客陶醉其中。一定要抽点时间去郊外看看。

于韦斯屈莱 漫步

于韦斯屈莱的市中心位于于韦斯湖（Jyväsjärvi）的西北岸。旅游咨询处设在福荣购物中心的二层。这里还会组织参观阿尔瓦·阿尔托建筑的旅行团及 Tuomiojärvi 湖的独木舟之旅。

主干道是距离火车站两个街区的卡伟利街（Kavelykatu），街上汇

Map p.414-B3
人口：137368
长途区号：014
于韦斯屈莱信息网站
URL visitjyvaskyla.fi

前往于韦斯屈莱的方法

✈ 除周六外，从赫尔辛基出发每天有 2~3 个航班，约需 50 分钟。

🚆 从赫尔辛基出发每小时有 6~8 趟列车，约需 3 小时 ~3 小时 30 分钟，途中会经过海门林纳和坦佩雷。从坦佩雷每 1~2 小时有 1 趟，约需 1 小时 30 分钟。

🚌 从赫尔辛基出发每天有 20~30 班，需 3 小时 30 分钟 ~4 小时 30 分钟。从坦佩雷每天有 3~13 班，约需 2 小时 10 分钟 ~3 小时 45 分钟。

于韦斯屈莱的旅游咨询处 ℹ

住 Asemakatu 7
电 （014）266-0113
URL visitjyvaskyla.fi
开 周一～周五 10:00~17:00
休 周六、周日

市内巴士

电 （014）266-0114
URL www.jyvaskylanliikenne.fi

分区计费。最低价（1 个区）为€ 3。1 日票€ 12 在旅游咨询处和百货商场索科斯（Sokos）二层的前台购买。

于韦斯屈莱大学

住 Seminaarinkatu 15

大学校园可自由参观。还能去学生食堂就餐。

于韦斯屈莱大学博物馆

住 Ihantolantie 5
电 040-805-4043
URL www.jyu.fi/erillis/museo
开 周二～周五 11:00~18:00
　 周六、周日 12:00~17:00
休 周一 费 免费

集了一些百货商场和时装店。卡伟利街的北侧是一座山丘，山丘之上建有于韦斯屈莱大学博物馆（Jyväskylän Yliopiston Museo）。从这里的水塔观景台可以360°欣赏美景，建议去尝试一下。

阿尔瓦·阿尔托设计的建筑在市内随处可见，于韦斯屈莱大学（Jyväskylän Yliopisto）是他的代表作。大学对面也是阿尔托本人主持设计的阿尔瓦·阿尔托博物馆（Alvar Aalto Museo）和展示芬兰中部历史及文化的中央芬兰博物馆（Keski-Suomen Museo）。市区的阿伊拉大厦（Aira-talo）和自卫队会馆、市立剧院、老警察局等建筑也出自阿尔托的手笔。

博物馆内还展示动物标本

市内遍布着阿尔托的作品，如老警察局等

郊外的湖面上漂浮的小岛赛于奈察洛（Säynätsalo）上有一座阿尔瓦·阿尔托设计的市政厅（Kunnantalo），湖畔的美也完全能让你不虚此行。快去感受芬兰的自然美吧。

阿尔瓦·阿尔托博物馆

住 Alvar Aallon katu 7
电 040-135-6210
URL www.alvaraalto.fi
开 7、8月
周二～周五 10:00~18:00
周六、周日 11:00~18:00
9月～次年6月
周二～周日 11:00~18:00
休 周一
费 €6（9月～次年5月的周五免费）

中央芬兰博物馆

电（014）266-4346
URL www.jyvaskyla.fi/keskisuomenmuseo
开 周二～周日 11:00~18:00
休 周一 费 €6

市政厅

住 Parviaisentie 9
电（014）266-1526
URL www.jyvaskyla.fi/saynatsalo/kunnantalo
开 周一～周五 8:30~15:30
休 周六、周日 费 免费

交通

在Vapaudenkatu街上的福荣百货前乘坐16、21路巴士，约需35分钟。每30分钟～1小时有一班。周六、周日班次减少。车票€4.7。从巴士站到市政厅步行1分钟即到。

于韦斯屈莱的酒店
Hotel

亚历山大原始索科斯酒店
Original Sokos Hotel Alexandra

Map p.496

◆位于火车站前的一家时尚酒店。酒店内有3间餐厅，还配备了桑拿房。

住 Hannikaisenkatu 35
电 020-1234642 FAX 010-785-1003
URL www.sokoshotels.fi
费 Ⓢ €129（101）～ Ⓓ €139（111）～
CC ADMV

于韦斯屈莱积云酒店
Cumulus Jyväskylä

Map p.496

◆内设泳池、健身中心和桑拿房的整洁酒店。2016年1月进行了重新装修。

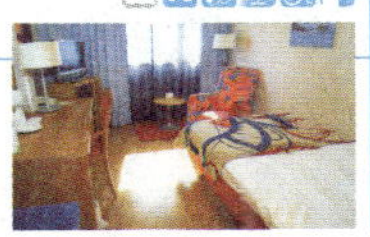

住 Väinönkatu 3 电 020-048120
FAX（014）65-3299
URL www.cumulus.fi
费 Ⓢ €128～ Ⓓ €143～ CC ADMV

米尔顿酒店
Hotelli Milton

Map p.496

◆位于火车站前的酒店，服务热情，位置优越。不设餐厅，但是有大堂酒吧和桑拿。

住 Hannikaisenkatu 29
电（014）337-7900 FAX（014）63-1927
URL hotellimilton.com
费 Ⓢ €85（70）Ⓓ €120（90）
CC MV

于韦斯屈莱欧美纳酒店
Omena Hotel Jyväskylä

Map p.496

◆只能在网上预订。要保存好预订时收到的密码（房间密码），在酒店与房间的入口处输入密码方可进入。预订时须支付房费。

住 Vapaudenkatu 57
电 0600-555222
URL www.omenahotels.com
费 ⓈⒹ €55～ CC MV

浴缸　部分客房提供　电视　部分客房提供　吹风机　出租　迷你吧台及冰箱　部分客房提供　残障人士房间　无线LAN　无线LAN收费　部分客房提供　无线LAN部分收费

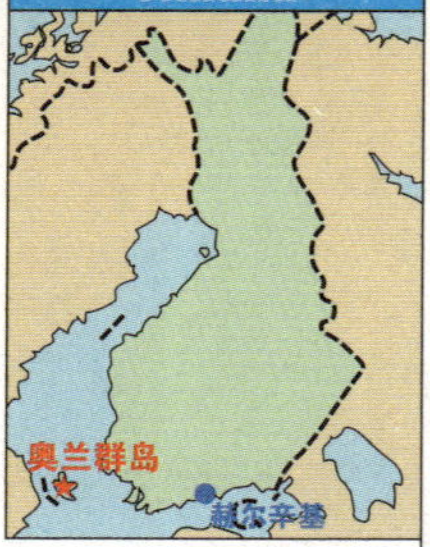

奥兰群岛 *Åland Islands*

Map p.414-A4
人口：奥兰群岛 28983
　　　玛丽港 11513
长途区号：018
奥兰群岛信息网站
URL www.visitaland.com

前往奥兰群岛的方法

✈ 从赫尔辛基出发每天有1~2个航班，约需1小时。从斯德哥尔摩出发，Nextjet航空公司除周六外每天有1~2个航班，约需1小时30分钟。

🚢 从赫尔辛基、斯德哥尔摩、图尔库出发，塔林克·诗丽雅航线（→p.535）或维京航线，每天有1~2班轮渡。它们都终抵奥兰群岛的玛丽港或朗纳斯Långnäs。航线不同，所需时间也不同，一般从赫尔辛基出发需要11小时15分钟，从图尔库出发需5小时20分钟左右，从斯德哥尔摩出发需5小时25分钟左右。

另外，Eckerö Linjen船运公司运营着从斯德哥尔摩郊外的格里斯勒港（Grisslehamn）到奥兰群岛的埃克洛的轮渡。每天2班，全程约需3小时。

Eckerö Linjen 船运公司
☎（018）28-300
URL www.eckerolinjen.ax/sv

玛丽港的旅游咨询处 ℹ
住 Storagatan 8
☎（018）24-000
URL www.visitaland.com
开 5月
　周一～周五　9:00~16:00
　周六　10:00~16:00
　6/1~20、8/10~31
　周一～周六　9:00~17:00
　6/21~8/9
　每天　9:00~18:00
　9月～次年4月
　周一～周五　9:00~16:00
休 9月～次年4月的周六、8/10~次年6/20的周日

在波的亚湾的入海口，奥兰群岛傲然挺立。奥兰群岛中最大的岛当数奥兰岛。这座原属瑞典的群岛，在19世纪初芬兰被俄国占领时，被划入俄国的版图。但在克里米亚战争时期，又被英法联军统治，成为一个非军事化基地。随后的俄国十月革命中，沙俄帝国分崩离析，当地居民想趁此机会重新回到瑞典的怀抱，芬兰政府对此极力反对，并于1921年顺利将它划归己有。

今天，奥兰群岛既是芬兰共和国的一部分，又将瑞典语作为其唯一的官方语言。设立了自治政府，除外交、司法和国税外，在内政上保持相对独立。奥兰群岛拥有自己的岛旗，有独立发行邮票的权利。正是这样的历史培育了群岛独特的文化品格，所以当你走在这座群岛上时，随处都能感受到空气中散发着的特殊气质。

正中间是奥兰群岛的岛旗

奥兰群岛 漫 步

玛丽港市（Mariehamn）是岛上最大的城市，也是奥兰群岛的中心。市内的主干道是小商店和餐厅林立的Torggatan大街。旅游咨询处位于从Torggatan大街中段向西延伸的Storagatan街上。海岸边有一条约8公里长的人行小道，红木屋和红土路等奥兰群岛独有的风景，在这里可一览无余。另外，里拉霍尔门（Lilla Holmen）等海滩散布在市内各处。夏季，周边各国涌来的游客将这里挤得满满当当，遗憾的是，公共交通还不够发达。要是游览市中心，租个自行车也足够了。不过要是参观全岛，通常需要利用这里班次不多的巴士或租车。

人行小道旁是奥兰岛的特色风景

奥兰岛海洋博物馆

Map p.499

Åland Maritime Museum

这是一家在全球为数不多的展示大型帆船史的博物馆。帆船内部的情形得到真实还原。停在博物馆对面的“波美”号（Museifartyget Pommern）是 4 桅杆大型帆船中唯一保存完好的船体。这也是博物馆的一部分，游客还能参观船体内部。这艘船曾是运输船，宽敞的船舱吸引了不少目光。

奥兰艺术博物馆

Map p.499

Åland Museum

这家博物馆除了展示从芬兰和瑞典收集来的现代美术作品，还向人们介绍捕鱼方法的演进和民族乐器等与奥兰岛人的日常生活密切相关的内容。同时设立的还有奥兰美术馆。

一家可了解历史上人们的生活的博物馆

巴德胡斯山眺望台

Map p.499

Badhus Berget

从市中心沿上坡走，约 20 分钟后到

位于城西一座小山丘上的眺望台，可将玛丽港市的街景和分散在这周围的群岛区尽收眼底。游客无法登上眺望台上的塔，但是旁边有长椅可供休整。

象征海洋之国的海洋博物馆

奥兰岛海洋博物馆

住 Hamngatan 2

☎（018）19-930

URL www.sjofartsmuseum.ax

开 6~8 月 每天 10:00~17:00
9 月 ~ 次年 5 月
每天 11:00~16:00

休 无休

费 €10（与“波美”号帆船是通票）

“波美”号帆船

开 5、9 月 每天 11:00~16:00
6~8 月 每天 10:00~17:00

休 10 月 ~ 次年 4 月

费 €10（与奥兰岛海洋博物馆是通票）

奥兰艺术博物馆

住 Storagatan 1

☎（018）25-426

URL www.alandsmuseum.ax

巴德胡斯山眺望台

开 自由参观

费 免费

奥兰岛的薄煎饼

要是去奥兰岛游玩，奥兰薄煎饼（Åland Pannkaka）一定要尝尝。这是岛民的传统美食，浓香的面包再裹上一层鲜奶油，其中还夹杂着肉桂无尽的清香。基本所有的咖啡和餐厅都有售。

博马尔松德博物馆
电 (018) 43-2134
URL www.bomarsund.ax
开 6、8 月
周一～周五　10:00~17:00
7 月
每天　10:00~17:00
休 6、8 月的周六、周日和 9 月～次年 5 月

卡斯特霍尔姆城堡
住 Kungsgårdsallén 5
电 (018) 43-2150
URL www.kastelholm.ax
开 5/3~6/30、8/1~9/15
每天　10:00~17:00
7 月每天　10:00~18:00
休 9/16~ 次年 5/2　费 €6

交通
从市中心的巴士总站乘 4 路巴士，约 35 分钟后在 Kastelholm 下车，然后步行 10 分钟。

特色邮票
奥兰群岛的特色邮票恐怕是让你回想起这段旅程最贴心的礼物了。邮局有各种设计的邮票出售，包括奥兰群岛的风景和托韦·扬松肖像。

不妨寄张明信片纪念这段旅途吧！

博马尔松德博物馆 Map p.499 外

Bomarsund

俄国吞并奥兰群岛后开始修建这座要塞，但是直到克里米亚战争爆发还没建完，随后又被英法联军破坏。现在，在大片要塞遗址上仍残留着大面积的废墟。

被战争破坏的要塞遗址

卡斯特霍尔姆城堡 Map p.499 外

Kastelholms Slott

可参观城堡内部

这是奥兰群岛唯一的一座中世纪城堡，建于 1380 年。瑞典国王古斯塔夫·瓦萨时期曾作为王城，1634 年奥兰岛并入图尔库（瑞典语中称奥伯 Åbo）后，渐渐衰退。城堡的大部分在 1745 年的一场大火中被烧毁，后几经修复，形成了今天的模样。这座静静矗立在水边的城堡只能将它的遗址展现在人们眼前，淡粉的石城墙周围的环境和谐交融，演绎出一派如画的美景。附近还有一家展示从别处迁移过来的奥兰群岛古建筑的露天博物馆（Jan Karlsgården）（5/3~9/14 每天 10:00~17:00　费 免费）。

集中了 20 余栋古建筑的露天博物馆

奥兰群岛的酒店
Hotel

阿兰迪亚公园酒店
Park Alandia Hotell

Map p.499

◆位于绿树成荫的主干道上的精致酒店。内设的咖啡吧很受当地人欢迎。配备了泳池和桑拿房（需要预约）。

住 Norra Esplanadgatan 3
电 (018) 14-130　FAX (018) 17-130
URL www.parkalandiahotel.com
费 Ⓢ €87 (82)~ Ⓓ €90 (82)~
CC A D M V

萨沃伊酒店
Hotell Savoy

Map p.499

◆客房宽敞，适于居住。位于市中心，便于出行。酒店有餐厅和泳池。

住 Nygatan 12　电 (018) 15-400
FAX (018) 15-045
URL www.alandihotels.fi
费 Ⓢ €100 (135)~ Ⓓ €110 (145)~
CC A D M V

奥兰群岛的餐厅
Restaurant

司卡达餐厅
Restaurang Cikada

Map p.499

◆建在“波美”号帆船附近的餐厅。供应采用本地食材和天然原料制作的奥兰岛风味美食。意大利面 €7.5，肉菜和鱼的价格也很实惠。带露天席位。

住 Norragatan 43　电 (018) 15-424
URL www.restaurangcikada.ax
营 周一～周五 16:00~21:00　周六、周日 16:00~22:00
休 无休　预算 €18~　CC M V

浴缸　部分客房提供　TV 电视　TV 部分客房提供　吹风机　出租　迷你吧台及冰箱　部分客房提供　残障人士房间　无线 LAN　无线 LAN 收费　部分客房提供　无线 LAN 部分收费

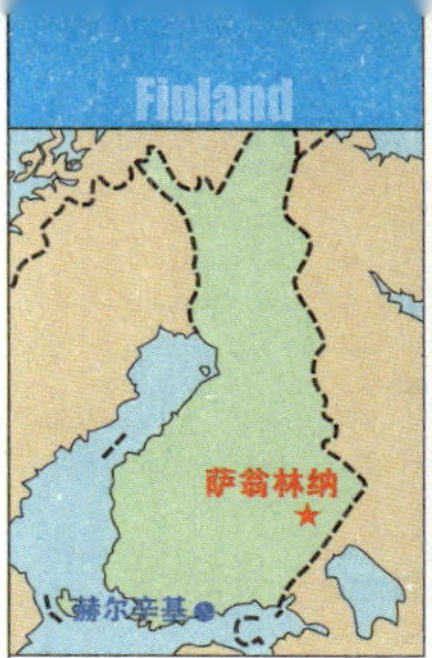

萨翁林纳 *Savonlinna*

萨翁林纳位于共同形成大塞马湖的豪基韦西湖（Haukivesi）和皮赫拉亚韦西湖（Pihlajavesi）之间，是芬兰人尽皆知的旅游胜地。萨翁林纳的总面积虽然达到了4000平方公里，但半数是湖泊。这里有一望无垠的湖面和狭小的海湾，还有蜿蜒的湖岸和被松树覆盖的岛屿。这些美丽的地貌都是冰河赐予我们的礼物。萨翁林纳自古便是湖面交通枢纽，夏季可搭乘游艇前往北部的库奥皮奥。

小城的标志是被誉为芬兰三大古堡之一的奥拉维城堡。距今约530年，当时统治芬兰的瑞典为抵御东方霸主俄罗斯而修建了这座军事堡垒。

奥拉维城堡是《勇者斗恶龙》中的城堡的原型

萨翁林纳 漫步

萨翁林纳的景点不外乎奥拉维城堡（Olavinlinna）和大塞马湖。穿过站前的大街，下坡后有一个露天摊位集中的市场广场（Kauppatori）。这个游客云集、鲜花吐蕊的广场，处处洋溢着喜庆气氛。紧挨着广场的就是停泊着大量轮渡的码头。

Map p.414-B4
人口：35520
长途区号：015
萨翁林纳信息网站
URL www.savonlinna.fi

前往萨翁林纳的方法

✈ 从赫尔辛基出发，除周六、周日外 Airlink Åland 每天有2个航班，约需55分钟。

Airlink Åland
☎ 040-0899999
URL www.airlink.fi

🚆 从赫尔辛基出发可乘坐城际列车前往帕里卡拉（Parikkala），再换乘普通列车。从赫尔辛基到帕里卡拉每天有3~4趟列车，从帕里卡拉到萨翁林纳要看赫尔辛基发出的列车的到点情况，不过随时都有列车前往萨翁林纳。从赫尔辛基发出约需4小时30分钟。

🚌 从赫尔辛基出发每天有2~6班，需4小时30分钟~5小时30分钟。

萨翁林纳的旅游咨询处 ℹ
住 Kauppatori 2
☎ 0600-30007
URL www.savonlinna.travel
开 周一～周五　10:00~16:00
休 周六、周日

市场广场上摆满了特产和新鲜水果

游船信息

6/20~8/13可搭乘小型游船游览湖面。巡游大塞马湖的定期观光游船票价€12~，约需1小时30分钟。前往库奥皮奥的定期观光游船票价€20~。此外，还有租赁小船的特色游等多种旅游项目，可在旅游咨询处咨询。

奥拉维城堡
住 57130 Savonlinna
☎（02）9533-6942
URL www.kansallismuseo.fi/fi/olavinlinna
开 1/2~5/31、8/15~12/18
周一～周五 10:00~16:00
周六、周日 11:00~16:00
6/1~8/14
每天 11:00~18:00
休 12/19~次年 1/1
费 €9
除花园和一层的展览室以外的区域，只能由导游带旅行团（6/1~8/14 提供英语导游，约需 1 小时）参观。冬季只提供芬兰语导游。英语导游需要预约。

萨翁林纳的歌剧节
每年 7 月，在奥拉维城堡等多个场地都会举办歌剧节。详情请通过以下方式咨询：
☎（015）47-6750
FAX（015）476-6740
URL www.operafestival.fi
费 €98~283

港口有很多发往萨翁林纳的巡游观光船和前往库奥皮奥（Kuopio）的定期观光游船。不止游客，当地居民也经常乘坐。这些游船只在 6~8 月通航。游客能到这里已属难得，一定要坐一次观光船欣赏萨翁林纳周边的美景。那时，美丽森林和湖泊都在你的身边，让你不虚此行。

从港口沿湖岸向东走有一个小岛，奥拉维城堡就是建在小岛上的一座要塞。这个岛位于连接萨翁林纳南北两个湖的水路上，在军事上意义非凡。这座建于 1457 年的城堡位于瑞典和俄罗斯的边境地区，是芬兰三大古堡之一。要细数建在岛上的城堡，当数瑞士的西庸城堡最为人所知，而眼前这座拥有 3 个尖塔的城堡比起西庸城堡，规模上要宏大得多，内部更是比外观还要复杂。一层为展览室，供参观。要游览其他场所则需参加 1 小时组织 1 次的旅行团。

奥拉维城堡一层的展览室

萨翁林纳的酒店
Hotel

哈斯匹堤家庭酒店
Perhe Hotelli Hospitz

Map p.501

◆位于居民区的酒店，橙色的外观引人注目。酒店后面是绿地花园和湖泊。海滩也在眼前，桑拿过后可去湖里游泳，再去花园中喝杯啤酒，何其惬意。

住 Linnankatu 20 ☎（015）51-5661
FAX（015）51-5120 营 4 月 ~12 月中旬
URL www.hospitz.com
费 Ⓢ €88（130）~ Ⓓ €98（155）~
CC AMV

罗西兰塔旅舍
Lossiranta Lodge

Map p.501

◆一家精品酒店，所有客房都带露台。奥拉维城堡就坐落在酒店不远处。客房以时尚的布料装饰，房间装修各不相同。

住 Aino Acktén puistotie
☎（044）511-2323
URL www.lossiranta.net
费 Ⓢ €85~170 Ⓓ €120~260
CC ADMV

原始索科斯色拉豪尔酒店
Original Sokos Hotel Seurahuone

Map p.501

◆位于港口旁的市场广场对面的现代化酒店。采集自然光的设计是北欧特色，十分舒适。早上去酒店前的小摊上转转也不错。

住 Kauppatori 4-6 ☎（015）20-202
FAX（015）51-4545
URL www.sokoshotels.fi
费 Ⓢ €119（101）~ Ⓓ €134（116）~
CC ADMV

最佳西方 SPA 娱乐场酒店
Best Western Spahotel Casino

Map p.501

◆从火车站出来，沿着与市区相反的方向，过桥后再走 3 分钟。位于大塞马湖的一座岛上，湖景房的视野极佳。SPA、桑拿等设施一应俱全。

住 Kylpylaitoksentie 7
☎（015）73-950 FAX（015）272-524
URL www.spahotelcasino.fi
费 Ⓢ €93（83）~ Ⓓ €103（93）~
CC ADMV

浴缸　部分客房提供　电视　部分客房提供　吹风机　出租　迷你吧台及冰箱　部分客房提供　残障人士房间　无线 LAN　无线 LAN 收费　部分客房提供　无线 LAN 部分收费

约恩苏 *Joensuu*

约恩苏是 1848 年沙皇尼古拉一世建造的城市。城中保留下来的东正教教堂至今仍然可以依稀看到当年的面貌。约恩苏在芬兰语中意为“河口”。这座坐落于皮耶利斯河河口的小城，由一座运送木材的交通枢纽发展而来。小城出现之初，由运河和陆路运输木材已经非常盛行了，到 19 世纪末约恩苏一跃成为芬兰最繁荣的商业城市之一。现在，这里已是北卡累利阿地区的约恩苏中心兼门户城市。

皮耶利斯河河口处停泊着小型船只

约恩苏 漫 步

虽说是北卡累利阿地区的中心城市，约恩苏却是个不折不扣的“袖

Map p.414-B3
人口：75514
长途区号：013
约恩苏信息网站
URL www.joensuu.fi

前往约恩苏的方法

✈ 从赫尔辛基出发每天有 2~5 个航班，约需 1 小时。从机场到市区有周一～周五运行的机场巴士，根据航班抵达情况发车。约需 20 分钟。合搭乘机场出租车去市内大约每人€ 25~。

🚆 从赫尔辛基出发每天有 4~6 趟列车，约需 4 小时 30 分钟。

🚌 从赫尔辛基出发每天有 4~6 班巴士，需 7 小时 ~8 小时 15 分钟。

约恩苏的旅游咨询处 ⓘ

住 Koskikatu 5
電 040-0239549
FAX （013）12-3933
URL www.joensuu.fi
开 周一～周五　10:00~17:00
　周六、周日　10:00~15:00
　（不同季节时间不同）
休 无休（不同季节时间不同）

位于卡累利库姆，可以了解到约恩苏和北卡累利阿地区的旅游信息。

市场广场

开 4~10 月
　周一～周五　7:00~20:00
　周六　7:00~18:00
　11 月～次年 3 月
　周一～周六　7:00~18:00
休 周日

卡累利库姆

住 Koskikatu 5
電 （013）267-5222
开 周一～周五　10:00~17:00
　周六、周日　10:00~15:00
休 无休

博物馆
休 与卡累利库姆相同
费 €5

约恩苏东正教教堂
住 Kirkkokatu 32
☎ 020-6100590
开 6/13~8/12
周一～周五 10:00~16:00
（其他时间需要预约）
休 周六、周日 费 免费

约恩苏路德派教堂
住 Papinkatu 1 B
☎（013）263-5323
开 6/1~8/28
每天 11:00~19:00
8/29~ 次年 5/30
周一～周四 16:00~18:00
休 8/29~ 次年 5/30 的周五～周日 费 免费

卡累利阿专家旅行社
Karelia Expert
☎ 040-0239549
URL www.visitkarelia.fi
E-mail joensuu@visitkarelia.fi
开 周一～周五 10:00~17:00
休 周六、周日

将办公地址设在约恩苏旅游咨询处的旅行社。策划北卡累利阿地区全境的旅行线路。

科里国家公园
交通➡➡➡

从约恩苏乘坐出租车大约需要 1 小时。机场出发票价€35，从火车站出发大约€30。均需预约。

科里国家公园的旅游咨询处 i
住 Ylä Kolintie 2
☎（045）138-7429
URL www.koli.fi

约恩苏东正教教堂

珍”城市。市内的主要景点走路就可转个遍。如果是夏天，就去市中心的市场广场（Kauppatori）看看吧。广场上到处是卖农产品和手工艺品的店，十分热闹。隔着科斯基街（Koskikatu）与广场相对而建的是介绍北卡累利阿地区文化和历史的博物馆及旅游咨询处共同组成的综合设施卡累利库姆（Carelicum）。从卡累利库姆沿希尔塔大街（Siltakatu）向西走，前面就到了与教堂街（Kirkkokatu）的交叉路口。教堂街的北面是 1887 年建成的芬兰国内第二大木造教堂约恩苏东正教教堂（Ortodoksinen Kirkko），教堂街的南面则是 1903 年建造的新哥特风格的约恩苏路德派教堂（Ev.lut.kirkko）。另外，从卡累利库姆沿着希尔塔大街向东走一个街区就可以看到皮耶利斯河（Pielisjoki）沿岸的市政厅（Town Hall）。

约恩苏 短途旅行

科里国家公园

Map p.414-B3

Koli National Park

在宽广的皮耶利宁湖的西岸，有一座国家公园。守望着皮耶利宁湖的乌科－科里峰（Ukko-Koli）（科里老者）是芬兰南部的最高峰。正是这里的美景触动了西贝柳斯的灵感，从而创作了交响乐《芬兰颂》。公园内适合悠闲散步。

外表被 2 亿多年前形成的岩石覆盖

约恩苏的酒店
Hotel

基梅尔约恩苏原始索科斯酒店
Original Sokos Hotel Kimmel

◆一家大型酒店，从巴士总站和火车站到这里步行都只需要 2~3 分钟。

Map p.503

住 Itäranta 1 ☎ 020-1234663
FAX 010-7623599
URL www.sokoshotels.fi
费 Ⓢ €119（114）~ Ⓓ €139（134）~
CC ADMV

绿色星星酒店
Hotel Green Star

◆位于中心街的中档酒店。客房简朴但整洁。配备冰箱、热水壶。

Map p.503

住 Torikatu 16
☎ 010-4239390
URL www.greenstar.fi
费 ⓈⒹ €59~
CC AMV

浴缸 部分客房提供 电视 部分客房提供 吹风机 出租 迷你吧台及冰箱 部分客房提供 残障人士房间 无线 LAN 无线 LAN 收费 部分客房提供 无线 LAN 部分收费

罗瓦涅米 *Rovaniemi*

圣诞夜，一位穿着红色衣服的白胡子老爷爷背着装满礼物的口袋乘着驯鹿拉的雪橇悄然而至。他走过每一座屋子，一边欣赏着孩子们安睡的脸庞，一边将礼物放入枕头下。他的名字叫“圣诞老人”。这位圣诞老人居住的村庄就坐落在罗瓦涅米。

位于赫尔辛基以北 835 公里的罗瓦涅米是芬兰拉皮省的省会。从这里往北 8 公里就是北极圈了。罗瓦涅米是拉普兰地区的门户，也是交通、通信枢纽及行政中心。

1944 年，纳粹德国将这里夷为平地。之后，建筑师阿尔瓦 · 阿尔托又重新对这里进行了规划，并修建了一座新城。如今这里已是一座现代化的小城，它的周围绿树环绕，仿佛城在公园内。另外，罗瓦涅米的周边有很多冬季体育设施，冬季会举办滑雪大赛。每年冬天从罗瓦涅米出发冒着 -40℃的严寒穿越 2000 公里雪地的北极圈拉力赛享誉全球。

整个冬季都华灯璀璨的拉毕大厦

Map p.414-A2
人口：61838
长途区号：016
罗瓦涅米信息网站
URL www.visitrovaniemi.fi

前往罗瓦涅米的方法

✈ 从赫尔辛基出发每天有 4~5 个航班，约需 1 小时 20 分钟。

🚆 从赫尔辛基出发每天有 5~6 趟列车，其中 2 趟需要在奥卢（Oulu）中转。需 10~13 小时。

🚌 从赫尔辛基出发每天有 1 班夜间巴士，深夜 1:30 发车，14:55 抵达罗瓦涅米。2 月第三周 ~4 月第三周及 6 月第一周 ~9 月第三周的周五也有 22:00 从赫尔辛基发车的巴士。Eskelisen Lapinlinjat 公司运营的从挪威的卡拉绍克穿越边境的巴士 1 天 1 班，9:15 从卡拉绍克发车，17:30 抵达罗瓦涅米。

从机场到市内

机场大巴配合航班落地时间，发车前往市内的各家酒店（€7）。一般在飞机起飞1小时前，从各个酒店发往机场。具体时间请咨询各酒店前台。

罗瓦涅米的旅游咨询处 ⓘ

住 Maakuntakatu 29-31
电 （016）346-270
FAX （016）342-4650
URL www.visitrovaniemi.fi
开 6/18~8/13
周一～周五 9:00~18:00
周六 10:00~15:00
8/14~次年6/17
周一～周五 9:00~17:00
休 周日、8/14~次年6/17的周六

馆内设置了联网电脑。

观赏极光的巴士之旅

12月～次年3月的4个月是moimoi号（摩伊摩伊号）极光观赏巴士的运营时间。巴士每天运营，全程约需5小时。从罗瓦涅米市区的指定酒店出发，前往郊外人迹罕至的木屋欣赏极光。

北极博物馆

住 Pohjoisranta 4
电 （016）322-3260
URL www.arktikum.fi
开 1/12~5/31、9~11月
周二～周日 10:00~18:00
6~8月
每天 9:00~18:00
12/1~次年1/11
每天 10:00~18:00
休 1/12~5/31和9~11月的周一
费 €12

驯鹿放牧展

连接奥纳斯山的蜡烛桥

罗瓦涅米 漫 步

沿河向西延伸的科斯基街（Koskikatu）是小城的主干道。道路两旁商铺、餐厅林立。走过拱桥，前面就是纵贯城市南北的罗瓦卡茨街（Rovakatu）。沿罗瓦卡茨街南行就会看到阿尔瓦·阿尔托设计的市政厅、图书馆和拉毕大厦（Lappia-talo），再往北就是北极博物馆。景点距离市区较远，但是步行10分钟左右也能够到达，所以徒步旅行是个不错的选择。前往郊外的圣诞老人村最好乘坐巴士。罗瓦涅米的火车站、长途巴士总站位于城区西南部，可搭乘巴士前往。

城市沿河建造，火炬造型的蜡烛桥（Jätkänkynttilä-silta）连接两岸。桥对面是奥纳斯山（Ounasvaara）。山顶上有一家拉普兰天空奥纳斯瓦拉酒店（Lapland Hotel Sky Qunasvaara），酒店内的餐厅非常适合远眺。是夏季欣赏极昼。冬季观赏极光的绝佳之选。驱车前往约需要10分钟，步行的话需要50分钟。

罗瓦涅米 主要景点

北极博物馆 Map p.505

Arktikum

镶着玻璃的现代化连廊

面河而建的玻璃外墙建筑就是北极博物馆，是一家关于北极圈的博物馆。阳光可直射进来的吊顶采用了1000余块玻璃。馆内由北极圈中心和拉普兰乡土博物馆两部分组成，可了解拉普兰的自然、历史、生活史及罗瓦涅米的历史等。

入口处有一条长长的连廊，两旁是各个主题的展览室，详细展示了萨米服饰、生活状况、格陵兰岛和阿拉斯加等北极圈内少数民族的概况。每个展览室都配备了电脑、影像、跟实物一般大的模型和图片，帮助游客加深理解。还有可以躺着欣赏极光影像的区域。馆内设有咖啡馆兼餐厅。

皮尔克科学中心 Map p.505

Tiedekeskus Pilke

位于林业大楼内的博物馆。展示了芬兰的森林及人们的生活，可现场互动的方式更受欢迎。各展品前设置了外语解释。咨询处提供徒步旅行相关信息。主题为芬兰森林的日用品商店适合搜寻礼品。

罗瓦涅米教堂 Map p.505

Rovaniemen seurakunta

这座由 B.Liljeqvist 在 1950 年设计并重建的教堂曾在“二战”中被损毁。教堂内有一幅《生命之泉》的壁画。教堂的后面是在“二战”中牺牲的士兵们的墓地，30 厘米见方的墓碑上刻着他们的姓名和年龄。墓碑的一旁有两座纪念碑，一座是凝视着牺牲战友的两个士兵像，还有一座是悲痛欲绝的家人雕像。雕像背后的石碑上，集中刻着那些远在瑞典丧生的罗瓦涅米人的姓名。

色彩艳丽的《生命之泉》

圣诞老人公园 Map p.505 外

Santa Park

以圣诞为主题的特色主题公园。最令人称奇的是，这个主题公园建在一个原本是防空洞的人工洞穴内。从正门进去，通过一段 200 米长的岩石隧道，就来到了市场广场，那里就是洞穴的核心部分，高 11 米、宽 33 米。这里被环形的通道包围，旁边是魅力剧场和迷你剧院。

罗瓦涅米 短途旅行

拉努阿动物园 Map p.414-B2

Ranua Zoo

主要有北极熊和麋鹿等北极动物

拉努阿位于罗瓦涅米东南约 80 公里处，热门景点是拉努阿动物园，位于小城的西北方向，距离城中心约 2.5 公里。入口处除了建有石结构穆尔穆尔城堡（Murrr Murrr Linna）和餐厅外，还有透过窗户可看到书房的圣诞老人之家。

园内草木繁茂，在长约 3 公里的林荫小道上漫步十分惬意。短途步行线路需要 45 分钟，全程约需 2 小时。

皮尔克科学中心
住 Ounasjoentie 6
电 0206-397820
URL www.tiedekeskus-pilke.fi
开 1~5 月、9~11 月
周二 ~ 周五 9:00~18:00
周六、周日 10:00~18:00
6~8 月、12 月
周一 ~ 周五 9:00~18:00
周六、周日 10:00~18:00
休 1~5 月和 9~11 月的周一（咨询处和商店无休）
费 €7（与北极博物馆的通票€15）

罗瓦涅米教堂
住 Rauhankatu 70
电（016）335-511
URL www.rovaniemenseurakunta.fi
开 夏季、圣诞节期间
每天 9:00~21:00
休 夏季以外（圣诞节期间除外） 费 免费

圣诞老人公园
住 Tarvantie 1
电 0600-301203
URL www.santapark.com
开 6/22~8/8
周一 ~ 周六 10:00~17:00
11/19~30
每天 10:00~17:00
12/1~ 次年 1/8
每天 10:00~18:00
休 上述时间之外
费 €31~33（夏季为€17.5）
交通
乘坐 8 路市内巴士可抵达，每天 1~4 班。巴士终抵圣诞老人村。从圣诞老人村再步行 30 分钟左右。

拉努阿动物园
住 Rovaniementie 29
电 040-5177436
URL www.ranuazoo.com
开 6~8 月每天 9:00~19:00
9 月 ~ 次年 5 月
每天 10:00~16:00
休 无休
费 成人€14~
儿童（4~14 岁）€12.5~
（各季节不同）
交通
从罗瓦涅米乘坐长途巴士，周一 ~ 周五每天 6 班，周六、周日每天 2 班。约需 1 小时 10 分钟。

罗瓦涅米的酒店
Hotel

瓦库娜瓦萨原始索科斯酒店
Original Sokos Hotel Vaakuna

Map p.505

◆代表罗瓦涅米的高档酒店。可免费使用桑拿房。拥有法式餐厅等两个餐厅。2015 年所有房间装修完毕。

住 Koskikatu 4
☎ 020-1234695
FAX（016）332-2199
URL www.sokoshotels.fi
费 Ⓢ €83~225 Ⓓ €98~240
CC ADMV

兰塔斯皮波赫扬霍维酒店
Hotelli Rantasipi Pohjanhovi

Map p.505

◆建在河畔的高档酒店。桑拿、泳池和餐厅以及其他设施一应俱全。还有带阳台的客房。所有房间配有迷你吧和冰箱。

住 Pohjanpuistikko 2
☎ 020-048135
FAX（016）31-3997
URL www.rantasipi.fi
费 Ⓢ €120（73）~ Ⓓ €140（83）~
CC ADMV

斯堪迪克罗瓦涅米酒店
Scandic Rovaniemi

Map p.505

◆位于市中心的酒店，设有桑拿、餐厅、酒吧和健身中心。每个房间都宽敞明亮，还有一张大办公桌。

住 Koskikatu 23
☎（016）460-6000
FAX（016）460-6666
URL www.scandichotels.com
费 Ⓢ €120（90）~ Ⓓ €160（120）~
CC ADJMV

北极之光酒店
Arctic Light Hotel

Map p.505

◆由老市政厅改建而来的设计型酒店，2015 年开业。客房内备有浴衣和拖鞋等，舒适性一流。知名厨师指导制作的早餐备受欢迎。

住 Valtakatu 18
☎ 020-1710100
URL www.arcticlighthotel.fi
费 Ⓢ €159~ Ⓓ €278~
CC ADMV

拉普兰天空奥纳斯瓦拉酒店
Lapland Hotel Sky Ounasvaara

Map p.505 外

◆位于奥纳斯山顶。屋顶露台（收费）是欣赏极光的绝佳场所。从市区乘出租车 5 分钟可到，€15 左右。有些房间带桑拿设施。

住 Juhannuskalliontie
☎（016）32-3400
FAX（016）31-8789
URL www.laplandhotels.com
费 Ⓢ €120~ Ⓓ €130~
CC ADMV

城市酒店
City Hotel

Map p.505

◆位于市中心的时尚酒店。一层的餐厅和酒吧很受欢迎。所有房间配热水壶和广播系统。

住 Pekankatu 9
☎（016）330-0111
FAX（016）31-1304
URL www.cityhotel.fi
费 Ⓢ €129（96）~ Ⓓ €149（116）~
CC ADMV

博瑞李斯旅馆
Guesthouse Borealis

Map p.505

◆位于火车站前的坡顶，以白墙为特征。酒店整洁，所有房间带沐浴设施和洗手间。

住 Asemieskatu 1
☎（044）313-1771
FAX（016）31-0261
URL www.guesthouseborealis.com
费 Ⓢ €60（58）~ Ⓓ €86（68）~
公寓€200（175）~
CC MV

浴缸　部分客房提供　TV 电视　部分客房提供　吹风机　出租　迷你吧台及冰箱　部分客房提供　残障人士房间　无线 LAN　无线 LAN 收费　部分客房提供　无线 LAN 部分收费

鲁道夫圣诞老人酒店
Santa's Hostel Rudolf

Map p.505

◆从市中心步行 10 分钟即到。入住手续要在 Santa' s Hotel Santa Claus 办理。所有房间带沐浴设施和洗手间。厨房为共用。

住 Koskikatu 41-43 電（016）32-1321
FAX（016）321-3222 URL www.rudolf.fi
费 多人间€ 42~ Ⓢ € 50~ Ⓓ € 65~（YH 会员打 9 折）早餐€ 11.5
CC ADMV

罗瓦涅米的餐厅
Restaurant

蒙特 · 罗萨
Monte Rosa

丹麦菜肴 Map p.505

◆位于 City Hotel 内。推荐驯鹿肉片€ 37.5 等拉普兰特色美食。

住 Pekankatu 9
電（016）330-0400
营 周一～周五 11:00~23:00
周六 15:00~23:00 周日 17:00~22:00
休 无休
预算 € 40~ CC ADMV

妮里餐厅
Ravintola Nili

丹麦菜肴 Map p.505

◆拉普兰美食的人气店铺。熏鲑鱼和嫩煎驯鹿肉€ 22.6 等味道不错。

住 Valtakatu 20 電 0400-369669
URL www.nili.fi
营 每天 17:00~23:00（各季节有所不同）
休 无休
预算 € 20~ CC ADMV

卡帕乌夫提奥
Kauppayhtiö

丹麦菜肴 Map p.505

◆摆放了芬兰风格家具的时尚咖啡厅。售价€ 9.9~ 的汉堡是人气美味。

住 Valtakatu 24 電（016）342-2422
营 周二～周四 11:00~21:00
周五 11:00~ 次日 3:00
周六 13:00~ 次日 3:00
周日 13:00~18:00
休 周一
预算 € 6~ CC MV

海龙
Hai Long

丹麦菜肴 Map p.505

◆正宗的中餐厅。建议尝尝带中国风味的驯鹿肉。平时还有自助午餐€ 9.9~。

住 Valtakatu 22 電（016）313-133
营 周一～周五 11:00~22:00
周六、周日 12:00~22:00
休 无休
预算 € 10~ CC AMV

罗瓦涅米的购物场所
Shopping

劳里精品店
Lauri Tuotteet

百货商场 Map p.505

◆一家手工艺品店，主营驯鹿角制作的戒指和刻有萨米象形文字的手镯。不少是日常用品。

住 Pohjolankatu 25 電（016）342-2501
URL www.lauri-tuotteet.fi
营 周一～周五 10:00~17:00
休 周六、周日 CC ADMV

罗瓦涅米的活动

1 新手也能很快学会操作狗拉雪橇 2 参加 Santa Claus Safari，夏天可乘船前往驯鹿牧场 3 驯鹿雪橇行驶缓慢，推荐那些不能急速运动的游客试试 4 午餐是当地特色美食嫩煎驯鹿肉 5 你还可以参加夜色赏极光的旅行团

在罗瓦涅米可以欣赏到夏季的极昼、冬季的极夜及北极圈特有的自然景观。亲近自然最好的途径就是参加各类活动。拉普兰之旅（Lapland Safaris）会在各季节组织各种面向个人游客的旅行线路，可通过网络和电话预约。夏、冬两季均受欢迎的热门线路是参观驯鹿牧场和当地牧民家后前往圣诞老人村的 Santa Claus Safari。如果是 6、7 月，建议参加可欣赏极昼的 Midnight Sun Experience。可一边乘船一边享用驯鹿肉等拉普兰美食，然后登上奥纳斯山，并在 0:00 开香槟庆祝。冬季的话可参加驯鹿拉雪橇（Reindeer Safari）和长距离狗拉雪橇（Husky Safari）。游客可亲自操作狗拉雪橇，与哈士奇犬来次亲密接触。需要提醒的是，所有的旅行团导游说英语。

DATA

■拉普兰之旅 Map p.505
Lapland Safaris
住 Koskikatu 1
电 (016) 331-1200
FAX (016) 331-1233
URL www.laplandsafaris.com
营 6~8 月每天 9:00~20:00
12 月～次年 3 月每天 8:00~18:00
（电话预约时间为 ~22:00）
休 此期间内无休
CC A D M V

Santa Claus Safari
组团 6~8 月、12/1~ 次年 4/15 约需 6 小时
费 夏季€ 153 冬季€ 203

Midnight Sun Experience
组团 6、7 月 约需 3 小时 费 € 118

Reindeer Safari
组团 12/1~ 次年 4/17 约需 2 小时 30 分钟
费 € 129

Husky Safari
组团 12 月～次年 4 月 约需 2 小时 30 分钟
费 € 156

工作人员笑脸相迎

在圣诞老人村邂逅圣诞老人

圣诞老人恭候你!

据说在 1927 年，圣诞老人因为北极没有足够的草料喂他的驯鹿，就搬到了拉皮省的大耳山（位于与俄罗斯接壤的边境地区的耳朵形山）。拉皮省的省会罗瓦涅米为了让圣诞老人顺利收到全世界的孩子们寄来的信件，遂于 1985 年在距市中心以北约 8 公里的北极圈入口处建造了一座圣诞老人村。现在，圣诞老人每天都从大耳山来到圣诞老人村，等着孩子们实现愿望。来吧，你也见见圣诞老人吧!

一起合影留念吧

DATA

圣诞老人村 Map p.505 外

☎（016）356-2096

URL www.santaclausvillage.info

开 1/8~5/31、9~11 月 每天 10:00~17:00
6~8 月 每天 9:00~18:00
12/1~1/7 每天 9:00~19:00
（4/30 为 10:00~15:00、5/1 为 12:00~15:00、12/24 为 9:00~15:00、12/25 为 12:00~17:00、12/31 为 9:00~17:00、1/1 为 12:00~17:00）

休 无休

交通→→→

从罗瓦涅米火车站或巴士总站、Hotel Rantasipi Pohjanhovi 前乘坐 8 路市内巴士，约 30 分钟后在 Arctic Circle 下车。8:15~16:10 间几乎每个整点有一班车。单程 € 3.9，往返€ 7.2。

1 圣诞节期间彩灯交错
2 把你的愿望告诉圣诞老人吧

MAP A

可与圣诞老人合影留念的 圣诞老人工作室

圣诞老人村最受欢迎的旅游项目是在这间工作室内与圣诞老人合影（价格依照片而定，一般€ 30~）。照片可当场打印。还提供网络图片和视频的下载服务€ 40~。

DATA

☎ 020-799999

FAX（016）36-2007

URL santaclauslive.com

开 1/7~5/31、9~11 月 每天 10:00~17:00
6~8 月 每天 9:00~18:00
12/1~次年 1/6 每天 9:00~19:00
（开馆时间会有略微调整，需要事先确认）

休 无休

MAP B

村庄邮局的招牌服务是什么?

圣诞老人邮局

村庄邮局会以“圣诞老人邮件”的形式将圣诞老人的祝福在圣诞期间送达，价格€ 7.9。提供 13 种语言服务，游客只需要在申请表上填上地址即可。这里还提供自己写明信片，然后盖上圣诞老人村公章并在圣诞期间送达的服务。如果希望邮件在圣诞节抵达，请投入红色邮筒；如果希望立即寄出，请投入黄色邮筒。

DATA

电 020-4523120
FAX (016) 348-1418
URL kampanja.posti.fi/joulupukinpaaposti
开 1/7~5/31、9~11 月 每天 10:00~17:00
6~8 月 每天 9:00~18:00
12/1~ 次年 1/6 每天 9:00~19:00
休 无休

1 希望邮件在圣诞节抵达的要投入红色邮筒
2 从世界各国寄给圣诞老人的信
3 热情的工作人员会帮你

MAP C

你将得到“××到北极圈一游”的证明

咨询处 i

旅游咨询处提供“××到北极圈一游”的证明，价格€ 4.2。除英语和芬兰语外，还有其他语种的服务。咨询处所在的建筑是一座拱廊商场，有很多萨米玩偶及饰品、毛衣等民间工艺品店，适合选购特产。

DATA

电/FAX (016) 356-2096
URL www.arcticcircle-information.fi
开 1/8~5/31、9~11 月 每天 10:00~17:00
6~8 月 每天 9:00~18:00
12/1~ 次年 1/7 每天 9:00~19:00
(4/30 为 10:00~15:00、5/1 为 12:00~15:00、12/24 为 9:00~15:00、12/25 为 12:00~17:00、12/31 为 9:00~17:00、1/1 为 12:00~17:00)
休 无休

■特产

这里有数不清的与圣诞老人相关的产品和芬兰特色礼品！快去淘宝吧。

驯鹿皮书签€ 3.5

圣诞老人钥匙串€ 7.5

手工铃铛€ 6

萨里塞尔凯 *Saariselkä*

芬兰最北的度假区

位于罗瓦涅米以北约 300 公里的萨里塞尔凯在拉普兰地区的北部，这里是芬兰最北的四季型旅游胜地。这座小城被芬兰第二大的乌尔霍 · 吉科宁国家公园环抱，有不少感受大自然的娱乐项目。冬天，极光在夜空起舞，游客还可以体验狗拉雪橇和越野滑雪。等到冰雪融化，夏季来临之时，太阳一直都会盘旋在你的头顶，而融化的雪水汇成溪流，泛出熠熠波光。秋天，白桦和白杨的树叶一片金黄，地面则被浆果类植物染成深红，此时是远足的最佳季节。

萨里塞尔凯 漫 步

酒店和旅行社都设立在萨里塞兰街（Saariseläntie）两侧。长途巴士停在主要酒店前面。城市不大，从一端走到另一端只需 20 分钟左右。小城入口处有超市。

萨里塞尔凯 主要景点

乌尔霍 · 吉科宁国家公园 Map p.513

The Urho Kekkonen National Park

秋季有美丽的红叶

这座芬兰第二大的国家公园占地面积 2550 平方公里，是以第八届总统的名字命名的。远足线路包括 2 公里和 6 公里两种。河水

Map p.414-B1
长途区号：016
萨里塞尔凯信息网站
URL www.inarisaariselka.fi

前往萨里塞尔凯的方法

✈ 从赫尔辛基乘飞机前往伊瓦洛（Ivalo），每天有 1~2 个航班，约需 1 小时 30 分钟。从伊瓦洛可乘坐机场巴士，约需 30 分钟。

🚌 从罗瓦涅米每天有 4~6 趟，需 3 小时 20 分钟 ~4 小时 15 分钟。从挪威的卡拉绍克出发的国际巴士每天 1 班。9:15 从卡拉绍克发车，13:45 抵达萨里塞尔凯。

萨里塞尔凯的旅游咨询处 i

住 Kelotie 1
☎ 040-1687838
URL www.inarisaariselka.fi
营 1/1~2/14、4/25~6/12、9/26~12/4
周一～周五 9:00~17:00
2/15~4/24
周一～周五 9:00~17:30
周六、周日 9:00~16:00
6/13~9/25
周一～周五 9:00~17:00
周六、周日 9:00~16:00
12/5~31
周一～周五 9:00~17:00
周六、周日 10:00~17:00
休 1/1~2/14、4/25~6/12、9/26~12/4 的周六、周日

旅游咨询处二层是拉普兰自然和历史展览馆。每天 9:00~20:30 开馆。

Ski Bus

11 月中旬 ~4 月下旬往来于主要酒店和滑雪场的巴士。运营时刻表可在酒店或旅游咨询处确认。

乌尔霍 · 吉科宁国家公园

URL www.luontoon.fi

入口在 Santa's Hotel Tunturi 后面。去之前最好先在旅游咨询处领取地图。

圣诞老人之家
住 99830 Saariselkä
电 （016）66-7100
FAX（016）66-7168
开 12/1~次年 1/7
周二、周三、周五、周六
16:00
1/8~4/21
周二、周五 16:00
（需要提前预约）
休 上述时间之外　费 € 90
交通→→→
从市区乘坐 15 分钟左右的出租车。

伊纳里
交通→→→
从萨里塞尔凯出发的巴士每天 2~4 班，约需 1 小时 30 分钟。中途有时会在伊瓦洛中转。
伊纳里的旅游咨询处
住 Inarintie 46　电 040-1689668
URL inarilapland.fi
开 6/1~9/19
每天　9:00~19:00
9/20~次年 5/31
周二～周日　10:00~17:00
休 9/20~次年 5/31 的周一
锡达博物馆
住 Inarintie 46　电 040-0898212
URL www.siida.fi
开 6/1~9/19
每天　9:00~19:00
9/20~5/31
周二～周日　10:00~17:00
休 9/20~次年 5/31 的周一
费 € 10
伊纳里湖游船
开 6/8~24、8/11~9/20
每天 13:00
6/25~8/10
周二～周日　13:00、17:00
费 € 22

清澈见底，两岸白桦树和松树郁郁葱葱。园内远处是平缓的山丘，站在上面，广阔的森林可一览无余，还能看到雷鸟和驯鹿群。你可在这里登山数日，或者花上两三周时间走到与俄罗斯的交界处。

圣诞老人之家

Map p.513 外

Santa's Home

在圣诞老人之家留个影吧

能遇到圣诞老人的主题公园。由卡克斯劳塔纳西村冰屋酒店（→ p.514）运营，预约也得通过它。耗时 1 小时 30 分钟的组团游可看到小精灵之家和驯鹿棚。有时提供住宿。

萨里塞尔凯 短途旅行

伊纳里

Map p.414-A1

Inari

位于萨里塞尔凯以北约 70 公里处。这座伊纳里湖畔的小镇，只有 500 多人口。这里有展示拉普兰及萨米人文化的综合文化设施锡达博物馆（Siida）。还有一些其他的博物馆，如介绍巫师大鼓等表现萨米人精神世界的萨米博物馆（Sámi Museum），还会放映极光视频。室外宽阔的场地上，还有复原了萨米人房屋的露天博物馆（Open-air Museum）。

复原了萨米人房屋的露天博物馆

锡达博物馆特产店的后面是伊纳里湖游船码头。这个长 80 公里、宽 41 公里的大湖值得一游。中途还会登上一些小岛，

COLUMN　FINLAND

能看到极光的住宿设施

在萨里塞尔凯的郊外，有一种奇特的住宿设备。住进玻璃屋中后，可直接躺在床上观赏极光。外部天寒地冻，屋内却温暖如春，这样欣赏极光实在是奢侈的享受！此项目十分受欢迎，需要尽早预约。

另外，雪屋和小木屋、松木玻璃屋等住宿设施，还配有餐厅和桑拿室。

采用特制玻璃，屋内很暖和，不会感到压抑

DATA
■卡克斯劳塔纳西村冰屋酒店
住 99830 Saariselka
电 （016）66-7100
FAX（016）66-7168
营 8 月下旬～次年 4 月
费 玻璃屋 Ⓢ € 346~ Ⓓ € 420~
雪屋 Ⓢ € 294~ Ⓓ € 392~
小木屋 Ⓢ € 289~ Ⓓ € 350~
CC A D M V
房间 玻璃屋 65 间、雪屋 5~8 间（依天气而定）、小木屋 56 间
URL www.kakslauttanen.fi
交通→→→
从市区乘坐 15 分钟左右的出租车。可从伊瓦洛机场接送机（收费，须预约）。

包括祭祀萨米人祖先的岛屿。

坦卡瓦拉
Tankavaara

Map p.414-B1

19 世纪中期开始，大批外来者涌入这里淘金。关于黄金的博物馆坦卡瓦拉国际黄金博物馆（Kultamuseo Tankavaaran Kultakyla），除了展示采金的工具和矿石标本外，游客还可亲身体验淘沙金的过程。时间约为 1 小时。

坦卡瓦拉国际黄金博物馆
住 Tankavaarantie 11C
☎（016）626-171
URL www.kultamuseo.fi
开 6~9 月每天 9:00~17:00
10 月～次年 5 月
周一～周五 10:00~16:00
周六 12:00~16:00
（有时会休馆，需要提前确认）
休 10 月～次年 5 月的周日
费 € 10
淘沙金体验活动
费 € 8

萨里塞尔凯的酒店
Hotel

这里是极光观赏胜地，游客众多，尤其冬季酒店通常客满，因此需要尽早预订。近郊的伊纳里和伊瓦洛也有酒店。

敦图利圣诞酒店
Santa's Hotel Tunturi

◆萨里塞尔凯最高档的酒店。所有 260 间客房都让人轻松愉悦。还有公寓式房型。酒店设有供应拉普兰美食的餐厅。

Map p.513
住 Lutontie 3 ☎（016）68-1501
FAX（016）66-8771
URL www.tunturihotelli.fi
费 Ⓢ € 113~ Ⓓ € 132~ CC A M V

假日俱乐部萨里塞尔凯酒店
Holiday Club Saariselkä

◆配备了 SPA、桑拿、休闲泳池及单点菜的餐厅等。除带桑拿房的客房外，其余所有客房都是双人间。

Map p.513
住 Saariseläntie 7 ☎030-686-6000
FAX 030-686-6335
URL www.holidayclubresorts.com
费 Ⓢ € 98（78）~ Ⓓ € 118（98）~
CC M V

COLUMN FINLAND

参加丰富多彩的活动吧

萨里塞尔凯因极光观赏地而闻名。这里的旅行社大多只在冬季营业，不过 Lapin Luonto Lomat 全年上班。夏季推荐他们组织的 The Splashes of River Juutua in Inari。冬季乘坐动力雪橇攀登雪山，也可在冰湖上垂钓的 Ice Fishing Safari to Lake Taimenjärvi 很受欢迎。导游说英语。游客可租赁山地车和滑雪工具。

夏季的伊纳里漂流

DATA

Lapin Luonto Lomat
Map p.513
住 Lutontie 3
☎（016）668-706
FAX（016）668-950
URL www.lapinluontolomat.fi
开 每天 9:00~17:00
休 无休
The Splashes of River Juutua in Inari
组团 夏季 约需 3 小时
费 € 90~
Ice Fishing Safari to Lake Taimenjärvi
组团 冬季 约需 5 小时
费 € 120~

瑞克丽娜拉普兰酒店
Lapland Hotel Riekonlinna

◆位于市郊的高档酒店。房间宽敞整洁。带有供应多国料理的餐厅、健身房和桑拿房。

Map p.513

住 Saariseläntie 13
☎ （016）559-4455
FAX （016）559-4456
URL www.laplandhotels.com
费 Ⓢ € 75~ Ⓓ € 85~ CC A M V

萨里塞尔凯酒店
Saariselkä Inn

◆设有小酒馆的木屋风格酒店，经济实惠。还有带桑拿服务的小屋（6人间）€ 145~。内设可购买特产的礼品商店。

Map p.513

住 Saariseläntie 10
☎ 044-729-0006
FAX （016）668-500
URL www.saariselkainn.com
费 ⓈⒹ € 63~ CC D M V

伊纳里

伊纳里酒店
Hotelli Inari

◆位于伊纳里湖畔的酒店。湖景房带桑拿。采用当地食材制作的美食颇受好评。

☎ （016）67-1026
FAX （016）67-1047
URL www.hotelliinari.fi
费 Ⓢ € 82~Ⓓ € 99~
CC A D J M V

古达克维酒店
Hotel Kultahovi

◆1956年建在河畔的酒店。有些房间带桑拿。2015年完成对所有客房的装修。副楼有适合残障人士的无障碍房间。

☎ （016）511-7100
FAX （016）67-1250
URL www.hotelkultahovi.fi
费 Ⓢ € 82~Ⓓ € 106~
CC D J M V

萨里塞尔凯的餐厅
Restaurant

特仁裴撒餐厅
Teerenpesä

◆供应拉普兰美食的便民餐厅。拉普兰风味的嫩煎驯鹿肉€ 22.9~ 和炸湖产银鱼€ 25.9~ 等北极美食让人垂涎欲滴。入口处左边是酒吧。

丹麦菜肴 Map p.513

住 Saariseläntie 5 ☎ （016）66-8001
FAX （016）66-8002
营 周一～周六 12:00~ 次日 4:00（厨房 ~23:00、各季略有不同）
休 周日、5月和10月、夏季（有所不同）
预算 € 23~ CC D M V

萨里塞尔凯的购物场所
Shopping

设计中心商店
Design Center Shop

◆萨里塞兰街旁的商店，经营芬兰本土的品牌。玛丽马克、Pentik、伊塔拉和 Artek 等商品挤满了小店。在特产店数量不多的萨里塞尔凯，这个店显得十分难得。还销售萨米音乐光盘。

百货商场 Map p.513

住 Saariseläntie 5
☎ （040）761-5089
URL www.designcentershop.com
营 5~8月每天 11:00~17:00
9月～次年4月每天 10:00~18:00
休 无休
CC A D M V

浴缸　部分客房提供　电视　部分客房提供　吹风机　出租　迷你吧台及冰箱
部分客房提供　残障人士房间　无线 LAN　无线 LAN 收费　部分客房提供　无线 LAN 部分收费

芬兰简史

原始部落时期

芬兰最早在公元前700年左右发现了人类的足迹。他们从乌拉尔山脉穿越芬兰湾，在芬兰上岸，并分布在芬兰各地。但是现代芬兰人并不是这部分先民的直系子孙，而是1世纪前后从芬兰湾南岸迁徙过来的民族的后代。芬兰人的祖先在迁徙途中开始了农耕生活，在同波罗的海斯拉夫民族接触的过程中逐渐掌握了他们的社会制度和生活习惯。其中占据主要地位的苏奥米人在今天的爱沙尼亚一带建立了多个集团。有一个叫海梅人的部落，继续乘船北上，一直到达芬兰的西南部。他们将那里的原住民萨米人驱逐出去，同时向东、北两个方向挺进。事实上，那个时期卡累利阿人已经在拉德加湖周围定居，两个部落融合之后，诞生了新的萨博人。至此，海梅、卡累利阿和萨博三大部落得以成型，孕育了忠实稳重的海梅人、酷爱音乐的卡累利阿人、活泼爽朗的萨博人这三大不同的民族，不过原始部落时期的芬兰也是瑞典、沙俄这两大东西方势力角逐冲突的舞台。

瑞典统治时期

12世纪，瑞典国王埃里克九世（1160年去世）以十字军的名义开始进攻芬兰，三大部落相继沦陷。当时，随国王出征的主教亨利克为基督教在芬兰的传播奠定了基础。另一方面，诺夫哥罗德共和国的势力也从东南方向伸向芬兰。两国于1323年签订了《哈黑卡萨里条约》，国境线得以划分，但是卡累利阿也不得不一分为二。1397年，挪威国王哈康六世的王后玛格丽特组建了丹麦、挪威、瑞典的三国同盟——卡尔马联盟，不过该联盟在日后的内部纷争中最终解体。由此独立出来的瑞典古斯塔夫一世（1523~1560年在位）果断实施宗教改革，引入新教路德派，将瑞典在芬兰的势力进一步向北扩展的同时，也完成了针对领地范围内的宗教改革。这一时期,《新约全书》还被翻译成了芬兰语。1599年，卡尔九世（1599~1611年在位）借势不堪重税而奋起反抗的芬兰农民起义，铲除了芬兰贵族势力，确立了王权。

接着，在古斯塔夫二世的统治下，国力不断增强的瑞典以武力入侵俄国。1617年签订的《斯托尔波沃和约》使瑞典掌控了东卡累利阿和英格利亚（今圣彼得堡），在吞并爱沙尼亚后将国境线再度向东推进，迫近波兰。在与利沃尼亚（今拉脱维亚）、爱沙尼亚作战的瑞典对外战争中，冲锋陷阵的勇士始终是芬兰人。因此也可以说，瑞典和芬兰在政治和军事上都有着深厚的渊源。

瑞典人布拉海（1602~1680年）担任芬兰总督时期，芬兰工业振兴，交通改善，还建立了图尔库大学。但是卡尔十二世与彼得一世率领的俄军发生战争，1709年瑞典军队大败，随即撤离。没有了瑞典军队的支援，芬兰虽苦苦抵抗，终不免被俄军占领的命运。1721年签订的《尼斯塔德和约》使瑞典失去了17世纪掠来的所有芬兰领土。

俄国统治时期

在拿破仑征战时期，拿破仑为了拉拢瑞典加入针对英国的大陆封锁运动，默认了俄国对芬兰的占领，企图以此给瑞典施压。因此，在俄皇亚历山大一世1808年出兵芬兰时，尽管芬兰军民英勇抗战，但瑞典始终未能施援，最终芬兰全国沦陷。1809年，芬兰以自治公国的身份并入俄国领土，称沙皇为王。幸运的是，瑞典统治时期制定的各种制度得以延续，芬兰作为一个国家也没失去基本的轮廓，这无形中提升了芬兰人的民族自觉。而编纂民族叙事诗《卡勒瓦拉》等的文化运动和反对强制普及瑞典语的运动也使芬兰的民族独立呼声日益高涨。

19世纪末开始，随着泛斯拉夫主义的蔓延，沙俄要在国际对立中加强对圣彼得堡的防御，于是强制推行沙俄化政策，试图剥夺芬兰的自治权。这一政策恰恰点燃了芬兰的民族意识，独立的情绪一浪高过一浪。1904 年，芬兰爆发了俄总督暗杀事件，沙俄的势力开始弱化。在此期间，普选制终于取代了一直实施至 1906 年的身份制议会制度，完成了向一院制议会的转变。之后，1917 年爆发的十月革命使沙俄政权土崩瓦解，同年 12 月，芬兰人民终于获得了期盼已久的民族独立。

独立时期

在取得独立的同时，1918 年，以城市资产阶级和富农为代表的资产阶级政府势力的白卫兵，与以劳动者、佃农为核心的社会党革命势力工人赤卫队之间爆发了内战，最终以前者的胜利告终。新生的芬兰共和国开始了探索国家安全保障的漫漫长路。1939 年，纳粹德国入侵波兰，第二次世界大战就此全面爆发。之后的 10 个月中，苏联以包围列宁格勒为由，提出索要芬兰卡累利阿地峡的要求。被芬兰拒绝后，苏联以 50 万大军的气势进攻芬兰，开启了“冬季战争”（第一次苏维埃芬兰战争）。芬兰人民虽在曼纳林元帅的带领下英勇抵抗，但最终仍被迫割让南部领土。1941 年，纳粹德国入侵苏联，芬兰也参与了对苏战争（第二次苏维埃芬兰战争）。1944 年，芬兰与苏联订立停战协定，从战线上撤兵，没想到德军彻底摧毁了拉普兰地区。同时，芬兰又不得不将卡累利阿地区割让给苏联，另外相当于财政收入的一成的 2 亿美元巨额赔款也压在了芬兰人民的肩上。

战后，在支付期限过半的 6 年内，芬兰还清了史无前例的沉重赔款，此后，内政外交趋于稳定，赫尔辛基还于 1952 年成功举办了奥运会。1955 年，芬兰加入联合国和北欧理事会，经济、社会取得高速发展，跻身于世界高生活水平的先进民主主义国家和福利国家的行列。

瑞典在图尔库建造的图尔库城堡

学说芬兰话

实用会话和单词集

实用单词 1

入口	sisäänkäynti
出口	uloskäynti
右	oikea
左	vasen
前	edessä
后	takana
热	kuuma
冷	kylmä
多	paljon
少	vähän
好	hyvä
（价格）贵	kallis
大	iso
小	pieni
洗手间	W.C.
无人	vapaa
使用中	varattu
男性	mies
女性	nainen
成人	aikuinen
孩子	lapsi
学生	opiskelija
危险	vaarallinen
警察	poliisi
医院	sairaala
开馆	auki
闭馆	suljettu
按	työnnä
拉	vedä
收据	kuitti
机场	lentoasema
港口	satama
有轨电车	raitiovaunu
地铁	metro
列车	juna
船	laiva
票	lippu
售票处	lipunmyynti
站台	laituri
从哪里来	mistä
到哪里去	mihin
出发	lähtö
抵达	saapumis
单程	meno
往返	menopaluu
一等座	ensimmäinen luokka
二等座	toinen luokka
时刻表	aikataulu
禁烟	tupakointi kielletty
国内线	kotimaa lentoliikenne
国际线	kansainvälinen lentoliikenne
酒店	hotelli
青年旅舍	retkeilymaja
露营地	leirintäalue
旅游咨询处	matkailu opastus
美术馆、博物馆	(taide)museo
教堂	kirkko
修道院	luostari

实用单词 2

（月）	
1月	tammikuu
2月	helmikuu
3月	maaliskuu
4月	huhtikuu
5月	toukokuu
6月	kesäkuu
7月	heinäkuu
8月	elokuu
9月	syyskuu
10月	lokakuu
11月	marraskuu
12月	joulukuu
（星期）	
周一	maanantai
周二	tiistai
周三	keskiviikko
周四	torstai
周五	perjantai
周六	lauantai
周日	sunnuntai

（时间）	
今天	tänään
昨天	eilen
明天	huomenna
早晨	aamu
中午	keskipäivä
晚上	yö
上午	aamupäivä
下午	iltapäivä
（数字）	
0	nolla
1	yksi
2	kaksi
3	kolme
4	neljä
5	viisi
6	kuusi
7	seitsemän
8	kahdeksan
9	yhdeksän
10	kymmenen

实用单词 3

面包	leipä
火腿	kinkku
奶酪	juusto
鸡蛋	muna
黄油	voi
鲱鱼	silli
沙丁鱼	sardiini
龙虾	hummeri
意大利咸鱼	anjovis
比目鱼	kampela
驯鹿肉	poronliha
鹿肉	hirvenliha
猪肉	sianliha
牛排	naudanpihvi
羊排	lampaanpihvi
水果	hedelmä
橘子	appelsiini
苹果	omena
饮品	juoma
咖啡	kahvi
红茶	tee
牛奶	maito
啤酒	olut
生啤	tynnyri olut
白葡萄酒	valkoviini
红葡萄酒	punaviini

实用会话

（寒暄）

嗨 / 你好	Terve.
你好	Päivää.
早上好	Huomenta.
晚上好	Iltaa.
晚安	Yötä.
再见	Näkemiin.

（答复）

是的	Kyllä.
不是	Ei.
谢谢	Kiitos.
对不起	Anteeksi.
抱歉	Anteeksi.
没关系	Olkaa Hyvä.
明白	Ymmärrän.
不明白	En ymmärrä.

（提问）

请问 ~ 在哪里?

Missä on ~ ?

多少钱?

Paljonko maksaa?

结账

Saanko laskun

什么时候?

Milloin?

几点?

Mitä kello on?

几个?

Kuinka monta?

您的名字叫什么?

Mikä nimesi on?

我叫 ~

Nimeni on ~

这个用芬兰语怎么说?

Mikä tämä on suomeksi ?

我想要 ~

Haluan~

我想去 ~

Haluan mennä~

读者来信

~芬兰篇~

▶在打折季购物

我7月下旬去过芬兰，好像刚好是那里的打折季，包括Stockman等商场和玛丽马克这类独立店铺，等等，所有的店都在实施打折促销。西服中以大号居多，要是合身的话还是很划算的。在打折的基础上还能免税，实在是实惠啊。

▶商品丰富的旧货店

位于市区南部的旧货店Bisarri是一家经营20世纪20~30年代的芬兰女性使用的小巧玻璃制品的商店，当时的女人比现在的女人体型稍小。手里拿着这些薄薄的玻璃饰品也能让你的女性魅力骤然增加！另外还有阿累利阿陶瓷。不知不觉就在里面待了很久。

■ **Bisarri**
住 Tarkk'ampujankatu 5
电 050-0872922
URL www.bisarri.fi
营 周一～周四 12:00~17:30
周六 12:00~15:00
休 周五、周日

▶在芬兰观赏极光

我们是夫妻俩11月中旬去萨里塞尔凯看极光的。在-19℃的严寒下，我们俩从酒店步行10分钟到一个阴暗的地方，然后在那里目不转睛地往北方的卡乌泥斯巴山看。在零点前，天空突然有一阵异动。是极光！兴奋和激动瞬间包围了我们。

我们在萨里塞尔凯住了3晚，天气很好，白天乘出租车（约€13）去卡乌泥斯巴山。山顶上可360°欣赏美景，心情大好。

▶游览赫尔辛基的公园

我是夏天去的赫尔辛基。很多芬兰人在公园里郊游，我购完物后也去公园里转了转。24路市区巴士接连经过埃斯蒂公园、西贝柳斯公园（→p.445）、凯沃公园（→p.452）、赛乌拉岛露天博物馆（→p.452）等赫尔辛基的大公园。

▶赫尔辛基的电车博物馆

在这家展示古旧电车的电车博物馆Ratikkamuseo，可以看到历史上那些能勾起我们好奇心的有轨电车。旁边的咖啡厅也十分精致，午餐很实惠。

DATA

■ **Ratikkamuseo**
住 Töölönkatu 51 A
电 （09）3103-6630
营 每天 11:00~17:00
休 无休
费 免费入场
URL www.ratikkamuseo.fi
交通
乘坐2、4、4T、7A、10路有轨电车在Ooppera下车，然后步行3分钟。

▶要是想买便宜货就去塔林吧

相比高税率的芬兰，波罗的海三国之一的爱沙尼亚以物价低招徕游客。而且爱沙尼亚是欧元区国家，免去了汇兑的麻烦。这里有很多便宜又可爱的精致小物品。在赫尔辛基前往塔林的轮渡上购物也是免税的。

走遍全球
希腊&爱琴海诸岛 塞浦路斯
新加坡
南非
法国
马尔代夫
美国
英国
美国西海岸
巴厘岛
普吉岛
帕劳岛
美国国家公园
National Parks in the U.S.A.
匈牙利
Hungary
加拿大
Canada
西班牙
Spain
斯里兰卡
Sri Lanka
泰国
Thailand
捷克 波兰 斯洛伐克
Czech Poland Slovakia
德国
Deutschland
北欧
Scandinavia
本系列已出版丛书
涵盖世界70个国家和地区

旅行的准备和技巧

Travel Information

旅行季节和气候

旅行季节明细表

国家	活动	时间
丹麦	趣伏里公园开门	（哥本哈根）4月6日~9月25日
丹麦	乐高乐园	（比隆）4月19日~10月30日
丹麦	夜巡旅游团	（里伯2月15日~20日、3月21日~28日、5月1日~10月22日 埃伯尔措夫特6月27日~8月14日等）
丹麦	圣诞	11月下旬~12月25日
挪威	峡湾游艇	（峡湾地区）5~9月
挪威	徒步旅行	（峡湾地区）5月中旬左右~9月中旬
挪威	前往北角的巴士	5~9月
挪威	圣诞	11月下旬~12月25日
瑞典	约塔运河	（哥德堡）3月下旬~10月中旬
瑞典	西特西尔的塔贝	（玻璃王国）6月中旬~8月
瑞典	龙虾大会	8月
瑞典	圣诞	11月下旬~12月25日
芬兰	姆朗世界	（楠塔利）6月11日~8月14日、2月20日~28日
芬兰	湖水观光	（坦佩雷6月上旬~8月中旬、萨翁林纳6月中旬~8月上旬）
芬兰	龙虾大会	7月下旬~8月下旬
芬兰	圣诞	11月下旬~12月25日
拉普兰	徒步旅行	6月下旬~9月中旬
拉普兰	极夜	11月下旬~次年1月下旬
拉普兰	极昼	5月下旬~7月下旬
拉普兰	黄叶	8月下旬~9月中旬
拉普兰	极光	9月中旬~次年3月下旬

月份	建议
1月	市区经常举行大甩卖。拉普兰地区出现极夜。
2月	一年中最冷的时节，就算到城区玩也要注意保暖。
3月	日照开始变长，进入春天。仍有很多拉普兰极光旅行团。
4月	在南方，花开春来。咖啡馆的露台上客人开始增多。
5月	气温上升，峡湾进入旺季。中旬开始拉普兰将迎来雪融期。
6月	清爽初夏。夏季祭祀时期，各地开展活动。拉普兰地区的极昼一直持续到7月。
7月	长假集中期，酒店爆满，部分餐馆歇业。
8月	夏季大甩卖。拉普兰地区日照时间长，下旬气温下降，有秋天的感觉。
9月	拉普兰地区从中旬进入极光期。色彩鲜艳的黄叶也很美。
10月	日照变短，气温下降，进入秋季。游艇开始冷清。
11月	进入冬季。下旬开始进入圣诞期，城市活跃起来。
12月	城市到处洋溢着圣诞的气息，拉普兰地区从中旬进入极夜。

※ 上表中的活动、开园日期和旅行开始时间均包含了休息日。

主要城市的月平均最高和最低气温（℃）、月平均降水量（mm）

		1月	2月	3月	4月	5月	6月	7月	8月	9月	10月	11月	12月
丹麦 哥本哈根	最高	2	2	5	11	16	19	22	21	18	12	7	4
	最低	-2	-2	-1	3	8	11	14	14	11	7	3	1
	降水量	36	24	34	35	40	45	57	55	53	47	52	47
挪威 奥斯陆	最高	2	-1	4	10	16	20	22	21	16	9	3	0
	最低	-7	-7	-4	1	6	10	13	12	8	3	-1	-4
	降水量	49	36	47	41	53	65	81	89	90	84	73	55
特罗姆瑟	最高	-2.2	-2.1	-0.4	2.7	7.5	12.5	15.3	13.9	9.3	4.7	0.7	-1.3
	最低	-6.5	-6.5	-5.1	-2.2	2	6.1	8.7	7.8	4.4	0.7	-3	-5.4
	降水量	95	87	72	64	48	59	77	82	102	131	108	106
瑞典 斯德哥尔摩	最高	-1	-1	3	9	16	21	22	20	15	10	5	1
	最低	-5	-5	-3	1	6	11	13	13	9	5	1	-3
	降水量	39	27	26	30	30	45	72	66	55	50	53	46
基律纳	最高	-10	-8	-4	1	7	14	17	14	8	2	-5	-8
	最低	-19	-18	-14	-8	-1	5	7	6	1	-5	-12	-17
	降水量	30	25	26	27	34	49	86	74	49	47	42	34
芬兰 赫尔辛基	最高	-2.6	-2.9	1.1	7.5	15.5	19.8	21.8	19.9	14	8.1	2.5	-0.8
	最低	-8.5	-9.3	-5.6	-0.7	4.4	9.3	11.8	10.7	6.1	2.2	-2.4	-6.6
	降水量	43.9	34	35.3	35.7	35.1	49.2	68.8	77.7	69.4	74.5	69.2	57
罗瓦涅米	最高	-8.5	-8.1	-2.8	2.7	10.2	16.8	19.4	16.1	10	2.6	-3.5	-6.9
	最低	-15.1	-14.1	-9.4	-4.5	1.8	8.1	11	8.6	3.8	-2	-8.7	-13.3
	降水量	42.1	33.6	35.6	30.9	35.9	59.1	69.1	71.7	54	54.6	48.6	41.7

主要城市日出、日落时间

	1月	2月	3月	4月	5月	6月	7月	8月	9月	10月	11月	12月
丹麦 哥本哈根	8:41	8:06	7:04	6:34	5:26	4:32	4:36	5:18	6:25	6:19	7:16	8:24
	15:49	16:41	17:41	19:53	20:49	21:46	21:52	21:13	19:50	17:37	16:29	15:37
挪威 奥斯陆	9:19	8:32	7:15	6:42	5:15	4:07	4:00	5:49	6:12	7:23	7:39	8:52
	15:22	16:30	17:45	20:01	21:15	22:24	22:41	21:47	20:20	18:49	16:21	15:21
特罗姆瑟	地平线下	9:28	7:09	5:48	3:19	极昼	极昼	2:22	5:02	7:00	8:12	地平线下
		14:29	16:46	19:51	22:08			23:12	20:24	18:06	14:43	
瑞典 斯德哥尔摩	8:47	8:01	6:48	6:17	4:52	3:47	3:40	4:35	5:46	5:54	7:08	8:19
	14:55	16:01	17:12	19:26	20:37	21:44	22:02	21:13	19:50	17:21	15:54	14:54
基律纳	地平线下	8:59	7:02	5:52	3:43	极昼	极昼	3:02	5:08	5:53	7:50	10:14
		14:45	16:41	19:33	21:29			22:29	20:10	17:04	14:55	12:41
芬兰 赫尔辛基	9:09	7:59	6:37	6:03	4:41	3:55	4:22	5:34	6:48	8:00	8:19	9:19
	15:51	17:11	18:23	20:39	21:54	22:47	22:29	21:14	19:41	18:11	15:50	15:12
罗瓦涅米	10:18	8:25	6:37	5:34	3:31	极昼	2:38	4:50	6:36	8:15	9:10	10:59
	14:36	16:39	18:17	21:02	22:59		0:0	21:50	19:46	17:49	14:52	13:25

※ 数据选取每月的中间日期。

旅行计划

到广阔的北欧旅行，锁定目的地、交通工具等，制定详细的旅行规划是关键。在此介绍根据旅行目的及对象国制定的 6 条旅行线路。游客也可根据时间选择其中的几条进行组合。

Route1 北欧四国城市之旅

周游北欧四国首都的旅行线路。这四个国家间都能乘坐飞机出行，但是斯德哥尔摩→赫尔辛基之间也可以搭乘塔林克·诗丽雅航线（→ p.24）或维京航线的豪华客轮。从哥本哈根去奥斯陆也可不乘坐飞机，而选择火车。

第 1 天	抵达哥本哈根
第 2 天	在哥本哈根旅游
第 3 天	从哥本哈根乘 到奥斯陆 ※1
第 4 天	在奥斯陆旅游 ※2
第 5 天	奥斯陆乘 到斯德哥尔摩
第 6 天	在斯德哥尔摩旅游
第 7 天	斯德哥尔摩乘 到赫尔辛基
第 8 天	在赫尔辛基旅游
第 9 天	离开赫尔辛基

※1 哥本哈根～奥斯陆间没有直达列车，需要在马尔默或哥德堡中转。
※2 也可以不去奥斯陆，而选择前往松恩峡湾。如果从奥斯陆乘列车去，需要多花一天时间。倘若从卑尔根乘坐飞机前往斯德哥尔摩，则日程不变。

1 从参议院广场上仰望赫尔辛基大教堂
2 哥本哈根有只在夏季周末举办的集市
3 斯德哥尔摩的老城

Route2 挪威三大峡湾之旅

挪威西海岸一带遍布着峡湾。很多游客来到这里想要一睹大自然的鬼斧神工。下面就去称得上是峡湾代名词的三大峡湾地区旅行吧。

第 1 天	奥斯陆乘 到松恩峡湾旅行，然后乘 到卑尔根
第 2 天	在卑尔根旅行 ※1
第 3 天	卑尔根乘 到厄勒
第 4 天	厄勒乘 到盖朗厄尔峡湾旅行
第 5 天	在盖朗厄尔峡湾旅行，乘 到厄勒
第 6 天	厄勒乘 到斯塔万格 ※2
第 7 天	斯塔万格乘 到吕瑟峡湾
第 8 天	离开斯塔万格

※1 建议游客不去卑尔根，而是去哈当厄尔。
※2 厄勒到斯塔万格没有直达航班，需要取道卑尔根或奥斯陆。约需 1 小时 40 分钟。

1 雄壮美丽的盖朗厄尔峡湾旅行 2 吕瑟峡湾最美的景点普雷克斯图伦悬崖 3 卑尔根的布吕根地区有一排排的五彩房屋

Route3 欧洲最北部之旅

第 1 天	从斯德哥尔摩乘 到纳尔维克
第 2 天	从纳尔维克乘 到罗弗敦群岛
第 3 天	在罗弗敦群岛旅行
第 4 天	从罗弗敦群岛乘 到特罗姆瑟 ※1
第 5 天	从特罗姆瑟乘 到阿尔塔 ※2
第 6 天	从阿尔塔乘 到洪宁斯沃格
第 7 天	从洪宁斯沃格乘 到北角旅行
第 8 天	离开北角

※1 夏天可以乘坐沿岸客轮到特洛尔峡湾观光。可以第四天晚上出发。
※2 可以直接去洪宁斯沃格，不过一定要住一晚去世界遗产阿尔塔看看。

游览欧洲最北部北角的旅行线路。乘坐通过北极圈的国际卧铺列车到挪威的纳尔维克，然后换乘沿岸客轮沿挪威曲折的海岸线北上。这是一条可以欣赏峡湾的豪华线路。夏季是旺季，因为有极昼，夜里也可以看到太阳。

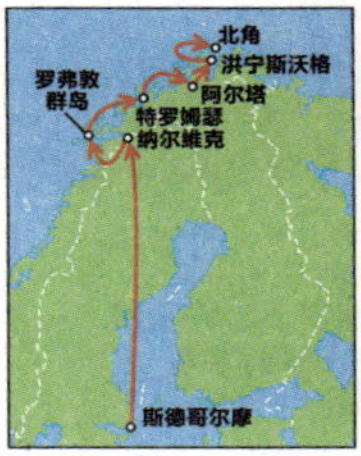

1 建在北角海角上的纪念碑
2 Norurarsutogu 列车车窗外的风景

Route4 瑞典、丹麦的古都&古堡之旅

第 1 天	抵达斯德哥尔摩
第 2 天	斯德哥尔摩观光后乘 到马尔默
第 3 天	从马尔默乘 到隆德观光 ※1
第 4 天	从马尔默乘 到赫尔辛堡观光
第 5 天	从马尔默乘 到哥本哈根 ※2
第 6 天	从哥本哈根乘 到赫尔辛格等地
第 7 天	在哥本哈根旅行
第 8 天	离开哥本哈根

※1 从马尔默到隆德和赫尔辛堡等地，当天就可以来回。可以一直住在马尔默，免得搬运行李。
※2 马尔默～哥本哈根间的列车需运行15分钟，所以可以先在马尔默观光后再去。

从斯德哥尔摩出发，前往散发着中世纪欧洲气息的古都。瑞典和丹麦交界处自古就是两国纷争爆发地，也因此建有多座古堡。可以在马尔默和哥本哈根附近的厄勒地区游个遍。

1 耸立在赫尔辛格的克隆堡宫
2 石道上木结构房屋林立的马尔默

Route5 在童话王国丹麦 探寻安徒生的踪迹&乐高乐园

位于比隆的乐高乐园

第 1 天	从哥本哈根乘 到欧登塞
第 2 天	从欧登塞乘 到乐高乐园
第 3 天	从乐高乐园乘 到哥本哈根
第 4 天	在哥本哈根旅行
第 5 天	离开哥本哈根

通过走访世界童话大师安徒生的出生地，欣赏丹麦品牌的玩具、乐高主题公园，尽情地回归童年，找回童心。建议从乐高乐园出发，游览胡奥斯和奥尔堡等日德兰半岛。

Route6 进入芬兰童话世界 寻找姆明和圣诞老人

罗瓦涅米的圣诞老人公园

第 1 天	从赫尔辛基乘 到图尔库乘 到楠塔利旅行
第 2 天	从图尔库乘 到坦佩雷
第 3 天	从坦佩雷乘 到罗瓦涅米
第 4 天	在罗瓦涅米旅行
第 5 天	离开罗瓦涅米

为了看一看姆明和圣诞老人，去北极圈转转吧。从图尔库到楠塔利可当日来回，然后再去坦佩雷。从坦佩雷到罗瓦涅米每天有数趟列车，建议乘坐卧铺列车。

前往北欧的方法

SAS
URL www.flysas.com
首都国际机场
☎010-96158

可使用座位预约服务

通过SAS购买前往欧洲的往返机票时，要用到座位预约服务，即出发是SAS GO（经济舱），返回是SAS BUSINESS（商务舱）。在网上预约时，可自由选择座位。如果往返都不需要高等级座位，这种方式比预约同一类型的座位更省钱。

最好提前办理登机

如果能在网络上提前办理好登机手续，不仅可以指定座位，还能由航空公司或机场打印出机票。SAS在起飞前22小时、芬兰航空在起飞前36小时受理。

芬兰航空
URL www.finnair.com/CN/CN/contact-us（中文）
客服中心
☎400 886 1686（除华南地区以外的中国地区拨打）
+86 20 3811 4008（华南地区拨打）
住 北京建国门外大街5号建国饭店1楼
☎ 中国（北方）108 007 330 039（免费）
中国（南方）108 003 300 034（免费）
URL www.aeroflot.ru/ru-zh(中文)

关于电子客票

电子客票指的是将座位、预订和个人姓名等原本应记录在机票上的信息都数据化，形成一张电子机票。如果使用电子客票，在购买机票后，航空公司不会打印传统的纸质机票，而是打印一张记录着航班时间的收据（由电子客票所购乘客保存）。游客只需凭借这张收据即可在航空公司的柜台轻松办理登机。另外，与传统机票的不同点还在于，这种电子客票一旦遗失还能再次打印，安全性大大提升（→p.552）。

航 空

一想到北欧总感觉很远，事实上北欧是欧洲各国中离我国较近的地区。从北京到哥本哈根的直达航班只需10小时左右，到赫尔辛基大约8小时20分钟。与花费十几小时才能到达的英国、意大利和法国相比，不算好一些。所以，到北欧最快最便捷的方法就是坐飞机。中国直达北欧的航班有从北京首都国际机场到哥本哈根（丹麦）和赫尔辛基（芬兰）的航班，上海的机场也有飞往北欧的航班。即使从欧洲各大城市换乘，当日也有换乘的飞机。除了首都，其他一些大城市也可以乘坐飞机到首都后转机当日抵达。

运营飞往哥本哈根的直达航班的SAS

直达航班

乘坐直飞航班很方便，但是价格稍贵。如果不考虑所需时间和换乘的麻烦，也有更经济的飞行方式，比如中途要在某地转机的航班。

中转航班

如果无法预订上直达航班，也可以乘坐取道欧洲各地的中转航班。例如可以先到德国的法兰克福和慕尼黑、瑞典的苏黎世、奥地利的维也纳、荷兰的阿姆斯特丹、英国的伦敦或法国的巴黎，再转机到北欧，可当日抵达。

但是前往奥斯陆等没有直达航班的城市，从换乘的时间上看，乘坐SAS和芬兰航空的航班所需时间有时差不多。

想实惠地多去几个地方旅行

直达航班很方便，但是略贵。如果旅行时间充裕，对中转也没有太高要求，完全可以选择更经济的航班。例如经过莫斯科的俄罗斯航空公司（Aeroflot Russian Airlines）（SU）是欧洲少有几个可以买到低价票的航空公司。

机票的种类

机票有很多种，一般越便捷价格越高。现在个人游客大多购买特价机票。

正价机票的有效期为一年有效允许签转和open的。签转是指可以改乘其他航空公司的航班。比如，如果你买的是北京到赫尔辛基往返的中国国际航空公司的正价机票，则有效期为一年，票的回程日期可以是open。如果自己愿意，还可以签转到欧洲其他航空公司（如法航、汉莎等）回北京，非常自由灵活方便。还可以退票，没有其他费用发生。

如果买的是特价机票，就会有很多限制条件，如有效期较短，从 45 天到 6 个月不等，不允许签转到其他航空公司，不允许更改回程日期或改期要交费，不允许退票或是退票要承受很大的经济损失。因此，一定要制定好旅行计划。

各个季节的航班时刻表大不相同，票价也要视淡旺季、星期几及空座情况而定，因此在购买机票时，一定要收集好最新的信息。

什么是超预订

通常，航空公司由于预计会有取消预订的客户，所以会销售比座位数多的机票。当日内，取消预订的客户少、座位数不够的情况就叫“超预订”。这种情况下，不进行再确认和办理登机手续的人就无法登机。为了防止这种情况的出现，一定要与航空公司再次确认（只与相关航空公司确认），尽早办理登机。办理登机手续的时间最好是在起飞前 2 小时左右。

陆 路

铁路

从北欧各国的邻国乘坐火车也可以抵达。主要有以下线路：德国～丹麦、德国～挪威、俄罗斯～芬兰。

从德国到丹麦

丹麦所在的日德兰半岛与德国陆地相连，汉堡～哥本哈根间的国际列车每天有 5 趟，约需 5 小时。汉堡～奥胡斯间每天也有 2 趟列车，仅需 4 小时 20 分钟。

从德国到挪威

连接柏林～马尔默间的直达卧铺列车柏林夜间特快列车（Berlin Night Express）在夏季（6/27~8/28）每周的周三、周五和周六各有一趟。约需 12 小时。

从俄罗斯到芬兰

如果时间充裕，也可以乘坐西伯利亚铁路。可以先从中国东北乘坐火车或飞机到俄罗斯东大门符拉迪沃斯托克，然后再换乘火车。可以在莫斯科开启 6 晚 7 日游。然后再从莫斯科花一天时间到达赫尔辛基。19:53 从莫斯科出发，次日 10:26 抵达赫尔辛基。另外，从圣彼得堡每天也有 4 趟列车，仅需 3 小时 36 分钟左右。

发自俄罗斯的列车抵达赫尔辛基中央火车站

长途巴士

Euro Lines 运营的长途巴士在哥本哈根与奥斯陆、斯德哥尔摩等各地各城市间穿梭。各地间几乎没有直达巴士，可从汉堡或汉诺威中转前往斯德哥尔摩。要是想去挪威或芬兰，还需要接着换乘。不同季节的票价、班次都不同，一定要提前确认好。

德国铁路
URL www.bahn.de

柏林夜间特快列车
URL www.berlin-night-express.com

俄罗斯国铁
URL rzd.ru

斯堪的纳维亚航空
丹麦
☎33-887000
URL www.erolines.dk
挪威
☎22-172020
URL www.erolines.dk/no
瑞典
☎31-100240
URL www.erolines.dk/se

从欧洲各国出发的主要巴士线路

线路	班次	所需时间	换乘次数
柏林～哥本哈根	1天3班	7小时30分钟~7小时45分钟	直达
巴黎～哥本哈根	1天1~2班	18小时50分钟～23小时30分钟	直达
阿姆斯特丹～哥本哈根	1天1班	13小时30分钟	直达
伦敦～哥本哈根	1天1班	约25小时30分钟	1
布拉格～哥本哈根	1天3班	12小时30分钟～15小时	1
布鲁塞尔～哥本哈根	1天1~2班	15小时5分钟～19小时	直达
巴黎～斯德哥尔摩	每周1班	约34小时15分钟	1
汉堡～斯德哥尔摩	每周1班	约18小时	1
布拉格～哥德堡	每周5班	约18小时50分钟	2
柏林～奥斯陆	每周2班	约16小时40分钟	1
巴黎～奥斯陆	每周4班	28~32小时35分钟	直达或换乘2次

斯泰纳
Stena Line
哥德堡
☎（031）704-0000
基尔（德国）
☎（0431）9096
URL www.stenaline.com

卡拉
Color Line
奥斯陆
☎ 22-944200
基尔（德国）
☎（0431）730-0100
URL www.colorline.com

诺迪克海运中心
Nodic Ferry Center
☎（09）251-0200
URL www.ferrycenter.fi

塔林克·诗丽雅航线
Tallink Silja Line
斯德哥尔摩
☎（08）222-140
赫尔辛基
☎ 0600-15700
塔林（爱沙尼亚）
☎ 631-8320
URL www.tallinksilja.com

海路

轮渡

四周环海的北欧各国有很多来自英国、波兰、德国及波罗的海三国的客轮。船体较大，所以不太颠簸。热门线路的船票有可能很火爆，尽量提前预约。

从欧洲各国出发的主要轮渡线路

线路	班次	所需时间	轮渡公司
基尔～哥德堡间	1天1班	约14小时30分钟	斯泰纳
基尔～奥斯陆间	1天1班	约20小时	卡拉
特拉沃明德～马尔默间	1天2~3班	8小时45分钟~9小时15分钟	诺迪克海运中心
特拉沃明德～赫尔辛基间	周二～周日每天1班	约30小时	诺迪克海运中心
塔林～斯德哥尔摩间	1天1班	约15小时	塔林克·诗丽雅航线
塔林～赫尔辛基间	1天4~7班※	2小时~3小时30分钟	塔林克·诗丽雅航线
里加～斯德哥尔摩间	2天1班	17小时	塔林克·诗丽雅航线

※ 各季节和一周之内或有变动。

北欧四国的交通

四国间的出行方式

北欧四国间可以通过飞机、铁路、巴士和轮渡等交通工具顺利往来。也完全无须过境检查，简直就像在同一个国家内一样来去自如。虽说如此，但北欧面积广大，因此在这里旅行不适合走马观花似的点到为止，一边欣赏美景一边悠闲地享受旅途生活才好。

飞行之旅

如果想在较短时间内高效地在北欧各国间来往，飞机无疑最方便。SAS（SK）运营四国各主要城市间的航班。芬兰航空（Finnair）（AY）也运营连接芬兰与其他三国主要城市间的飞行线路。在同一家航空公司覆盖的区域内飞行会比较方便，但是从地方城市到其他国家的地方城市没有直达航班，需要特别留意。

冬季航班时间变动的情况较多。SAS 和芬兰航空的网站上可以查询到北欧城市间的航班时刻表，游客务必仔细确认。

便捷的航空通票

芬兰航空发行了姆明欧洲通票。如果乘坐芬兰航空的航班飞往欧洲，可购买某一区间的通票。丹麦、挪威、瑞典和芬兰等北欧国家自然包含在内，在其他欧洲国家旅行时也可使用。要注意的是这种通票不能在当地购买，只能在前往欧洲前买。对预订线路的变更及通票的有效期等也

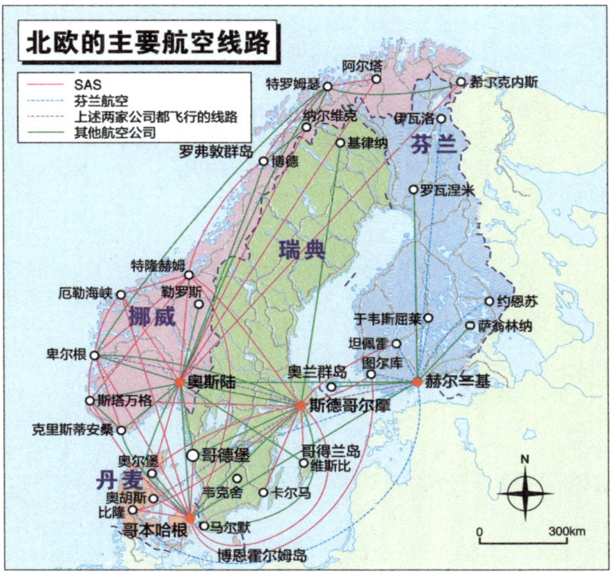

截至本书调查时　※ 特定时期航班除外

SAS
丹麦
70-102000
挪威
05400
瑞典
0770-727727
芬兰
0600-025831
URL www.flysas.com/zh-cn/cn

芬兰航空
芬兰
（09）818-0800
丹麦
78-795471
挪威
81-001100
瑞典
0771-781100
URL www.finnair.com/cn/cn

北欧主要城市间的主要航班表（仅直达航班）

线路	所需时间	航班数（航空公司）
哥本哈根（D）~奥斯陆（N）	1小时10分钟	6~14班（SK）
哥本哈根（D）~斯德哥尔摩（S）	1小时10分钟	8~15班（SK）
哥本哈根（D）~赫尔辛基（F）	1小时30分钟	2~6班（SK）、2~4班（AY）
哥本哈根（D）~卑尔根（N）	1小时20分钟	4~6班（SK）
哥本哈根（D）~斯塔万格（N）	1小时10分钟	3~5班（SK）
哥本哈根（D）~特罗姆瑟（N）	1小时35分钟	1~2班（SK）
哥本哈根（D）~哥德堡（S）	45分钟	5~8班（SK）
奥斯陆（N）~斯德哥尔摩（S）	1小时	4~16班（SK）
奥斯陆（N）~赫尔辛基（F）	1小时20分钟	1~2班（SK）、2~3班（AY）
奥斯陆（N）~哥德堡（S）	1小时	1~2班（周六除外）（SK）
斯德哥尔摩（S）~特罗姆瑟（N）	1小时10分钟	1~2班（SK）
斯德哥尔摩（S）~赫尔辛基（F）	1小时	2~8班（SK）、12班（AY）
斯德哥尔摩（S）~图尔库（F）	40分钟	2~4班（周六除外）（SK）
斯德哥尔摩（S）~坦佩雷（F）	1小时	2~4班（周六除外）（SK）

■国名（D）：丹麦、（N）：挪威、（S）：瑞典、（F）：芬兰　　截至本书调查时
■航空公司 SK:SAS AY: 芬兰航空

有一些规定。另外，还有诸如吸纳芬兰航空为会员的One World（寰宇一家）等也提供特价票，可综合考虑购买往返机票。

很想有愉快的旅途，可是……

乘坐列车进入挪威境内时比较例外，特别是从瑞典方向坐火车进入奥斯陆时，经常地遇到毒品突击搜查，随身物品也会被严格检查。

铁路之旅

从挪威最北端的纳尔维克到瑞典南部附近的马尔默，乘火车需要整整一天。乘此列车再前往哥本哈根的话还需要35分钟。虽然要花这么久，但仍然希望你不要放弃它而选择夜间列车。一整天时间在火车上确实浪费，不过一路上看不到沿途的风景不是更大的遗憾吗？

长途列车和高等级列车都需要订票（指定座位）。这些列车会被标上R。购票的过程就是预订，只需在购票时多交预订费即可。如果持欧洲铁路通票坐车，需要出示座位指定票。

在欧洲通常会出现这样的情况：同一列车在途中会被分成两部分，分别去往不同的目的地。所以，乘车时要弄清楚的不仅是要坐哪趟列车，甚至还要具体到哪节车厢。如果有什么不明白的地方，要第一时间询问列车员。

特殊服务车厢

北欧铁路有提供各种特殊服务的车厢。例如儿童专用车厢、全家出游车厢、可携带自行车的车厢及可携带宠物的车厢，尽可能地为更多游客提供便利、舒适的出行条件。

丹麦～挪威

丹麦与挪威之间没有直达列车。如果从哥本哈根去奥斯陆，可以先坐城际列车或普通列车，到瑞典的马尔默或哥德堡后再中转至奥斯陆。哥本哈根～马尔默间24小时有车，每隔10~20分钟就有一趟，约需35分钟。哥德堡～奥斯陆间需要3小时50分钟~4小时，每天有2~4趟列车。

丹麦～瑞典

哥本哈根与马尔默间修建了厄勒海峡大桥，所以往来两国乘坐火车旅行更方便（→p.379）。哥本哈根～马尔默24小时有车运营，每隔

截至本书调查时

10~20 分钟就有一趟，需 35 分钟 ~1 小时。从马尔默有前往瑞典各地的列车。另外，哥本哈根 ~ 斯德哥尔摩间乘坐高速列车（Snabbtåg）约需 5 小时 15 分钟 ~5 小时 50 分钟，每天有 3~5 趟。从哥本哈根到哥德堡可乘坐 Snabbtåg 或 Oresundtåg。

穿梭于哥本哈根与马尔默间的列车

挪威 ~ 瑞典

奥斯陆 ~ 斯德哥尔摩间乘坐城际列车需要 4 小时 40 分钟 ~5 小时，不过每天直达列车只有 1~3 趟，相对较少，不少时候需要取道哥德堡。奥斯陆 ~ 哥德堡间每天有 2~4 趟，需要 3 小时 40 分钟 ~4 小时。

另外，从斯德哥尔摩途经拉普兰的基律纳终抵纳尔维克也可以搭乘列车。这条线路建设的初衷是为了运送基律纳出产的铁矿石，后来作为通往世界最北的旅行铁路而闻名。从斯德哥尔摩出发每天有 2 趟，其中一趟需要在布登（Boden）中转。此外，还有一趟 15:59 从斯德哥尔摩发车，次日 12:36 抵达纳尔维克的直达卧铺列车。

北欧最北的铁路 Norrlandståget 铁路

挪威 ~ 芬兰

挪威与芬兰的边界位于北极圈内，不通铁路，只有巴士。

瑞典 ~ 芬兰

北欧四国中，芬兰的铁路轨道更宽（与俄罗斯相同），所以列车无法直达瑞典。

欧洲铁路时刻表

市场上有关于北欧四国交通及欧洲主要列车的运行时刻表，可在旅行时参考使用。

城际列车等长途列车内配备了带小卖部的休息车厢

购买和使用铁路通票时的注意事项

所有的铁路通票都是面向非欧洲居民发放的，因此基本不能在欧洲当地购买。旅行前请咨询中国国内的相关机构，使用时要在欧洲本地的火车站窗口办理一些手续。要小心，如果没办手续会被视为无票乘车。

欧洲全线斯堪的纳维亚通票（单位：元人民币）

费 成人

3 天 1680
4 天 1935
5 天 2170
8 天 2760
青年通票
3 天 1370
4 天 1580
5 天 1770
8 天 2400

※ 以上票价截至本书调查时。受汇率变动的影响，每个月票价都可能不同，请提前咨询最新信息。

欧洲全线斯堪的纳维亚公司

丹麦

☎ 33-887000
URL www.eurolines.dk

挪威

☎ 22-172020
URL www. eurolines.dk/no

瑞典

☎ 31-100240
URL www. eurolines.dk/se

Swebus 公司

☎ 0771-218218
URL www.swebus.se

Swebus 公司每天运营 3 班从瑞典的斯德哥尔摩开往挪威奥斯陆的长途巴士，全程约 8 小时。

马特卡胡奥尔托公司

☎ 0200-4000
URL www.matkahuolto.fi

Eskelisen Lapinlinjat 公司

☎（016）342-2160
URL www.eskelisen.fi

穿梭在芬兰～挪威国境上的 Eskelisen Lapinlinjat 公司巴士

便捷的铁路通票

建议想在北欧各国随心所欲地游玩的游客购买一张铁路通票。如果是欧洲全线斯堪的纳维亚通票（旧斯堪线路通票），在有效期内，可以任意乘坐丹麦、挪威、瑞典和芬兰这四国的列车。1 个月的有效期内，可任选 3~8 天通用天数使用，这种弹性制度很合理。另外，还有面向未满 26 岁者的青年通票、两人以上同行打折的经济型通票等多种形式。轮渡和巴士也有打折优惠。

欧洲全线通票是可以自由乘坐欧洲 28 国铁路线的通票。另外也有只在一国内有效的通票、欧洲铁路线芬兰瑞典通票等组合型服务，游客可根据行程灵活安排。

即使持有铁路通票有时也需要多交车费

乘坐长途列车和高速列车时，需要预订座位或铺位，此时需要多交一定的预约费用。这些费用不包含在通票内，因此即使你持有欧洲全线斯堪的纳维亚通票，也需要再交钱。也就是说，并不是你手里有铁路通票，乘坐列车时就不用再多花任何费用，要多多留意。

长途巴士之旅

北欧各国的巴士线路十分完善，来往方便。丹麦、挪威和瑞典有欧洲全线斯堪的纳维亚公司（Euro Lines Scandinavia）及瑞典 Swebus 公司运营的长途巴士，芬兰有国内最大的巴士运营商马特卡胡奥尔托公司（Matkahuolto）及途经拉普兰地区罗瓦涅米、萨里塞尔凯、伊纳里等，直达挪威特罗姆瑟和卡拉绍克的 Eskelisen Lapinlinjat 公司运营的国际巴士。

丹麦～挪威

从哥本哈根到奥斯陆有欧洲全线斯堪的纳维亚公司运营的巴士，每周 2 班，约需 9 小时。

丹麦～瑞典

从哥本哈根到斯德哥尔摩有 Swebus 公司运营的巴士，每天 1~2 班，

截至本书调查时

需要 9 小时 45 分钟 ~16 小时 25 分钟，需要在马尔默或哥德堡中转。从哥本哈根到哥德堡有欧洲全线斯堪的纳维亚公司运营的巴士，每周 3 班，约需 4 小时 45 分钟。

芬兰 ~ 挪威

芬兰的罗瓦涅米到挪威北部有 Eskelisen Lapinlinjat 公司运营的巴士，1 天 1 班。到卡拉绍克约需 6 小时，到特罗姆瑟约需 8 小时（只在 6/1~9/17 运行），到洪宁斯沃格约需 1 小时（只在 6/1~8/20 运行）。

轮渡之旅

在北欧旅行还有一种交通方式就是乘坐轮渡。从轮渡上可以眺望峡湾、群岛的美景，还能享受船上的美好时光。其中尤以景色优美而备受青睐的线路包括斯德哥尔摩至赫尔辛基间的轮渡线路及挪威海岸线的海达路德游轮（近海快艇）Hurtigruten。

购票

【在国内购买】

斯德哥尔摩 ~ 赫尔辛基间的轮渡和海达路德游轮等人气航线的票很抢手，最好提前在中国国内预订。维京航线（Viking Line）和塔林克 · 诗丽雅航线、海达路德游轮等均可预订。

【在欧洲购买】

购买、预订船票可通过各船终点码头及官网、电话完成。如果不知道码头在哪里，可在旅游咨询处或酒店咨询。

斯德哥尔摩 ~ 赫尔辛基间的豪华游轮之旅

如果去北欧旅行，一定要参加这次航行。维京航线和塔林克 · 诗丽雅航线两家公司在客轮的豪华程度的竞争上可谓费尽心思。

尤其是塔林克 · 诗丽雅航线（→ p.24）的“交响曲”号和“小夜曲”号两艘游轮的排水量均接近 6 万吨。轮船在 2 万个小岛组成的群岛间穿行。豪华客轮在宁静的海面上平稳前行的优雅姿态，一定会震撼每一名游客的内心。

船内有餐厅、桑拿、按摩浴缸、免税店、赌场、药店、玩具店等，设施齐全，简直像一座高档酒店。两艘塔林克 · 诗丽雅航线的客轮内都有跃层空间，给人以前所未有的开阔感。

每艘客轮都是全年运营，费用如下文所述。乘坐塔林克 · 诗丽

塔林克 · 诗丽雅航线的豪华客轮

维京航线
斯德哥尔摩、赫尔辛基、图尔库
☎ 0600-41577
URL www.vikingline.fi

维京航线运行时刻表
赫尔辛基　斯德哥尔摩
17:30 出发→ 10:00 抵达
10:10 抵达← 16:30 出发
（各季节时间略有不同）

塔林克 · 诗丽雅航线
斯德哥尔摩
☎（08）222-140
赫尔辛基、图尔库
☎ 0600-15700
URL www.tallinksilja.com

塔林克 · 诗丽雅航线运行时刻表
赫尔辛基　斯德哥尔摩
17:00 出发→次日 9:30 抵达
次日 9:55 抵达← 16:45 出发
（各季节时间略有不同）

塔林克 · 诗丽雅航线费用表（单位：欧元€）

客房标准	床位数	1/1~6/8 8/14~12/22	6/9~6/26 8/7~8/13	6/27~8/6
C 等（无窗 / 甲板下）	4	111	135	147
B 等（无窗 / 甲板上）	4	131	158	173
过道房（窗户朝内）	4	164	195	217
A 等（窗户朝外）	4	177	215	234
豪华房（朝内、朝外窗户）	2	230~	260~	315~
总统套房（窗户朝外套房）	2	458	480	594

（以上为本书调查时预约的单程价格。另外，除上述费用之外还可能有追加费用的情况，一周内各天及各个季节的价格也可能不同，请事先确认。）

海达路德游轮
📠 81-003030（预订）
URL www.hurtigruten.com
（只使用英语、挪威语）

DFDS 海运公司
哥本哈根
📠 33-423010
URL www.dfdsseaways.com

雅航线时持有欧洲全线斯堪的纳维亚通票和欧洲通票者可享受折扣。

海达路德游轮（近海快艇）Hurtigruten

挪威北部、西部和南部三面环海，沿海地区受海湾等险峻地形的影响，船舶成为重要的交通方式。连接西海岸最大城市卑尔根与接近俄罗斯的边境城市希尔克内斯的海达路德游轮（→ p.23）以沿途的美景闻名，全年通航。

想要享受全程旅行的话，要花 12 天的时间做一次长距离航海，一路停靠沿线的小城，一路北上的体验着实浪漫。夏季有不少游客乘坐这条航线欣赏极昼，秋冬季则可观赏黄叶、极光和满眼银装素裹的世界，这些都是具有北欧风情的景观。中途停靠时，还可利用船舶装、卸货的时间下船逛逛，有时也可参加短途旅行，总之不会让你的旅途有厌倦感。

旗下有 11 艘船

斯泰纳
奥斯陆（挪威）
📠 23-179100
腓特烈港（丹麦）
📠 96-200200
哥德堡（瑞典）
📠（031）704-0000
URL www.stenaline.com

其他主要轮渡线路

斯德哥尔摩～图尔库（途经玛丽港）

塔林克·诗丽雅航线和维京航线分为白班船和晚班船，1 天两趟。两趟都会在奥兰群岛的玛丽港（塔林克·诗丽雅航线不能下船）或朗纳斯（Långnäs）停靠。全程 10 小时～11 小时 35 分钟。乘坐塔林克·诗丽雅航线时，持有欧洲全线斯堪的纳维亚通票和欧洲通票者可享受折扣。

奥斯陆～哥本哈根

DFDS 海运公司（DFDS Seaways）每晚有一班船。约需 17 小时 15 分钟。

斯堪航运
赫尔辛格（丹麦）
📠 33-151515（预订）
赫尔辛堡（瑞典）
📠（042）18-6000（预订）
URL www.scandlines.com

奥斯陆～腓特烈港

斯泰纳（Stena Line）每天有一班船。约需 12 小时。

腓特烈港～哥德堡

有斯泰纳巨型游轮通航。每天 2~4 班，班次较多，很方便。全程需要 3 小时 30 分钟。

24 小时通航的斯堪航运

赫尔辛格～赫尔辛堡

斯堪航运公司（Scandlines）等数家公司有轮渡在此航线上运行，约需 20 分钟。可在乘坐列车后换乘这条航线。24 小时通航，除深夜外每 15~20 分钟一班。

租车之旅

不受时间限制，可以自由地在北欧畅游的人，最适合租车旅行。北欧各国的公路网都很发达，路标也都清晰易懂。北欧跟中国一样实行右侧通行，并且这里车辆少，绝对能让你享受到自驾游的乐趣。在拉普兰地区的森林中穿行，与林中成群的驯鹿同行也是旅行中的奇缘。

清晰易懂的路标

在机场和较大的火车站通常都有租车公司的办公地点，如果选择赫兹和安飞士这类大型租车公司，最好先在中国国内完成预约。因为去了欧洲当地的一些地方机场，有时会遇到没租车公司办公地点的情况，因此最好提前预约。可在中国国内预约车型、使用日期和保险，抵达后出示预约确认书即可，手续很简单。

丹麦见到的这种路标是观景点的意思

在拉普兰地区甚至会遇到驯鹿上街的情况，要特别注意

加油方法

北欧加油站大都采用自助形式。加油时，首先取下输油嘴，放入油箱口，打开控制开关。加满油后会自动停止。然后将输油嘴放回原处，到收费处结账。

北欧自驾游注意事项

❶ 随身携带中国国内驾照及其翻译公证件。

❷ 很多地方无法用现金结算，请提前备好信用卡。

❸ 驾驶席、副驾及后座都必须系好安全带。

❹ 不管昼夜，都要打开行驶灯（大部分租来的车都已被设置成打开状态）。

❺ 行人优先（切不可像在中国国内一样鸣喇叭催促行人）。

❻ 在没有道路优先标识的路口，从右侧驶来的车辆优先通过。

❼ 酒后驾驶重罚。

❽ 注意不要超速行驶。途中会经常遇到各种限速。

留意年龄限制

在北欧各国，有的租车公司规定驾驶员必须年满21周岁或25周岁。

选择自动挡还是手动挡?

北欧租赁的汽车大多是手动挡。在城市的租车公司也会有自动挡车提供，不过对车型和车身规模的规定较多，租金也更高。地方上一般鲜有提供自动挡车的租车公司。

旅行的准备

出境手续

申根签证

北欧四国均为申根国家，办理签证时可根据出行安排选择第一入境国或四国中停留时间最长的国家，申请该国申根签证。旅游类签证允许最长停留时间为 90 天。持有四国某一国签证时，去往其他申根国家无须重复办理签证。

办理签证所需材料：

- 有效期在 6 个月以上的因私护照原件（自回国之日开始算，为 6 个月以上），申请挪威签还需要提供复印件（所有带字的页，护照首页请用 A4 纸复印 2 份）。
- 请在护照最后一页签名，中文姓名。
- 护照至少留有连续 2 页空白签证页。
- 白底彩色近照 4 张（3 个月以内的，否则会拒签），照片尺寸要求 35 毫米 ×45 毫米。
- 新换发的身份证，请将正反两面复印在一张 A4 纸上。
- 偿付能力证明或财产证明文件等。
- 申根签证保险。
- 机票预订单、旅行计划、住宿预订单等各国大使馆要求的其他文件。

各国要求会略有不同，请在办理签证之前登录各国签证中心官网仔细核对。

签证费用：

- 丹麦：申根签证成人 455 元（停留 90 天内），6~12 岁儿童 265 元，6 岁以下免费。
- 挪威：申根签证（停留 90 天以内）455 元。6~12 岁儿童 265 元。6 岁以下儿童、以学习或教育培训为目的的学生、研究生和陪同教师以及根据具体规定从事科学研究的第三国研究人员免费。
- 瑞典：成人 440 元，6~12 岁儿童 260 元。
- 芬兰：成人 455 元，6~12 岁儿童 265 元，0~5 岁儿童免费。加入签证便利协议国家的申根签证（如俄罗斯等）265 元。

国际驾照

由于中国政府没有加入联合国道路交通公约，所以在中国大陆不能办理国际驾照。可前往公证机构用目的地国家语言对中国驾照进行公证，携带翻译公证件及驾照原件出行。

国际学生证

可通过 www.isicchina.com 网站在线申请，在相应页面中按要求输入个人信息或提交相关资料图片，如个人照片、在读证明及身份证明。

海外旅行意外伤害保险

旅行保险是申请申根签证的必要条件。

丹麦驻中国大使馆
住 北京市朝阳区三里屯东五街 1 号
电 （10）8532 9900
FAX （10）8532 9999
URL kina.um.dk
开 周一～周五 9:00~15:00

挪威驻中国大使馆
住 北京市朝阳区三里屯东一街一号
电 （10）8531 9600
FAX （10）6532 2392
URL www.norway.cn
开 周一～周五 9:00~17:00

瑞典驻中国大使馆
住 北京市朝阳区三里屯东直门外大街 3 号
电 （10）6532 9790
FAX （10）6532 5008
URL www.swedenabroad.com/beijingcn
开 周一～周五 8:30~12:30、13:30~17:30

芬兰驻中国大使馆
住 北京市朝阳区光华路 1 号嘉里中心南楼 26 层
电 （10）8519 8300
FAX （10）8519 8301
URL www.finland.cn
开 周一～周五 8:30～12:00、1:00～4:45

各国签证中心官网
■丹麦签证中心
URL www.denmarkvac.cn/chinese/index.html
■挪威签证中心
URL www.vfsglobal.cn/Norway/China/Beijing/Chinese/index.html
■瑞典签证中心
URL www.swedenabroad.com/zh-CN/Embassies/Beijing/5/1/
■芬兰签证中心
URL www.vfsglobal.cn/finland/china/

境外旅行保险主要是意外伤害险（死亡、重大疾病、治疗费用），还包括疾病险（治疗费用、死亡）、赔偿责任险（损坏物品、伤害他人）、救援人员费用险、行李险（旅行过程中发生行李丢失、破损或被盗）等特殊险种。

国内各大保险公司都有相应的险种，可以在出发前去保险公司咨询。

现金携带

在银行和城市的外币兑换点等处都可以将人民币兑换成当地的货币。如果去地方城市的频率不是太高，不建议在出境前兑换过多现金。而信用卡在北欧各国相当普及，不仅大城市，地方城市的通用率也很高。当支付大额费用时使用信用卡很方便，并且街面上随处可见可提现的 ATM。

鉴于此，可以信用卡为主，同时携带必要的现金。

备好信用卡

北欧各国的信用卡普及程度很高，其通用率排在世界前列。而且北欧物价水平高，应该会经常用到。除了高级酒店、餐厅和商店外，巴士等不少交通工具也能够使用信用卡。另外，交押金时，有时会要求出示信用卡。

万一失窃，也可以联系发卡公司，以免遭恶意使用。为了以防万一，最好记住自己的卡号。

旅行预付卡

旅行预付卡是一种可简化汇兑手续，从而消除兑换人焦虑的便捷银行卡。使用这种卡，比在国内兑换多种货币的汇率都低。可以在出国前，通过 ATM 机充值（预存），然后在对象国内取出相应金额的当地货币，因此避免了过度使用和携带大量现金的麻烦。

ATM 很方便

北欧各国街头随处可见 ATM。一些国际银行卡通过 ATM 取现只比信用卡费用略高。考虑到汇率问题，也可一定程度上使用。

银联卡

丹麦、瑞典、芬兰 3 国都已开通银联业务，游客常去的商场、专卖店等商户可使用银联卡消费，还有回国退税和境外退税、紧急现金支援等服务，详情可登录银联国际官网 www.unionpayintl.com/airport 查看。

街上随处可见 ATM 机

国际学生证（ISIC 卡）

ISIC 的申请资格必须是年满 12 岁或以上全日制学生。有效期为一年。

国际青年证（IYTC 卡）

有效期：自发行之日起至次年发行当月的最后一天。

申请时所需材料：申请书、护照或驾照复印件、个人免冠照片。

办理方法同国际学生证。

确认信用卡密码

使用信用卡时，有些商店会视同借记卡，无须客户签字。此时就需要密码，游客最好在离开中国前就确认好相关事项。

带芯片的信用卡

使用带 IC 芯片的信用卡时，支付时不签名，而是要输入密码（PIN 码）。一定要在出国前保存好自己的密码。

入境与出境

机场货币兑换

在机场进行货币兑换的人务必在安检之前完成相关手续。

安检

需要进行人身安检和对携带物品进行 X 光检查。不允许携带刀具、剪刀等，这些物品要预先放在托运行李箱中。

申根协定

在申根成员国任意 180 天内停留 90 天的情况下不需要再办理签证。

海关禁止出入境物品

- 各种武器、仿真武器、及爆炸物品；
- 伪造货币及伪造的有价证券；
- 对中国政治、经济、文化、道德有害或内容涉及国家秘密的手稿、印刷品、胶卷、照片、唱片、录音带、激光视盘、计算机存储介质及其他物品；
- 各种烈性炸药；
- 鸦片、吗啡、海洛因、大麻以及其他能使人致病的麻醉品、精神药物；
- 带有危险性病菌、害虫及其他有害生物的动物、植物及其产品；
- 有碍人畜健康的，来自疫区的以及其他能传播疾病的食品、药品或其他物品；
- 珍贵文物及其他禁止出境的文物；
- 濒危的和珍贵的动物、植物及其种子和繁殖材料。

中国出境

① 在机场集合：基本上在起飞前 2 小时。
② 登机手续：在所塔乘的航空公司柜台办理登机手续。办理手续后，将领到登机牌、机票附联和护照，托运的行李会有一个凭证，贴在机票附联上。在当地机场如果没有拿到行李，这个就是凭证，所以要妥善保管。
③ 行李检查（安检）：为确保安全，带到机舱内的行李要进行安检。
④ 海关：如果从国内带出外国产的手表、相机、贵金属等高价物品，需要进行“外国制品携带登记”，并告诉值机员。否则，会被视为在国外购买的产品，回国时有可能被扣税。
⑤ 出境检查：向值机员出示护照和机票。
⑥ 登机：请按时从登机口登机。

北欧入境

到达机场后，沿路来到入境审查的柜台（Immigration）将护照出示给检查官。入境者会被问及停留时间及出国的目的等问题，冷静回答即可。

行李领取：审查合格后领取托运行李。如果行李没找到或者出现破损情况，持托运凭证到 Baggage Claim 处寻求帮助。

海关审查：通常不会检查，但极少数情况下行李会被抽查。至此，入境手续全部完成，可以开启北欧之旅了。

北欧的很多机场没有广播系统

经申根协定国进入北欧国家

相关各国于 1997 年签订了旨在促进成员国内部人员无障碍交流的申根协定，至此，任何人来往于所有成员国内都可像行走在一国那样方便，取消了成员国相互之间的边境检查点。

游客进入这些成员国时如果在最初的入境国接受过入境检查，那么基本上在其他的成员国就不用再接受检查了。

申根协定成员国（截至 2016 年 4 月）

冰岛、意大利、爱沙尼亚、荷兰、奥地利、希腊、瑞士、西班牙、德国、匈牙利、法国、比利时、葡萄牙、卢森堡、丹麦、挪威、芬兰、拉脱维亚、立陶宛、马耳他、捷克、波兰、斯洛伐克、爱尔兰、斯洛文尼亚、列支敦士登共 26 个国家（预计今后塞浦路斯、保加利亚、罗马尼亚和克罗地亚也会加入）。

北欧出境

登机手续结束后，接受出境审查。出示护照，让检查官在护照上盖章。办理退税的人，需进行相关手续（参照各国的基本信息）。

中国入境

下飞机后，身体不适者应第一时间报告。然后接受入境检查，在护照上盖章。最后提取托运的行李。

入境物品免税范围

进境居民旅客携带在境外获取的个人自用进境物品，总值在 5000 元人民币以内（含 5000 元）的，海关予以免税放行，单一品种限自用、合理数量，但烟草制品、酒精制品以及国家规定应当征税的 20 种商品等另按有关规定办理。在口岸进境免税店购物可增加免税购物额，连同境外免税购物额总计不超过 8000 元人民币。

关于烟草制品、酒精制品的规定

非往来港澳地区的旅客，免税香烟 400 支，或雪茄 100 支，或烟丝 500 克；免税 12 度以上酒精饮料限 2 瓶（1.5 升以下）。

* 以进境地海关的实际要求为准。

首都机场出入境检验检疫局
URL jichang.bjciq.gov.cn/Contents/Channel_1883/2012/1108/35803/content_35803.html

关于酒店

北欧的酒店

有很多设计时尚的酒店

一般而言，北欧各国的酒店普遍比欧洲其他国家的酒店价格高。在物价、酒店住宿费方面也确实比法国、西班牙等国贵。便宜的住宿场所较少，凡是能称得上酒店的住宿设施均是中档以上。

预订克罗
Small Danish Hotels
住 Vejlevej 16，DK-8700 Horsens
电 75-648700
URL www.smalldanishhotels.dk

农居住宿费
880~1420 元（每人住一晚的费用，含 3 餐。各农居费用不一），未满 12 岁者可享受折扣。

各国 B & B 搜索网址
丹麦
URL www.bbdk.dk
挪威
URL www.bbonrway.com
瑞典
URL www.svif.se
芬兰
URL www.bedandbreakfast.eu/en/bed-and-breakfast-finland

酒店种类

北欧各国有很多独具特色的住宿设施。除了普通意义上的酒店，还有以下几种：

克罗 Kro、庄园 Manor House

克罗是丹麦地方上的传统旅店。过去曾作为国王到地方巡查时的临时行宫，拥有品质一流的餐厅。设备和费用千差万别，却是追忆丹麦鼎盛历史的好去处。

丹麦的旅馆——克罗

庄园的前身是芬兰各地 15~18 世纪遗留下来的古代领主的宅邸或别墅，大多坐落在湖边或海滨等风景名胜区，与克罗一样，这里也是怀旧的上佳场所。

农居

选择住宿在农居或原来曾是农居的住处，可以感觉当地农民的家庭氛围，尽情享受优美的自然环境环抱下的芬兰人生活。当然，还有美味的私房菜。

B&B

B&B 是 Bed&Breakfast 的简称，即带早餐的民居。基本上是将自用住宅的一部分用作民宿对外开放，因能体会打着房屋主人风格烙印的北欧生活而备受欢迎。很多 B&B 内家具和厨房等设施齐全，环境舒适。基本位于居民区，交通上略有不便。有些 B&B 提供至最近的火车站或巴士站的接送站服务，可事先询问。

客房勤打扫，很整洁

青年旅舍

北欧全境约有 600 家青年旅舍。拥有大房间的较少，普遍是单人间或 2~4 人合住的小房型。不论男女老幼均可投宿，称得上欧洲最舒适的栖身之所。需要留意的是，一般枕套和床上用品需要单独租赁。前台的上班时间只到傍晚，晚上大多会关门。所以如果抵达时间较晚一定要和相关服务人员提前沟通。另外，很多青年旅舍 9 月至次年 5 月中旬不营业，需要留意。

寻找酒店

如果抵达目的地前没有预订酒店，可以向旅游咨询处咨询。但如果是在深夜或节假日等旅游咨询处不上班的时间抵达，可以请你身处的酒店介绍它的连锁酒店。当然，也可以直接使用电话预订。此时，只需要说明抵达日期和时间、住宿天数、房型和姓名即可。此外，北欧的酒店大部分在 7~8 月的夏季和周末（周六、周日）有打折优惠。利用这段时间出游会节省不少钱。

在中国国内预订

可以通过旅行社预订，也可以自己直接预订。旅行社往往只预订该旅行社常用的酒店和中档以上酒店。通过旅行指南、朋友经验以及互联网可以自行预订。不少酒店均可通过网站和 E-mail 接受预订。

中国国际青年旅舍总部

住 广州市天河区体育西路 103 号维多利广场 A 塔 3606 室

开 周一~周五 9:00~18:00（中午 12:30 ~ 14:00 为午休时间），周六、周日及国家法定节假日休息

URL www.yhachina.com/index.php?hostID=1

E-mail service@yhachina.com

国际青旅会员证

申请时需要提供能查询姓名和住址的驾驶证、健康证或身份证中的一个。人民币 50 元一张卡。

各国 YH 住宿费标准（1 人）

丹麦
150~5000DKK

挪威
230~600NOK

瑞典
165~600SEK

芬兰
€ 28~55

非会员住宿费高于上述标准。想住在青年旅舍的人还是办张会员证吧。

用好酒店的预订网站

北欧的酒店不可能贴上物美价廉的标识，因为那里的住宿费普遍不低。花了那么多钱，还是在出发前通过酒店的预订网站预订一家舒心的住处吧。可直接打电话，或发送邮件预订。但有时酒店的预订网站会提供一些低价房，住宿信息也一目了然。如果采用预订网站，最好使用信用卡在主页上支付。这样就不用携带大量现金前往旅游目的地了。

酒店费用标准

	丹麦	挪威	瑞典	芬兰
高　档	1000~3700DKK	1000~3000NOK	1100~4300SEK	€ 90~280
中　档	650~3000DKK	750~2100NOK	900~3200SEK	€ 85~170
经济型	450~1000DKK	600~860NOK	590~2400SEK	€ 55~95

关于国际电话

用手机拨打国际电话

中国的手机能否在北欧使用，可在出行前前往各电信运营商处进行咨询。需要注意的是，国际漫游很昂贵，建议在当地购买通用的电话卡使用。

在北欧打电话

可以用普通的公用电话或到电话局拨打国际长途。由于酒店房间电话大多要收取手续费，费用较高，所以还是使用酒店大堂等处的公共电话更便宜。公共电话有投币式和插卡式两种。如果在投币式电话机上拨打国际长途，需要投入较多硬币，因此推荐使用插卡式电话。机场和大型车站也有使用信用卡的电话。

从中国往北欧拨打电话的方法

国际电话识别号码		丹麦的国家代码		区号（去掉前面第一个0）		对方的电话号码
00	+	丹麦 45 挪威 47 瑞典 46 芬兰 358	+	××	+	××××××

从北欧往中国拨打电话的方法

国际电话识别号码		中国的国家代码		区号（去掉前面第一个0）		对方的电话号码
00	+	86	+	××	+	××××××

关于北欧的网络情况

上网环境

北欧各国无线网广泛普及，如果自己携带自带无线上网接口的智能手机或笔记本电脑，即可在大多数酒店联网。机场和购物中心也提供无线上网服务。可上网的咖啡馆遍布各处，如果要不时发送电子邮件的话，最好带上自己的电脑。

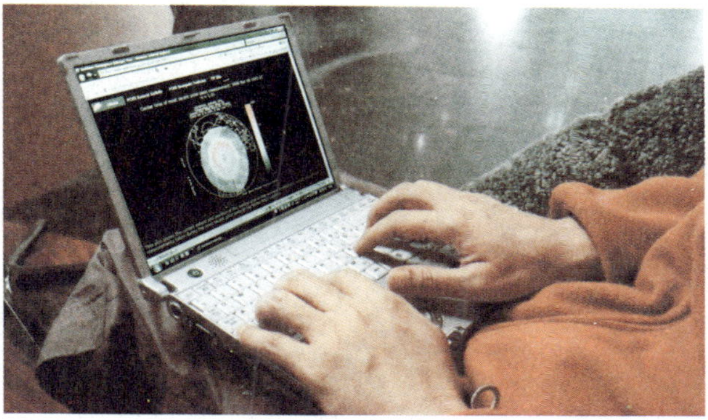

如果可以上网，还可实时查看极光的预报信息

在酒店上网

想上网时，首先要连接无线网络，然后打开浏览器。接着，会自动跳转至登录画面，根据提示输入必要信息。如果是收费上网服务，一般需要输入提前购买的上网卡上的密码，也可直接用信用卡结算。免费上网的酒店也不在少数，但是即使这样，也大多需要登录密码，因此如果有上网需求，在办理入住手续时就要提出来。

输入登录密码后即可上网

在公共场所上网

在机场、购物中心和咖啡馆等场合上网时，大多利用信用卡结算。和在酒店上网一样，首先连接网络，启动浏览器，输入必要的信息，登录。上网预设时间从30分钟至数小时不等，如果需要长时间上网，按小时数计费更划算。

Wi-Fi 路由和智能手机上网

移动Wi-Fi路由将没有Wi-Fi的网络共享出Wi-Fi信号来组建临时的无线局域网，连接到互联网，供给一台到多台无线上网终端使用，方便移动办公，为出差旅游提供上网环境。

有很多可免费上网的酒店

因酒店业竞争激烈，提供免费无线上网的酒店日益增多。

各酒店的联网方式不尽相同，有些是全酒店使用同一个密码，有些则是各人使用各自的密码。在办理入住时确认好上网事宜。

公共 Wi-Fi 搜索

URL www.hotspot-locations.com

可查询全球Wi-Fi接入点的网站。

严密关注自己的随身行李!

北欧的治安状况不能说不好，但是在公共场所上网时，还是要密切关注自己的随身行李，以免被扒手顺走。

首都国际机场 Wi-Fi 路由租赁服务

1号航站楼：
服务热线：010-64540989
2号航站楼：
服务热线：010-64566299
15811228082
3号航站楼：
服务热线：010-64530100
15811228085
URL www.bcia.com.cn/server/service/mobile_lease.shtml

旅行预算和货币兑换

省钱空间最大的部分

住宿费的弹性最大。如果住在青年旅舍，早餐喝果汁、吃点心的话，可以省下不少。

到市区的交通费

哥本哈根和赫尔辛基的机场离市区都不远，哥本哈根乘列车到市区需 35 元人民币，赫尔辛基乘巴士需 45 元。斯德哥尔摩和奥斯陆稍远，乘巴士到市区需 70~135 元。无论在哪里，从巴士总站都可步行到旅游咨询处。在旅游咨询处咨询酒店信息，有时会被要求支付服务费。如果需要预付订金或住宿费，使用信用卡即可。然后还需要付费的就是到酒店的交通费和晚餐费了。

最好在机场购物

在北欧购物需要支付相当多的税金。为此，去超市购物时经常买不到物美价廉的东西。

机场销售的商品通常比市区的价格高，但是如果是知名品牌，价格相差不大，机场服务人员熟悉免税流程，游客购物也更加方便。有时候还有折扣商品推出，所以不妨去机场的商店转转。在那里你可能会淘到实惠的物品。

北欧的物价

北欧物价高，而且可以省钱的环节也不多，对于囊中羞涩的人而言不太理想。下面就以单人为例，简要介绍北欧之旅的每天大致费用。

囊中羞涩派之旅

想尽量缩减一切开支，用有限的预算尽可能享受一次长途旅行的人，可参照以下预算：

住宿费	青年旅舍（含早）	200~470 元
午餐	在咖啡厅吃午餐套餐	70 元
晚餐	街头热狗和可乐	50 元
门票	以学生折扣参观两处美术馆和博物馆	120 元
交通费	搭乘两次巴士	50 元
零食	冰激凌（两勺）	25 元
合计		525~795 元

这可以说是最低限度的预算了。当然也可选择在青年旅舍自己做饭，但是天天如此未免太单调乏味。除了丹麦以外，酒也很贵（1 小瓶 30 元）。香烟更离谱，万宝路 1 盒大概要卖到 47 元。要是没有提前购买铁路通票，交通费也是一笔不小的开销。对囊中羞涩派来说，形势很严峻。

务实谨慎派之旅

只想到处走走看看的游客可参照以下预算：

住宿费	中档酒店单间	740 元
午餐	在咖啡厅吃午餐套餐	90 元
零食	在咖啡厅喝咖啡	30 元
晚餐	经济实惠的餐厅	210 元
门票	参观两处美术馆和博物馆	120 元
交通费	搭乘巴士和地铁共两次	50 元
合计		1240 元

越到地方城市，可供选择的住宿设施越少，而青年旅舍和中档以上酒店居多。如果能找到共用浴室、洗手间的经济型酒店（415 元左右）可以节约一定的开支。

随心所欲派之旅

豪华之旅的最低消费标准如下：

如果住在豪华酒店，自助早餐是一顿丰盛的大餐。但是如果在早上就大吃特吃以节约午餐钱的话，也不是随心所欲派的行事风格了。好不容易来一趟，索性豁出去了吧……这么一想，费用自然只高不低。

住宿费	豪华酒店的单间	1480 元
午餐	餐厅品尝当日特色	148 元
零食	在咖啡厅喝咖啡、品蛋糕	90 元
晚餐	餐厅套餐	470 元
门票	参观两处美术馆	148 元
交通费	搭乘巴士和有轨电车共两次	50 元
交通费	从酒店到火车站乘坐出租车	100 元
睡前酒	在酒店酒吧喝两杯啤酒	148 元
合计		2640 元

北欧的折扣制度

在北欧各国，几乎所有的美术馆、博物馆、交通工具都对老人、儿童和学生打折，有些地区甚至可享受 5 折优惠。老人和孩子只要出示护照即可，对学生来说，必须事先办好国际学生证。国际学生证的申请流程参照前文所述（→ p.539）。

关于货币兑换

除了银行和机场，轮渡或巴士总站、火车站等地也可兑换货币。市区也有 FOREX 这样的汇兑处，不用为兑换现金发愁。

北欧有最多名为 FOREX 的兑换处

抵达当天需要兑换多少现金

如果自己没有委托旅行社接机，那么就需要事先兑换好临时交通费和晚餐费用。虽然北欧信用卡通用率极高，但是仍然需要一定的现金。至少需要兑换 1000 元人民币的目的国货币，用于乘坐从机场到市区的公共交通工具等临时开销。

免税商品最好统一购买

购买免税商品时，退税额根据金额来定，所购金额越高退税额也越高。例如在芬兰，通过环球蓝联退税时，退税幅度可达 7.5%~16%。

退税率根据 1 天内在 1 家店内所购金额来计算，如果明确了自己要买什么，那就尽量在同一天在同一家店统一购买，这样退税率就高。一般精品店内都会聚集众多品牌，事先打量一下店内的品牌的丰富程度再购买也不迟。

在地方城市兑换

地方城市一般没有货币兑换处，需要在银行汇兑。此时需要注意的是，银行一般周六、周日是休息的。为了保证随身携带一定量现金，一定要记得工作日前往兑换。

外币兑换外币

北欧四国各自使用不同的货币。即使按使用需求兑换，有时也会出现剩余。这种情况下，就会出现用外币兑换外币的情况（欧元€→瑞典 SEK 等）。只是小额货币是无法兑换的，要尽量在所在国花掉。

旅行必备品

拉普兰旅行须知

虽然拉普兰地区位于北极圈内，夏季气温也会达到30 ℃以上。不过，气候变化快，早晚和天气不好时，即使是夏季气温也可能骤降至如寒冬般低，所以一定别忘记带防寒服去。夏季（6、7月）蚊虫非常多，最好带上防蚊虫药。这些当地也可买到。

女性要注意基础护肤

北欧比较干燥，尤其是夏季。可以在当地购买护肤品，不放心的人也可以带上冬季用的护肤品或者一瓶保湿液，这样就可以安心旅行了。

■不能带上飞机的物品

多功能小刀和剪刀等刀具需要托运。气体和燃油即使装进托运行李中也无法成功托运（需要一直寄存在机场，直到本人回国）。

可带上飞机但是不能使用的物品

摄像机、音响设备（CD/MD播放器、收音机）、集成设备（电脑、文字处理器、电子词典）、数码相机、游戏机、充电器等在飞机起飞和着陆时不能使用。

手机、无线电收发（两用）机、无线音响设备、无线电控制设备、无线功能的电子游戏机等会发出明确电信号的设备只在打开舱门或设置成飞行模式时方可使用。上述只在飞机起飞和着陆时不能使用的设备在使用中可能发出电波的通常也不能使用。

北欧旅行的服装要求

平时在国内着装的基础上，再加一件就足够了。夏天日照强，空气干燥，比较怡人。如果去南部，白天一件T恤就够了。但是阴天会比较阴冷，最好带上一件薄的长袖衫。如果去北极圈附近，即使夏天也要准备一件厚外套。

冬季屋内有暖气，非常舒适。在酒店房间里，穿一件T恤就会感到很暖和。但是室外很冷，要有充分的保暖措施。最好带方便穿脱的衣服，特别是去北极圈看极光时，需要保暖的上衣、雪地上也不容易打滑的保温鞋、手套和帽子。上衣的话，不建议穿长风衣，半身小外套等结实的外套更合适。如果带上防风帽就更好了。

行李箱包

到底是携带行李箱还是背包，要根据目的地及所带行李来定。使用背包时，两手可腾出来，方便活动，但是取东西不太方便，而且多数情况下没有锁，不安全。相对而言，行李箱可以锁得很紧，让人放心，但是不便移动，不适合到处游走的游客。相比之下，柔软的手提包既可随身携带，又便于行动。如果是个人游客，走动较多时最好使用背包或手提包。如果既要步行，又要在酒店住宿，需要随身携带很多行李的话，建议带上行李箱。

飞行行李（托运行李）

中国海关规定，国际运输的每件托运行李重量一般不超过32千克（70磅），如超过32千克（70磅），但不超过45千克（99磅）的行李必须符合到达机场和续程承运人的有关规定。

每件托运行李的长、宽、高三边之和不得超过203厘米（79.9英寸），不得小于60厘米（23.6英寸）。

超过免费托运行李限额的托运行李在支付逾重行李费后可作为托运行李运输；但超过最大体积或重量的行李，不能作为托运行李运输，应作为货物运输。

可随身带上飞机的行李

关于随身携带的登机物品，SAS和芬兰航空经济舱规定每件行李不得超过8千克，体积SAS不得超过55厘米×40厘米×23厘米，芬兰航空不得超过56厘米×45厘米×25厘米。

中国国航国际航班随身携带物品

免费随身携带物品的重量，持头等舱、公务舱客票的旅客，每人可随身携带两件物品，每件行李以8千克为限；持经济舱客票的旅客，每人可随身携带一件物品，以5千克为限。

超过上述重量、件数、体积限制的物品，应作为托运行李托运。

另外，根据民航总局的规定，乘坐从中国境内机场始发的国际、地区航班的旅客，随身携带的液态物品每件容积不得超过100毫升。盛放液态物品的容器，应置于最大容积不超过1升的、可重新封口的透明塑料袋中。每位旅客每次仅允许携带一个透明塑料袋，超出部分应托运。详情请查询中国民航总局网站。

民航总局对于液体行李的相关规定

URL www.caac.gov.cn/INDEX/HLFW/HLZN/XL/#flag5

免税烟酒类商品

	丹麦	挪威	瑞典	芬兰
酒	烈性酒1L或高度葡萄酒、起泡葡萄酒2L、葡萄酒4L、啤酒16L中的任意一种	烈性酒1L和酒精度数在2.5%~22%的酒1.5L、啤酒2L、2.5%~4.7%的酒2L中的任意一种	烈性酒1L与葡萄酒2L或葡萄酒4L、啤酒16L中的任意一种	1瓶酒精度数超过22%的酒类或不足22%的饭前酒、红色起泡葡萄酒2L，或者葡萄酒4L和啤酒16
烟	卷烟200支、细雪茄烟100支、雪茄50支、烟丝250克中的任意一种	卷烟200支、烟丝250克、卷烟纸200张中的任意一种	卷烟200支、雪茄50支、细雪茄烟100支、烟丝250克中的任意一种	卷烟200支、细雪茄烟100支、雪茄50支、烟丝250克中的任意一种
其他	肉类等生鲜产品不得带上飞机	酒精度数在22%以上的酒类只准20岁以上者带上飞机	酒类只准20岁以上者带上飞机	酒精度数在22%以上的酒类只准20岁以上者带上飞机

旅行必备品一览表

	物品名	检查		物品名	检查		物品名	检查
贵重物品	护照		日用品	卫生纸		其他	指甲剪、掏耳勺	
	信用卡			清洁剂			万能小刀	
	现金（人民币）		衣物	衬衫			勺、叉	
	电子客票（机票）			内衣			凉鞋、拖鞋	
	铁路通票			手套			墨镜	
	海外旅行意外伤害保险凭证			帽子			雨伞等雨具	
	国际驾照			袜子			手表	
	YH会员证、国际学生证等			睡衣			闹钟	
	照片（2张4.5厘米×3.5厘米照片）			外套、运动服			相机	
日用品	香皂、洗发水			床单			内存卡	
	毛巾			睡袋			计算器	
	浴巾		药品	各种药			双筒望远镜	
	牙刷、牙膏			生理期用品			一次性热宝	
	剃须刀		其他	笔记用具			袖珍书	
	化妆品			记录本			字典、会话集	
	除菌湿巾			针线			旅行指南	

旅行信息收集

Visit Denmark
URL www.visitdenmark.com

挪威旅游局
URL www.visitnorway.com

Visit Sweden
URL www.visitsweden.com

瑞典驻华大使馆旅游相关信息发布
URL www.swedenabroad.com/zh-CN/Embassies/Shanghai/5/1/3/

Visit Finland
URL www.visitfinland.com

在国内收集信息

丹麦通过 Visit Denmark、挪威通过挪威旅游局、瑞典通过 Visit Sweden、芬兰通过 Visit Finland 在网上发布旅游信息。游客还可从它们在中国的大使馆获得相关信息，包括历史、地理等一般性内容，还有活动信息和紧急联系方式等对旅行有用的信息。所以出发前务必仔细查看。

在当地收集信息

在北欧，大多数地区都有旅游咨询处。旅游咨询处工作人员是当地的“地理专家”，从交通信息到景点、活动信息等，无所不知。询问的时候，不要问他们“你推荐的是什么？”这类模糊的问题，要单刀直入，直接问“×× 美术馆的开馆时间是何时？”“我要去 ×× 活动，该怎么走？”另外，当地的地图、宣传册、酒店和餐厅指南等资料大多是免费的。有些地方还会给游客介绍酒店和民宿（单人小屋、B & B 等，部分旅游咨询处收取服务费），还有些经营特产店。有时在旅游咨询处还可以领到那里的特色物品，如“北极圈”“极地小城”和“到此一游”等，是极好的纪念品。

需要注意的是上班时间。除各国首都、旅行者集中的大城市外，小城镇在非夏季的周末都是不上班的。上班时间因季节不同而不同。

先去旅游咨询处吧

在网上收集信息

北欧是网络发达国家，很流行在网上发布信息。由于各地旅游信息大都在网上发布，所以很容易搜索到。近年来，通过推特和脸书等社交媒体也可方便地获取旅行信息。通过这些手段可以很方便地了解到最新的活动和餐厅的营业信息。

主要城市的社交媒体

哥本哈根
twitter.com/VisitCopenhagen
www.facebook.com/ VisitCopenhagen

奥斯陆
twitter.com/VisitOSLO
www.facebook.com/ VisitOslo

斯德哥尔摩
twitter.com/visitstockholm
www.facebook.com/ visitstockholm

赫尔辛基
twitter.com/VisitHelsinki
www.facebook.com/ visithelsinki

实用网站

"（中）"表示中文网站

综合信息类

Visit Denmark
URL www.visitdenmark.com

挪威旅游局官方网站（中）
URL www.visitnorway.cn/

Visit Sweden
URL www.visitsweden.com

瑞典驻华大使馆旅游相关信息发布
URL www.swedenabroad.com/zh-CN/Embassies/Shanghai/5/1/3/

Visit Finland
URL www.visitfinland.com

丹麦驻华大使馆
URL kina.um.dk

挪威驻华大使馆
URL www.norway.cn

瑞典驻华大使馆
URL www.swedenabroad.com/beijingcn

芬兰驻华大使馆
URL www.finland.cn

城市信息类

可了解到北欧各城市的景点及酒店、活动等旅游信息。旅行前可通过这些确认最新信息。

丹麦综合信息
URL www.visitdenmark.com

哥本哈根
URL www.visitcopenhagen.com

欧登塞
URL www.visitodense.com

奥胡斯
URL www.visitaarhus.com

挪威综合信息
URL www.visitnorway.com

奥斯陆
URL www.visitoslo.com

卑尔根
URL www.visitbergen.com

瑞典综合信息
URL www.visitsweden.com

斯德哥尔摩
URL www.visitstockholm.com

哥德堡
URL www.goteborg.com

瑞典拉普兰地区
URL www.jvt.se

芬兰综合信息
URL www.visitfinland.com

赫尔辛基
URL www.visithesinki.fi

罗瓦涅米
URL www.visitrovaniemi.fi

交通信息类

斯堪的纳维亚航空
URL www.flysas.com

芬兰航空
URL www.finnair.com

中国国际航空
URL www.airchina.com.cn（中）

●丹麦

丹麦国铁
URL www.dsb.dk

国际巴士
URL www.eurolines.dk

●挪威

挪威国铁
URL www.nsb.no

国际、国内巴士
URL www.nor-way.no

拉普兰地区巴士
URL www.boreal.no

●瑞典

瑞典国铁
URL www.sj.se

国际巴士
URL www.eurolines.dk/se

●芬兰

芬兰国铁
URL www.vr.fi

国际巴士
URL matkahuolto.fi

拉普兰地区巴士
URL www.eskelisen.fi

旅行安全和纠纷对策

各国的紧急联络方式

丹麦

警察、消防、急救 112

挪威

警察 112、消防 110、急救 113

瑞典

警察、消防、急救 112

芬兰

警察、消防、急救 112

预防万一

应提前准备护照的复印件，或者记录护照编号、发行地。其次要记好信用卡卡号、有效期、信用卡紧急联系人、海外旅行保险的当地和中国国内的联络方式。

境外安全防护咨询

外交部领事司

住 北京市朝阳区朝阳门南大街 2 号

☎ 10-65963500

URL cs.mfa.gov.cn/zggmzhw/lsbh

领事司邮箱：lss@mfa.gov.cn

信用卡遗失时的联络方式

美国运通

☎ 44-20-8840-6461

JCB

丹麦、挪威、瑞典

☎ 00-800-00090009

芬兰

☎ 0800-1-181-30

大来卡

（Diners）

☎ 81-45-523-1196

UC 卡（Master/Visa）

丹麦、挪威、瑞典

☎ 00-800-80058005

☎ 990-800-80058005

北欧是否安全

社会福利制度极其完善的北欧生活水平也很高，是治安环境很好的地区。但是居高不下的物价和大量难民的涌入以及最近来自东欧的专业盗窃团伙数量的增加，使得这一地区市区的犯罪率也呈现出增长趋势。

各种各样的犯罪手段

近些年来，来自东欧等地的一些专业盗窃团伙纷纷潜入北欧。他们作案手法一般很简单，防不胜防。通常是趁客人吃自助早餐时瞅准时机将行李偷走，或者在商场、商店趁顾客一不留神没注意到行李的间隙将物品盗走。盗贼大多一副衣冠楚楚的绅士模样，很难分辨。

另外，毒品也逐渐成为北欧各国面临的严重社会问题，相关事件也在增多。在北欧，只是单纯的吸食就已构成严重犯罪，所以不要尝试。夜间，大城市的一些公园就会变成吸毒者的聚集地，切勿靠近。

基本的自我保护措施

扒窃、偷包贼等盗贼通常都会趁人不注意的时候下手。即使在酒店等地也不能保证绝对安全，所以在任何时候都要保证行李不离开视线，这点很重要。要掌握吸毒者出没的危险区域，一旦有贩卖毒品的人靠近，一定要果断回绝。

如果遇到麻烦

1. 护照

如果护照丢失、烧毁或被盗，在迅速报警的同时要向驻各国的中国使领馆提交补办手续。首先提交《丢失（烧毁）报告书》。需要准备的材料有：报告一份、公安局发行的证明丢失的文件或消防队出具的受灾证明等、照片 1 张（4.5 厘米 ×3.5 厘米、6 个月内拍摄的免冠无背景照片）、身份确认证明（驾照等）。在办理丢失报告的同时，可申请发放回国的出境手续。

2. 信用卡

要立即与发卡公司或银行联系，申请注销并补办。如果丢失或被盗的证明齐全，即使卡被恶意盗用，也能由保险公司承担损失。一定要记牢卡号和有效期等信息及紧急联络人。之后的处理手续，各家发卡公司不尽相同，有些公司会选取最近的办公地点将补办的卡交到失主手中。

3. 电子客票

近年来，电子化的电子客票逐渐取代纸质机票。此时，旅客拿到的是一张“电子客票凭证”，而不再是一张机票。这张凭证由电脑管理，即使遗失，联系各航空公司或购买机票的旅行社就可重新拿到凭证。

生病·受伤

备好常备药

旅途中最常见的症状就是腹泻和感冒。通常服用随身的药物，好好睡一天就无大碍了。旅行时的疲劳是最大的问题，一定要制定好规划，不要勉强自己。市区的药店内可以买到感冒药、头痛药、解热冲剂和肠胃药等。丹麦、挪威和瑞典的药店标志是 Apotek，芬兰是 Apteekki。要注意的是，这些药有时会不适合亚洲人的体质，因此最好随身携带一些常备药。

生病、受伤时

旅行中，一旦出现不适症状就要去医院。大城市会有一些机构专门介绍提供 24 小时医疗服务的医疗机构，同时给游客预约。地方城市如果找不到这样的医院，可以去酒店前台寻求帮助。如果购买了海外旅行意外伤害保险（→ p.539），可通过保险公司了解当地的医疗服务。详情请咨询各保险公司。

各城市的主要警察局

丹麦（哥本哈根）
住 Politigården
☎ 33-141448

挪威（奥斯陆）
住 Grønlandsleiret 44
☎ 22-669050

瑞典（斯德哥尔摩）
住 Norra Agnegatan 33-37
☎ 114-14

芬兰（赫尔辛基）
住 Pasilanraitio 11
☎ 0295-470011

各国的医疗服务与医院

丹麦（哥本哈根）	挪威（奥斯陆）	瑞典（斯德哥尔摩）	芬兰（赫尔辛基）
紧急医疗服务（周一～周五 16:00~次日 8:00）☎70-130041	紧急医疗服务（24 小时受理）☎22-118080	紧急医疗服务（24 小时受理）☎1177	电话医疗服务（24 小时受理）☎（09）310-10023
Bispebjerg Hospital 住 Bispebjerg Bakke 23 ☎35-313531	Volvat Medisinske Senter 住 Borgenveien 2A ☎22-957500	Sodersjukhuset 住 Sjukhusbacken 10 ☎（08）616-1000	Haartman Hospital 住 Haartmaninkatu 4 ☎（09）310-5018

策　　划：王欣艳　翟　铭
统　　筹：北京走遍全球文化传播有限公司　http://www.zbqq.com
责任编辑：王佳慧
责任印制：冯冬青

图书在版编目（CIP）数据

北欧 / 日本《走遍全球》编辑室编著；王欣艳，徐华，金松译. -- 北京：中国旅游出版社，2018. 1
（走遍全球）
ISBN 978-7-5032-5921-0

Ⅰ. ①北… Ⅱ. ①日… ②王… ③徐… ④金… Ⅲ. ①旅游指南－北欧 Ⅳ. ①K953.09

中国版本图书馆CIP数据核字（2017）第257024号

北京市版权局著作权合同登记号　图字：01-2017-1582
审图号：GS（2017）1896号　本书插图系原文原图

书　　名：北欧

作　　者：日本《走遍全球》编辑室编著；王欣艳，徐华，金松译
出版发行：中国旅游出版社
（北京市建国门内大街甲 9 号　邮编：100005）
http://www.cttp.net.cn　E-mail: cttp@cnta.gov.cn
营销中心电话：010-85166503
排　　版：北京中文天地文化艺术有限公司
经　　销：全国各地新华书店
印　　刷：北京金吉士印刷有限责任公司
版　　次：2018年1月第1版　2018年1月第1次印刷
开　　本：889毫米 × 1194毫米　1/32
印　　张：17.75
印　　数：1-8000册
字　　数：792千
定　　价：108.00元
I S B N　978-7-5032-5921-0